SMART BAUEN

Fraunhofer IRB Verlag

für
Christiane, Fabio, Emilio

gewidmet
Gerhard Hausladen

SMART BAUEN

Architektonische und technische Strategien für energieoptimierte Gebäude, Quartiere und Städte

Prof. Dr. Mike de Saldanha

Fraunhofer IRB Verlag

Prof. Kristian Kaffenberger_Architekturbüro, Dilshofen

Dill Kahn_Atelier.Bim, Riedstadt

Benjamin Hossbach_[phase eins]., Berlin

Prof. Florian Nagler_Architekten GmbH, München

Johanna Uhland_Uhland GmbH, Darmstadt

Sibylle Bornefeld_Sauerbruch Hutton, Berlin

Martin Rauch_Lehm Ton Erde Baukunst, Schlins

Roger Boltshauser_Architekten, Zürich

Georg Bechter_Architektur + Design, Hittisau

Arnold Wild_Architekt, Konstanz

Dr. Michael Schäfer_ehemaliger Deutscher Botschafter in China

Özlem Gün_h_da, Hochschule Darmstadt

Prof. Dietmar Eberle_Baumschlager Eberle Architekten, Lustenau

Prof. Alexander Reichel_Architekten, Kassel

Karlheinz Beer_Büro für Architektur und Stadtplanung, München

Simon Speigner_sps, Thalgau

Prof. Hermann Kaufmann_HK Architekten, Schwarzach

Peter Haimerl_Peter Haimerl.Architektur, München

Prof. Anke Mensing, Andreas Sedler_opus Architekten, Darmstadt

Frank Steinbacher_Steinbacher-Consult, Neusäß

Dr. Daniel Teichmann_Hydrogenious LOHC Technologies GmbH, Erlangen

Tobias Hoffmann_Vonovia AG, Bochum

Gerrit Ellerwald_Ampeers Energy GmbH, München

Dr. Karsten Schmidt_Ampeers Energy GmbH, München

Dr. Marc Weinstock_DSK-BIG, Kronshagen

Prof. Dr. Frank Bomarius_Fraunhofer IESE, Kaiserslautern

Jürgen Jost_ Jost Energy AG, Grünwald

Vinzenz Singer_Singer IC, Bayreuth

Rolf Disch_SolarArchitektur, Freiburg

Peter Mussaeus_PwC Legal, Frankfurt a. M.

Mike de Saldanha
Autor

Sabine Uhland
Konzept, Layout, Grafiken, Fotos, Redaktion

Sigune Meister
Idee, Thematik, Lektorat

Seit Anbeginn des energiesparenden Bauens haben sich verschiedene Strategien und Strömungen herausgebildet – angefangen bei einem auf aktive und passive Sonnenenergie gestützten Ansatz in den 1970er- und 1980er-Jahren, gefolgt von einer auf absolutes Einsparen basierten Strategie beim Passivhaus. Eine weitere Bandbreite ergibt sich aktuell im Technisierungsgrad, von absoluten Lowtech-Gebäuden bis hin zu Hightech-Strategien, die auf die Potenziale der Digitalisierung und der künstlichen Intelligenz setzen.

Der Autor favorisiert keinen dieser Ansätze als alleiniges Allheilmittel, vielmehr gilt es, für die jeweilige Bauaufgabe und örtliche Situation aus den gegebenen Möglichkeiten ein ganzheitliches Konzept zu entwickeln, das den Nutzeranforderungen weitreichend entspricht. Deshalb besteht der Ansatz des vorliegenden Buches darin, eine Vielzahl von architektonischen, technischen, energetischen und raumklimatischen Strategien im Kontext mit ihren jeweiligen Protagonisten vorzustellen. Um die vielschichtige Thematik in der Linearität eines Buches abbilden zu können, wurde dieses in die Hauptkapitel »Mensch«, »Raum«, »Hülle«, »Haus«, »Stadt« und »Land« untergliedert.

Mensch Die Aspekte der Behaglichkeit werden, gegliedert nach den Sinnen, thematisiert und dabei die wichtigsten planungsrelevanten Parameter zusammengestellt und erläutert. Die Herausforderungen und mögliche Strategien einer kreativen Konzeptentwicklung und Planung werden diskutiert. Ein Exkurs führt in die Themengebiete »BIM« und »Energie im Architekturwettbewerb« ein.

Raum Die Zusammenhänge zwischen Lüftung und Raumkonditionierung werden beschrieben und diesbezügliche technische Systeme und Konzepte sowie ihre jeweiligen Einsatzbereiche aufgezeigt. Darüber hinaus werden die künstliche Beleuchtung und Tageslichtnutzung sowie die digitale Steuerung von technischen Systemen im Raum thematisiert.

Hülle Einer Zusammenstellung physikalischer Vorgänge an Fassaden folgen verschiedene Strategien für Dämmung und Sonnenschutz sowie mögliche Fassadenkonzepte. Es werden aktuelle Konstruktionsprinzipien im Detail gezeigt und innovative Materialien vorgestellt.

Haus Neben verschiedenen Energieerzeugungskonzepten für Gebäude werden raumklimatische Strategien für Wohn-, Verwaltungs-, Unterrichts- und Versammlungsgebäude aufgezeigt. Planungshinweise für die jeweiligen Nutzungen ergänzen die Erläuterungen.

Stadt In diesem Kapitel wird auf den aktuellen Trend der energetischen Betrachtung über das einzelne Gebäude hinaus, hin zu einem übergeordneten Konzeptansatz, der mehrere Gebäude, ein Quartier oder ganze Stadtteile einbezieht, eingegangen. Ein besonderer Schwerpunkt liegt dabei auf der Sektorenkopplung.

EINBLICK

Land Sowohl die ökonomischen als auch ökologischen Potenziale im Kontext der Energiewende werden aufgezeigt. Ein Überblick über aktuelle Gesetze sowie regulatorische Rahmenbedingungen vervollständigt das Werk.

Ausblick Der Autor wagt einen Blick in die Zukunft des energieoptimierten Bauens auf die Jahre 2030, 2040 und 2050.

Um die komplexen Themen anschaulich und praxisnah zu vermitteln, werden in allen Kapiteln Projektbeispiele vorgestellt und durch ein Statement des jeweiligen Planers ergänzt. Damit wird ein direkter Praxisbezug hergestellt. Die Betrachtung der ökonomischen Aspekte und Kosten sowie konkrete Planungsstrategien runden die unterschiedlichen Themenbereiche jeweils ab.

Das Buch wendet sich an Architekten, für die Behaglichkeit und niedriger Energieverbrauch wichtige Ziele ihrer Arbeit sind, und an Ingenieure, die eine Optimierung der Gebäudestruktur und Fassade erreichen möchten. Für Studierende führt es die Disziplinen »Entwurf«, »Konstruktion«, »Bauphysik« und »Gebäudetechnik« ganzheitlich zusammen, sodass ein interdisziplinärer Blickwinkel bereits in der Ausbildung gegeben ist. Bauherren, Investoren und allen am Bauen Interessierten vermittelt es die Wissensgrundlage, um Konzepte, Entwürfe und Gebäude im Kontext der Energiewende kompetent beurteilen zu können und damit bessere Entscheidungen zu treffen.

Entsprechend der Vielschichtigkeit des Themas wurde das Buch im Dialog entwickelt. Für die fachliche Detaillierung haben zahlreiche Experten ihr Wissen einfließen lassen und viele Planer und Akteure ihre Praxiserfahrungen geteilt. Für den kreativen Input sei allen Beteiligten gedankt. Meiner Lektorin, Signe Meister vom Fraunhofer IRB Verlag, gilt mein besonderer Dank dafür, die Thematik »Smart bauen« zur richtigen Zeit angestoßen und das Thema durch kritischen Dialog geschärft zu haben. Sabine Uhland danke ich für die innovative Konzeption des Buches, die frische grafische Umsetzung und die inspirierende, kreative Zusammenarbeit über drei Jahre hinweg.

Gewidmet ist dieses Werk Gerhard Hausladen, mit dem mich ein jahrzehntelanger gemeinsamer Weg beim innovativen Bauen verbindet und der mir ermöglicht hat, auf diesem Gebiet zu arbeiten und zu forschen. Ich verdanke dieser Inspiration meine berufliche Laufbahn und viele wertvolle Erfahrungen und Erkenntnisse, die in das vorliegende Buch eingeflossen sind.

Ich wünsche allen Leserinnen und Lesern viel Spaß und interessante Entdeckungen bei der Reise durch die Welt der Sinne, der Physik, der Architektur, der Technik und des Designs – der Welt des smarten Bauens.

München, Darmstadt, Port Adriano
im April 2021

Mike de Saldanha

EINBLICK 7

INHALT 9

| Zeitreise – Konzepte von früher bis heute 10

MENSCH 13

| Ganzheitliche Behaglichkeit 14
| Visuelle Behaglichkeit 16
| Akustische Behaglichkeit 18
| Thermische Behaglichkeit 20
| Olfaktorische Behaglichkeit 22
| Kreativität und Planung 24
| Building Information Modeling (BIM) 30
| Energie im Wettbewerb 34
| Naturhotel Tannerhof, Bayrischzell 36

RAUM 39

| Raumkonditionierung 40
| Natürliche Lüftung 48
| Mechanische Lüftung 50
| Raumkonditionierungssysteme 54
| Gebäudesteuerung und Smart Home 56
| »The Living« – Microenergie-apartment 61
| Speichermasse 62
| Technikintegration 63
| Tageslicht 64
| Kunstlicht 66
| Ökonomie der Raumkonditionierung 68
| Totenstube, Vrin 70

HÜLLE 73

| Fassade als Schnittstelle 74
| Fassadenkonzepte 78
| Bauphysik der Hülle 84
| Wärmeschutz 86
| Anwendung von Dämmstoffen 90
| Glas 92
| Sonnenschutz 94
| Fassadenkonstruktionen 98
| Mehrschichtige Fassaden 100
| Monolithische Fassaden 102
| Holzkonstruktionen 104
| Holzbau 106
| Lehmbau 114
| Strohballenbau 118
| Bauen mit Bambus 120
| Begrünte Fassade 122
| Gebäudeintegrierte Photovoltaik 124
| Hybride Energiefassade 132
| Ökonomie der Gebäudehülle 136
| »Haus 2226« in Lustenau, Österreich 140

INHALT

HAUS 143

- Standortfaktoren 144
- Wärme- und Kälteerzeugungssysteme 146
- Energiekonzepte für Gebäude 150
- Technikflächen 154
- Wohngebäude 156
- Gemischtgenutzte Gebäude 158
- Bürogebäude 160
- Unterrichtsgebäude 162
- Versammlungsgebäude 164
- Ökonomie der Energietechnik 166
- Wohn- und Bürohaus, Darmstadt 172

STADT 175

- Potenziale von Quartieren 176
- Mobilität 182
- Sortimo Innovationspark, Zusmarshausen 186
- Energiekonzepte für das Quartier 188
- Energiespeicherung 192
- Wasserstoff-Research-Center, Vonovia AG 200
- Sektorgekoppelte Quartiere 202
- Musterquartiere 206
- Ökonomie von Quartieren 210
- Brucklyn – »place to be« in Erlangen 212

LAND 217

- Energiewende im Baubereich 218
- Digitalisierung 222
- 50 Jahre Energiegesetze in Deutschland 224
- Energieeinsparverordnung (EnEV) 2016 226
- EnEV-Nachweis Wohngebäude 228
- EnEV-Nachweis Nichtwohngebäude 230
- Erneuerbare-Energien-Wärmegesetz 233
- Mieterstrommodell 234
- Kundenanlage 236
- Gebäudeenergiegesetz (GEG) 239

AUSBLICK 241

- 2020–2030 Die digitale Dekade 242
- 2030–2040 Die Green-Tech-Phase 244
- 2040–2050 Das interplanetare Zeitalter 248

ANHANG 251

- Lebenswege und Stationen 252
- Literatur, Normen und Gesetze 254
- Fotografen und Bildnachweis 284
- Stichwortverzeichnis 290
- Impulse und Unterstützung 296
- Impressum 297

ZEITREISE – KONZEPTE VON FRÜHER BIS HEUTE

500 v.Chr. – 400 v.Chr. – 100 v.Chr. – 1712/1769 – 1854 – 1972 – 1973 – 1977

BEEHIVE HOUSES
Erste passive Sonnenenergienutzung

Bienenstockhäuser in Syrien gehören zu den ersten Bauwerken, die Sonnenenergie auf passive Weise nutzen. Außerdem schützen die dicken Lehmmauern vor der Hitze.

SONNENHAUS DES SOKRATES
Erstes solares Gebäudekonzept

Durch seine trapezförmige Öffnung nach Süden reichen im Winter die Sonnenstrahlen bis tief ins Innere, um dort Wärme für die Nacht zu speichern.

GLASFUNDE IN POMPEJI

THOMAS NEWCOMEN/JAMES WATT
Dampfmaschine – der Beginn der Industrialisierung

Die Erfindung der Dampfmaschine ermöglichte die Erzeugung mechanischer Energie aus Wärme und war damit der Ausgangspunkt für die Industrialisierung.

HENRY DAVID THOREAU
Walden oder Leben in den Wäldern

»Ich zog in den Wald, weil ich den Wunsch hatte, mit Überlegung zu leben, dem eigentlichen, wirklichen Leben näher zu treten, zu sehen, ob ich nicht lernen konnte, was es zu lehren hätte, damit ich nicht, wenn es zum Sterben ginge, einsehen müsste, dass ich nicht gelebt hatte. Ich wollte nicht das leben, was nicht Leben war; das Leben ist so kostbar …«

CLUB OF ROME
Grenzen des Wachstums

»Wenn die gegenwärtige Zunahme der Weltbevölkerung, der Industrialisierung, der Umweltverschmutzung, der Nahrungsmittelproduktion und der Ausbeutung von natürlichen Rohstoffen unverändert anhält, werden die absoluten Wachstumsgrenzen auf der Erde im Laufe der nächsten hundert Jahre erreicht.«

ÖLKRISE
Ende unendlicher Energie

1. WÄRMESCHUTZVERORDNUNG
Beginn des Energiesparens bei Gebäuden

Erstmals regelt eine Verordnung den Energiebedarf im Baubereich, es werden ausschließlich Transmissionswärmeverluste betrachtet.

1986

TSCHERNOBYL
Auftakt zum Ausstieg
Die Kernenergie wird in Deutschland als Übergangsenergiequelle angesehen, der Einstieg in die Energiewende ist eingeleitet.

1991

1. PASSIVHAUS, KRANICHSTEIN
Der energiesparende Ansatz
Im Passivhaus werden Tansmissions- und Lüftungswärmeverluste so weit reduziert, dass der verbleibende Wärmebedarf über den hygienisch erforderlichen Luftwechsel dem Raum zugeführt werden kann und ein konventionelles Heizsystem somit nicht mehr erforderlich ist.

1992

KONFERENZ VON RIO
Bewusstsein für den Klimaschutz
Nachhaltigkeit wird als Leitprinzip international anerkannt und als Grundprinzip in der Rio-Deklaration und der Agenda 21 verankert. Der Aspekt des Klimaschutzes tritt in das allgemeine Bewusstsein.

1. ENERGIEAUTARKES HAUS, FREIBURG
Der technologische Ansatz
Erstes energieautarkes Haus ohne Netzanschluss, das den kompletten Energiebedarf über die auf das Haus auftreffende Solarstrahlung über PV, thermische Kollektoren und transparente Wärmedämmung deckt. Die Energie wird mit Wasserstoff gespeichert.

1994

HELIOTROP, FREIBURG
Der konzeptionelle Ansatz
Das drehbare Gebäude hat eine reduzierte Hüllfläche und ermöglicht eine steuerbare solare Einstrahlung.

2002

EnEV
Ganzheitliche Gebäudebilanzierung
Die Energieeinsparverordnung betrachtet alle Energieströme des Gebäudes. Der Nachweis wird über einen Vergleich mit einem Referenzgebäude auf Basis der Primärenergie geführt.

2011

13. GESETZ ZUR ÄNDERUNG DES ATOMGESETZES
Ausstieg aus der Kernenergie

ENERGIEWENDE
Übergang vom fossil-nuklearen Zeitalter hin zu nachhaltiger Energiegewinnung

2019

KLIMASCHUTZZIEL
Reduktion der Treibhausgasemission bis zum Jahr 2030 um 55 % im Vergleich zum Jahr 1990

DAHOAM
IS DA WOs
GFUI IS

MENSCH

- Ganzheitliche Behaglichkeit
- Visuelle Behaglichkeit
- Akustische Behaglichkeit
- Thermische Behaglichkeit
- Olfaktorische Behaglichkeit
- Kreativität und Planung
- Building Information Modeling (BIM)
- Energie im Wettbewerb
- Naturhotel Tannerhof, Bayrischzell

Behaglichkeit wird beim Bauen oft mit der Einhaltung von genormten, messbaren Grenzwerten gleichgesetzt, z. B. für die Raumtemperatur, die Luftqualität oder die Beleuchtungsstärke. Für das Wohlbefinden spielen jedoch weitere, oft subjektive und nur schwer bewertbare Aspekte eine Rolle, wie Ästhetik, Magie, Geborgenheit, die Möglichkeit der Einflussnahme oder die Nachvollziehbarkeit. Diese Aspekte sind zudem kulturell, alters- und geschlechtsspezifisch unterschiedlich, unterliegen einem Wandel im Laufe des Tages und des Jahres und ändern sich mit dem Zeitgeist. Der Mensch analysiert seine Umwelt nicht wie ein physikalisches Messinstrument, sondern gewinnt stets mit mehreren Sinnen gleichzeitig einen Gesamteindruck. So stehen die Temperatur- und Schallwahrnehmung in Wechselwirkung mit der Farbe oder das Geruchsempfinden mit der Temperatur und der Luftfeuchtigkeit. Mittlerweile ist es möglich, nahezu alle Prozesse des Gebäudebetriebs zu automatisieren. Grundsätzlich sollten jedoch Gebäudehülle und Gebäudetechnik so konzipiert sein, dass der Nutzer die Raumtemperatur, den Luftwechsel sowie das Tages- und Kunstlichtmilieu nach seinen individuellen Bedürfnissen direkt einstellen kann. Die Berücksichtigung energetischer Aspekte bereits im Architekturwettbewerb sowie die Nutzung neuer digitaler Planungsmethoden erweitern die Möglichkeiten, energieoptimierte Gebäude zu entwickeln, in denen sich der Nutzer wohlfühlt.

GANZHEITLICHE BEHAGLICHKEIT

»Der Körper des Menschen ist so geformt, dass das Gesicht vom Kinn bis zum oberen Ende der Stirn und dem unteren Rand des Haarschopfes 1/10 beträgt, die Handfläche von der Handwurzel bis zur Spitze des Fingers ebenso viel, der Kopf vom Kinn bis zum höchsten Punkt des Scheitels 1/8 [...] Vom unteren Teil des Kinns aber bis zu den Nasenlöchern ist der dritte Teil der Länge des Gesichts selbst, ebenso viel die Nase von den Nasenlöchern bis zur Mitte der Linie der Augenbrauen. Von dieser Linie bis zum Haaransatz wird die Stirn gebildet, ebenfalls 1/3. [...]«

(Vitruv: Zehn Bücher über Architektur 3,1,2)

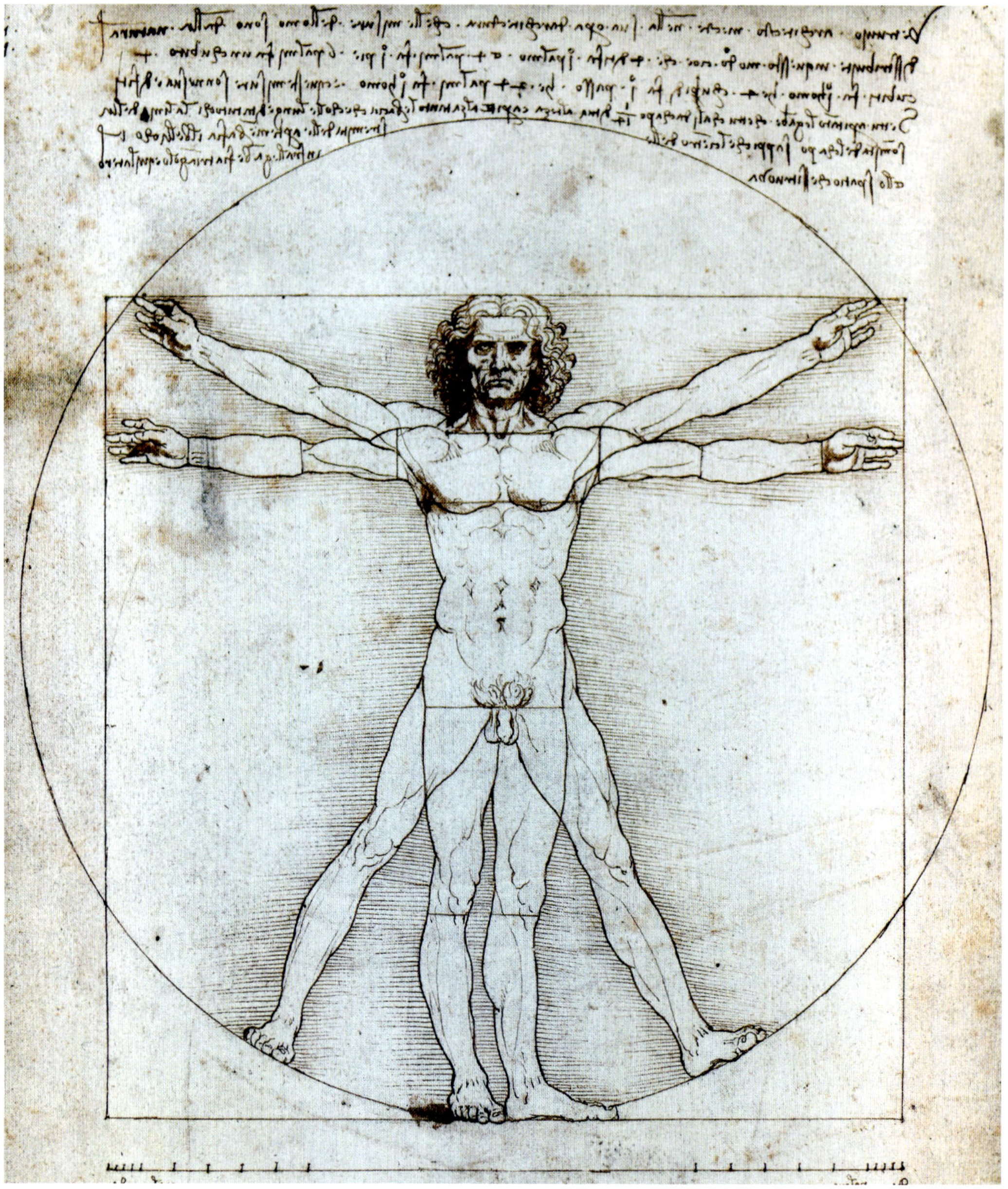

Das Wohlbefinden des Menschen setzt sich aus messbaren Behaglichkeitsgrößen, die über die Sinne wahrgenommen werden, der physischen und psychischen Konstitution sowie sozialen und kulturellen Prägungen zusammen. Um die Behaglichkeit zu bewerten, dürfen nicht nur einzelne Behaglichkeitsparameter betrachtet werden, sondern es müssen auch die umfangreichen Wechselwirkungen zwischen diesen Parametern analysiert werden. So können sich verschiedene Behaglichkeitsparameter gegenseitig verstärken oder abschwächen. Weiterhin ist zu bedenken, dass die Behaglichkeitsaspekte von Mensch zu Mensch unterschiedlich wahrgenommen und bewertet werden. Behaglichkeit wird auch situativ unterschiedlich empfunden, je nach Art der Tätigkeit, der Nutzungssituation sowie der Tages- und Jahreszeit. Eine weitere Rolle spielen die Erwartungshaltung, die mit einer bestimmten Situation verbunden wird, sowie die spezifische Aufenthaltsdauer.

Objektive Größen

Die objektiven Größen sind messbar und werden maßgeblich über die Sinne wahrgenommen. Es sind visuelle, akustische, thermische und olfaktorische Parameter, die jeweils in einem gewissen Behaglichkeitsbereich liegen müssen, damit der Mensch sich wohlfühlt. Für diese Größen sind in den Normen Bandbreiten angegeben, innerhalb derer sich ein Großteil der Menschen wohlfühlt. Dennoch bestehen individuelle Wünsche, sodass es sinnvoll ist, wenn der Nutzer auf diese objektiven Behaglichkeitsparameter individuell Einfluss nehmen kann. Ist dem Nutzer bewusst, dass er sich nur kurze Zeit in einem bestimmten Raum aufhält bzw. dass er den Ort jederzeit selbstbestimmt verändern kann, so werden auch unbehaglichere Bedingungen akzeptiert, teilweise sogar als anregend empfunden. So kann eine kühle Bauernstube mit einem Kachelofen in der Ecke mit Wohlgefühl in Verbindung gebracht werden, obwohl objektiv viele Parameter nicht im optimalem Bereich liegen. Andererseits können technisch perfekt klimatisierte Räume von vielen Menschen als unbehaglich wahrgenommen werden.

Physikalische Einflussfaktoren

Die von Mensch zu Mensch unterschiedlichen physischen Eigenschaften haben großen Einfluss auf das Behaglichkeitsempfinden. Wesentliche Parameter sind das Alter, das Geschlecht, das Gewicht, die Konstitution und der Gesundheitszustand. Auch die Tätigkeit und der damit verbundene Aktivitätsgrad spielen eine große Rolle. Die thermische Behaglichkeit ist zudem von der Kleidung abhängig.

Psychische Einflussfaktoren

Die psychische Situation eines Menschen beeinflusst das Wohlbefinden in erheblichem Maße. Je ausgeglichener ein Mensch in emotionaler Hinsicht ist, umso größer ist die Toleranz in Bezug auf objektive Behaglichkeitsparameter. Stress oder mentale Anforderungen vermindern die Toleranz für erhöhte Temperaturen, ebenso für Lärm und Störgeräusche. Die Raumakustik kann je nach Nutzung einen großen Einfluss auf das mentale Wohlbefinden haben. Die Lichtsituation kann anregend oder beruhigend wirken, je nach Tageszeit und Raumnutzung kann eine Anregung oder Beruhigung erwünscht sein.

Kulturelle Einflussfaktoren

Die kulturelle Prägung beeinflusst die Erwartungshaltung an die Behaglichkeit. In Gegenden mit einer hohen Außenluftqualität und einer geringen Lärmbelastung wird die Möglichkeit der natürlichen Lüftung als unabdingbar gesehen. In Ländern mit einem sehr heißen, feuchten oder kalten Klima bzw. einer Lärm- oder Staubbelastung im Außenraum wird die mechanische Lüftung mit konditionierter und gefilterter Luft wertgeschätzt. Teilweise wird diese Luft durch Aromastoffe optimiert.

Soziale Einflussfaktoren

Oftmals stehen behaglichkeitsspezifische Aspekte in Wechselbeziehung mit der Wertigkeit. In kühlen Ländern werden wärmere Räume und in warmen Ländern kühlere Räume als luxuriös wahrgenommen. Auch eine gedämpfte Raumakustik wird mit Wertigkeit assoziiert. Bestehen im deutschsprachigen Raum oftmals Vorbehalte gegenüber technischen Systemen zur Konditionierung der Luft, so werden diese in anderen Ländern, insbesondere im amerikanischen oder asiatischen Raum, mit großer Begeisterung angenommen.

Planungskriterien

Um die Vielzahl an individuellen Behaglichkeitswünschen befriedigen zu können, ist es sinnvoll, technische und raumklimatische Systeme mit einer hohen Flexibilität zu versehen und dem Nutzer die Möglichkeit zu geben, die Bedingungen im Raum nach seinen Bedürfnissen individuell einstellen zu können. Dafür sind einfach zu bedienende und nachvollziehbare Nutzerschnittstellen vorzusehen.

VISUELLE BEHAGLICHKEIT

Über den Sehsinn erhält der Mensch die umfassendste Information über seine Lebensumgebung. Er kann damit den Innen- oder Außenraum sowie dort vorhandene Objekte wahrnehmen. Über das Erkennen der diesbezüglichen Texturen und Farben ergibt sich eine Information über die Materialität. Für die visuelle Wahrnehmung ist Licht erforderlich, elektromagnetische Strahlung im wahrnehmbaren Wellenlängenbereich von 380 nm bis 750 nm. Das Auge kann sich in einem weiten Bereich an verschiedene Lichtsituationen anpassen, so kann sich der Mensch bei Sternenlicht bei 0,001 lx und bei strahlendem Sonnenschein bei 100 000 lx orientieren. Zunächst erfolgt die Anpassung über den Pupillenreflex innerhalb einer Bandbreite von 1 : 10. Über eine Anpassung der Lichtempfindlichkeit der Netzhaut im Auge wird diese Bandbreite um das ca. Zehnfache erweitert. Dabei erfolgt die Anpassung von dunkel auf hell sehr schnell, von hell auf dunkel kann die Adaptionszeit bis zu 40 Minuten betragen. Neben der visuellen Information hat das Licht eine große Bedeutung für die Behaglichkeit, die Leistungsfähigkeit, die Psyche und die Gesundheit des Menschen. Licht und Farbe prägen Kunst und Kultur bzw. stehen damit in Wechselwirkung. Für den Sehkomfort und somit für das Bauen sind die Beleuchtungsstärke, die Blendung und die spektrale Zusammensetzung, welche die Farbwiedergabe und die Farbtemperatur beeinflusst, die bestimmenden Parameter. Ob das Licht diffus oder direkt abgestrahlt wird, ist ebenfalls von Bedeutung, insbesondere für die Raumwahrnehmung.

Beleuchtungsstärke

Der Sehkomfort wird maßgeblich durch die Beleuchtungsstärke in Lux [lx] bestimmt. Diese bezeichnet die Lichtmenge, die auf eine bestimmte Fläche fällt. Sie ergibt sich aus dem Lichtstrom in Lumen [lm] und der Größe der jeweiligen Fläche [m^2]. Der Lichtstrom ist die gesamte Lichtmenge, die von einem Leuchtmittel abgegeben wird. Dieser ist abhängig

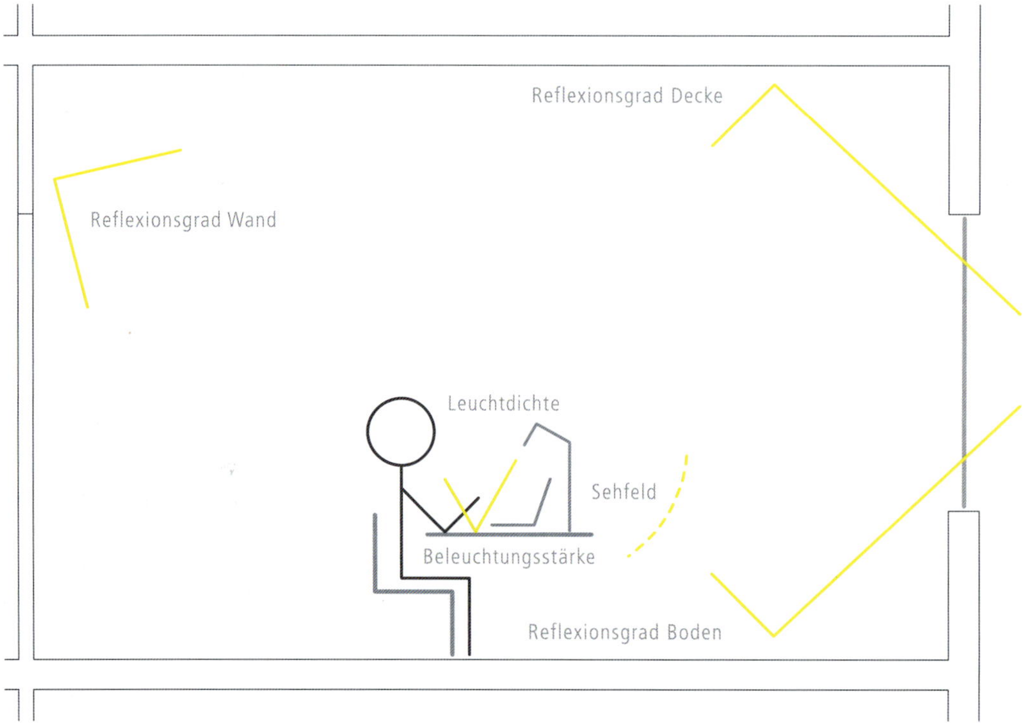

Empfohlene Beleuchtungsstärken nach DIN EN 12464-1:

Verkehrszonen	200 lx
Archive	300 lx
Arbeitsplatz	500 lx
CAD-Arbeitsplatz	500 lx
Konferenzraum	500 lx
Techn. Zeichnen	750 lx

Empfohlene Reflexionsgrade nach DIN EN 12464-1:

Decke	60–90 %
Wände	30–80 %
Arbeitsflächen	20–60 %
Boden	10–50 %

von der elektrischen Leistung [W] und der Lichtausbeute [lm/W]. Die erforderlichen Beleuchtungsstärken sind in der DIN 5035 spezifiziert. Je komplexer die Sehaufgabe ist, umso höher muss die Beleuchtungsstärke sein. Für Erschließungsflächen genügen 100 lx, für Nebenzonen 300 lx, für Büroarbeitsplätze sind mindestens 500 lx einzuhalten. Bei detailreichen Arbeiten sind höhere Beleuchtungsstärken von 750 lx bis zu 2 500 lx erforderlich, in Spezialanwendungen wie z. B. der Medizin teilweise erheblich mehr.

Blendung

Die Blendung hat maßgeblichen Einfluss auf den Sehkomfort. Sie steht in Wechselwirkung mit der absoluten Leuchtdichte [cd/m^2] oder mit den Leuchtdichteunterschieden. Ist die Leuchtdichte größer als 10 000 cd/m^2, kommt es zur Absolutblendung, das Auge kann sich nicht mehr anpassen und die Sehleistung ist gestört. Direktblendung entsteht durch zu hohe Leuchtdichten im Gesichtsfeld. Reflexblendung ergibt sich durch die Reflexion von Lichtquellen auf Oberflächen, sie hängt vom Glanzgrad und der Position der reflektierenden Fläche zur Lichtquelle ab. Relativblendung wird durch zu hohe Leuchtdichteunterschiede im Gesichtsfeld hervorgerufen. Diese dürfen das Verhältnis von 10 : 3 : 1 für die Bereiche Sehaufgabe, Umgebungsbereich und Umfeld nicht überschreiten.

Farbtemperatur und Farbwiedergabe

Die spektrale Zusammensetzung des Lichts bestimmt die Farbtemperatur in Kelvin [K] und die Farbwiedergabe. Licht mit einer Farbtemperatur bis ca. 3 300 K ist warmweiß und wird aufgrund des erhöhten Rotanteils als warm und beruhigend wahrgenommen. Zwischen 3 300 K und 5 300 K ist das Licht neutralweiß. Über 5 300 K ist das Licht tageslichtweiß und wirkt auf den Menschen aktivierend. Das Tageslicht schwankt von 5 000 K morgens und abends bis über 10 000 K bei blauem wolkenlosen Himmel. Die spektrale Zusammensetzung von künstlichem Licht bestimmt die Farbwiedergabe. Enthält das Licht einer künstlichen Lichtquelle alle Spektralfarben im selben Verhältnis wie das Sonnenlicht, so sehen die Farben natürlich aus. Fehlen bei einem Leuchtmittel Spektralbereiche, dann ergibt sich eine Farbverschiebung. Diese hat Auswirkungen auf die Behaglichkeit und die Farbwahrnehmung, die vor allem im Handel oder in der Produktion von Bedeutung ist.

Planungsstrategien

Für die Behaglichkeit ist in Daueraufenthaltsräumen eine weitreichende Tageslichtversorgung unabdingbar. Ebenso reduziert diese den Strombedarf und die Kühllasten sind geringer. Vor diesem Hintergrund sind bei der Gebäudekonzeption die Tiefe von Räumen und die Innenzonen von Gebäuden auf eine optimale Tageslichtnutzung abzustimmen. Bei Nutzräumen beträgt die Raumtiefe ca. das 1,5-fache der Sturzhöhe. Innenbereiche von Gebäuden können auch durch Oberlichter oder Lichthöfe mit Tageslicht versorgt werden. Ein wichtiger Aspekt ist die Blendung, insbesondere bei Bildschirmarbeitsplätzen. Hier ist ein innenliegender Blendschutz vorzusehen, auch an nördlich orientierten Fassaden.

Mit der Digitalisierung ist eine Lichtsteuerung auf einfache Weise möglich geworden. Dadurch werden Beleuchtungsstrom eingespart, interne Wärmelasten reduziert und der Nutzer kann die Beleuchtungsstärke seinen Tätigkeiten und seinen Bedürfnissen entsprechend anpassen. Bei LED lassen sich die Lichtfarbe und die Farbtemperatur steuern. Damit ergeben sich neue Möglichkeiten, das Licht auf die Nutzung, den Aktivitätsgrad und den Tagesrhythmus anzupassen (biodynamisches Licht). Es ist zu prüfen, wie hoch das Beleuchtungsniveau in den jeweiligen Bereichen eines Raums sein muss. So ist es nicht immer notwendig, die komplette Fläche eines Büros mit 500 lx auszuleuchten. Durch eine Konzeption von Beleuchtungszonen und eine entsprechende Steuerbarkeit, auch mit Bewegungssensoren, kann Beleuchtungsstrom eingespart werden.

Mensch

Wahrnehmbare Beleuchtungsstärken:
0,1–100 000 lx

Leuchtdichtebereich:
10^{-6} – 10^{5} cd/m^2

Gesichtsfeld Mensch:
vertikal 140°
horizontal 180°

AKUSTISCHE BEHAGLICHKEIT

Über das Hören findet eine unterbewusste Raumwahrnehmung statt. Auch die zwischenmenschliche Kommunikation erfolgt maßgeblich darüber. Die akustische Wahrnehmung erfolgt über Schallwellen. Diese sind Druck- und Dichteschwankungen in der Luft, die sich mit Schallgeschwindigkeit ausbreiten. Das menschliche Ohr kann Tonhöhen [Hz] in einem Frequenzbereich von 20 Hz bis 20 000 Hz wahrnehmen. In Bezug auf die Schallintensität in Dezibel [dB] kann das Gehör in einem Bereich von ca. 10 dB bis zur Schmerzgrenze von 130 dB hören. Die Schallwahrnehmung ist dabei frequenzabhängig und bei 4 000 Hz am höchsten. Darüber nimmt sie etwas ab, bei tiefen Frequenzen nimmt sie erheblich ab. Dieser Effekt ist auch schallpegelabhängig. Um diese Eigenschaft des Ohrs in einer Kenngröße abzubilden, gibt es bewertete Schalldruckpegel [dB(A)]. Eine Verdopplung der Schallquellen bewirkt eine Schallpegeländerung von +3 dB, eine Schallpegeländerung von +10 dB wird als doppelt so laut wahrgenommen. Das Hören beeinflusst die Behaglichkeit, die Konzentrationsfähigkeit und die Kommunikationsfähigkeit von Menschen in Räumen. Im Baubereich sind der Schallschutz vor Außenlärm, die Körper- und Luftschallübertragung innerhalb eines Gebäudes sowie die Raumakustik von Bedeutung. Die akustischen Verhältnisse in einem Raum werden von der Raumanordnung im Gebäude, dem Außenlärm, der Schalldämmung der Fassade und der Innenbauteile, der Geräuschentwicklung haustechnischer Anlagen, der Raumgröße, der Raumform sowie der Schallabsorptionsfähigkeit der Innenoberflächen bestimmt.

Luftschallschutz

Beim Schallschutz gilt es, das Eindringen von Außenlärm und die Luftschallübertragung von Raum zu Raum zu verhindern. Der Außenlärmeintrag kann in einem ersten Ansatz konzeptionell durch eine optimierte Baukörperanordnung, durch Wintergärten, Schallschutzwände oder Pflanzen reduziert werden. Weiterhin ist

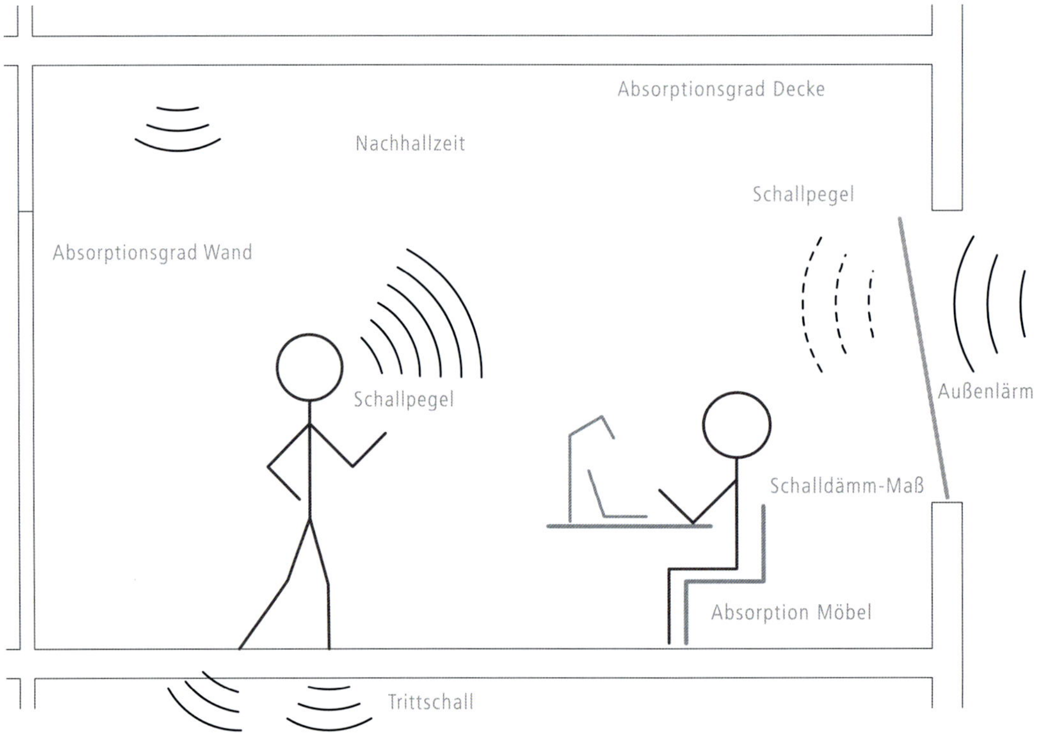

Typische Schallpegel:

Konzerthaus	< 20 dB(A)
Schlafraum	25–30 dB(A)
Wohnraum	35–40 dB(A)
Büro	45–55 dB(A)

Typische Nachhallzeiten:

Tonstudio	0,2–0,3 s
Wohnraum	0,5–0,6 s
Büroraum	0,5–0,7 s
Besprechung	0,6–0,8 s
Unterricht	0,6–0,8 s
Vortrag	0,7–0,9 s
Konzerthaus	1,0–2,0 s

die Fassade in Bezug auf den Schallschutz optimiert auszubilden. Dies erfolgt durch Bauteile mit höherer Masse und durch Schallschutzgläser. Der größte Teil des Außenlärmeintrags dringt über geöffnete Fassadenöffnungen für die natürliche Lüftung in den Raum ein. Hier kann durch eine zweite Glasebene der Lärmeintrag vermindert werden. Ein Mindestmaß an akustischen Einflüssen vom Außenraum ist günstig für den Außenbezug und ein gewisser Grundschallpegel vermindert die Verständlichkeit von Gesprächen in Nachbarräumen, wodurch sich die Vertraulichkeit verbessert. Um die Schallübertragung innerhalb des Gebäudes zu reduzieren, sollten die Innenwände schalldämmend ausgeführt werden. Dies kann durch Innenbauteile höherer Masse oder durch Konstruktionen mit zwei akustisch entkoppelten Schalen unterschiedlicher Eigenfrequenz in Verbindung mit einer Dämpfung des Zwischenraums erfolgen. In Büroräumen soll der Schallpegel 55 dB(A) nicht überschreiten, bei Arbeiten, die eine hohe Konzentration erfordern, sollte er unter 45 dB(A) liegen. Bei Wohngebäuden sind die Anforderungen höher. In Wohnräumen sollte der Schallpegel unter 40 dB(A) liegen, in Schlafräumen unter 30 dB(A).

Körperschallschutz

Die Körperschallübertragung tritt in der Regel durch Trittschall, aber auch durch Anregung von Bauteilen, z. B. über Sanitärgegenstände, auf. Um eine Trittschallübertragung zu vermeiden, ist der Estrich schwimmend auf einer Trittschalldämmung auszuführen. Dabei ist auf die Entkoppelung der Ränder mit einem Randdämmstreifen ein besonderes Augenmerk zu richten. Im Sanitärbereich sollte eine weitreichende Entkopplung vorgesehen werden.

Raumakustik

Die Raumakustik beschreibt die Art der Schallausbreitung in Räumen. Hier ist die Dimensionierung und räumliche Verteilung schallabsorbierender und schallreflektierender Flächen im Raum das bestimmende Kriterium für die Behaglichkeit, die Konzentrationsfähigkeit und die Sprachverständlichkeit. Das Maß für die Raumakustik ist die Nachhallzeit T_{60}[s], die Zeitdauer in Sekunden, in der der Schalldruckpegel um 60 dB abnimmt, nachdem die Schallquelle verstummt ist. Die für einen bestimmten Raum richtige Nachhallzeit hängt von seinem Volumen und seiner Nutzung ab. In Büroräumen ist ein niedriger Geräuschpegel wichtig. Das bedeutet, dass solche Räume keine lange Nachhallzeit haben dürfen. Sie sollte je nach Raumvolumen bei 0,5 s bis 0,7 s liegen. In Unterrichts-, Besprechungs- und Vortragsräumen ist eine gute Sprachverständlichkeit wichtig. Hier liegt die anzustrebende Nachhallzeit mit 0,6 s bis 0,9 s höher. Säle für Musik haben mitunter lange Nachhallzeiten von bis zu 2,0 s, teilweise kann diese durch bauliche Maßnahmen auch variabel anpassbar sein.

Planungsstrategien

Für den Schallschutz ist eine günstige Raumanordnung die effizienteste Maßnahme. Räume mit erhöhten Schallschutzanforderungen sollten von Außenlärmquellen und von inneren Schallemissionen möglichst weit entfernt angeordnet werden. Eine Herausforderung ist die natürliche Lüftung bei Schallbelastung. Hier können Prallscheiben, Kastenfenster, ein Wintergarten oder eine Doppelfassade eine natürliche Lüftung ermöglichen und gegebenenfalls eine mechanische Lüftung erübrigen.

Freiliegende Speichermassen, die aus raumklimatischer Sicht wünschenswert sind, führen oftmals zu raumakustischen Nachteilen, da eine abgehängte Decke mit Akustikelementen nicht möglich ist. Mit einer raumakustisch wirksamen Möblierung kann Abhilfe geschaffen werden, z. B. durch eine perforierte Tischunterseite. Bei der Betonkernaktivierung stellt der Trittschallschutz eine besondere Herausforderung dar, da ein schwimmender Estrich gegebenenfalls nicht eingebaut werden kann. Eine erhöhte Deckendicke und ein weicher Bodenbelag, z. B. Nadelfilz, können zu einer Verbesserung des Schallschutzes beitragen.

Mensch

Wahrnehmbarer Frequenzbereich: 20–20 000 Hz

Frequenzbereich menschliche Sprache: 100–8 000 Hz

Wahrnehmbarer Schalldruckpegel: 10–130 dB

THERMISCHE BEHAGLICHKEIT

Die Haut ist das sensibelste Sinnesorgan des Menschen mit Rezeptoren für Kälte, Wärme, Druck und Schmerz. Das Kälteempfinden wird lokal über Kältesensoren der Haut registriert, das Wärmeempfinden global über Wärmesensoren im Gehirn. Über die Haut wird die Temperatur des Körpers reguliert. Bei zu niedrigen Temperaturen verengen sich die Blutgefäße, wodurch die Durchblutung vermindert wird und sich die Wärmeabgabe reduziert. Bei zu hohen Temperaturen fängt der Körper zu schwitzen an und es wird Wärme mit bis zu 300 W/m² über Verdunstung abgegeben. Luftbewegung erhöht die Wärmeabgabe, dies wird je nach Situation als behaglich oder unbehaglich empfunden. Das Wärmeempfinden eines Menschen wird beeinflusst von seiner Tätigkeit, seiner Bekleidung, seiner Gesundheit, seinem Alter und dem Geschlecht. Weitere Faktoren sind die Aufenthaltsdauer im Raum, die Jahreszeit oder auch der kulturelle Hintergrund. Das Raumklima in Gebäuden setzt sich zusammen aus der Lufttemperatur, der Lufttemperaturverteilung, den Oberflächentemperaturen, den Strahlungsverhältnissen, der Luftgeschwindigkeit und der Luftfeuchte. Bei längerem Aufenthalt in Räumen mit zu hohen Temperaturen verringert sich die Leistungsfähigkeit, bei zu niedrigen entsteht thermische Unbehaglichkeit. Die thermische Behaglichkeit hat Auswirkungen auf die erforderliche thermische Qualität der Gebäudehülle und auf die notwendige Gebäudetechnik. Sie beeinflusst den Energieaufwand für Heizung und Kühlung, der mit 50 % bis 75 % den größten Anteil am Gesamtenergiebedarf eines Gebäudes einnimmt. Insbesondere der Kältebedarf steht in Wechselbeziehung mit der thermischen Behaglichkeit. Der Energiebedarf für die Kühlung wird infolge der Klimaerwärmung künftig zunehmen.

Operative Raumtemperatur

Die operative Raumtemperatur setzt sich aus der Raumlufttemperatur und der mittleren Oberflächentemperatur der raumumschlie-

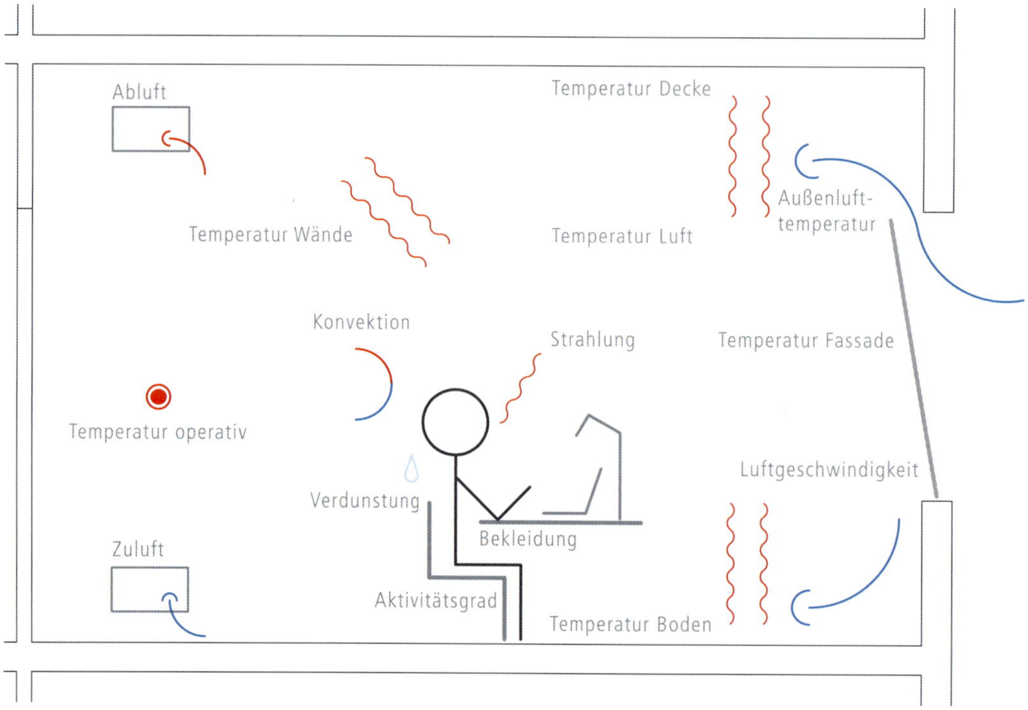

Behagliches Raumklima

Winter

op. Raumtemperatur:
22° C ± 2 K

Luftgeschwindigkeit:
0,16 m/s

Sommer

op. Raumtemperatur:
24° C ± 1,5 K

Luftgeschwindigkeit:
0,19 m/s

ßenden Flächen zusammen. Sind die Temperaturen der Oberflächen bedingt durch einen besseren Wärmeschutz oder aufgrund von Flächenheizsystemen höher, so kann die Raumlufttemperatur niedriger sein, wodurch sich die Lüftungswärmeverluste reduzieren. Die optimale operative Raumtemperatur hängt vom Aktivitätsgrad und der Bekleidung ab. In Ruhe bei angepasster Bekleidung ist im Winter eine operative Raumtemperatur von 22 °C ein guter Wert, Temperaturen unter 20 °C werden als kühl empfunden, Temperaturen über 24 °C als zu warm. Bei Nutzungen mit hoher Aktivität oder wärmerer Bekleidung, z. B. im Fitnessstudio, in der Werkstatt, im Flughafen, sind niedrigere Temperaturen zu wählen, höhere Temperaturen sind z. B. in medizinischen Behandlungsräumen oder Schwimmbädern sinnvoll. Im Sommer empfiehlt sich ein Temperaturbereich von 22 °C bis 26 °C, die Grenztemperatur nach der Arbeitsstättenrichtlinie liegt bei 26 °C. Gegebenenfalls sind auch Temperaturen über 26 °C akzeptabel, sofern sie gleitend 5 K unter der Außenlufttemperatur liegen. Bei erhöhten Anforderungen an die Leistungsfähigkeit oder bei einem bestehenden Kleidungscodex stellen 25 °C eine sinnvolle Obergrenze dar. Ein weiterer Aspekt für die thermische Behaglichkeit besteht darin, dass für die Temperaturen einzelner Flächen Grenzen bestehen, welche die Energieübertragung einschränken. So ist die Heizleistung über die Decke mit 40 W/m^2 bis 50 W/m^2 begrenzt. Die Fußbodentemperatur sollte 19 °C nicht unterschreiten, wodurch mit ca. 20 W/m^2 nur ein geringes Kühlpotenzial besteht. Ebenso kann sich bei schlecht gedämmten Außenfassaden Strahlungsasymmetrie einstellen, der durch fassadennahe Heizflächen begegnet werden kann.

Luftfeuchte

Die Luftfeuchte hat Einfluss auf die thermische Behaglichkeit und Auswirkungen auf die Schleimhäute und die Haut. Die ideale Luftfeuchte liegt bei 40 % bis 50 %. Im Sommer werden relative Luftfeuchten über 70 % als unangenehm schwül empfunden. Eine zu hohe Luftfeuchte birgt zudem die Gefahr von Schimmelpilzbildung, insbesondere bei vorhandenen Wärmebrücken. Im Winter besteht die Gefahr einer zu niedrigen Luftfeuchte von unter 20 %, die zu trockener Haut und gereizten Schleimhäuten und infolgedessen zu Atemwegserkrankungen führen kann. Zudem wird die elektrostatische Aufladung von Kunststoffen begünstigt. Dennoch wird eine maschinelle Befeuchtung der Zuluft aufgrund der möglichen Keimbildung mittlerweile kritisch gesehen.

Luftgeschwindigkeit

Luftbewegung im Winter wird ab einer Geschwindigkeit von 0,1 m/s bis 0,2 m/s als unbehaglicher Luftzug wahrgenommen. Bei Zuluftauslässen und an hohen Glasfassaden ist auf zu hohe Strömungsgeschwindigkeiten zu achten. Im Sommer kann eine höhere Luftgeschwindigkeit die Wärmeabgabe des menschlichen Körpers verbessern, was als angenehm empfunden werden kann, sofern die Luftgeschwindigkeit unter 0,5 m/s bleibt und der Nutzer Einfluss auf den Luftstrom nehmen kann, z. B. bei einem Ventilator.

Planungsstrategien

In Bezug auf das Raumklima gilt es, die Anforderungen für die maximal zulässigen Raumtemperaturen sorgfältig abzuwägen, da mit jedem Grad geringerer Raumtemperatur im Sommer bzw. höherer Raumtemperatur im Winter der technische und energetische Aufwand enorm steigt. Gut gedämmte Außenwände und Fenster mit Dreischeiben-Wärmeschutzverglasung weisen höhere innere Oberflächentemperaturen auf. Dadurch ist keine Heizfläche an der Außenfassade notwendig und der Installationsaufwand reduziert sich. Zudem ist die erforderliche Heizleistung des Gebäudes geringer. Insbesondere bei innovativen Wärmeerzeugungssystemen können somit Investitionskosten eingespart werden. Insgesamt reduziert ein guter Wärmeschutz den Energiebedarf, vermindert die Technikkosten und erhöht die Behaglichkeit.

Mensch

Hauttemperatur:
im Mittel 32–34 °C

Körperkerntemperatur:
36,5–37,0 °C

Oberfläche:
1,7–1,9 m^2

Feuchteabgabe:
ca. 30 g/h bis zu 150 g/h

Gesamtwärmeabgabe:
von 80 W bis über 270 W

Anteile der Wärmeabgabe:
Kopf 30 %, Hände 20 %,
Fußsohlen 35 %,
Rumpf 15 %

OLFAKTORISCHE BEHAGLICHKEIT

Die ursprünglichste Aufgabe des Geruchssinns war es, reflexartig und ohne Umwege über das Bewusstsein bei Gefahr Schutzreaktionen auszulösen. Über die Nase hat ein Mensch den schnellsten Zugang zu seiner Gefühlswelt, da jeder Duft auf direktem Weg das Gefühls- und Erinnerungszentrum im Gehirn anregt. Gerüche, an die man sich erinnert, sind immer emotional belegt. Ein Mensch kann mindestens 10 000 verschiedene Gerüche durch abgespeicherte Geruchsmuster im Gehirn auch in extremer Verdünnung unterscheiden. Die menschliche Nase kann aktuell nicht durch Sensoren nachgebildet werden. Die Wahrnehmung eines intensiven Geruchs nimmt bereits nach sehr kurzer Zeit ab, man bemerkt typischerweise nicht, wenn man sich in einem Raum mit schlechter werdender Luftqualität aufhält. Die Luftfeuchte und Lufttemperatur haben einen wichtigen Einfluss auf das Geruchsempfinden. Die Luftqualität wird mit zunehmender Luftfeuchte oder Lufttemperatur als schlechter empfunden. Das Lüften von Räumen ist primär zur Abfuhr von ausgeatmetem CO_2 wichtig, weniger – wie häufig angenommen – für die Versorgung mit Sauerstoff. Weitere Aspekte sind die Abfuhr von Luftfeuchtigkeit und von Schad- und Geruchsstoffen. Die Qualität der Raumluft ist abhängig von der Reinheit der Frischluft und den Verunreinigungen, die sich durch die Nutzung sowie die Materialien im Raum und in Lüftungsanlagen ergeben. Die Lüftung hat einen erheblichen Einfluss auf den technischen Aufwand und die Fassadenkonstruktion. Zudem bestimmt sie den Energiebedarf zur Kompensation der Lüftungswärmeverluste, für die Antriebsenergie sowie für die Kühlung der Zuluft im Sommer.

CO_2-Konzentration

Die CO_2-Konzentration sollte unter 0,10 % liegen. Dieser Wert wurde von Max von Pettenkofer bereits 1858 beschrieben. Die DIN 1946 fordert als Grenzwert 0,15 %. Steigt die CO_2-Konzentration über diesen Wert, können Nutzer sich unwohl fühlen, was sich in

Typischer erforderlicher Frischluftbedarf je Person:

Verkehrsfläche:	20 m³/h
Wohnraum:	30 m³/h
Schulungsraum:	30 m³/h
Gastronomie:	30 m³/h
Konferenzraum:	30 m³/h
Einzelbüro:	40 m³/h
Großraumbüro:	60 m³/h

Flächenbezogene Verunreinigungslast in Büros:

Personen:	0,1 olf/m²
Materialien:	0,2 olf/m²
Lüftung:	0,2 olf/m²
Raucher:	0,5 olf/m²

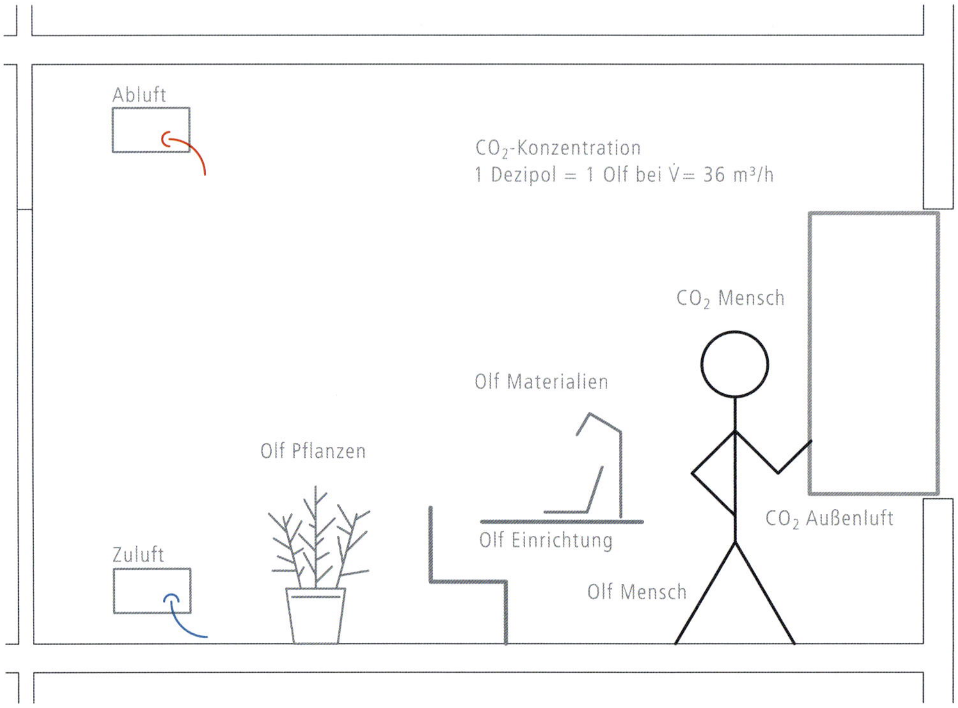

Müdigkeit, verminderter Konzentration oder Kopfschmerzen äußern kann. Ebenso nimmt das Ansteckungsrisiko zu. Für die CO_2-Abfuhr ist je Person ein Luftwechsel von 30 m^3 in der Stunde ein guter Wert, bei dem die Pettenkofer-Grenze eingehalten wird. Mit diesem Volumenstrom werden in der Regel auch die Geruchsstoffe und die Luftfeuchtigkeit sicher abgeführt.

Feuchteabfuhr

Eine weitere wichtige Funktion der Lüftung ist die Abfuhr von Feuchte, die in den Räumen durch Menschen und durch die Nutzung, wie z. B. Kochen oder Duschen, oder durch Feuchtequellen, wie Pflanzen oder Wäsche, freigesetzt wird. Diese Thematik hat in den letzten Jahrzehnten vor dem Hintergrund dichter werdender Gebäudehüllen zugenommen. Insbesondere an Wärmebrücken besteht bei einer relativen Raumluftfeuchte über 70 % die Gefahr von Kondensat auf der Bauteiloberfläche mit der Folge von Schimmelpilzbildung.

Olfaktorische Luftqualität

Ein Maß für die geruchsspezifische Verunreinigung der Luft ist das Olf [olf]. Es entspricht der Freisetzung von Geruchsstoffen durch einen Menschen mit üblichem Hygienestandard bei leichter Bürotätigkeit. Findet die Geruchsbelastung von einem Olf in einem Luftvolumenstrom von 36 m^3/h statt, so ergibt sich eine wahrnehmbare Geruchsintensität von einem Dezipol [dp]. Die Anforderungen an eine als angenehm empfundene Luftqualität beim Betreten des Raums bewegen sich zwischen 0,7 dp und 2,5 dp. Für eine gute olfaktorische Behaglichkeit ist es vorteilhaft, wenn nur wenige geruchsemittierende Materialien im Raum verbaut sind. Weiterhin ist es günstig, wenn die Oberflächen leicht zu reinigen und wischbar sind. Textile Bodenbeläge, Vorhänge oder Möbel neigen dazu, Gerüche anzunehmen. Dadurch ist ein höherer Luftwechsel im Raum notwendig, wodurch sich ein erhöhter Lüftungswärmebedarf ergeben kann.

Planungsstrategien

Die Festlegung des Luftwechsels muss sorgfältig erfolgen. Einerseits soll dem Nutzer eine möglichst gute Luftqualität zur Verfügung stehen, andererseits steigt mit zunehmendem Luftwechsel der technische Aufwand und der Energiebedarf. Wenn der Nutzer individuell und selbstbestimmt ergänzend natürlich lüften kann, ist auch ein geringerer Luftwechsel als 30 m^3/h pro Person möglich. Dadurch kann die Dimensionierung einer Lüftungsanlage kleiner erfolgen und der Platzbedarf für die Lüftungszentrale sowie für Schächte und Kanäle vermindert sich, wodurch technische und bauliche Kosten eingespart werden. Bei hoher Außenluftqualität lässt sich die Außenluftwechselrate reduzieren. Die Untergrenze sollte 20 m^3/h je Person allerdings nicht unterschreiten.

Für eine sichere Feuchteabfuhr in Abwesenheit des Nutzers sollte die Luftfeuchte gemessen werden und der Raum so lange maschinell gelüftet werden, bis die relative Luftfeuchte wieder unter 70 % liegt. Im Hinblick auf die olfaktorische Behaglichkeit kann durch eine Auswahl von Materialien, die wenig Gerüche absorbieren, die Luftqualität verbessert und der Energiebedarf für Lüftung verringert werden. In der Regel sind dann allerdings die Flächen weniger schallabsorbierend, sodass auf eine Wechselwirkung mit der Raumakustik zu achten ist.

Mensch

Unterscheidung von 10 000 verschiedenen Düften

16 Atemzüge pro Minute

Atemluftmenge:
0,5–9 m^3/h

CO_2-Abgabe:
10–20 l/h

Geruchsemmission:
1 olf

KREATIVITÄT UND PLANUNG

Bei komplexen Projektstrukturen kann es hilfreich sein, Gedankengänge in Gedankenskizzen grafisch zu strukturieren. Dies kann vollkommen frei erfolgen oder z. B. in Form einer »Mindmap« eine gewisse gedankliche Hierarchisierung erfahren.

Zeichnung: Özlem Gün

Ein Entwurfs- oder Planungsprozess führt nicht zu einem abgeschlossenen Ergebnis, wie z. B. bei einer Rechenaufgabe, sondern ist immer nur eine Annäherung an eine Problemlösung. Dies liegt darin begründet, dass bei der Gebäudeplanung messbare und berechenbare Größen mit weichen Faktoren wie Nutzbarkeit und Ästhetik in Einklang gebracht und gegeneinander abgewogen werden müssen. Der Planungsprozess von Gebäuden ist in den letzten Jahrzehnten zunehmend komplexer geworden. Gab es früher eng umgrenzte Bauaufgaben, wie z. B. Wohnhaus, Werkstatt, Büro, mit definierten Anforderungs- und Nutzungsprofilen, so hat sich seit der Jahrtausendwende, vor allem im Kontext der Digitalisierung, die Nutzung von Gebäuden erweitert und sind die Anforderungen an die Flexibilität und Umnutzbarkeit enorm gestiegen. Häufig werden Nutzungen auch in einem Quartier oder Ensemble aus Gebäuden kombiniert, teilweise in einem Gebäude, mitunter sogar in Gebäudeteilen oder einzelnen Räumen. Infolge des zunehmenden Fokus auf die Nachhaltigkeit von Gebäuden, verbunden mit erhöhten Ansprüchen an die Behaglichkeit, insbesondere in Bezug auf das Raumklima im Sommer, haben sich zusätzliche Anforderungen an die architektonische und technische Gebäudeplanung ergeben. War der Technikanteil früher mit zugehörigen Kosten von unter 20 % der Baukosten noch sehr gering, da er sich vorwiegend auf Heizung und Elektrotechnik beschränkte, so hat sich in den letzten Jahrzehnten der Technisierungsgrad zunehmend erhöht und der diesbezügliche Kostenanteil ist auf bis zu 50 % gestiegen. Es sind die Lüftung mit Wärmerückgewinnung, die Kühlung, regenerative Energieerzeugungssysteme und die Gebäudesteuerung dazugekommen. Die Gebäudesteuerung sowie die Energieerzeugung und -speicherung unterliegen aktuell immer noch einem kontinuierlichen technologischen Fortschritt, sodass sich diese Systeme stets verändern. Gebäudekonzepte müssen heute flexibler als früher sein, um sich geänderten Nutzungen,

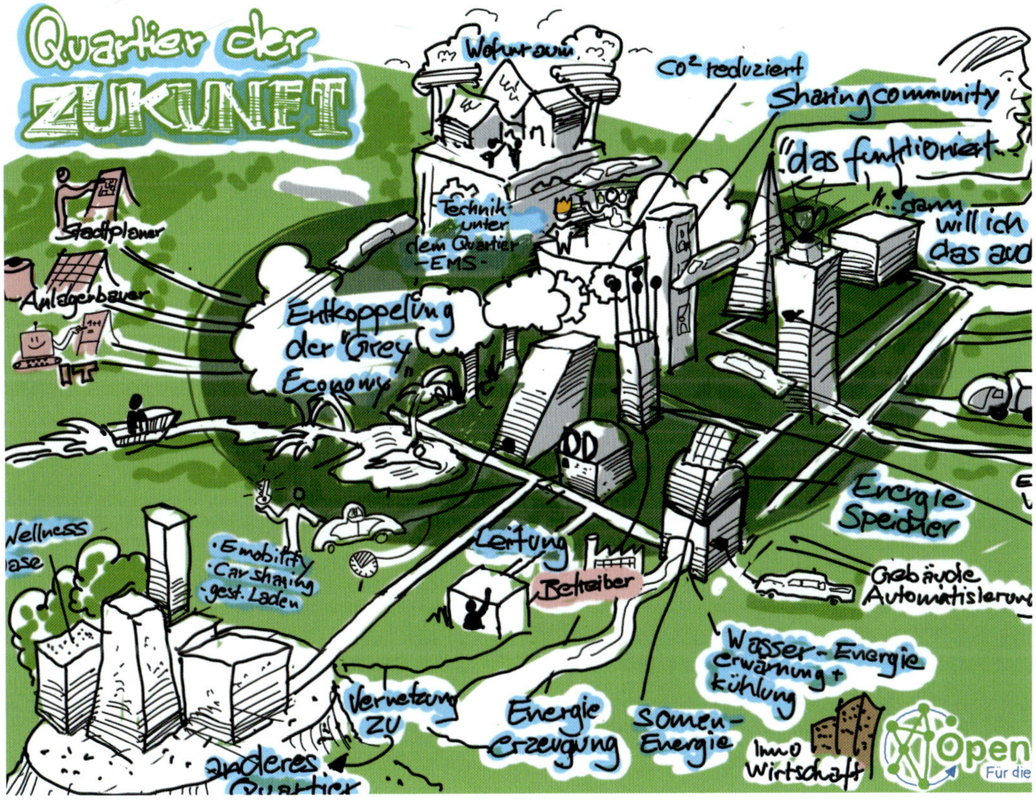

Mit sogenanntem »Graphic Recording« kann ein intuitiver spielerischer Kreativitätsprozess einer Gruppe begleitend dokumentiert werden. Es entstehen dann »Wimmelbilder«, die je nach Prozess eine unterschiedliche Detaillierung der jeweiligen Themen aufweisen. In der reflexiven Diskussion der Beteiligten über das »Wimmelbild« entstehen wiederum neue Erkenntnisse, sodass ein kontinuierlicher Prozess in Gang kommt.

Die Grafik wurde im Kontext eines Workshops des »Open District Hub« in Kooperation mit der Fraunhofer-Gesellschaft erstellt.

Zeichnung: Jens Hahn

Technologien und Nachhaltigkeitsstrategien anpassen zu können. Der Planungsprozess für ein Gebäude gliedert sich in verschiedene aufeinanderfolgende Phasen, die jeweils eigene Arbeitsmethoden und Planungsstrategien erfordern: Bevor die eigentliche Planung für ein Projekt beginnt, ist es wichtig, sich über die Projektziele Klarheit zu verschaffen und eine Bedarfsplanung durchzuführen. Dies ist teils ein logischer Prozess, teils läuft er jedoch vollkommen intuitiv ab. In dieser Ideen- oder Konzeptphase geht es darum, sich über die Funktionen und Eigenschaften des geplanten Gebäudes klar zu werden. Hier werden die Rahmenbedingungen und Anforderungen spezifiziert. Diese sind dabei sorgfältig zu überprüfen und abzuwägen, da sie im weiteren Projektverlauf umfangreiche Einschränkungen oder Mehrkosten bewirken bzw. zu einem erheblichen Energie- und Technikaufwand führen können. In dieser Phase ist es häufig auch sinnvoll, die späteren Nutzer oder andere von dem Projekt Betroffene einzubeziehen, um die bestmögliche Funktionalität zu erreichen und um mögliche Bedenken gegenüber dem Projekt auszuräumen. Um im Planungsprozess intuitive Erkenntnisse zu erhalten, ist es häufig hilfreich, mit den Händen zu arbeiten, zu skizzieren, zu modellieren oder im freien Dialog mit anderen zu stehen. Generell ist es sinnvoll, Lösungsstrategien strukturiert und spielerisch im Team zu entwickeln, um das Wissen und die Erfahrungen zahlreicher Nutzer, Planer und Experten interaktiv in den Planungsprozess einfließen zu lassen. Bei heutigen Bauprojekten, die energetisch und funktional optimiert werden, sind eine Vielzahl von Fachdisziplinen involviert. Hierbei ist es notwendig, die verschiedenen Spezialisten zu einem Planungsteam zusammenzuführen, damit diese ihr Expertenwissen optimal in das Projekt einbringen können. Ein idealer Planungsprozess ist eine Kombination von strukturierten zielgerichteten Arbeiten in Verbindung mit einer intuitiven agilen Vorgehensweise, die Raum lässt für unerwartete Lösungsmöglichkeiten.

Beteiligungsverfahren

Neue Projekte und Technologien lösen oftmals Widerstände bei betroffenen Nutzern, Mitarbeitern oder Bürgern aus. Um berechtigte Bedenken zu erkennen und in den Prozess einfließen zu lassen und um unbegründete Sorgen auszuräumen, ist es wichtig, alle von einem Vorhaben Betroffenen von Beginn an in den Verfahrensprozess einzubinden, auch um nachhaltig tragfähige Kompromisse oder Kompensationsmöglichkeiten zu finden. Diese Beteiligungsverfahren bedürfen der empathischen Moderation, damit alle Beteiligten »sich mitgenommen fühlen«. Der Mensch neigt dazu, Veränderungen des Gewohnten tendenziell abzulehnen. Diesen Mechanismus gilt es zu durchbrechen und die Chancen und Potenziale der Veränderung aufzuzeigen. Im Idealfall fließt die Erfahrung der Betroffenen in den Prozess mit ein und bietet auf diese Weise ein Optimierungspotenzial.

Planungsworkshops

In der Spezifikationsphase eines Gebäudes müssen die Erfahrungen der Planer und späteren Nutzer eines Gebäudes zusammengeführt werden. Die Schwierigkeit besteht darin, dass die Nutzer nicht in bauspezifischen oder technischen Kategorien denken und die Planer die oftmals komplexen nutzungsspezifischen Zusammenhänge nicht vollumfänglich überblicken können. Um dieser Herausforderung zu begegnen, ist es in der Praxis oft sinnvoll, moderierte interaktive Workshops durchzuführen. Dabei haben sich auch spielerische Methoden, wie das Malen oder das Bauen mit Legosteinen, bewährt, um komplexe Sachverhalte auf intuitive Weise verständlich zu machen. Eine weitere Methode, um die spätere Nutzung zu analysieren, ist die Entwicklung von sogenannten »Personas«. Dabei werden mögliche Nutzer eines Projekts beschrieben und charakterisiert. Anhand der Eigenschaften dieser »Personas« werden dann mögliche Nutzungsszenarien, Prozessabläufe, Bedürfnisse und Eigenschaften abgeleitet. Häufig werden die Nutzungsabläufe dieser »Personas« auf spielerische Weise in der Gruppe nachvollzogen, z. B. in Rollenspielen. Dadurch können Probleme in Funktionsabläufen besser erkannt werden. Eine weitere Möglichkeit besteht darin, die Dialoge und Aussagen im Verlauf dieser interaktiven Prozesse begleitend mit »Wimmelbildern« zu visualisieren. In der Auseinandersetzung mit diesen Visualisierungen werden oftmals unterbewusste Optimierungsprozesse ausgelöst und angestoßen. Bei Planungsworkshops geht es zunächst darum, dass hoch spezialisierte Experten ihr Wissen und ihre Erfahrung in ein interdisziplinäres Gesamtprojekt einfließen lassen. Dabei besteht die Herausforderung darin, sich einerseits nicht in Details zu verlieren und andererseits keine relevante Information zu übersehen. Darauf müssen die Moderatoren dieser Prozesse einen besonderen Fokus richten.

Planungsteam

War früher der Baumeister der Planer und Bauleiter eines Gebäudes in einer Person, so sind

Auf Flipcharts können mit einfachen Skizzen erste Lösungsansätze visualisiert werden. Dafür können vorbereitete Vorlagen den Ideenprozess strukturieren. In Moderations- und Beteiligungsverfahren bietet es sich an, mit beweglichen Pinnwänden zu arbeiten, sodass alle Beteiligten den Überblick behalten, am Prozess mitwirken und auf diese Weise ihre Expertise einbringen können.

Mit Quartierbauspielen können die Wünsche und Bedürfnisse der Nutzer auf einfache Weise experimentell visualisiert werden.

mittlerweile eine Vielzahl von Spezialisten an der Planung beteiligt. Dies liegt einerseits an der zunehmenden Komplexität der Gebäude an sich, andererseits an den umfangreichen funktionalen Anforderungen, die ein Gebäude in der späteren Nutzung erfüllen muss. Vor diesem Hintergrund ist es erforderlich, dass die Planungs- und Bauprozesse eines Gebäudes koordiniert werden. Lag dies bisher allein in der Hand des Architekten, so sind bei großen Bauvorhaben Projektsteuerer oder bei komplexen Bauprojekten übergeordnete koordinierende Spezialisten für Teilbereiche, z. B. für den Bereich der energetischen, klimatischen und technischen Planung, zielführend. Dadurch können hoch spezialisierte Experten, wie z. B. Programmierer, Physiker oder Aerodynamiker, die normalerweise in anderen Technikdisziplinen mit eigenen Anforderungen, Detaillierungsgraden und Arbeitsmethoden arbeiten, in einen Bauplanungsprozess eingebunden werden.

Planungswerkzeuge

Auch im Zeitalter der Digitalisierung haben die tradierten Planungswerkzeuge im Baubereich, die Skizze, die Zeichnung und das Modell, ihre Bedeutung nicht verloren. Vor allem im Skizzieren und im Bauen von zahlreichen Arbeitsmodellen findet ein interaktiver unterbewusster Lernprozess statt, der eine kontinuierliche Annäherung an das Planungsziel ermöglicht. Digitale Planungsmethoden sind im allerersten Planungsstadium in der Regel schwieriger einzusetzen. Dies liegt insbesondere darin begründet, dass sie noch nicht in dem erforderlichen Maße intuitiv bedienbar sind. Im späteren Planungsverlauf können digitale Modelle auf einfache Weise Visualisierungen ermöglichen und Entwurfsaspekte können, teilweise automatisiert, verändert werden. Damit kann ohne großen Aufwand eine umfangreiche Zahl an Varianten erstellt werden. Die Qualität von digitalen Ergebnissen ist mit konventionellen Methoden nur mit sehr großem Aufwand zu erreichen. Mit der Weiterentwicklung digitaler Technologien auf Basis enorm erhöhter Rechenleistung und durch verbesserte Mensch-Maschine-Schnittstellen werden neue intuitive Planungswerkzeuge entstehen, die auch schon in frühen Planungsphasen eingesetzt werden können. Diese Funktionalitäten kommen aus dem Bereich des Gamedesigns und der »Augmented-Reality«.

Parametrisches Design

Die nächste Evolutionsstufe liegt im »parametrischen Design«, bei dem durch eine automatisierte Varianz der Geometrie oder der Materialien eine optimale Gebäudekonfiguration mit den dafür ausgelegten technischen Systemen im Computer berechnet wird. Dadurch kann z. B. eine Fassade mit optimierten Fensterflächen in Verbindung mit einem geometrisch optimierten und nach klimatischen Kriterien gesteuerten Sonnenschutz für einen bestimmten Standort und eine bestimmte Gebäudenutzung ermittelt werden. Eine weitere Möglichkeit besteht darin, ein Optimum aus Energieeinsparung, Material- und Ressourcenverbrauch

Beim Zusammenwirken von hoch spezialisierten Experten kann es sinnvoll sein, mit den Händen zu interagieren, um die intuitive Kreativität zu aktivieren. Auf diese Weise können mit »Lego Serious Play-Workshops« spontane und unerwartete Lösungen gefunden werden.

Mit Arbeitsmodellen können bauliche Strukturen auf einfache Weise ausprobiert und weiter entwickelt werden. Sie dienen weniger der Präsentation, sondern vielmehr dem Prozess der Form- und Strukturfindung und sind daher auch nur temporär von Bedeutung wie hier das »essbare Modell« eines städtebaulichen Konzepts.

und Wirtschaftlichkeit zu entwickeln. Diese Optimierung ist bisher auf Basis der Erfahrung des Planers teilweise intuitiv erfolgt. Mit einer Berechnung am Computer sind die Ergebnisse jedoch viel präziser und fundierter.

Generative Design

Die Weiterentwicklung des »parametrischen Designs« führt zum »generativen Design«. Dabei wird mithilfe von selbstlernenden Algorithmen, auf Basis von künstlicher Intelligenz und unter Nutzung großer, vernetzter, cloudbasierter Rechenleistung auf Supercomputern eine Vielzahl von Entwurfsalternativen berechnet. Damit können extrem viele Szenarien entwickelt werden, die hinsichtlich verschiedener Kriterien, wie z. B. Ökonomie, Energiebedarf, Struktur etc., optimiert sind. Der Planer legt die Rahmenbedingungen in einem digitalen Planungssystem als Planungsparameter, wie z. B. Gewicht, Belastbarkeit, Werkstoffart, bauphysikalische Eigenschaften oder Kosten, fest. Anhand von Algorithmen und logischen Kalkulationen werden mittels »Cloud Computing« Tausende Entwürfe erstellt und für jede Entwurfsvariante automatisiert die Leistungsfähigkeit analysiert sowie die Vor- und Nachteile abgewogen. In der Zeit, die ein Mensch braucht, um einen einzigen Entwurf durchzuplanen und zu bewerten, kann der Computer Tausende Alternativen erstellen. Der Konstrukteur verfeinert die Parameter und Problemstellungen. Der Computer führt seine Berechnungen dann erneut durch. Die künstliche Intelligenz des Computers und der Mensch finden auf diese Weise in einem interaktiven Prozess gemeinsam eine optimale Lösung.

Da Simulationen, auch zur Optimierung energetischer und klimatischer Aspekte, bereits in der frühen Entwurfsphase integriert sind und mit zunehmendem Planungsfortschritt fortgeschrieben werden, lassen sich aufwendige Planungsänderungen in der Bauphase vermeiden. Auf diese Weise können Kosten und Bauzeiten reduziert werden.

Nationalmuseum Katar: 539 zweifach gekrümmte Rundscheiben verschneiden sich und fügen sich so zu einer Gesamtform, die eine Analogie zu der kristallinen Sandrose aus der Wüste bildet. Aufgrund der komplexen Geometrie ist die passgenaue Realisierung eines solchen Projekts nur mit digitalen Planungs- und Fertigungsmethoden möglich, bei denen jeder Punkt eines jeden Bauteils des Gebäudes eindeutig definiert ist.
»Es ist eine Form, die aus dem Zusammenwirken von Wüste und Zeit entsteht, eine Struktur aus unendlich wiederholten Über- und Unterschneidungen.« [Jean Novel]

Architektur:
Ateliers Jean Nouvel, Paris

3D-Detail- und Fertigungsplanung:
Werner Sobek, Stuttgart

Prof. Kristian Kaffenberger, Architekturbüro Kaffenberger, Dilshofen:

»Nur beim freien Malen und Zeichnen, ohne zielgerichteten Anspruch, gelingt mir im Entwurfsprozess ein echter Austausch mit mir selbst. Die Skizze gibt meinem Unterbewusstsein, in dem ansonsten häufig sehr rationalen Planungsprozess, eine Stimme für mehr Sinnlichkeit.«

Ausblick

Die Planung von Gebäuden wird zukünftig einerseits digitaler, andererseits menschlicher werden. In der Konstruktionsphase wird zunehmend mit digitalen Modellen gearbeitet, die cloudbasiert gleichzeitig im Team weiterentwickelt werden. Auch die Gebäudeerstellung wird digitalisiert, von vorgefertigten Bauweisen im Holzbau bis hin zum robotergestützten Bauen und dem 3D-Druck von Bauteilen oder ganzen Gebäuden. Es werden rechnergestützte Fabrikationsmethoden eingesetzt. Die digitale Prozesskette von der Idee bis zur Herstellung wird geschlossen (»from design to production«). In der Konzeptphase von Planungsprozessen für Gebäude hingegen werden agile und kommunikative Entwicklungsstrategien und Methoden aus anderen Disziplinen, vor allem aus dem Projektmanagementbereich und den Sozialwissenschaften sowie der Produkt- und Softwareentwicklung, Anwendung finden. Die Durchdringung der digitalen Planung in allen Projektphasen und Disziplinen wird mit kontinuierlich zunehmender Rechenleistung und Vernetzung der Hardware sowie intelligenter, selbstlernender Software immer zügiger voranschreiten. Und trotzdem wird der Computer den Menschen als Entwerfer niemals ersetzen können. Die Beurteilung nicht quantifizierbarer Aspekte wie Ästhetik und Poesie, der Einfluss von Emotionen, die Erschaffung von Unerwartetem, Unvernünftigem – das wird immer der menschlichen Fantasie vorbehalten bleiben.

Konzeptstudie für die nachhaltige Erweiterung des denkmalgeschützten Hochschulgebäudes des Fachbereichs Architektur der Hochschule Darmstadt

Zeichnung:
Prof. Kristian Kaffenberger

BUILDING INFORMATION MODELING (BIM)

BIM-basierte Modellierung der Tragstruktur des Nationalmuseums in Katar: Die passgenaue Realisierung dieser geometrisch und statisch komplexen Struktur ist nur mit einem BIM-basierten 3D-Engineering möglich. Dabei wird jedes Einzelteil am Rechner modelliert, mit Eigenschaften hinterlegt und damit die Struktur in vielen Varianten optimiert. Die Geometriedaten des Tragwerks und der unregelmäßigen Hülle aus 3D-Glasfaserbeton-Paneelen dienen dann auch der Vorfertigung der zahlreichen individuellen Einzelteile und der Montageplanung.

Beratung, Bauüberwachung und Schnittstellenmanagement der Gebäudehülle, 3D-Detail- und Fertigungsplanung, Level-of-Detail LOD 400 BIM-Modellierung: Werner Sobek, Stuttgart

Der erste große Veränderungsschritt in der Gebäudeplanung war der Wechsel von der seit Jahrhunderten tradierten Planerstellung mit Bleistift und Zeichenschiene auf 2D-CAD-Programme. Diese funktionierten im Prinzip jedoch genauso wie Papier, Zeichenstift und Lineal. Es wurden jeweils Grundrisse, Schnitte, Ansichten und Details gezeichnet. Der Vorteil lag vor allem in der wesentlich vereinfachten Einarbeitung von Änderungen, der Präzision, der Skalierbarkeit, der Anpassbarkeit von Linienarten, -stärken und Schraffuren. Ebenso konnten Pläne in unterschiedlichen Detaillierungsgraden und Maßstäben auf einfache Weise zusammengestellt werden. Auch war es nun möglich, CAD-Daten oder Plandateien elektronisch zu versenden, und Fachplaner konnten auf einfache Weise die Gebäudegeometrie übernehmen. Mit steigender Leistungsfähigkeit der Computer und sinkenden Hardwarekosten folgte die erste Evolutionsstufe, die dreidimensionale, virtuelle Gebäudemodellierung. Dabei wurden nicht mehr Linien und Kurven eingegeben, sondern konkrete Bauteile des späteren Gebäudes wie Wände, Fenster und Dächer. Die Hüllvolumen dieser Bauteile wurden in der Regel durch Extrusion von Grund- oder Schnittflächen erzeugt. Diese Volumenkörper konnten durch die »Booleschen Operationen« Vereinigung, Differenz und Schnittmenge modifiziert werden. Auf diese Weise gelang es, auch komplexe Geometrien zu erzeugen. War die Erstellung von unregelmäßigen, zweifach gekrümmten Flächen und Volumina anfangs noch eingeschränkt möglich, so ist mittlerweile durch verbesserte Eingabemöglichkeiten, Berechnungsfunktionen und Spezialprogramme jede erdenkliche Geometrie abbildbar. Der Vorteil der 3D-Planung besteht darin, dass parallel immer eine dreidimensionale Ansicht als Perspektive oder Isometrie erzeugt wird und Ansichten und Schnitte automatisch generiert werden. Weiterhin können Flächen und Massen unmittelbar aus dem Programm ausgegeben und bei Planänderungen automatisiert fortgeschrieben werden. Gebäude werden

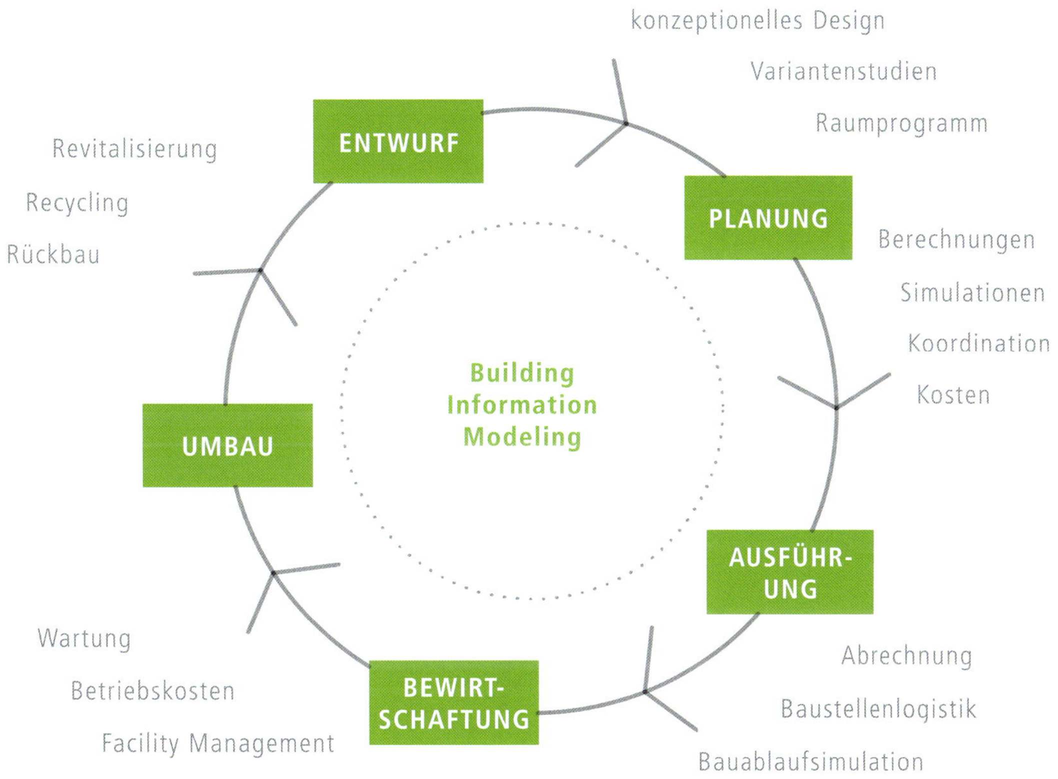

Die Erfassung, Eingabe, Speicherung, Verarbeitung und Fortschreibung aller geometrischen, physikalischen, technischen und ökonomischen Informationen eines Gebäudes über den gesamten Lebenszyklus hinweg werden als »Building Information Modeling« (BIM) bezeichnet. BIM begleitet ein Gebäude von der Konzeptentwicklung bis hin zum Recycling. Durch eine konsistente, detaillierte Datenbasis ergeben sich umfangreiche Möglichkeiten und Potenziale für die Energieoptimierung und Nachhaltigkeitskonzeption eines Gebäudes.

nicht mehr gezeichnet, sondern dreidimensional modelliert.

Building Information Modeling

Der gesamte Prozess der Eingabe, Speicherung, Verarbeitung und Fortschreibung aller Informationen eines Gebäudes wird als »Building Information Modeling« (BIM) bezeichnet. Stand bei der 3D-CAD-Planung die geometrische Abbildung eines Gebäudes im Vordergrund, so wird mit BIM ein ganzheitliches digitales Abbild des Gebäudes erzeugt, in dem alle erdenklichen Eigenschaften über den gesamten Lebenszyklus hinweg spezifiziert werden. Dazu werden in einem ersten Schritt alle 3D-Bauteile des virtuellen Gebäudes mit objektorientierten Datensätzen verknüpft, in denen alle Informationen zu dem Bauteil, wie z. B. Schichtaufbau, Wärmeleitfähigkeit, Speichermasse, Energieinhalt, aber auch Preis, Lebensdauer, Wartungszyklen, hinterlegt werden. Die objektorientierte Programmierung macht aus dem stehenden Kubus im Geometriemodell eine Wand, bestehend aus Schichten aus verschiedenen Baustoffen mit ihren jeweiligen statischen, bauphysikalischen, ökonomischen und funktionalen Eigenschaften. Auf diese Weise entsteht ein detailliertes, dreidimensionales Gebäudemodell mit einer Zuordnung von zugehörigen Informationen zum Gebäude insgesamt sowie zu einzelnen Bauteilen, zu technischen Systemen und auch zur Ausstattung. Die Gebäudeplanung kann in einem integrierten Datensatz so fein detailliert werden, dass ein digitaler Zwilling entsteht, dessen Eigenschaften denen des zu realisierenden Gebäudes entsprechen. Anfangs waren der Datenaustausch und das Zusammenführen von Daten aus verschiedenen Anwendungen und Fachdisziplinen eine der Herausforderungen beim BIM. Zur Lösung des Problems haben mehrere, in der »buildingSMART International« (bSI) zusammengeschlossene Programmhersteller das IFC-Format für den Datenaustausch entwickelt. Die »Industry Foundation Classes« (IFC) ist ein offener Stan-

Dill Kahn,
BIM Manager, Atelier.Bim,
Riedstadt:

»Die Digitalisierung und BIM werden das Bauen in den nächsten 10 Jahren mehr verändern, als es sich in den letzten 100 Jahren verändert hat.«

dard zur digitalen Beschreibung von Gebäudemodellen. Dieses Format ist inzwischen als DIN EN ISO 16739 international genormt und wird kontinuierlich weiterentwickelt. Das IFC-Format ist eine sequenzielle Datei, die nur zum Datenaustausch gedacht ist. Zum Bearbeiten in einem BIM-Programm müssen die Daten in eine relationale, tabellenbasierte Datenbank eingelesen werden. Mit zunehmender Verbreitung im Bauwesen wird BIM von den ersten Entwürfen über alle Lebenszyklen des Gebäudes hinweg eingesetzt werden – beginnend bei der Genehmigungs- und Ausführungsplanung, der Errichtung und Inbetriebnahme, über den Betrieb und Unterhalt bis hin zum Abriss und Recycling des Gebäudes.

Interdisziplinäre Zusammenarbeit

Ermöglicht durch die hohen Datenraten von Internetverbindungen werden in Zukunft Projekte cloudbasiert bearbeitet, wodurch mit Teamfunktionen viele Planer gleichzeitig und über die Welt verteilt an einem Projekt arbeiten können. Durch die gemeinsame Arbeit an einer Projektdatei ist immer der aktuelle Planungsstand auf dem zentralen Server für alle beteiligten Planer verfügbar. Dadurch können Probleme unmittelbar und gewerkeübergreifend erkannt und gelöst werden können. Auch erübrigen sich Aspekte des Dateiaustauschs, der Datensicherung und des Zusammenführens von verschiedenen Gewerken mit den entsprechenden Schnittstellenproblemen. Integrierte Kommunikationstools ermöglichen virtuelle Besprechungen und Konferenzen, bei denen die Planer je nach Problemstellung hinzugeschaltet werden und für alle immer der gleiche aktuelle Datensatz vorliegt. Durch BIM ist es leichter möglich, technische Gewerke in das Gebäude zu integrieren. Schächte und Trassen sowie die Größe und Lage der Technikräume können optimiert werden. Spezielle Tools für die Kollisionsprüfung helfen räumliche Kollisionen zu vermeiden. Leitungslängen werden optimiert, wodurch sich Investitionen und Energieverluste vermindern. Damit der Planungsprozess an einem digitalen Modell reibungslos funktioniert, ist ein BIM-Manager erforderlich, der die Struktur für den Planungsprozess vorgibt und Bearbeitungsregeln festlegt. Das digitale Modell des Gebäudes wird im Verlauf des gesamten Lebenszyklus eines Gebäudes unter Einbeziehung von weiteren Planern sowie Facility- und Gebäudemanagern fortgeschrieben.

BIM in der Energieplanung

In einem BIM-Gebäudemodell können neben den Geometriedaten von Bauteilen auch die Lage und Dicke der einzelnen Bauteilschichten und die zugehörigen Stoffeigenschaften hinterlegt werden. Damit können unmittelbar der U-Wert und somit der Wärmedurchgang, aber auch die Speicherfähigkeit eines Bauteils in einer dynamischen Betrachtung sowie der Strahlungsdurchgang je nach Tages- und Jahreszeit berechnet werden. Auch ist es möglich, Nutzungsprofile für einzelne Räume mit ihren jeweils geforderten Raumtemperaturen, Luftwechselraten und Beleuchtungsniveaus sowie die sich ergebenden Wärmelasten durch Geräte und Personen zeitabhängig zu hinterlegen. In Verbindung mit Wetterdaten können dann der Wärme-, Kälte- und Strombedarf sowie die diesbezüglichen Leistungen dynamisch ermittelt werden. Auf diese Weise ist es möglich, die Auswirkungen von Geometrie- oder Materialänderungen auf den Energiebedarf in Echtzeit festzustellen und zu analysieren. Durch die Zuordnung von Kostendaten zu den jeweiligen Materialien können sehr präzise Wirtschaftlichkeitsanalysen erstellt werden. Infolgedessen kann z. B. die Dämmstoffstärke optimiert werden, teilweise kann dies vollautomatisiert durch parametrisches Design erfolgen. Mit einer Hinterlegung von weiteren Nachhaltigkeitsparametern, wie Primärenergieinhalt, CO_2-Äquivalent oder Lebensdauer, kann eine ganzheitliche Nachhaltigkeitsbetrachtung über den gesamten Lebenszyklus hinweg von der Planung über die Errichtung und den Betrieb bis hin zum Abriss und Recycling durchgeführt werden. Der Hauptvorteil von BIM für die Energieplanung besteht darin, dass mit dem virtuellen Modell ein digitaler Zwilling erstellt wird, der das gleiche physikalische Verhalten wie das reale Gebäude aufweist. Dieser digitale Zwilling kann mit realen Betriebszuständen, wie z. B. Raumnutzung, Temperaturen, Betriebsweisen der Energie- und Raumkonditionierungssysteme, sowie mit aktuellen Wetterprognosen und Energiemarktdaten beaufschlagt werden. Anhand der Prognoseergebnisse lassen sich Regelstrategien und optimierte Betriebsweisen für Energieerzeugungs- und Speichersysteme ableiten. Diese können dann als Eingangsparameter für Energiemanagementsysteme genutzt werden, gegebenenfalls auch unter Ausnutzung von KI-basierten Algorithmen. Konkret hat dies den Vorteil, dass z. B. Speicher optimiert bewirtschaftet und Lastkurven geglättet werden, indem Erzeuger ihren Betrieb auf die Energienachfrage abstimmen und Verbraucher gegebenenfalls abgeschaltet werden. Dadurch ergeben sich jährliche Einsparungen beim Leistungspreis von 50,– € bis 150,– € je kW. Häufig sind je nach Energiemarktsituation auch Ersparnisse beim Arbeitspreis in der Größenordnung von 20 % bis 30 % realisierbar. Zudem ist es möglich, den Eigenverbrauchsanteil von regenerativen Systemen zu optimieren, wodurch sich Einsparungen von 30 % bis 50 % bezogen auf die selbsterzeugte Kilowattstunde Strom ergeben.

BIM im Gebäudebetrieb

Insbesondere im Gebäudebetrieb ergeben sich Potenziale, da mit dem digitalen Zwilling Regelstrategien für technische Systeme optimiert werden können. Ohne großen Aufwand lassen sich zahlreiche Szenarien durchspielen und dann auf das reale Gebäude übertragen. Durch den Preisverfall bei elektronischer Hardware werden mehr und mehr Bauteile und Geräte sowie Aktoren und Sensoren mit kleinen WLAN-Modulen ausgestattet, über die sie Daten senden und empfangen können. Diese Daten, z. B. die Raumtemperatur, Luftqualität, Beleuchtungsstärke, werden Objekten in der BIM-Datenbank zugeordnet und analysiert. Die Software leitet daraus, auf Basis von hinterlegten Algorithmen, Befehle an Aktoren, z. B. Heizkörperventil, Beleuchtungs- oder Lüftungssteuerung, ab oder sendet Meldungen an das Betriebspersonal. Damit wird das »Internet of Things« (IOT) Bestandteil von BIM. Auf diese Weise verschmelzen das reale Gebäude und der digitale Zwilling, sodass der digitale Zwilling sich mithilfe der realen Daten selbstlernend optimieren kann. Weitere Anwendungsbereiche sind Energiemengenerfassung und Energieabrechnungen, die auf automatisiert über WLAN abgelesenen Wärmemengenzählern in den Räumen basieren. Mit diesen Energie- und Leistungsdaten können Energiemanagementsysteme optimiert betrieben werden. Auch lassen sich Strategien des »Predictive-Maintainance«, der vorausschauenden Wartung, auf Basis von BIM-Daten leichter realisieren. So kann z. B. ein Leuchtmittelaustausch oder ein Filterwechsel in der Lüftungsanlage anhand der Betriebszeit optimal terminiert werden.

Der Sonnenschutz der beiden 145 m hohen Al Bahr Towers in Abu Dhabi ist an einen arabischen »Mashrabia« angelehnt, einem Sonnen- und Sichtschutz aus der traditionellen arabischen Architektur. Die 2 000 Faltelemente, die über ein Gebäudemanagementsystem nach klimatischen Aspekten gesteuert werden, wurden mit parametrischem Design optimiert. Die Türme sind die ersten, die in den Vereinigten Arabischen Emiraten mit einem »LEED Silver Rating« ausgezeichnet wurden.

Architektur:
AHR, London

Beispiel einer dreidimensionalen, gewerkeübergreifenden, interdisziplinären Planung für eine Energiezentrale. Schnittstellenprobleme und Kollisionen können auf einfache Weise erkannt werden.

Anlagenplanung:
Viessmann, Allendorf

ENERGIE IM WETTBEWERB

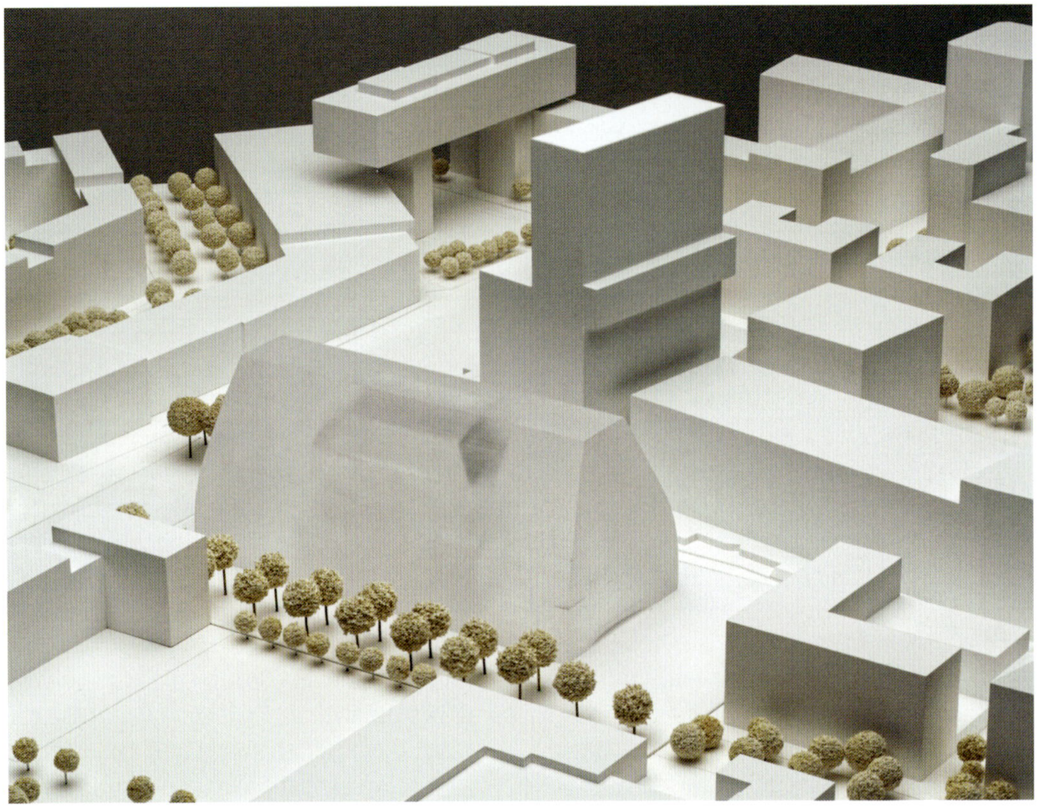

Siegerentwurf im Wettbewerb »Konzerthaus München«:
Bereits in der Wettbewerbsphase wurde auf energetische, raumklimatische und technische Aspekte sehr großer Wert gelegt. Bei einem Konzerthaus ist vor allem auf die Wechselbeziehung von Raumakustik und Lüftungsgeräuschen zu achten, insbesondere vor dem Hintergrund der großen Luftmengen, die einem Konzertsaal zugeführt werden müssen.

Architekturwettbewerbe bieten eine weitreichende Chance, hochwertige Architektur mit guter Funktion und einem behaglichen Raumklima mit geringem Energie- und Technikaufwand zu realisieren. Dies insbesondere vor dem Hintergrund, dass in der ersten Entwurfsphase grundlegende energetische und klimatische Eigenschaften des zu planenden Gebäudes festgelegt werden, die sich später nicht oder nur mit großem Aufwand korrigieren lassen. Mittlerweile sind energetische, technische und ökologische Anforderungen Bestandteil fast aller neuen Wettbewerbsauslobungen. Dabei gilt es sorgsam abzuwägen, welche Anforderungen bereits in der Auslobung spezifiziert werden können und müssen und welche Aspekte besser in späteren Planungsphasen bearbeitet werden. Auch ist zwischen prinzipiellen Hinweisen und konkreten Bewertungskriterien, die unmittelbar in die Wettbewerbsentscheidung einfließen, zu unterscheiden. Insgesamt ist es zielführender sich auf die architekturrelevanten Aspekte zu konzentrieren, wie z. B. Gebäudestruktur, Hüllfläche, Fassadenkonzept oder Technikintegration, und Fragen der Energieversorgung oder Raumkonditionierung in spätere Projektphasen zu verlegen.

Spezifikation der Anforderungen

Zu Beginn eines Wettbewerbsverfahrens sollte das Augenmerk auf eine zielgerichtete Spezifikation von funktionalen, technischen und energetischen Anforderungen gelegt werden. Es gilt, einerseits den Energiebedarf und die Kosten des späteren Gebäudes zu minimieren und andererseits eine weitreichende Gestaltungsfreiheit zu erhalten. Bei der Spezifikation von Anforderungen sollte der Fokus im Wesentlichen auf die Punkte, die von den Entwurfsverfassern überhaupt bearbeitet werden können, gerichtet werden. Auch ist zu prüfen, welche Themen grundlegend entwurfsrelevant sind, wie z. B. Gebäudestruktur, Fensterflächenanteil, Sonnenschutz, und welche Aspekte in einem späteren Planungsstadium spezi-

Auslober:
Staatliches Bauamt München

Wettbewerbsbetreuung:
[phase eins]., Berlin

Beratung Energie, Raumklima und Technik:
Prof. Dr. Mike de Saldanha

fiziert werden können. Es hat sich bewährt, quantifizierbare Angaben zu Wärmeschutz, Strahlungseintrag oder Technikflächen zumindest als Richtgrößen vorzugeben, von denen konzeptabhängig abgewichen werden kann. Damit können die Architekten zielgerichteter entwerfen und es ergibt sich ein insgesamt höheres energetisches Niveau der Entwurfsbeiträge.

Bewertungsmatrix für das Preisgericht

Das Preisgericht benötigt eine übersichtliche, leicht nachvollziehbare Entscheidungsgrundlage. Dabei gilt es zu bedenken, dass in einer Wettbewerbsentscheidung konkrete Fakten wie Flächen, Kosten, Energiebedarf und subjektive Kriterien wie Funktionalität, Ästhetik und Architektur gleichzeitig Berücksichtigung finden. Da die Preisrichter nicht in allen Bereichen Experten sind, ist es hilfreich, die Ergebnisse der Vorprüfung vergleichend zu interpretieren. Hierbei hat es sich bewährt, eine nachvollziehbare Matrix mit einer Bewertungsampel mit drei oder fünf Bewertungsstufen zu erstellen. Zudem ist es sinnvoll, detaillierte Einzelgrößen aus der Vorprüfung zu prägnanten Oberpunkten zusammenzufassen. Ein besonderes Augenmerk ist dabei auf entwurfsspezifische Aspekte zu legen, die im weiteren Entwurfsprozess nicht mehr korrigiert werden können.

Bewertung des Energiebedarfs

Von Wettbewerbsauslobern wird immer wieder gewünscht, dass bereits im Wettbewerbsverfahren der Energiebedarf des späteren Gebäudes berechnet wird und in die Bewertung mit einfließt. Zu bedenken ist, dass sich dabei ein hoher Aufwand, vor allem für die Flächenerfassung, ergibt. Eine diesbezügliche Vorgehensweise ist deshalb nur bei sehr ambitionierten Bauvorhaben und bei einer überschaubaren Anzahl von Wettbewerbsarbeiten sinnvoll. Bei zweistufigen Verfahren bewährt sich eine Energieberechnung in der zweiten Stufe.

Im Architekturwettbewerb, bei dem es nicht auf ein absolutes Ergebnis ankommt, sondern mehr auf eine vergleichende Bewertung der Beiträge, liefern auch vereinfachte energetische Analysen auf Basis des Transmissionswärmeverlusts für den Wärmebedarf und des Strahlungseintrags für den Kühlkältebedarf gute Ergebnisse, die sich mit überschaubarem Aufwand erfassen lassen. In Bezug auf die U-Werte und g-Werte sowie die Abminderungsfaktoren für den Sonnenschutz ist es meist sinnvoller, gleiche Standardwerte für alle Wettbewerbsbeiträge anzusetzen, anstatt die von den Teilnehmern angedachten Konstruktionen zugrunde zu legen. Ist ein höherer Genauigkeitsgrad gewünscht, so hat sich das Rechenverfahren EnerCalC bewährt, das in Anlehnung an die DIN 18599 mit wenigen Eingabegrößen gute Ergebnisse für Heiz- und Kühlenergie liefert. Das excelbasierte Programm ist aus einem Forschungsprojekt an der Universität Wuppertal entstanden und steht kostenfrei zur Verfügung.

Benjamin Hossbach, [phase eins]., Berlin:

»Bei der Berücksichtigung energetischer Aspekte bereits in der allerersten Phase eines Projekts lassen sich die größten Einsparpotenziale erzielen, da hier die grundlegende Gebäudestruktur festgelegt wird.«

Beim Entwurf eines Konzertsaals sind akustische, raumklimatische und technische Parameter in Wechselwirkung mit der Geometrie aufeinander abzustimmen.

Außenansicht des geplanten Konzerthauses in München

Architektur: Cukrowicz Nachbaur Architekten ZT GmbH, Bregenz

NATURHOTEL TANNERHOF, BAYRISCHZELL

Prof. Florian Nagler,
Florian Nagler Architekten,
München:

»Das Wichtigste und gleichzeitig Schwierigste bei der Arbeit am Tannerhof war, den Charakter des Anwesens, seine Besonderheiten, aber auch Verschrobenheiten, die ihn zu einem einzigartigen Ort machen, zu bewahren.«

Blick auf die Eingangssituation der Alten Tann. Das Obergeschoss wurde neu errichtet.

Die oberhalb des Tannerhofs neu errichteten Hüttentürme bestehen aus einer Holzkonstruktion und werden über eine Nahwärmeleitung mit Wärme versorgt.

Glasfassade der Orangerie, die auch als Wandelhalle genutzt wird.

Der 1904 gegründete Tannerhof ist ein seit über hundert Jahren im Familienbesitz befindliches Zentrum für Naturheilkunde. Der Fokus lag dabei früher vor allem auf vorbeugenden Gesundheitsmaßnahmen, insbesondere durch Fastenkuren und Badeanwendungen. Im Jahr 2011 wurde ein nutzungsspezifisches, architektonisches und energetisches Konzept entwickelt, um den Tannerhof für die Zukunft zu rüsten und als Synthese aus Naturhotel und Gesundheitsresort weiterzuführen.

Die traditionelle Hofanlage wurde behutsam saniert, umgebaut und weiterentwickelt. Dabei orientiert sich die Anlage stärker zur zentralen Liegewiese hin. Um die Identität zu erhalten und zu stärken, wurden Eingriffe auf das unbedingt erforderliche Maß beschränkt. Seit jeher gibt es oben gelegene »Lufthütten«. Diese wurden um moderne »Hüttentürme« ergänzt, die jeweils drei übereinander liegende Hotelzimmer beinhalten. Die neuen Türme sind als Holzkonstruktion aus Brettsperrholz auf in den Hang integrierten Sockelgeschossen aus Stahlbeton errichtet worden.

Für das Gebäudeensemble wurde ein Gesamtenergiekonzept entwickelt mit dem Ziel, ganzheitliche Nachhaltigkeit zu erreichen, ohne den historischen Charakter zu beeinträchtigen. Weiterhin sollte für die Nutzer eine weitreichende Behaglichkeit erzielt werden. Zunächst wurde der Transmissionswärmebedarf in Einklang mit dem Denkmalschutz und der Gestaltung erheblich reduziert. In den Bereichen mit hoher Belegungsdichte, insbesondere in den Speisesälen, vermindern Lüftungsanlagen mit Wärmerückgewinnung den Lüftungswärmebedarf und verbessern die Behaglichkeit. Aufgrund der ländlichen Lage mit einer umfassenden Holzversorgung aus der unmittelbaren Umgebung und wegen der CO_2-Neutralität des Brennstoffs wählte man eine Wärmeerzeugung mit Holzhackschnitzeln. Eine Nahwärmeleitung in den Gebäuden des Kernensembles und zu den umliegenden Hüttentürmen verteilt die Wärme von der Heizzentrale aus. Auch das Schwimmbad und der Saunabereich werden darüber versorgt. Ein Holzhackschnitzelkessel belädt einen Pufferspeicher, aus dem die Wärme je nach Bedarf entnommen wird. Dadurch kann der Kessel im optimalen Wirkungsgradbereich betrieben werden und die Zahl der Einschaltvorgänge reduziert sich. Eine Förderanlage beschickt den Kessel vollautomatisch, sodass sich ein geringer Wartungsaufwand ergibt. Mit einer auf nachwachsendem, CO_2-neutralen Holz basierenden Konstruktion und Energieversorgung wurden die lokale Bautradition und Nachhaltigkeit in Einklang gebracht. In einer primärenergetischen Betrachtung wurde für ein heterogenes, teilweise historisches Gebäudeensemble der Niedrigstenergiestandard erreicht. Auf diese Weise wird die Intention des Tannerhofs, wo es um Wohlbefinden, Gesundheit und Leben im Einklang mit der Natur geht, intensiviert und ein Gebäudeensemble geschaffen, das eine hohe Behaglichkeit ausstrahlt.

Blick in die lichtdurchflutete Wandelhalle

Architektur:
Florian Nagler Architekten GmbH, München

BDA Preis Deutschland:
Nike »Komposition« für den Tannerhof in Bayrischzell 2013

Energiekonzept:
atelier.ClimaDesign
Prof. Dr. Mike de Saldanha, Michael Kehr

RAUM

- Raumkonditionierung
- Natürliche Lüftung
- Mechanische Lüftung
- Raumkonditionierungssysteme
- Gebäudesteuerung und Smart Home
- »The Living« – Microenergie-apartment
- Speichermasse
- Technikintegration
- Tageslicht
- Kunstlicht
- Ökonomie der Raumkonditionierung
- Totenstube, Vrin

Zur Gewährleistung der gewünschten Raumtemperatur sowohl im Sommer als auch im Winter sind technische Systeme erforderlich. Für die richtige Konzeptauswahl ist es wichtig, die funktionalen Anforderungen und die Wünsche des Nutzers im Detail zu kennen. Um regenerative Wärme- und Kältequellen effizient nutzen zu können, sind geeignete Wärme- und Kälteübergabesysteme vorzusehen. Eine gute Luftqualität ist Voraussetzung für das Wohlbefinden der Nutzer. Der Luftaustausch muss CO_2, Feuchtigkeit und Ausdünstungen von Geräten und Materialien sicher abführen. Für die natürliche Lüftung sind weder technische Installationen noch Antriebsenergie notwendig. Zudem kann der Nutzer die Lüftung selbstständig beeinflussen und erhält einen emotionalen Außenbezug. Allerdings ist eine Wärmerückgewinnung im Winter dann nicht möglich und es besteht die Gefahr des Eintrags von Lärm und sonstigen Emissionen. Thermisch verfügbare Speichermassen vermindern im Winter den Energiebedarf und verbessern im Sommer das Raumklima, vor allem in Verbindung mit Nachtlüftung. Für ein Wohlbefinden im Raum sind eine weitreichende Tageslichtversorgung und ein visueller Außenbezug unabdingbar. Wenn das Tageslicht nicht ausreicht, kann dieses mit angepasstem, gut regelbarem Kunstlicht ergänzt werden. Fortschritte in der Digitalisierung haben zur Verbreitung von automatischen Mess- und Regelsystemen geführt. Dabei ist auf einfach und intuitiv bedienbare Nutzerschnittstellen zu achten.

RAUMKONDITIONIERUNG

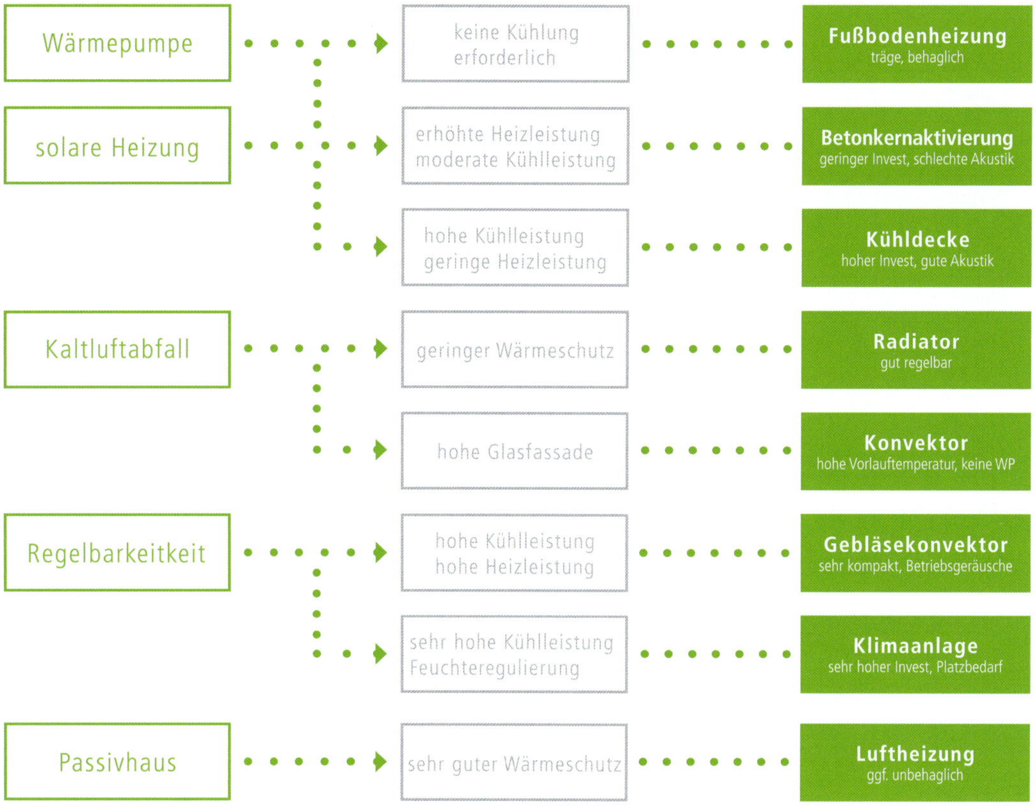

Auswahl von Raumkonditionierungssystemen: Die Systemauswahl hängt von grundlegenden Ausgangsparametern und nutzungsspezifischen Einflussfaktoren ab. Bei begrenzten Vorlauftemperaturen sind Flächenheizungen vorteilhaft. Besteht die Gefahr des Kaltluftabfalls, so sind Radiatoren an der Fassade vorzusehen, bei hohen Glasfassaden Konvektoren, die dann jedoch eine sehr hohe Vorlauftemperatur benötigen. Mit einer Betonkernaktivierung können moderate, mit Kühldecken hohe Wärmelasten abgeführt und eine moderate Heizlast gedeckt werden. Ist eine gute Regelbarkeit gewünscht, sind Gebläsekonvektoren sinnvoll, die auch eine Kühlung ermöglichen. Mit Klimaanlagen kann zusätzlich die Feuchte geregelt und gekühlt werden. Bei geringer Heizleistung kann die Wärme auch über die Zuluft zugeführt werden. Je nach Raumkonditionierungssystem ergeben sich Auswirkungen auf die Behaglichkeit, die Akustik, die Regelbarkeit sowie die Investitionskosten.

Wärme und Kälte werden in der Regel im Gebäude zentral erzeugt und über Wasser oder Luft in vertikalen Schächten und horizontalen Trassen von den Technikräumen zu den Nutzräumen transportiert und dort über Wärme- und Kälteübergabesysteme abgegeben. In Ausnahmefällen werden Wärme oder Kälte auch direkt im Raum erzeugt, z. B. über Splitgeräte, Elektrodirektheizung oder die Direktverfeuerung von Gas oder Holz im Raum. Übergabesysteme unterscheiden sich hauptsächlich darin, ob sie Wärme bzw. Kälte über Konvektion oder Strahlung abgeben. Dies hat Einfluss auf die Behaglichkeit. Behaglicher ist meist die Energieübergabe über Strahlung, da die Temperaturen der raumumschließenden Oberflächen höher sind und konvektive Luftbewegungen häufig als unangenehm empfunden werden. Ein weiteres Kriterium für das Raumkonditionierungssystem ist die Vorlauftemperatur, die von der Wärme- oder Kälteerzeugung abhängt. Raumkonditionierungssysteme weisen je nach Wärmetransportmedium und Eigenmasse eine unterschiedliche Regelbarkeit auf.

Heizkörper

Großflächig ausgebildete Flachheizkörper geben Wärme überwiegend über Strahlung ab. Sie benötigen eine vergleichsweise große Fläche, die nicht z. B. durch Möbel verstellt werden darf, was in der Praxis nicht immer leicht zu realisieren ist. Rippenförmig ausgebildete Radiatoren sind kompakter und geben Wärme über Strahlung und Konvektion ab, wobei der konvektive Anteil mit der Bautiefe zunimmt. Sie erfordern je nach Baugröße niedrige bis mittlere Vorlauftemperaturen von 30 °C bis 60 °C. Der Einsatz einer Wärmepumpe ist bei großen Flachheizkörpern gut möglich, bei kompakten Radiatoren nur noch eingeschränkt effizient. Aufgrund der relativ geringen Masse weisen Heizkörper eine gute Regelbarkeit auf und ermöglichen eine Einzelraumregelung mit individueller Abrechnung. Sie werden typischerweise im Wohnungsbau und bei Bürogebäuden, die nicht gekühlt werden, eingesetzt. Sie dienen aber auch bei allen anderen Bauaufgaben als einfaches System zur Wärmeabgabe. Die typische spezifische Heizleistung liegt je nach Größe bei 50 W/m² bis 70 W/m². Bei Fassaden mit geringem Wärmeschutz und natürlicher Lüftung werden sie seit jeher an den Außenwänden unterhalb der Fenster angeordnet, um die Zuluft zu erwärmen und dadurch kalte Luftströmungen und Unbehaglichkeiten im Raum zu vermeiden. Bei gut gedämmten Gebäuden ist auch eine innen liegende Anordnung, z. B. über der Türe, denkbar, wodurch sich funktionale Vorteile ergeben. Der Installationsaufwand reduziert sich und somit auch die Investitionskosten.

Konvektoren

Konvektoren verfügen im Inneren über zahlreiche Konvektionsbleche, zwischen denen sich die Luft erwärmt und durch Konvektion angetrieben selbstständig nach oben steigt. Sie geben die Wärme nahezu vollständig über Konvektion ab und sind deshalb sehr kompakt. In Bezug auf die Einbausituation ist es möglich, Konvektoren verdeckt, z. B. hinter Möbelstücken oder als Unterflurkonvektoren im Fußboden versenkt, einzubauen. Aufgrund der geringen Masse sind Konvektoren sehr gut regelbar. Damit die Konvektionsströmung entstehen kann, sind sehr hohe Vorlauftemperaturen von 70 °C bis 90 °C erforderlich, sodass Wärmepumpen nicht und Brennwertkessel nur eingeschränkt effizient eingesetzt werden können. Die spezifische Heizleistung steht in Wechselwirkung mit der Vorlauftemperatur und liegt bei 50 W/m² bis 80 W/m². Ein hygienischer Nachteil besteht in der Verschmutzung zwischen den Konvektionsblechen, die nur schwer gereinigt werden können. Dies ist insbesondere bei einer bodengleichen Einbausituation der Fall. Verunreinigungen und Staub können durch die erhöhten Temperaturen verschwelen und so eine Geruchsbeeinträchtigung hervorrufen. Konvektoren werden häufig als Unterflurkonvektoren vor hohen Glasfassaden eingesetzt, um dem Kaltluftabfall entgegenzuwirken, z. B. bei Glasatrien oder Schwimmbädern. Bei Glasfassaden, die über mehrere Geschosse verlaufen, werden Konvektoren teilweise auch über die Höhe verteilt angeordnet, häufig als Rippenrohr. Ein anderes Einsatzgebiet für Konvektoren sind Räume, die flexibel schnell temperiert werden sollen.

Gebläsekonvektoren

Konvektoren können auch als Gebläsekonvektoren mit integriertem Ventilator ausgebildet werden. Dadurch kann mit sehr kompakten Geräten eine hohe Leistung mit sehr guter Regelbarkeit erreicht werden. Da die Strömung nicht durch thermische Konvektion erfolgt, können sie zum Heizen und Kühlen verwendet werden. Häufig werden sie an ein 4-Leiter-System angeschlossen, sodass ein schneller Wechsel von Heizen zu Kühlen möglich ist. Die Vorlauftemperaturen können mit 40 °C bis 80 °C auch wesentlich niedriger sein als bei konventionellen Konvektoren. Ebenso ergibt sich ein sehr großer Leistungsbereich von

Heizkörper (Radiator): Radiatoren geben die Wärme über Strahlung und Konvektion ab. Die jeweiligen Wärmeübertragungsanteile werden durch die Größe und die Bauform bestimmt. Aufgrund der geringen Masse sind sie gut regelbar.

Konvektor: Konvektoren geben die Wärme über Konvektion ab, weisen eine kleine Bauform auf und sind sehr gut regelbar. Damit die Konvektion sich einstellen kann, benötigen sie eine hohe Vorlauftemperatur. Es entsteht eine aufwärts gerichtete Konvektionsströmung, die dem Kaltluftabfall an hohen Fassaden entgegenwirken kann.

20 W/m² bis zu 100 W/m² mit bis zu 20 kW je Gerät in Hallen und Industrieanwendungen. Aufgrund der hohen Strömungsgeschwindigkeiten können sich Unbehaglichkeiten durch erhöhte Luftgeschwindigkeiten im Aufenthaltsbereich ergeben. Weiterhin besteht die Gefahr von Geräuschen durch Luftströmungen oder Vibrationen. Im Kühlfall ist darauf zu achten, dass das Kondensat aufgefangen oder abgeleitet wird. Bei Gebläsekonvektoren liegt ebenfalls die Problematik der Verunreinigung vor. Aufgrund des hohen Luftdurchsatzes im Umluftbetrieb ist die Beeinträchtigung der Luftqualität meist relativ hoch. Eine Sonderform sind Zuluftkonvektoren, in denen die Zuluft aus der zentralen Lüftungsanlage am Luftauslass dezentral erwärmt oder gekühlt wird. Teilweise wird Sekundärluft aus dem Raum angesaugt, sodass sich die Heiz- bzw. Kühlleistung weiter erhöht. Gebläsekonvektoren werden immer dann eingesetzt, wenn Räume mit hohen Leistungen flexibel geheizt oder gekühlt werden sollen, wie z. B. in Hallen, Verkaufsräumen oder Hotelzimmern. Bei Letzteren ist auf die Geräuschproblematik ein besonderes Augenmerk zu richten, da in Schlafräumen ein Schallpegel von 30 dB(A) nicht überschritten werden soll.

Deckenstrahlplatten

Deckenstrahlplatten sind Heizflächen geringerer Größe, die im Deckenbereich angeordnet und mit einer hohen Vorlauftemperatur von 70 °C bis 90 °C beaufschlagt werden. Die Wärme wird nahezu vollständig über Strahlung an den Raum abgegeben, sodass hohe Räume von oben beheizt werden können. Aufgrund der geringen Masse ist dieses Heizsystem sehr gut regelbar. Da die Wärmeabgabe von oben erfolgt, können aus Behaglichkeitsgründen nur höhere Räume oder Hallen damit beheizt werden. Dieses System wird häufig in Produktions-, Sport- oder Verkaufshallen sowie in Verkehrsbauten, z. B. Flughafenhallen, eingesetzt.

Flächenheizungen

Fußboden-, Wand- und Deckenheizungen geben Wärme überwiegend über Strahlung ab. Die große energieübertragende Fläche ermöglicht geringe Vorlauftemperaturen von 25 °C bis 35 °C. Dadurch können Wärmepumpen sehr effizient betrieben werden. Bei Flächenheizungen kann sich Kaltluftabfall an der Fassade einstellen, insbesondere bei raumhohen Fenstern oder Zweischeiben-Verglasungen. Eine mäanderförmige Verlegung und ein geringerer Abstand der Rohre im Fassadenbereich kann dies zu einem gewissen Grad ausgleichen. Aufgrund der hohen beteiligten Masse sind Flächenheizsysteme träge und somit schlecht regelbar. Bei gut gedämmten Gebäuden, die zur Heizung nur eine geringe Oberflächentemperatur benötigen, ergibt sich ein Selbstregeleffekt. Steigt die Raumtemperatur über die Oberflächentemperatur der Heizfläche, wird keine Wärme mehr abgegeben. Fußbodenheizungen werden aufgrund der Behaglichkeit hauptsächlich im Wohnbereich eingesetzt. Es werden aber auch Büros oder Hallen damit beheizt, insbesondere dann,

Gebläsekonvektor: Mit Gebläsekonvektoren können mit kompakten Geräten hohe Heiz- bzw. Kühlleistungen übertragen werden. Es ergibt sich eine sehr gute Regelbarkeit; auf Betriebsgeräusche und Zugerscheinungen ist zu achten. Für die Kühlung ist oftmals eine Kondensatableitung erforderlich.

Fußbodenheizung: Fußbodenheizungen erfordern nur geringe Vorlauftemperaturen und bieten eine hohe Behaglichkeit. Sie lassen sich gut mit Wärmepumpen kombinieren. Die Regelbarkeit ist allerdings eingeschränkt.

wenn die Wärmeerzeugung über eine Wärmepumpe erfolgt. Flächenheizungen können bis zu einem gewissen Grad auch zur Kühlung genutzt werden. Beim Fußboden darf die Oberflächentemperatur aus Behaglichkeitsgründen 19 °C nicht unterschreiten, wodurch das Kühlpotenzial mit bis zu 20 W/m² sehr begrenzt ist. In Räumen, in denen die Bodenfläche von der Sonne beschienen wird, können auch höhere spezifische Wärmelasten abgeführt werden. Denkbar ist es auch, außerhalb der Nutzungszeit eine höhere Kühlleistung über den Boden einzubringen und den Raum z. B. in der Nacht auszukühlen. Dabei ist eine Kondensatbildung unbedingt zu vermeiden, da sich sonst in Verbindung mit dem Staub eine erhebliche Rutschgefahr auf glatten Flächen ergibt. Für die Beheizung über die Decke gilt in Bezug auf die Behaglichkeit, dass die Wärme nur bis zu einer spezifischen Leistung von 40 W/m² bis 50 W/m² eingebracht werden kann.

Betonkernaktivierung

Bei der Betonkernaktivierung verlaufen die Rohre in der neutralen Zone der Betondeckenkonstruktion oder liegen auf der unteren Bewehrungslage. Dadurch wird die komplette Konstruktion temperiert und die Boden- und Deckenoberfläche dienen der Wärme- bzw. Kälteübertragung. Darüber hinaus wirken die Betonbauteile als Speichermasse und reduzieren somit Leistungsspitzen bei der Wärme- und Kälteerzeugung. Die Regelbarkeit ist jedoch sehr eingeschränkt. Die sehr große energieübertragende Fläche ermöglicht eine geringe Differenz von Vorlauf- zu Raumtemperatur, wodurch regenerative Wärme- und Kältequellen sehr effizient genutzt werden können. Die Vorlauftemperatur liegt im Kühlfall bei 15 °C bis 18 °C, im Heizfall bei 23 °C bis 30 °C. In der Übergangszeit wird die Betonkernaktivierung häufig in der Art geregelt, dass der Massenstrom so gesteuert wird, dass sich eine Oberflächentemperatur von etwa 23 °C einstellt. Liegt die Raumtemperatur darunter, wirkt die Decke als Heizfläche, liegt sie darüber, wird Wärme aus dem Raum abgeführt. Zur optimalen, uneingeschränkten Wärme- bzw. Kälteabgabe sollten die Decken nicht verkleidet werden. Die freiliegenden Decken sind für die Raumakustik allerdings meist ungünstig. Aufgrund der oftmals nicht vorgesehenen Trittschalldämmung kann sich auch eine Schallübertragung durch Körperschall ergeben. Die Betonkernaktivierung wird häufig in Bürogebäuden mit moderatem Kühlbedarf von 30 W/m² bei natürlicher Lüftung bzw. bis 50 W/m² bei mechanischer Lüftung in Verbindung mit Zuluftentfeuchtung eingesetzt. Die Wärme bzw. Kälte wird nach oben und unten abgegeben, wodurch eine geschossweise Abrechnung und eine Einzelraumregelung nicht möglich sind.

Kühldecke

Kühldecken dienen der Raumkühlung über Strahlung. Dadurch kann dem Raum eine hohe Kühlleistung bei sehr guter Behaglichkeit ohne Zugerscheinungen und Strömungsgeräusche zugeführt werden. Kühldecken

Betonkernaktivierung:
Die Betonkernaktivierung ist ein nachhaltiges Wärme- und Kälteübergabesystem mit hoher Speicherfähigkeit. Es können regenerative Wärme- und Kältequellen auf effiziente Weise eingesetzt werden. Die Regelbarkeit ist gering und es ergeben sich Herausforderungen in Bezug auf die Raumakustik und den Trittschallschutz.

Kühldecke:
Mit Kühldecken können dem Raum hohe Kühlleistungen auf behagliche Weise zugeführt werden. Aufgrund der Taupunktregelung und der Zuluftentfeuchtung ergibt sich ein hoher technischer Aufwand mit hohen Investitionskosten. Die Flexibilität des Gebäudes ist eingeschränkt, die Raumakustik ist sehr gut.

können als Kapillarrohrmatten direkt an der Rohdecke eingeputzt werden, als geschlossene abgehängte Decke aus Metall oder Gipskarton ausgebildet sein oder als freiliegendes Kühlsegel abgehängt werden. Bei Letzterem steht die Speichermasse der Decke dem Raum bis zu einem gewissen Grad zur Verfügung. Daher ist es denkbar, abgehängte Kühlsegel mit einer Betonkernaktivierung zu kombinieren. Bei abgehängten Decken ergibt sich ein Installationsraum für Lüftung und Beleuchtung. Kühldecken übernehmen in der Regel auch die raumakustische Funktion. Aufgrund der geringen Masse sind Kühldecken sehr gut regelbar. Im Vergleich zu luftbasierten Kühlsystemen muss die Vorlauftemperatur mit bis zu 18 °C nicht so niedrig sein, sodass auch passive Kältequellen, wie z. B. Grundwasser, Erdsonden oder freie Rückkühlung, genutzt werden können bzw. die Kältemaschinen mit höherer Effizienz arbeiten. Zur Vermeidung von Kondensat bei hoher Luftfeuchtigkeit ist eine Taupunktregelung erforderlich. Damit die Kühlleistung von dieser an feuchtwarmen Tagen nicht kontinuierlich abgeregelt wird, ist es oftmals sinnvoll, Kühldecken mit einer mechanischen Lüftung mit Zuluftentfeuchtung zu kombinieren. Kühldecken haben mit 80 W/m^2 bis 120 W/m^2 eine hohe spezifische Kühlleistung. Sie werden vorwiegend im hochwertigen Bürobau oder in Räumen mit sehr hoher erforderlicher Kühlleistung eingesetzt. Je nach Ausbildung der abgehängten Decke und aufgrund der notwendigen Taupunktregelung sowie gegebenenfalls der Zuluftentfeuchtung sind die Investitionskosten bei Kühldecken hoch bis sehr hoch. Bei Änderungen der Raumgeometrie ergibt sich bei Kühldecken ein erhöhter Aufwand, wodurch die Flexibilität von Gebäuden eingeschränkt wird. Sofern bei Vorliegen eines guten Wärmeschutzes die erforderliche Heizleistung unter 40 W/m^2 liegt, können Kühldecken auch zum Heizen genutzt werden. Dadurch kann auf ein weiteres Heizsystem verzichtet werden, wodurch sich die Investitionen reduzieren.

Kühlbalken

Eine Sonderform der Deckenkühlung sind Kühlbalken. Hier ermöglicht ein hoher konvektiver Anteil eine kompakte Bauweise. Teilweise wird die Luftströmung durch den Kühlbalken mechanisch unterstützt. Um Strömungsgeräusche zu vermeiden, werden sehr niedrige Luftgeschwindigkeiten vorgesehen. Oftmals wird die Luft dabei nicht über einen Ventilator, sondern wie mit einem Fächer bewegt. Teilweise werden Kühlbalken auch dazu genutzt, um die Zuluft einer zentralen mechanischen Lüftungsanlage in den Raum einzubringen. Dadurch kann die Zuluft dezentral weiter konditioniert werden. Teilweise wird mit der aus dem Raum angesaugten Sekundärluft die Kühlleistung des Systems weiter erhöht, sodass sich hohe spezifische Kühlleistungen von 60 W/m^2 bis 80 W/m^2 bei moderaten Abmessungen und Vorlauftemperaturen von 10 °C bis 15 °C ergeben. Bei Kühlbalken steht die Speichermasse der Konstruktion zu einem gewissen Teil weiterhin zur Verfügung. Dadurch kann

Flächenheizungsverteiler in der Geschossebene:
Die einzelnen Kreise eines Flächenheiz- oder Flächenkühlsystems werden in einem Verteiler zusammengeführt. Dort wird der Durchfluss über Ventile geregelt, oftmals findet dort auch die Energiemessung statt.

Heiz- und Kühlkreisverteiler mit Pumpen und Regelung in der Heiz- bzw. Kühlzentrale:
Gebäude werden je nach Nutzung, Orientierung und Raumkonditionierungssystem in verschiedene Kreise für Heizung und Kühlung aufgeteilt, die jeweils auf das Außenklima angepasste Vorlauftemperaturen aufweisen.

der Kühlbalken auch dazu genutzt werden, in Gebäuden mit Betonkernaktivierung die Kühlleistung in Teilbereichen zu erhöhen. Häufig werden Kühlbalken auch als vorgefertigte, integrierte Systeme ausgeführt, die z. B. auch die Beleuchtung, Sensoren, Rauchmelder oder Lüftungsöffnungen enthalten. Bei hohen Kühlleistungen fällt Kondensat an, das aufgefangen oder abgeleitet werden muss. Dies ist in der Praxis nicht immer einfach zu realisieren.

Luftheizung

Die Beheizung und Kühlung eines Raums kann auch über die Lüftungsanlage erfolgen. Sofern die Wärme oder Kälte mit dem ohnehin erforderlichen hygienischen Luftwechsel eingebracht werden soll, sind die spezifischen Heiz- und Kühlleistungen auf ca. 50 W/m^2 begrenzt und es ist eine Mischluftströmung im Raum vorzusehen. Bei einer Quellluftströmung kann aufgrund der zur Ausbildung des »Frischluftsees« notwendigen Untertemperatur der Zuluft von 2 K keine Heizwärme eingebracht werden. Die mögliche Kühlleistung liegt mit ca. 10 W/m^2 im sehr geringen Bereich, sodass diese allenfalls als Ergänzung vorgesehen werden kann. Bei hohen Kühlleistungen ist auf eine unmittelbare Vermischung der Zuluft mit der Raumluft zu achten, damit keine Zugerscheinungen auftreten. Dies erfolgt in der Regel durch Drallauslässe. Ein Umluftbetrieb zur Erhöhung der Heiz- oder Kühlleistung bewährt sich aus Gründen der Luftqualität in der Regel nicht. Dies ist bei Räumen mit geringeren Anforderungen an die Luftqualität, wie z. B. Sport- oder Industriehallen, denkbar. Am Luftauslass können Nachheiz- oder Kühlregister zur Leistungserhöhung vorgesehen werden. Gegebenenfalls kann dort der Luftdurchsatz durch Sekundärluftansaugung am Luftauslass erhöht werden.

Dezentrale Lüftungsgeräte

Bei fassadenintegrierten dezentralen Lüftungsgeräten erfolgt die Lüftung direkt über die Gebäudehülle. Sie übertragen die Wärme und Kälte über Luft und ermöglichen eine Wärmerückgewinnung. In Bezug auf die Raumkonditionierung haben sie vergleichbare Eigenschaften wie Gebläsekonvektoren. Der Vorteil einer dezentralen Lüftung besteht darin, dass innerhalb des Gebäudes keine Schächte und Kanäle zur Luftförderung erforderlich sind. Der Nachteil liegt in einer geringeren energetischen Effizienz und einem sehr hohen Wartungsaufwand aufgrund der vielen Einzelgeräte.

Klimaanlage

Eine Klimaanlage dient der Lüftung und der thermodynamischen Luftbehandlung. Verfügt eine Klimaanlage neben der Lüftung und Filterung der Zuluft noch über die Funktionen Heizen und Kühlen sowie Befeuchten und Entfeuchten, so ist es eine Vollklimaanlage. Fehlen eine oder zwei thermodynamische Funktionen, so ist es eine Teilklimaanlage. Bei nur einer Funktion, Heizen oder Kühlen, ist es eine Lüftungsanlage. Vollklimaanlagen werden hauptsächlich dann realisiert, wenn eine sehr hohe Belegung gegeben ist und umfangreiche

Klimagerät:
Klimageräte ermöglichen eine Heiz- und Kühlfunktion mit kompakten Geräten. Oftmals werden die Geräte direkt mit Kältemittel betrieben. Es werden keine Schächte und Kanäle im Gebäude benötigt. Der Wartungsaufwand ist erhöht. Auf Betriebsgeräusche und Zugerscheinungen ist zu achten.

Klimaanlage:
Klimaanlagen ermöglichen alle vier thermodynamischen Luftbehandlungsfunktionen. Es können hohe Kühlleistungen realisiert werden und eine definierte Luftfeuchte ist zu allen Jahreszeiten möglich. Es ergeben sich jedoch hohe Investitionskosten und ein sehr hoher Wartungsaufwand. Auf Betriebsgeräusche und Zugerscheinungen ist zu achten.

thermische Lasten abgeführt werden müssen, ebenso wenn spezifische Anforderungen an die Luftfeuchte bestehen. Vor diesem Hintergrund werden sie häufig bei Veranstaltungs- und Ausstellungsräumen oder bei Produktions- und Fertigungsbereichen eingesetzt. Die Investitionskosten von Klimaanlagen sind sehr hoch, ebenso der Wartungs- und Energieaufwand.

Planungsstrategien

Die Auswahl des Raumkonditionierungskonzepts hängt von der Lüftung, den Vorlauftemperaturen des Wärme- oder Kälteerzeugungssystems und der zu übertragenden Heiz- bzw. Kühlleistung ab. Weitere Aspekte sind die Regelbarkeit, wie z. B. die Möglichkeit der Einzelraumregelung, die Speicherfähigkeit, die individuelle Abrechnung für Wärme und Kälte sowie die Investitions- und Wartungskosten.

Zunächst ist zu entscheiden, ob eine Zuluftführung direkt über die Fassade erfolgen kann oder ob eine mechanische Lüftung erforderlich ist. Dies ist abhängig von den Außenraumbedingungen in Bezug auf Lärm und Emissionen, den Windgeschwindigkeiten, vor allem bei hohen Häusern, und der Art der Wärmerückgewinnung. Bei natürlicher Lüftung über die Fassade ist es sinnvoll, in Fassadennähe einen Radiator oder einen Konvektor anzuordnen, der im Winter die einströmende Zuluft erwärmt und der abwärtsgerichteten kalten Luftströmung entgegenwirkt. Bei einer Fußbodenheizung ist die natürliche Lüftung bei geringen Zuluftmengen noch möglich, sofern die Rohrverlegung darauf abgestimmt wird. Bei Betonkernaktivierung oder Heizdecken können sich Unbehaglichkeiten in Fassadennähe durch Kaltluftabfall oder einströmende Zuluft ergeben. Bei überwiegend natürlich belüfteten Gebäuden können dezentrale Lüftungsgeräte eine gute Ergänzung für dichtbelegte Räume sein. Dabei sind jedoch die erhöhten Investitions- und Wartungskosten zu bedenken.

Werden Wärmepumpen als Wärmeerzeuger eingesetzt, so gibt es Einschränkungen in Bezug auf die zur Verfügung stehende Vorlauftemperatur. Deshalb ist in diesem Fall ein Flächenheiz- bzw. Flächenkühlsystem vorzusehen. Wenn nur geheizt werden muss, ist die Fußbodenheizung die beste Wahl, idealerweise mit einem dichteren Rohrabstand in Fassadennähe. Muss auch gekühlt werden, so sind eine Betonkernaktivierung oder Kühldecken einzuplanen. Es ergibt sich dann eine für Wärmepumpen optimale Vorlauftemperatur von 25 °C bis 35 °C. Passive Kältequellen wie Erdsonden, Erdregister, Grundwasser oder freie Rückkühlung mit einer typischen Vorlauftemperatur von ca. 16 °C bis 18 °C können sehr effizient genutzt werden.

Aufgrund der Speicherwirkung kann bei einer Betonkernaktivierung eine zusätzliche konventionelle Kältemaschine oder eine Absorptionskältemaschine kleiner dimensioniert werden, wodurch sich die Investitionskosten, insbesondere bei Absorptionskältemaschinen, reduzieren. Zudem ist es möglich, die Kältemaschinen zeitversetzt während der Nacht laufen zu lassen. Dadurch ergeben sich niedrigere Stromkosten und die Maschinen laufen aufgrund der niedrigeren Rückkühltemperatur effizienter. Ebenso ist es denkbar, mit einer kleinen Kältemaschine nachts die Betondecken auszukühlen und tagsüber die Zuluft zu kühlen. Als Nachteile der Betonkernaktivierung sind die eingeschränkte Einzelraumregelung und das Fehlen einer geschossweisen Abrechnung zu sehen. Auch gibt es keinen Installationsraum in einer abgehängten Decke und es ergeben sich Herausforderungen bei der Raumakustik und der Trittschalldämmung. Ein sehr großer Vorteil sind die sehr günstigen Investitions- und Wartungskosten. Insbesondere bei Fensterlüftung kann es sinnvoll sein, eine Betonkernaktivierung mit einem Nachheizradiator zur Einzelraumregelung zu kombinieren. Gegebenenfalls kann es aus ökonomischen Gründen auch angebracht sein, die individuelle Ausregelung der Räume mit elektrischen Nachheizelementen zu realisieren. Diese sind äußerst flexibel regelbar. Energetisch ist es meist vertretbar, da nur ein

Temperaturband von 1 K bis 3 K ausgeregelt werden muss.

Hohe Heizleistungen von 50 W/m² bis zu 100 W/m² können mit Radiatoren oder Konvektoren übertragen werden. Die Leistung von Fußbodenheizungen liegt mit 40 W/m² bis 70 W/m² im mittleren Bereich. Die Heizleistung der Betonkernaktivierung und der Heizdecke ist mit 30 W/m² bis 40 W/m² gering, sodass diese Systeme nur bei gut gedämmten Häusern eingesetzt werden können. Bei hohen Kühllasten von 80 W/m² bis 100 W/m² ist eine Kühldecke vorzusehen. Bei moderaten Kühllasten von bis zu 30 W/m² ist eine Betonkernaktivierung die beste Wahl. Wird mechanisch gelüftet, so ergibt sich eine zusätzliche Kühlleistung von ca. 10 W/m² und die Kühlleistung der Decken steigt aufgrund der verringerten Taupunktgefahr ebenfalls um ca. 10 W/m², sodass sich eine Gesamtkühlleistung von bis zu 50 W/m² ergeben kann. Bei punktuell noch höherer Kühlleistung kann es sinnvoll sein, in Teilbereichen einen Kühlbalken oder einen Gebläsekonvektor als Ergänzung vorzusehen. Ist aus funktionaler Sicht eine Be- oder Entfeuchtung der Luft erforderlich, so ist eine Klimaanlage notwendig. Diese ist jedoch mit hohen Investitions- und Energiekosten verbunden.

Centre Georges Pompidou: Bei dem 1977 in Paris fertiggestellten Gebäude wurde die Technik thematisiert. Die Installationen für Lüftung, Raumkonditionierung und Elektro wurden an die Außenseite des Gebäudes gelegt. Auf diese Weise wird die Technik ablesbar und es entsteht im Inneren ein flexibel nutzbarer freier Raum.

»Das Centre Pompidou folge ganz der Tradition der Gotik – nämlich den bestmöglichen Gebrauch der seinerzeitigen Materialien zu machen, das heißt die wohlgezielte Nutzung der Ressourcen, die zu einer bestimmten Zeit an einem bestimmten Ort zur Verfügung stehen.« [Richard Rogers]

Architektur:
Renzo Piano, Richard Rogers

NATÜRLICHE LÜFTUNG

Bei Außenluft-temperaturen, die zwischen 5 °C und 26 °C liegen, ist eine natürliche Lüftung gut möglich, bei Temperaturen bis zu –5 °C ist dies mit Einschränkungen noch möglich. Bei Temperaturen, die darunter liegen, kommt es bei natürlicher Lüftung zu Behaglichkeitseinbußen, ist es wärmer als 26 °C, ergeben sich unerwünschte Wärmeeinträge.

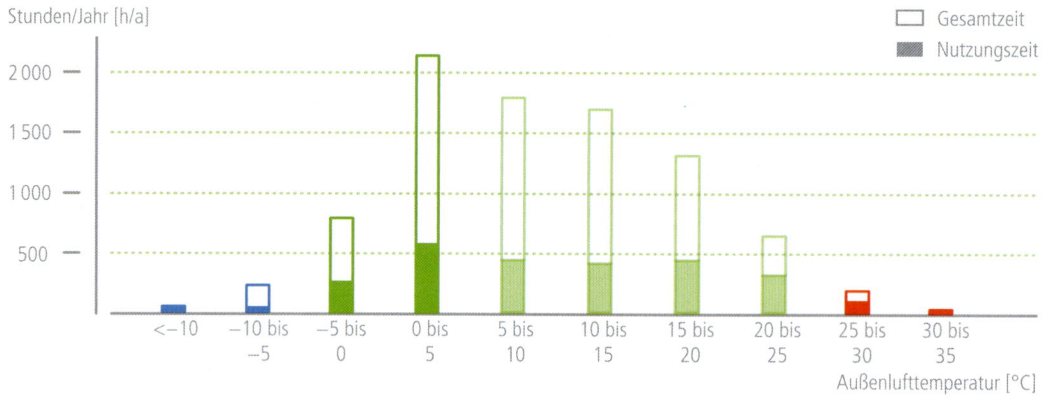

In Räumen, in denen sich Nutzer über längere Zeit aufhalten, sollte aus emotionalen Behaglichkeitsgründen die Möglichkeit der natürlichen Lüftung bestehen. Wenn die Fenster nicht geöffnet werden können, besteht nur ein eingeschränkter Außenbezug, was bei vielen Menschen Unbehagen auslöst. Eine natürliche Lüftung ist während der meisten Zeit des Jahres gut möglich, lediglich an kalten Wintertagen mit Temperaturen unter 5 °C und an warmen Sommertagen mit Temperaturen über 26 °C ergeben sich Einschränkungen aufgrund der Außenlufttemperatur. Energetisch gesehen benötigt die natürliche Lüftung keine elektrische Antriebsenergie, allerdings fehlt die Möglichkeit der Wärmerückgewinnung im Winter. Auch eine Zuluftkonditionierung in Bezug auf Temperatur oder Feuchte ist nicht möglich, was zu funktionalen und behaglichkeitsspezifischen Einschränkungen führen kann. Einerseits kommt die Luft direkt von außen und kann somit nicht in Luftleitungen oder lüftungstechnischen Komponenten verunreinigt werden. Andererseits besteht jedoch nicht die Möglichkeit, Staub aus der Zuluft auszufiltern. An Standorten mit schlechter Luftqualität oder hoher Lärmbelastung ist die natürliche Lüftung problematisch. Bei gekippten Fenstern ist nur noch eine Schallpegelminderung von -5 dB gegeben. Mit einer entsprechenden Fassadenausbildung oder einer indirekten natürlichen Lüftung, z. B. über ein Atrium, kann der Außenlärmproblematik begegnet werden. Günstig ist es die Lüftungsöffnungen vom Lärm abgewandt anzuordnen.

Luftströmung

Die natürliche Lüftung erfolgt über Thermik, Wind und Druckschwankungen in der Atmosphäre. Über ein geschicktes Anordnen von Zuluft-, Überström- und Abluftöffnungen kann das Gebäude über Thermik oder Wind natürlich durchlüftet werden. Auf diese Weise wird Antriebsenergie gespart und es kann effizient Wärme abgeführt werden, u. a. auch als Nachtlüftung. Gegebenenfalls kann ein Atrium oder ein Wintergarten in das Lüftungskonzept eingebunden werden, wodurch sich Vorteile, z. B. durch eine Zuluftvorwärmung über Solarstrahlung oder einen reduzierten Außenlärmeintrag, ergeben können.

Lüftungsöffnungen

Um die natürliche Lüftung während des gesamten Jahres zu ermöglichen, ist ein konventioneller Dreh-Kipp-Beschlag meist nicht ausreichend. Weitere Elemente sind je nach Standort und Nutzung vorzusehen. Bei Lärmbelastung und Wind erweisen sich Prallscheiben als hilfreich. Diese bewirken einen Lärm- und Windschutz sowie eine Zuluftvorwärmung in der kalten Jahreszeit. Eine kleine Lüftungsöffnung kann auch bei hohen Windgeschwindigkeiten an hohen Gebäuden eine Lüftung über die Fassade ermöglichen. Es sollten sich verschiedene Öffnungsgrade fein einstellen lassen, um den Luftwechsel zu dosieren. Eine über Sensoren elektrisch gesteuerte Lüftungsöffnung kann nutzerunabhängig die Luftqualität sicherstellen, das Raumklima durch Wärmeabfuhr optimieren und gleichzeitig Wärmeverluste durch einen unnötigen Luftaustausch vermeiden. Lüftungsöffnungen müssen nicht zwangsläufig transparent ausgeführt sein, auch wenn dies traditionell meist der Fall ist. Bei einer opaken Ausführung können sie konstruktiv auf einfachere Weise mit weniger Wärmebrücken ausgeführt werden.

Behagliche Zulufteinbringung

Das behagliche direkte Einbringen der Zuluft ist je nach Luftwechsel bei Außenlufttemperaturen über 5 °C möglich. Liegen die Temperaturen darunter, so kann mit einer Stoßlüftung die thermische Unbehaglichkeit zeitlich eingeschränkt werden. Die Durchmischung von kalter Zuluft mit warmer Raumluft in einer Mischzone oder die Erwärmung der Außenluft an fassadennahen Radiatoren kann die Behaglichkeit verbessern. Eine weitere Möglichkeit ist die Zuluftvorwärmung in Kastenfenstern oder Doppelfassaden. Diese bieten auch die Möglichkeit der Lüftung mit vermindertem Lärmeintrag. Bei Außenlufttemperaturen über 26 °C ist der Luftwechsel auf das hygienisch erforderliche Maß zu begrenzen. Bei Doppelfassaden wird die ohnehin warme Außenluft im Fassadenzwischenraum durch die absorbierte Solarstrahlung weiter erhitzt, sodass eine behagliche Lüftung nicht möglich ist. Bei hohen Gebäuden ist zu bedenken, dass sich an besonnten Fassaden eine fassadennahe Grenzschicht mit erhöhten Lufttemperaturen ausbildet. Dies führt zu Wärmeeinträgen bei natürlicher Lüftung, insbesondere an windstillen Tagen.

Planungsstrategien

In Räumen, in denen sich der Nutzer länger aufhält, ist eine optionale natürliche Lüftungsmöglichkeit unbedingt vorzusehen. Sie ermöglicht eine thermische, feuchtespezifische, akustische, olfaktorische Verbindung zum Außenraum. Die natürliche Lüftung kann eine mechanische Lüftung ergänzen und auf diese Weise Antriebsenergie einsparen, insbesondere in der Übergangszeit. Gegebenenfalls ist für eine lärmgeschützte Zuluftführung die Fassade entsprechend zu konzipieren. Ein Kastenfenster, im Idealfall im Wechsel mit einem normalen Fenster (Wechselfassade), ist hier eine ideale Lösung. Für eine windbedingte Durchströmung ist es sinnvoll, Lüftungsöffnungen über Eck oder gegenüberliegend anzuordnen. Um eine thermisch bedingte Durchströmung des Raums zu optimieren, ist es vorteilhaft, wenn Öffnungsflügel eine vertikale Ausdehnung aufweisen oder im unteren und oberen Bereich der Fassade angeordnet sind. Die natürliche Lüftung über die Fassade erfordert keine Schächte, Kanäle und Lüftungsgeräte sowie keine diesbezüglichen Flächen im Gebäude. Dadurch werden Investitionen für Technik und umbauten Raum sowie Wartungskosten gespart.

Ausbildung, Funktionen und typische Luftwechselzahlen von unterschiedlichen Lüftungsöffnungen

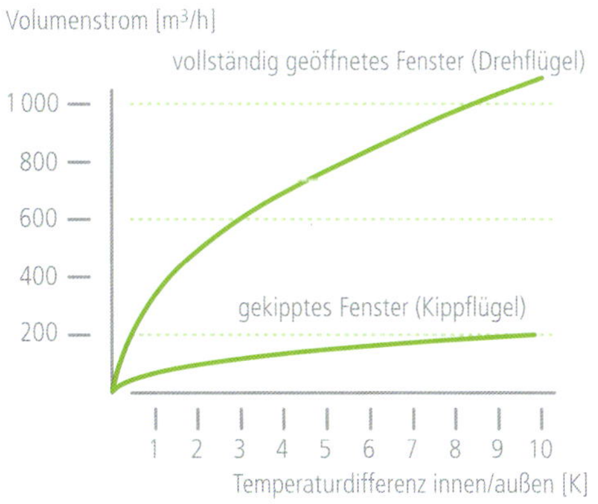

Volumenstrom in Abhängigkeit von der Temperaturdifferenz und der Fensterstellung

MECHANISCHE LÜFTUNG

Bei Räumen mit hoher Belegungsdichte, bei besonderen Anforderungen in Bezug auf Temperatur und Feuchte der Zuluft, bei Standorten mit Schadstoff- oder Staubemissionen, bei Außenlärmbelastung und zu Zeiten mit zu hohen oder zu niedrigen Außenlufttemperaturen ist eine natürliche Lüftung nur eingeschränkt möglich und eine mechanische Lüftung notwendig. Ein weiteres Argument für die mechanische Lüftung ist die Möglichkeit der Wärmerückgewinnung. Bei der Planung eines Lüftungskonzepts ist entweder eine zentrale oder dezentrale Strategie zu wählen, die Strömung im Raum festzulegen und sind im Grundriss des Gebäudes Zu- und Abluftzonen zu spezifizieren. Weiterhin ist zu entscheiden, ob die Lüftung zur Raumkonditionierung beitragen soll. Die Raumströmung kann als Mischlüftung oder als Quelllüftung erfolgen, gegebenenfalls kann die mechanische Lüftung auch mit einer natürlichen Lüftung kombiniert werden.

Zentrale mechanische Lüftung

Üblicherweise erfolgt die mechanische Lüftung über zentrale Lüftungsanlagen, von wo aus die Luft über Schächte und Kanäle verteilt wird. In den Lüftungsgeräten erfolgt die Filterung und Förderung der Luft sowie die Wärmerückgewinnung. Sofern erforderlich kann auch eine Erwärmung oder Kühlung sowie eine Befeuchtung oder Entfeuchtung der Zuluft erfolgen. Lüftungsgeräte können zentral an einem Ort im Gebäude angeordnet werden, wodurch eine Wärmerückgewinnung über Platten- oder Rotationswärmetauscher möglich ist. Dies führt jedoch zu vermehrtem Platzbedarf für Schächte. Gegebenenfalls können die Lüftungsgeräte auch in eine Zuluft- und Abluftzentrale aufgeteilt und verteilt im Gebäude angeordnet werden, wodurch sich die erforderlichen Schachtflächen reduzieren. Der Nachteil besteht darin, dass die Wärmerückgewinnung dann entweder mit einem Kreislaufverbundsystem oder über eine Abluftwärmepumpe erfolgen muss, wodurch sich eine geringere energetische Effizienz ergibt.

Dezentrale Lüftungsgeräte

Fassadenintegrierte dezentrale Lüftungsgeräte saugen die Außenluft direkt über die Fassade an, erwärmen oder kühlen diese und führen sie unmittelbar dem Raum zu. Die Abluft strömt ebenfalls durch das dezentrale Lüftungsgerät, in dem dann auch die Wärmerückgewinnung stattfindet. Die Zuluftführung unmittelbar über die Fassade hat den Vorteil, dass keine Technikflächen, Schächte und Kanäle innerhalb des Gebäudes erforderlich sind, wodurch sich der Platzbedarf erheblich reduziert, gegebenenfalls ist auch eine verminderte Geschosshöhe möglich. Je nach Standort besteht jedoch die Gefahr, dass belastete Luft angesaugt wird. An besonnten Fassaden erwärmt sich im Sommer die Zuluft in der fassadennahen Grenzschicht, was zu einem erhöhten Kühlaufwand führt. Im Vergleich zu einer zentralen Konzeption sind dezentrale Geräte energetisch ungünstiger und der Wartungsaufwand ist höher. Bei überwiegend natürlich belüfteten Gebäuden können dezentrale Geräte eine gute Möglichkeit zur Belüftung einzelner Räume mit erhöhtem Luftbedarf sein. Auch für den Sanierungsfall sind sie oftmals eine einfach zu realisierende Nachrüstoption.

Quelllüftung

Bei der Quelllüftung strömt die Zuluft in Bodennähe durch große Quellluftauslässe mit langsamer Strömungsgeschwindigkeit von kleiner 0,2 m/s und einer Zulufttemperatur, die 2 K unter der Raumtemperatur liegt, in den Raum. Dadurch bildet sich im unteren Raumbereich ein »Frischluftsee« mit hoher Luftqualität aus. Durch die Wärme des Nutzers steigt die frische Luft aus dem Frischluftsee über Thermik an dem Nutzer empor und er kann diese unbelastete frische Luft atmen. Die ausgeatmete oder durch Geräte verunreinigte warme Luft steigt weiter in den Deckenbereich auf, wo sie über Abluftöffnungen abgesaugt wird. Auf diese Weise ermöglicht die Quelllüftung eine hohe Luftqualität für den Nutzer bei verminderter Luftwechselrate. Eine Raumkonditionierung über die Lüftung ist bei

Quelllüftung nicht möglich, da die Zuluft eine definierte Temperatur aufweisen muss. Es ist eine Vorkonditionierung erforderlich und die Luft muss in Bodennähe über große Quellluftauslässe langsam einströmen. Dadurch ergibt sich ein höherer Installations- und Technikaufwand. Insbesondere die bodennahe Zuluftführung ist häufig nur schwierig zu realisieren. Oftmals erfolgt dies über die Möblierung. Bei großen Räumen kann die Quelllüftung große Flächen mit wenigen Zuluftauslässen belüften, da die Luft bis zu 15 m weit um den Auslass »fließt«. Die Quelllüftung wird typischerweise in hochwertigen Büroräumen und in Räumen mit hoher Belegungsdichte wie z. B. Hörsälen oder Veranstaltungsräumen realisiert.

Mischlüftung

Bei der Mischlüftung kann die Zuluft im oberen Raumbereich eingeblasen und dort auch wieder abgesaugt werden. Die Lüftungsöffnungen können frei im Raum positioniert werden, wodurch sich eine vereinfachte Installation ergibt. Je nach funktionaler Anforderung werden die Zuluftauslässe ausgewählt. Mit Drallauslässen soll eine unmittelbare Vermischung der Zuluft mit der Raumluft erreicht und die Strömungsgeschwindigkeit schnell abgebaut werden. Diese Vermischung der Zuluft mit der Raumluft ermöglicht Zulufttemperaturen, die von der Raumlufttemperatur erheblich abweichen, sodass über die Lüftung ohne Behaglichkeitseinbußen gekühlt und geheizt werden kann. Es sind Zulufttemperaturen zwischen 10 °C und 40 °C möglich. Mit Weitwurfdüsen wird die Luft mit hoher Geschwindigkeit als Strahl in den Raum eingeblasen, sodass auch vom Auslass weiter entfernte Bereiche frische Luft erhalten. Dadurch können tiefe Räume oder Hallen von einer Seite aus belüftet werden, wodurch der Installationsaufwand und der Platzbedarf sinken. Es ist darauf zu achten, dass sich Zonen mit hoher Luftgeschwindigkeit außerhalb von Aufenthaltsbereichen befinden. Diese Strategie kann für Räume angewendet werden, in denen die Behaglichkeitsanforderungen in Bezug auf die Strömungsgeschwindigkeit nicht sehr hoch sind, z. B. Sport- und Veranstaltungshallen oder Verkehrsbauten. Da bei der Mischlüftung der Luftaustausch nach dem Verdünnungsprinzip erfolgt und somit keine reine Außenluft geatmet wird, sind insgesamt höhere Luftwechselraten erforderlich. Da die Temperatur der Zuluft unabhängig von der Raumlufttemperatur ist und die Zuluft somit nicht definiert erwärmt oder gekühlt werden muss, ergibt sich ein geringerer Energie- und Technikaufwand. Die Mischlüftung kommt zum Einsatz, wenn die Anforderungen an die Luftqualität nicht so hoch sind und eine Raumkonditionierung über die Lüftung erfolgen soll. Bei der Wohnungslüftung handelt es sich in der Regel ebenfalls um eine Mischlüftung. Dort ist aufgrund der geringen Belegungsdichte die Luftqualität nicht kritisch, die Feuchteabfuhr ist hier das entscheidende Kriterium für den Luftaustausch. Zudem kann auf einfache Weise ergänzend über die Fenster gelüftet werden.

Mischlüftung: Die Vermischung der Zuluft mit der Raumluft ermöglicht eine Raumkonditionierung über die Lüftung, die Luftqualität ist jedoch schlechter.

Quelllüftung: Die Luft wird mit 2 K Untertemperatur und langsamer Geschwindigkeit in Bodennähe in den Raum eingebracht. Es wird eine sehr gute Luftqualität erreicht.

Lüftungszonen

Räume können als Zuluftzone, als Überströmzone, als Abluftzone oder als Raum mit individueller Zu- und Abluft konzipiert werden. Räume mit hohen Luftqualitätsanforderungen werden als Zuluftzone ausgebildet. Räume, in denen Schadstoffe oder Gerüche freigesetzt werden, sind als Abluftzonen auszubilden, aus denen die Abluft abgesaugt wird. Durch Überströmöffnungen strömt die Luft dann aus anderen Nutzungsbereichen nach. Auf diese Weise können keine Verunreinigungen in Bereiche mit hohen Luftqualitätsanforderungen gelangen. Im Wohnungsbau wird in Schlaf-, Kinder- und Wohnzimmern Zuluft eingeblasen, die Abluft wird aus Küche und Bädern abgesaugt. Bei Räumen, die eine Zu- und Abluft aufweisen, wird je nach Emissionssituation im Gebäude ein leichter Über- oder Unterdruck eingestellt, um unerwünschte Geruchs- oder Schadstoffübertragung zu vermeiden.

Raumkonditionierung über Luft

Die Lüftung kann auch zur Heizung oder Kühlung der Räume genutzt werden. Im Heizfall können aus Gründen der Behaglichkeit, des Energieaufwands und der Hygiene nur geringe Heizleistungen von ca. 40 W/m^2 umgesetzt werden, wodurch sich die Luftheizung nur für sehr gut gedämmte Gebäude eignet. Aus hygienischen Gründen ist Umluft nur in Sonderfällen sinnvoll. In Räumen mit geringeren Anforderungen an die Luftqualität, die flexibel aufgeheizt werden müssen, z. B. Produktionshallen, kann mit Gebläsekonvektoren über die Luft geheizt werden. Bei der Kühlung über Luft ist darauf zu achten, dass keine Unbehaglichkeit durch schnell strömende kalte Luft im Aufenthaltsbereich entsteht.

Planungsstrategien

Die Auswahl des mechanischen Lüftungskonzepts hängt von der gewünschten Strömung im Raum und der möglichen Durchströmung und Luftführung im Gebäude ab. Von Bedeutung ist dabei, ob die Bedingungen im Außenraum in Bezug auf Lärm, Luftqualität und Wind eine ergänzende natürliche Lüftung zulassen bzw. ob Fenster aus funktionalen Gründen nicht geöffnet werden können. Doppelfassaden, Atrien oder Wintergärten können hier auch eine Rolle spielen. Grundlegende Kriterien für die Lüftung sind die gewünschte Luftqualität, die Anforderungen an die thermische Behaglichkeit, die Belegungsdichte und die Wärmerückgewinnung. Es ist zu entscheiden, ob über die Lüftung auch die Raumkonditionierung komplett oder ergänzend erfolgen soll und ob eine definierte Luftfeuchte eingehalten werden muss. Weitere Aspekte sind die Installierbarkeit, die Flexibilität bei Umnutzungen und die Investitions- und Wartungskosten.

Zunächst ist zu entscheiden, ob vollständig mechanisch gelüftet werden muss oder ob eine natürliche Lüftung ergänzend erfolgen kann. Dies wird vor allem durch die erforderliche Luftmenge und die Außenbedingungen am Standort bestimmt. Gegebenenfalls kann es auch sinnvoll sein, nicht ganzjährig einen

Weitwurfdüsen bewirken eine hohe Zuluftgeschwindigkeit. Dadurch können große Räume oder Hallen vom Rand aus belüftet werden.

Drallauslässe sorgen für eine schnelle Vermischung der Zuluft mit der Raumluft. Dadurch ist eine Raumkonditionierung über die Luft gut möglich.

mechanischen Zu- und Abluftbetrieb vorzusehen, sondern in der Übergangszeit z. B. nur ein Abluftkonzept zu betreiben und die Luft über die Fassade nachströmen zu lassen.

Werden alle Räume eines Gebäudes mechanisch belüftet, ist eine zentrale Lüftungsanlage einzurichten. Dadurch ergibt sich eine höhere Effizienz bei der Wärmerückgewinnung und der Luftförderung. Die Investitions- und Wartungskosten sind geringer als bei dezentralen Anlagen. Allerdings ist im Gebäude umfangreicher Installationsraum für Schächte, Kanäle und Technikflächen für Lüftungszentralen vorzuhalten.

Dezentrale Lüftungsgeräte werden typischerweise im Nachrüstfall bei Sanierungen von Schulen oder Büros eingebaut. Ein anderes Einsatzgebiet sind überwiegend natürlich belüftete Gebäude, in denen einzelne Räume, z. B. Besprechungsräume, ergänzend mechanisch belüftet werden sollen bzw. höhere Kühllasten aufweisen. Außerdem finden sie häufig in schlanken Hochhäusern Anwendung, da keine zentralen Schächte notwendig sind.

Bei kontinuierlicher Nutzung und bei höheren Luftmengen ist eine Wärmerückgewinnung notwendig. Erfolgt diese über einen effizienten Platten- oder Rotationswärmetauscher, so müssen Zu- und Abluftstrom wieder an einem Punkt im Gebäude zusammengeführt werden, wodurch sich ein höherer Platzbedarf insbesondere für Schächte ergibt. Kann die Zuluft über die Fassade oder über einen Wintergarten eingebracht werden, ist ein Abluftkonzept mit einer Wärmerückgewinnung über eine Abluftwärmepumpe eine gute Wahl. Es ergibt sich ein geringerer technischer Aufwand und ein um ca. 50 % verminderter Platzbedarf. Die Wärmerückgewinnung ist jedoch weniger effizient und es können sich Probleme bei der Zulufteinbringung ergeben.

Bei hohen Anforderungen an die Luftqualität ist eine Quellluftströmung vorzusehen. Es ergibt sich jedoch ein erhöhter Aufwand für die Installation im Raum, weil die Luftauslässe größer sind und in Bodennähe angeordnet werden müssen, was in der Regel einer besonderen Luftleitung bedarf. Zudem muss die Zuluft definiert auf 2 K unter Raumtemperatur erwärmt oder gekühlt werden, wodurch technischer und energetischer Aufwand entsteht. Der Vorteil ist, dass aufgrund der höheren Luftqualität der Luftwechsel niedriger ausgelegt werden kann. Die Mischlüftung ist in der Regel mit weniger technischem Aufwand verbunden und kann Funktionen der Raumkonditionierung ganz oder teilweise übernehmen.

Bei der Luftströmung im Gebäude ist auf eine unerwünschte Übertragung von Gerüchen zu achten. Die Lüftungszonen sind so zu konzipieren, dass aus Bereichen mit Schadstoffen, Gerüchen oder erhöhter Feuchte die Luft abgesaugt wird und dort ein gewisser Unterdruck gegeben ist, wodurch die Belastung anderer Räume vermieden wird. Bei einer optimierten Gebäudekonfiguration können Thermik oder Wind den Antriebsenergiebedarf reduzieren und unterschiedliche Temperaturniveaus genutzt werden, z. B. über die Zuluftvorwärmung in einem Wintergarten. Generell ist zu prüfen, ob die mechanische Lüftung sich durch eine ergänzende natürliche Lüftung unterstützen lässt, wodurch sich auch der Außenbezug verbessert und die Lüftungsanlage kleiner dimensioniert werden kann.

RAUMKONDITIONIERUNGSSYSTEME

Vorteile:
Nachvollziehbarkeit, direkter Nutzereingriff

Nachteile:
unbehagliche Lüftung im Winter, Eintrag von Lärm und Staub, keine Kühlung im Sommer, keine Wärmerückgewinnung

Fensterlüftung mit Radiator

Heizleistung	40–100 W/m²
Kühlleistung Luft	außentemperaturabhängig
Kühlleistung Wasser	keine
Systemtemperatur Heizung	35–80 °C
Regelbarkeit	gut
typische Anwendungen	Büro, Wohnung

Vorteile:
Strahlungswärmeabgabe, Phasenverschiebung, Ausgleich von Lastspitzen, regenerative Wärme- und Kälteerzeugung

Nachteile:
Trittschallübertragung, schlechte Raumakustik, keine abgehängten Decken, unbehagliche Lüftung im Winter, Eintrag von Lärm und Staub

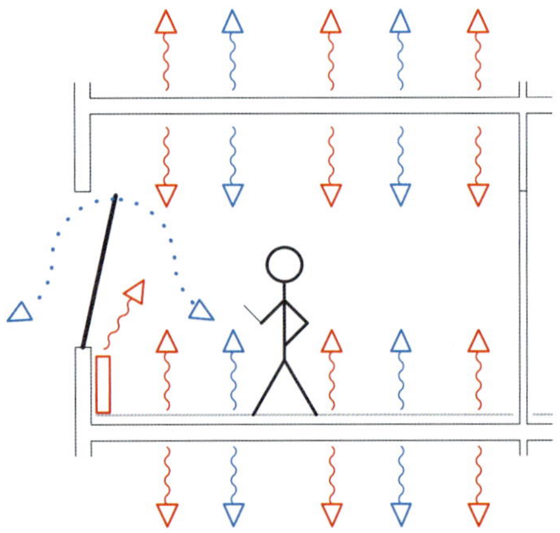

Fensterlüftung mit Betonkernaktivierung und Radiator

Heizleistung	50 W/m²
Kühlleistung Luft	außentemperaturabhängig
Kühlleistung Wasser	40 W/m²
Systemtemperatur Heizung	25 °C/35 °C (TAD/Radiator)
Systemtemperatur Kühlung	18 °C
Regelbarkeit	eingeschränkt
typische Anwendungen	Büro, Produktion

Vorteile:
hohe Behaglichkeit, einfache Installation

Nachteile:
Leistungsbegrenzung an feuchtwarmen Tagen, hoher Aufwand bei Raumänderungen, unbehagliche Lüftung im Winter, Eintrag von Lärm und Staub, keine Wärmerückgewinnung

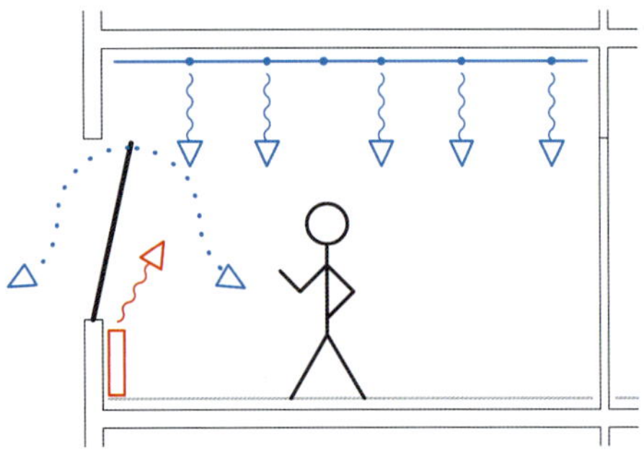

Fensterlüftung mit Kühldecke und Radiator

Heizleistung	40–100 W/m²
Kühlleistung Luft	außentemperaturabhängig
Kühlleistung Wasser	30–100 W/m²
Systemtemperatur Heizung	35–60 °C
Systemtemperatur Kühlung	16 °C
Regelbarkeit	sehr gut
typische Anwendungen	Besprechungsraum, Konferenzraum, Büro

Mechanische Lüftung mit Betonkernaktivierung

Heizleistung	40 W/m²
Kühlleistung Luft	10 W/m²
Kühlleistung Wasser	40 W/m²
Systemtemperatur Heizung (TAD/mechanische Lüftung)	25 °C/35 °C
Systemtemperatur Kühlung	18 °C
Regelbarkeit	sehr eingeschränkt
typische Anwendungen	Besprechungsraum, Büro

Vorteile:
Wärmerückgewinnung, behagliche Lüftung im Winter, geringerer Wärmeeintrag im Sommer, gegebenenfalls Entfeuchtung der Luft

Nachteile:
keine Einzelraumregelung, keine raumweise Abrechnung, Trittschallübertragung, schlechte Raumakustik, keine abgehängten Decken

Mechanische Lüftung mit Heiz-/Kühldecke

Heizleistung	50 W/m²
Kühlleistung Luft	10 W/m²
Kühlleistung Wasser	80–100 W/m²
Systemtemperatur Heizung	30 °C
Systemtemperatur Kühlung	16 °C
Regelbarkeit	sehr gut
typische Anwendungen	Besprechungsraum, Konferenzraum, Büro

Vorteile:
keine Probleme mit Taupunktunterschreitung, hohe Behaglichkeit, gute Installationsmöglichkeiten, Nutzereingriff möglich

Nachteile:
hoher Aufwand bei Raumänderungen, begrenzte Heizleistung

Klimaanlage

Heizleistung	70 W/m²
Kühlleistung	80 W/m²
Systemtemperatur Heizung	40 °C
Systemtemperatur Kühlung	6 °C
Regelbarkeit	gut
typische Anwendungen	Labor, Büro mit hoher Belegungsdichte, Besprechungsraum, Konferenzraum

Vorteile:
Be- und Entfeuchtung, für extreme Klimazonen geeignet

Nachteile:
hoher Wartungsaufwand, kein direkter Nutzereingriff, Beeinträchtigung der Luftqualität, hoher Energieaufwand, sehr hohe Investitionskosten

GEBÄUDESTEUERUNG UND SMART HOME

Das Thema »Smart Home« geht mittlerweile über die Steuerung der Beleuchtung und der Heizung weit hinaus und umfasst immer mehr Bereiche des Alltags und der Lebenswelt. Alle Funktionen können vom Benutzer cloudbasiert und ortsunabhängig überwacht und gesteuert werden. Die Regelung erfolgt nach programmierten Regelstrategien oder über Algorithmen, die sich KI-basiert selbstlernend immer weiter optimieren.

Das »Internet of Things« ist in allen Branchen auf dem Vormarsch. So schreitet die Digitalisierung der Steuerung von Gebäuden aktuell zügig voran. Dadurch verbessern sich der Komfort sowie die Sicherheit; der Energiebedarf vermindert sich. Bereits in den 1920er- und 1930er-Jahren begannen die Menschen sich in Zukunftsszenarien und Science-Fiction-Filmen auszumalen, wie ein automatisiertes Haus aussehen und funktionieren könnte. Mit dem Durchbruch der Mikroelektronik in den 1970er- und der Verbreitung des Internets in den 1990er-Jahren waren die technologischen Voraussetzungen geschaffen, um Gebäude digital zu vernetzen und zu steuern. Damit Sensoren, Aktoren und Geräte herstellerübergreifend miteinander kommunizieren können, wurde von führenden Herstellern schon früh ein europaweiter Standard für die Gebäudesteuerung etabliert. Die ersten Systeme der 1990er-Jahre waren kabelgebunden und arbeiteten überwiegend mit dem Standard des »European Installation Bus« (EIB). Aufgrund des hohen Preises, des Aufwands bei der Installation und Konfiguration sowie der unbefriedigenden und unflexiblen Nutzer- und Geräteschnittstellen beschränkte sich der Einsatz auf den professionellen Bereich und auf den hochpreisigen Wohnungsbau. Im Jahr 2002 wurde dann von der »KNX-Association«, einem Zusammenschluss führender Hersteller, KNX als neuer herstellerübergreifender Gebäudesteuerungsstandard eingeführt. KNX basiert auf der Zusammenführung der Technologie des EIB mit anderen damals verbreiteten Bus-Systemen. Im Jahr 2003 wurde der KNX-Standard in die europäische Norm EN 50090 übernommen und 2006 als internationale Norm ISO/IEC 14543-3 spezifiziert.

Erst mit dem Smartphone als flexible und beliebig anpassbare Nutzerschnittstelle, der einfachen Programmierbarkeit und weitreichenden Verfügbarkeit von »Apps« sowie der funkbasierten Datenübertragung über WLAN und Bluetooth waren die technischen Voraussetzungen geschaffen, dass sich »Smart-Home-Systeme«, die zunächst vor allem technikaffine Privatanwender ansprachen, schnell verbreiteten. Angeschlossen an den normalen Internetrouter kann man mit dem Smartphone, Tablet oder Computer auf das »Gateway«, die zentrale Steuerungseinheit, zugreifen, die dann die damit verbundenen Geräte ansteuert. In den Apps lassen sich viele mitunter komplexe Szenarien auf einfache Weise selbstständig programmieren. Dies ist durch die intuitiv bedienbare Benutzeroberfläche der Smartphone-Betriebssysteme möglich geworden. Neben der einfachen Bedienbarkeit sind die Kostenvorteile ein weiterer Aspekt. Da das Smartphone ohnehin vorhanden ist, muss kein eigenes Touchdisplay angeschafft werden. Zudem ist keine kabelbasierte Installation erforderlich, die im Gebäudebestand auch nur mit hohem Aufwand nachzurüsten ist. Bei Steuerungssystemen für große Gebäude oder ganze Quartiere spricht man von Gebäudeleittechnik; bei Systemen, die einzelne Räume oder kleinere Raumzusammenhänge abdecken, wie z. B. Wohnungen, von Smart-Home-Systemen.

Funktionen der Gebäudesteuerung

Das Vernetzen von Geräten und gebäudetechnischen Systemen ermöglicht es den Bewohnern, Eigentümern und Betreibern, ihre Gebäude auf einfache Weise optimiert zu regeln und zu steuern. Damit kann der Energieverbrauch reduziert, der Komfort erhöht und die Sicherheit verbessert werden. Zudem können viele neue Funktionalitäten, wie z. B. die Verbrauchserfassung, Buchungssysteme oder ein stromtarifoptimierter Betrieb von Haushaltsgeräten, integriert werden. Der Energieverbrauch für Heizung, Lüftung und Beleuchtungsstrom kann reduziert und Energiekosten können insbesondere durch Herunterregeln oder Abschalten der Systeme bei Abwesenheit des Nutzers eingespart werden. Beim Einsatz von Smart-Home-Systemen in den Räumen liegt das Energieeinsparpotenzial durch optimierte Regelstrategien, die sich teilweise auch selbstlernend verbessern, bei bis zu 30 %. Auch optimierte Lüftungsstrategien, insbesondere zur Feuchteabfuhr oder auch zur Entwärmung des Gebäudes im Sommer, sind möglich. Ein weiteres Anwendungsgebiet ist die Sicherheitstechnik; dazu gehören Zutrittsfunktionen, Videoüberwachung und das Erkennen von Gerätefehlfunktionen, Wasserschäden oder Rauch. Als neuere Funktionalität ist die Gesundheitsüberwachung hinzugekommen, sodass ältere Menschen und Personen mit körperlichen oder gesundheitlichen Beeinträchtigungen die Chance haben, unabhängiger und selbstbestimmter zu Hause zu leben. Mit »Digital Health« wird perspektivisch ein vollkommen neues Gebiet der Medizin erschlossen, von der kontinuierlichen Erfassung und automatisierten Überwachung von Körperwerten, wie Puls, EKG, Gewicht oder Blutzucker, bis hin zum »digitalen Arztbesuch«. Insgesamt ist die Akzeptanz von digitalen Systemen im Haushalt trotz zahlreicher Datenschutz- und Sicherheitsbedenken gestiegen und es kommen kontinuierlich neue Anwendungsmöglich-

Smart-Home-Apps: Über Apps für das Smartphone oder für Tablets können alle Komfort-, Sicherheits-, Heizungs-, Lüftungs-, Beleuchtungs-, Energie- und Entertainmentfunktionen von einem zentralen Ort aus auf einfache Weise bedient und überwacht werden. Über das Internet können alle Parameter auch cloudbasiert, ortsunabhängig gesteuert werden, sodass sich große Energieeinsparpotenziale ergeben können.

Sprachsteuerung über Smart-Speaker: In naher Zukunft werden sprachgesteuerte Systeme eine intelligente Schnittstelle zum Nutzer bilden. Durch die Intelligenz können durch beliebige Sprachanweisungen, z. B. »mir ist etwas kalt«, Steuer- und Regelprozesse aktiviert werden.

keiten und Endgeräte hinzu, sodass der Markt für Smart-Home-Systeme aktuell sehr schnell wächst.

Komponenten eines Smart-Home-Systems

Ein Smart-Home-System besteht aus Sensoren und Aktoren, aus einem Server oder Gateway und Nutzerschnittstellen zur Eingabe von Steuerbefehlen und zur Programmierung des Systems. Alle Komponenten des Smart-Home-Systems sind kabelgebunden oder über Funk miteinander verbunden. Sensoren erfassen Messwerte, Daten oder Betriebszustände von Geräten. Aktoren führen Steuerbefehle aus, dies sind z. B. Heizungsventile, Jalousiemotoren oder aber auch Haushaltsgeräte, die sich automatisiert einschalten. In der zentralen Steuereinheit wird die Programmierung des Systems mit allen Szenarien und Betriebsparametern hinterlegt und gespeichert. Dort werden alle Sensordaten verarbeitet und damit auf Basis der Regelparameter Steuerbefehle für die Aktoren generiert. Nutzerschnittstellen können ein Desktop-Computer, ein Tablet oder Handy sein. In diesen wird das System programmiert und es werden die Steuerbefehle eingegeben. Die Nutzerschnittstellen müssen dabei nicht zwangsläufig vor Ort sein, sondern es ist auch möglich, mit dem Handy am »anderen Ende der Welt« über das Internet sein Smart-Home-System zu steuern. Neu hinzugekommen sind die intelligenten digitalen Assistenten wie »Smart Speaker« und »Wearables«. Diese verfügen über eine Sprachsteuerung und können Steuerbefehle auch selbstständig generieren. Ebenso können Steuerbefehle auf Basis externer Parameter automatisiert generiert werden, z. B. über Wettervorhersagen oder den Standort des Nutzers.

Intelligente Steuerung

Eine erste Weiterentwicklung der Gebäudesteuerung über das einfache Steuern von Heizung oder Licht hinaus liegt in der Integration von zusätzlichen, teilweise automatisiert erfassten Eingangsgrößen, z. B. Wetterprognosen oder das Erkennen über Handydaten, dass der Nutzer sich dem Zuhause nähert und bald ankommen wird. In einem weiteren Schritt werden selbstlernende, auf künstlicher Intelligenz basierende Algorithmen die Regelstrategien für die Gebäudesteuerung optimieren. Auch wird die Nutzerschnittstelle dadurch zunehmend sprachbasiert und der Nutzer kann sich intuitiv ausdrücken. Zum Beispiel kann er sagen »Mir ist etwas kühl.«, anstatt an einem Stellrad die Temperatur auf 22° C zu stellen. Durch digitale Lernprozesse können sich dann Raumtemperaturen oder Lüftungsstrategien auch in Abhängigkeit der Situation selbstständig optimieren, z. B. je nach Außenklima, Tageszeit oder Aktivitätsgrad.

Leitungsgebundene Systeme

Leitungsgebundene Systeme erfordern eine vollständige Verkabelung der Geräte und haben daher auch einen höheren Installationsaufwand als funkbasierte Systeme. Sie bieten sich deshalb vor allem beim Neubau oder einer umfassenden Renovierung an und

Gebäudeleittechniksystem: MSR-Schrank für ein Gebäudeleittechniksystem zur Steuerung der übergeordneten Energiesysteme in einem Quartier

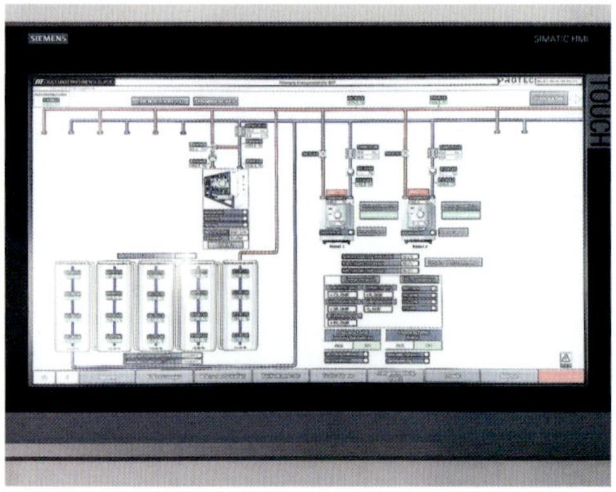

Touchdisplay als interaktive Nutzerschnittstelle zur Steuerung der Gebäudeleittechnik

entfalten ihr größtes Potenzial bei einer professionellen Vorausplanung. Üblicherweise basieren die Systeme auf dem herstellerübergreifenden »KNX-Standard«. Das Konzept ist ausgereift, zuverlässig und es gibt eine sehr große Auswahl an kompatiblen Produkten und Komponenten. Hier lässt sich von der Heizung über das Licht bis hin zur Waschmaschine alles ansteuern. Da die Installation und Programmierung dieser Systeme meist komplex ist, muss die Implementierung von einem Experten durchgeführt oder begleitet werden. Dadurch sind die Kosten relativ hoch und es ist schwierig, eigenständig Anpassungen vorzunehmen. In der Regel haben kabelgebundene Systeme eine zentrale Steuerung, in der die Informationen der Sensoren zusammenlaufen und die Steuerbefehle für die Aktoren generiert werden. Dabei ist nicht jede Komponente direkt mit einem Kabel an der Steuereinheit angebunden, sondern die Steuerleitungen laufen in Strängen von Gerät zu Gerät weiter, sodass sich die Leitungslängen erheblich reduzieren. Die Kommunikation mit den einzelnen Geräten erfolgt dann über elektronische Adressen. Der Vorteil von kabelgebundenen Systemen liegt in der höheren Zuverlässigkeit und einer systembedingt höheren Datensicherheit. Sie können auch in kleinteiligen Gebäuden mit vielen Einzelräumen oder in großen Gebäuden mit großen Entfernungen oder verschiedenen Gebäudeteilen eingesetzt werden. Ebenso sind kabelgebundene Lösungen unempfindlich gegenüber Störfrequenzen. Die Flexibilität ist jedoch geringer als bei funkbasierten Systemen und der Aufwand bei Änderungen und Erweiterungen höher. Ebenso ist es komplexer, neue Komponenten einzubinden. Inzwischen ist es auch üblich, kabelgebundene Systeme mit funkbasierten Geräten zu erweitern, z. B. »KNX-RF« als Erweiterung für »KNX«.

Funkbasierte Systeme

Oftmals weisen funkbasierte Systeme eine ähnliche Struktur wie kabelgebundene Konzepte auf, mit einem Gateway als zentraler Steuereinheit. Die Übertragung der Informationen zwischen Bedienelementen, Sensoren und Aktoren erfolgt hierbei jedoch über Funkwellen mit begrenzter Reichweite, oftmals über WLAN oder über eigene Funkstandards. Aufgrund der limitierten Funkreichweite ergibt sich eine begrenzte Ausdehnung dieser Funknetze. Gegebenenfalls können sich Schwierigkeiten bei der Signalstärke ergeben, sobald die Daten über mehrere Räume oder Geschosse hinweg gesendet werden müssen. Einfache funkbasierte Systeme können von Endbenutzern ohne spezielle Vorkenntnisse selbst installiert und in Betrieb genommen werden. Teilweise verbinden sich die Geräte selbstständig und sind dann automatisch im Funknetz eingebunden. Die jeweiligen Funkmodule werden häufig in vorhandene Schalter oder Leuchten eingebaut und nutzen die dort ohnehin vorhandene Stromversorgung. Es gibt auch batteriebetriebene Geräte, in der Regel Sensoren, Fensterkontakte oder Ventile mit geringem Stromverbrauch, die dann komplett ohne Kabel auskommen und ohne Ins-

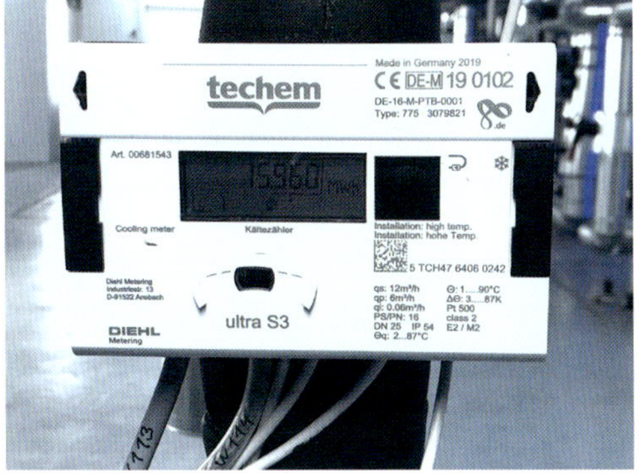

Digitaler Wärmemengenzähler zur Erfassung der Kühlenergie und Übergabe der Werte an ein Abrechnungssystem

Temperatursensor zur Erfassung des Speicherzustandes

tallationsaufwand vollkommen frei im Raum platziert werden können. Je nach Datenrate kann die Batterielebensdauer mehrere Jahre betragen. Die Steuerung eines funkbasierten Systems erfolgt in der Regel über ein Gateway. Dieses ist vergleichbar mit einem kleinen Server, der die Messwerte der Sensoren empfängt und verarbeitet und dann Befehle an Aktoren sendet. Das Gateway ist entweder über Kabel direkt an den Router angeschlossen oder wählt sich ebenfalls drahtlos in das WLAN ein. Teilweise werden jedoch auch ausgehend vom Gateway mit Repeatern eigenständige Funknetze etabliert, die vom WLAN unabhängig sind. Eine Sonderform ist das Konzept des »Zig BEE-Standards«, bei dem alle Komponenten des Systems mit den jeweils umliegenden Geräten kommunizieren und so die Informationen von Gerät zu Gerät weitertragen, was im Prinzip einem »Peer to Peer-Netzwerk« entspricht. Dank einheitlicher Funkstandards können häufig auch Geräte verschiedener Hersteller in ein funkbasiertes System eingebunden werden, manchmal jedoch mit verringertem Funktionsumfang. Um dem Problem der begrenzten Reichweite zu begegnen, kann es auch sinnvoll sein, größere Strecken in einem Funknetz über Kupferkabel oder Glasfaserleitungen zu überbrücken.

Systemkompatibilität

Grundsätzlich werden geschlossene und offene Systeme unterschieden. Es gibt Hersteller, die Smart-Home-Systeme anbieten, die nur mit den eigenen Produkten kompatibel und erweiterbar sind. Geschlossene Systeme bieten eine hohe Zuverlässigkeit, weil alle Geräte perfekt aufeinander abgestimmt sind und die optimale Kommunikation der Geräte untereinander durch eindeutige Kommunikationsprotokolle gewährleistet ist. In der Regel ist der Aufwand für die Installation und Inbetriebnahme dann sehr gering bzw. funktioniert automatisch. Offene Systeme zeichnen sich durch die Möglichkeit aus, Geräte verschiedener Hersteller miteinander kombinieren zu können. In einem offenen System können z. B. die intelligenten LED-Lampen von einem Lampenhersteller mit Heizungskomponenten oder Haushaltsgeräten anderer Hersteller in ein System eingebunden werden. Die Auswahl an Geräten und Möglichkeiten ist dann jedoch schwer zu überblicken und die einwandfreie Funktion ist nicht immer gewährleistet oder der Funktionsumfang ist eingeschränkt. Es gibt auch Anbieter offener Systeme, die schon sehr viele verschiedene Gerätekategorien abdecken und spezielle Fremdgeräte ebenso mit einbinden können.

Planungsstrategien

Bei der Gebäudesteuerung besteht die Herausforderung darin, dass Gebäude einen Lebenszyklus von fünfzig bis einhundert Jahren haben und sich demgegenüber Steuerungssysteme aktuell innerhalb von fünf Jahren erheblich weiterentwickeln, insbesondere was die Funktionalität, das Betriebssystem und die Nutzerschnittstellen betrifft. Ein Steuerungskonzept sollte in der Art aufgebaut werden, dass in Nutzungsbereichen und Gebäudeteilen, die sich voraussichtlich wenig ändern, Steuerleitungen verlegt werden und in flexibel genutzten Räumen oder Gebäudebereichen funkbasierte Systeme mit einfach austauschbaren Sensoren und Aktoren zum Einsatz kommen. Zur Bedienung sind Smartphones oder Tablets eine gute Wahl, da sie typischerweise innerhalb von drei bis fünf Jahren ausgetauscht werden. So können die Schnittstelle zum Nutzer und der Funktionsumfang des Systems dem technischen Fortschritt folgen. Auch Software-Updates sind durch die »Appstores« einfach und automatisiert möglich.

In Zukunft ist absehbar, dass bei einfacheren Smart-Home-Systemen die Gateways vollständig durch die intelligenten »Smart-Speaker« ersetzt werden, die schon jetzt herstellerübergreifend diverse Geräte über Sprache ansteuern können. Bei der Anwendung der Smart-Home-Technologie sind Aspekte des Datenschutzes und der »Cybersecurity« immer im Auge zu behalten, da bei vielen Nutzern hier Vorbehalte bestehen.

»THE LIVING« – MICROENERGIE-APARTMENT

Projektentwicklung:
Jost Unternehmensgruppe
Jürgen Jost, Grünwald

Energiekonzept:
atelier.ClimaDesign
Prof. Dr. Mike de Saldanha

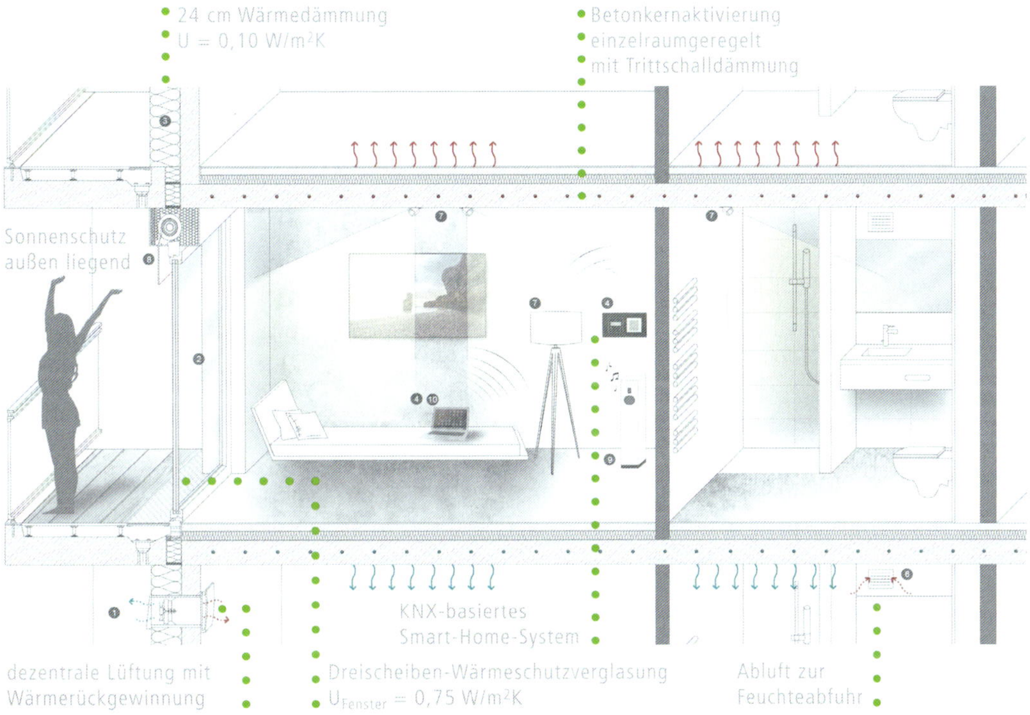

Die energetisch optimierten Microenergie-Apartments verfügen über einen sehr guten Wärmeschutz und eine dezentrale Lüftung mit Wärmerückgewinnung. Die Betonkernaktivierung ist einzelraumgeregelt. Alle Raumfunktionen werden über ein Gebäudeleittechniksystem gesteuert.

Bei »The Living« ergänzen sich die individuellen Wohnbereiche der funktionalen, technisch hochwertigen Micro-Apartments und die großzügigen, fast schon luxuriös ausgestatteten Gemeinschaftsflächen mit Kino, Fitness, Sauna sowie Koch- und Arbeitsbereichen zu einem ganzheitlichen, modernen Wohn- und Lebenskonzept. Mit 24 cm PUR-Hartschaum-Dämmung (WLS 026) an der opaken Fassade (U = 0,10 W/m²K) und der Dreischeiben-Wärmeschutzverglasung in hochgedämmten Rahmen ($U_{Fenster}$ = 0,75 W/m²K) sowie den dezentralen, fassadenintegrierten Lüftungsgeräten mit DC-Ventilatoren und einer Wärmerückgewinnung von 88 % erreicht das Gebäude den KfW-40-Standard. Es wurde ein Konzept mit einzelraumgeregelter Betonkernaktivierung mit 306 individuell geregelten Heizkreisen umgesetzt. Damit kann mit einem minimalen Energieaufwand eine maximale Behaglichkeit erreicht werden. Alle Raumfunktionen werden über eine KNX-basierte Gebäudeleittechnik gesteuert.

Blick in ein flächenoptimiertes Micro-Apartment:
Durch die Verminderung der individuellen Wohnfläche und die optimierte Steuerung wird eine gute Ausgangsbasis für den sehr geringen Energiebedarf geschaffen, der die Anforderungen der EnEV um 75 % unterschreitet.

Gemeinschaftsbereiche in »The Living«:
In den Gemeinschaftsbereichen entsteht ein hoher Nutzungsgrad. Auf diese Weise können großzügige Räume mit einer hochwertigen Ausstattung auf wirtschaftliche Weise realisiert werden.

SPEICHERMASSE

Thermisch nutzbare Speichermassen, die aus massiven Bauteilen mit hoher spezifischer Wärmespeicherkapazität und hoher Wärmeleitfähigkeit oder aus Phasenwechselmaterialien bestehen können, wirken sich in Bezug auf den Heizwärmebedarf und das Raumklima im Sommer vorteilhaft aus. Im Winter kann überschüssige Wärme, z. B. durch solare Einstrahlung, in der Konstruktion zwischengespeichert werden. Diese steht dann zeitversetzt wieder zur Verfügung, wodurch sich der Heizwärmebedarf vermindert. Im Sommer verzögert die Speichermasse die Aufheizung des Raums, wodurch sich die Behaglichkeit erhöht. Nachts müssen die Speichermassen durch Lüftung wieder ausgekühlt werden. Die Nachtlüftung bietet eine wirksame Kühlmöglichkeit ohne weitere Betriebskosten.

Nachtauskühlung

Die Nachtlüftung eignet sich insbesondere für Gebiete mit hohen Temperaturschwankungen zwischen Tag und Nacht. Günstig ist es, wenn die Außentemperatur in der Nacht auf etwa 15 °C absinkt. Die Decken sollten aus Beton sein und keine abgehängten Decken oder Doppelböden aufweisen. Massive Innenwände sind vorteilhaft. Akzeptable Raumtemperaturen werden bei Luftwechselraten von $n = 4\ h^{-1}$ oder höher erzielt. Dazu sind ausreichend große Lüftungsöffnungen vorzusehen, die witterungsgeschützt und einbruchssicher sein müssen. Steuerbare Lüftungsöffnungen ermöglichen eine optimierte Auskühlung und vermeiden eine zu niedrige Temperatur in der Übergangszeit. Allerdings ergeben sich für steuerbare Fensterbeschläge und Gebäudeleittechnik hohe Kosten. In der Praxis ist dies nur dann wirtschaftlich, wenn steuerbare Öffnungen ohnehin notwendig sind, z. B. für die natürliche Lüftung oder die Entrauchung. Eine thermik- oder windinduzierte Durchströmung des Gebäudes verbessert die Auskühlung. Dafür sind entweder vertikale Lufträume oder gegenüberliegende Fassadenöffnungen vorzusehen. Die Nachtlüftung kann auch mechanisch erfolgen. Der Nachteil liegt im Aufwand für die Antriebsenergie und einer in der Regel höheren Zulufttemperatur, da sich die Zuluft in den Kanälen erwärmt. Mit der Nachtlüftung erreichen Räume mit moderaten thermischen Lasten im Sommer gute klimatische Verhältnisse. Bei günstigen klimatischen Bedingungen und umfangreicher Speichermasse können auch höhere Wärmelasten abgeführt werden. Mit niedrigen Luftwechselraten lassen sich zwar keine optimalen Verhältnisse erzielen, dennoch stellt sich bereits ab einem einfachen Luftwechsel eine spürbare Verbesserung der Behaglichkeit ein. Die thermische Speicherfähigkeit kann auch mit Phasenwechselmaterialien (PCM) bereitgestellt werden. Hier wird das Speicherpotenzial des Phasenübergangs von fest zu flüssig genutzt, sodass mit geringem Materialeinsatz große Speichereffekte erreicht werden können. Ein weiterer Vorteil besteht darin, dass die Materialien sich bei der Einspeicherung nicht weiter erwärmen und so die Oberflächentemperatur nahezu konstant bleibt.

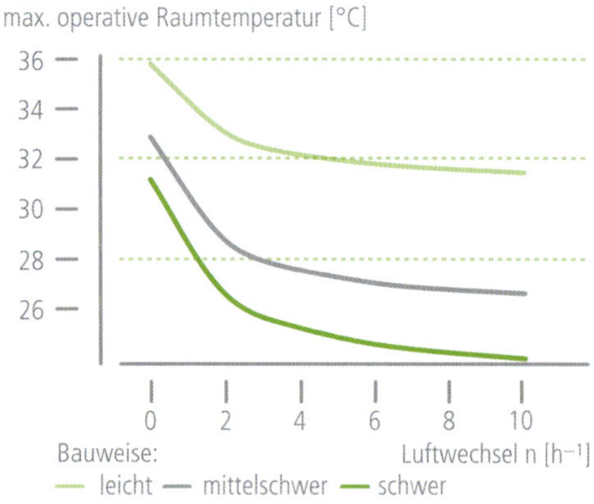

Einfluss der thermisch nutzbaren Speichermasse und des nächtlichen Luftwechsels auf die maximale operative Raumtemperatur an heißen Sommertagen

Massive Lehmwand mit Lüftungsöffnung im Geburtshaus von Scheich Zayid, in al-Ain (Vereinigte Arabische Emirate)

TECHNIKINTEGRATION

Zur Sicherstellung eines guten Raumklimas, einer ausreichenden Belüftung und Beleuchtung, sowie zur Versorgung mit Strom und Daten müssen technische Systeme und Leitungen in die Räume integriert werden. Mittlerweile ist bei Gebäuden eine höhere Flexibilität mit einfach realisierbaren Nutzungs- und Raumänderungen gewünscht. Damit ist es notwendig geworden, dass auch das Installationskonzept flexibel ist. Die Verteilung im Geschoss erfolgt in horizontalen Trassen und Installationszonen. Der erforderliche Installationsraum für die horizontale Verteilung nimmt mit der Anzahl der zu versorgenden Räume zu. Um Geschosshöhe einzusparen, kann die Realisierung zusätzlicher vertikaler Schächte sinnvoll sein. Die Verlegung der Leitungen in der Geschossebene kann in einem Hohlraumboden, einer abgehängten Decke oder frei im Raum erfolgen. Weitere Möglichkeiten sind Installationszonen im Brüstungsbereich oder estrichbündige Bodenkanäle.

Installation bei freiliegenden Decken

Eine Betonkernaktivierung oder Nachtauskühlung erfordern aktivierbare Speichermassen und somit freiliegende Böden und Decken. Dadurch können Doppelböden oder abgehängte Decken nicht ausgeführt werden und es stehen keine Installationszonen an der Decke und am Boden zur Verfügung. Alternativ können dann Heizungs- und Elektroleitungen in Fassadennähe und entlang der Innenwand verlegt werden. Die Luftführung erfolgt unter der Decke im Bereich der Rauminnenwand. Neben dem fehlenden Installationsraum ergibt sich auch die Herausforderung, Beleuchtungskörper und raumakustische Absorber zu integrieren.

Installation in der abgehängten Decke

Wird im Raum eine vollflächig abgehängte Decke vorgesehen, kann diese gleichzeitig als Kühldecke und als Element zur Verbesserung der Raumakustik dienen. Ebenso werden die Leuchtmittel und Luftauslässe in diese eingesetzt. In dem vorhandenen Installationsraum werden die Heizungs- und Kälteleitungen sowie die Luftkanäle geführt. Die Verlegung der Elektro- und Datenleitungen erfolgt dann in estrichbündigen Bodenkanälen oder im Brüstungsbereich.

Installation im Hohlraumboden

Der Bereich unterhalb des Hohlraumbodens nimmt die Elektroleitungen, Datenleitungen, Luftkanäle sowie die Heizleitungen auf. Die Quellluftauslässe können direkt im Boden oberhalb der Kanäle angeordnet werden. Unterflurkonvektoren lassen sich ebenfalls flächenbündig in den Hohlraumboden integrieren. Die Kühlung kann über eine Betonkernaktivierung oder eine eingeputzte Kühldecke erfolgen. Die Leuchtkörper werden in die Rohdecke integriert oder von dieser abgehängt. Die Abluft kann über die Flurzone abgeführt werden.

Installationsführung in der abgehängten Decke

Vorteile:
gute Raumakustik,
einfache Integration der Beleuchtung,
hohe Kühlleistung,
großer Installationsraum

Nachteile:
höhere Geschosse,
keine aktivierbaren Speichermassen,
geringere Flexibilität bei der Elektro- und Datenverteilung

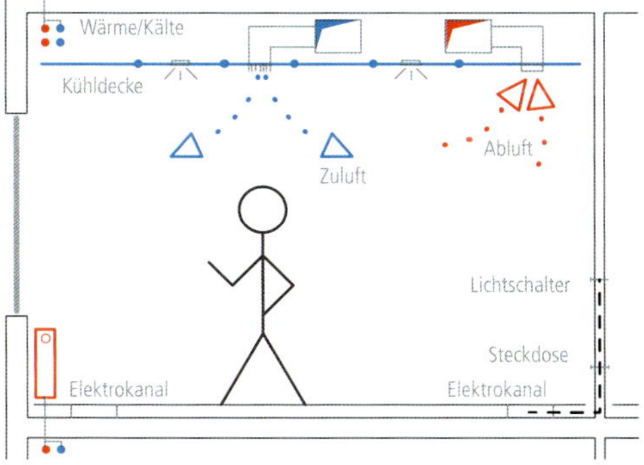

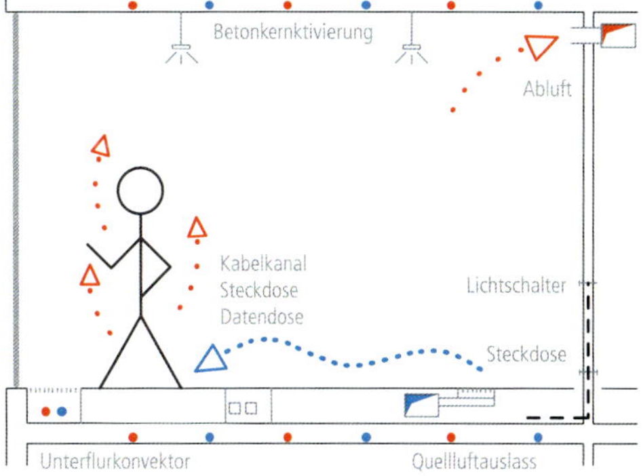

Installationsführung im Hohlraumboden

Vorteile:
hohe Flexibilität für Daten- und Elektroleitungen,
einfache Realisierbarkeit einer Quelllüftung,
kein sichtbares Heizelement an der Fassade

Nachteile:
schlechte Raumakustik,
geringe Wärmeabgabe über den Boden,
höhere Geschosse

TAGESLICHT

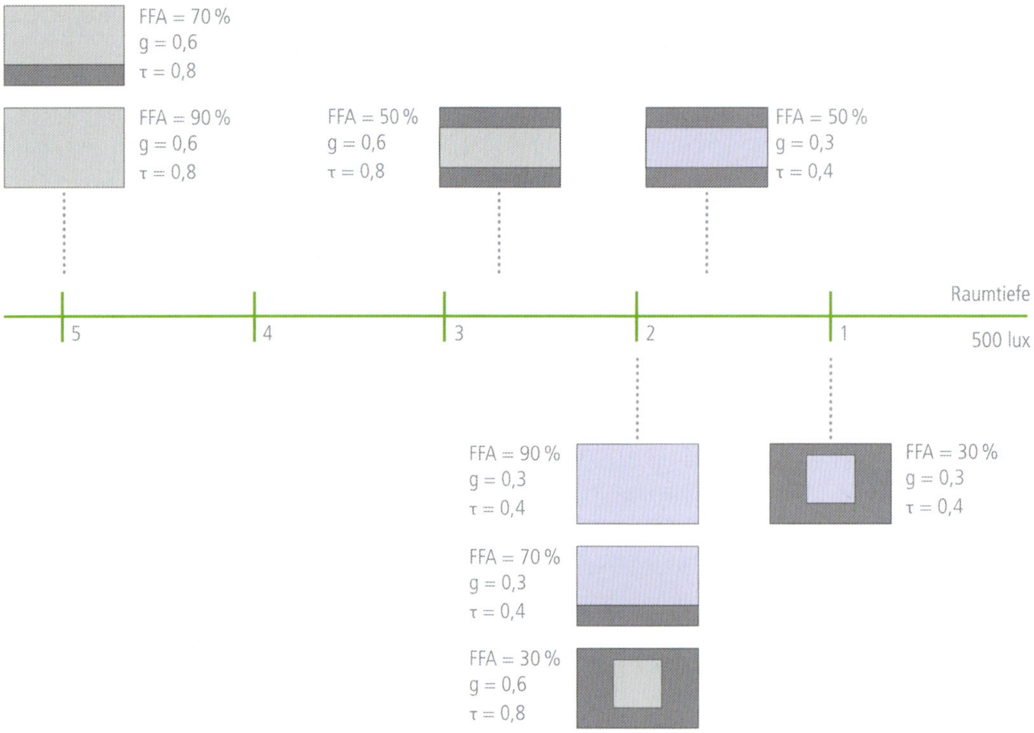

Einfluss der Fenstergeometrie (Fensterflächenanteil – FFA) und der Verglasungsart auf den Abstand der 500 Lux-Grenze von der Fassade. Ein Sturz und der Einsatz von Sonnenschutzglas vermindern die Ausleuchtung in der Raumtiefe erheblich.

Tageslicht im Raum ist ein wesentlicher Faktor für das Wohlbefinden und die Leistungsfähigkeit des Menschen. Das Tageslicht ist abhängig vom Wetter, der Tages- und Jahreszeit sowie dem Standort. Es ist in unterschiedlicher Beleuchtungsstärke, Lichtfarbe und Lichtrichtung vorhanden und ist gerichtet oder diffus. Die Außenbeleuchtungsstärke zur Mittagszeit bei bedecktem Himmel schwankt zwischen 5 000 Lux im Winter und bis zu 20 000 Lux im Sommer. Durch die unterschiedlichen Sonnenwinkel und die damit verbundenen unterschiedlich langen Wege durch die Erdatmosphäre zur Mittagszeit bzw. den Morgen- oder Abendstunden ändern sich die Intensität und die spektrale Zusammensetzung des Tageslichts. Die Veränderung der Lichtstärke und der Lichtfarbe gibt dem Menschen ein Gefühl für die Tages- und Jahreszeit sowie eine kontinuierliche unterbewusste Information über das Außenklima. Dabei wird der menschliche Stoffwechsel, die Vitaminbildung und der Hormonhaushalt beeinflusst. Zur Mittagszeit ist ein Lichtspektrum mit hohem Blauanteil vorhanden. Dies hat einen anregenden Effekt auf den Menschen. Am Abend ist, bedingt durch die Ausfilterung der Blautöne, ein rötlicheres Lichtspektrum vorherrschend, welches beruhigend wirkt und auf den Schlaf vorbereitet. Damit ist das Tageslicht bestimmend für den Lebensrhythmus des Menschen. Tageslicht hat gegenüber Kunstlicht den Vorteil, dass es alle Spektralfarben enthält. Dadurch wirken farbige Gegenstände bei Tageslicht authentischer als bei Kunstlicht. Nicht zuletzt wird die Seele des Menschen durch schöne Eindrücke wie beispielsweise einen Sonnenuntergang, einen Regenbogen oder einen Gewitterhimmel positiv gestimmt.

Tageslichtplanung

Bei der Tageslichtnutzung sind verschiedene Zielkonflikte zu lösen. Einerseits soll eine weitreichende Tageslichtversorgung gewährleistet werden, andererseits dürfen sich keine Beeinträchtigungen durch Blendung ergeben.

Ein Blendschutz ist in der Regel unabdingbar, insbesondere bei Bildschirmarbeitsplätzen. Die für eine gute Tageslichtversorgung notwendigen größeren Fensterflächen bewirken erhöhte Transmissionswärmeverluste im Winter. Deshalb sollte mit einer günstigen Fenstergeometrie die erforderliche Fensterfläche optimiert werden. Der Strahlungseintrag im Sommer soll möglichst begrenzt werden, gleichzeitig sollen die Räume weitreichend mit Tageslicht versorgt werden, um Kunstlicht und damit einhergehend Strombedarf und weitere Kühllasten zu vermeiden. Dafür muss der Sonnenschutz in der Art ausgebildet sein, dass er im oberen Bereich diffuse Strahlung in den Raum eindringen lässt. Im Idealfall können Lamellen Tageslicht reflektieren und so als Lichtlenkung wirken.

Tageslichtoptimierte Grundrissgeometrie

Bei der Gebäudeplanung ist auf die Tageslichtversorgung in der Raumtiefe zu achten. Ein gut belichteter Bereich befindet sich bis zu einem Abstand zur Fassade, der dem 1,5-fachen der Sturzhöhe entspricht. Auch bei Nebenflächen sollte der Abstand zur Fassade 10 m bis 15 m nicht überschreiten. Gegebenenfalls kann durch Dachfenster und Lichthöfe Tageslicht in die Innenzonen gebracht werden.

Fenstergeometrie und -anordnung

Um möglichst viel Tageslicht in den Raum eindringen zu lassen, sollte sich der Oberlichtbereich idealerweise über die gesamte Fassadenbreite erstrecken. Die Oberkante der Fenster sollte möglichst hoch liegen, im besten Fall deckenbündig. Soll der Fensterflächenanteil aus energetischen Gründen begrenzt werden, so sind zwei schmälere Fenster einem mittig angeordneten größeren Fenster vorzuziehen. Die Brüstungszone ist im Hinblick auf die Tageslichtversorgung der Arbeitsebene von sehr geringer Bedeutung. Sie kann auch opak ausgebildet sein, wodurch sich der Strahlungseintrag im Sommer und der Transmissionswärmeverlust im Winter reduzieren.

Saint Pierre, Firminy-Vert (Frankreich):
Die von Le Corbusier Anfang der 1960er-Jahre entworfene Kirche wurde nach wechselvoller Baugeschichte erst 41 Jahre nach seinem Tod gemäß seinen Skizzen fertiggestellt. Vier aus dem Dach hervorstoßende »Lichtkanonen«, welche die fensterlose Hülle aus kerngedämmtem Beton durchbrechen, sowie kleine Lichtpunkte sind am Tag die einzige Lichtquelle für den hohen Kirchenraum.

Architektur:
Skizzen von Le Corbusier

KUNSTLICHT

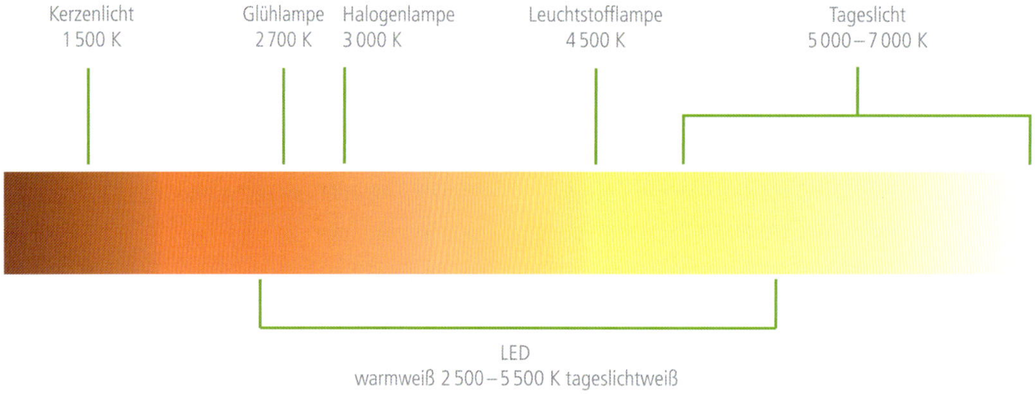

Farbtemperatur verschiedener Lichtquellen

Kunstlicht ist eine Grundvoraussetzung für das moderne Leben in der Industriegesellschaft, da es den Menschen und seine Tätigkeiten vom Tageslicht unabhängig macht. Weiterhin sind fensterlose Gebäudebereiche und Nutzungen nur durch Kunstlicht überhaupt realisierbar. Bei der Kunstlichtplanung ist auf funktionale, behaglichkeitsspezifische, energetische und ökonomische Aspekte zu achten. Die Beleuchtungsstärke, die Leuchtdichte, die Lichtverteilung, die Lichtrichtung, die Farbtemperatur und die Farbwiedergabe bestimmen die Funktion und die Behaglichkeit. Die Lichtausbeute in Lumen pro Watt [lm/W] beeinflusst die erforderliche Beleuchtungsenergie und die Kühllasten eines Gebäudes. Ein weiterer Aspekt ist die Lebensdauer der Leuchtmittel, sie beeinflusst die erforderlichen Ersatzinvestitionen und den Aufwand für den Leuchtmittelaustausch. Insbesondere bei schwer zugänglichen Leuchten, z. B. in Hallen, kann dies ein wesentliches Kriterium sein. Auch aufgrund der Tatsache, dass mit LED die Lichtfarbe auf einfache Weise verändert werden kann, ist in jüngster Zeit die Auswirkung der Lichtfarbe auf den menschlichen Biorhythmus in das Blickfeld der Lichtplanung geraten.

Lampen und Leuchtmittel

Lampen sind künstliche Lichtquellen, die je nach Art ihrer Lichterzeugung in Temperaturstrahler, Entladungslampen und Elektrolumineszensstrahler (LED) unterschieden werden. In jüngster Zeit sind die Investitionskosten von LED-Leuchtmitteln erheblich gesunken, sodass sich diese in nahezu allen Bereichen durchgesetzt haben. Sie können das Licht gerichtet oder diffus abgeben, sind dimmbar und gegebenenfalls in der Lichtfarbe veränderbar und bieten so funktionale Vorteile. In Bezug auf die Lichtausbeute von 60 lm/W bis 100 lm/W sind sie Glüh- und Halogenlampen mit 5 lm/W bis 25 lm/W weit überlegen und Leuchtstoff- und Metalldampflampen ebenbürtig. Im Hinblick auf die Lebensdauer sind LED mit ca. 50 000 h herkömmlichen Leuchtmitteln um den Faktor fünf bis zehn überlegen. Auch in Bezug auf die Schaltzyklen sind LED wesentlich besser, die Zyklenzahl ist abhängig von der Vorschaltelektronik und liegt im Bereich von 10 000 bis 100 000 Schaltvorgängen und somit wesentlich höher als bei konventionellen Leuchtmitteln. Lampen mit LED-Leuchtmitteln weisen eine Vielfalt an Bauformen auf. Das Licht kann flächig, punktuell oder linear abgegeben werden. Aufgrund der geringen Größe des Leuchtmittels lassen sich Lampen wesentlich kleiner konstruieren. Da die Lichtabgabefläche von LED sehr klein ist, ist aufgrund der hohen Leuchtdichte auf Blendung zu achten. Eine gute Wärmeabfuhr ist wichtig, da eine Überhitzung die lange Lebensdauer der LED erheblich verkürzt. Temperaturstrahler werden häufig noch als dekoratives Stimmungslicht eingesetzt, oftmals mit Glühbirnen aus Klarglas und sichtbarer, »glühender« Glühwendel.

Beleuchtungsstärke

Die Beleuchtungsstärke in Lux [lx] ergibt sich aus dem Lichtstrom, der auf eine bestimmte

Fläche fällt. Von der Beleuchtungsstärke hängt das Sehvermögen ab. Je detailreicher die Sehaufgabe ist, umso höher muss die Beleuchtungsstärke sein. So erfordern Schneider-, Juwelier-, und Uhrmacherarbeiten 1 000 lx bis 2 000 lx. Für Büroflächen werden 500 lx empfohlen, 300 lx für diesbezügliche Nebenzonen und 100 lx bis 200 lx für Erschließungsbereiche. Andererseits hat sich die Büroarbeit stark auf Computermonitore verlagert, wodurch auch individuell niedrigere Beleuchtungsstärken als angenehm empfunden werden. Hier ist es vorteilhaft, wenn der Nutzer sein Beleuchtungsniveau individuell einstellen kann und insgesamt im Raum eine Ausleuchtung mit moderaten Leuchtdichteunterschieden gegeben ist.

Lichtfarbe

Die Farbtemperatur oder auch Lichtfarbe wird in Kelvin [K] angegeben und beschreibt, ob das Licht eher gelblich warm oder bläulich kühl ist. Die Lichtfarbe hat nicht nur deutliche Auswirkungen auf das Sehvermögen, sondern auch auf die Stimmungslage. Das weiße Tageslicht hat ca. 6 500 K, dabei verfügt der Mensch über die maximale Sehkraft und hat die beste Detailauflösung. Neutralweiß und Tageslichtweiß mit höheren Blauanteilen entsprechen am besten den menschlichen Bedürfnissen am Tag. Der Mensch bleibt hellwach und kann sich gut konzentrieren. Farbtemperaturen von 4 000 K bis 8 000 K bieten sich für Büros und Unterrichtsräume an. Wärmere Lichtfarben mit 2 500 K bis 3 200 K haben einen höheren Rotanteil und beruhigen und entspannen den Menschen. Sie werden im Wohnbereich und in der Gastronomie vor allem abends eingesetzt. Eine wichtige Voraussetzung für erholsamen Schlaf besteht darin, sich vor dem Schlafengehen in warmem Licht aufzuhalten und bläuliche Lichtfarben zu vermeiden. Dies wird mittlerweile auch in der Abstimmung von Monitoren und Displays berücksichtigt. Häufig gibt es einen Abendmodus mit rötlicherer Farbabstimmung.

Die Kunstlichtplanung hat erheblichen Einfluss auf das Wohlbefinden in Räumen ohne Tageslicht. Oftmals steht nicht die lichtspezifische Funktionalität im Vordergrund, sondern die Gestaltung und der Raumeindruck.

Kunstlicht in der U-Bahn Station Westfriedhof in München

Architektur:
Auer Weber, München

ÖKONOMIE DER RAUMKONDITIONIERUNG

Die technische Ausstattung von Räumen hat erheblichen Einfluss auf die Investitions-, Wartungs- und Energiekosten. Zudem spielen die gewünschte Flexibilität und damit verbunden der Aufwand bei Nutzungs- oder Raumänderungen eine Rolle. Grundsätzlich ist im Blick zu behalten, dass mit einem optimierten Gebäudekonzept auf einfache Weise die größten Einsparungen erzielt werden können. Bei einer ganzheitlichen Planung ist auch zu prüfen, ob sich durch eine Mehrinvestition in die Bautechnik, vor allem bei der Fassade, eine Einsparung bei der Gebäudetechnik ergeben kann.

Raumkonditionierung

Bei den Raumkonditionierungssystemen bestehen erhebliche Unterschiede in Bezug auf die Investitionskosten. Generell sind wassergeführte Systeme zur Heizung und Kühlung mit den geringsten Investitions- und Energiekosten verbunden. Die Betonkernaktivierung ist aufgrund der Integration in die Konstruktion und der sehr einfachen Regeltechnik fünf- bis zehnfach günstiger als Kühldecken oder Klimaanlagen. Zudem ist die Flexibilität bei Änderungen der Raumaufteilung wesentlich höher. Weitere Einsparpotenziale ergeben sich durch geringere Investitionen für die Kälteerzeugung und durch die Möglichkeit der Nutzung regenerativer Wärme oder Kälte. Dem steht eine begrenzte Kühlleistung gegenüber. Je nach Fassadenkonzept kann es sinnvoll sein, die Investitionen für den Sonnenschutz zu erhöhen, damit das Kühlpotenzial der Betonkernaktivierung noch ausreichend ist. Ein weiterer Ansatz, der begrenzten Leistung der Betonkernaktivierung zu begegnen, besteht in einer ergänzenden mechanischen Lüftung mit vorkonditionierter, entfeuchteter Luft.

Lüftung

Sofern am Standort möglich, sollte eine natürliche Lüftung vorgesehen werden. Damit kann ohne Antriebsenergiebedarf über weite Zeiträume des Jahres gelüftet werden. Bei großen Luftmengen ist eine mechanische Lüftung aufgrund der Wärmerückgewinnung sinnvoll, bei niedrigen Luftmengen ist zu prüfen, ob sie sich in energetischer Hinsicht und mit Blick auf den technischen Aufwand lohnt. Bei einer Quelllüftung sind die Investitionskosten relativ hoch, da die Zuluft definiert konditioniert werden muss. Die bodennahe Zulufteinbringung ist aufwendig zu realisieren und die Zuluftauslässe sind aufgrund der Baugröße teuer. Durch die geringeren Luftmengen kann sich jedoch auch ein ökonomischer Vorteil ergeben, da das Lüftungsgerät und die Kanalquerschnitte kleiner dimensioniert werden können und weniger Antriebsenergie erforderlich ist. Bei der Mischlüftung kann sich ein ökonomischer Synergieeffekt einstellen, wenn die Raumkonditionierung auch über die Lüftung erfolgt. Dies ist jedoch nur bei moderaten Heiz- und Kühlleistungen sinnvoll. Dezentrale Lüftungsgeräte sind im Hinblick auf die Energie- und vor allem die Wartungskosten ungünstiger als zentrale Lüftungsanlagen. Sie können jedoch durch die Einsparung von Zentralen, Schächten und Kanälen insgesamt Kostenvorteile bieten, insbesondere bei hohen Gebäuden. Ebenso ist eine Nachrüstung im Sanierungsfall meist einfacher und damit kostengünstiger umzusetzen.

Technikintegration

Wird die Technik frei im Raum installiert, so bleiben die Speichermassen nutzbar und es ergeben sich geringe Installationskosten bei jedoch eingeschränkter Flexibilität. Bei diesem Konzept kann die Raumkonditionierung sehr gut über eine Betonkernaktivierung erfolgen. Ein Doppelboden bietet eine hohe Flexibilität für Elektro- und Datentechnik und ermöglicht auf einfache Weise die Quelllüftung. Die Investitionskosten liegen im mittleren bis erhöhten Bereich. Eine Betonkernaktivierung ist möglich, jedoch mit einer eingeschränkten Wärmeabgabe über den Boden. Eine abgehängte Decke ermöglicht die Integration von Beleuchtungs- und Lüftungstechnik und bietet als Kühldecke eine hohe Kühlleistung sowie eine gute Raumakustik. Je nach Konstruktion und Ausstattung können sich sehr hohe Investitionskosten ergeben.

Planungsstrategien

Bei technischen Systemen sind nicht nur die Kosten für Geräte, Leitungen und Kanäle, sondern auch die damit zusammenhängenden Baukosten zu berücksichtigen, die durch den Platzbedarf für Zentralen und Technikräume sowie den Flächenbedarf für Schächte entstehen. Außerdem kann durch Installationszonen in abgehängten Decken oder Doppelböden eine größere Gebäudehöhe erforderlich werden. Durch eine optimierte Integration der Technik im Raum sowie eine abgestimmte Anordnung von Zentralen lässt sich der technikbedingte Bauaufwand begrenzen. In der Regel kann durch moderate Mehrinvestitionen in die Wärmedämmung und in Sonnenschutzsysteme eine erhebliche Einsparung bei den Investitionen in die Technik erzielt werden, verbunden mit verminderten Energie- und Wartungskosten.

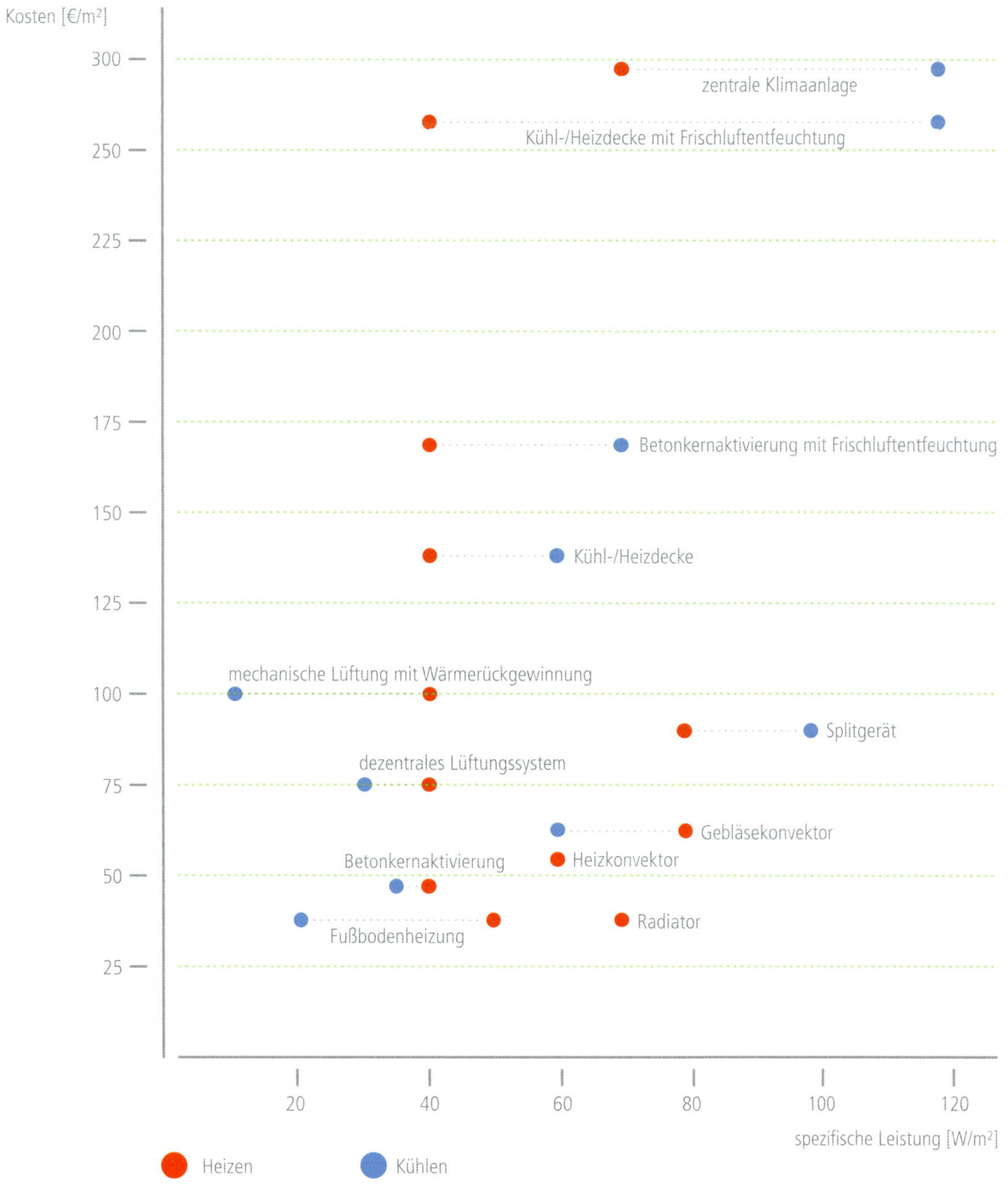

Spezifische Kosten für verschiedene Raumkonditionierungssysteme pro m² Raumfläche und deren jeweilige spezifische Heiz- oder Kühlleistung

TOTENSTUBE, VRIN

»Diese Zeit sich nehmen, diese Zeit für das Loslassen, für die Verabschiedung, das finde ich extrem wichtig. Also in den Häusern daheim wird das so gemacht; das hat sehr gut funktioniert. Ich glaube, die Leute brauchen diese Zeit der Verabschiedung. Das spürt man auch immer wieder bei Menschen, die anders gestorben sind, wo man überhaupt keine Zeit, keine Möglichkeit hatte, Abschied zu nehmen, die tun sich sehr schwer. Diese Zeit des Loslassens, der Verabschiedung ist extrem wichtig und die funktioniert hier, in der Totenstube, sehr, sehr gut, finde ich, weil die Leute kommen und die trauern mit der Familie, mit den direkt Betroffenen und helfen ihnen, über das hinwegzukommen.«

Prof. Gion A. Caminada

Ansicht der Totenstube mit der mit Kasein bestrichenen weißen Holzfassade

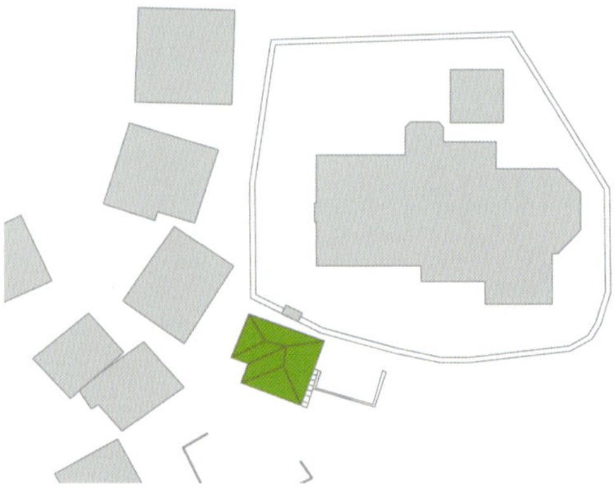

Lageplan:
Die Totenstube liegt außerhalb des sakralen Bereichs direkt an der Mauer des Friedhofs von Vrin.

Architektur:
Gion A. Caminada, Vrin

Es gibt Räume deren Funktion außergewöhnlich ist, für die es keine allgemeingültigen, definierbaren Anforderungen gibt, keine Messgrößen, die auf ein Richtig oder Falsch hindeuten. Es gibt Räume, in denen man nur spüren kann, dass sie richtig sind. So verhält es sich mit der Totenstube in Vrin, in der hintersten Ortschaft im »Tal des Lichts« (Val Lumnezia), am Fuß der Greina. Seit jeher werden dort die Toten drei Tage lang aufgebahrt, um Zeit zu geben für den Abschied. Diese Tradition nimmt nun die Totenstube, die »Stiva da morts«, auf und überträgt sie in die heutige Zeit. Sie will Raum schaffen für die Trauer, für die Begegnung der Dorfbewohner mit den Hinterbliebenen. Sie will ein Ort sein für den Abschied und die Begegnung mit dem Tod, in einer Zeit, wo dieser mehr und mehr aus dem Leben verdrängt wird. Sie steht direkt an der Friedhofsmauer und bildet den Übergang zwischen Leben und Tod. Um der Vielschichtigkeit des Trauerns Raum zu geben, hat die »Stiva da morts« unterschiedliche Räume. Oben befindet sich ein Aufenthaltsraum mit Küche für die Gemeinschaft, für das Weinen und das Lachen. Im unteren Stock ist der Aufbahrungsraum angeordnet, ein Raum für die Möglichkeit der Zwiesprache mit jenem, der geht.

Das Gebäude ist als doppelter Strickbau ausgeführt mit doppelt ausgebildeten Ecken. Das Holz für die massive Konstruktion kommt aus den Wäldern der Umgebung und wurde von den lokalen Handwerkern in den Werkstätten des Dorfs bearbeitet. Außen ist das Holz mit Kasein, einer Mischung aus Quark und Kalk, gestrichen und erhält so seine mattweiße Farbe. Im Inneren strahlt das mit Schellack lackierte Holz Wärme aus.

Die Kraft und die Ausstrahlung des Raums erschließen sich einem vor Ort, im Durchschreiten der Räume, im Wahrnehmen der Oberflächen, des Materials, des Geruchs und des Lichts und man kann sich vorstellen, auf diese Weise seine letzte Reise anzutreten.

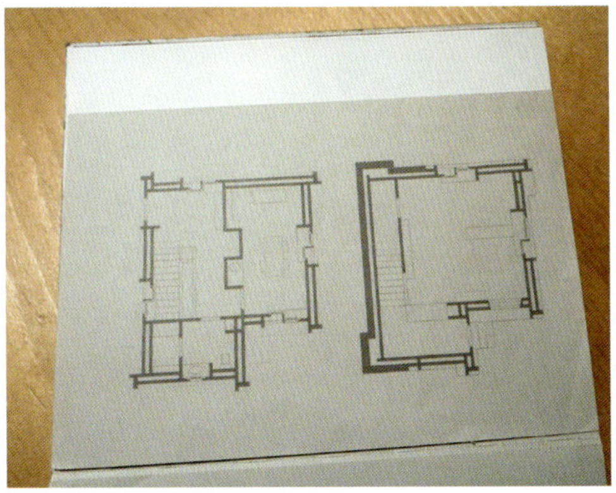

Grundrisse der »Stiva da morts«:
Im EG befindet sich der Aufbahrungsraum, im OG der Aufenthaltsraum.

Treppenaufgang:
Die massiven Holzelemente des Innenausbaus sind an jeder Stelle der Totenstube erlebbar.

Aufenthaltsraum im OG:
Die Holzwände in doppelter Strickkonstruktion sind mit Schellack bestrichen und geben so dem Innenraum eine warme Atmosphäre.

HÜLLE

- Fassade als Schnittstelle
- Fassadenkonzepte
- Bauphysik der Hülle
- Wärmeschutz
- Anwendung von Dämmstoffen
- Glas
- Sonnenschutz
- Fassadenkonstruktionen
- Mehrschichtige Fassaden
- Monolithische Fassaden
- Holzkonstruktionen
- Holzbau
- Lehmbau
- Strohballenbau
- Bauen mit Bambus
- Begrünte Fassade
- Gebäudeintegrierte Photovoltaik
- Hybride Energiefassade
- Ökonomie der Gebäudehülle
- »Haus 2226« in Lustenau, Österreich

Die Fassade bestimmt den architektonischen Ausdruck des Gebäudes maßgeblich und hat als Schnittstelle zwischen dem Nutzer im Innenraum und den Klima- und Umweltbedingungen im Außenraum einen besonderen Einfluss auf die Behaglichkeit, die Gebäudefunktion sowie den Energiebedarf. Eine leistungsfähige Gebäudehülle kann die erforderliche Technik im Gebäude erheblich reduzieren. Neue, innovative Fassadenmaterialien und Gläser bieten das Potenzial für funktionale Gebäudehüllen mit minimierten Transmissionswärmeverlusten, begrenzten Strahlungseinträgen und einer weitreichenden Tageslichtversorgung. Mit entsprechend ausgebildeten Lüftungsöffnungen kann eine mechanische Lüftung bei gleichzeitig verbesserter Luftqualität ersetzt oder vermindert werden. Sind Fassaden besonnt, eignen sie sich für die Erzeugung elektrischer und thermischer Solarenergie durch fassadenintegrierte Systeme. Ideal ist es, wenn diese Systeme nicht appliziert werden, sondern integraler Teil der Gebäudehülle sind. Aktuell gibt es den Trend, auf robuste, langlebige, monolithische Konstruktionen zurückzukommen, auch als Rückbesinnung auf tradierte Bauweisen. Ebenso stoßen natürliche Baumaterialien, die mit nur geringem Energieeinsatz produziert werden können, wie Holz, Lehm oder Stroh, auf reges Interesse, vor allem auch vor dem Hintergrund, dass die graue Energie und das Wiederverwenden und -verwerten von Baumaterialien immer mehr in den Fokus rücken.

FASSADE ALS SCHNITTSTELLE

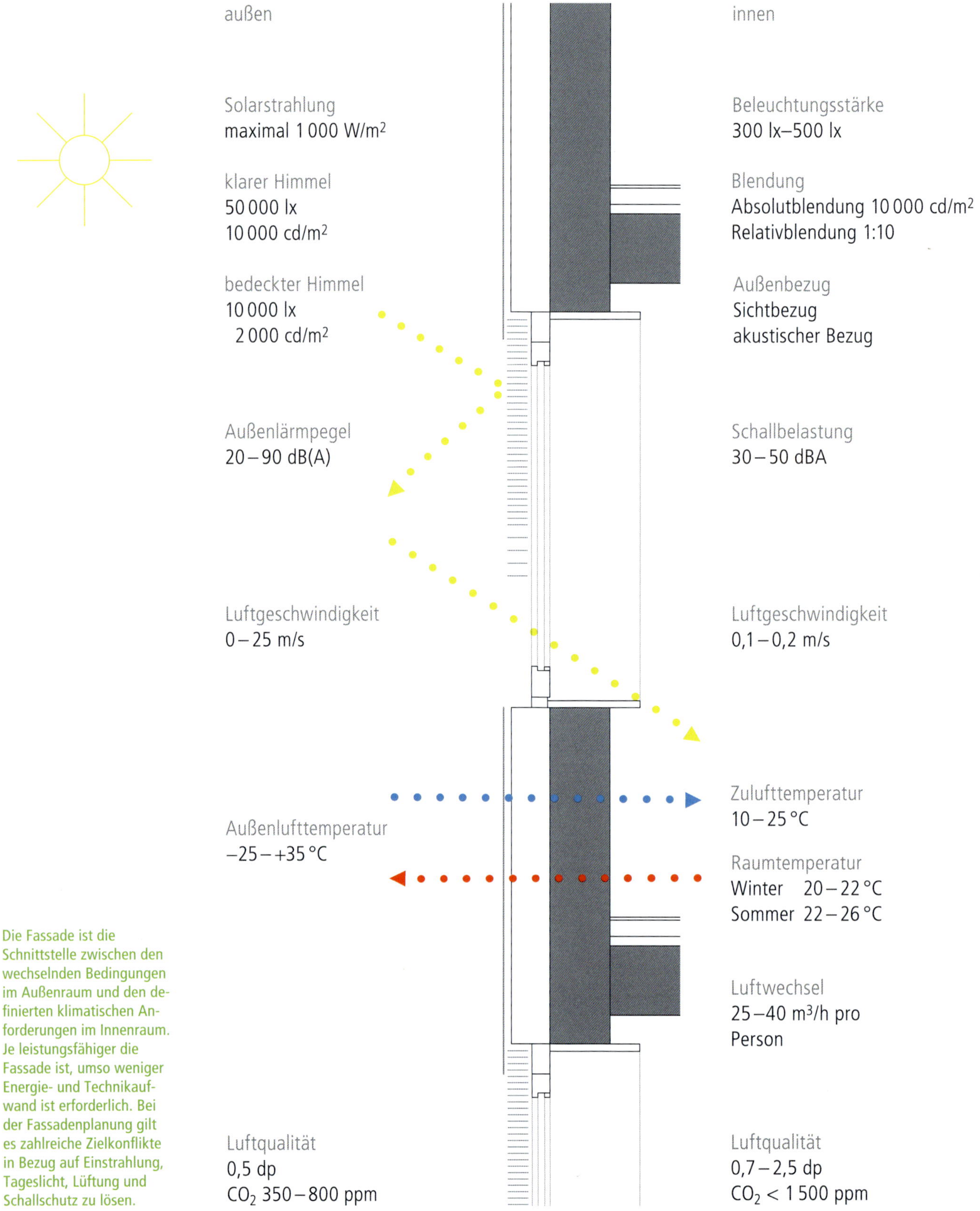

Die Fassade ist die Schnittstelle zwischen den wechselnden Bedingungen im Außenraum und den definierten klimatischen Anforderungen im Innenraum. Je leistungsfähiger die Fassade ist, umso weniger Energie- und Technikaufwand ist erforderlich. Bei der Fassadenplanung gilt es zahlreiche Zielkonflikte in Bezug auf Einstrahlung, Tageslicht, Lüftung und Schallschutz zu lösen.

Die Fassade ist die Schnittstelle zwischen innen und außen. Je besser die Fassade die Anforderungen des Innenraums bei den jeweils gegebenen Bedingungen im Außenraum erfüllen kann, umso geringer sind der Energie- und Technikaufwand des Gebäudes und umso besser ist die Behaglichkeit. Oftmals ist es sinnvoll, mehr in die Fassade zu investieren, da diese Ausgaben durch Einsparungen bei der Technik kompensiert werden. Bei der Fassadenplanung sind zahlreiche Anforderungen zu berücksichtigen, die teilweise zu Zielkonflikten führen: So soll im Winter Solarstrahlung umfangreich in den Raum dringen, gleichzeitig jedoch ist Blendung zu vermeiden. Im Sommer soll die Solarstrahlung möglichst abgehalten werden, eine weitreichende Tageslichtversorgung ist jedoch erwünscht. Eine natürliche Lüftung kann zu einer Außenlärmbelastung und zum Eintrag von Staub und Schadstoffen führen. Insgesamt kommt der ganzheitlichen Fassadenplanung eine besondere Bedeutung zu, bei der es gilt, diese Zielkonflikte sorgfältig abzuwägen und ein abgestimmtes Gesamtkonzept zu entwickeln.

Wärmeschutz

Der Wärmeschutz ist ein wesentlicher Planungsaspekt. Er vermindert nicht nur unmittelbar den Energiebedarf, sondern verbessert auch die Behaglichkeit aufgrund höherer Oberflächentemperaturen an der Innenseite der Außenfassade. Bei guter Dämmung kann die Leistung der Energieerzeugungs- und Wärmeübergabesysteme geringer dimensioniert werden und es muss kein Heizkörper an der Fassadenseite des Raums angeordnet werden, um niedrige Oberflächentemperaturen der Außenwände zu kompensieren. Dadurch wird das Technikkonzept einfacher und der Energiebedarf reduziert sich. Opake Hüllflächen sollten mit mindestens 20 cm Dämmung (WLG 035) versehen werden bzw. einen äquivalenten Wärmeschutz aufweisen. Homogene Flächen ohne Öffnungen, wie Dächer oder erdberührte Bauteile, sollten umfangreicher gedämmt werden, da dies konstruktiv einfach zu lösen ist und nur geringe Mehrkosten für das Dämmmaterial entstehen. Transparente Bauteile sollten mit einer Dreischeiben-Wärmeschutzverglasung ausgeführt werden. Alternativ sind Kastenfenster oder Doppelfassaden denkbar. Bei diesen ergeben sich auch Vorteile in Bezug auf die natürliche Lüftung und sie ermöglichen eine passive Kühlung durch Nachtlüftung über die witterungsgeschützten Fassadenöffnungen. Zudem ist der im Fassadenzwischenraum angeordnete Sonnenschutz witterungs- und windgeschützt, sodass dieser an windigen Tagen nicht hochgefahren werden muss. Durch den insgesamt verbesserten Dämmstandard ist auf Wärmebrücken ein besonderes Augenmerk zu richten. Einerseits weil diese nun einen höheren Anteil am Heizwärmebedarf einnehmen, andererseits weil die Gefahr von Schimmelpilzbildung und Bauschäden vermindert werden soll.

Sonnenschutz

Für ein gutes Raumklima im Sommer und zur Vermeidung von hohem technischen und energetischen Aufwand für Raumkühlung ist ein außenliegender Sonnenschutz (F_c-Wert $<0{,}20$) an der Ost-, Süd- und Westfassade vorzusehen. Dieser sollte so ausgeführt werden, dass auch im geschlossenen Zustand im oberen Bereich des Fensters ein gewisser Strahlungsanteil in Form von sichtbarem Licht in den Raum eindringen kann und dadurch eine ausreichende Tageslichtversorgung gegeben ist. Innen liegende Systeme sind an Nordfassaden sowie an Südfassaden in Kombination mit Auskragungen oder feststehenden Systemen denkbar. Sonnenschutzverglasungen sind aufgrund der fehlenden erwünschten solaren Einstrahlung im Winter und des deutlich geringeren Tageslichteintrags bei Wohn-, Büro- und Unterrichtsräumen nicht sinnvoll. Bei der Konzeption des Sonnenschutzes ist es wünschenswert, dass auch in geschlossenem Zustand ein gewisser Ausblick und Außenbezug gegeben ist.

Tageslicht

Eine weitreichende Tageslichtversorgung ist aus energetischen und psychologischen Gründen unbedingt anzustreben. In Bezug auf die Energie wird nicht nur Beleuchtungsstrom gespart, sondern auch die Kühllasten werden vermindert. Der Nutzer erhält über das Tageslicht durch die im Tages- und Jahresverlauf veränderte Lichtfarbe und Lichtstimmung eine unterbewusste Information für den Lebensrhythmus. Bei der Tageslichtnutzung ist darauf zu achten, dass keine Blendung auftritt. Entscheidend für die Tageslichtversorgung ist die Fenstergeometrie, insbesondere die Sturzhöhe ist hierbei von Bedeutung. Eine transparente Brüstung bietet hingegen keine Vorteile für die Tageslichtnutzung, erhöht jedoch die Strahlungseinträge im Sommer und die Wärmeverluste im Winter.

Blendschutz

In Arbeitsräumen ist ein Blendschutz unbedingt vorzusehen. Im Idealfall entwickelt sich der Blendschutz von der Unterkante des Fensters nach oben. Dadurch kann der Nutzer vor Blendung geschützt werden und das Tageslicht kann gleichzeitig im oberen Bereich ungehindert tief in den Raum dringen. Da bereits der blaue Himmel Absolutblendung verursacht, ist ein Blendschutz auch an Nordfassaden notwendig. Notfalls kann bei entsprechender Ausbildung auch der Sonnenschutz als Blendschutz dienen. Es besteht dann jedoch der Nachteil, dass die im Winter erwünschte Solarstrahlung ebenfalls abgehalten wird.

Lüftung über die Fassade

Die Möglichkeit der natürlichen Lüftung ist aus psychologischen und energetischen Gründen anzustreben. Die natürliche Lüftung kann vom Nutzer unmittelbar beeinflusst werden und es besteht eine direkte Nachvollziehbarkeit der Frischluftzufuhr. Sie ist in weiten Teilen des Jahres möglich und benötigt keine Antriebsenergie. Dem Nutzer sollten mehrere unterschiedlich ausgebildete Lüftungsöffnungen zur Verfügung stehen, damit er eine entsprechend seinen Bedürfnissen und dem Außenklima optimale Lüftungsstrategie wählen kann. Bei der natürlichen Lüftung ist auf den möglicherweise damit verbundenen Lärmeintrag zu achten und gegebenenfalls mit dem Gebäude- oder dem Fassadenkonzept darauf zu reagieren. Kastenfenster oder Doppelfassaden können hier eine Lösung sein. Gegebenenfalls ist es auch möglich über dezentrale, fassadenintegrierte Lüftungsgeräte eine mechanische Lüftung über die Fassade zu realisieren. Dadurch werden Schächte und Kanäle im Gebäude gespart, der Wartungsaufwand ist jedoch relativ hoch.

Außenbezug und Einflussnahme

Ein weitreichender Außenbezug für den Nutzer ist eine Grundvoraussetzung für das Wohlbefinden im Gebäude. Der Außenbezug wird bestimmt durch den Ausblick sowie durch eine akustische und olfaktorische Verbindung zum Außenraum. Vor diesem Hintergrund sind hermetisch abgeschlossene Fassaden bei Räumen, die für den Daueraufenthalt bestimmt sind, keine Lösung. Ebenso muss der Nutzer Fassadensysteme, z. B. den Sonnenschutz, unmittelbar selbst beeinflussen können, selbst wenn sie automatisch gesteuert werden.

Energiegewinnung

Die Energiegewinnung an Fassaden gewinnt vor dem Hintergrund des Bestrebens, Null- oder gar Plusenergiehäuser zu realisieren, zunehmend an Bedeutung. Die Energiegewinnung kann über PV-Module, wassergeführte thermische Solarkollektoren oder über Luftkollektoren erfolgen. Es sind auch Hybridkollektoren, welche PV und Wärmeenergiegewinnung in einem System in sich vereinen, denkbar. Dabei besteht der Vorteil eines höheren flächenbezogenen Wirkungsgrads und es findet eine Wärmeabfuhr von den Solarzellen statt, wodurch diese effizienter sind. Ideal ist es, wenn die Energiegewinnungssysteme integraler Bestandteil des Fassadenkonzepts sind und auf diese Weise konstruktive und ökonomische Synergieeffekte erzielt werden. So kann ein Solarmodul an Südfassaden gleichzeitig als

feststehender, außen liegender Sonnenschutz wirken oder als drehbare Horizontallamelle ausgeführt sein. Sofern ein thermischer Kollektor integraler Bestandteil des Fassadenkonzepts ist, kann die Wärmedämmung des Kollektors gleichzeitig als Wärmeschutz für das Gebäude wirken. Werden Luftkollektoren in die Fassade eingesetzt, so können diese eine behagliche Zulufteinbringung im Winter ermöglichen. Bei fassadenintegrierten PV-Systemen kann es sinnvoll sein, dezentrale Wechselrichter vorzusehen, die den Strom unmittelbar in das Wechselstromnetz des Gebäudes einspeisen, wodurch sich der Aufwand für die Verkabelung reduziert. In der Regel werden Energiegewinnungssysteme in den Brüstungsbereich der Fassade integriert.

Wartungsaufwand

Ein wichtiges Kriterium für die Wirtschaftlichkeit von Gebäuden ist der Wartungsaufwand der Gebäudehülle. Ein weiterer Aspekt, um Aufwand und Kosten einzusparen, ist die Möglichkeit der einfachen Reinigung bzw. die Selbstreinigung der Fassade. Ein bedeutender Faktor für den Wartungsaufwand von Fassaden ist der Sonnenschutz. Feststehende Systeme kommen ohne Wartung aus. Systeme, die eine komplexe Verstellmechanik mit elektrischen Motoren erfordern, führen häufig zu erhöhten Wartungskosten, insbesondere wenn sie Schnee und Frost ausgesetzt sind. Textile Systeme sind häufig empfindlich und schadenanfällig. Dies gilt auch für filigrane Sonnenschutzkonstruktionen, die starkem Wind ausgesetzt sind. Systeme, die im Fassaden- oder Scheibenzwischenraum witterungsgeschützt angeordnet sind, sind wartungsfrei. Im Schadenfall ist jedoch der Aufwand für einen Systemaustausch sehr hoch, insbesondere dann, wenn ein Kran benötigt wird. In Bezug auf die Wartung sind klassische Lochfassaden mit einer opaken hinterlüfteten Massivkonstruktion und öffenbaren Fenstern, die sich leicht reinigen lassen, die günstigste Variante. Transparente Gebäudehüllen weisen einen hohen Reinigungsaufwand auf, der sich bei mehrschichtigen Fassaden je nach Zugänglichkeit erheblich erhöht.

Lebensdauer

Generell sollten Fassaden aus langlebigen Materialien bestehen und so konstruiert sein, dass sie eine lange Lebensdauer aufweisen. Klassische Massivbau- oder Holzkonstruktionen halten mitunter schon seit Hunderten von Jahren. Dies ist darauf zurückzuführen, dass Material und Konstruktion im Einklang stehen und mögliche Schäden an der Fassade leicht ausgebessert werden können. Bei modernen Fassadenkonstruktionen stellt sich oft nach wenigen Jahren schon ein Alterungsprozess ein, der Gebäude in ihrer Erscheinung beeinträchtigt. Vor diesem Hintergrund ist bereits bei der Planung einer Gebäudehülle das ästhetische Altern mitzuberücksichtigen.

Ökobilanz

Lag früher das Augenmerk bei der Fassadenkonzeption vorwiegend auf der Einsparung von Energie, so werden Fassaden heute im Bezug auf Nachhaltigkeit ganzheitlich betrachtet. Die Themen sind hier Energieinhalt der Baustoffe, CO_2-Emission bei der Produktion, Transportwege, Lebensdauer sowie die Recyclingfähigkeit der Konstruktion und der Baustoffe. Auch die möglicherweise mit dem Einsatz von Baustoffen verbundene Freisetzung von Schad- oder Giftstoffen wird betrachtet. Unter Berücksichtigung dieser Kriterien ergibt sich teilweise eine andere Bewertung von Bauweisen und Baumaterialien in Bezug auf die Nachhaltigkeit als bei einer rein energetischen Betrachtungsweise. Vor diesem Hintergrund haben Holz und andere biogene Baustoffe aufgrund der CO_2-Neutralität oder gar positiven Bilanz im Produktionsprozess eine Renaissance erfahren. Generell ist darauf zu achten, dass sich Konstruktionen sortenrein trennen und dadurch wiederverwerten lassen oder als Ganzes ohne Umweltbelastung rückgebaut und entsorgt werden können. Mechanische Verbindungen sind deshalb verklebten Verfahren vorzuziehen.

FASSADENKONZEPTE

Lochfassade:
Die Lochfassade besteht aus einer massiven tragenden Wand mit Öffnungen zur Belichtung und Belüftung. Zusätzlich können Funktionselemente wie Lichtlenk- oder Energiegewinnungssysteme sowie Lüftungsöffnungen oder Lüftungsgeräte integriert werden.

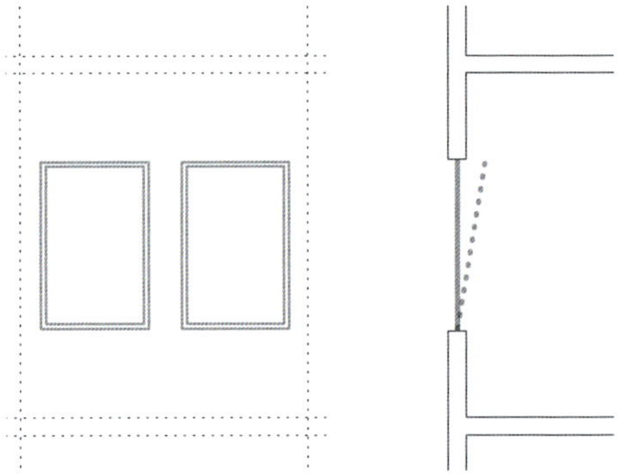

Lochfassade

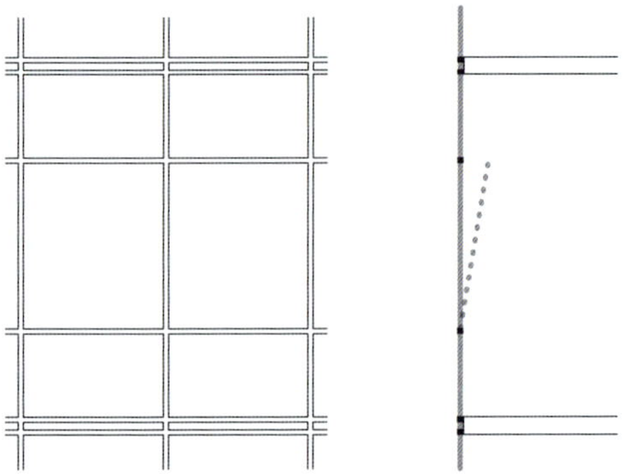

Elementfassade

Prallscheibe:
Eine Prallscheibe ist eine zusätzliche Scheibe, die mit einem Abstand vor die Fenster einer Loch- oder einer Elementfassade gesetzt wird. Sie kann den Schallschutz und die Lüftung optimieren und der Sonnenschutz kann windunabhängig bedient werden. Die Prallscheibe ist einfach zu realisieren und ermöglicht eine gute Nachtauskühlung.

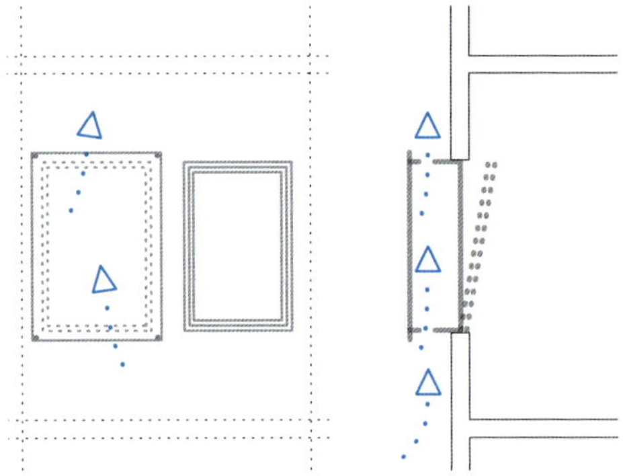

Prallscheibe

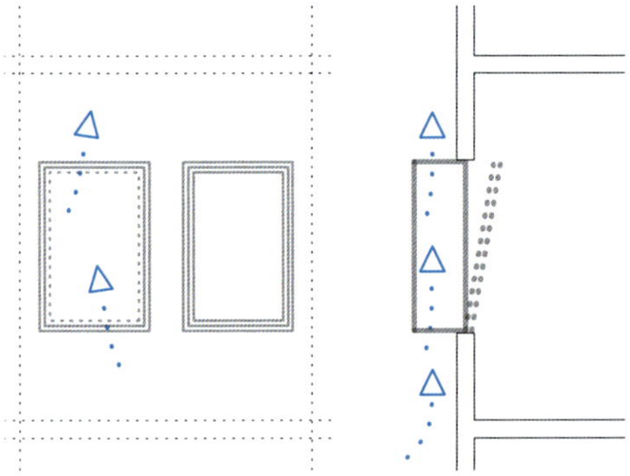

Wechselfassade

Kastenfenster:
Das Kastenfenster hat eine zweite Glasebene vor dem öffenbaren Fenster, sodass sich ein durchlüfteter Zwischenraum bildet. Das Kastenfenster kann in eine Loch- oder Elementfassade integriert werden. Das System bietet witterungsgeschützten Sonnenschutz, guten Schallschutz und behagliche Zuluftvorwärmung im Winter und in der Übergangszeit.

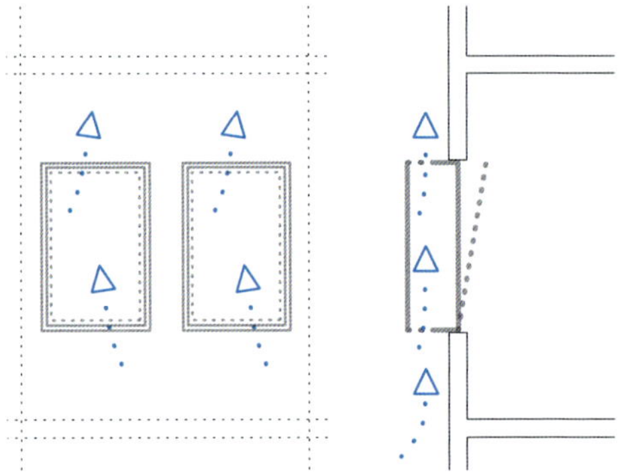

Kastenfenster

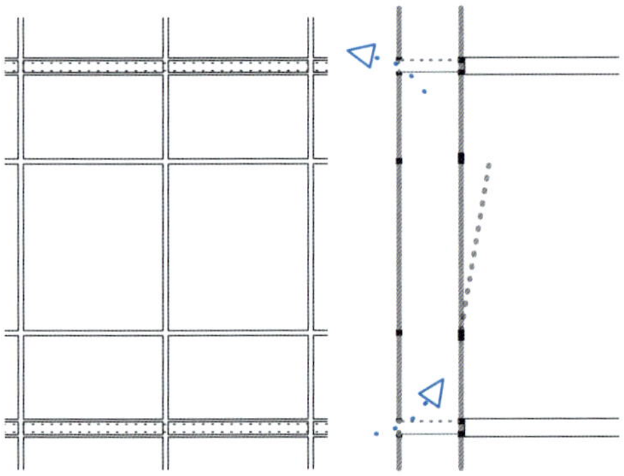

Korridorfassade

Unsegmentierte Doppelfassade:
Es bestehen keine horizontalen oder vertikalen Unterteilungen im Fassadenzwischenraum. Die Fassade kann als Doppelfassade mit einer Zwischenraumtiefe von weniger als 1 m oder als vorgestellte Glaswand mit einem Abstand von mehreren Metern ähnlich einem Wintergarten ausgebildet sein.

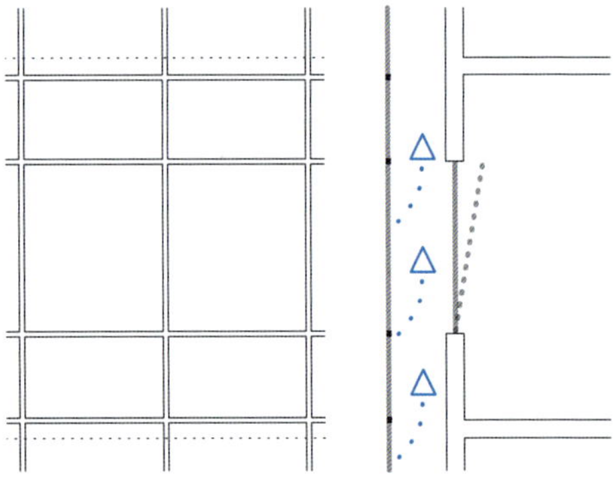

unsegmentierte Doppelfassade

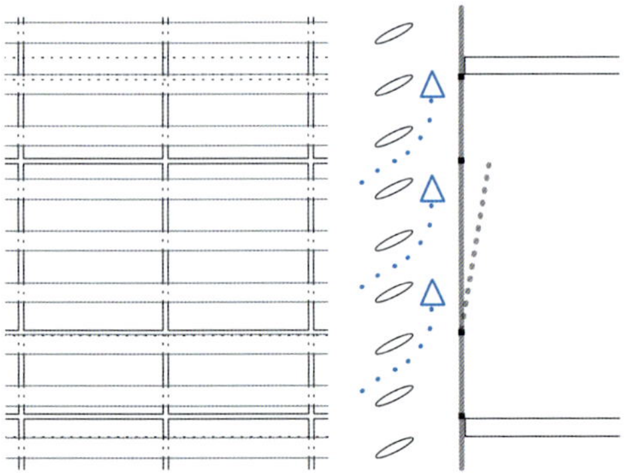

steuerbare Doppelfassde

Das Fassadenkonzept ist abhängig von der Größe und Höhe eines Gebäudes, der Nutzung sowie dem Standort. Einflussfaktoren sind Wind, Sonneneinstrahlung, Lärm, Emissionen, interne Lasten und die Lüftungsart. Weiterhin sind architektonische und städtebauliche Anforderungen sowie das menschliche Wohlbefinden ausschlaggebend. Der Tageslichteintrag, die Möglichkeit der natürlichen Lüftung und der individuelle Nutzereinfluss sind dabei wichtige Kriterien.

Fassadenaufteilung

Fassaden gliedern sich je Geschoss typischerweise in drei übereinander liegende Zonen. Im oberen Bereich befindet sich die Tageslichtzone, welche die natürliche Belichtung des Raums sicherstellen soll. Im Idealfall findet dort eine Lichtlenkung in die Raumtiefe statt, sodass auch tiefe Räume ausreichend belichtet werden. Die mittlere Zone dient dem Ausblick und auch der natürlichen Belichtung, sofern keine direkte Solarstrahlung auf die Fassade trifft. Dieser Bereich wird durch einen Sonnenschutz verschattet, um im Sommer den Energieeintrag in den Raum zu reduzieren. Bei gewünschtem Wärmeeintrag im Winter verbessert ein innen liegender Blendschutz den visuellen Komfort an Arbeitsplätzen. Dieser Blendschutz kann vom Nutzer individuell bedient werden, sodass dieser auf Wunsch auch in der Sonne sitzen kann. Dies kann je nach Tagessituation und Art der Tätigkeit als sehr angenehm empfunden werden. Die untere Zone, der Bereich der Brüstung, hat für die Tageslichtnutzung nur eine sehr untergeordnete Bedeutung. Diese Zone kann zur Aussicht dienen, wobei diese von Nutzern unterschiedlich wahrgenommen wird. In den unteren Geschossen kann eine verglaste Brüstungszone beim Nutzer das Gefühl hervorrufen, kontinuierlich beobachtet zu werden. Bei höheren Gebäuden kann die transparente Brüstung den Blick auf den Horizont ermöglichen und so dem Nutzer ein Gefühl von Sicherheit vermitteln. Es gibt aber auch Menschen, die sich bei bodentiefen Verglasungen in hohen Gebäuden unwohl fühlen. Da die Brüstungszone zur Tagesbelichtung nur unwesentlich beiträgt, sollte überlegt werden, den Strahlungseintrag in diesem Bereich zu vermindern. Dies ist trotz einer gewünschten transparenten Erscheinung möglich, z. B. durch Sonnenschutzverglasungen mit sehr geringem Gesamtenergiedurchlassgrad, bedruckte Verglasungen oder metallische Rasterstrukturen vor dem Glas. Dadurch bleibt der Ausblick in gewissem Umfang erhalten. Einblicke von außen sind nicht möglich, sodass sich der Nutzer geschützt fühlen kann. In die Brüstungszone können auch Lüftungselemente oder dezentrale Lüftungsgeräte eingesetzt werden, was eine natürliche Lüftung ohne Zugerscheinungen ermöglichen kann.

Fassadenprinzipien

Fassaden können als Einfachfassaden, Kastenfensterfassaden, Doppelfassaden oder aus einer Kombination dieser Typen bestehen. Einfachfassaden sind mit geringem Aufwand zu realisieren und kostengünstig. Allerdings haben sie Einschränkungen in Bezug auf den Schallschutz sowie auf die natürliche Lüftung und den Sonnenschutz bei hohen Gebäuden. Sie werden als Lochfassade oder als Pfosten-Riegel-Konstruktion ausgeführt. Kastenfenster oder Doppelfassaden haben eine zweite Glasebene, sodass ein Fassadenzwischenraum entsteht. Es ergeben sich dadurch Vorteile bei der natürlichen Lüftung und dem Schallschutz. Bei hohen Gebäuden ist hier ein effektiver Sonnenschutz auf einfache Weise realisierbar. Doppelfassaden führen je nach Ausbildung zu hohen bis sehr hohen Investitions- und Wartungskosten. Werden Einfachfassaden und Doppelfassaden zu einem Konzept kombiniert, so lassen sich Gebäudehüllen mit einer sehr guten Funktionalität ausbilden.

Lochfassade

Die Lochfassade ist die ursprünglichste Form der Fassade. Sie besteht aus einer massiven tragenden Wand, die Öffnungen zur Belichtung und Belüftung enthält. Die massiven Teile übernehmen die Tragfunktion sowie die

Elementfassade:
Die Elementfassade besteht aus einer Pfosten-Riegel-Konstruktion oder vorgefertigten Fassadenelementen. Sie verfügt über transparente und opake Flächen, zusätzlich können Funktionselemente zur Lüftung, Tageslichtnutzung oder Energiegewinnung integriert sein. Entscheidend für das thermische Verhalten ist die Verglasung.

Wechselfassade:
Die Wechselfassade ist eine Kombination aus Einfach- und Doppelfassade mit den Vorzügen beider Konzepte. Es wird jedem Raum mindestens ein Doppelfassaden- und ein Einfachfassadenelement zugeordnet. Behagliche Verhältnisse im Innenraum können so nahezu über das gesamte Jahr gewährleistet werden.

Korridorfassade:
Bei der Korridorfassade ist der Fassadenzwischenraum geschossweise horizontal abgeschottet. Der Luftaustausch im Fassadenzwischenraum erfolgt entweder vertikal über eine Geschossebene oder horizontal über den Fassadenkorridor. Es kann sich eine unerwünschte Geruchs- und Schallübertragung ergeben.

Steuerbare Doppelfassade:
Es können entweder die gesamte äußere Fassadenschicht oder einzelne Klappen im Boden- und Deckenbereich eines jeden Geschosses geöffnet werden. Durch die Steuerung kann die Fassade den jeweiligen klimatischen Außenbedingungen angepasst werden. Eine weitgehende natürliche Lüftung ist möglich.

Funktion der Wärmedämmung und gegebenenfalls auch der Wärmespeicherung. Der Strahlungseintrag im Sommer ist moderat und kann durch Sonnenschutz zusätzlich minimiert werden. Wird dieser allerdings außen liegend ausgeführt, so ist er der Witterung ausgesetzt und kann bei starkem Wind nicht genutzt werden. Bei der natürlichen Lüftung über die Fassade kommt es zu Unbehaglichkeiten bei sehr niedrigen sowie sehr hohen Außentemperaturen. Typische Einsatzgebiete sind Wohn- und Verwaltungsgebäude mit moderater Höhe an Standorten, die nicht außenlärmbelastet sind.

Elementfassade

Die vorgehängte Elementfassade besteht häufig aus einer Pfosten-Riegel-Konstruktion. Neben transparenten und opaken Bauteilen können auch Funktionselemente zur Lüftung oder Tageslichtnutzung in die Konstruktion integriert werden. Auch die Integration von aktiven Energiesystemen ist einfach möglich. Da die Fassade keine tragende Funktion hat, ist sie schnell zu erstellen und es sind hohe Transparenzgrade möglich. Zudem kann die Elementfassade sehr flexibel konzipiert werden. Wird ein außen liegender Sonnenschutz angebracht, ist dieser allerdings der Witterung ausgesetzt. Der U-Wert der Fassade hängt erheblich von dem vorhandenen Rahmenanteil ab. Opake Elemente führen zu dickeren Wandstärken, wodurch sich Versprünge an der Innenseite ergeben können. Auf einen ausreichenden Wärmeschutz im Bereich der Geschossdecke ist zu achten, gegebenenfalls können hier Elemente mit Vakuumdämmung vorgesehen werden. Die Fassade verfügt über sehr wenig Speichermasse. Typische Einsatzgebiete sind Verwaltungs- und Produktionsgebäude mit einem größeren Fensterflächenanteil, die überwiegend mechanisch belüftet werden, oder niedrigere Gebäude, die an Standorten ohne Außenlärm stehen.

Lochfassade in Lissabon: In der traditionellen Lochfassade gibt es zahlreiche Elemente, um die Luftzufuhr und den Strahlungseintrag fein zu dosieren. Auf diese Weise ergibt sich eine hohe Flexibilität, wodurch sich der Technikaufwand verringert.

Hochhausensemble mit unterschiedlichen Fassadenkonzepten in Berlin am Potsdamer Platz: Bei hohen Gebäuden werden häufig Doppelfassaden als Ganzglasfassaden ausgeführt, teilweise mit integrierten Öffnungsmöglichkeiten. Bei dieser Konzeption entstehen sehr hohe Bau- und Unterhaltskosten. Klassische Lochfassaden, die energetische und raumklimatische Vorteile bieten, können auch bei hohen Gebäuden umgesetzt werden, sofern die Fensterelemente dafür ausgelegt sind und eine dosierte Lüftung zulassen. Die Herausforderung besteht dabei in der Ausbildung eines windunabhängigen Sonnenschutzes.

Architektur: Renzo Piano, Hans Kollhoff, Helmut Jahn

Fassade mit Prallscheibe

Mit einer Prallscheibe, die bei einer Lochfassade oder bei einer Pfosten-Riegel-Fassade zusätzlich angeordnet werden kann, können die Nachteile von Einfachfassaden im Hinblick auf Schallschutz und Lüftung reduziert werden. Hinter der vorgesetzten Scheibe vermindern sich der Schallpegel und der Winddruck. Dadurch ist eine geschützte Fensterlüftung möglich. Die Prallscheibe ist einfach zu realisieren und bietet einen zuverlässigen Witterungs- und Einbruchsschutz bei der Nachtauskühlung. Die Überhitzung des Zwischenraums ist geringer als bei Doppelfassaden. Im Winter wird die Zuluft jedoch nur wenig vorgewärmt. Die Möglichkeit der Stoßlüftung und der direkte Außenbezug werden eingeschränkt. Typische Einsatzgebiete sind Verwaltungsgebäude an moderat lärmbelasteten Standorten sowie Gebäude, bei denen eine Nachtauskühlung vorgesehen ist.

Kastenfensterfassade

Das Kastenfenster hat gegenüber der Prallscheibe eine bessere Wirkung und gleicht einer Doppelfassade, die horizontal und vertikal abgeschottet ist. Es kann sowohl in eine Lochfassade als auch in eine Pfosten-Riegel-Konstruktion integriert werden. Der Zwischenraum kann vertikal oder über umlaufende Fugen durchströmt werden. Das Kastenfenster bietet einen witterungsgeschützten Sonnenschutz, einen guten Schallschutz sowie eine behagliche Zuluftvorwärmung im Winter und in der Übergangszeit. Im Sommer kann sich allerdings eine Überhitzung im Fassadenzwischenraum ergeben. Diesem Problem kann durch eine Sonderform des Kastenfensters, bei der die äußere Fassadenebene ein Öffnungselement enthält, begegnet werden. Ein direkter Außenbezug ist nicht möglich. Das Kastenfenster kann bei Wohn- und Verwaltungsgebäuden an lärmbelasteten Standorten sowie bei Hochhäusern eingesetzt werden.

Von starkem Wind umströmter Shanghai Tower in den Wolken:
An dem 632 m hohen gekrümmten Turm bilden sich durch den starken Wind hohe Druckdifferenzen, die sich im Strömungsbild der Wolken ablesen lassen.
Es entstehen Druck- und Sogzonen auf der Gebäudehülle. Dies erschwert die natürliche Lüftung, da sich unkontrollierte Luftwechsel, auch über mehrere Geschosse hinweg, einstellen können und sich mitunter hohe Fenster- und Türöffnungskräfte ergeben.

Architektur:
M. Arthur Gensler Jr. & Associates, Inc, USA

Wechselfassade

Die Wechselfassade ist eine Kombination aus einer Einfachfassade und einem Kastenfenster. Sie vereinigt die Vorzüge beider Fassadentypen in einem System. Bei der Wechselfassade sind jedem Raum mindestens ein Kastenfensterelement und ein Einfachfassadenelement im Wechsel zugeordnet. Je nach Außen- und Innenklimabedingungen kann der Nutzer entweder über die Einfachfassade oder das Kastenfenster lüften. Die Wechselfassade erlaubt einen hohen Nutzereinfluss und bietet behagliche Verhältnisse über fast das gesamte Jahr. Sie ist etwas aufwendiger zu erstellen. Auf den Sonnenschutz in den Einfachfassadenfeldern ist ein besonderes Augenmerk zu richten. Aufgrund des geringen Flächenanteils kann dieser gegebenenfalls innen liegend angeordnet werden. Einsatzgebiete sind Verwaltungsgebäude an lärmbelasteten Standorten, bei denen ein hoher Nutzereinfluss gewünscht wird, und Hochhäuser, die weitreichend natürlich belüftet werden sollen.

Doppelfassade

Die Doppelfassade weist eine zweite Glasebene vor der inneren Fassadenschicht auf. Der Fassadenzwischenraum kann entweder durchlaufend sein oder horizontal bzw. vertikal gegliedert werden. Einsatzgebiete sind hohe Verwaltungsgebäude, insbesondere bei hoher Windbelastung. Teilweise wird der Fassadenzwischenraum auch sehr tief ausgebildet, sodass sich fast ein Wintergarten ergibt. Diese Lösung wird häufig bei niedrigeren Verwaltungsgebäuden an lärmbelasteten Standorten realisiert. Doppelfassaden können auch als steuerbare Doppelfassaden konzipiert werden. Die Vorteile bestehen darin, dass die Überhitzung im Sommer erheblich reduziert werden kann und die Temperaturen im Fassadenzwischenraum bis zu einem gewissem Grad beeinflusst werden können.

Planungsstrategien

Die Auswahl des Fassadenkonzepts erfolgt nach dem Standort, der Nutzung, den raumklimatischen Anforderungen und der Lüftungsart. Bei Gebäuden mittlerer Höhe mit moderatem Fensterflächenanteil ist die Lochfassade eine gute und die kostengünstigste Lösung. Sie hat gute thermische Eigenschaften und erfordert nur einen sehr geringen Wartungsaufwand. Sollen große Fensterflächenanteile umgesetzt werden, so bietet sich eine Elementfassade als kostengünstiges Konzept an, allerdings ist hier der Wärmeschutz in der Regel nicht optimal. Bei beiden Konzepten kann mit einer Prallscheibe eine Nachtauskühlung und eine natürliche Lüftung bei hohen Gebäuden und an lärmbelasteten Standorten erreicht werden. Das Kastenfenster ermöglicht einen geschützten windunabhängigen Sonnenschutz und die Möglichkeit der geschützten natürlichen Lüftung sowie der Nachtauskühlung, insbesondere bei Hochhäusern und bei hoher Außenlärmbelastung. Im Sommer kann sich jedoch eine Überhitzung im Fassadenzwischenraum einstellen, sodass mechanisch gelüftet werden muss. Die Wechselfassade bietet den höchsten Nutzerkomfort und die Möglichkeit der ganzjährigen natürlichen Lüftung an belasteten Standorten. Doppelfassaden sind sehr wartungsaufwendig und führen zu sehr hohen Kosten, insbesondere wenn sie steuerbar sind. Sie eigenen sich für Hochhäuser und für Standorte mit sehr hoher Außenlärmbelastung. Auf eine mechanische Lüftung kann in der Regel nicht verzichtet werden.

Arabisch inspirierte Lochfassade in Masdar City: In der CO_2-neutral konzipierten Wissenschaftsstadt im Emirat Abu Dhabi sind die Gebäude klimaoptimiert entworfen. Um den Kühlenergiebedarf in dem heißen Wüstenklima zu reduzieren, wurde der Strahlungseintrag minimiert. Dies wird durch eine Eigenverschattung der Fassade und feststehende, an die klassische arabische Architektur erinnernde, vorgesetzte Sonnenschutzelemente erreicht.

Masterplan: Foster + Partners, UK

BAUPHYSIK DER HÜLLE

Gesamtenergiedurchlassgrad:
Dieser ergibt sich für die Fassade aus dem Energiedurchlassgrad der Verglasung, dem Verglasungsanteil und dem Abminderungsfaktor des Sonnenschutzes. Letzterer ist bei innen liegenden Systemen individuell zu berechnen.

Gesamtenergiedurchlassgrad g_{tot}

$g_{tot} = g \times F_c \times f$ [–]

g	= Energiedurchlassgrad Verglasung	[–]
F_c	= Abminderungsfaktor Sonnenschutz	[–]
f	= Verglasungsanteil Fassade	[–]

	g[–]
Dreischeiben-Wärmeschutzglas	0,5
Zweischeiben-Sonnenschutzglas	0,3
	F_C[–]
Sonnenschutz hochgefahren	1
Sonnenschutz innen liegend	0,5
Sonnenschutz außen liegend	0,1

Tageslichteintrag:
Der Tageslichtquotient beschreibt das Verhältnis zwischen der Beleuchtungsstärke an einem Punkt im Raum und der Beleuchtungsstärke im Freien bei bedecktem Himmel. Zur Abschätzung der Raumtiefe, die mit Tageslicht über ein Seitenfenster belichtet wird, ist die 1,5-fache Fenstersturzhöhe anzusetzen.

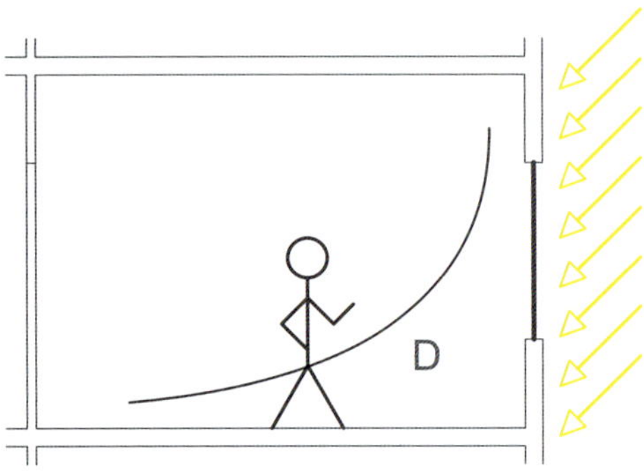

Tageslichtquotient D

$D = E_p / E_a \times 100$ [%]

E_p	= Beleuchtungsstärke im Raum	[lx]
E_a	= Beleuchtungsstärke im Freien	[lx]

Beleuchtungstiefe im Raum

Beleuchtungstiefe = $1{,}5 \times h_{Fenstersturz}$ [m]

$h_{Fenstersturz}$ = Höhe Oberkante Fußboden bis Unterkante Fenstersturz [m]

	D = 1 %	D = 5 %
bedeckter Himmel	100 lx	500 lx
klarer Himmel	500 lx	2 500 lx

Transmissionswärmeverlust:
Dies ist der Energieverlust durch Wärmeleitung durch die Gebäudehülle. Er wird bestimmt durch den U-Wert der Außenbauteile und die Temperaturdifferenz zwischen innen und außen. Für transparente Bauteile werden U-Werte für Rahmen und Verglasung angegeben.

Transmissionswärmeverlust $Q_{Bauteil}$

$Q_{Baut.} = A_{Baut.} \times U_{Baut.} \times \Delta\Theta \cdot t$ [Wh]

$A_{Baut.}$	= Fläche Bauteil	[m²]
$U_{Baut.}$	= U-Wert Bauteil	[W/m²K]
$\Delta\Theta$	= Temperaturdifferenz innen/außen	[K]
t	= Zeit	[h]

	U [W/m²K]
Dreischeiben-Wärmeschutzglas	0,6
Neubauten (Wand)	<0,25
Niedrigenergiehaus (Wand)	<0,20
Passivhaus (Wand)	<0,15

Lüftungswärmeverlust:
Dieser bestimmt den Energieverlust, der sich im Winter durch Lüftung ergibt. Er ist vom Luftaustausch und dem Temperaturunterschied zwischen innen und außen abhängig. Bei hohen Luftwechseln stellt der Lüftungswärmeverlust die entscheidende Größe in Bezug auf den Gesamtwärmeverlust dar.

Lüftungswärmeverlust $Q_{Lüft}$

$Q_{Lüft} = V_{Raum} \times n \times c_{Luft} \times \Delta\Theta \times t$ [Wh]

V_{Raum}	= Raumvolumen	[m³]
c_{Luft}	= Wärmekapazität Luft = 0,34 Wh/m³K	
n	= Luftwechselzahl	[h⁻¹]
$\Delta\Theta$	= Temperaturdifferenz innen/außen	[K]
t	= Zeit	[h]

	n [h⁻¹]
Fenster und Türen geschlossen	0–0,5
Fenster gekippt	0,3–1,5
Fenster offen	5–15
Fenster und Türen gegenüber offen	> 40

Schalldruckpegel L_i im Raum direkt an der Fassade

$L_i = L_a - R'_w$	[dB(A)]
L_a Schalldruckpegel außen	[dB(A)]
R'_w Schalldämm-Maß Fassade gesamt	[dB]

	R'w [dB]
Porenbeton 10 cm	41
Vollziegel 24 cm	53
Isolierglas	30–35
Schallschutzglas	35–50

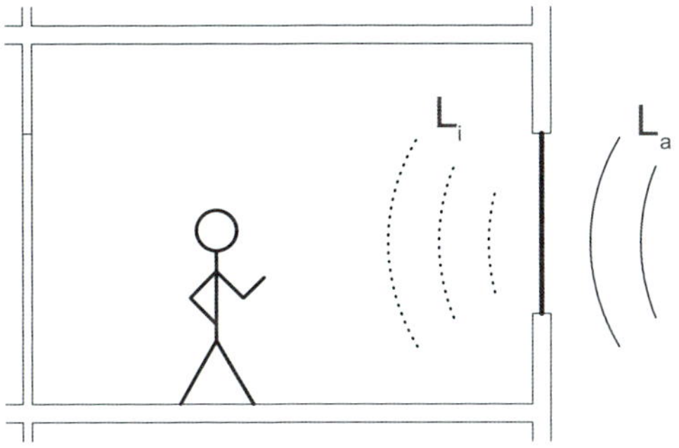

Schalldämmung:
Das Schalldämm-Maß einer Fassade gibt an, wie viel Schall die Fassade im geschlossenen Zustand abhält. Die Schwachstelle in der Fassade in Bezug auf die Schalldämmung bilden in der Regel die Fenster.

Anhaltswerte für den Luftaustausch durch Thermik

bei ganz geöffnetem Fenster		
$\Delta\Theta_{innen\text{-}außen}$	20 K ca.	1 500 m³/h
$\Delta\Theta_{innen\text{-}außen}$	5 K ca.	700 m³/h
bei gekipptem Fenster		
$\Delta\Theta_{innen\text{-}außen}$	20 K ca.	50 m³/h
$\Delta\Theta_{innen\text{-}außen}$	5 K ca.	5 m³/h

Randbedingungen

Fenstergröße	1,5 m × 1,25 m
Öffnungswinkel geöffnetes Fenster	90°
Öffnungswinkel gekipptes Fenster	15°

Luftaustausch durch Thermik:
Temperaturdifferenzen zwischen innen und außen bewirken einen thermisch bedingten Luftaustausch. Der Luftwechsel ist abhängig von der Fensterhöhe und -breite, vom Öffnungswinkel und dem Temperaturunterschied zwischen innen und außen.

Abschätzung des Luftaustausches durch Wind

bei gekipptem Fenster	50–100 m³/h

Randbedingungen

Windgeschwindigkeit	1–4 m/s
$\Delta\Theta_{innen\text{-}außen}$	2–4 K

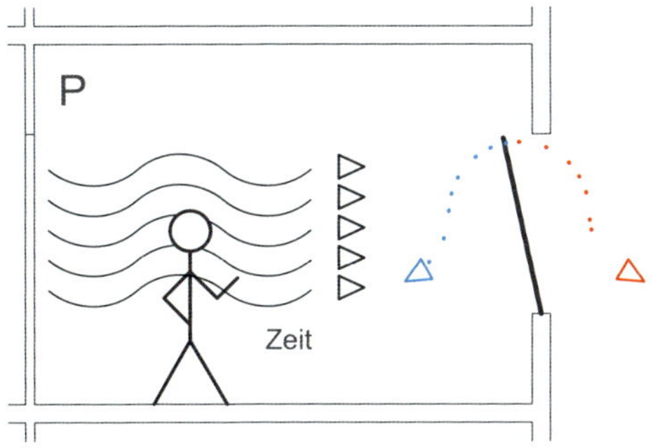

Luftaustausch durch Wind:
Ist eine Durchströmung des Gebäudes möglich, so tritt die Luft auf der windzugewandten Seite in den Raum ein und tritt auf der windabgewandten Seite wieder aus. Druckschwankungen aufgrund der Böigkeit des Windes bewirken einen Luftaustausch durch eine Öffnung.

Innere Oberflächentemperatur

$\Theta_{i0} = \Theta_i - (\Delta\Theta \cdot U_{Wand} \cdot R_{si})$ [°C]

Θ_{i0}	= innere Oberflächentemperatur	[°C]
Θ	= Raumlufttemperatur	[°C]
$\Delta\Theta$	= Temperaturdifferenz innen/außen	[°C]
U_{Wand}	= U-Wert Wand	[W/m²K]
R_{si}	= Wärmeübergangswiderstand innen 0,13 m²K/W	

Innere Oberflächentemperatur:
Die Oberflächentemperatur an der Innenwand hängt vom U-Wert sowie von der Differenz zwischen Innen- und Außentemperatur ab.

WÄRMESCHUTZ

Ein guter Wärmeschutz vermindert die Transmissionswärmeverluste und trägt zu höheren Oberflächentemperaturen bei, wodurch die Behaglichkeit zunimmt. Die Raumlufttemperatur kann bei höheren Oberflächentemperaturen niedriger sein, sodass sich die Lüftungswärmeverluste dadurch vermindern. Die erforderliche Leistung der Energieerzeugungs- und Wärmeübergabesysteme wird durch einen besseren Wärmeschutz ebenfalls reduziert, was zu einer Kosteneinsparung beiträgt. Dämmstoffe verringern durch eine verminderte Wärmeleitfähigkeit den Wärmestrom durch die Gebäudehülle. Als Wärmedämmstoffe werden Baustoffe bezeichnet, deren Wärmeleitfähigkeit λ kleiner als 0,10 W/mK ist. Mit zunehmender Rohdichte und steigendem Feuchtegehalt nimmt die Wärmeleitfähigkeit zu. Dämmstoffe werden in Wärmeleitfähigkeitsgruppen (WLG) eingeteilt. Ein λ-Wert von 0,040 W/mK entspricht der WLG 040. Dämmstoffe gibt es als Platten, Matten oder Schüttungen. Sie bestehen aus geschäumten Kunststoffen, Mineralfasern, Zellulose sowie aus Holz- oder Hanffasern bzw. anderen nachwachsenden Rohstoffen.

EPS Expandiertes Polystyrol

Expandiertes Polystyrol (EPS) ist auch unter dem Markennamen »Styropor« bekannt. Die Dämmplatten werden aus geblähtem Polystyrolgranulat hergestellt, wobei sich das ursprüngliche Volumen während des Herstellungsprozesses um etwa das zwanzig- bis fünfzigfache vergrößert. EPS ist kostengünstig, weist eine hohe Feuchtebeständigkeit und gute Dämmeigenschaften mit λ-Werten von 0,032 W/mK bis 0,040 W/mK auf. Die Verarbeitung der Platten ist auf einfache und schnelle Weise möglich. EPS verrottet nicht und kann bei sortenreiner Trennung recycelt werden. Dichtes EPS wird an der Fassade häufig als Wärmedämmverbundsystem (WDVS) sowie im Dach- und Deckenbereich verwendet. Hydrophobiertes EPS hat eine größere Feuchtebeständigkeit und kann somit auch als Perimeterdämmung eingebaut werden. Für

	Platte/Matte	Schaum	Einblasprodukt	Schüttung
Polyurethan	X	X		
XPS	X	X		
EPS	X			X
Mineralwolle	X		X	
Zellulose	X		X	X
Hanf	X		X	X
Kokosfaser	X			X
Holzfaser	X			X
Schafwolle	X			X
Perlite				X
Blähton				X

Übersicht über die verschiedenen Dämmstoffe, mit den jeweiligen typischen Verarbeitungsformen

die Trittschalldämmung werden für einen optimierten Schallschutz elastifizierte EPS-Platten verwendet. EPS ist brennbar und hat die Brandklasse B1 bzw. B2.

XPS Extrudierter Polystyrolschaum

Platten aus extrudiertem Polystyrol (XPS) sind auch unter dem Markennamen »Styrodur« bekannt. Sie besitzen aufgrund ihrer geschlossenporigen und homogenen Struktur eine hohe Druckfestigkeit und ein gutes Dämmverhalten. Die Vorteile sind neben der Druckfestigkeit die Unempfindlichkeit gegenüber Feuchte. Deshalb wird XPS häufig als Perimeterdämmung verwendet. Dieser Dämmstoff kann auch bei drückendem Wasser eingesetzt werden. Die Wärmeleitfähigkeit ist ähnlich wie bei EPS und liegt zwischen 0,035 W/mK bis 0,045 W/mK. Ein Nachteil ist die Entflammbarkeit, was zu einer Brandklasse von B1 bzw. B2 führt. Im Brandfall können giftige Gase freigesetzt werden. Das Material kann aufgrund der schlechten UV-Beständigkeit spröde werden und vergilbt an der Oberfläche. Typische Anwendungsbereiche sind im Erdreich, im Sockelbereich sowie Flachdächer, Terrassen und druckbeanspruchte Böden.

PUR Polyurethanschaum

Polyurethanhartschaum (PUR) besteht aus erdölbasiertem Kunststoff, der mit einem Treibmittel aufgeschäumt wird. Es werden Blöcke geschäumt, die nach dem Aushärten zu Platten geschnitten werden. Eine weitere Form ist das Schäumen zwischen zwei Funktionsmaterialien, z. B. Aluminiumfolie oder Mineralvlies, sodass die Schichten zu einem funktionalen Sandwichelement fest verkleben. Bei diesen Verklebungen ist eine sortenreine Trennung und Wiederverwertung der Materialien allerdings nur schwer möglich. PUR-Schaum ist druckfest, wasserabweisend, schwer entflammbar und die Wärmeleitfähigkeit ist mit 0,024 W/mK bis 0,029 W/mK im Vergleich zu konventionellen Dämmstoffen geringer. Deshalb wird PUR vor allem dann eingesetzt,

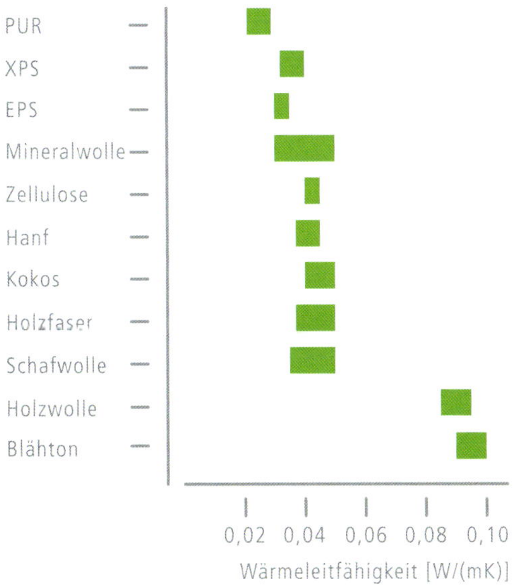

Bandbreite der Wärmeleitfähigkeiten der verschiedenen Dämmstoffe

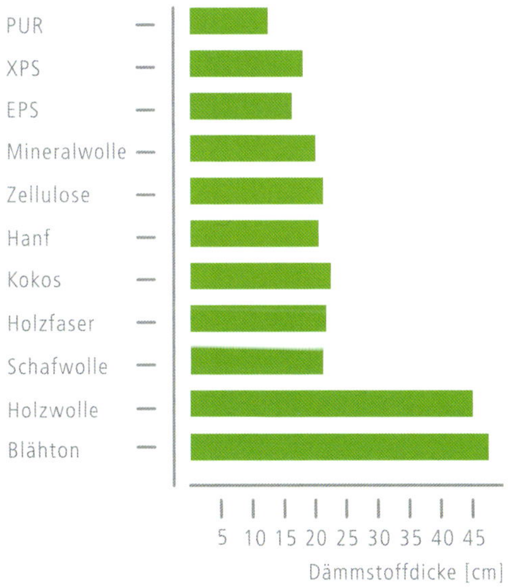

Erforderliche Dämmstoffstärke, um mit dem jeweiligen Dämmstoff einen U-Wert von 0,20 W/(m²K) zu erreichen

wenn nur geringere Schichtdicken realisiert werden können. PUR-Schaum kann auch als Ortschaum auf der Baustelle aufgesprüht werden. Dies wird häufig in der Sanierung bei unregelmäßigen Untergründen angewendet. Die Kosten von PUR sind erhöht.

Mineralwolle

Mineralfaserdämmstoffe mit einer Wärmeleitfähigkeit von 0,030 W/mK bis 0,040 W/mK bestehen aus Stein- oder Glaswolle. Glaswolle setzt sich zu 70 % aus Altglas, Sand und Kalkstein zusammen. Sie ist hell- bis dunkelgelb. Steinwolle besteht aus Gestein, z. B. Dolomit, Basalt, Diabas oder Recyclingmaterial, und ist grau bis olivgrün. Mineralwolle gehört zu den am häufigsten verwendeten Dämmstoffen für den Wärme-, Schall- und Brandschutz. Die Stoffe haben hervorragende Dämmeigenschaften sowie eine gute Dampfdiffusionsfähigkeit. Zudem sind sie nicht brennbar und resistent gegen Schimmelpilze und Ungeziefer. Diese Dämmstoffe sind als weiche und formbare Matten oder als feste Platten erhältlich. Typischerweise finden sie Anwendung bei Schräg- und Flachdächern, Fassadenkonstruktionen sowie beim Schallschutz in Trennwänden. Mineralwolle wird auch häufig als Trittschalldämmung verwendet.

Calciumsilikat

Calciumsilikatplatten bestehen aus Calcium- und Siliciumoxid sowie Zellulose, die durch Wasserdampf gehärtet werden. Es entsteht ein feinporiger, offenzelliger, harter Schaum, der zu Platten zugeschnitten wird. Die Platten sind formstabil, nicht brennbar, diffusionsoffen und druckfest. Sie hemmen das Wachstum von Schimmelpilzen, sind temperaturbeständig und verrotten nicht. Aufgrund der Porosität kann Calciumsilikat gut Feuchtigkeit aufnehmen, speichern und zeitverzögert abgeben, sodass es häufig als Innendämmung eingesetzt wird.

Zellulose

Die Zellulosedämmung besteht aus zerkleinertem Papier, das getrocknet und zu Zellulosefasern verarbeitet wird. Der Zusatz von Borsalz gewährleistet den notwendigen Brandschutz und schützt vor Schimmel- und Schädlingsbefall. Der Dämmstoff ist diffusionsoffen. Zellulose kann Feuchtigkeit speichern und zeitverzögert abgeben. Die Wärmeleitfähigkeit ist mit 0,040 W/mK bis 0,050 W/mK etwas höher. Zellulose ist in Form von losen Zellulosefasern oder als Platten erhältlich. Mit dem Einblasverfahren wird eine passgenaue und homogene Dämmung ermöglicht. Ein weiterer Vorteil ist der gute Schallschutz. Auch aus ökologischer Sicht ist Zellulose positiv zu bewerten, da zur Herstellung nur wenig Energie benötigt wird. Verwendete Platten lassen sich einfach recyceln und sind ohne weitere Bearbeitung deponierbar. Negativ beim Einblasverfahren ist die Staubbelastung. Typische Anwendungsbereiche von Zellulose sind die Dachdämmung, die Innendämmung oder die Dämmung von Kellerdecken. Für die Zwischensparrendämmung wird häufig das Einblasverfahren gewählt. Als Kern- und Perimeterdämmunng ist Zellulose ungeeignet.

Hanf

Die Hanffaser gehört wie Flachs zu den pflanzlichen Dämmstoffen mit einer geringen Wärmeleitfähigkeit von 0,040 W/mK bis 0,045 W/mK. Zur Herstellung werden die Fasern der Hanfpflanze verwendet und je nach Produkt mit unterschiedlichen Zuschlagstoffen ergänzt. Hanf gewinnt als Dämmstoff im ökologischen Bauen zunehmend an Bedeutung. Als nachwachsender Rohstoff mit kurzen Transportwegen und geringem Primärenergiebedarf ist der Dämmstoff vorteilhaft. Die Feuchtigkeitsbeständigkeit sowie die Resistenz gegenüber Schimmel und Schädlingen ist ein weiterer positiver Aspekt. Nachteilig ist die niedrige Druckfestigkeit und die ungünstige Brandschutzklasse von B2 (normal entflammbar). Eine typische Anwendung ist die Innendämmung an der Decke. Beim Dach wird Hanf als Außendämmung unter einer Abdeckung, als Zwischensparrendämmung, als Dämmung unter den Sparren sowie zur Dämmung von nicht begehbaren obersten Geschossdecken eingesetzt. Im Holzbau nutzt man Hanf zur Dämmung von Holzrahmen- und Holztafelkonstruktionen. Hanf kann in hinterlüftete Außenwände oder in Trennwände eingebaut werden. Er wird in Form von Platten oder Matten sowie in loser Form angeboten.

Geschäumte anorganische Dämmstoffe

Schaumglas, Blähperlit und Blähton werden als Platten oder Schüttungen verbaut. Als Platten weisen sie eine hohe Druckfestigkeit auf. Ein typischer Anwendungsbereich ist die Dämmung von befahrbaren Bereichen. Als Schüttung werden sie häufig für Ausgleichsschüttungen verwendet. Eine andere Einsatzmöglichkeit ist die Zugabe als Zuschlag im Beton oder Mörtel. Die geschäumten anorganischen Dämmstoffe sind nicht brennbar. Die Wärmeleitfähigkeit ist mit 0,050 W/mK bis 0,090 W/mK nicht besonders günstig.

Holzdämmstoffe

Holzweichfaserplatten aus Restholz sowie Holzwolleleichtbauplatten sind häufig genutzte Holzdämmstoffe. Bei Holzweichfaserplatten erfolgt die Bindung in der Regel ohne chemische Bindemittel durch holzeigene Bindestoffe. Die Festigkeit kann durch Zugabe von Zement oder Magnesit erhöht werden. Holzweichfaserplatten eignen sich als Begrenzungsplatten für lose Dämmstoffe oder als Wärme- oder Trittschalldämmung unter schwimmendem Estrich. Holzwolleleichtbauplatten weisen eine nur geringe Wärmedämmfähigkeit auf. Sie werden vor allem in der Sanierung als Putzträger- oder Akustikplatten eingesetzt.

Natürliche Dämmstoffe

Bei Bauherren, die auf naturnahe Materialien besonderen Wert legen, werden auch Kork und Schafwolle als Dämmmaterial eingesetzt. Kork kann in Form von Platten oder als Schüttung verbaut werden, in einigen Fällen besteht er aus recyceltem Flaschenkork. Kork ist druckfest, die Wärmeleitfähigkeit ist mit 0,045 W/mK bis 0,060 W/mK etwas ungünstiger als bei konventionellen Dämmstoffen. Schafwolle steht als Matten zur Verfügung. Sie kann von Schädlingen befallen werden und benötigt einen diesbezüglichen Schutz. Die Wärmeleitfähigkeit ist mit 0,040 W/mK günstig. Der Vorteil bei den natürlichen Materialien besteht darin, dass sie garantiert frei von gesundheitsschädlichen Stoffen sind und dem Anwender ein positives Gefühl vermitteln. Die Materialkosten sind allerdings höher als bei sonstigen Dämmmaterialien. Den natürlichen Dämmstoffen ist gemeinsam, dass sie nur eingeschränkt verfügbar sind, dementsprechend liegt ihr Marktanteil bei wenigen Prozent.

Vakuumdämmung

Bei beschränkten Platzverhältnissen bietet eine Vakuumdämmung einen sehr guten Wärmeschutz mit geringer Schichtdicke. Sie besteht aus einer Dämmstoffplatte, die mit einer Aluminiumfolie luftdicht kaschiert ist. Die enthaltene Luft wurde nahezu vollständig entfernt, wodurch die Wärmeleitung erheblich vermindert wird. Vakuumdämmungen müssen bereits bei ihrer Produktion in ihrer Größe spezifiziert werden, da sie nicht zugeschnitten werden können. Zudem dürfen sie nicht beschädigt werden, da sie sonst das Vakuum und damit ihre Dämmwirkung verlieren. Dies erschwert den Einsatz und die Handhabung auf der Baustelle.

Planungsstrategie

Dämmstoffe werden nach ihrer Einbausituation und der möglichen Schichtdicke ausgewählt. Die Einbausituation bestimmt maßgeblich die erforderliche Feuchtebeständigkeit und Druckfestigkeit. Brandschutzaspekte können Anforderungen an die Brennbarkeit bewirken. Bei geringen möglichen Schichtdicken müssen Dämmstoffe mit geringeren λ-Werten eingesetzt werden, wodurch sich in der Regel Mehrkosten ergeben. Oft wird aufgrund von Bedenken gegenüber künstlichen Materialien natürlichen Dämmstoffen der Vorzug gegeben, dies führt jedoch zu höheren Investitionen.

ANWENDUNG VON DÄMMSTOFFEN

Verwendung verschiedener Dämmstoffe nach Bauteilen und Einbausituation

Satteldach

Aufsparrendämmung
EPS, XPS, PUR, Holzfaser

Zwischensparrendämmung
Mineralwolle, Holzwolle, Holzfaser, Hanf, Zellulose

Flachdach

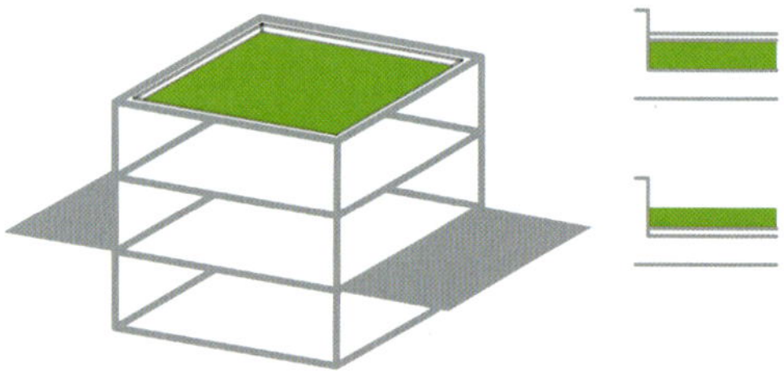

Warmdach
Mineralwolle, EPS, XPS

Umkehrdach
XPS

oberste Geschossdecke

Dämmung unter der Decke
EPS, PUR, Holzfaser, Mineralwolle

Dämmung auf der Decke
EPS, PUR, Holzwolle, Mineralwolle, Zellulose, Hanf, Perlite

Trittschalldämmung

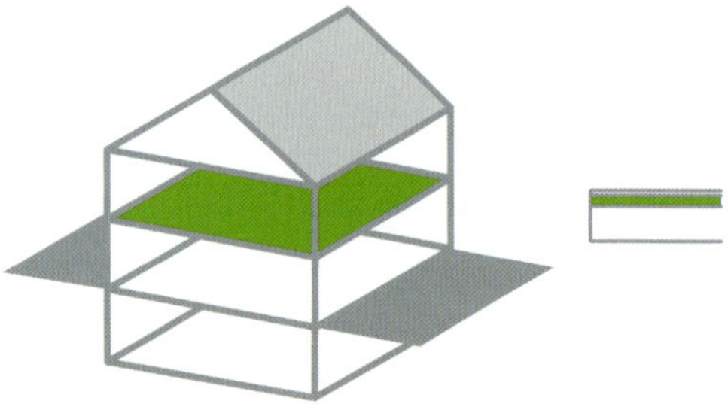

mit Schallschutzanforderungen
EPS, Holzfaser, Mineralwolle

ohne Schallschutzanforderungen
Mineralwolle, EPS, Holzfaser, Holzwolle, Kork, PUR

Außenwand

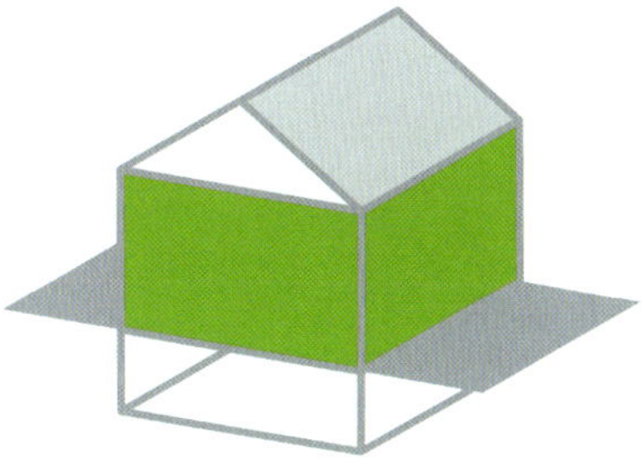

Außenwand hinter Bekleidung
EPS, XPS, Mineralwolle, PUR
Außenwand hinter Abdichtung
EPS, XPS, PUR

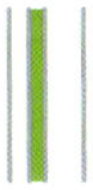

Kerndämmung
Mineralwolle, EPS, XPS, PUR, Holzfaser, Holzwolle

Innendämmung
Mineralwolle, EPS, PUR, Holzwolle, Holzfaser, Zellulose, Hanf

Kellerdecke

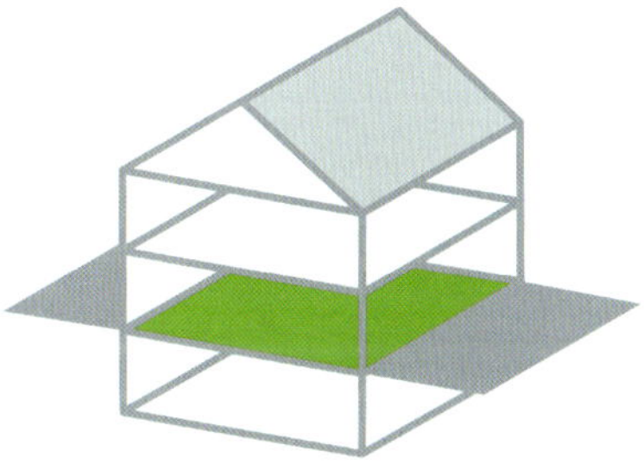

unterhalb der Kellerdecke
Mineralwolle, EPS, PUR, Holzwolle, Holzfaser, Hanf

Kellerwand/Perimeterdämmung

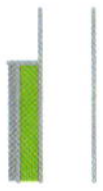

entlang der Wände gegen Erdreich
XPS, PUR

Bodenplatte

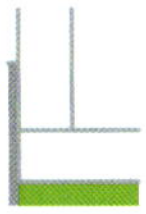

unterhalb der Bodenplatte
XPS, PUR

GLAS

Zweischeiben-WSV:
U = 1,1 W/m^{2}K
g = 0,55–0,65
τ = 0,8
R = 30–31 dB

Dreischeiben-WSV:
U = 0,5 W/m^{2}K
g = 0,50
τ = 0,7
R = 32 dB

Sonnenschutzglas
U = 1,1 W/m^{2}K
g = 0,20–0,40
τ = 0,3–0,7
R = 30–31 dB

Schallschutzglas:
U = 1,2 W/m^{2}K
g = 0,50–0,60
τ = 0,7–0,8
R = 36–50 dB

In der Entwicklung der Glastechnologie haben sich enorme Fortschritte ergeben. Der U-Wert von Verglasungen ist von ca. 5,0 W/m^{2}K auf bis zu 0,5 W/m^{2}K gesunken. Die mittlerweile sehr niedrigen U_V-Werte der Verglasungen haben dazu geführt, dass die Fensterrahmen zur thermischen Schwachstelle von Fassaden geworden sind. Deshalb ist auf die Fenstergeometrie und die Rahmenkonstruktion ein besonderes Augenmerk zu richten und der Rahmenanteil zu begrenzen, damit auch der U_F-Wert, der für das gesamte Fenster gilt, niedrig bleibt. In Bezug auf den Strahlungseintrag wurde eine Vielzahl von Beschichtungen entwickelt, die viele Funktionalitäten bieten. Steht der Gewinn von solarer Wärme im Winter im Vordergrund, sollte der Gesamtenergiedurchlassgrad (g-Wert) möglichst hoch sein. Für gute raumklimatische Verhältnisse im Sommer ist ein niedriger g-Wert anzustreben, dabei sollte auf eine ausreichende Tageslichttransmission (τ-Wert) geachtet werden. An lärmexponierten Standorten ist ein guter Schallschutz wichtig. Verglasungen sollen die Farben möglichst wenig verfälschen und in der Außenansicht nicht spiegeln. Niedrige U- und g-Werte führen in der Regel auch zu einer Verringerung der Tageslichttransmission.

Wärmeschutzgläser

Wärmeschutzverglasungen (WSV) reduzieren den Wärmedurchgang auf zwei Arten. Eine hauchdünne, transparente Silberbeschichtung auf der Außenseite der inneren Scheibe reduziert das Wärmeemissionsvermögen, sodass nahezu kein Strahlungsaustausch zwischen den Scheiben mehr stattfindet. Zusätzlich verringert eine Edelgasfüllung den Wärmeaustausch durch Wärmeleitung im Scheibenzwischenraum. Als Füllgase kommen Argon oder Krypton zum Einsatz. Bei Zweischeiben-Verglasungen können U-Werte bis zu 1,1 W/m^{2}K erreicht werden, bei Dreischeiben-Verglasungen bis zu 0,5 W/m^{2}K. Diese guten Werte ermöglichen auch großflächige Verglasungen. Die thermische Behaglichkeit wird aufgrund der höheren inneren Oberflächentemperatur verbessert und der Kaltluftabfall, der an hohen Verglasungen auftritt, entschärft.

Sonnenschutzgläser

Selektive Beschichtungen auf der Innenseite der äußeren Scheibe von Sonnenschutzverglasungen lassen viel sichtbares Licht, aber nur einen geringen Anteil der Strahlung im restlichen Sonnenspektrum in den Raum. Die spektrale Zusammensetzung des durchgelassenen Lichtanteils wird verändert, Farbverschiebungen im Innenraum sind die Folge. Die Beschichtungen sind zu allen Jahreszeiten gleichmäßig wirksam. Im Winter reduzieren sie die erwünschten solaren Wärmegewinne. Im Sommer sind in der Regel ergänzende Maßnahmen notwendig, um den Sonnen- und Blendschutz sicherzustellen. Es sind g-Werte von bis zu 0,15 realisierbar. Diese geringen Gesamtenergiedurchlassgrade reduzieren jedoch auch den Tageslichteintrag. Die Außenflächen haben eine spiegelnde Erscheinung, sodass sie nur für besondere Funktionen oder für Teilflä-

Wärmeschutzglas Sonnenschutzglas Schallschutzglas

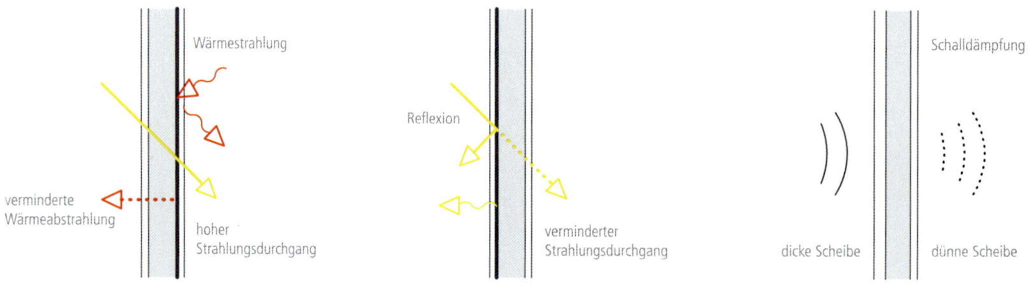

Funktionsprinzipien von Wärmeschutz-, Sonnenschutz- und Schallschutzglas:

Bei der Wärmeschutzverglasung reduziert eine Low-E-Beschichtung an der Außenseite der inneren Scheibe die Wärmeabstrahlung, eine Edelgasfüllung vermindert die Wärmeleitung.

Bei der Sonnenschutzverglasung reflektiert eine Beschichtung an der Innenseite der äußeren Scheibe einen Großteil der eintreffenden Solarstrahlung.

Bei Schallschutzglas sind die Scheiben dicker und weisen zur Vermeidung von Resonanzen unterschiedliche Glasstärken auf. Mit einer Gasfüllung kann der Schallschutz weiter verbessert werden.

chen einsetzbar sind. Für die komplette Verglasung von Büroräumen sind g-Werte von bis zu 0,30 sinnvoll.

Bedruckte Gläser

Das Bedrucken von Gläsern ist eine Möglichkeit, den g-Wert zu reduzieren und gleichzeitig ein transparentes Erscheinungsbild herzustellen. Der Ausblick bleibt je nach Bedruckungsgrad und -struktur in gewissem Umfang erhalten. Von außen haben bedruckte Gläser eine opake Erscheinung, sodass eine Durchsicht eingeschränkt ist. Eine weitere Möglichkeit der Oberflächenbehandlung ist Ätzen oder Sandstrahlen. Hier ist eine Durchsicht weder von innen noch von außen gegeben. Das Licht tritt diffus in den Raum.

Schallschutzgläser

Der Schallschutz von Verglasungen nimmt mit dem Scheibengewicht, der Scheibenelastizität und dem Scheibenabstand zu. Weitere Faktoren sind die Art der Gasfüllung und der Scheibenaufbau. Unterschiedliche Glasdicken verbessern den Schallschutz. Schallschutzverglasungen erreichen ein bewertetes Schalldämm-Maß (R) von bis zu 45 dB. Bei der Glasauswahl ist zu beachten, dass Gläser, die den Anforderungen des Schallschutzes genügen, meist einen geringeren Wärmeschutz aufweisen.

Planungsstrategie

Bei Wohngebäuden sollten die Verglasungen einen niedrigen U-Wert und einen hohen g-Wert aufweisen, um Tageslicht und die im Winter erwünschte Solarstrahlung in den Raum zu lassen. Bei Bürogebäuden kann der g-Wert etwas niedriger sein, wodurch sich im Sommer Vorteile ergeben. Beim Einsatz von Sonnenschutzglas ist zu bedenken, dass bei einem g-Wert kleiner 0,3 die Scheiben zu spiegeln beginnen und die Tageslichtnutzung ebenfalls stark eingeschränkt wird.

Glasfassade der Herz-Jesu Kirche in München:
An den unterschiedlichen Elementen der Glasfassade des modernen Kirchenbaus wurden die Scheiben je nach gewünschter Strahlungsdurchlässigkeit, Lichtdurchlässigkeit und Erscheinung beschichtet, geätzt, emailliert oder bedruckt. Damit werden die Innere und äußere Erscheinung des Gebäudes geprägt und der Strahlungseintrag begrenzt.

Architektur:
Allmann Sattler Wappner Architekten, München

SONNENSCHUTZ

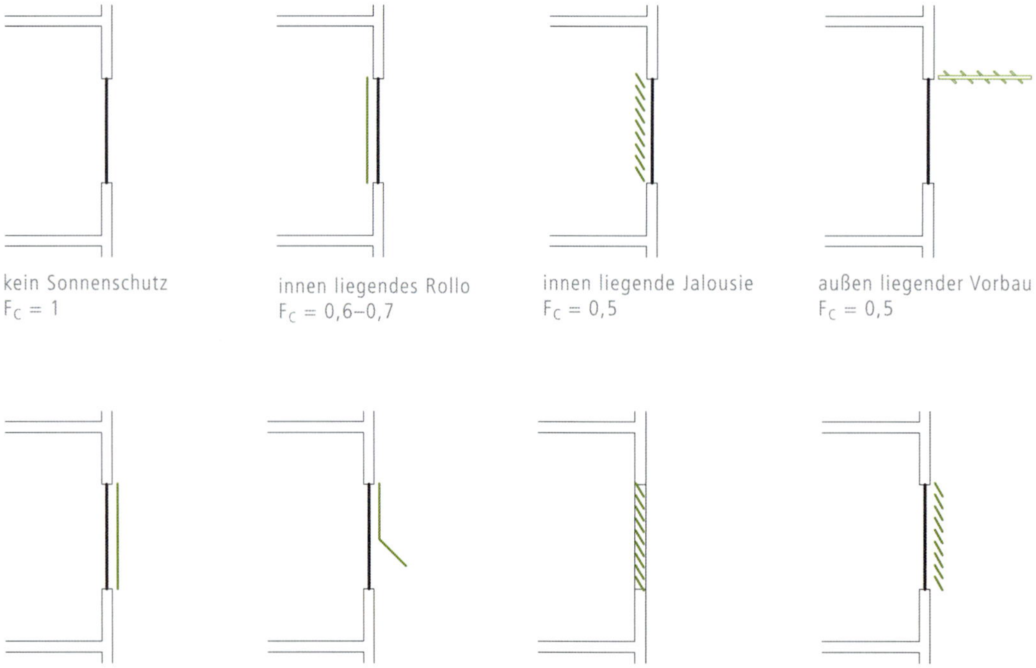

Postition der Sonnenschutzebene und F_C-Werte typischer Sonnenschutzsysteme

Das thermische Verhalten von Gebäuden im Sommer wird maßgeblich von der solaren Einstrahlung in den Raum und den internen Wärmelasten bestimmt. Während die Wärmeabgabe durch Personen und Geräte nur in geringem Maße zu beeinflussen ist, stehen die solaren Strahlungseinträge in direktem Zusammenhang mit dem Energiedurchlassgrad der Fassade. Der Strahlungseintrag ist direkt proportional zum Fensterflächenanteil. Insofern sind große Fensterflächenanteile an strahlungsexponierten Fassaden zu überdenken. Bei einer einseitigen Optimierung der Fassade für den Sommer können sich ungünstige Auswirkungen auf die Tageslichtversorgung und die erwünschten solaren Gewinne im Winter ergeben.

Strahlungsdurchgang

Der Strahlungsdurchgang wird bestimmt durch den Gesamtenergiedurchlassgrad (g-Wert) der Verglasung und den Abminderungsfaktor (F_C-Wert) des Sonnenschutzes. Der Gesamtenergiedurchlassgrad der Verglasung kann durch Beschichtung des Glases oder durch Sonnenschutzmaßnahmen in der Verglasungsebene beeinflusst werden. Der Abminderungsfaktor des Sonnenschutzes hängt maßgeblich davon ab, ob dieser innen oder außen angeordnet ist. Ist er außen liegend, so ist die Effizienz um den Faktor 3 bis 5 höher als bei innen liegendem Sonnenschutz, allerdings muss er bei starkem Wind hochgefahren werden. Bei der Anordnung des Sonnenschutzes im Fassadenzwischenraum von Doppelfassaden wird eine hohe Wirksamkeit witterungsunabhängig erreicht.

Außen liegender Sonnenschutz

Ein außen liegender Sonnenschutz ist am wirkungsvollsten, da die Solarstrahlung schon vor der Fassade ausgeblendet wird. Die Witterungs- und Windexposition bedingt jedoch höhere Investitions- und Wartungskosten und erfordert einen Antrieb für die Sonnenschutzsteuerung sowie die zugehörige Mess- und

Regeltechnik zur Erfassung der Einstrahlsituation und der Windgeschwindigkeit. Bei starkem Wind ist keine Sonnenschutzwirkung gegeben und es ist ein zusätzlicher Blendschutz erforderlich. Um eine gute Durchsicht zu ermöglichen, können bewegliche Elemente, z. B. Markisen, ausgestellt werden. Außen liegende Jalousien aus Aluminium, Kunststoff oder Holz erreichen Abminderungsfaktoren von bis zu $F_c = 0{,}1$. Die Tageslichtversorgung kann durch Jalousien mit differenziert verstellbaren Lamellenwinkeln im Oberlichtbereich verbessert werden. Gegebenenfalls können diese auch eine lichtlenkende Wirkung haben. An Südfassaden können aufgrund des steilen Einstrahlwinkels auch feststehende Verschattungen zum Einsatz kommen, wie z. B. Balkone, Vorsprünge oder Loggien. Ein zusätzlicher innen liegender Sonnenschutz ist dann meist erforderlich.

Innen liegende Systeme

Der innen liegende Sonnenschutz ist witterungsgeschützt und kann daher windunabhängig betrieben werden. Er ist wartungsarm und kostengünstig und kann zusätzlich die Blendschutzfunktion übernehmen. Die Sonnenschutzwirkung ist jedoch wesentlich geringer als bei außen liegenden Systemen. Der innen liegende Sonnenschutz kann als Rollo oder reflektierende Jalousie ausgebildet sein. Sonnenschutzfolien ermöglichen eine gewisse Durchsicht, wodurch der Außenbezug erhalten bleibt. Die Sonnenschutzwirkung basiert auf der Rückreflexion nach außen und steht damit in Wechselwirkung mit dem Absorptions- und Reflexionsverhalten der Verglasung. Innen liegende Systeme erreichen F_c-Werte von bis zu 0,3. Angegebene Messwerte werden in der Praxis jedoch aufgrund von Verschmutzung oftmals nicht erreicht. Aus Sicht der thermischen Behaglichkeit kann die Aufheizung des innen liegenden Sonnenschutzes und die damit verbundene höhere Oberflächentemperatur und Abstrahlung von Wärme als unbehaglich empfunden werden, da er wie eine Heizfläche wirkt.

Beim Louvre in Abu Dhabi von Jean Nouvel verschmelzen Gebäudeabschluss und Sonnenschutz zu einer funktionalen Einheit. Das Konzept verbindet effiziente Sonnenschutzwirkung mit einer dynamischen Lichtatmosphäre im Inneren.

Architektur:
Ateliers Jean Nouvel, Paris

Systeme im Scheibenzwischenraum

In der Verglasungsebene liegende, bewegliche Systeme verbinden Windunabhängigkeit mit hoher Effizienz. Die Antriebsmotoren für den beweglichen Sonnenschutz im Scheibenzwischenraum sind jedoch störanfällig und bei einem Ausfall muss die gesamte Scheibe ausgetauscht werden. Außerdem sind die Investitionskosten sehr hoch. Spiegellamellen innerhalb des Scheibenzwischenraums einer Isolierverglasung erreichen zusammen mit der Verglasung einen g-Wert von bis zu 0,15. Die Systeme können feststehend oder beweglich ausgebildet werden. Starre Systeme, wie lichtstreuende Schichten, Bedruckungen, Strukturen oder Lamellen, reduzieren die Durchsicht und den Lichteintrag. Sie eignen sich nur für Bereiche ohne Anforderungen an den Ausblick. Bewegliche Systeme aus Lamellen innerhalb des Scheibenzwischenraums können manuell oder elektrisch bewegt werden und so den Nutzerbedürfnissen und den Strahlungsverhältnissen angepasst werden. Es wird unterschieden in drehbare Systeme und Systeme, die drehbar und verfahrbar sind. Bei Letzteren ist zu bedenken, dass im geöffneten Zustand das Lamellenpaket in der Scheibe in Erscheinung tritt. Die Lamellen können gleichzeitig die Funktion von Sonnen- und Blendschutz übernehmen.

Variochrome Gläser

Variabel steuerbare Verglasungen ermöglichen eine reversible Änderung ihrer Eigenschaften hinsichtlich Licht- und Strahlungstransmission. Dadurch stellen sie die Lösung eines Grundproblems der Architektur dar. Sie verbinden einen steuerbaren, witterungsgeschützten Sonnenschutz mit hoher Effizienz. Aktive Systeme ändern ihre optischen und strahlungsspezifischen Eigenschaften auf »Knopfdruck«, passive Systeme selbsttätig. Elektrochrome Gläser befinden sich kurz vor der Marktreife. Sie stellen ein aktives System dar, das eine Steuerung benötigt. Eine aktive Schicht ist innerhalb der Verglasung integriert. Nach dem

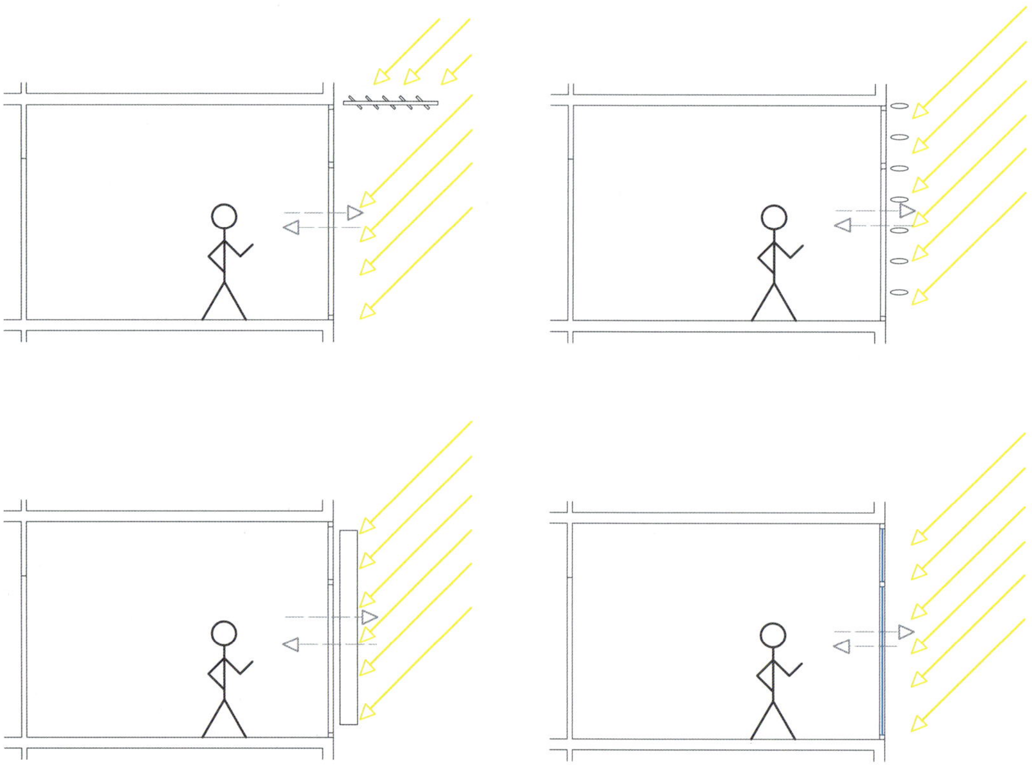

Auskragung:
An Südfassaden können feststehende Auskragungen einen effizienten Sonnenschutz bei gleichzeitiger Durchsicht bieten. Eine Kombination mit einem innen liegenden System ist sinnvoll.

Horizontallamellen:
An der Südfassade sind horizontale Lamellen ein effizientes System, das eine gewisse Aussicht ermöglicht.

Vertikallamellen:
An Ost- und Westfassaden sind nachführbare Vertikallamellen eine gute Lösung, die einen gewissen Ausblick bieten, jedoch immer im Blickfeld sind.

Sonnenschutzglas:
Sonnenschutzglas ist unabhängig von der Orientierung an allen Fassaden möglich. Erwünschte Strahlungseinträge im Winter und das Tageslicht werden jedoch ausgeblendet. Die Durchsicht bleibt erhalten.

Schaltvorgang findet die Einfärbung statt, die allerdings bis zu 20 Minuten dauern kann. Beim elektrochromen Glas bleibt die Durchsicht auch im geschalteten Zustand erhalten. Ein zusätzlicher Blendschutz muss in der Regel vorgesehen werden. Das Glas erscheint im geschalteten Zustand bläulich.

Sonnenschutzsteuerung

Damit der Sonnenschutz den Energiebedarf eines Gebäudes weitreichend reduzieren kann, ist eine intelligente Sonnenschutzsteuerung erforderlich. Im Idealfall bezieht diese die Raumtemperatur, die Raumbelegung und die Wetterprognose in die Regelstrategie mit ein. Bei einer Steuerung mit Wind- und Sonnenautomatik verhindert eine integrierte Ein- und Ausschaltverzögerung das permanente Ein- und Ausfahren des Sonnenschutzes bei einer Wolke oder Windböe. Eine Übersteuerung durch den Nutzer sollte dabei immer möglich sein.

Planungsstrategie

An allen besonnten Fassaden ist ein Sonnenschutz in Form von starren, beweglichen oder temporären Elementen vorzusehen. Außen liegende Systeme weisen eine höhere Effizienz auf. An der Nordseite sind auch innen liegende Systeme denkbar. An der Ost- und Westfassade können Vertikallamellen als Sonnenschutz dienen. Allerdings sind die Lamellen nicht verfahrbar, sodass sie immer im Blickfeld bleiben und nur einen eingeschränkten Ausblick ermöglichen. Im Winter reduzieren sie außerdem die erwünschte Strahlung. Im Süden sind aufgrund des hohen Einstrahlwinkels feststehende Systeme oder Auskragungen in Verbindung mit einem innen liegenden System eine gute Lösung. Auch Horizontallamellen bieten hier aufgrund des Einstrahlwinkels noch einen guten Ausblick und Tageslichteintrag. Sonnenschutzglas ist nur in Ausnahmefällen sinnvoll, wenn keine Anforderungen an das Tageslicht bestehen und auch im Winter keine Einstrahlung notwendig ist.

Spiegelung des stilbildenden Sonnenschutzes der Olivetti-Türme von Egon Eiermann in einer Fassade mit Sonnenschutzverglasung in Frankfurt

FASSADENKONSTRUKTIONEN

Seit Anbeginn der Baugeschichte wurden Holz, Ziegel und Beton neben dem lokal vorhandenen Bruchstein als Baumaterial genutzt. Die ältesten ungebrannten, handgeformten Lehmziegel gab es schon 7 500 v. Chr., ab 5 500 v. Chr. wurden Formen benutzt und ab 3 000 v. Chr wurde Ton zu Ziegelsteinen gebrannt. Holz wurde seit jeher für Dachkonstruktionen und zur Ausbildung von Fassaden verwendet, teilweise schon in Mischbauweise in Verbindung mit Lehm. Bei den Römern wurde bereits mit Beton gebaut, er geriet dann aber lange Zeit in Vergessenheit und wurde erst um 1800 wieder entwickelt und im Jahr 1867 als Stahlbeton etabliert, womit auch zugbelastete Konstruktionen möglich wurden. Erst mit der Industrialisierung fand Stahl Einzug in die Bauwelt, mit neuen Möglichkeiten bei Tragfähigkeit und Spannweiten. In der Mitte des 20. Jahrhunderts haben Stahl und Beton die althergebrachten Baustoffe Ziegel und Holz verdrängt. Erst mit dem Blick auf Energieoptimierung und ganzheitliche Nachhaltigkeit haben Holz und Ziegel, teilweise auch als Massivkonstruktion, eine Renaissance erfahren.

Nachhaltigkeit

Bei der Nachhaltigkeit von Fassadenkonstruktionen sind der erzielbare Wärmeschutz, aber auch übergeordnete Nachhaltigkeitskriterien, wie Primärenergieinhalt, CO_2-Äquivalent sowie die Ressourceneinsparung und Verfügbarkeit, von Bedeutung. Auch die Aspekte Lebensdauer, Rückbaubarkeit und Recycling bzw. Wiederverwendung der Bauteile und Materialien sind bei der Bewertung der Nachhaltigkeit in Betracht zu ziehen. In Bezug auf den nicht erneuerbaren Primärenergieinhalt sind Holz- und Ziegelkonstruktionen vergleichbar. Stahlbetonwände sind diesbezüglich aufgrund des Stahlanteils wesentlich schlechter.

Mehrschichtige Konstruktionen

Mehrschichtige mineralische Konstruktionen aus Ziegeln oder Beton in Verbindung mit einer hinterlüfteten Dämmung oder einem Wärme-

Massivwand mit WDVS
U-Wert = 0,152 W/m²K

Aufbau von innen nach außen	
Dispersionsfarbe	
Gipsputz	15 mm
Ziegel	240 mm
Wärmedämmverbundsystem MW	200 mm
Dekorputz mineralisch	10 mm
Fassadenfarbe	
Wandstärke	465 mm

Massivwand Mauwerk
U-Wert = 0,238 W/m²K

Aufbau von innen nach außen	
Dispersionsfarbe	
Gipsputz	15 mm
Ziegel Poroton	365 mm
Dämmputz	20 mm
Fassadenfarbe	
Wandstärke	400 mm

Ausbildung verschiedener Mauerwerkskonstruktionen mit Angabe der Konstruktionsstärke und des sich ergebenden U-Werts

dämmverbundsystem sind die am weitesten verbreitete Bauweise. Sie sind kostengünstig zu errichten und weisen einen guten Schallschutz auf. In Verbindung mit Mineralwolle können auch hohe Anforderungen an den Brandschutz erfüllt werden. Es gibt keine Einschränkungen für die Gebäudehöhe. In Bezug auf die Rückbaubarkeit sind diese Konstruktionen allerdings ungünstig. Außerdem weisen sie einen hohen Primärenergieinhalt auf.

Monolithische Konstruktionen

Durch die Entwicklung hochwärmedämmender Ziegel mit einer Wärmeleitfähigkeit von $\lambda = 0{,}07$ W/mK werden immer häufiger monolithische Wände umgesetzt. Diese Konstruktionen sind äußerst langlebig, robust und wartungsarm, wodurch sich die zunächst etwas höheren Investitionskosten amortisieren. Es treten nur wenige Wärmebrücken und Anschlussprobleme auf und die Bauteile lassen sich auf einfache Weise recyceln. Es gibt jedoch Einschränkungen in Bezug auf den Schallschutz sowie die Druckbelastung und somit auf die Gebäudehöhe. Zudem ergeben sich sehr große Wandstärken.

Holzkonstruktionen

In Gebieten, in denen Holz lokal verfügbar ist, wenn kurze Bauzeiten ein Vorteil sind oder wenn es Beschränkungen bezüglich des Gewichts gibt, dann sind Holzkonstruktionen die beste Wahl. Diese haben zudem den Vorteil, dass sie nur wenig graue Energie beanspruchen und in Bezug auf CO_2 eine positive Bilanz aufweisen. Zu achten ist bei Holzkonstruktionen auf den Schallschutz, vor allem innerhalb des Gebäudes. Die thermische Speichermasse ist im Gegensatz zu Massivkonstruktionen geringer, jedoch wird dieser Aspekt in der Praxis häufig überschätzt. Ein großer Vorteil ergibt sich aufgrund der geringen Wandstärke. Bei Aufstockungen mit begrenzten statischen Voraussetzungen kann durch eine Holzkonstruktion auf leichte Weise Fläche gewonnen werden.

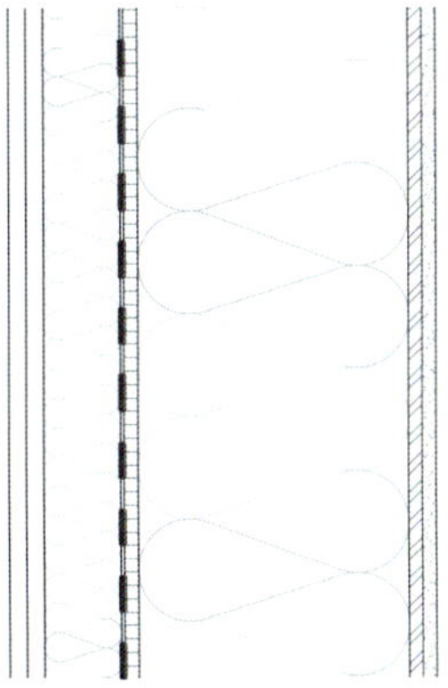

Holzrahmenwand mit Mineralwolle
U-Wert = 0,152 W/m²K

Aufbau von innen nach außen	
Dispersionsfarbe	
Beplankung Gipskarton, 2-fach	25 mm
Installationsschicht: Holzlattung 40/60	
Achsabstand 625 mm, Dämmung MW	60 mm
OSB-Platte, Stöße verklebt	10 mm
Kernelement: Holzständer 60/200	
Achsabstand 625 mm, Dämmung MW	200 mm
Putzträgerplatte Faserzement	10 mm
Putzsystem	10 mm
Wandstärke	315 mm

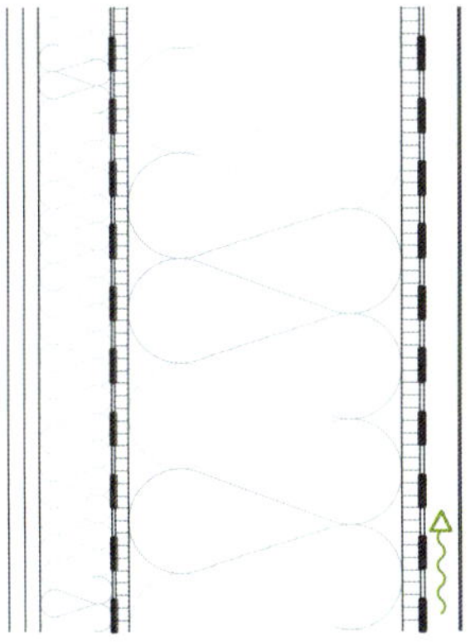

Holzrahmenwand mit Zellulose
U-Wert = 0,153 W/m²K

Aufbau von innen nach außen	
Dispersionsfarbe	
Beplankung Gipskarton, 2-fach	25 mm
Installationsschicht: Holzlattung 40/60	
Achsabstand 625 mm, Dämmung Zellulose	60 mm
OSB-Platte, Stöße verklebt	10 mm
Kernelement: Holzständer 60/220	
Achsabstand 625 mm, Dämmung Zellulose	220 mm
MDF-Platte	15 mm
Hinterlüftung 40/30	30 mm
Verkleidung Aluminium eloxiert	2 mm
Wandstärke	362 mm

Ausbildung verschiedener Holzkonstruktionen mit Angabe der Konstruktionsstärke und des sich ergebenden U-Werts

MEHRSCHICHTIGE FASSADEN

Fassadenschnitt – M. 1:25

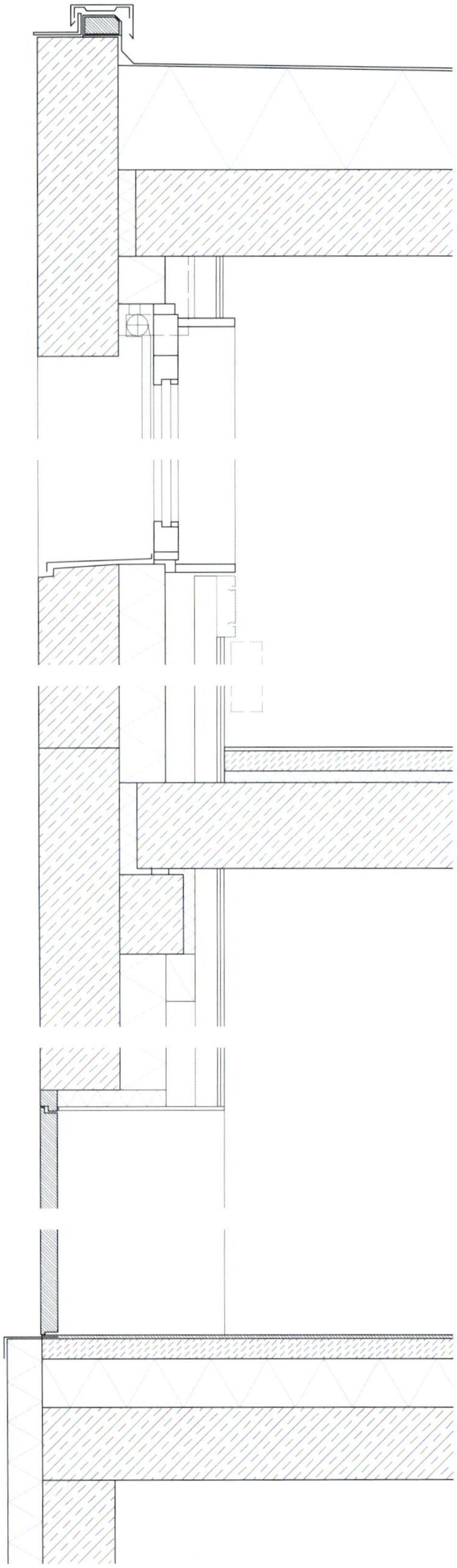

Dach:
Attikablech,
Kantholz 60 × 120 mm,
Wärmedämmung 360 mm,
Stahlbetondecke 300 mm

Wand:
Sichtbeton 280 mm,
Innendämmung
Schaumglas 160 mm,
Installationsebene
175 mm,
Gipskarton 2 × 12,5 mm

Boden/Decke:
Parkett 15 mm,
Estrich 70 mm,
Trittschalldämmung
40 mm,
Stahlbeton 280 mm

Seminargebäude in Konstanz

Architektur:
MGF Architekten GmbH,
Stuttgart

Innen liegende Wärmedämmung

Eine Innendämmung kommt immer dann zum Einsatz, wenn die äußere Erscheinung einer Fassade eine besondere Rolle spielt. Dies kann bei einer Sanierung der Fall sein, z. B. bei einem Fachwerkhaus, oder wenn beim Neubau die Wirkung des Materials architektonisch gewünscht ist, z. B. bei Sichtbeton. Die Innendämmung ist aus bauphysikalischer und konstruktiver Sicht ungünstiger als eine außen liegende Dämmung. Es gilt, den Tauwasserausfall in der Konstruktion und Wärmebrücken zu vermeiden. Damit kein Tauwasser ausfällt, muss die Innenseite der Fassade dampfdicht ausgeführt werden. Dies ist besonders an den Materialübergängen, aber auch bei Durchdringungen schwierig. Insbesondere bei Fachwerkhäusern hat dies eine besondere Bedeutung, da bei zu hoher Feuchte die tragende Holzkonstruktion Schaden nimmt. Auch die Anschlussdetails sind bei einer Innendämmung nicht einfach zu lösen, da beim Auflager der Geschossdecken und gegebenenfalls beim Anschluss der Innenwände die Dämmschicht durchdrungen wird und so eine Wärmebrücke entsteht. Dies kann durch eine Dämmung der Flanken gemindert werden, wodurch sich jedoch ein erhöhter konstruktiver Aufwand ergibt. Ein weiterer Nachteil der Innendämmung besteht darin, dass die Speichermasse der Konstruktion thermisch abgekoppelt wird. Die Innendämmung ist demnach konstruktiv und klimatisch ungünstig, deshalb ist ihr Einsatz vor allem architektonisch oder bauhistorisch motiviert.

Außen liegende Wärmedämmung

Eine vor der tragenden Wand liegende Dämmschicht ist aufgrund der vermiedenen Wärmebrücken und der geringeren Tauwasserproblematik einer Innendämmung vorzuziehen. Sie kann als hinterlüftete Fassade, als Kerndämmung oder als Wärmedämmverbundsystem ausgebildet sein. Bei der hinterlüfteten Fassade wird die gedämmte tragende Konstruktion von einer Wetterschutzschicht umgeben, die hinterlüftet ist. Diese Wetterschutzschicht kann u. a. aus vorgesetzten Klinkern, Paneelen, Holzelementen, Ton oder Naturstein bestehen. Durch die Hinterlüftung wird mögliche Feuchtigkeit in der Konstruktion abgeführt. Dafür müssen genügend Lüftungsöffnungen in der äußeren Fassadenschicht vorgesehen werden, die häufig als Fugen in der Verkleidung ausgebildet werden. Hinterlüftete Konstruktionen sind langlebig und wartungsarm. Wird keine Hinterlüftungsebene vorgesehen, so liegt eine Kerndämmung vor. Dabei muss auf Tauwasserausfall in der Konstruktion ein besonderes Augenmerk gerichtet werden. Bei einem Wärmedämmverbundsystem wird auf eine tragende Wand aus Beton, Ziegel oder Kalksandstein eine Dämmschicht aus Hartschaum- oder Mineralwolleplatten aufgeklebt und mit Dübeln verankert. Auf diese Dämmschicht wird ein Kunstharzputz aufgebracht, der die Fassadenoberfläche bildet. Kritisch gesehen werden dabei Fragestellungen zu Dauerhaftigkeit, Verschmutzung, Algenbewuchs, Rückbau, Recycling und Brandverhalten.

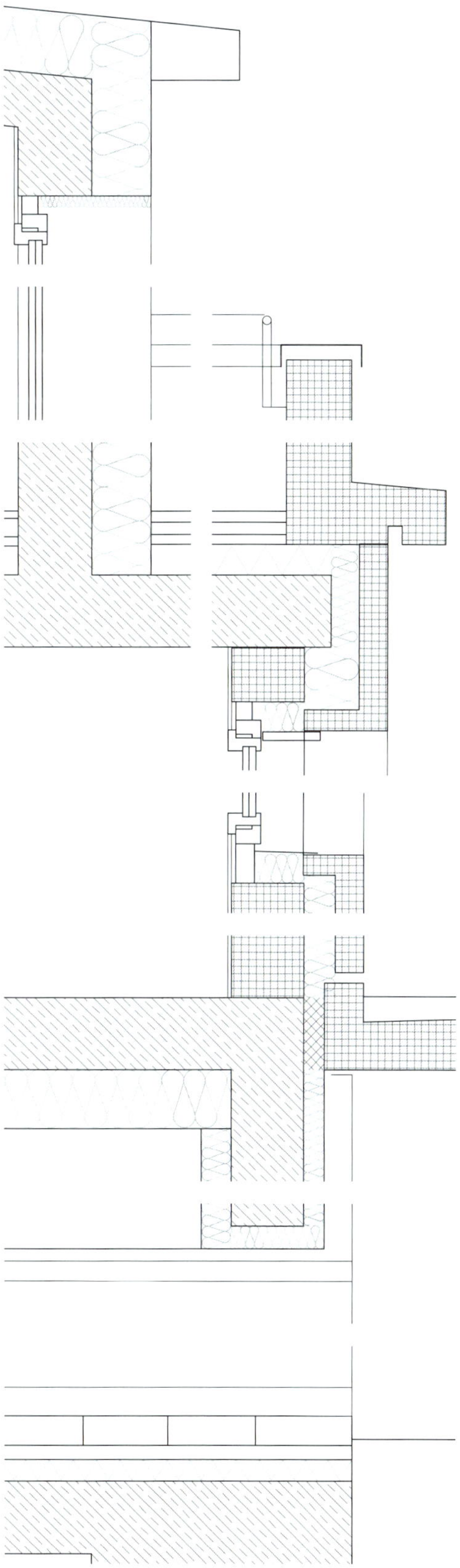

Fassadenschnitt – M. 1:25

Dach:
Stehfalzdach
Blechdeckung,
Wärmedämmung 200 mm,
Abdichtung,
Stahlbeton 190 mm,
Anstrich

Wand (WDVS):
Putz 25 mm,
Wärmedämmung 200 mm,
Beton 250 mm,
Anstrich

Boden:
Massivholz Eiche 25 mm,
Heizestrich 65 mm,
Trittschalldämmung
30 mm,
Installationsebene100 mm,
Stahlbeton 250 mm

Wand (Kerndämmung):
Holz-Alufenster,
Dreischeibenverglasung,
Leichtbeton 100 mm,
Dämmung 110 mm,
Sichtbeton 250 mm

Wohn- und Geschäftshaus
in Weiden

Architektur:
Karlheinz Beer, Architekt +
Stadtplaner, Weiden

Energiekonzept:
atelier.ClimaDesign
Prof. Dr. Mike de Saldanha,
Elisabeth Möller

MONOLITHISCHE FASSADEN

Fassadenschnitt – M. 1:25

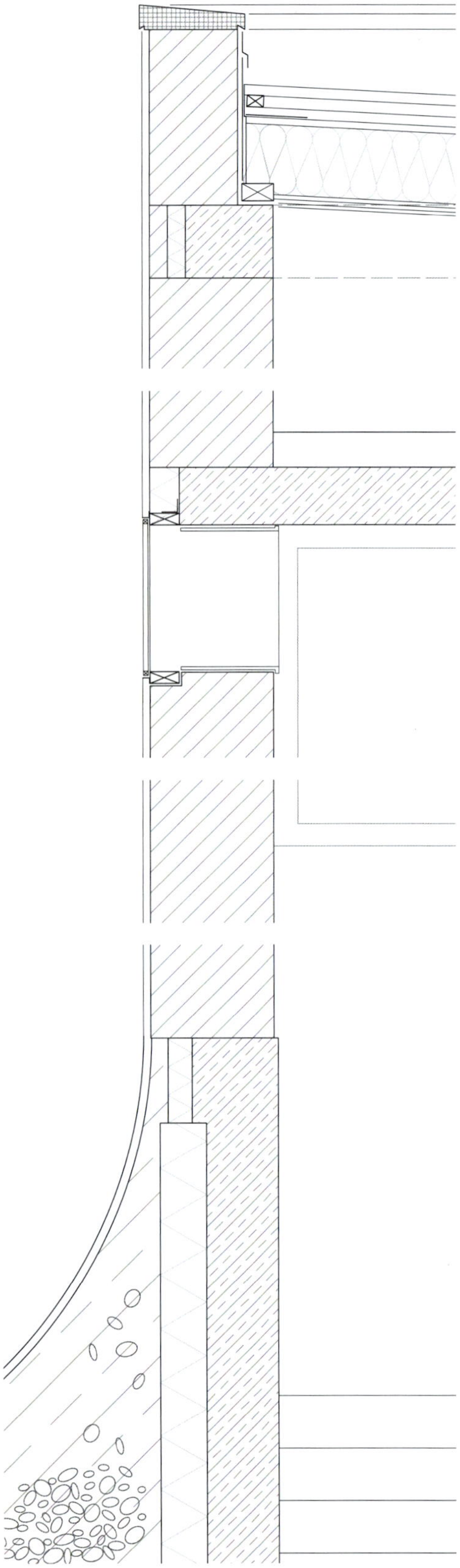

Pultdach:
Trapezblech mit belüfteter Unterkonstruktion,
Sparren,
Zwischensparrendämmung,
Gipskartondecke

Wand:
Außenputz 25 mm,
Dämmziegelmauerwerk 425 mm mit wärmebrückenfreien verzahnten Stoßfugen
λ = 0,09 W/mK,
U-Wert = 0,20 W/m²K

Boden/Decke:
Stahlbeton geschliffen, massiv ohne Fußbodenaufbau für eine umfangreiche thermisch nutzbare Speichermasse zur optimierten Nutzung solarer Einträge

Ateliergebäude in Schondorf am Ammersee

Architektur:
Atelier Lüps Architekten und Stadtplaner, Schondorf

Monolithische Ziegelwand

Die monolithische Ziegelkonstruktion ist die ursprünglichste aller Bauweisen. Sie besteht aus einem Material, das die Tragfunktion und den Wärmeschutz übernimmt. Im Zuge der Energiesparbestrebungen ist die monolithische Konstruktion aufgrund des ursprünglich geringeren Wärmeschutzes etwas in den Hintergrund geraten. Sie hat mit der Entwicklung hochwärmedämmender Ziegelsteine jedoch eine Renaissance erfahren, insbesondere bei Architekten und Bauherren, die dem Wärmedämmverbundsystem zurückhaltend gegenüberstehen. Die Tragfähigkeit von hochwärmedämmenden Ziegeln ist eingeschränkt, sodass sich Beschränkungen in der Gebäudehöhe ergeben. Zudem ist der Schallschutz aufgrund der niedrigen Rohdichte relativ gering. Monolithische Konstruktionen sind langlebig und in der Regel einfacher zu detaillieren und auszuführen als mehrschichtige Fassadenkonstruktionen, da weniger Materialwechsel vorhanden sind. Ein besonderes Augenmerk ist auf die Anschlussbereiche von Geschossdecken zu legen. Hier ist eine zusätzliche Dämmung der Stirnseiten notwendig. Die typischen, relativ großen Wandstärken zwischen 40 cm und 70 cm können bei beengten Platzverhältnissen problematisch sein. Die Baukosten sind etwas erhöht, was durch die Langlebigkeit und den geringen Wartungsaufwand jedoch wieder ausgeglichen wird. Monolithische Konstruktionen lassen sich auf einfache Weise wieder rückbauen und recyceln, da sich die Materialien einfach trennen lassen.

Dämmbeton (Infraleichtbeton)

Der Vorteil von Dämmbeton ist seine geringe Rohdichte bzw. Wärmeleitfähigkeit, die das Bauen mit homogenen Außenwänden und Dächern aus Beton ermöglicht. Das monolithische Material übernimmt sowohl die tragende als auch die wärmedämmende Funktion der Gebäudehülle. Im Wesentlichen besteht Dämmbeton aus Beton und Blähton, teilweise auch aus Blähglas. Das natürliche Rohmaterial wird gemischt, gemahlen und danach zu kleinen Kugeln granuliert. Blähton besitzt bei einem geringen Gewicht eine gute Kornfestigkeit und ist dadurch sehr druckfest. Es ist eine homogene Verteilung von gleichmäßig großen Luftporen notwendig, um die wärmedämmende Eigenschaft herzustellen. Eine Entmischung der Bestandteile ist zu vermeiden, da diese die statischen und bauphysikalischen Eigenschaften der Konstruktion beeinflussen würde. Der Zementanteil umhüllt den Blähton, teilweise verläuft der Wärmetransport über dieses wärmeleitende Material. Durch die Zugabe von Poren- und Schaumbildnern kann die Wärmeleitfähigkeit hier minimiert werden. Aufgrund der im Vergleich zu Dämmstoffen relativ hohen Wärmeleitfähigkeit ergeben sich typische Wandstärken von 50 cm bis 70 cm. Um die Eindringtiefe von Feuchtigkeit zu reduzieren, werden die Betonoberflächen hydrophobiert. Als Bewehrung gegen das Schwinden werden aufgrund der Korrosionsbeständigkeit Glasfasern oder Edelstahl verwendet. Normaler Bewehrungsstahl befindet sich hier in der Erprobung.

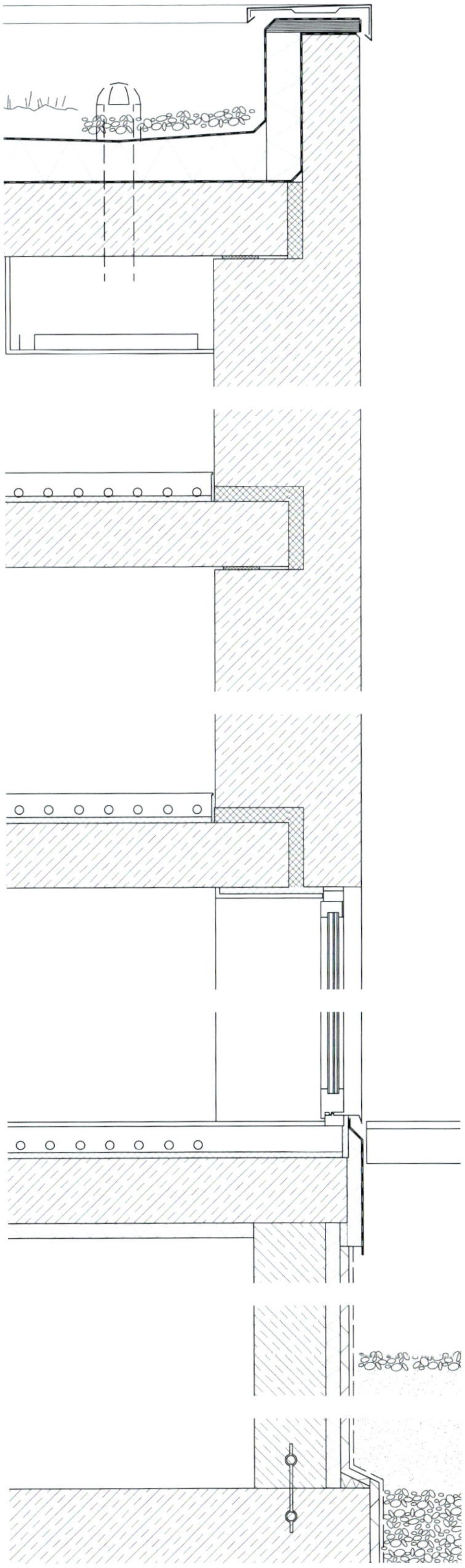

Fassadenschnitt – M. 1:25

Dach:
Extensivbegrünung 80 mm,
Dachabdichtung,
Gefälledämmung 80–380 mm,
Dampfsperre,
Bitumen-Voranstrich,
Leichtbeton-Stahlbetondecke 250 mm

Boden:
Gussasphalt-Estrich 65 mm,
Fußbodenheizung 20 mm,
Trittschalldämmung 15 mm,
PE-Folie,
Stahlbeton 220 mm

Wand:
Infraleichtbeton (ILC) 500 mm

Kellerwand:
Filtervlies,
Drainplatte 30 mm,
Perimeterdämmung 50 mm,
WU-Stahlbeton 250 mm

Wohnhaus Schlaich in Berlin

Architektur:
Prof. C. Bonnen Architekt und Amanda Schlaich, Berlin

Fassadenschnitt – M. 1:25

Dach:
Stehfalzdeckung 18°,
Edelstahlblech 0,5 mm,
Unterspannbahn, Vlies,
Lattung 100/60 mm,
Holzfaserplatte 60 mm,
Dreischichtplatte 30 mm,
Sparren 200/100 mm

Wand:
Lärchenholzschindeln gespalten,
2-lagig, Länge 400 mm,
Traglattung 30 mm,
Distanzlattung 30 mm,
Unterdeckplatte Holzfaser 22 mm,
Holzfaserdämmplatte 180 mm,
Holz-Doppelstegträger 180/65 mm,
Brettsperrholz 120 mm

Boden (innen):
Dielen 120–200/40 mm,
Lattung 40 mm,
Schalldämmstreifen Holzfaser 40 mm,
Lagerholz 120/120 mm,
PE-Folie,
Brettsperrholz 180 mm,
Abhängung Unterdecke Dreischichtplatte Fichte 27 mm,
Verbindungselement Schlitzblech

Boden (Balkon):
9 Holzdielen 120–200/40 mm,
Lagerholz 60/60 mm, Stelzlager,
Bautenschutzmatte,
EPDM-Bahn 2 mm,
Wärmedämmung 120 mm,
Stahlbeton 240 mm

Naturhotel Tannerhof in Bayrischzell

Architektur:
Florian Nagler Architekten GmbH, München

Energiekonzept:
atelier.ClimaDesign
Prof. Dr. Mike de Saldanha,
Michael Kehr

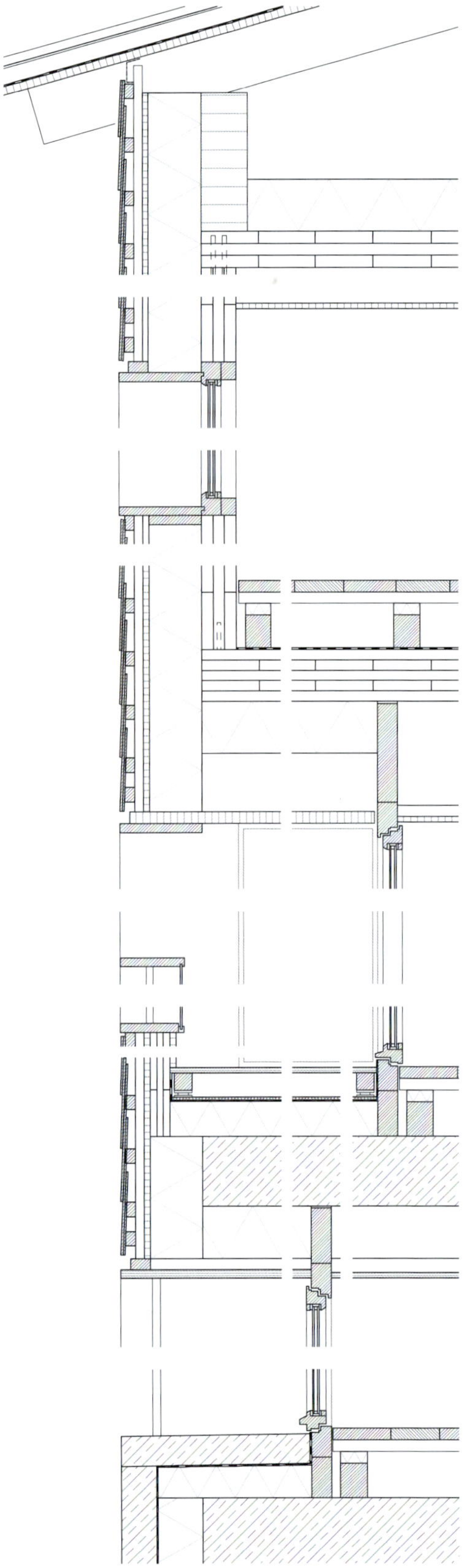

Massivholzbau

Der Massivholzbau ist ein Rückgriff auf die ursprünglichste Holzkonstruktion, in der massives Holz die Wand bildet und die tragende Funktion übernimmt. Es ist eine attraktive, nachhaltige Konstruktionsweise, die eine eigenständige Ausstrahlung hat. Aufgrund der Tatsache, dass es sich bei Holz um einen nachwachsenden Baustoff mit minimalem Energieeinsatz handelt, ist diese Fassadenkonstruktion sehr ökologisch. Ein zusätzlicher Aspekt ist die Speicherung von CO_2 im verbauten Holz. Da die massiven Holzbauteile mit der Zeit etwas schwinden, ist eine genaue Detailplanung notwendig, welche die späteren Setzungen des Gebäudes bereits in der Planung berücksichtigt. Um heutigen Wärmeschutzanforderungen zu genügen, wird in der Regel eine außen liegende hinterlüftete Dämmschicht angebracht. Die Baukosten sind erhöht, was sich jedoch aufgrund der Langlebigkeit der Konstruktion und des geringen Wartungsaufwands wieder relativiert.

Holzrahmenbau/Holzskelettbau

Fassadenkonstruktionen in Holzrahmenbauweise werden typischerweise vorgefertigt, wodurch sich sehr kurze Bauzeiten realisieren lassen. Holzskelettbauten werden hingegen weitgehend vor Ort erstellt. Beide Konstruktionsarten weisen durch die gedämmten Gefache einen sehr guten Wärmeschutz mit geringen Wärmebrücken auf. Je nach Schallschutzanforderung ist, aufgrund der niedrigen Rohdichte, eine mehrschichtige Konstruktion zu wählen. Durch die Verwendung des nachwachsenden Rohstoffs Holz und die damit verbundene Einspeicherung von CO_2 ist diese Bauweise ökologisch. Gebäudehüllen in Holzkonstruktion sind gut recycelbar, da sich die Baumaterialien bei richtiger Konstruktionsweise leicht wieder trennen lassen. Die typische Konstruktionsstärke ist vergleichsweise gering, sodass sich diese Konstruktionsart bei beschränkten Platzverhältnissen, oder wenn ein sehr guter Wärmeschutz umgesetzt werden soll, anbietet.

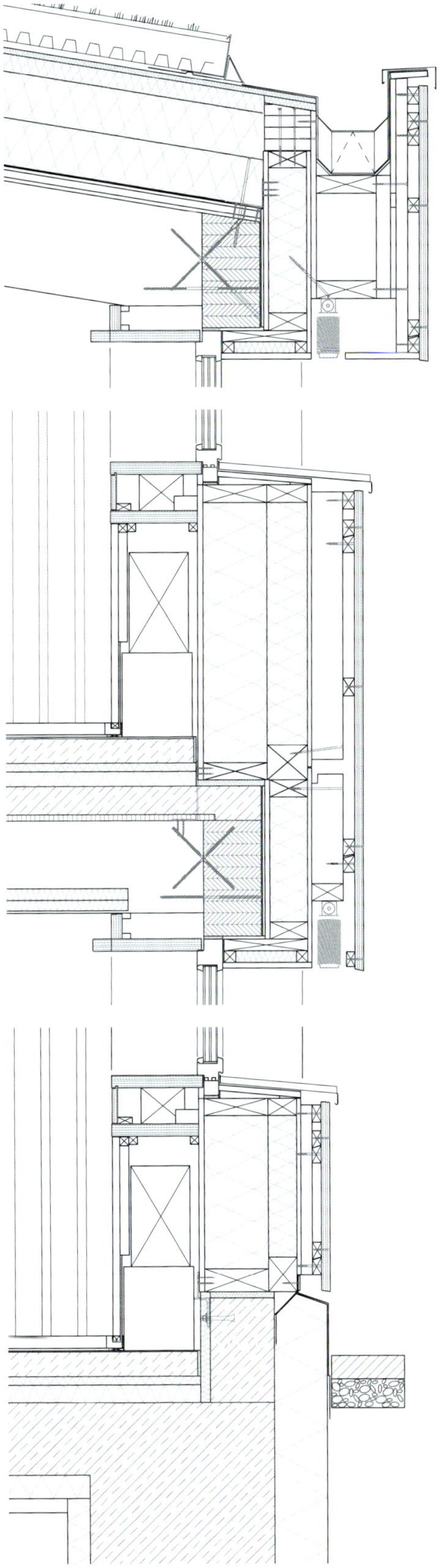

Fassadenschnitt – M. 1:25

Dach:
Vegetationsmatte 20 mm,
Ext. Substrat 80 mm,
Drainagematte 40 mm,
gefüllt mit Substrat,
Speichervlies 10 mm,
EPDM-Bahn, wurzelfest,
Mineralwolle 20 mm,
Holzlattung 100/160 mm,
dazwischen Mineralwolle
druckfest 160 mm,
Holzlattung 100/160 mm,
dazwischen Mineralwolle
160 mm,
Dampfsperre,
Trennlage aus Bitumenbahn,
Furnierschichtholz- bzw.
Holzwolleplatte 50 mm,
Sparren 100/360 mm

Wand:
Schalung Fichte vertikal
30 mm,
Lattung horizontal 40 mm,
Lattung vertikal – je
Geschoss unterschiedlich,
DWD-Platte 16 mm,
Winddichtpapier,
Konstruktion/Dämmung
Mineralwolle 140 mm,
Konstruktion/Dämmung
Mineralwolle 220 mm,
OSB-Platte = Dampfbremse
(Stöße verklebt) 18 mm,
Quellluftauslass mit Verbau vom Tischler

Boden:
mineralische Beschichtung
5 mm,
Heizestrich 85 mm,
Trennlage, PE-Folie,
Trittschalldämmung
30 mm,
Ausgleichsdämmung
50 mm,
Abdichtung 10 mm,
Stahlbeton 250 mm,
Dämmung 80 mm,
Magerbeton 50 mm

Schmuttertal Gymnasium
in Diedorf

Architektur:
Hermann Kaufmann ZT
GmbH, Schwarzach und
Florian Nagler Architekten
GmbH, München

HOLZBAU

»Die Caplutta ist aus Holz gebaut. Durch das Sonnenlicht wird sie dunkel werden, schwarz im Süden, silbergrau im Norden, wie die alten Bauernhäuser.«

Peter Zumthor,
Caplutta Sogn Benedetg
(Kapelle des Heiligen Benedikt) in Sumvitg, Schweiz,
1988

Holz ist das ursprünglichste Baumaterial, es wird seit Anbeginn der Menschheit in vielfältiger Weise genutzt. Konstruktionen aus Holz können äußerst langlebig sein. So stehen heute immer noch Fachwerkhäuser aus dem Mittelalter und Dachstühle von romanischen Kirchen bestehen bereits seit über 1 000 Jahren. Der Holzbau ist im Zuge der Technisierung und der damit einhergehenden Favorisierung von industriellen Baustoffen wie Stahl, Beton und Kunststoff ab den 1950er-Jahren in den Hintergrund gerückt. Mit dem Aufkommen der ökologischen Architektur hat das Bauen mit Holz ab der Jahrtausendwende wieder einen Aufschwung erfahren. Aktuell werden im Holzbau nach wie vor traditionelle Konstruktionen in Holzskelettbauweise mit Stützen, Balken und Brettern verwendet. In letzter Zeit sind jedoch auch neue Konstruktionsweisen hinzugekommen, insbesondere der Holzrahmenbau mit dafür besonders ausgelegten Holzwerkstoffen. Auch Fertigteilkonstruktionen aus Massivholz und Mischkonstruktionen, z. B. Betonverbund-Decken, werden immer häufiger eingesetzt. Die Rückbesinnung auf den Baustoff Holz wurde mit dem Trend zum energieoptimierten Bauen verstärkt, auch im Hinblick auf eine ganzheitliche Nachhaltigkeitsbetrachtung über den gesamten Lebenszyklus eines Gebäudes hinweg. Dabei ist auch der Aspekt der dauerhaften Bindung von CO_2 im verbauten Holz ein gewichtiges Argument geworden. Wurden früher aus Brandschutzgründen nur Einfamilienhäuser und kleinere Bauten mit Nutzungseinheiten kleiner als 400 m² in Holzbauweise ausgeführt, so werden in jüngster Zeit immer häufiger Gebäude der Gebäudeklasse 5, die eine größere Gebäudehöhe zulassen, in Holzbauweise errichtet. In Bezug auf das Gewicht sind Holzkonstruktionen ca. 40 % bis 60 % leichter als massive Konstruktionen. Damit eignen sie sich auch insbesondere für die Aufstockung von Bestandsgebäuden, wenn die statischen Möglichkeiten begrenzt sind. So kann das aktuell wichtige Thema der Nachverdichtung in Städten einfacher gelöst werden.

Nachhaltigkeit

Der Baustoff Holz wächst in den Wäldern kontinuierlich nach. In der Wachstumsphase nehmen die Bäume aus der Luft CO_2 auf und bilden mit der Solarstrahlung über Photosynthese die Holzstruktur. Auf diese Weise wird in jedem Kubikmeter Holz ca. eine Tonne CO_2 gebunden, was in etwa 10 % der jährlichen CO_2-Emission eines Menschen entspricht. Um diesen Effekt der CO_2-Bindung aufrechtzuerhalten, ist es erforderlich, dass dem Wald kontinuierlich Holz in Form von ausgewachsenen Baumstämmen entnommen wird. Damit dies sinnvoll und wirtschaftlich erfolgen kann, ist eine Nachfrage nach Holz notwendig, wofür der Holzbau einen wichtigen Beitrag leistet. Der nicht erneuerbare Primärenergieinhalt von Holz liegt je nach Bearbeitungsgrad bei 0,7 MJ/kg (unbehandelt, luftgetrocknet) bis 3,2 MJ/kg (gehobelt, technisch getrocknet). In Bezug auf das Volumen ergeben sich je nach Holzart, Transportentfernung und Verarbeitungsweise typische Werte für den Primärenergieinhalt von 1 000 MJ/m^3 bis 3 000 MJ/m^3. Diese Werte sind vergleichbar mit denen von Ziegel und Beton, die jeweils ca. 1 500 MJ/m^3 aufweisen. Der Primärenergieinhalt von Holz ist wesentlich niedriger als der von Stahlbeton mit je nach Bewehrungsgrad 3 000 MJ/m^3 bis 4 000 MJ/m^3. Im Vergleich zu Baustahl ist Holz bezogen auf den Primärenergieinhalt ca. 50- bis 100-mal günstiger. Holz ist auf einfache Weise recycelbar, kann leicht einer neuen Nutzung zugeführt werden und lässt sich ohne schädliche Emissionen thermisch entsorgen.

Über einen Lebenszyklus von fünfzig Jahren hinweg ist der Primärenergiebedarf für Errichtung, Unterhalt und Entsorgung bei Holzgebäuden um ca. 40 % bis 50 % geringer als bei konventionell errichteten Massivbauten. Er liegt bei Holzbauten bei ca. 25 kWh/(m^2 a) und bei konventionellen Gebäuden bei ca. 35 kWh/(m^2 a). Dieser Energieaufwand ist vergleichbar bzw. höher als der Primärenergiebedarf für die Heizung des Gebäudes während dieses Lebenszyklus. Tendenziell ist der Energiebedarf für die Heizung bei Holzgebäuden niedriger als bei Massivbauten, da sich mit dem Holzbau energieoptimierte Fassaden kostengünstig und mit geringerer Wandstärke realisieren lassen. So hat eine Holzrahmenkonstruktion mit einem U-Wert von 0,15 W/(m^2K) eine Wandstärke von nur ca. 32 cm, bei einer Massivkonstruktion mit gleichem Wärmeschutz ist eine Wandstärke von 46 cm erforderlich. Im Holzbau können mit einer 25 cm dicken Wand, die einen U-Wert von 0,24 W/(m^2K) aufweist, bereits die gesetzlichen Anforderungen an den Wärmeschutz erfüllt werden.

Konstruktionsweisen

Im Holzbau haben sich zahlreiche Konstruktionsweisen etabliert. Als horizontale Tragwerke können klassische Holzbalken, Fertigdecken oder Holzleimbinder eingesetzt werden. Bei Holzbalken ergeben sich, bedingt durch die Länge und den Querschnitt der Bäume, Beschränkungen in Bezug auf die Balkenhöhe und die Balkenlänge, sodass wirtschaftliche Spannweiten bis maximal 7 m ausgeführt wer-

Caplutta Sogn Benedetg, bei Chur in der Schweiz: Die 1988 erbaute Kapelle ist ein Frühwerk des Architekten Peter Zumthor, der mit seinen Werken dem Holzbau zu weiter Verbreitung verholfen hat.

Innenraum der Kapelle mit den markanten Stützen und dem Dachtragwerk aus Holz den können. Vorgefertigte Brettstapel- oder Hohlkastendecken ermöglichen Spannweiten von 10 m bis 20 m. Mit Brettschichtholzkonstruktionen können Spannweiten von 35 m bis zu 50 m überbrückt werden. Eine weitere Konstruktionsweise sind Betonverbunddecken, bei denen auf eine dünnere Holzdecke eine Betonschicht gegossen wird. Auf diese Weise werden die Vorteile beider Materialien genutzt. Fassaden können als Massivkonstruktion mit vorgesetzter hinterlüfteter Dämmung, als Holzskelettbauweise oder als vorgefertigte Holzrahmenkonstruktion realisiert werden. Generell ist bei Holzkonstruktionen aufgrund der geringen Wärmeleitfähigkeit von Holz die Wärmebrückenproblematik wenig ausgeprägt. Ein weiterer Vorteil besteht darin, dass Holz die fertige Innenoberfläche bilden kann.

Bauphysikalische Eigenschaften

Die Wärmeleitfähigkeit von Holz liegt bei 0,13 W/(mK) bis 0,17 W/(mK). Sie ist damit vergleichbar mit der von konventionellen tragenden Ziegelsteinen und über zehnfach geringer als die von Beton. Die gewichtsbezogene spezifische Wärmespeicherkapazität ist mit ca. 0,7 Wh/(kgK) etwa doppelt so hoch wie die von Ziegel oder Beton. Bei der volumenbezogenen Wärmespeicherdichte ist Holz mit 0,35 kWh/(m^3K) bis 0,45 kWh/(m^3K) vergleichbar mit Ziegelmauerwerk, Beton ist aufgrund der hohen Rohdichte jedoch um ca. 50 % besser. Im Bereich der Bauklimatik darf das Wärmespeichervermögen eines Baustoffs nicht für sich allein betrachtet werden, sondern muss aufgrund der kurzen Ein- und Ausspeicherzeiten von wenigen bis zu maximal zwölf Stunden immer auch im Zusammenhang mit der Wärmeleitfähigkeit gesehen werden. Dies liegt darin begründet, dass Speichervorgänge in der Bauklimatik in der Regel eine Betrachtung über 24 Stunden hinweg aufweisen, z. B. bei der Nachtlüftung oder der Kurzzeitspeicherung solarer Einträge. Vor diesem Hintergrund ist Massivholz vergleichbar mit Ziegel. Beton stellt aufgrund der sehr hohen Wärmeleitfähigkeit wesentlich mehr schnell verfügbare thermisch aktive Speichermasse zur Verfügung, da die Wärme in der begrenzten Zeit schnell in das Bauteil eindringen kann. Dieser Effekt kann durch eine höhere wärmeübertragende Oberfläche wieder ausgeglichen werden. Dies ist bei Innenausbaukonstruktionen aus Holz auf einfache Weise möglich, z. B. durch Bohrungen oder gefräste Schlitze, die häufig aus raumakustischen Gründen vorgenommen werden. Bei Innenausbauten mit gitterartigen oder lamellenartigen Strukturen, die häufig zur Raumbildung oder zur Wand- und Deckenverkleidung eingesetzt werden, erhöht sich die wärmeübertragende Oberfläche zur Raumluft erheblich und es kann auf diese Weise mit Holz eine umfangreiche thermisch aktive Speichermasse bereitgestellt werden. Der Schallabsorptionsgrad von Holz ist meist günstiger als der anderer Materialien für den Innenausbau, insbesondere bei niedrigeren Frequenzen. Deshalb kann mit Innenoberflächen aus Holz die Raumakustik auf einfache Weise verbessert werden. Dies ist bei der Wirtschaftlichkeitsbetrachtung von Holzkonstruktionen zu berücksichtigen, da sich weitere raumakustische Maßnahmen damit oftmals erübrigen.

Wohlgefühl

Aus emotionaler Sicht wird Holz mit Wärme und Gemütlichkeit in Verbindung gebracht. Das zeigt sich u. a. auch daran, dass das Material in seiner unregelmäßigen Struktur und Haptik bei vielen Innenausbaukonzepten oftmals erlebbar gemacht wird. Die geringe Wärmeleitfähigkeit von Holz bewirkt, dass es sich bei Berührung mit der Haut warm anfühlt. Naturholz emittiert keine Schadstoffe, es können jedoch Gerüche freigesetzt werden, insbesondere in frischem Zustand. Die Geruchs- und Aromastoffe im Holz sind hauptsächlich Terpene und Phenole. Die duftenden Bestandteile des Holzes sind überwiegend organisch und beeinflussen auch andere Eigenschaften, wie z. B. die Dauerhaftigkeit, die Lichtbeständigkeit oder die wasserabweisende Wirkung. In der Regel wird Holzgeruch positiv wahrgenommen, insbesondere die harzigen Aromen aus

Fichte oder Kiefer. So enthalten auch viele Parfüme immer wieder Duftaromen, die Holznoten enthalten. Ab einer gewissen Intensität und bei bestimmten Holzarten kann der Geruch von Holz aber auch als störend empfunden werden, teilweise auch in Abhängigkeit vom Feuchtegrad. Den Duftstoffen aus dem Holz werden mitunter positive Wirkungen für den Schlaf und das Wohlbefinden zugesprochen. Ein Beispiel dafür ist der süße, frische Duft von Zirbenholz, der über viele Jahre anhalten kann. Bei der Holzbehandlung zum Holzschutz oder zur Versiegelung der Oberflächen ist besonders auf Schadstoffemissionen zu achten, die auch bei Naturprodukten auftreten können. Bei behandelten oder versiegelten Holzoberflächen ist die Geruchsfreisetzung, je nach Inhaltsstoff oder Lösemittel, teilweise erheblich, mitunter auch langandauernd. Selbst positiv besetzte Gerüche, wie z. B. Zitronenöl, können ab einer gewissen Intensität als unangenehm empfunden werden. Zu bedenken ist dabei auch, dass durch Geruchsemissionen im Raum gegebenenfalls ein höherer Luftwechsel erforderlich werden kann, der sich energetisch ungünstig auswirkt.

Wirtschaftlichkeit

Im direkten Vergleich der Investitionskosten ist der Holzbau zunächst 10 % bis 20 % teurer als der konventionelle Massivbau. Dabei ist jedoch zu berücksichtigen, dass man mit dem Holzbau zum einen eine erhöhte Funktionalität und Qualität erreichen kann und zum anderen die Folgekosten im Laufe des Lebenszyklus geringer sind. Ein weiterer ökonomischer Vorteil liegt in den verkürzten Bauzeiten aufgrund der Vorfertigung. Ebenso sind die Innenoberflächen bereits fertig und können funktional ausgebildet werden, z. B. in raumakustischer Hinsicht. Holz ist bei entsprechender Konstruktionsweise, insbesondere dem Schutz vor Feuchtigkeit und Insekten, ohne Wartungsaufwand äußerst langlebig. Bei Holzbauten ist von Gesamtnutzungsdauern von über 100 Jahren auszugehen. In dicht bebauten Städten

Wohlfühlkokon im Hotel 7132 in Vals: »Kengo Kuma hat einen behaglichen Kokon geschaffen, der einem mit seinen modernen Eichenholz-Paneelen aus der Schweiz sprichwörtlich umarmt.«

[Hotel 7132, Vals]

haben die Grundstückspreise einen hohen Anteil an den Gebäudekosten bzw. ist die bebaubare Fläche limitiert. Da Holzkonstruktionen, bedingt durch die in der tragenden Konstruktionsebene liegende Wärmedämmung, bei gleicher Dämmwirkung eine geringere Wandstärke aufweisen als Massivbauten, ergibt sich ein ökonomischer Vorteil, da mehr nutzbare Fläche realisiert werden kann. Nicht zuletzt stellt auch das Wohlgefühl, das sich bei vielen Nutzern von Holzgebäuden einstellt, einen Wert dar.

Vorfertigung

Bereits von Anbeginn des Holzbaus wurde mit der Strategie der Vorfertigung gearbeitet, insbesondere um die Verbindungsstellen auszubilden, wofür stets besonders ausgebildete Handwerker benötigt wurden. Heute hat die Holzverarbeitung einen hohen maschinellen Anteil, auch bedingt durch die Digitalisierung, die es ermöglicht, dass Planungsdaten aus CAD-Programmen direkt an Holzbearbeitungsmaschinen, z. B. CNC-Fräsen, übergeben werden können. Da das Rohholz ohnehin getrocknet und maschinell bearbeitet werden muss, bietet es sich an, das Rohmaterial gleich zu Stützen, Trägern, Holzrahmentafeln oder ganzen Raumzellen weiterzuverarbeiten. In den letzten Jahren hat sich eine Vielzahl von Holzverbundwerkstoffen etabliert, aus denen vorgefertigte Elemente erstellt werden können. Aufgrund des hohen Vorfertigungsgrads verkürzt sich die Bauzeit auf der Baustelle erheblich, sodass ein Teil der Kosten wieder eingespart wird. Zudem ist die Bauqualität aufgrund der Vorfertigung in der Werkstatt ohne störende Witterungseinflüsse besser. Es lassen sich Leitungen und Elemente verschiedener Gewerke, z. B. Elektro und Sanitär, in die vorgefertigten Holzelemente auf einfache Weise integrieren. Auch ist der Materialfluss einfacher und die Montagewege sind kürzer. Zudem müssen auf der Baustelle weniger Schnittstellen koordiniert werden. Je nach Gebäudekonzept werden unterschiedliche Vorfertigungsgrade realisiert. Bei einem Gebäude, bei dem das

Zusammenbau von Einzelteilen
Blockbau,
Ständerbau,
Fachwerkbau

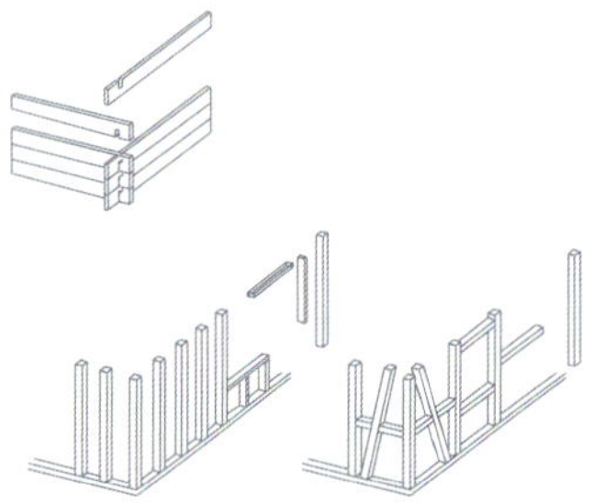

Kombination aus Einzelteilen und Elementen
Holzskelettbau

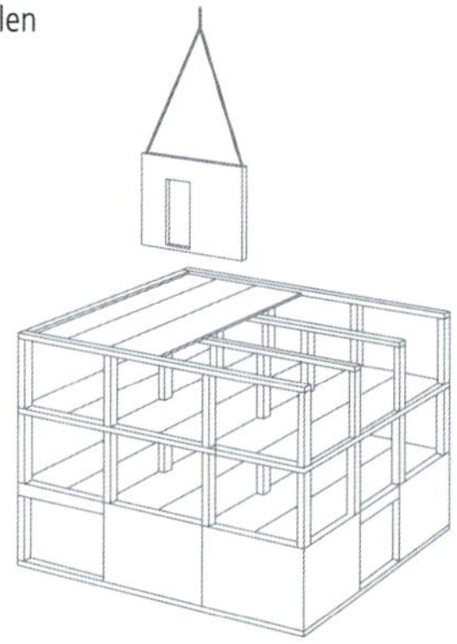

vorgefertigte, tragende Elemente/Wände/Decken
Holzrahmenbau,
Holzmassivbau (Brettsperrholz)

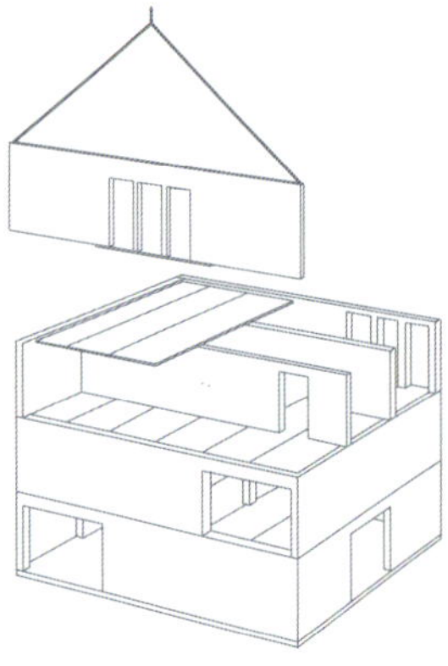

vorgefertigte Raumzellen
Holzrahmenbau,
Holzmassivbau (Brettsperrholz)

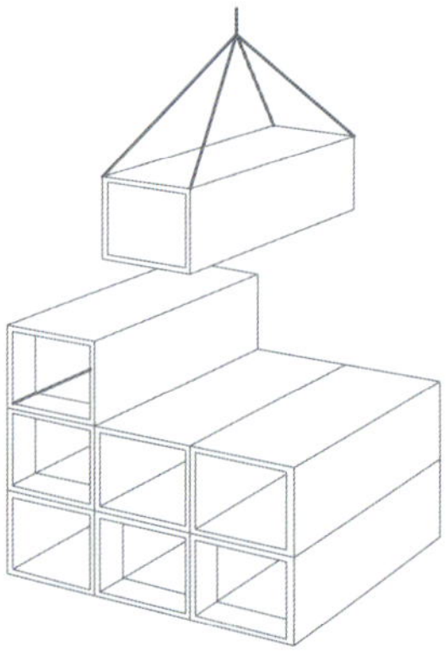

Bauweisen im Holzbau: Im Holzbau gibt es verschiedene Bauweisen, die sich je nach Vorfertigungsgrad unterscheiden. Es gibt den Zusammenbau von Einzelteilen, die Kombination von Einzelteilen und Elementen, das Zusammenfügen von Wand- oder Deckenelementen sowie das Erstellen komplett vorinstallierter Raumzellen.

[Grafik nach Peter Schober, proHolz Information, 2002]

Tragwerk auf einem Raster basiert, entstehen für Stützen und Balken viele gleiche Bauteile. Ebenso können dann die Deckenelemente vorgefertigt werden. Auch die Fassade und die Innenwände können als Massiv- oder Holzrahmenkonstruktion als ganze Wandtafeln mit dem kompletten Wandaufbau und fertig eingebauten Fenstern oder Türen vorgefertigt werden. Der maximale Vorfertigungsgrad entsteht, wenn komplett installierte Raumzellen im Werk vorgefertigt, auf der Baustelle übereinander gestapelt und die Leitungen nur zusammengesteckt werden müssen. Ein Nachteil der Vorfertigung besteht darin, dass mitunter großvolumige Teile zu transportieren sind, wodurch eventuell Sondertransporte erforderlich werden. Deshalb sollte die Entfernung zwischen Werkstatt und Baustelle nicht zu groß sein. Der Planungsaufwand ist höher, deshalb bietet sich die Vorfertigung insbesondere bei vielen gleichen Teilen oder Räumen an.

Innenausbau

Auch der Innenausbau durch den Schreiner basiert weitgehend auf einer Vorfertigung der Bauelemente. Auf der Grundlage von detailgenauen Bestandsplänen findet der Entwurf mit anschließender Ausführungsplanung statt. Wenn der Bauablauf zeitlich so getaktet ist, dass der Schreiner mit seiner Ausführung beginnt, bevor die Maße am Bau überprüft werden können, muss er sich auf die maßgenaue Arbeit der vorhergehenden Gewerke verlassen und dennoch Toleranzen einplanen. Im Innenausbau werden Möbel zunächst anhand von Skizzen gestaltet. Nach einer Entwurfszeichnung folgt dann die Ausführungsplanung. Die Fertigung der Ausbauelemente findet mittlerweile häufig mit digital gesteuerten Maschinen statt. Erfolgt die Ausführungsplanung auf digitale Weise CAD-basiert, so können die Daten über eine Schnittstelle an ein CAM-Programm übergeben werden. Dieses erstellt einen NC-Code, der dann die Holzbearbeitungsmaschine ansteuert. Liegt keine CAD-Planung vor, so muss die Geometrie des Werkstücks im CAM-Programm erfasst werden. Dieser Prozess verdeutlicht, dass eine digitale Fertigung umso wirtschaftlicher wird, je mehr gleiche Teile gefertigt werden. Der Aufwand der digitalen Arbeitsvorbereitung verteilt sich dann auf viele Bauelemente. War der Innenausbau früher von massiven Hölzern bestimmt, so werden mittlerweile eine Vielzahl von biogenen Verbund- und Plattenwerkstoffen eingesetzt. Damit entstehen innovative Gestaltungs- und Fertigungsmöglichkeiten, die zu neuen optischen und haptischen Erlebnissen führen.

Johanna Uhland,
Uhland GmbH, Darmstadt:

»Moderne, innovative Fertigungsmöglichkeiten schaffen kreative Potenziale für neue gestalterische Aufgabenstellungen und Inspirationen.«

CNC-Maschine zur digitalen Fertigung von Ausbauelementen aus Holzwerkstoffen

Digital geplante und gefertigte Werkstücke

Auch die Fassade des »Woodie« besteht aus vorgefertigten Holzelementen aus vorvergrauter Lärche. Die Elemente sind in variablem Abstand, der die Hinterlüftungsebene bildet, vor der Dämmebene angeordnet. Die Dämmung wurde bereits im Werk an die vorgefertigten Raumzellen montiert. Durch die unterschiedliche Tiefe ergibt sich ein charakteristisches Fassadenspiel.

Studentenwohnheim »WOODIE«, Hamburg

»WOODIE« ist zum Zeitpunkt seiner Fertigstellung das weltweit größte Wohnbauprojekt in Holzmodulbauweise. Ziel des Projekts war es, die Faktoren Innovation, Nachhaltigkeit und kurze Bauzeit zu verbinden. Das Gebäude mit einer Nutzfläche von insgesamt 12 700 m² besteht aus 3 800 m³ Nadelholz. Damit werden 2 900 Tonnen CO_2 dauerhaft gespeichert. Dieses gebundene CO_2 entspricht der Menge, die emittiert wird, wenn das Gebäude 35 Jahre beheizt wird. Das Gebäude mit einer kammartigen Struktur steht auf einem »Tisch« aus einer auskragenden Stahlbetonkonstruktion, welche die Lasten der darüber liegenden Raumzellen der sechs Obergeschosse aufnimmt und in die Fundamente einleitet. Unterhalb dieser Auskragung befinden sich im Erdgeschoss in den »Fingern« die großzügig verglasten Gemeinschaftsräume und Gastronomie. Die Treppenhäuser aus Stahlbeton bilden die Aussteifung des Gebäudes. Die 371 Micro-Apartments bestehen aus vorgefertigten Raumzellen in massiver Holzbauweise. Durch die Vielzahl gleicher Räume von 3,35 m Breite und 6,86 m Tiefe eignete sich das Projekt für eine ganzheitliche Vorfertigung. Alle Gewerke wurden in der Werkstatt in das Raummodul aus 12,5 cm massivem Brettschichtholz integriert. Jeweils zwei komplett fertig installierte Module wurden auf einem Tieflader zur Baustelle transportiert und »just in time« mit einem Kran vom LKW unmittelbar in das Gebäude eingesetzt. Die bereits eingebauten Leitungen für Wasser, Abwasser und Elektro wurden auf der Baustelle nur noch an die Steigstränge angeschlossen. Um einen guten Schallschutz zu erzielen, wurde seitlich zwischen den Modulen jeweils eine Gipskartonplatte auf den Seitenwänden aus Holz angeordnet. Die Splittschüttung und die Trittschalldämmung unter dem dunklen Linoleumboden wurden ebenfalls bereits im Werk eingebaut. Die helle Holzkonstruktion ist bis auf den Boden an allen Innenoberflächen sichtbar, wodurch sich eine behagliche Anmutung ergibt und die Konstruktion des Ge-

Architektur:
Sauerbruch Hutton, Berlin

Holzbau:
Kaufmann Bausysteme GmbH, Reuthe

Deutscher Holzbaupreis 2019, Kategorie Neubau

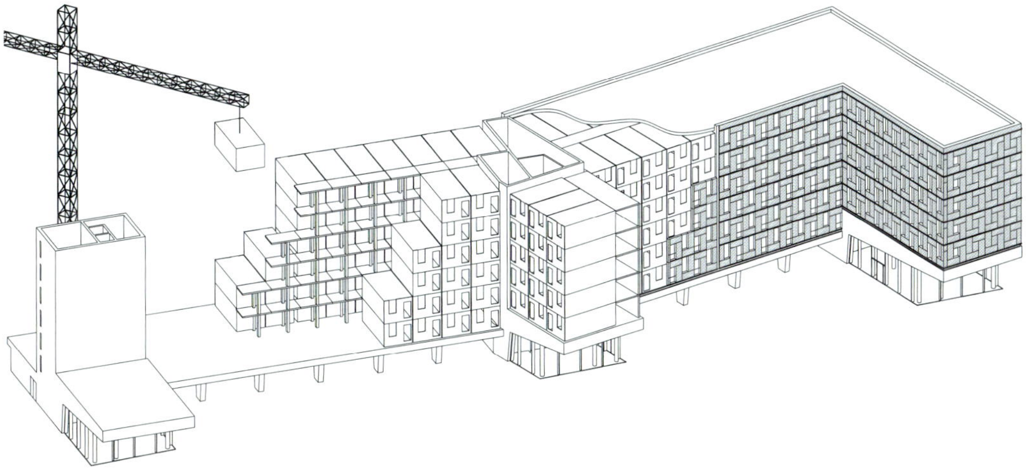

Sibylle Bornefeld, Sauerbruch Hutton, Berlin:

»Durch die 371 identischen Raumzellen war das Projekt prädestiniert für ein modulares, vorgefertigtes Konzept in Holzbauweise.«

Beim Bau des Gebäudes wurden 371 vorgefertigte Raumzellen aus massivem Holz direkt vom LKW mit einem Kran auf einen Sockel aus Stahlbeton gehoben.

bäudes erlebbar wird. An der Außenseite der massiven Holzkonstruktion wurde bereits im Werk die Wärmedämmung aus 20 cm Mineralwolle angebracht. Auf der Baustelle wurden dann ebenfalls vorgefertigte Holzpaneele aus vorvergrauter Lärche vor eine 4 cm bis 12 cm starke Hinterlüftungsebene gesetzt. Dadurch ergibt sich die charakteristische Strukturierung und Tiefe im Fassadenbild. Der U-Wert der Holzfassade beträgt 0,17 W/(m²K). Die ebenfalls im Werk eingebauten Holzfenster sind mit einer Dreischeiben-Wärmeschutzverglasung mit einem U-Wert von 0,6 W/(m²K) verglast. Auf diese Weise erreicht das Gebäude in Bezug auf den Wärmeschutz den KfW-40-Standard. Mit den Brandschutzgenehmigungen für die Realisierung der tragenden Wände, Decken und Fassaden aus Holz wurde mit dem Projekt »WOODIE« ein Musterfall geschaffen, sodass nun auch Gebäude bis zu 22 m Höhe in Holzbauweise errichtet werden können. Mit dem sehr hohen Vorfertigungsgrad wurde die Bauzeit bei sehr guter Ausbauqualität halbiert.

Durch die kammartige Struktur des Gebäudes bilden sich zwischen den Fingern Gemeinschafshöfe, die auf verschiedene Weise bespielt werden können.

Die 20 m² großen Apartments wurden inklusive ihrer Einbauten komplett aus Vollholz vorgefertigt. Mit Ausnahme des Bodens aus Naturkautschuk sind alle Oberflächen holzsichtig belassen worden.

LEHMBAU

Bei einer Stampflehmwand ergibt sich eine hohe thermisch nutzbare Speichermasse und eine erhöhte feuchteausgleichende Wirkung.

Lehm ist ein traditioneller und auch hochaktueller ökologischer Baustoff. Er ist an vielen Stellen auf der Erde verfügbar. Der Lehmbau ist die weltweit am meisten verbreitete Bautechnik; über zwei Milliarden Menschen wohnen in Lehmhäusern. Seit Menschengedenken werden die Häuser aus den vor Ort verfügbaren Materialien Holz, Stroh und Lehm gebaut. Lehmbau kommt in warmen Klimazonen, aber auch im europäischen, teilweise feuchtkalten Klima vor. Während des 20. Jahrhunderts ist der Lehmbau etwas in Vergessenheit geraten. Heutzutage erlebt der Baustoff Lehm durch seine nachhaltige Bauweise und seine Vorteile in Bezug auf den Energiebedarf und das Raumklima eine Renaissance. Im Lehmbau verbindet sich die Tradition der ältesten Bautechnik mit modernen architektonischen und funktionalen Potenzialen. In Deutschland gibt es zurzeit 2,2 Millionen Lehmhäuser, die meisten davon sind Fachwerkhäuser. 200 000 Gebäude sind in reiner Lehmbauweise errichtet. Das höchste Stampflehmgebäude Deutschlands wurde 1836 in Weilburg gebaut und ist bis heute nach wie vor in gutem Zustand.

Eigenschaften von Lehm

Lehm ist außer in Bergregionen weitreichend vorhanden. Er fällt häufig als Aushub an und kann direkt als Baumaterial verwendet werden, dadurch wird der Abtransport des Aushubs eingespart. Beim Abbruch von Lehmhäusern entstehen geringe Kosten und Umweltbeeinträchtigungen, Lehm ist als Baustoff unmittelbar wiederverwertbar. Lehmbauteile können viel Feuchtigkeit aufnehmen und geben diese bei trockener Raumluft wieder ab, sodass eine ausgeglichene Luftfeuchtigkeit gegeben ist. Lehm hat eine gute Wärmespeicherfähigkeit und kann Lufttemperaturschwankungen im Raum sehr gut ausgleichen. Die Wärmedämmwirkung kann durch Zuschläge verbessert werden. Durch die Plastizität bietet Lehm individuelle Gestaltungsmöglichkeiten. Die Oberflächen sind leicht reparierbar, da das Material atmosphärisch trocknet und nicht abbindet. Lehm konserviert umschlossenes Holz und pflanzliche Stoffe. Bei starker Durchfeuchtung geht die Festigkeit verloren. Es besteht nur eine geringe Zugfestigkeit, sodass die Gefahr von Rissbildung besteht. Dem kann durch konstruktive Maßnahmen und Zusatzstoffe begegnet werden. Lehmoberflächen müssen vor Witterungseinflüssen geschützt werden. Wenn sie fachgerecht eingebaut werden, sind Lehmbaustoffe dauerhaft und leicht zu überarbeiten. Durch den geringeren Energieaufwand bei der Herstellung und den damit reduzierten Einsatz grauer Energie sowie aufgrund seiner Langlebigkeit ist der Baustoff Lehm in einer Lebenszyklusbetrachtung sehr positiv zu bewerten. Zudem gibt er keinerlei Schadstoffe ab.

Lehmbauprinzipien

Im Wesentlichen werden zwei Konstruktionsprinzipien unterschieden: einerseits die tragende Massivbauweise, bei der Lehmwände als Stampflehmwände oder als Wände aus gemauerten Lehmsteinen ausgeführt werden, andererseits die nichttragende Skelettbauweise, bei der eine Tragstruktur, in der Regel aus Holz, aber auch aus Beton, Ziegel oder Stahl, die Lastabtragung übernimmt und der Lehm den Raumabschluss bildet. Dies kann in Form von Ausfachungen oder vorgesetzten Wänden aus Lehmsteinen oder Stampflehm erfolgen.

Stampflehm

Der Stampflehmbau ist eine Lehmbauweise, bei der ein magerer Lehm schichtweise in eine Schalung eingebracht und durch Stampfen stark verdichtet wird. Die monolithische Struktur einer Stampflehmwand besitzt eine hohe Festigkeit und ist unempfindlich gegen Erosion, wodurch sich eine lange Lebensdauer ergibt. Deshalb müssen Stampflehmwände nicht verputzt werden. Installationsschächte, Luftleitungen und Kamine können bereits im Bau ausgespart werden. Der Stampflehm ist auch für mehrgeschossige Bauwerke und statisch belastete Bauteile geeignet.

Es werden drei Verarbeitungsverfahren unterschieden: Beim ersten Verfahren wird reiner Lehm angefeuchtet, in die Schalung eingebracht und verdichtet. Hierbei kann sich jedoch ein unzureichender Verbund ergeben und es können Schwind- und Spannungsrisse entstehen. Auf eine gute Verdichtung ist zu achten, damit eine hohe Druckfestigkeit gegeben ist. Beim zweiten Verfahren wird Lehm mit einem Faserzuschlag verarbeitet. Er verfügt dann über ein dichtes Gefüge, ist zugfest und regenbeständig. Bei Lehm mit Strohzuschlag ist eine höhere Wasserzugabe notwendig und es ist auf eine homogene Durchmischung zu achten. Risse und Schwinden werden durch die Fasern reduziert und die Wärmedämmung wird dadurch verbessert. Beim dritten Verfahren mit steinigem Lehm, der direkt aus der Grube erdfeucht entnommen werden kann, muss dieser vor der Verarbeitung homogen durchmischt werden. Er hat eine sehr hohe Festigkeit, schwindet nur wenig und ist erosionsbeständig.

Lehmfort in der Oase Al Ain
Das Geburtshaus des Gründers der Vereinigten Arabischen Emirate wird heute als Museum genutzt. Bei der Sanierung wurden die Innenoberflächen mit einer Flächenkühlung im Lehmputz versehen, sodass sich ein sehr gutes Raumklima ergibt. Hier ist die feuchteausgleichende Wirkung des Lehmputzes von Vorteil, da damit die Kondensatbildung auf der Wandoberfläche verzögert wird. (Im Bild rechts zeichnen sich die Rohre der Wandkühlung als Stellen erhöhter Feuchte im Lehmputz ab.) Die dicken Lehmwände reduzieren die Einstrahlung durch eine Eigenverschattung der Glasflächen und bieten eine umfangreiche Speichermasse.

Sanierung:
Roswag & Jankowski Architekten, Berlin

Martin Rauch,
Lehm Ton Erde Baukunst GmbH:

»Das Haus ist das Resultat einer Überzeugung: Lokal gewonnener Lehm kann ganz ohne Zusätze, nur mit handwerklicher Qualität und Know-how hochwertigste Gebäudehüllen erzeugen.«

Roger Boltshauser,
Boltshauser Architekten AG:

»Materialität und Gestalt des Wohnhauses sind direkte Reaktionen auf die steile Südhang-Lage der schmalen Parzelle im landschaftlichen Kontext: Als sei ein monolithischer Block, einer abstrakten, künstlichen Natur ähnlich, aus der Erde herausgedrückt worden.«

Lehmsteine

Lehmsteine werden in verschiedenen Formen und Größen hergestellt. Dafür wird feuchter Lehm in Formen gepresst und anschließend getrocknet. Da Lehmsteine nicht gebrannt werden, sind sie feuchteempfindlich und nicht abriebfest. Lehmbausteine werden mit Lehm-Kalkmörtel vermauert. Bei gemauerten Lehmsteinwänden ist die Schwindrissbildung gering.

Lehm für den Innenausbau

Auch bei Gebäuden, die ansonsten nicht in Lehmbauweise ausgeführt sind, kann Lehm für den Innenausbau eingesetzt und somit seine feuchteausgleichende Wirkung genutzt werden. Er kann als Lehminnenputz oder als Lehm-Leichtbauplatte verbaut werden. Der Innenputz wird direkt auf die Wand aufgebracht. Er kann durch verschiedene mineralische oder organische Zuschlagstoffe in seinen Eigenschaften und seiner Erscheinung modifiziert werden. Bei wechselnden Untergründen bietet es sich an, vorher eine Schilfrohrmatte aufzubringen. Der Lehmputz kann direkt die Oberfläche bilden oder er wird mit pigmentierten Lehm- oder Kalkfarben gestrichen. Lehm-Trockenbauplatten können auf eine Unterkonstruktion aus Holz oder Metallständern aufgebracht werden. Sie haben verschiedene Zuschlagstoffe und Rohdichten. Lehmplatten können direkt die Oberfläche bilden oder mit einem Lehmputz verputzt werden.

Integration von Technik

Verputzte Lehmwände bieten sich für eine integrierte Flächenheizung oder -kühlung an. In die dicken Stampflehmwände können Luftleitungen oder Installationszonen auf einfache Weise integriert werden. Gemauerte Lehmwände können auch zweischalig errichtet werden und im Zwischenraum eine Installationszone ausbilden. Sofern dieser Zwischenraum lufttechnisch mit dem Wohnraum verbunden ist, erhöhen sich die aktive Speichermasse und die feuchteausgleichende Wirkung erheblich.

Ostfassade Haus Rauch

Detail der Lehmfassade mit eingelegten horizontalen Ziegelplatten als Erosionsbremse

Blick vom Bad nach draußen: Die Dicke der Wand wird erlebbar.

Wohnhaus Rauch

Das Wohnhaus des Lehmbaumeisters Martin Rauch ist in der Stampflehmbauweise errichtet. Die 45 cm dicken Wände weisen eine Innendämmung aus Schilf mit einer Wärmeleitfähigkeit von 0,055 W/mK auf. Darauf befindet sich der Innenputz aus Lehm mit einer integrierten Wandheizung. Das Haus wurde aus dem Hang herausmodelliert. Der Aushub der Baugrube bildet zu 85 % das Baumaterial für Böden, Gewölbedecken, Wand- und Deckenoberflächen sowie Waschbecken. Die gestampfte Erde verfügt über eine hervorragende Wärmespeicherfähigkeit. Um die Erosion bei Regen zu kontrollieren, wurden in die Außenwände Ziegelplatten mit eingestampft. Diese gliedern die Fassade horizontal.

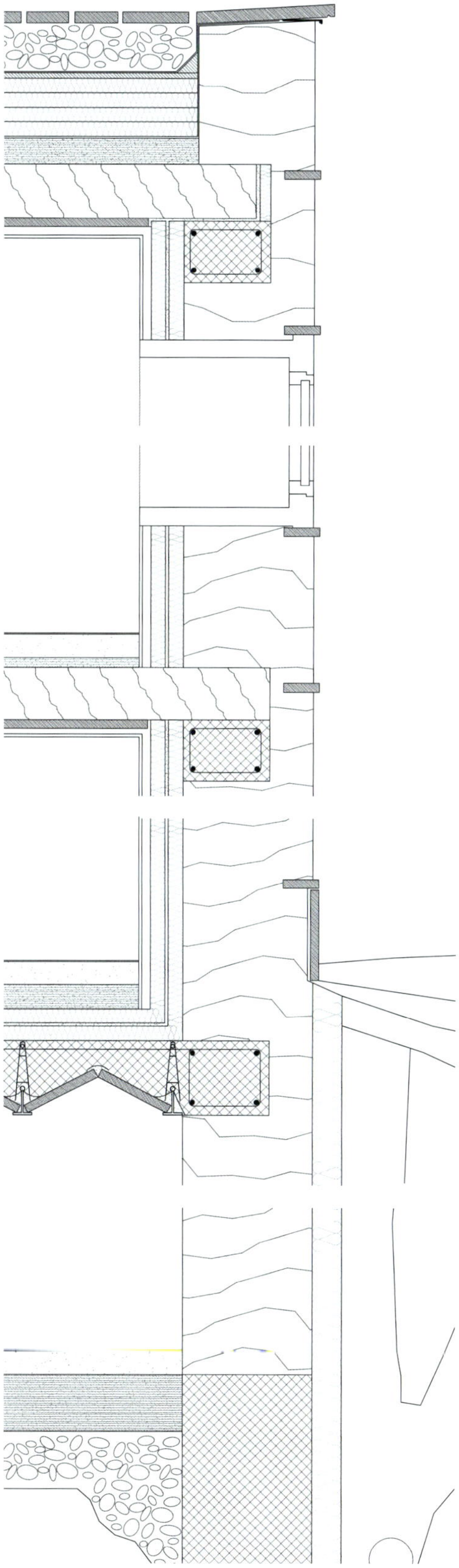

Fassadenschnitt – M. 1:25

Dach:
Schlammziegeldeckung 40 mm,
Lavaschotter-Schüttung 170 mm,
OSB-Platte mit Bitumenabdichtung 25 mm,
Schilfrohrdämmung 200 mm,
Gefälleschicht aus Korkschrot-Trass-Lehm-Mischung 0–100 mm,
tragende Dippelbaumdecke 180 mm,
Lehmbauplatte 30 mm,
Lehmputz 10 mm

Wand:
Stampflehm 450 mm mit eingelegten Ziegeln als Erosionsbremse,
Schilfdämmung 100 mm,
Lehmputz 30 mm mit integrierter Wandheizung

Decke:
Stampflehmboden 80 mm,
Kork-Trass-Lehm-Mischung 80 mm,
Schilfrohrdämmung 2 × 50 mm,
armierter Trasskalkmörtel 250 mm,
T-Träger 60 × 60 mm,
Schlammziegel

Eingespannte Treppe in der Stampflehmwand

Architektur:
Boltshauser Architekten AG,
Roger Boltshauser,
Zürich

Lehmbauarbeiten:
Martin Rauch
Lehm Ton Erde Baukunst GmbH, Schlins

STROHBALLENBAU

Georg Bechter,
Georg Bechter Architektur + Design, Hittisau:

»Der Standard kann nie das Beste sein – die Welt ist immer schon weiter.«

»Lasttragendes Strohhaus« Wohnhaus aus Strohballen in Dornbirn

Bauen mit Stroh hat eine langjährige Tradition. Strohballen für den Bau werden aus unbehandeltem Getreidestroh mit landwirtschaftlichen Maschinen hergestellt. Stroh ist weitreichend verfügbar und benötigt wenig Energie für die Herstellung und den Transport. Da Stroh ohnehin anfällt, handelt es sich um einen sehr ökologischen Baustoff. Es kann aus Weizen, Gerste, Roggen oder Hafer gewonnen werden. Günstig ist es, wenn die Halme lang und in ihrer Struktur intakt sind. Die Wärmeleitfähigkeit liegt mit 0,045 W/mK nur unwesentlich höher als bei konventionellen Dämmstoffen, die Rohdichte liegt im eingebauten Zustand bei ca. 100 kg/m^3. Es gibt zwei prinzipielle Bauweisen: die lasttragende Konstruktion und die Ständerkonstruktion. Bei der lasttragenden Konstruktion übernehmen die Strohballen die Last der Decke und des Dachs. Die Aussteifung erfolgt mit Stäben aus Stahl oder Holz. Bei der Ständerkonstruktion werden die Strohballen als Ausfachung zwischen die Holzkonstruktion gesetzt. Die Strohbauteile müssen vor Feuchtigkeit geschützt werden. Wenn die Wände beidseitig verputzt sind, weisen sie einen guten Schallschutz auf. Typische Wandstärken liegen bei 80 cm oder mehr.

»Lasttragendes Strohhaus«

Das Haus gilt als experimentelle Lösung, um das moderne Bauen mit Stroh zu demonstrieren. Die Strohballen wurden übereinander gestapelt und außen mit Kalk und innen mit Lehm verputzt. Die lastabtragenden Strohwände kommen ohne Holzaufbau aus. Die 1,3 m dicken »massiven« Wände haben viel Speichermasse und einen U-Wert < 0,05 W/m^{2}K, was besser als bei einem Passivhaus ist. So lässt sich die Haustechnik minimieren, es gibt keinen Heizkessel und keine Heizkreise. Ein Kachelofen im Inneren des Hauses reicht für die Beheizung der gesamten Fläche mit dem CO_2-neutralen Brennstoff Holz aus.

Architektur:
Georg Bechter Architektur + Design, Hittisau

Tragwerksplanung:
zte Leitner ZT GmbH, Schröcken

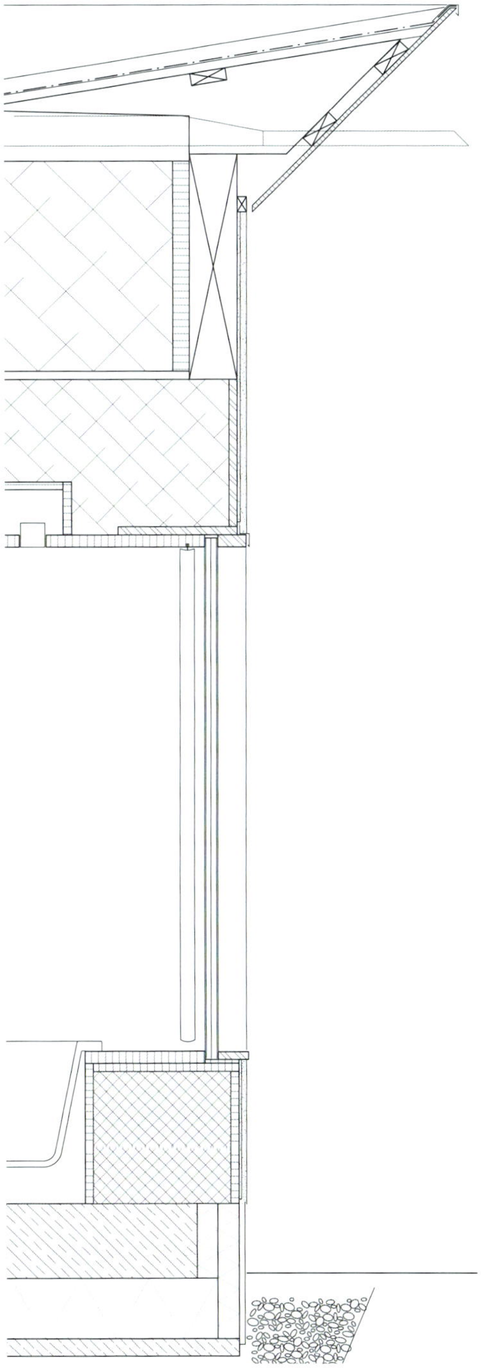

Fassadenschnitt – M. 1:25

Dach:
Dachbegrünung,
Dachabdichtung,
Unterkonstruktion Holzlatten 120 × 40 mm,
Schwerter für Dachüberstand,
Holzträger 160 × 750 mm,
Dachmodul mit Stroh gefüllt 700 mm

Wand:
Außenputz Kalkputz 30 mm,
Putzträger Schilfrohrmatte,
Vollschalung Dreischichtplatte 27 mm,
Strohballen 1200 mm,
Vollschalung Dreischichtplatte 27 mm,
Innenputz Lehmputz 30 mm

Boden:
Verbundestrich 35 mm,
Stahlbeton 250 mm,
Perimeterdämmung 200 mm,
Sauberkeitsschicht 60 mm

Fotos:
Außenansicht

Wohnraum mit Schlafnische

Badezimmer

Strohhaus im »Rohbau«

BAUEN MIT BAMBUS

Fassade im Bamboo House in der »commune by the great wall« in China

Architektur: Kengo Kuma & Associates, Tokio

Das Bauen mit der sehr schnell wachsenden Pflanze Bambus hat eine lange Tradition. Es hat in letzter Zeit eine Renaissance auch in der modernen Architektur erfahren, insbesondere vor dem Hintergrund, dass der Baustoff CO_2-neutral ist und sich mit Bambus leichte und kostengünstige Konstruktionen errichten lassen. Die Zugfestigkeit von Bambus ist mit ca. 130 N/mm² bis 300 N/mm² etwa halb so hoch wie die von Baustahl, die Druckfestigkeit ist mit ca. 70 N/mm² meist höher als die von Beton. Da es beim Naturprodukt Bambus verschiedene Arten und Anbausituationen gibt, unterliegen die Festigkeitswerte einer gewissen Schwankung. Generell weisen dünnere Bambusrohre eine höhere Festigkeit auf, da der Anteil der festeren Fasern, die in der Außenschicht liegen, höher ist. Mit einer Rohdichte von 600 kg/m³ ist Bambus viermal leichter als Beton und über zehnmal leichter als Stahl, wodurch sich vielfältige Konstruktionsmöglichkeiten ergeben. Die in Relation zum Gewicht sehr hohe Festigkeit von Bambus entsteht dadurch, dass die Fasern eine Hohlröhre bilden, die alle 10 cm bis 40 cm von den sogenannten »Nodien« abgestützt wird. Bambus ist brennbar, aufgrund der dichten Außenschicht jedoch nur schwer entflammbar. Sofern die Konstruktion vor Feuchtigkeit, Insektenbefall und direkter UV-Strahlung geschützt wird, ist sie sehr langlebig. Die Herausforderung von Bambuskonstruktionen besteht darin, Knotenpunkte auszubilden und die Kräfte in das Bambusrohr einzuleiten. Traditionell werden Bambusstäbe mit Seilen oder Bändern verbunden. Denkbar ist auch ein Durchbohren und eine Verbindung mit einer Metallschraube, allerdings sind die übertragbaren Lasten dabei begrenzt. In jüngster Zeit haben sich Verbindungselemente aus Metall etabliert, die mitunter mit Beton oder flüssigen Kunstharzen mit den Bambusrohren kraftschlüssig verbunden werden. Weitere Anwendungsfälle von Bambus sind Platten als Verbundwerkstoff oder traditionell als Leistenplatte, Möbelstücke oder Bodenbeläge, z. B. Bambusparkett.

Deutsch-Chinesischer Pavillon, Expo Shanghai

Auf der Weltausstellung im Jahr 2010 in Shanghai war Urbanisierung das Leitthema, um Lösungen für die schnell wachsenden Städte in China und anderen Teilen der Welt aufzuzeigen. In diesem Kontext wurde vom Deutschen Goethe-Institut in Shanghai der Deutsch-Chinesische Pavillon auf dem Expo-Gelände errichtet. Die Idee der interaktiven Videokunstinstallation in diesem Pavillon war, dass die Besucher sich an den Händen fassen und mit ihren Körpern tanzend gemeinsam eine Stadt gestalten. Dazu wurden die Körper der Besucher von Videokameras erfasst, digital in Gebäude übersetzt und dann als Stadt auf die zentrale Projektionsfläche im Pavillon projiziert. Das zweistöckige Gebäude wurde aus einer filigranen Bambuskonstruktion errichtet und mit einer transluzenten Membrane umhüllt. Das Gebäude sollte die Leistungsfähigkeit des nachwachsenden Rohstoffs Bambus demonstrieren. Die Transluzenz der Membrankonstruktion sollte Offenheit und Leichtigkeit ausstrahlen und dadurch die Besucher einladen und die Begegnung und Interaktion unterschiedlicher Nationen fördern. Die Herausforderung bei der Entwicklung des Klimakonzepts bestand darin, die enormen internen Wärmelasten der zahlreichen Besucher, die sich auf engem Raum intensiv und ausgelassen bewegten, sowie die Abwärme aus der Computer- und Projektionstechnik ohne Behaglichkeitseinbußen abzuführen. Auch die solaren Einträge durch die transluzente Membrane bewirkten erhebliche Kühllasten. Dies wurde dadurch gelöst, dass die Wärme an vielen Punkten im Gebäude, möglichst direkt am Entstehungsort, abgeführt wurde. Gleichzeitig war es erforderlich, eine große Zuluftmenge aus der feuchtwarmen Außenluft aufzubereiten und ohne hohe lokale Luftgeschwindigkeiten in den Raum strömen zu lassen. Dazu wurden zahlreiche Ausströmöffnungen optimiert im Gebäude angeordnet und die Zuluft unmittelbar mit der Raumluft vermischt.

Knotenpunkt am Deutsch-Chinesischen Pavillon auf der Expo 2010 in Shanghai

Im Erdgeschoss des Pavillons konnten Besucher auf interaktive Weise gemeinsam eine Stadt »tanzen«, die dann auf die zentrale Projektionsfläche projiziert worden ist.

Die leichte Membrankonstruktion mit einem Bambustragwerk sollte einladend wirken und die Leistungsfähigkeit des lokalen Baustoffs Bambus demonstrieren.

Architektur:
Markus Heinzdorf

MUDI Shanghai
Markus Diem

Klimakonzept:
atelier.ClimaDesign
Prof. Dr. Mike de Saldanha,
Michael Kehr

BEGRÜNTE FASSADE

Mit dem »Bosco Verticale« sollte dem Flächenverbrauch und der Zersiedelung in Mailand entgegengewirkt und die Biodiversität in der Stadt verbessert werden. Den Bewohnern sollen die Pflanzen ein besseres Mikroklima bieten sowie Lärmbelastung und Staub abhalten. Die zwanzig Baum- und achtzig Pflanzenarten setzen im Lauf der Jahreszeiten unterschiedliche farbige Akzente.

Architektur:
Stefano Boeri, Mailand

Botanik:
Laura Gatti, Mailand

Im Kontext der Rückbesinnung auf die Stadt als attraktiver Lebensraum sowie durch die neue Bewegung des »Urban Gardenings« und den verstärkten Fokus auf das Stadt- und Mikroklima hat die Begrünung von Dächern und Fassaden zunehmend Beachtung gefunden. Die Motivation liegt in einer verbesserten emotionalen Lebensqualität, dem Anbau von Nutz- und Zierpflanzen, der Reduktion der Oberflächen- und Strahlungstemperaturen im Sommer, der Luftverbesserung sowie der Bindung von Staub- und Mikropartikeln. Die Begrünung von Dächern kann extensiv oder intensiv erfolgen. Die extensive Begrünung von Flachdächern hat eine lange Tradition, wohingegen die intensive Begrünung mit zugehöriger Bewässerung und Pflanzenpflege sowie einem entsprechend hohen Schichtaufbau für die Wurzelschicht sich erst in den letzten Jahren vermehrt verbreitet. Fassaden von niedrigen Gebäuden wurden schon von jeher mit Rankpflanzen wie Efeu oder Wein begrünt, auch die Balkonbepflanzung mit Geranien, Tomaten oder Kräutern hat eine lange Tradition. Neu ist die umfangreiche Bepflanzung von Fassaden hoher Gebäude. Die Pflanzen wachsen dann in balkonartigen Pflanztrögen oder Pflanzgerüsten und werden mit einem Bewässerungssystem vollautomatisch künstlich bewässert.

Bewässerung

Bei der Bewertung von begrünten Fassaden ist auch der Wasserverbrauch zu berücksichtigen. Im Idealfall besteht das Bewässerungswasser für die Pflanzen aus aufgefangenem Regenwasser oder gefiltertem Grauwasser. Bei intensiv begrünten Dächern wird Regenwasser im Wurzelbereich zwischengespeichert, wodurch die Abwassersysteme entlastet werden. Auf die Bewässerungssysteme ist ein besonderes Augenmerk zu richten, diese sollten automatisiert und wartungsarm konzipiert werden. Insbesondere durch Verschmutzung und Verkalkung der Düsen und Zuleitungen zum Erdreich können Probleme auftreten.

Klimatische Aspekte

Begrünte Fassaden und Dächer wirken sich im Sommer auf das begrünte Gebäude selbst und auf das generelle Stadtklima positiv aus. Das Klima im begrünten Gebäude verbessert sich durch die verringerte solare Einstrahlung auf Dachflächen und Fassaden aufgrund der Verschattung durch die Pflanzen. Weiterhin wird die Luft- und Oberflächentemperatur in unmittelbarer Umgebung des Gebäudes durch Verdunstung vermindert, wodurch sich die erforderliche mechanische Kühlleistung weiter reduziert. Die erhöhte Speichermasse von begrünten Dächern verzögert die Aufheizung der Dächer und damit den Wärmeeintrag durch Transmission. Im Winter ergeben sich aufgrund niedrigerer Transmissionswärmeverluste Vorteile für den Heizwärmebedarf. Das Stadtklima verbessert sich durch die insgesamt niedrigeren Oberflächentemperaturen an den Blattoberflächen der Pflanzen und durch die adiabate Kühlung der Luft durch Verdunstung.

Konstruktive Aspekte

Neben dem erhöhten Aufwand für die Pflanzkonstruktion und das Bewässerungssystem ist bei Grünfassaden auch die notwendige Pflanzenpflege zu beachten. Bei hohen Gebäuden ergeben sich teilweise Herausforderungen in Bezug auf die Erreichbarkeit, gegebenenfalls ist ein Fassadenkran vorzusehen. Teilweise kann dieser erhöhte Aufwand durch Einsparungen beim Sonnenschutzsystem und bei der Gebäudetechnik kompensiert werden. Bei intensiven Dachbegrünungen ist auf die statischen Lasten durch den höheren Dachaufbau aufgrund der Wurzeltiefe und das erhöhte Gewicht von durchfeuchteter Erde zu achten. Hier können sich gegebenenfalls erhebliche Einschränkungen für die realisierbaren Spannweiten ergeben.

Bewertung

Werden Dächer intensiv begrünt, so steigert sich die Aufenthaltsqualität und die Dachflächen werden zu nutzbaren Erholungsräumen in der Stadt, wodurch die Dichte und die Flächeneffizienz zunehmen. Die positiven Auswirkungen auf die Luftqualität durch die Filterung von Staub- und Mikropartikeln sind prinzipiell gegeben, für eine Quantifizierung der Effekte sind jedoch weitere Untersuchungen notwendig. Grüne Dächer und Fassaden sind in der Realisierung relativ teuer und in Bezug auf die Wartung sehr aufwendig. Demgegenüber steht eine hohe Nutzungsqualität und gegebenenfalls ein verminderter Aufwand für Gebäudetechnik, insbesondere für Kühlung und Entwässerung. In Gebieten mit Wasserknappheit kann der Wasserverbrauch einen relevanten Aspekt darstellen.

Blätter an der Grünfassade im Hotel Asia in Singapur; Grünfassaden können das Klima im Gebäude sowie das Mikro- und Stadtklima positiv beeinflussen. Durch die Verschattung der Oberflächen und eine adiabate Kühlung durch Verdunstung ergeben sich niedrigere Strahlungs- und Lufttemperaturen, wodurch sich die Behaglichkeit im Sommer verbessert.

Vertikaler Garten an der Wand des Caixa Forum in Madrid. Die von Patrick Blanc konzipierte Pflanzenwand besteht aus ca. 15 000 Pflanzen, die sich aus 250 verschiedenen Arten zusammensetzen.

Architektur:
Herzog & de Meuron, Basel

Grüne Wand:
Patrick Blanc, Paris

GEBÄUDEINTEGRIERTE PHOTOVOLTAIK

Solarmodul mit monokristallinen Solarzellen: Der Wirkungsgrad liegt bei bis zu 19 %.

Vor dem Hintergrund der stark gefallenen Modulpreise ist die Photovoltaik (PV) eine ökologisch und ökonomisch interessante Technologie zur Energieversorgung von Gebäuden und ein Beitrag zur Energiewende geworden. Die Einbindung von PV-Systemen auf Dächern und in Fassaden von Gebäuden hat sich zum integralen Bestandteil von Gebäudeenergiekonzepten entwickelt. Teilweise werden mit PV-Strom Wärmepumpen betrieben, sodass in einer Jahresbilanz Nullenergie- oder gar Plusenergiehäuser realisiert werden können. Wurde bislang dabei das öffentliche Stromnetz als »virtueller« Speicher genutzt, so werden sich mit fallenden Speicherpreisen kurzfristig auch dezentrale Lösungen zur Stromspeicherung in Gebäuden durchsetzen. Mittlerweile besteht die Herausforderung darin, ausreichend Fläche für die Integration von PV am Gebäude zur Verfügung zu haben. Vor diesem Hintergrund kommt neben der flächenoptimierten Belegung der Dachflächen nun der Fassadenintegration eine besondere Bedeutung zu. Diese Fassadenintegration darf kein reines Applizieren von Solarmodulen auf die bereits fertige Fassade sein, sondern die Solarmodule müssen integraler Bestandteil der Gebäudehülle werden. Dies hat den Vorteil, dass die Module bei einer hinterlüfteten Fassadenkonstruktion die herkömmliche äußere Fassadenschicht, wie z. B. Naturstein, Klinker oder Metall, ersetzen können. Dadurch sind gestalterisch überzeugende Lösungen möglich, die wirtschaftliche Vorteile bieten.

PV-Anlagen-Konfiguration

Eine PV-Anlage besteht aus den PV-Modulen, in denen die Solarzellen über Lötfahnen in Reihe verschaltet und hinter dem Deckglas einlaminiert sind. Die Module wiederum werden dann zu sogenannten »Strings« in Reihe geschaltet und an einen Wechselrichter angeschlossen, der den Gleichstrom der Module in Wechselstrom für das Stromnetz umrichtet. Da die Leistung in einem String immer vom schwächsten Modul in der Reihe bestimmt wird, sollten in einem String immer Module gleicher Art und Qualität sowie gleicher Einstrahl- und Verschattungssituation eingebunden sein. Dies ist beim Belegungsplan für ein Gebäude zu berücksichtigen. Gegebenenfalls wird auf der Gleichstromseite eine Speicherbatterie in das System integriert, wodurch der Eigenverbrauchsanteil erhöht werden kann. Bei größeren Anlagen kommen auch größere zentrale Batterien zum Einsatz, die nach dem Wechselrichter eingebunden werden und auch von anderen PV-Anlagen oder Stromerzeugungssystemen beladen werden können. Bei kleinen Gebäuden wird teilweise auch ein Gleichstromnetz errichtet, um PV-Strom ohne Wechselrichter- und Transformationsverluste zu speichern und direkt zu nutzen, z. B. für die Beleuchtung. Auf der Wechselstromseite wird der Strom zunächst selbst verbraucht, überschüssiger Strom wird in das öffentliche Netz eingespeist. Ein Zweirichtungs-Zähler erfasst dann den in das Netz eingespeisten und entnommenen Strom.

Kristalline Solarmodule

Solarmodule wandeln Sonnenlicht auf Basis des photoelektrischen Effekts direkt in elektrischen Gleichstrom um. Im Baubereich am geläufigsten sind Module, bei denen einzelne Siliziumzellen hinter ein Deckglas laminiert werden. Die Zellen bestehen aus einer dünnen Siliziumscheibe mit einer monokristallinen oder polykristallinen Struktur. Die elektrische Energie wird durch Leiterbahnen an der Vorder- und Rückseite dieser Siliziumscheiben abgeführt. Aktuell haben quadratische Solarzellen eine typische Kantenlänge von 156 mm. Die Zellen weisen eine Leerlaufspannung von 0,64 V auf, unter Belastung ergibt sich eine Zellspannung von 0,5 V. Bei einer optimalen Einstrahlung von 1 000 W/m² fließt ein Strom von bis zu 9 Ampere, wodurch sich eine elektrische Leistung von 4,5 W pro Zelle ergibt. In der Regel werden 60 Zellen in Reihe geschaltet, sodass ein Modul eine Spannung von 30 V aufweist und eine elektrische »Peak-Leistung« von ca. 270 W zur Verfügung stellen

Neue Monte-Rosa-Hütte: Entworfen wurde der digital geplante »Bergkristall« vom ETH-Studio Monte Rosa, einem interdisziplinären Studierendenprojekt der ETH Zürich. Die modulare, CNC-gefertigte Holzkonstruktion mit einer Alu-Fassade ermöglicht eine schnelle Anlieferung und Montage per Helikopter. Trotz des herausfordernden Klimas auf 2 883 m Höhe sollte die »Berghütte der Zukunft« 90 % seiner Energie selbst gewinnen. Dies erfolgt über eine 122 m² große PV-Anlage mit 16 kW_p an der Südfassade, die eine Batterie mit 250 kWh Kapazität auflädt. Zusätzlich erzeugen 60 m² Solarkollektoren Wärme. Längere Schlechtwetterperioden werden mit einem Rapsöl-BHKW überbrückt.
Architektur:
ETH-Studio Monte Rosa, Bearth + Deplazes, Chur

kann. Monokristalline Module sind dunkelblau bis schwarz und weisen eine homogene Oberfläche auf, polykristalline Module sind blau bis dunkelblau und zeigen eine kristalline Strukturierung auf der Oberfläche der Zelle. Bei beiden Zelltypen sind die Kontaktbahnen auf den Zellen und die Leiterbahnen, welche die Verbindung zwischen den Zellen herstellen, sichtbar. Die Zellen können fugenlos oder auf Abstand angeordnet sein. Sofern ein Abstand gegeben ist, kann Licht zwischen den Zellen durch das Solarmodul dringen, dies wird häufig bei Dachverglasungen angewendet. Mono- und polykristalline Zellen können auch farbig in Silber-, Gold- oder Grüntönen ausgebildet werden. Dies ergibt sich durch eine Veränderung der obersten Zellschicht. Ein Abweichen von der optimalen bläulichen bis schwarzen Zellfarbe bewirkt jedoch Wirkungsgradeinbußen. Monokristalline Zellen haben einen höheren Wirkungsgrad als polykristalline Zellen, der in der Praxis bis zu 19 % erreicht. Für eine Leistung von 1 kW_p wird eine Fläche von ca. 5,5 m^2 benötigt. Der Wirkungsgrad von polykristallinen Zellen liegt bei ca. 17 % mit einem Flächenbedarf von ca. 6,0 m^2/kW_p. Dafür sind die Zellen kostengünstiger, sodass sie insgesamt wirtschaftlicher sind, sofern genügend PV-Fläche vorhanden ist. Bei begrenzt verfügbarer Fläche werden häufig monokristalline Zellen eingesetzt.

Dünnschichtmodule

Eine weitere im Baubereich gebräuchliche Modulart sind Dünnschichtmodule mit amorphem Silizium. Bei diesen wird Silizium auf eine Glasscheibe aufgedampft. Diese Bauweise ist kostengünstiger, verfügt jedoch nur über einen Wirkungsgrad von bis zu 8 %, sodass eine Fläche von ca. 15,0 m^2/kW_p erforderlich ist. Der Wirkungsgrad fällt bei schwachem oder diffusem Licht und bei erhöhten Modultemperaturen nicht so stark ab wie bei kristallinen Zellen. Dünnschichtmodule haben eine bräunliche bis schwarze Farbe und weisen eine nahezu homogene Struktur auf. Sie werden häufig im Fassadenbereich eingesetzt, vor allem wenn die Einstrahlung niedrig ist oder sich hohe Modultemperaturen ergeben.

Innovative Zellen

Aktuell in der Entwicklung befinden sich diverse neue Zellentypen mit dem Ziel, den Wirkungsgrad zu erhöhen oder die Herstellkosten durch günstigeres Material und einfachere Produktionsprozesse zu reduzieren. Mit Konzentratorzellen wird der Wirkungsgrad erhöht, indem eine optische Linse oder ein Spiegel das Sonnenlicht gebündelt auf den Halbleiter lenkt. Auf diese Weise kann Halbleitermaterial eingespart werden und der Wirkungsgrad steigt. Allerdings muss das System dem Sonnenstand nachgeführt werden, was technisch aufwendig ist. Eine weitere Möglichkeit, den Wirkungsgrad zu erhöhen, sind Mehrfachsolarzellen. Dabei werden mehrere Schichten aus unterschiedlichem Zellmaterial übereinander angeordnet. Aktuell wird auch an organischen Solarzellen gearbeitet. Diese bestehen aus Kohlenwasserstoffen, die halb-

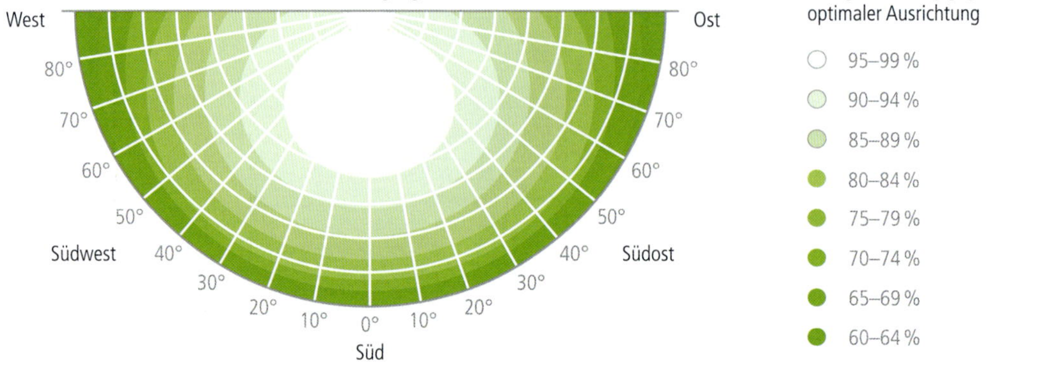

Ertragsanteile in Abhängigkeit der Dachneigung und der Orientierung: Aufgrund der gefallenen Modulpreise sind Fassaden von Südost bis Südwest wirtschaftlich. Dabei ergibt sich immer noch ein Ertrag von etwa 65 %. Bei Dächern sind Orientierungen von Ost bis West möglich, der Ertrag liegt bei ca. 75 %. Bei Dächern ist es vorteilhaft, wenn der Neigungswinkel flacher ist, je weiter man sich von der Südorientierung wegbewegt. Das Ertragsmaximum ergibt sich bei Südausrichtung und 28° Neigungswinkel.

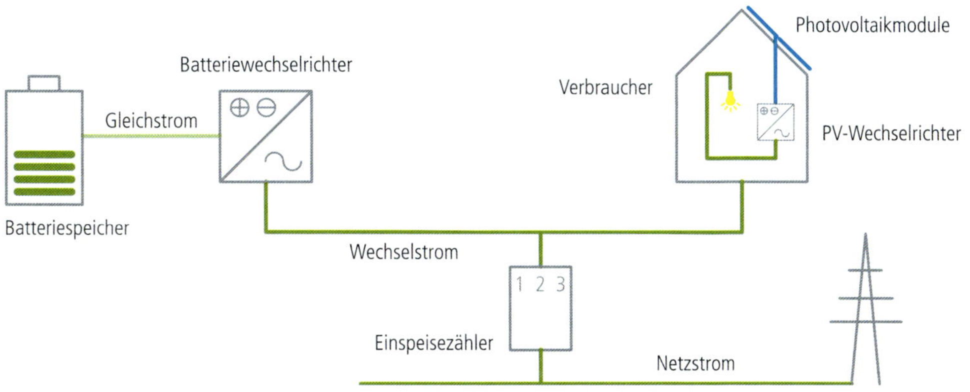

Schaltschema einer PV-Anlage im Netzparallelbetrieb mit eingebundenem Batteriespeicher zur Erhöhung des Eigenverbrauchsanteils

leitende Eigenschaften haben. Diese Zellen auf Kunststoffbasis sind günstiger herzustellen, können transparent gestaltet werden und weisen eine hohe Flexibilität auf, sodass sie auch auf gekrümmten Bauteilen angebracht werden können. Es werden aktuell Wirkungsgrade von ca. 10 % erreicht. Perspektivisch wird aufgrund des fallenden Herstellungspreises eine weite Verbreitung erwartet.

Orientierung und Ertrag

Der optimale Winkel eines PV-Moduls liegt vertikal zur Einstrahlrichtung. In Deutschland ergibt sich bei einem südorientierten Modul ein optimaler Winkel zwischen 20 Grad und 45 Grad. In Norddeutschland sollte der Winkel eher etwas steiler sein, im Süden eher flacher. Bei einer begrenzten Dachfläche ist es sinnvoll, die Module tendenziell in flacherem Winkel aufzustellen, da dann die Belegungsdichte ohne gegenseitige Verschattung höher wird. Es ist jedoch ein Mindestwinkel von 10 Grad bis 20 Grad einzuhalten, damit die Selbstreinigung durch Regen und das Abrutschen des Schnees gewährleistet bleiben. Kontinuierlich nachgeführte Systeme sind aufgrund der mittlerweile geringen Modulpreise nicht mehr wirtschaftlich, allenfalls bei sehr geringen verfügbaren PV-Flächen oder hohen direkten Strahlungsanteilen können diese in Betracht gezogen werden. Bei Anlagen im Privatbetrieb, wo der Personalaufwand eine untergeordnete Rolle spielt, kann eine saisonale Winkelverstellung, z. B. zusammen mit der Modulreinigung, sinnvoll sein. Früher wurden aufgrund der hohen Modulpreise nur Süddächer und Südfassaden mit PV-Modulen belegt. Mittlerweile ist dies auch bei einer Südost- oder Südwest-Orientierung sinnvoll, bei Dächern ist dies mit einem Ertragsanteil von 95 % sehr wirtschaftlich und bei vertikalen Fassaden mit 65 % immer noch rentabel. Bei einer Belegung von ost- oder westorientierten Dachflächen liegt der Ertrag bei 75 %, wodurch sich eine gute Wirtschaftlichkeit ergibt. Bei Dachflächen nimmt mit flacher werdender Dachneigung der Einfluss der Orientierung ab.

Verschattung

PV-Anlagen sind sehr empfindlich in Bezug auf Teilabschattung. Bereits ein Schatten auf einem Modul oder einem Teil eines Moduls reduziert die Leistung des gesamten Strings erheblich. Vor diesem Hintergrund sind bei Anlagen, die im Tagesverlauf temporär durch Bäume oder Gebäudeteile verschattet werden, die Module in der Weise zu verschalten, dass die Verschattung nur möglichst wenige Strings betrifft. Bei der Erstellung eines Belegungsplans für eine Dachanlage ist auf die gegenseitige Verschattung der Module bei flachem Sonnenwinkel zu achten und auf eine mögliche Verschattung durch die Attika oder Dachaufbauten wie z. B. Aufzugsüberfahrten oder Lüftungsgeräte.

Temperaturabhängigkeit

Kristalline Solarzellen weisen in Bezug auf den Wirkungsgrad eine erhebliche Temperaturabhängigkeit auf. Die Leistungsangabe eines Moduls in $Watt_{peak}$ bezieht sich auf eine Modultemperatur von typischerweise 25 °C. Sinkt die Modultemperatur, so steigt der Wirkungsgrad, bei einer Zunahme der Modultemperatur sinkt der Wirkungsgrad. Je Kelvin Temperaturunterschied verändert sich der Ertrag um ca. 0,4 %. Bei im Sommer möglichen Modultemperaturen von bis zu 80 °C werden nur noch 75 % des möglichen Gesamtertrags erreicht. Die Modultemperatur ist abhängig von der Außenlufttemperatur und der Einstrahlung. Zudem ergibt sich eine Eigenerwärmung durch den Stromfluss durch das Modul. Um die Wirkungsgradeinbuße zu minimieren, ist auf eine gute Hinterlüftung zu achten. Bei Dünnschichtmodulen liegt der Temperaturkoeffizient mit 0,1 %/K bis 0,3 %/K wesentlich niedriger. Vor diesem Hintergrund eignen sie sich für den Einsatz in heißen Gebieten oder bei Konstruktionen ohne Hinterlüftung.

Gebäudeintegration

Solarmodule können auf geneigten Dächern parallel zur Dachebene, auf Flachdächern auf einer schrägen Ständerkonstruktion und an Fassaden vertikal als Fassadenschicht angeordnet werden. Bei geneigten Dächern werden die Module typischerweise mit einer Gitterkonstruktion oberhalb der herkömmlichen Dachkonstruktion parallel zur Dachfläche angeordnet. Aus architektonischer Sicht wünschenswert und bei rechtzeitiger Planung mit ökonomischen Vorteilen verbunden ist es, wenn die Solarmodule die oberste Dachschicht bilden und so integraler Bestandteil des Gebäudes werden. Bei Flachdächern werden die Solarmodule auf eine geneigte Trägerkonstruktion montiert, die gegen windbedingte Sogkräfte beschwert ist. Für extensiv oder intensiv bepflanzte Dächer sind besondere Ständerkonstruktionen verfügbar. Solarmodule können vor eine bestehende Fassade gesetzt werden oder als äußere Schicht einer hinterlüfteten Konstruktion angeordnet sein. Module können auch als Hybrid- oder Luftkollektor ausgebildet sein (sogenannte hybride Energiefassade), womit einerseits der Wirkungsgrad durch die verminderte Zelltemperatur steigt und gleichzeitig die abgeführte Wärme genutzt werden kann, z. B. zur Zuluftvorwärmung für die Lüftung oder zur Brauchwassererwärmung.

Eigennutzung und Speicherung

Wurde PV-Strom aufgrund der sehr attraktiven Einspeisevergütung früher zunächst komplett in das Stromnetz eingespeist, so ist dieser Aspekt aufgrund der nur noch sehr niedrigen Vergütung in den Hintergrund getreten und nur noch für Überschussstrom relevant. Am wirtschaftlichsten ist es, wenn der am Gebäude erzeugte Strom im Gebäude selbst oder in unmittelbarem räumlichen Zusammenhang, z. B. dem Nachbargebäude oder dem Quartier, ohne vorherige Einspeisung in das öffentliche Stromnetz verbraucht wird. Dadurch werden Netzentgelte in Höhe von ca. 5 ct/kWh eingespart und die EEG-Umlage von aktuell ca. 7 ct/kWh reduziert sich bei Eigenverbrauch um 60 % auf ca. 2,8 ct/kWh. Liegt die Anlagengröße unter 10 kW_p oder der Eigenverbrauch unter

+e Kita – Plusenergiekindertagesstätte:
Die Formgebung der Gebäudehülle ermöglicht maximale solare Erträge, da das Dach und die Fassade für die Photovoltaik optimiert ausgebildet wurden. Die PV-Anlage, die integraler Bestandteil der Hülle ist, erzeugt 41 000 kWh pro Jahr. Damit weist die für den »Deutschen Nachhaltigkeitspreis 2016« nominierte Solarraupe einen negativen Primärenergiebedarf von –24 kWh/m^2 pro Jahr auf. Damit könnte zusätzlich ein Elektrofahrzeug noch 15 000 km weit fahren.

Architektur:
opus Architekten, Darmstadt

10 000 kWh pro Jahr, so ist keine EEG-Umlage zu entrichten, wodurch ca. 7 ct/kWh eingespart werden können. Um den Eigenverbrauch zu optimieren, sind verschiedene Maßnahmen möglich. Am besten ist es, wenn die Verbraucher mit einem Energiemanagementsystem in der Weise gesteuert werden, dass sich der Stromverbrauch und die Stromproduktion zeitlich decken. In absehbarer Zeit wird es auch möglich sein, gewisse Mengen Strom auf wirtschaftliche Weise in Batterien zu speichern und wieder als Strom nutzen zu können. Diese Batteriespeicher haben dann auch den Vorteil, dass sie gleichzeitig zur Begrenzung von Lastspitzen genutzt werden können, wodurch sich die Wirtschaftlichkeit erhöht. Die in Bezug auf die Speicherkapazität kostengünstigste Weise, Energie zu speichern, besteht darin, mit dem Strom über eine Wärmepumpe oder Kältemaschine Wärme oder Kälte zu erzeugen und diese in Wasserspeichern, Latentwärmespeichern oder in der Baukonstruktion, z. B. über eine Betonkernaktivierung, zu speichern. Allerdings ist die Energie dann nur als Wärme oder Kälte nutzbar und die Speicherdauer ist aufgrund der höheren Speicherverluste gering. Perspektivisch wird Wasserstoff, verdichtet oder chemisch angelagert, als Langzeitspeicher für Energie zur Verfügung stehen.

Wirtschaftlichkeit

Die Ausstattung eines Gebäudes mit einer Dach-PV-Anlage ist mittlerweile Standard, die Kosten liegen bei ca. 1 200,– €/kW_p mit einem mittelfristigen Reduktionspotenzial auf je nach Anlagengröße ca. 1 000,– €/kW_p. Damit ergeben sich Stromerzeugungskosten für eigengenutzten Strom in der Höhe von ca. 8 ct/kWh bis 12 ct/kWh. Die Anwendung am Gebäude hat den Vorteil, dass der Strom direkt am Gebäude verbraucht werden kann und damit keine Netzentgelte bezahlt werden müssen und sich auch die EEG-Umlage reduziert. Durch ein Energiemanagementsystem, das die Verbraucher im Haus auf das solare Stromangebot abstimmt, und durch Batteriespeicher kann dieser Eigenverbrauchsanteil erhöht werden. Diese ökonomischen Randbedingungen können durch günstige Kredite und Förderprogramme, z. B. über die KfW, weiter verbessert werden. Ebenso kann eine PV-Anlage, die Strom zur Eigenversorgung des Gebäudes produziert, Vorteile beim Energienachweis bieten, z. B. durch einen besseren Primärenergiefaktor bei der Wärmeerzeugung. Dazu muss die PV-Anlage in unmittelbarem räumlichen Zusammenhang stehen und der Strom muss vorrangig im Gebäude selbst verbraucht werden. Mittlerweile liegt die Amortisationszeit einer gebäudeintegrierten PV-Anlage bei nur noch 8 bis 10 Jahren, je nach Zinsbetrachtung sogar darunter.

Bewertung

Die Anwendung von Photovoltaik am Gebäude ist eine wirtschaftliche ökologische Maßnahme, um Gebäude energieeffizienter zu machen. Anfängliche Bedenken bezüglich der Nachhaltigkeit haben sich nicht bestätigt. Solarzellen produzieren die Energie, die für ihre Herstellung erforderlich ist, innerhalb von ca. zwei Jahren. Die erwartete Lebensdauer liegt bei 25 bis 30 Jahren. Großes Entwicklungspotenzial liegt noch bei der architektonischen und konstruktiven Einbindung von PV-Modulen in Gebäude. Es ist mitunter sinnvoll, Gebäude-Rastermaße und Modulmaße bereits in der Planungsphase aufeinander abzustimmen. Es können dann konventionelle Materialien für die äußere Fassadenebene eingespart werden. War früher aufgrund der hohen Modulpreise die zur Verfügung stehende Fläche nur ein untergeordnetes Kriterium, so ist es mittlerweile sinnvoll, die zur Verfügung stehende Fläche maximal auszunutzen und eine nicht ganz optimale Einstrahlung in Kauf zu nehmen. An Ost- und Westfassaden kann es auch vorteilhaft sein, Dünnschichtmodule einzusetzen. Mit der Verbreitung von organischen Solarzellen werden neue Möglichkeiten der Gebäudeintegration bei hoher Wirtschaftlichkeit entstehen.

Kundenzentrum im Energiewürfel der Stadtwerke in Konstanz: Das transparente Gebäude ist als Nullenergiegebäude konzipiert. Die Energiegewinnung erfolgt über fassadenintegrierte Module und über eine Solaranlage auf dem Dach. Wärme und Kälte werden über eine Wärmepumpe mit Erdsonden bereitgestellt. Die mit LED hinterleuchteten opaken Fassadenelemente verfügen über eine Vakuumdämmung. Die transparenten Elemente sind als Dreischeiben-Wärmeschutzverglasung ausgebildet. Die Wärme am innen liegenden Sonnenschutz wird über die Lüftungsanlage abgeführt.

Arnold Wild, Architekt, Stadtwerke Konstanz:

»Gebäude die, über den Lebenszyklus betrachtet, mehr Energie produzieren als sie selbst verbrauchen – ist dies die Antwort auf offene Fragen unserer Zeit?«

Architektur:
Arnold Wild,
Stadtwerke Konstanz

Energiekonzept:
atelier.ClimaDesign
Prof. Dr. Mike de Saldanha,
Michael Kehr

Energiewürfel Konstanz

Die Stadtwerke der Stadt Konstanz haben auf ihrem bestehenden Betriebsgelände ein neues Kundenzentrum als »Null-Energiewürfel« realisiert. Der Nutzung eines Kundencenters entsprechend sollte der Kubus eine weitreichende Transparenz aufweisen und gleichzeitig in Bezug auf den Wärme-, Strom- und Kältebedarf in der Jahresbilanz als Nullenergie-Gebäude konzipiert werden. Um dieses Ziel zu erreichen, wurde zunächst die Fassade optimiert und für den restlichen erforderlichen Energiebedarf ein regeneratives CO_2-neutrales Energieerzeugungskonzept entwickelt, das seine Energie aus PV-Modulen am Dach und an der Südfassade gewinnt.

Gebäudehülle

Die Nord-, Ost- und Westfassade bestehen aus opaken und transparenten Elementen, die ähnlich einem Schachbrettmuster horizontal und vertikal in unregelmäßigem Wechsel angeordnet sind. Die in der Werkstatt vorgefertigten, opaken Elemente verfügen über einen sehr guten Wärmeschutz, der mit integrierten Vakuumdämmelementen ausgeführt wurde. Die transparenten Fassadenfelder bestehen aus einer Dreischeiben-Wärmeschutzverglasung mit einem an der Innenseite angeordneten Sonnenschutz aus hochreflektierenden Spiegellamellen. Das innen liegende System wurde aus Gründen des Witterungsschutzes gewählt, und um eine homogene Außenoberfläche zu erreichen. Um die bei innen liegenden Sonnenschutzsystemen durch Absorption der Strahlung an den Scheiben und an den Sonnenschutzlamellen auftretende sekundäre Wärmeabgabe zu vermeiden, wurde zum Raum hin eine weitere Glasscheibe angeordnet. Über den sich ergebenden Zwischenraum wird die Abluft maschinell abgesaugt, sodass die Wärme des Sonnenschutzes abgeführt wird. Auf diese Weise kann ein innen liegendes System mit hoher Effizienz realisiert werden. Im Winter wird diese Wärme über die Wärmerückgewinnung des Lüftungsgeräts nutzbar

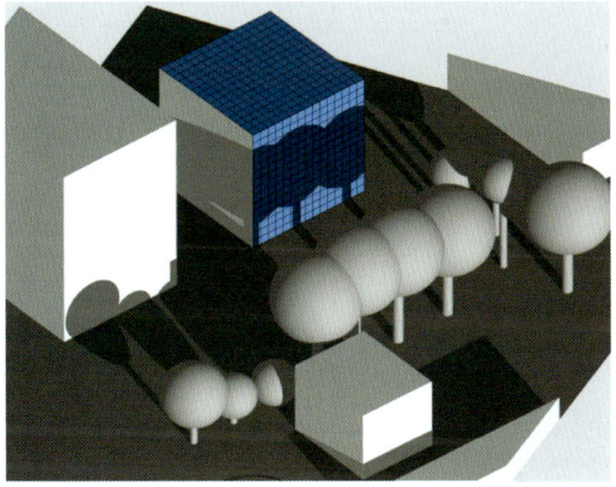

Geometrische Verschattungsstudie zur Optimierung der Anordnung der einzelnen PV-Strings

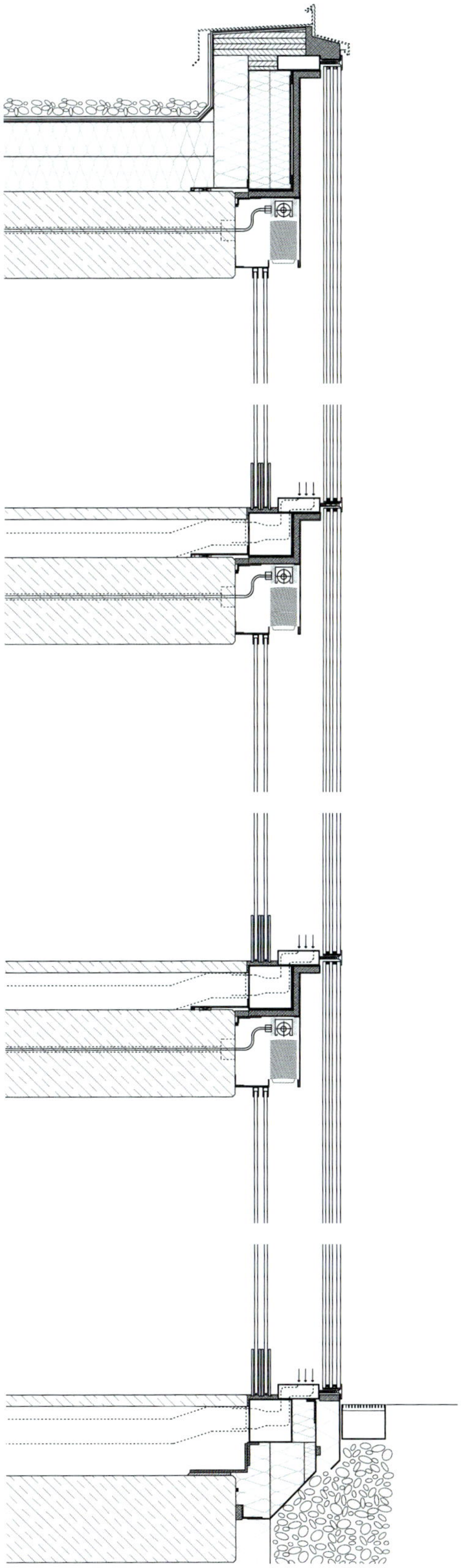

Fassadenschnitt – M. 1:25

Dach:
Kiesschüttung 80 mm,
Dachabdichtung,
Gefälledämmung
300–400 mm,
Bitumenvoranstrich,
Stahlbeton 300 mm

Decke:
aufgeständerter Boden,
Installationszone mit
Fassadenabluftrohren,
Stahlbeton 300 mm

Aufbau Fassadenfeld transparent:
Dreischeiben-Wärmeschutzverglasung mit vertikalem Lüftungsflügel,
Abluftzone zur maschinellen Wärmeabfuhr am reflektierenden, innen liegenden Sonnenschutz,
innere Glasebene mit Schiebeelementen

Aufbau Fassadenfeld opak (nicht in der Schnittebene):
Verglasung,
Hinterlüftung 50 mm,
Vakuumdämmpaneel,
Mineralwolledämmung
300 mm,
Holzpaneel mit Bohrungen
für die Raumakustik

Boden:
Bodenbelag,
Installationszone mit
Fassadenabluftrohren,
Stahlbeton 300 mm,
Dämmung 300 mm

gemacht. Ein weiterer Vorteil besteht in dem verbesserten U-Wert durch die vierte Scheibe an der Fassade. Die Südfassade ist komplett als integrierte Solarfassade ausgebildet. Dazu wurden die Solarzellen in die äußere Ebene der Dreischeiben-Wärmeschutzverglasung einlaminiert.

Energieerzeugungskonzept

Die Wärmeerzeugung erfolgt über eine Wärmepumpe mit Erdsonden. Diese Erdsonden werden im Sommer direkt zur passiven Kälteerzeugung genutzt. Durch den wechselweisen Kühl- und Heizbetrieb ergibt sich eine Regeneration des Sondenfeldes. Die Wärme und Kälte wird über Betonkernaktivierung dem Raum zugeführt. Durch die ausgleichende Speicherwirkung vermindert sich die erforderliche Leistung für die Wärme- und Kälteerzeugungssysteme. Der elektrische Strom für die Wärmepumpe, die Pumpe für den Solekreislauf der Erdsonden sowie für die LED-Beleuchtung wird über die PV-Module bereitgestellt.

HYBRIDE ENERGIEFASSADE

Hybride Energiefassade am Deutsch-Chinesischen Haus in Shenyang, Nordost-China:
Aufgrund der sehr kalten, aber strahlungsreichen Winter bietet es sich an, Sonnenenergie über die Fassade mit maximalem Wirkungsgrad zu nutzen.

Soll auf einer begrenzten Fassadenfläche ein Maximum an solarem Ertrag erreicht werden, so bietet sich eine hybride Energiefassade an. Dabei wird zusätzlich zur Gewinnung von elektrischem Strom über PV-Module die an der Fassade absorbierte Wärmeenergie genutzt. Die Wärme kann dabei über Luft oder flüssigkeitsdurchströmte Absorber abgeführt werden. Je nach Jahreszeit stellt sich ein Temperaturniveau von 30 °C bis 80 °C ein. Bei einer Wärmeabfuhr über die Luft kann diese direkt zur Vorwärmung der Zuluft oder indirekt über einen Luftwärmetauscher oder eine Wärmepumpe genutzt werden. Erfolgt die Wärmeabfuhr über einen wasserdurchströmten Absorber, so kann damit das Trinkwarmwasser erwärmt oder eine Flächenheizung betrieben werden. Perspektivisch sind auch mit Kältemittel durchströmte Absorber denkbar, wodurch sich eine höhere Flexibilität in Bezug auf das nutzbare Temperaturniveau ergibt. Wird die Wärmeabfuhr mechanisch unterstützt, so kann die dafür erforderliche Energie direkt über den Solarstrom bereit gestellt werden, da Erzeugung und Bedarf zeitgleich auftreten. Es ergeben sich dann keine Umwandlungs- oder Speicherverluste, insbesondere dann, wenn der Antrieb über Gleichstrommotoren erfolgt. Ein weiteres Potenzial für einen Synergieeffekt ist die Nutzung des Temperaturniveaus einer hybriden Energiefassade zur »solaren Kühlung« über einen Absorptionskälteprozess. Hier tritt das Maximum der Kälteerzeugung zeitgleich mit der höchsten solaren Einstrahlung auf. Da kristalline Solarzellen je Kelvin Temperaturerhöhung eine Ertragseinbuße von ca. 0,4 % aufweisen, kann durch die hybride Nutzung je nach Intensität der Wärmeabfuhr der Stromertrag des PV-Systems um bis zu 25 % gesteigert werden. Durch die kombinierte Energieerzeugung an der Fassade können sich Gesamtwirkungsgrade bezogen auf die eingestrahlte Energie von bis zu 60 % ergeben. Diese liegen erheblich über den Wirkungsgraden einer rein solarthermischen Nutzung mit ca. 45 % oder einer solaren Stromerzeugung mit 18 %.

Schirmherr:
Botschafter (bis 2013)
Dr. Michael Schaefer

Projektinitiative:
Deutsche Botschaft Peking mit
Goethe-Institut Shanghai
Winfried Eckstein

Architektur:
Studierende der Hochschule Darmstadt und der Shenyang Jianzhu University

Energie- und Klimakonzept:
Prof. Dr. Mike de Saldanha

Dr. Michael Schaefer, Botschafter der Bundesrepublik Deutschland in der Volksrepublik China von 2007 bis 2013:

»Die über einjährige Zusammenarbeit beider Universitätsteams war keine Einbahnstraße. Sie bestand vielmehr in einem gegenseitigen Austausch von Ideen und Konzepten. Sie war im bestverstandenen Sinne eine gelungene interkulturelle Zusammenarbeit, da die Teilnehmer den unterschiedlichen Mentalitäten und Erfahrungen der jeweils anderen Seite Rechnung tragen und Kompromisse suchen mussten, ohne qualitative Abstriche zu machen. ... Ihr Einsatz, ihre Kreativität und ihr Enthusiasmus waren ganz entscheidend für den Erfolg des Projektes ... Ich bin sehr zuversichtlich, dass aus der Partnerschaft der Universitäten und aus den zwischen den Teilnehmern entstandenen persönlichen Freundschaften weitere, auch für die deutsch-chinesischen Beziehungen fruchtbare Kooperationen und Aktivitäten erwachsen werden.«

Skizze des Deutsch-Chinesischen Hauses von der Nord-Westseite mit der Eingangszone im Norden

Deutsch-Chinesisches Haus

In Shenyang, in der aufstrebenden nordöstlichen Provinz Liaoning, 750 km nordöstlich der Hauptstadt Peking, wurde von der Deutschen Botschaft in Peking unter der Schirmherrschaft des damaligen Botschafters Dr. Michael Schaefer gemeinsam mit dem Goethe-Institut in Shanghai das Projekt »Deutsch-Chinesisches Haus« initiiert. Dabei sollte von deutschen Studierenden der Hochschule Darmstadt und chinesischen Studierenden der Shenyang Jianzhu University gemeinsam ein Haus entworfen werden, das einerseits neue Strategien im Bereich des energie- und klimaoptimierten Bauens aufzeigt und andererseits eine Technologie- und Kommunikationsplattform für alle technischen, ökologischen, ökonomischen und kulturellen Themen zwischen Deutschland und China bildet. Dies auch vor dem Hintergrund, dass für die großen Städte in China nachhaltige Mobilitätskonzepte weiterentwickelt werden sollen. Ein weiterer Schwerpunkt bei dem Projekt lag darin, dass es von jungen Menschen beider Länder entwickelt, realisiert und getragen werden sollte, um weitreichenden Raum für Dialog, Austausch und Freundschaft zu schaffen. Das Gebäude gehört zu den fünf effizientesten Gebäuden in Nordchina und wurde dafür mit dem Preis der Deutschen Außenhandelskammer ausgezeichnet.

Klimaoptimiertes Gebäudekonzept

Das Klima im Nordosten Chinas ist geprägt von trockenen, kalten Wintern und warmen, feuchten Sommern mit sehr kurzen Übergangszeiten. Die sehr kalten Wintermonate mit längeren Kälteperioden von bis zu -20 °C weisen aufgrund der Trockenheit viele Sonnenstunden mit hoher solarer Einstrahlung auf die Südfassade auf. Die Sommermonate sind feuchtwarm mit einem aufgrund der Luftfeuchtigkeit hohen diffusen Strahlungsanteil. Das Gebäudekonzept entwickelt sich aus den herausfordernden klimatischen Gegebenheiten heraus. Es galt, die Wärmeverluste im Winter zu minimieren und gleichzeitig das Potenzial

Özlem Gün,
Hochschule Darmstadt,
Projektleitung Deutsch-Chinesisches Haus:

»Bei dem Projekt ging es nicht nur darum, den Energiebedarf des Hauses zu minimieren, es galt auch die positive Energie zwischen den Studierenden aus Deutschland und China zu maximieren. Indem dies gelungen ist, wurde der Grundstein für Freundschaften für ein ganzes Leben gelegt.«

der umfangreichen Solarstrahlung in den Wintermonaten zu nutzen. Das Gebäude wurde als kompakter Baukörper mit einem innen liegenden Atrium, das oben über gesteuerte öffenbare Dachfenster verfügt, geplant. Über das Atrium können Tageslicht und passive Solargewinne in das Innere des Gebäudes dringen. Bei moderaten Außenklimabedingungen wird das Gebäude über das Atrium natürlich gelüftet. Im Sommer werden die Dachfenster automatisiert verschattet und geöffnet. Dadurch werden die Strahlungseinträge begrenzt und die eingestrahlte Wärme kann unmittelbar abgeführt werden. In den kühlen Sommernächten wird das Gebäude über die Dachöffnungen zusätzlich entwärmt. Die Lochfassade an der Nord-, Ost- und Westseite weist zur Minimierung der Transmissionswärmeverluste im Winter einen sehr guten Wärmeschutz und einen moderaten Fensterflächenanteil auf. Die Dämmung besteht aus 35 cm Polystyrol, wodurch sich bei den opaken Fassadenflächen ein U-Wert von 0,10 W/m²K ergibt. Die Fenster mit einer Dreischeiben-Wärmeschutzverglasung in hochgedämmten Rahmen mit einem Fenster-U-Wert von 0,90 W/m²K sind in der Weise dimensioniert und angeordnet worden, dass zur Reduktion der Transmission die Fensterfläche zwar gering, jedoch ein ausreichender gleichmäßiger Tageslichteintrag gegeben ist. Zudem begrenzen die moderaten Fensterflächen, die mit einem außen liegenden Sonnenschutz verschattet sind, die Strahlungseinträge im Sommer.

Hybride Energiefassade

Da in Shenyang aufgrund des sehr trockenen Winterklimas auf die vertikale Südfassade mit 540 kWh/m² im Winterhalbjahr annähernd soviel Einstrahlung gegeben ist wie im Sommerhalbjahr, bietet es sich an, diese Einstrahlung auf maximale Weise zu nutzen. Dazu wurde eine gebäudeintegrierte hybride Klimafassade konzipiert, die über hinterlüftete Solarzellen einerseits Strom erzeugt, andererseits als Luftkollektor auch zur Wärmegewinnung

Eröffnung des Hauses durch den deutschen Generalkonsul

Blick in das innen liegende Atrium, welches das Gebäude mit Tageslicht und passiven Solargewinnen versorgt und die natürliche Lüftung sowie die Nachtauskühlung verbessert.

Die Nordfassade hat minimierte Fensterflächen und einen sehr guten Wärmeschutz.

Südwest-Ansicht des Deutsch-Chinesischen Hauses mit Blick auf die Solarfassade im Süden und die gut gedämmte Westfassade

dient. Die im Luftkollektor erzeugte Wärme wird im Winter über die Lüftungsanlage direkt zur Beheizung des Gebäudes genutzt. Im Sommer wird diese Wärme zum Betrieb einer Absorptions-Kältemaschine eingesetzt, um das Gebäude aktiv zu kühlen. Durch diesen Aufbau vermindert sich die Modultemperatur, wodurch der Wirkungsgrad der Solarzellen steigt. Um einen maximalen Solarertrag über die Klimafassade zu erzielen, wurden im Süden die Fenster nur so groß dimensioniert, dass eine gute Tageslichtversorgung gegeben ist.

Gebäudetechnik

Zur regenerativen Wärmeversorgung wurden Erdsonden in Verbindung mit einer Wärmepumpe vorgesehen, die ihren Strom maßgeblich über die Solarzellen der hybriden Klimafassade und die Solarmodule auf dem Dach erhält. Im Sommer dienen die Erdsonden als passive Kältequelle, die zur Kühlung lediglich den Strom für die Umlaufpumpe des Solekreislaufes benötigen. Zur Spitzenlastkühlung wird zusätzlich Kälte über die Absorptions-Kältemaschine bereitgestellt, die ihr Leistungsmaximum in den Zeiten mit der höchsten Einstrahlung aufweist. Wärme und Kälte werden den Räumen über Flächen zugeführt. Damit wird in China, wo die Raumkonditionierung typischerweise über luftbasierte Splitgeräte erfolgt, eine neue Art der Raumkonditionierung eingesetzt und demonstriert. Die Lüftungswärmeverluste zur sehr kalten Außenluft werden über eine Lüftungsanlage mit Plattenwärmetauschern minimiert. Dadurch verbessert sich auch die Behaglichkeit in den Räumen, da die Zulufttemperaturen höher sind. Weiterhin werden die Räume über die warme Luft aus der Solarfassade temperiert.

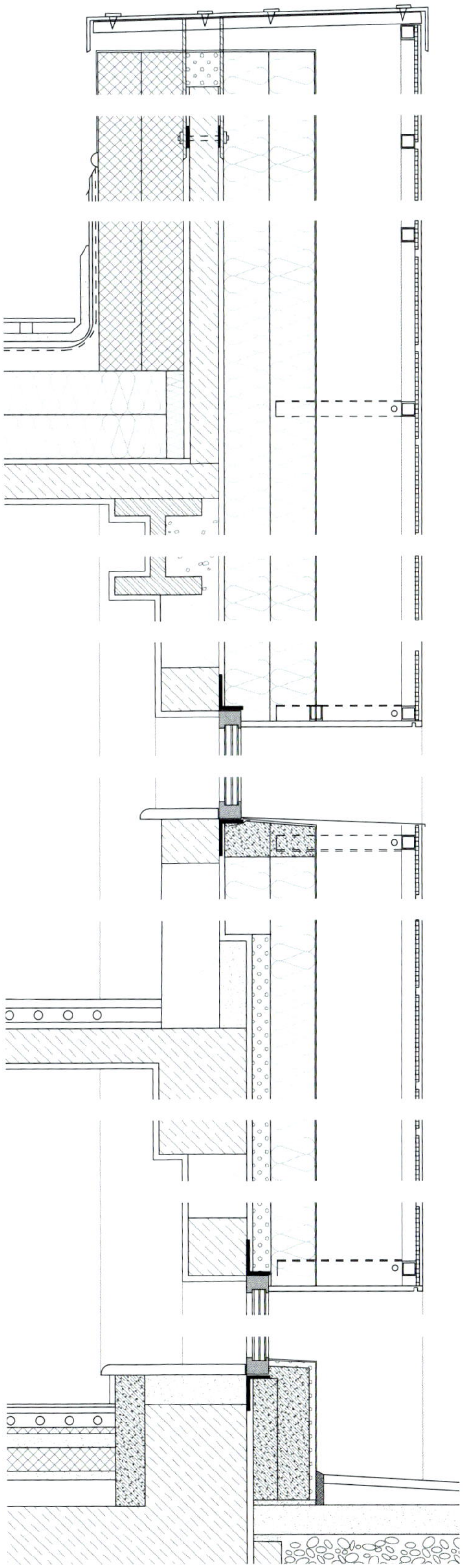

Fassadenschnitt – M. 1:25

Dach:
Dachplatten 80 mm,
Dachabdichtung,
Gefälledämmung
300–400 mm,
Stahlbetonfertigteil auf
Stahlträger 200 mm,
Gipskarton 15 mm

Fenster:
Dreischeiben-Wärmeschutzverglasung mit
gedämmtem Rahmen und
außen liegendem Sonnenschutz

Decke:
Bodenbelag 20 mm,
Estrich mit Fußbodenheizung 50 mm,
Trittschalldämmung
20 mm,
Stahlbetonfertigteil
200 mm,
Gipskartonplatte 15 mm

Aufbau PV-Fassade mit
Luftkollektor:
PV-Verglasung,
Luftkollektor 250 mm,
Blechverkleidung,
Mineralwolledämmung
150–250 mm,
Lüftungsöffnungen zum
Raum,
Dämmebene Polystyrol
200 mm,
Gipskartonplatte 15 mm

Boden:
Estrich mit Fussbodenheizung 50 mm,
innen liegende Dämmebene 150 mm,
Stahlbetonbodenplatte
300 mm,
Dämmung 300 mm

ÖKONOMIE DER GEBÄUDEHÜLLE

Die Konzeption und Konstruktion der Gebäudehülle haben einen großen Einfluss auf die Wirtschaftlichkeit eines Gebäudes. Zum einen trägt die Fassade zu einem bedeutenden Teil zu den Investitionskosten bei, zum anderen beeinflusst sie entscheidend die Betriebskosten in Form von Heizwärmebedarf, Kühlkältebedarf, Strom für Beleuchtung und Lüftungsantrieb sowie Reinigungs- und Wartungskosten. Bei der Gebäudehülle entstehen energierelevante Investitionskosten für Wärmedämmung, für energetisch hochwertige Gläser und Rahmen, für Sonnenschutzsysteme und für Lüftungsöffnungen. Beim Wärmeschutz setzen sich die Kosten aus den Kosten für den Dämmstoff an sich und für die erforderliche Sekundärkonstruktion zusammen. Weiterhin ist zu beachten, dass die Fassade oftmals auch bedeutende sekundäre Investitions- und Wartungskosten generiert, z. B. in Form von aufwendigeren Kälteerzeugungs- und Kälteübergabesystemen. Diese können im ungünstigsten Fall wiederum zu weiterem baulichen Aufwand führen, z. B. in Form von größeren Geschosshöhen oder zusätzlichen Technikräumen.

Wärmeschutz

Ein guter Wärmeschutz vermindert den Heizwärmebedarf und verbessert die Behaglichkeit. Die bei gutem Wärmeschutz höhere innere Oberflächentemperatur ermöglicht eine geringere Raumlufttemperatur und bewirkt so eine weitere Einsparung. Neben der Einsparung von Energiekosten reduziert sich auch die erforderliche Heizleistung. Dies bewirkt geringere Investitionen für Wärmeübergabesysteme und für die Wärmeerzeugung. Dies ist insbesondere bei regenerativen Energieerzeugern, wie z. B. einer Wärmepumpe mit Erdsonden, oder einem BHKW von Bedeutung, da hier die Investitionskosten nahezu direkt proportional zu der zur Verfügung stehenden Leistung steigen. Bei beengten Bausituationen oder hohen Grundstückspreisen kann die Wandstärke ein ökonomisch relevanter Faktor werden, da sie gegebenenfalls die realisierbare Nutzfläche vermindert. Dies ist bei der Wahl der Dämmstoffstärke zu bedenken. Dem kann zu einem gewissen Grad mit leistungsfähigeren Dämmmaterialien begegnet werden, die jedoch teurer sind. Bei Dächern und Bodenplatten sowie erdberührten Wandbauteilen ist eine erhöhte Dämmstoffstärke meist wirtschaftlich, da nur der geringe Mehrpreis für den Materialanteil zu zahlen ist. Konstruktive Herausforderungen bestehen nicht, da keine Fensteröffnungen vorhanden sind und keine Verankerung erforderlich ist. Bei Böden die mit Altlasten kontaminiert sind, können sich Mehrkosten durch die Entsorgung des Aushubs ergeben.

Transparente Flächen

Ein moderater Fensterflächenanteil in der Größenordnung von 40 % bis 60 % führt in der Regel zu einem günstigen Energiebedarf für Heizung und Kühlung sowie niedrigen Investitionskosten. Zum einen sind Glasflächen teurer als opake Bauteile, zum anderen bewirken transparente Flächen höhere Transmissionswärmeverluste und Strahlungseinträge. Lediglich an der Südfassade können etwas höhere Glasanteile von bis zu 70 % durch die passive Nutzung der Sonnenenergie energetische Vorteile bieten. Mit einer tageslichtoptimierten Fenstergeometrie und einer guten Tageslichttransmission der Verglasung kann der Beleuchtungsenergiebedarf reduziert werden. Bessere Gläser verringern Transmissionswärmeverluste und die Kaltluftproblematik, sodass die Behaglichkeit steigt und sich der technische Aufwand für die Raumkonditionierung erheblich verringert.

Sonnenschutz

Der Sonnenschutz sollte außen liegend und windunempfindlich sein. Dadurch ergeben sich zwar höhere Investitions- und Wartungskosten, diese werden jedoch durch Einsparungen bei der Kältetechnik und der Kühlenergie mehr als ausgeglichen. Es ist ein besonderes Augenmerk auf die erforderliche Kühlleistung zu legen. Sobald die Nachtauskühlung oder die Betonkernaktivierung zur Kühlung nicht mehr ausreichend sind, ergeben sich in einer

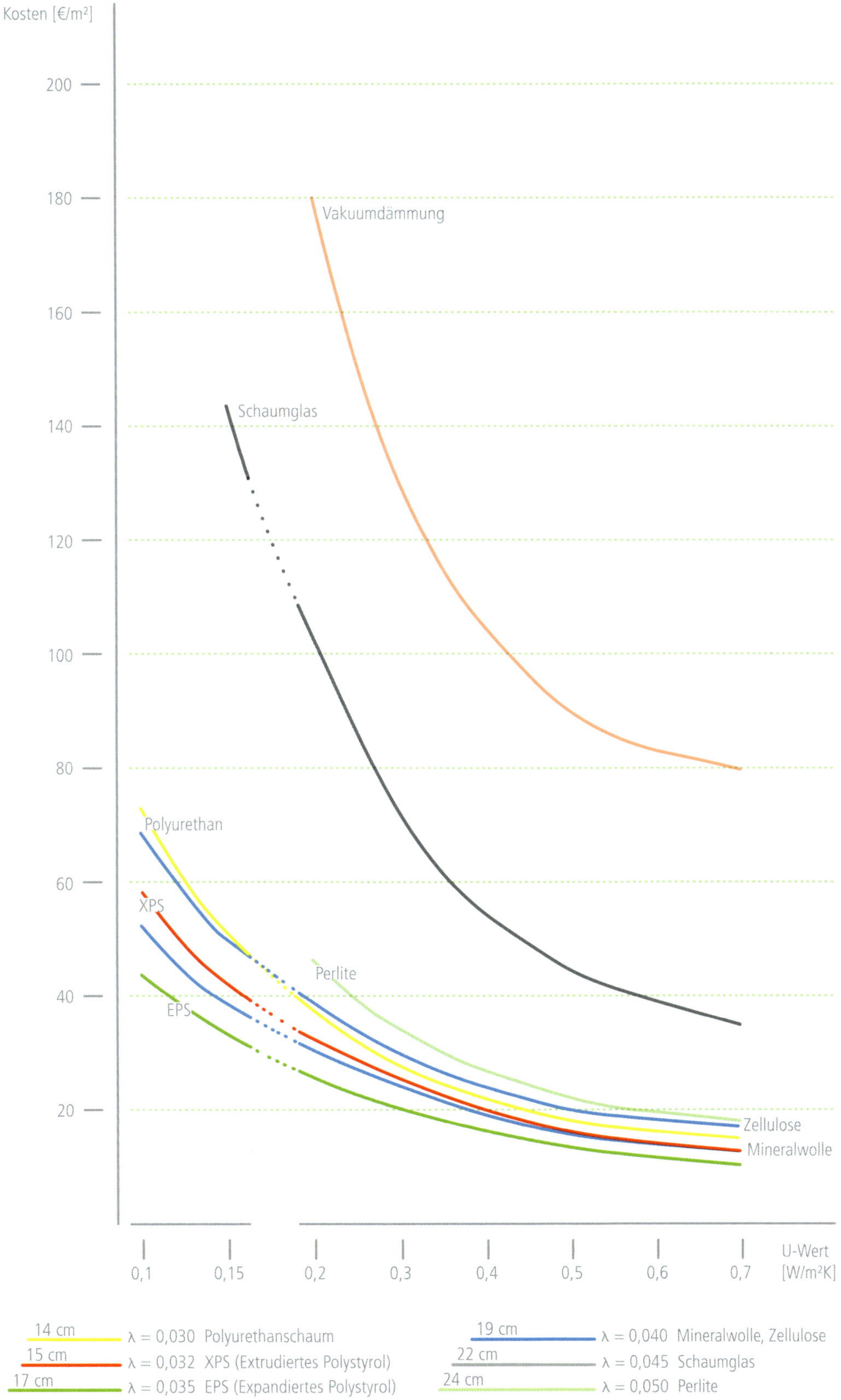

Dämmstoffspezifische Kosten pro m² Bauteilfläche in Abhängigkeit des realisierten U-Werts des Bauteils

Erforderliche Dämmstoffstärke in cm für einen U-Wert von 0,20 W/m²K

Spezifische Kosten für unterschiedliche Sonnenschutzstrategien bezogen auf einen Quadratmeter: Es wird in feststehende und bewegliche Systeme unterschieden; bei den beweglichen in manuell bewegte und automatisch steuerbare. Generell sind bewegliche Systeme vorteilhafter, da sie im Winter die erwünschte Solarstrahlung in den Raum dringen lassen und der Tageslichteintrag besser ist. Jedoch sind die Investitionskosten und der Wartungsaufwand höher und die Lebensdauer geringer als bei feststehenden Systemen.

Sprungfunktion um fünf- bis zehnfach erhöhte Mehrkosten für den Einbau von Kühldecken, die dann zusätzlich noch eine mechanische Lüftung mit entfeuchteter Zuluft sowie eine Taupunktregelung erfordern. Ein weiteres Kriterium ist die Langlebigkeit und die Selbstreinigung, da ein Austausch und die Reinigung von Sonnenschutzelementen zu hohen Folgekosten führen. Dies ist insbesondere bei hohen Gebäuden von Bedeutung. Feststehende Konzepte sind meist sehr wirtschaftlich; Systeme mit Textilien, Stellmotoren oder komplexen mechanischen Bauelementen weisen oftmals eine nur begrenzte Lebensdauer auf.

Lüftung

Kann über die Fassade eine behagliche natürliche Lüftung realisiert werden, so kann eine Lüftungsanlage gegebenenfalls ersetzt oder kleiner dimensioniert werden. Zudem verringern sich die Laufzeiten der Lüftungsanlage, wodurch Strom gespart wird. Ist eine witterungs- und einbruchsgeschützte Nachtlüftung möglich, so kann bei ausreichend vorhandener Speichermasse in Form von freiliegenden Decken und massiven Innenwänden gegebenenfalls eine aktive Kühlung eingespart werden.

Ökonomie der Konstruktion

Bei der Wirtschaftlichkeit von Fassadenkonstruktionen sind neben den Investitionskosten auch die Folgekosten durch Energiebedarf und Unterhalt sowie die Lebensdauer zu berücksichtigen. Weitere Kriterien können der Platzbedarf aufgrund der Wandstärke sowie die Bauzeit sein. Monolithische Konstruktionen aus Ziegel, massive hinterlüftete Konstruktionen und Holzkonstruktionen sind in Bezug auf die Investition in der Größenordnung von 10 % bis 30 % teurer als Konstruktionen mit einem Wärmedämmverbundsystem. Dies wird jedoch durch die doppelte Lebensdauer und die geringeren Unterhaltskosten in der Regel mehr als ausgeglichen. Wärmedämmverbundsysteme bieten Kostenvorteile, haben jedoch eine prognostizierte Lebensdauer von nur ca. vierzig Jahren, teilweise müssen sie bereits vorher überarbeitet werden. Zudem entstehen aufgrund der Verklebung Herausforderungen bei Abbruch und Recycling. Bei hohen Grundstückspreisen oder beengten Platzverhältnissen in Städten kann die Wandstärke der Konstruktion ein relevantes Planungskriterium werden. Sie bestimmt die nutzbare Fläche im Innenraum und den möglichen Wärmeschutz der Außenwand. Eine um 10 cm verminderte Wandstärke führt in Innenstädten zu einem Kostenvorteil bezogen auf einen Quadratmeter Fassadenfläche von bis zu 400,– €, was je nach Konstruktion bis zum doppelten der Investitionskosten der Fassade betragen kann. Aus energetischer Sicht liegt der Unterschied der Dämmstoffstärke für einen aktuellen Neubau nach EnEV und einem Passivhaus bei ca. 10 cm bis 15 cm.

Ökonomie von Fassadenkonzepten

Die wirtschaftlichste Fassade in Bezug auf die Investitionen und die Betriebskosten ist die Lochfassade mit moderatem Fensterflächenanteil und gutem Wärmeschutz. Elementfassaden sind in der Regel teurer, der Wärmeschutz geringer. Prallscheiben bewirken einen moderaten Mehraufwand; an lärmexponierten Standorten verbessern sie die natürliche Lüftung und ermöglichen eine Nachtauskühlung, sodass sie meist wirtschaftlich sind. Dies gilt auch für Wechselfassaden an lärmbelasteten Standorten oder hohen Gebäuden. Doppelfassaden ermöglichen bei hohen Häusern eine natürliche Lüftung und einen witterungsgeschützten Sonnenschutz. Aufgrund der Aufheizung des Fassadenzwischenraums ist die natürliche Lüftungsmöglichkeit im Sommer eingeschränkt, sodass eine Lüftungsanlage in der Regel nicht ersetzt wird. Die sehr hohen Investitions- und Reinigungskosten werden durch Vorteile beim Energiebedarf in der Praxis nicht aufgewogen. Werden Doppelfassaden ähnlich einem Wintergarten konzipiert, kann der gewonnene Raum die hohen Kosten rechtfertigen. Bei steuerbaren Doppelfassaden sind die Kosten für Investition und Wartung nochmals höher, sodass sie nur selten sinnvoll sind.

»HAUS 2226« IN LUSTENAU, ÖSTERREICH

Prof. Dietmar Eberle, Baumschlager Eberle Architekten, Lustenau:

»Wir müssen wieder lernen, beim Bauen mit langfristigen Zeiträumen umzugehen.«

Die Fenster mit einer tiefen Laibung verfügen über gesteuerte Elemente für die natürliche Lüftung. Sie sind raumklimatisch günstig und geben der Architektur einen besonderen Ausdruck.

Architektur: Baumschlager Eberle Architekten, Lustenau

Energieoptimierung: Lars Junghans, University of Michigan

»Das Besondere an diesem Haus ist die Eliminierung der klassischen Haustechnik, die bisher die Herrschaft über die Architektur übernommen hatte. Die hier angewendete neue Philosophie der energetischen Planung gibt der Architektur ihre Würde zurück.« Dieses Zitat von Dietmar Steiner drückt den wesentlichen Kern von »2226« aus. Das Gebäude, das seinen Namen wegen des behaglichen Temperaturbandes zwischen 22 °C und 26 °C trägt, ist ein Bekenntnis zu den Potenzialen der Architektur für das nachhaltige Bauen. Das Gebäude »2226« wirkt wie eine Synthese aller energetischen Strategien der vorangegangenen Jahrzehnte. Dabei nimmt es das jeweils Gute einer Epoche auf und führt es zu einem Gesamtwerk zusammen, ohne einen Einzelaspekt auf die Spitze zu treiben. Die Themen Wärmeschutz, Speichermasse, Lüftung, Tageslicht sowie die Nutzung interner und solarer Gewinne werden auf einfache und langlebige Weise zu einem ausgewogenen Gesamtkonzept zusammengeführt.

Wärmeschutz

Der Wärmeschutz ist hervorragend, aber nicht extrem, so kann dieser mit einer monolithischen Konstruktion erreicht werden. Die monolithische Außenwand teilt sich in 38 cm statisches und 38 cm dämmendes Ziegelmauerwerk auf. Die Wände sind beidseitig mit einem Kalkputz verputzt, der auf der Außenseite im Laufe der Zeit immer robuster wird. Die monolithische Konstruktion ist langlebig, stellt eine umfangreiche thermisch nutzbare Speichermasse zur Verfügung und wird durch die erlebbare Wandstärke elementares Ausdrucksmittel der Architektur.

Gebäudetechnik

In Bezug auf die Technik gibt es gleichermaßen eine Rückbesinnung und Zukunftsorientierung. Die natürliche Lüftung über gesteuerte Lüftungsöffnungen hat das Ziel, Antriebsenergie zu vermeiden, die Lüftungswärmeverluste durch einen angepassten Luftwechsel zu minimieren und gleichzeitig eine hohe Luftqualität zu erreichen. Die Luftqualität und die Lufttemperaturen werden über Sensoren erfasst, eine intelligente Steuerung stellt dann die motorisch angetriebenen Lüftungselemente ein. Dieses System optimiert auch das Raumklima, indem der Luftwechsel nach thermischen Kriterien eingestellt wird. Zudem ist eine gesteuerte Nachtlüftung auf einfache Weise möglich. Eine wartungsaufwendige Lüftungszentrale, Lüftungskanäle, die gereinigt werden müssen, sowie ein aktives Kühlsystem können eingespart werden. Dadurch reduzieren sich die Investitions- und Energiekosten. Die Zukunft des »2226« ist aufgrund der langlebigen Materialien und der minimierten Technik auf zweihundert Jahre ausgelegt. Aktuell ist das Konzept des »2226« Ausdruck für eine neue Architektur, die von Nachhaltigkeit und Technikreduktion geprägt ist.

Blick in den lichtdurchfluteten Innenraum mit den umfangreichen freiliegenden Speichermassen

Blick in das Bistro im EG: Die große Raumhöhe wirkt sich klimatisch vorteilhaft aus.

HAUS

- Standortfaktoren
- Wärme- und Kälteerzeugungssysteme
- Energiekonzepte für Gebäude
- Technikflächen
- Wohngebäude
- Gemischtgenutzte Gebäude
- Bürogebäude
- Unterrichtsgebäude
- Versammlungsgebäude
- Ökonomie der Energietechnik
- Wohn- und Bürohaus, Darmstadt

An jedem Standort bestehen individuelle Bedingungen bezüglich des Mikroklimas, der solaren Einstrahlung, der Windverhältnisse sowie der Schadstoff- und Lärmemissionen. Werden diese Außeneinflüsse schon in der Konzeptionsphase eines Gebäudes, in der Kubatur, Struktur und Grundriss festgelegt werden, beachtet, so reduziert sich der Aufwand für Gebäudetechnik und Energieversorgung und die Nutzungsqualität steigt. Die Orientierung des Gebäudes sollte dem gewünschten Strahlungseintrag angepasst werden. Der Baukörper ist so zu gliedern, dass alle Räume weitreichend natürlich belüftet und belichtet werden können. Werden Nutzräume von befahrenen Straßen abgewandt angeordnet, ist eine natürliche Lüftung mit hoher Luftqualität bei geringem Lärmeintrag möglich. Wird die Gebäudestruktur entsprechend ausgelegt, können Thermik und Wind als Lüftungsantrieb eingesetzt werden. Das Energieversorgungs- und Raumklimatisierungskonzept ist auf die jeweilige Nutzung des Gebäudes abzustimmen. Durch eine optimierte Einbindung der Gebäudetechnik in die Gebäude- und Grundrissstruktur können Technikflächen sowie Raum für Schächte und Trassen eingespart werden. Bei der Energieerzeugung ist es sinnvoll, die Potenziale des Standorts zu nutzen. Die Baukonstruktion kann als Wärme- oder Kältespeicher aktiviert werden, wodurch eine effizientere Wärme- und Kälteerzeugung möglich ist.

STANDORTFAKTOREN

Bereits die allererste Konzeptphase eines Gebäudes, in der der Standort und die Struktur festgelegt werden, hat einen überproportional großen Einfluss auf die energetischen und raumklimatischen Eigenschaften des Gebäudes. Vom Standort mit seinen individuellen Eigenschaften werden die Einstrahlsituation, die Windanströmung, die Schallbelastung, die Luftqualität und das Mikroklima bestimmt. Die Gebäudestruktur definiert die Orientierung und damit die Einstrahlsituation und die windbedingten Druckverhältnisse am Gebäude. Weiterhin wird das Potenzial der natürlichen Belüftung und Belichtung durch die Geometrie festgelegt.

Gebäudestruktur und Einstrahlung

Bei der Orientierung besteht die prinzipielle Möglichkeit einer Nord-Süd- oder einer Ost-West-Ausrichtung. Die Nord-Süd-Ausrichtung hat den Vorteil eines etwas verminderten Heizwärmebedarfs durch erhöhte Strahlungseinträge im Winter und eines besseren Raumklimas im Sommer aufgrund der nur wenig besonnten Nordfassade und eines steilen Einstrahlwinkels an der Südfassade, wodurch die Einstrahlleistung geringer und eine Verschattung gut möglich ist. Als Nachteil wird von einigen Nutzern empfunden, dass die Hälfte der Nutzfläche über lange Zeit im Jahr keine direkte Solarstrahlung erhält.

Die Ost-West-Orientierung hat den Vorteil, dass alle Räume zu gewissen Zeiten des Tages direktes Sonnenlicht erhalten, was für einige Nutzer eine grundlegende Anforderung ist. Aus energetischer und raumklimatischer Sicht hat die Ost-West-Orientierung jedoch Nachteile. In der Heizperiode ergeben sich geringe solare Strahlungseinträge. In den Sommermonaten bewirkt die flachstehende Morgen- bzw. Abendsonne eine hohe Einstrahlung, die sich aufgrund des flachen Einstrahlwinkels nur schwer verschatten lässt. Deshalb ist auch die Tageslichtnutzung schwieriger und es ergibt sich die Gefahr von Blendung. Insbesondere die Westfassade ist raumklimatisch problematisch, da dort eine hohe Einstrahlleistung mit hohen Außenlufttemperaturen zeitlich zusammentrifft, sodass die Wärme im Raum nicht über Lüftung abgeführt werden kann.

Gebäudestruktur und Lüftung

Der Wind kann durch eine Querlüftung den Luftaustausch verbessern, dadurch kann Antriebsenergie eingespart werden. Bei großen Gebäuden, die quer zum Wind stehen, und bei hohen Gebäuden können sich jedoch unerwünscht hohe windbedingte Druckdifferenzen aufbauen, die eine unkontrollierte Luftströmung im Inneren des Gebäudes bewirken können. Es besteht die Gefahr von Strömungsgeräuschen und erhöhten Fenster- und Türöffnungskräften. Bei runden Gebäuden können sich durch Windanströmung vor allem durch Sogkräfte hohe Druckdifferenzen einstellen. Die Baukörperstellung hat auch einen Einfluss auf die windbedingte Aufenthaltsqualität im Freien. Entsteht zwischen Baukörpern Durchzug, so können sich unbehaglich hohe Wind-

Raumorientierung

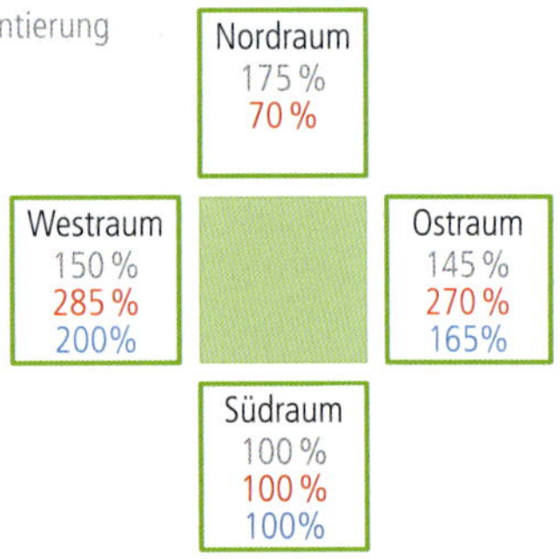

Winter: Heizwärmebedarf
Sommer: Übertemperaturstunden >28 °C
Sommer: Kältebedarf bei Kühlung auf 26 °C

Einfluss der Orientierung eines Raums auf den Heizwärme- und Kühlkältebedarf sowie auf die Zahl der Stunden pro Jahr, an denen die Raumtemperatur über 28 °C liegt

Gebäudeorientierung

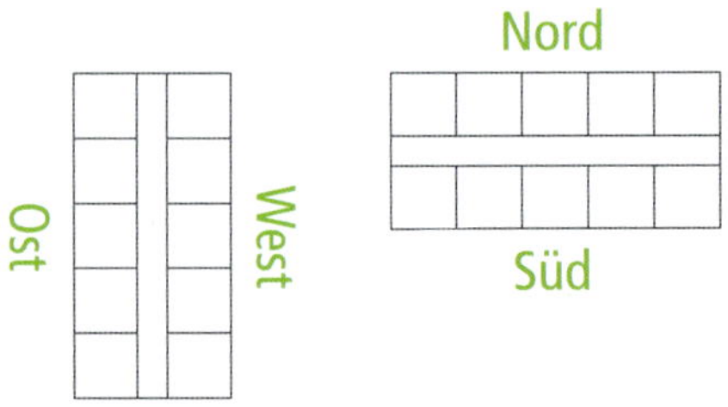

Heizung: 108 %
Kühlung: 380 %

Heizung: 100 %
Kühlung: 100 %

Einfluss der Gebäudeausrichtung auf den Heizwärme- und Kühlkältebedarf

geschwindigkeiten ergeben. Dies ist häufig auch bei Durchfahrten, z. B. zu Innenhöfen, der Fall.

Sind zusammenhängende vertikale Lufträume vorhanden, so können diese für einen thermischen Luftaustausch genutzt werden. Neben der Lüftungsfunktion kann dies das Raumklima durch intensivierte Nachtlüftung verbessern.

Lärmsituation

Bei der Anordnung des Baukörpers auf dem Grundstück und bei der Spezifikation der Grundrissstruktur ist die Außenlärmsituation ein wichtiger Planungsparameter. Durch die Anordnung von Nutzräumen an der vom Lärm abgewandten Seite vermindert sich die Schallbelastung erheblich, wodurch eine natürliche Lüftung zu vielen Stunden während des Jahres möglich wird. Oftmals kann die Lärmsituation durch die optimierte Stellung von untergeordneten Baukörpern, z. B. Garagen, oder von Lärmschutzwänden, die auch verglast sein können, verbessert werden.

Mikroklima

Insbesondere im Sommer können sich versiegelte dunkle Oberflächen stark aufheizen und so das Mikroklima am Standort ungünstig beeinflussen. Sehr helle oder reflektierende Flächen können durch Blendung unbehaglich wirken. Bepflanzte Flächen heizen sich hingegen nur wenig auf, bewirken eine durchlüftete Verschattung der Gebäude und reduzieren die Temperatur im Außenraum durch adiabate Kühlung, der Kühlung durch Verdunstungskälte. Durch die niedrigere Oberflächentemperatur ergibt sich ein angenehmes Strahlungsmilieu. Auch Wasserflächen verzögern durch die Speicherwirkung des Wassers und die adiabate Kühlung durch Verdunstung die Aufheizung im Sommer. Dieser Effekt kann durch Versprühen des Wassers, z. B. über Springbrunnen oder Wasserspiele, noch gesteigert werden. Im Winter kann sich eine thermisch ausgleichende Wirkung einstellen, die angenehm empfunden wird.

Planungsstrategien

Bei der Konzeption und Planung der Gebäudestruktur und der unmittelbaren Gebäudeumgebung werden viele energetische und klimatische Einflussfaktoren festgelegt, die sich im weiteren Planungsverlauf nicht mehr optimieren lassen. Die energetischen Einsparpotenziale liegen hier in der Größenordnung von 20 % bis 40 % und sind somit erheblich, zumal eine Optimierung in diesem Bereich oftmals nicht mit zusätzlichen Investitionskosten verbunden ist, sondern nur einer sorgfältigen Planung bedarf. Häufig reduziert sich dadurch der Technikaufwand mit den daraus resultierenden Investitions- und Wartungskosten. In der Regel ist mit einer Energieoptimierung im Lageplanmaßstab auch eine Verbesserung der Nutzungsqualität verbunden, z. B. bei der einstrahlungsoptimierten Orientierung, der erweiterten Möglichkeit der natürlichen Lüftung sowie der Integration von Pflanzen in die Gebäudehülle und die Außenräume.

Straßenlärmbelastung

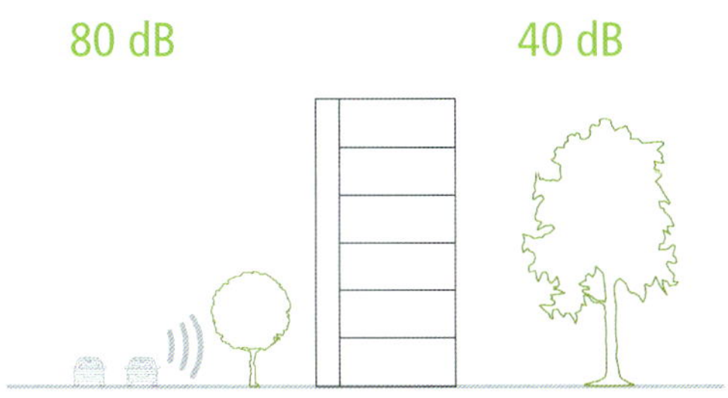

Windbelastung

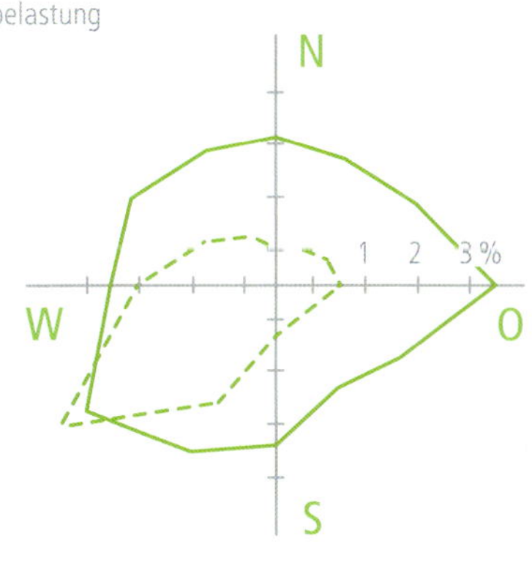

Durch eine optimierte Gebäudeausrichtung können sich Vorteile in Bezug auf die Außenlärmsituation und die Luftqualität ergeben.

Windrichtungsverteilung für schwache (durchgezogene Linie) und starke (gepunktete Linie) Winde in Deutschland. Starke Winde kommen überwiegend aus westlichen Richtungen.

WÄRME- UND KÄLTEERZEUGUNGSSYSTEME

Blockheizkraftwerk

Ein Blockheizkraftwerk (BHKW) besteht aus einem konventionellen Verbrennungsmotor, der einen Stromgenerator antreibt. Der Generator erzeugt in Bezug auf die eingesetzte Energie des Brennstoffs ca. 35 % Strom. Der Anteil von nutzbarer Motorabwärme am Kühlkreislauf und an der Abgasanlage liegt bei ca. 55 %. Der gute Primärenergiefaktor von ca. 0,7 beim BHKW ergibt sich durch die gleichzeitige Erzeugung von elektrischem Strom und Wärme. Primärenergetisch gesehen ist der Strom zwei- bis dreimal so wertvoll wie Wärme. Zudem wird die anfallende Abwärme genutzt. Aufgrund der zahlreichen bewegten Teile und des regelmäßig erforderlichen Ölwechsels hat ein BHKW einen hohen Wartungsaufwand. BHKW stehen in einem Leistungsbereich von 5 kW bis zu mehreren 100 kW elektrischer Leistung zur Verfügung. Typische Größen im Baubereich bewegen sich zwischen 20 kW_{el} und 100 $kW_{el.}$ In der Regel werden aus Redundanzgründen mehrere kleine anstatt eines großen BHKW eingesetzt. Neuerdings werden auch Brennwert-BHKW realisiert, welche die Kondensationswärme des Abgases nutzen und damit den Wirkungsgrad erhöhen. BHKW können auch zur Notstromversorgung eingesetzt werden, wodurch sich die Wirtschaftlichkeit verbessert.

Treibstoffe

BHKW können mit leitungsgebundenem Gas oder Dieselkraftstoff betrieben werden. Auch eine Nutzung oder Beimischung von biogenen Treibstoffen oder von Wasserstoff bei einem Gasmotor-BHKW ist denkbar, wodurch sich die CO_2-Bilanz verbessert. Häufig werden BHKW auch in Verbindung mit Biogasanlagen umgesetzt. Das BHKW kann dann direkt mit dem erzeugten Biogas CO_2-neutral betrieben werden. Die Abwärme wird gleichzeitig als Prozesswärme für die Biogasanlage genutzt.

Planungsstrategie

Aufgrund der hohen Investitionskosten sollten BHKW eine hohe Jahreslaufzeit von über 5 000 Stunden aufweisen, idealerweise laufen sie kontinuierlich durch. Damit dies gewährleistet ist, sollte auch im Sommer ein Wärmebedarf gegeben sein. BHKW werden deshalb häufig bei Hallenbädern, Krankenhäusern und Produktionsbetrieben sowie bei Quartierskonzepten eingesetzt. Aufgrund des hohen Leistungspreises werden BHKW in Verbindung mit Spitzenlastkesseln betrieben. Das BHKW wird auf ca. 30 % bis 40 % der Maximalleistung dimensioniert. Dadurch ergibt sich typischerweise eine bereitgestellte Energiemenge von ca. 50 % bis 75 %. Bei der Aufstellung ist zu beachten, dass ein BHKW Schall mit ca. 65 dB emittiert und Vibrationen erzeugt. Deshalb ist auf eine gute Entkopplung zu achten, oftmals erfolgt die Aufstellung auch in einem separaten Heizhaus oder Container. Werden BHKW zur Notstromversorgung eingesetzt, kommen häufig zwei Geräte zum Einsatz, die im Wechsel in Betrieb sind. Dadurch steht der Notstrom ohne Verzögerungszeit kontinuierlich zur Verfügung, auch wenn ein Gerät gewartet wird.

Blick in ein Blockheizkraftwerk in einer Quartiersenergiezentrale mit dem Gasmotor (Mitte), dem Generator (rechts) und dem Wärmetauscher (links)

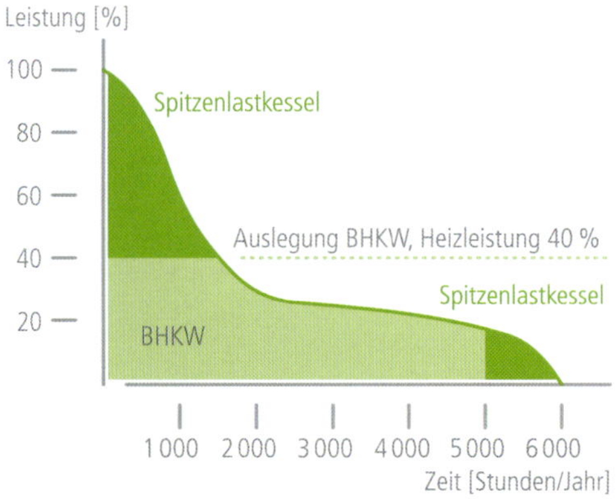

Jahresdauerlinie mit Einsatzbereich des Blockheizkraftwerks: Blockheizkraftwerke werden auf 30 % bis 40 % der erforderlichen Spitzenlast ausgelegt. Damit werden 50 % bis 75 % des Wärmebedarfs (hellgrüne Fläche) erzeugt. Die verbleibende Leistung wird über einen konventionellen Spitzenlastkessel bereitgestellt.

Biomassenutzung

Durch die Nutzung von fester, flüssiger oder gasförmiger Biomasse kann auf CO_2-neutrale Weise Wärme erzeugt oder ein Verbrennungsmotor angetrieben werden. Das beim Verbrennungsprozess frei werdende CO_2 ist vorher beim Wachstum der Bäume oder Pflanzen durch Photosynthese der Atmosphäre entzogen worden. Bei der Nutzung von Biomasse-Energiesystemen entsteht ein geschlossener CO_2-Kreislauf, was sich positiv auf die Nachhaltigkeitsbilanz auswirkt.

Biomasse-Brennstoffe

Feste Biomasse kommt überwiegend als Holz in Form von Pellets, Hackschnitzeln oder Holzscheiten zum Einsatz. Pellets sind am teuersten, dafür sind sie einfach in der Handhabung und es stehen Wärmeerzeuger dafür in allen Leistungsbereichen zur Verfügung. Hackschnitzel sind etwa halb so teuer, dafür sind die Anlagen zur Förderung des Brennstoffs aufwendig zu realisieren und wartungsintensiv. Deshalb werden in der Regel größere Anlagen mit Kesselleistungen von über 100 kW bis zu 500 kW errichtet. Holzscheite werden vor allem im privaten Bereich eingesetzt, sofern Brennholz kostengünstig zur Verfügung steht. Der hohe Aufwand für die Holzaufbereitung und die manuelle Beschickung des Scheitholzkessels wird dann in der Regel nicht mitkalkuliert. Perspektivisch können auch landwirtschaftliche Reststoffe oder schnell wachsende Pflanzen als feste Biomasse direkt verfeuert werden. Flüssige Biobrennstoffe sind vor allem Rapsöl oder Brennstoffe auf Alkoholbasis, die direkt genutzt oder fossilen Brennstoffen beigemischt werden. Damit lässt sich die CO_2-Bilanz von BHKW, die mit flüssigen Treibstoffen betrieben werden, verbessern. Biomasse kann auch zu Biogas vergärt werden, dann bietet sich die lokale Nutzung in einem BHKW an, da die erzeugte Wärme direkt dem Gärprozess zugeführt werden kann.

Planungsstrategie

Die Biomassenutzung ist in Bezug auf die Investitionen zwei- bis dreifach so teuer wie konventionelle Öl- oder Gasbrennwertkessel, dafür sind die Brennstoffkosten 40 % bis 60 % niedriger. Darum eignen sich diese Systeme vor allem für größere Anlagen mit einer hohen Jahreswärmeerzeugung. Zu berücksichtigen sind der Platzbedarf und der Investitionsaufwand für Brennstofflagerung und Brennstoffförderung. Zudem muss das Brennstofflager auch mit einem Transportfahrzeug anfahrbar sein, wodurch sich Anforderungen an die Außenraumplanung ergeben. Für eine effiziente Betriebsweise ist es sinnvoll, große Pufferspeicher vorzusehen. Da die Vorlauftemperatur hoch ist, ist man in der Wahl des Wärmeübergabesystems flexibel, wodurch sich die Biomassenutzung auch gut für Sanierungsobjekte eignet. Durch den guten Primärenergiefaktor ergeben sich Vorteile im Energienachweis. Damit können Projekte, bei denen es schwierig ist, den Wärmeschutz zu verbessern, z. B. bei Denkmalschutzobjekten, auf effiziente Weise energetisch ertüchtigt werden.

Holzhackschnitzelheizung mit Förderanlage in einem Quartiersprojekt

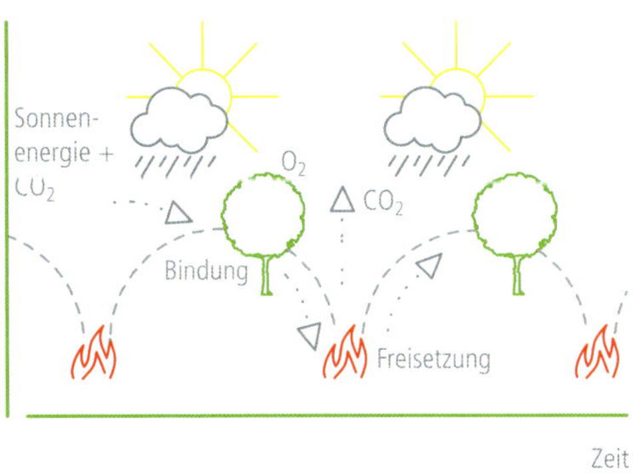

CO_2-Kreislauf bei der Nutzung von Biomasse: Bei der Verbrennung von Biomasse wird CO_2 in die Atmosphäre freigesetzt. Beim Wachstum der Pflanzen wird über die Photosynthese das CO_2 der Atmosphäre entzogen. Es entsteht ein geschlossener Kreislauf mit einer ausgeglichenen CO_2-Bilanz.

Die prinzipiellen Komponenten einer Wärmepumpe sind der Verdampfer, der Verdichter, der Kondensator und das Expansionsventil. Der Motor des Verdichters treibt einen Kältemittel-Kreisprozess an, der in folgenden vier Phasen abläuft:

1. Verdampfen
Das Kältemittel verdampft bei einem Druck von ca. 3 bar und entzieht dabei seiner Umgebung Wärme. Dadurch wird von der Primärwärmequelle Wärme aufgenommen.

2. Verdichten
Der mit Strom angetriebene Kompressor verdichtet das Kältemittel auf 12 bar bis 22 bar, wodurch die Temperatur und der Kondensationspunkt ansteigen.

3. Kondensation
Im Verflüssiger kondensiert das Kältemittel bei hohem Druck und gibt dabei seine Wärme an den Heizkreislauf ab.

4. Expansion
Durch das Expansionsventil kommt es zu einer Druckreduzierung verbunden mit einer Abkühlung des Kältemittels und einer Absenkung des Verdampfungspunkts. Hier beginnt der Kreislauf von Neuem.

Wärmepumpe

Technisch gesehen ist eine Wärmepumpe ein Kühlschrank, der »umgekehrt« genutzt wird. Dabei wird über einen thermodynamischen Kreisprozess mit einem verdampfenden Kältemittel einer kälteren Primärwärmequelle Wärme entzogen und diese von der Wärmepumpe durch das Verdichten des gasförmigen Kältemittels auf einem höheren Temperaturniveau abgegeben, um sie zum Heizen oder zur Warmwasserbereitung zu nutzen. Die Wärmepumpe hat eine hohe Lebensdauer und der Wartungsaufwand ist minimal. Dadurch relativieren sich die erhöhten Investitionskosten, die maßgeblich von der Primärwärmequelle bestimmt werden und in linearem Zusammenhang mit der Leistung stehen. Ein Vorteil besteht darin, dass als Energieträger überall verfügbarer Strom genutzt wird. Eine Abgasanlage ist nicht erforderlich und es entstehen keine lokalen Emissionen. Mit regenerativem Strom wird die Wärmepumpe CO_2-neutral betrieben. Die Effizienz des Wärmepumpenprozesses wird über die Arbeitszahl bestimmt. Sie gibt an, wie viel Wärmeenergie je eingesetzter Strommenge abgegeben wird. Sie ist umso höher, je geringer der Temperaturunterschied zwischen der Primärwärmequelle und der Nutzwärme ist. Typische Arbeitszahlen im Baubereich liegen zwischen drei und sechs. Wärmepumpen stehen in einem breiten Leistungsspektrum zur Verfügung, die Geräte haben Leistungen von 5 kW bis zu 250 kW. Höhere Leistungen werden durch Kaskadenschaltungen realisiert.

Primärwärmequellen

Es sollten Primärwärmequellen genutzt werden, die auch im Winter eine relativ hohe Temperatur aufweisen. Dies ist bei Erdsonden, Erdregistern oder Grundwasser der Fall. In Gebieten mit milden Wintern, wo die Außenlufttemperatur nur selten unter 0 °C fällt, kann auch eine Luftwärmepumpe effizient und wirtschaftlich betrieben werden. Neuerdings werden auch Eisspeicher oder kalte Nahwärmenetze als Primärwärmequelle eingesetzt. Mit Solarabsorbern kann der Wirkungsgrad im Jahresverlauf gesteigert werden. Denkbar ist auch, ein beliebiges Wärmepotenzial zu nutzen, z. B. industrielle Abwärme aus Produktionsprozessen, Rückkühlwärme aus der Gebäudekühlung, Abwasserwärme, Wärme aus der Gebäudeabluft, Wärme aus dem Rücklauf einer Fernwärmeleitung, Abwärme von Computer-Servern oder aus Energieerzeugungsprozessen.

Planungsstrategie

Um den Temperaturhub möglichst gering zu halten, sollten Wärmepumpen mit einem Flächenheizsystem kombiniert werden, zumindest sind jedoch großzügig dimensionierte Flächenheizkörper vorzusehen. Muss ein Gebäude gekühlt werden, so bietet sich die Realisierung einer Wärmepumpe in Verbindung mit Erdsonden oder Grundwasser an, da damit eine regenerative Kältequelle zur Verfügung steht. Bei hohen Kühlleistungen kann eine Wärmepumpe reversibel betrieben werden und somit eine konventionelle Kältemaschine ersetzen.

Wärmeerzeugung über eine Wärmepumpe: Die Arbeitszahl einer Wärmepumpe ist abhängig von der Temperaturdifferenz zwischen Primärwärmequelle und abgegebener Nutzwärme. Vor diesem Hintergrund ist es sinnvoll, zur Wärmeübergabe Flächenheizsysteme zu nutzen. Die Primärwärmequelle sollte eine Temperatur über 0 °C aufweisen.

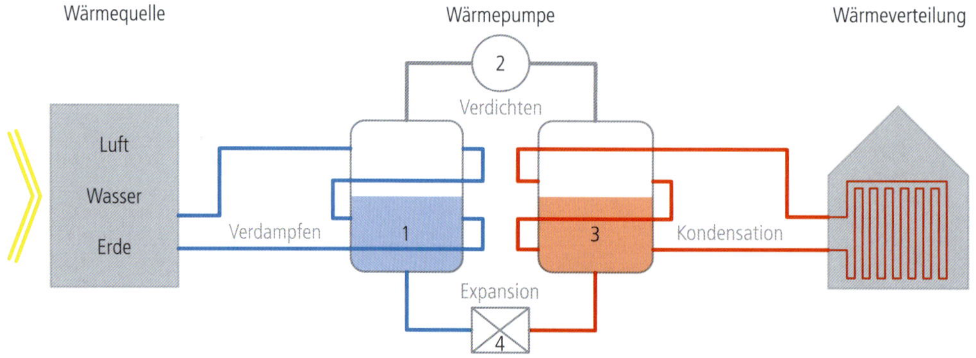

Solarthermie

Solarthermie ist die Nutzung der Solarstrahlung zur Erzeugung von Wärme durch Solarkollektoren. Die Kollektoren machen sich den sogenannten Glashauseffekt zunutze. Dabei dringt kurzwelliges Sonnenlicht durch das Glas des Kollektors auf den Absorber und wird dort in Wärme umgewandelt. In Deutschland werden pro Jahr im Mittel 1 054 kWh auf einen Quadratmeter eingestrahlt. Im Sommerhalbjahr ist die Einstrahlung mit 818 kWh/m² jedoch dreieinhalb mal so hoch wie in der Heizperiode mit 236 kWh/m². Aufgrund dieser saisonalen Verteilung und der begrenzten Speicherbarkeit von Wärme lässt sich Solarthermie nur begrenzt zum Heizen nutzen. Deshalb wird sie überwiegend zur Brauchwassererwärmung und zur Heizung in der Übergangszeit sowie für Nutzungen mit Wärmebedarf im Sommer, z. B. in Schwimmbädern, eingesetzt.

Aufbau der Solaranlage

Eine Solaranlage besteht aus den Kollektoren und dem Solar-Pufferspeicher, die über den Kollektorkreislauf miteinander verbunden sind. In diesem wird Wasser von einer Pumpe umgewälzt, sobald die Temperatur im Kollektor höher ist als die im Speicher. Der Speicher ist als Schichtenspeicher konstruiert, sodass die Wärme je nach Temperaturniveau in verschiedenen Schichten, die von unten nach oben wärmer werden, eingespeichert wird. Bei fehlender Einstrahlung wird der Speicher im oberen Bereich durch einen konventionellen Kessel oder eine Wärmepumpe nachgeheizt.

Kollektorbauformen

Am weitesten verbreitet sind Flachkollektoren. Diese bestehen aus einem gut gedämmten Kollektorgehäuse, in das der dunkle Metallabsorber integriert ist. Das Deckglas ist in der Weise konfiguriert, dass es für das Sonnenlicht möglichst durchlässig ist, nur wenig Strahlung reflektiert und die Wärme gut im Kollektor zurückhält. Durch eine Evakuierung des Kollektors können die Wärmeverluste minimiert werden. Bei Vakuumröhrenkollektoren befindet sich der Absorber in einer Glasröhre, in der das Vakuum sehr gut ausgebildet werden kann, und der Wirkungsgrad dadurch höher ist als bei einem Flachkollektor. Eine kostengünstige Sonderform mit jedoch geringem Wirkungsgrad sind Solarabsorber. Diese bestehen aus Kunststoffrohren oder flachen Schläuchen, die auf Dächern ausgelegt werden.

Planungsstrategie

Die Kollektorfläche zur Warmwassererwärmung wird auf ca. 60 % des Wärmebedarfs ausgelegt. Dies entspricht ca. 1,5 m² Kollektorfläche pro Person. Das Speichervolumen liegt dann bei ca. 200 l pro Person. Soll auch die Heizung unterstützt und dabei der Heizwärmebedarf um ca. 20 % reduziert werden, so verdoppelt sich die Kollektorfläche. Es sind dann eine Flächenheizung und ein Speichervolumen von ca. 1 000 l vorzusehen. Bei Gebäuden mit geringem Wärmeschutz kann die Solarthermie dazu beitragen, den Primärenergiebedarf auf nachhaltige Weise zu vermindern.

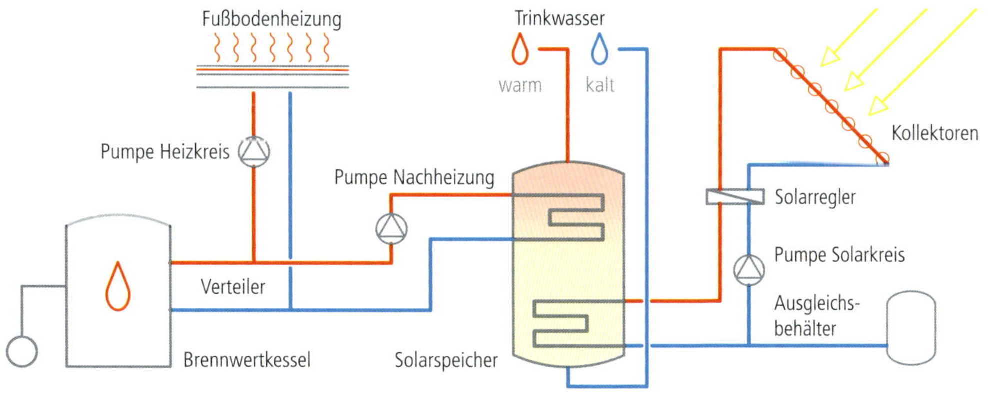

Aufbau einer solarthermischen Anlage: Die thermischen Solarkollektoren sind über einen Wasserkreislauf mit dem Schichtenspeicher verbunden. Ein Solarregler schaltet die Umwälzpumpe ein, sobald die Temperatur im Kollektor höher ist als im Speicher. Im Speicher besteht eine Temperaturschichtung, die von unten nach oben zunehmend wärmer wird. Reicht die Temperatur des Solarkreises nicht aus, so wird der Schichtenspeicher im oberen Bereich durch den Brennwertkessel nachgeheizt. In der Übergangszeit kann dem Schichtenspeicher Wärme zur Heizungsunterstützung entnommen werden. Ideal ist dabei eine Flächenheizung.

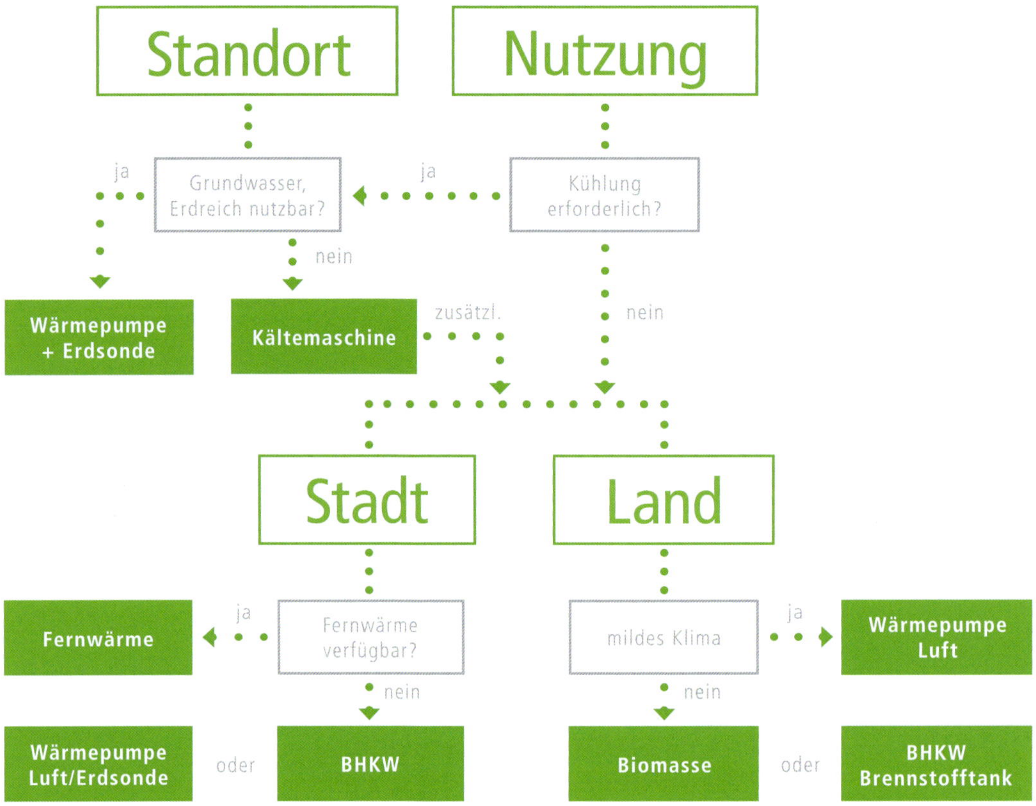

Auswahlschema für das Energieerzeugungssystem in Abhängigkeit der Nutzung, des Standorts und des Klimas: Zunächst stellt sich die Frage, ob gekühlt werden muss; falls ja, bietet sich eine Wärmepumpe mit Erdsonden an, die gleichzeitig eine regenerative Kältequelle sind. Ansonsten ist die Verfügbarkeit von Fernwärme oder Gas ein wichtiges Kriterium, das in der Stadt meist gegeben ist. Falls nicht, kann je nach Klima auf eine Luft- oder Wasserwärmepumpe zurückgegriffen werden. Auf dem Land kann bei mildem Klima mit Strom eine Luftwärmepumpe betrieben werden. Ansonsten ist Biomasse eine gute Wahl, ggf. auch ein BHKW in Verbindung mit einem Brennstofftank.

Bei der Konzeption von Energieerzeugungssystemen sind zunächst standort- und nutzungsspezifische Gegebenheiten zu analysieren. In Bezug auf den Standort sind die Verfügbarkeit von Energieträgern sowie die Bebauungsdichte zu berücksichtigen. In Bezug auf das Gebäude sind der energetische Standard, die Art der Wärmeübergabe und die Frage, ob Trinkwarmwasserbedarf oder Kältebedarf bestehen, von Bedeutung.

Auswahl der Energieerzeugungssysteme

In der Stadt stehen in der Regel Gas oder Fern- bzw. Nahwärme zur Verfügung. Fern- oder Nahwärme ist dann die erste Wahl, da diese eine gute CO_2-Bilanz aufweist, oftmals besteht auch ein Anschlusszwang.

Bei Kältebedarf ist eine Wärmepumpe mit Erdsonden oder Grundwassernutzung zur Wärmeerzeugung sinnvoll, da die Primärwärmequelle im Sommer direkt zur Kühlung genutzt werden kann. Es bietet sich dann eine Kombination mit einer PV-Anlage an, da der Strom für den Betrieb der Wärmepumpe weitgehend selbst genutzt wird. Zu Bedenken ist jedoch, dass die Wärmeübergabe dann über Flächen, z. B. über eine Fußboden- oder Wandheizung, erfolgen sollte, sodass dies hauptsächlich bei Neubauten sinnvoll ist. Ist ganzjährig Wärmebedarf vorhanden, z. B. bei einem Schwimmbad oder Krankenhaus, ist ein Blockheizkraftwerk besonders geeignet.

Im ländlichen Raum, wo Gas oder Fernwärme nicht vorhanden sind, ist es besonders günstig, die Wärme CO_2-neutral über Biomasse, z. B. Pellets, zu erzeugen, da die Rohstoffe oftmals in der nahen Umgebung verfügbar sind. Eine weitere Möglichkeit wäre ein Gas- oder Öltank in Kombination mit einem BHKW oder einem Brennwertkessel. Alternativ kann Wärme strombasiert über eine Wärmepumpe erzeugt werden. Dies bietet sich insbesondere bei mildem Klima an.

Konzept mit Biomasse und PV

Eine Heizung auf Holzbasis ist vor allem im ländlichen Raum sinnvoll, da der Rohstoff oftmals lokal zur Verfügung steht und eine Anlieferung leicht möglich ist. Auch sind die Kosten für das erforderliche Brennstofflager in der Regel gering. Holz ist ein nachwachsender Rohstoff und somit nahezu CO_2-neutral, er steht als Holzscheite, als Hackschnitzel oder als Pellets zur Verfügung. Scheite werden vor allem aus Eigenerzeugung genutzt und sind aufwendig bei der Aufbereitung und der Verfeuerung. Hackschnitzel sind am kostengünstigsten, sie sind jedoch nur in größeren Feuerungsanlagen sinnvoll zu nutzen. Holzpellets sind der teuerste Holzbrennstoff, sie können jedoch gut im kleinen bis sehr kleinen Leistungsbereich genutzt werden. Da Pellets geschüttet oder eingeblasen werden können, kann die Lagerung und die Förderung des Brennstoffs auf einfache Weise und mit geringem Wartungsaufwand erfolgen, wodurch sich der höhere Brennstoffpreis wieder ausgleicht. Um das Takten des Kessels zu vermeiden, werden Holzheizsysteme mit einem Pufferspeicher kombiniert. Die Vorlauftemperatur ist hoch, sodass alle Wärmeübergabesysteme bis hin zum Konvektor genutzt werden können. Dadurch ist auch die Beheizung von Altbauten und sanierten Gebäuden möglich. Eine Kombination mit einer PV-Anlage ist sinnvoll, sofern geeignete Flächen zur Verfügung stehen. In Verbindung mit einer Batterie ist sogar eine autarke Lösung für Gebiete ohne Stromanschluss denkbar. Eine Kombination mit solarthermischen Kollektoren ist aufgrund des ohnehin vorhandenen Speichers einfach möglich, aufgrund des geringen Brennstoffpreises von Holz meist jedoch weniger wirtschaftlich.

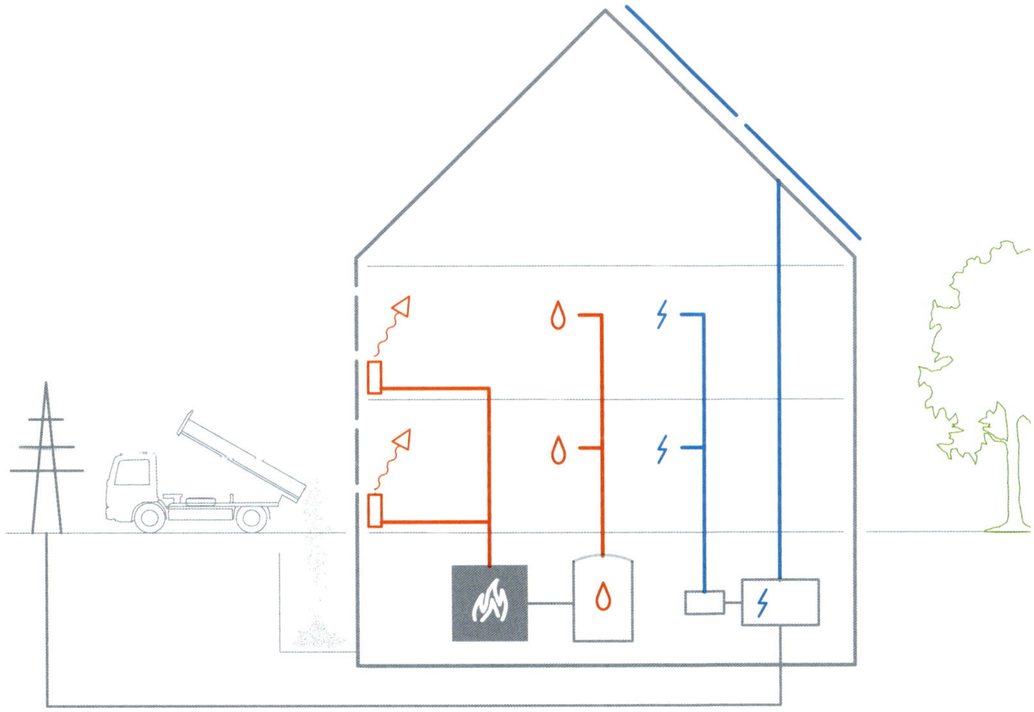

Energieerzeugungskonzept mit CO_2-neutraler Biomasseheizung und PV: Das Konzept eignet sich vor allem für ländliche Gebiete.

Konzept mit Blockheizkraftwerk

Ein Blockheizkraftwerk (BHKW) ist vor allem bei größeren Gebäuden oder einem Ensemble von Gebäuden sinnvoll, da der, bezogen auf ein Gerät, erhöhte Wartungsaufwand sich auf eine größere Energiemenge verteilt und die leistungsspezifischen Investitionskosten sich mit zunehmender Systemleistung etwas reduzieren. Gut geeignet ist ein BHKW vor allem bei ganzjährigem Wärmebedarf oder erforderlicher Prozesswärme, z. B. bei Schwimmbädern, Krankenhäusern oder Biogasanlagen. Damit das BHKW eine hohe Jahreslaufzeit von 5 000 Stunden oder mehr hat, wird es auf ca. 30 % bis 40 % der erforderlichen Maximalleistung ausgelegt. Damit werden dann bis zu 75 % des Jahreswärmebedarfs erzeugt. Die Spitzenlast wird mit einem kostengünstigen Spitzenlastkessel bereitgestellt. Idealerweise wird ein BHKW mit Erdgas aus der Leitung betrieben. Steht dieses nicht zur Verfügung, ist aber auch ein Betrieb mit Flüssiggas oder Dieselöl möglich. Denkbar ist auch die Verwendung von Biogas oder Rapsöl als nachwachsende Brennstoffe, wodurch die Energie mit sehr gutem Primärenergiefaktor CO_2-neutral erzeugt wird. Um das Takten und langen Teillastbetrieb des BHKW zu vermeiden, wird das System mit einem Pufferspeicher kombiniert, auch um den Betrieb besser an den Strombedarf anpassen zu können. Die Vorlauftemperatur ist mit ca. 80 °C hoch, sodass zur Wärmeübergabe auch Radiatoren oder Konvektoren eingesetzt werden können. Die Beheizung von Altbauten und sanierten Gebäuden ist damit gut möglich. Eine Kombination mit solarthermischen Kollektoren ist in der Regel nicht wirtschaftlich. Dies liegt darin begründet, dass das BHKW aufgrund der höheren Investitionskosten eine hohe Jahreslaufzeit aufweisen soll, die sich durch die Kollektoren reduzieren würde. Je nach Strombedarf kann eine Kombination mit einer PV-Anlage sinnvoll sein, insbesondere da sich die Erzeugungsprofile ergänzen können. Oftmals werden BHKW auch zur Notstromversorgung eingesetzt.

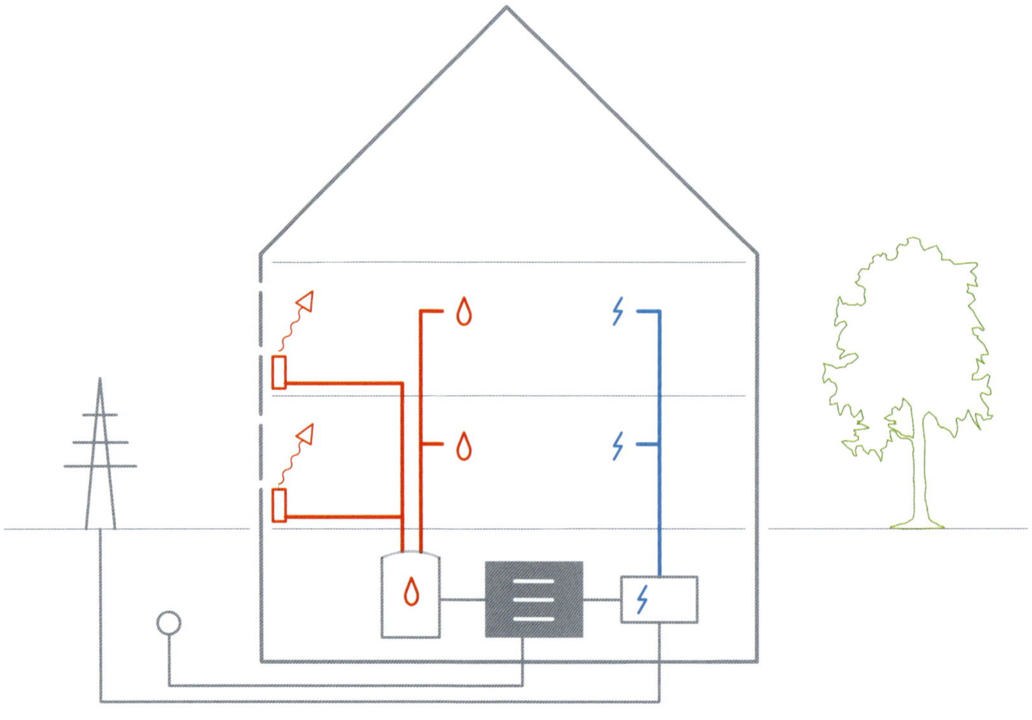

Energieerzeugungskonzept mit Blockheizkraftwerk: Das Konzept eignet sich vor allem für größere Gebäude, Gebäudegruppen oder Quartiere in Verbindung mit Nahwärme. Besteht ganzjährig ein hoher Wärmebedarf, wie z. B. bei Schwimmbädern oder Krankenhäusern, so sind BHKW die erste Wahl.

Konzept mit Wärmepumpe und PV

Ein Energiekonzept mit einer Wärmepumpe ist bei Gebäuden sinnvoll, bei denen andere leitungsgebundene Energieträger nicht zur Verfügung stehen oder ein Kältebedarf gegeben ist. Wenn Kältebedarf besteht, ergibt sich eine besonders hohe Wirtschaftlichkeit, da die Primärwärmequelle, eine Erdsonde, ein Erdregister oder Grundwasser, im Sommer unmittelbar zur Kühlung ohne weiteren Energieaufwand genutzt werden kann. Es ist auch möglich, die Wärmepumpe reversibel zu betreiben, wodurch sie eine Kältemaschine ersetzen kann und somit Investitionen eingespart werden. Ein weiterer Vorteil besteht darin, dass der Platzbedarf sehr gering ist und keine Abgasanlage erforderlich ist. Es werden keine Abgase oder Feinstaub freigesetzt, was vor allem in einer innerstädtischen Anwendung vorteilhaft ist. Das System ist nahezu wartungsfrei. Im Zuge der Flexibilisierung der Stromtarife im Kontext der Energiewende werden sich Potenziale beim Stromeinkauf ergeben, bis hin zu einer Wertschöpfung durch Netzstabilisierung. Zu bedenken ist, dass mit steigender Vorlauftemperatur die Arbeitszahl und somit die Effizienz sinkt. Deshalb sollten vorzugsweise Flächenheizungen zur Wärmeübergabe genutzt werden. Die Beheizung von Altbauten ist damit in der Regel nur schwer möglich. Auch bei einem großen Warmwasserbedarf ist die Wärmepumpe als einziges System weniger geeignet. Eine Kombination mit einer PV-Anlage ist sehr sinnvoll, da der Strom unmittelbar selbst genutzt werden kann und in der Jahresbilanz ein Nullenergiekonzept möglich wird. Solarthermische Kollektoren können als Primärwärmequelle eingesetzt werden, gegebenenfalls in Kombination mit einem Eisspeicher. Dies kann eine wirtschaftliche Alternative zur Bohrung von Erdsonden sein.

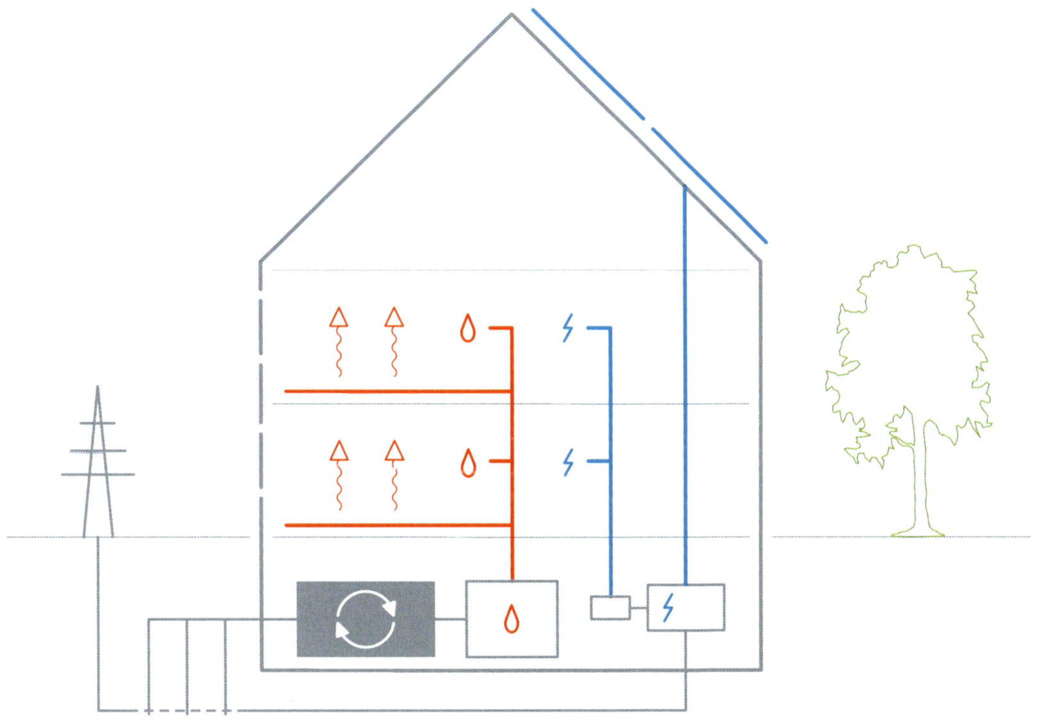

Energieerzeugungskonzept mit Wärmepumpe und PV: Das Konzept eignet sich für Gebäude, die auch einen Kältebedarf aufweisen, da die Primärwärmequelle direkt zur Kühlung genutzt werden kann. In Verbindung mit einer PV-Anlage können in einer Jahresbilanz Nullenergiegebäude realisiert werden. Durch den hohen Eigenstromverbrauch ist die PV-Anlage besonders wirtschaftlich.

TECHNIKFLÄCHEN

In Gebäuden müssen Technikflächen integriert werden, sie betragen ca. 5 % bis 10 % der Nutzfläche. Es gibt Trassen für die horizontale Verteilung und Schächte für die vertikale Verteilung sowie Heizungs-, Sanitär-, Elektro-, EDV-, Lüftungs- und Kältezentralen. Durch eine optimierte Anordnung dieser Räume im Gebäude können der technische Aufwand, der Platzbedarf und gegebenenfalls der Antriebsenergiebedarf reduziert werden. Eine gute Zugänglichkeit in Technikräumen und Installationszonen erleichtert die Wartung und Umrüstung des Gebäudes. Es sind ausreichend große Einbringöffnungen für einen möglichen Gerätetausch einzuplanen.

Hausanschlussräume

Die Lage und Größe der Anschlussräume für Elektro, EDV, Wasser und Heizung ist frühzeitig abzuklären, da Versorgungsunternehmen häufig eigene Anforderungen stellen. Grundsätzlich sollte der Hausanschlussraum im Untergeschoss an der Außenwand nahe den öffentlichen Versorgungsleitungen liegen, da eine kurze Anbindung die Herstellkosten reduziert.

Elektro- und EDV-Zentralen

Zusätzlich zur Elektrohauptverteilung im Untergeschoss sind häufig in den Geschossen Elektro- und EDV-Unterverteilungen angeordnet. Teilweise sind für die EDV große Serverräume erforderlich, die hohe Wärmelasten aufweisen. Diese Räume benötigen eine ausreichende Belüftung und oftmals eine aktive Kühlung, üblicherweise als Umluftkühlgeräte. Häufig ist auch Platz für eine unterbrechungsfreie Stromversorgung vorzusehen. Für eine einfache Installierbarkeit wird in diesen Räumen oftmals ein Doppelboden eingebaut.

Lüftungszentralen

Aufgrund des hohen Platzbedarfs und der erforderlichen Anbindung sind Lüftungszentralen am schwierigsten in das Gebäude zu integrieren. Eine optimierte Anordnung der Lüftungszentralen kann Anzahl und Querschnitte der Schächte vermindern. Zu- und Abluftanlagen benötigen am meisten Fläche, insbesondere dann, wenn eine Wärmerückgewinnung über Rotations- oder Plattenwärmetauscher vorgesehen ist und deshalb Zu- und Abluftstrom an einem Punkt im Gebäude zusammengeführt werden müssen. Kann die Außenluft in Bodennähe angesaugt werden oder ist eine Vorkonditionierung über einen Erdkanal vorgesehen, so ist eine Anordnung der Lüftungszentrale im Untergeschoss sinnvoll. Bei einem Standort mit Emissionen ist die Anordnung im Dachgeschoss oder auf dem Dach günstig. Abluftanlagen, z. B. für Küchenabluft, werden häufig am Dach angeordnet, da die Abluft auf diese Weise einfach und ohne Geruchsbelastung abgeführt werden kann. Bei einer getrennten Anordnung von Zu- und Abluftzentrale lassen sich Schachtflächen einsparen, die Wärmerückgewinnung ist jedoch weniger effizient, da sie mit einem Kreislaufverbundsystem oder über eine Abluftwärmepumpe erfolgen muss. Bei hohen Gebäuden führt eine Anordnung

Flächenbedarf (grün) und erforderliche Raumhöhe (grau) für Heizzentralen in Abhängigkeit von der Wärmeleistung

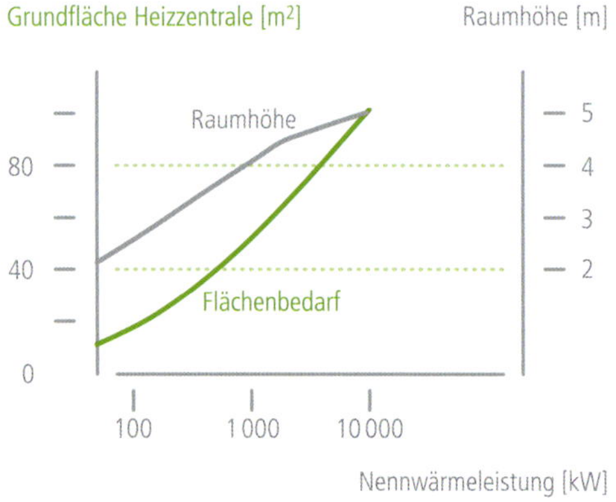

Flächenbedarf (grün) und erforderliche Raumhöhe (grau) für Kältezentralen in Abhängigkeit von der Kälteleistung und der Bauart der Kältemaschine

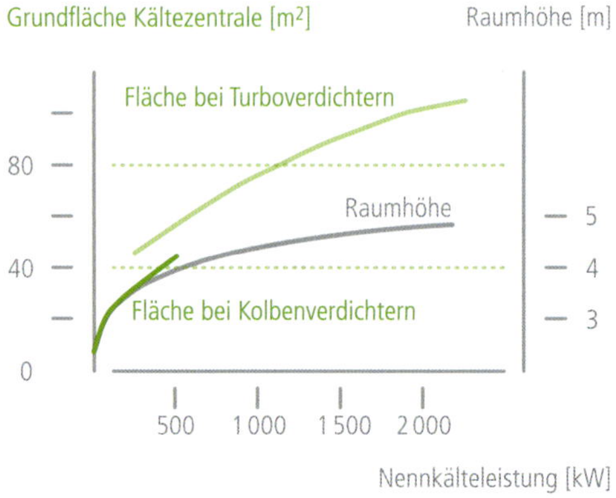

der Lüftungszentrale in der Gebäudemitte zu den geringsten Schachtquerschnitten, da sie sowohl die darunter liegenden als auch die darüber liegenden Geschosse versorgt. Diese von außen ablesbaren Technikgeschosse werden oftmals auch zur architektonischen Gliederung von Gebäuden genutzt. Die Nutzfläche eines Gebäudes reduziert sich dadurch jedoch.

Kältezentralen

Die Kälteerzeugung ist oftmals mit Vibrationen und Lärmemissionen verbunden. Daher ist bei einer Anordnung außerhalb des Untergeschosses auf eine sehr gute Schalldämmung zu achten. Da Kältemaschinen eine Rückkühlmöglichkeit benötigen, ist neben der eigentlichen Kältezentrale der Platzbedarf für Rückkühlwerke zu berücksichtigen. Eine Anordnung der Rückkühlwerke im Gebäude ist zu vermeiden, da dem Rückkühlwerk ein erheblicher Luftvolumenstrom zugeführt werden muss. In der Regel bietet sich die Anordnung auf dem Dach an, kleinere Rückkühler werden oftmals auch in Tiefgaragen angeordnet, sodass diese temperiert werden. Bei Rückkühlwerken im Außenbereich ist auf die Schallemission zu achten, gegebenenfalls sind Schallschutzmaßnahmen vorzusehen. Bei Kühlkonzepten mit Absorptionskältemaschinen ist die hohe erforderliche Rückkühlleistung zu bedenken.

Vertikale Schächte

Schächte sollten möglichst ohne Verzug vertikal durch das Gebäude laufen. Darum bietet es sich an, Schächte in der Nähe von Treppenhäusern, Aufzügen und übereinanderliegenden Sanitärbereichen anzuordnen. Während die Schächte für Elektro, EDV, Heizung und Sanitär überschaubare Querschnitte haben, weisen Lüftungsschächte einen bedeutenden Flächenbedarf auf. Die Schachtquerschnittsfläche ist abhängig vom Volumenstrom und der Strömungsgeschwindigkeit. Um Antriebsenergie zu sparen, sollte diese in der Größenordnung von 3 m/s bis 5 m/s liegen. Damit ergibt sich ein realisierbarer Luftvolumenstrom von ca. 10 000 m^3/h bis 15 000 m^3/h je Quadratmeter Schachtquerschnitt. Lüftungsschächte sollten möglichst wenige Richtungswechsel aufweisen, da dies den Antriebsenergiebedarf erhöht.

Horizontale Trassen

Im Keller verlaufen horizontale Trassen von den Zentralen zu den vertikalen Schächten. Dafür ist im Untergeschoss eine entsprechende Raumhöhe einzuplanen, insbesondere für horizontal verlaufende Luftkanäle. In den Geschossen erfolgt die horizontale Verteilung oftmals über Trassen in den Flurzonen oder innerhalb abgehängter Decken. Alternativ kann die Horizontalverteilung auch über einen Doppelboden erfolgen, die lichte Höhe ist hier jedoch begrenzt. In hochinstallierten Gebäuden erfolgt die Verteilung im Boden und in der Decke. Generell ist die erforderliche Installationshöhe aufgrund der Baukosten auf das notwendige Maß zu begrenzen. Die Horizontalverteilung kann als Boden- oder Brüstungskanal entlang der Fassade ausgebildet sein.

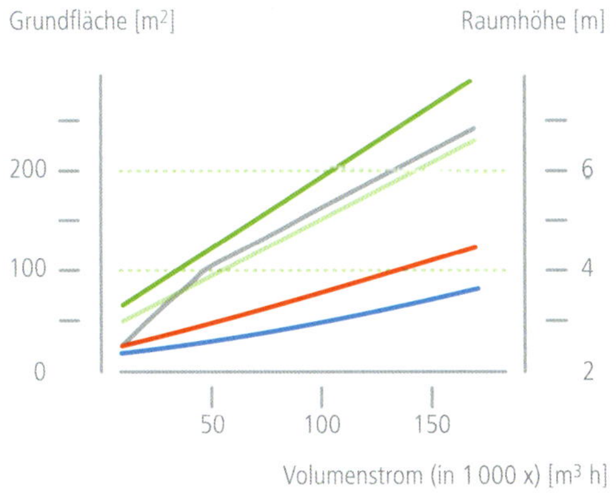

Platzbedarf und erforderliche Raumhöhe für RLT-Zentralen in Abhängigkeit vom Volumenstrom und der Zahl der Luftkonditionierungsfunktionen:
Ein wichtiges Kriterium bei der Planung stellt die Raumhöhe dar, da bei größeren Volumenströmen die RLT-Zentrale nicht mehr in einer Geschossebene integriert werden kann.

Legende Luftbehandlungsfunktionen:
blau: nur Lüften
rot: Heizen
hellgrün: Heizen, Kühlen
dunkelgrün: Feuchtereg.
grau: Raumhöhe

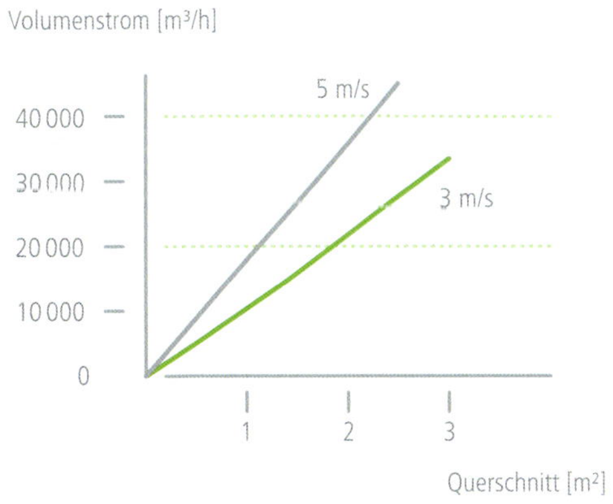

Erforderliche Schacht- oder Kanalquerschnitte in Abhängigkeit vom Volumenstrom und der Luftgeschwindigkeit für die Lüftung:
Niedrigere Luftgeschwindigkeiten sind in Bezug auf den Antriebsenergiebedarf zu bevorzugen, führen jedoch mitunter zu hohem Platzbedarf für Schächte und Kanäle.

WOHNGEBÄUDE

Bei Wohngebäuden stehen der Heizwärme- und der Warmwasserwärmebedarf im Vordergrund. Der immer weiter verbesserte Wärmeschutz führte zu einer Reduzierung des Heizwärmebedarfs bei Wohngebäuden von über 300 kWh/m^{2}a auf 30 kWh/m^{2}a bei aktuellen Neubauten. Beim Passivhausstandard, der eine hochwertige Dämmung mit U-Werten von 0,10 W/m^{2}K bis 0,15 W/m^{2}K und eine kontrollierte Lüftung mit Wärmerückgewinnung mit einem Wärmerückgewinnungsgrad von bis zu 85 % vorsieht, kann der Heizwärmebedarf auf 15 kWh/m^2 a reduziert werden. Eine aktive Kühlung ist bei Wohngebäuden aufgrund der geringen internen Wärmelasten in der Regel nicht erforderlich, sofern der Strahlungseintrag begrenzt ist. Es sollten thermisch aktive Speichermasse und eine Nachtlüftung mit einem Luftwechsel von $n = 2\ h^{-1}$ bis $4\ h^{-1}$ eingeplant werden. Die Wohnnutzung ist mit einer erhöhten Feuchtefreisetzung verbunden. Vor dem Hintergrund der mittlerweile relativ luftdichten Gebäudehülle ist daher auf eine zuverlässige Feuchteabfuhr zu achten.

Wärmeschutz

Bei Neubauten ist es sinnvoll, den Wärmeschutz über die gesetzlichen Anforderungen hinaus auszulegen. Es ergibt sich dann aufgrund der höheren Oberflächentemperaturen eine verbesserte thermische Behaglichkeit im Winter. Sinnvolle Dämmstoffstärken liegen bei Wänden im Bereich von 20 cm bis 30 cm. Bei Bauteilen ohne Fenster lassen sich höhere Dämmstärken auf einfache Weise umsetzen, sodass 30 cm bis 35 cm sinnvoll sein können. In beengten Lagen oder an Standorten mit hohen Grundstückskosten kann durch leistungsfähigere Dämmstoffe die Schichtdicke reduziert werden. Mittlerweile gibt es auch Ziegelsteine mit sehr geringer Wämeleitfähigkeit. Damit lassen sich langlebige monolithische Konstruktionen realisieren.

Kontrollierte Wohnungslüftung

Einerseits werden Lüftungsanlagen mit Wärmerückgewinnung als absolutes Muss zur Reduktion des Energieverbrauchs und für die Lufthygiene propagiert. Andererseits wird die Lüftung über Fenster als grundlegender Bestandteil der Lebensqualität erachtet. Bei richtiger Auslegung, Planung und Betrieb sparen Lüftungsanlagen Energie und verbessern die Behaglichkeit und die Luftqualität. Die Energieeinsparung kommt insbesondere dann zum Tragen, wenn die Wohnräume ganztägig, umfangreich genutzt werden, wie z. B. beim Mehrgenerationenwohnen. Bei Allergikern ergeben sich Vorteile, da auch die Pollen aus der Frischluft gefiltert werden. Um die Luftqualität nicht zu beeinträchtigen, ist eine Lüftungsanlage regelmäßig zu warten und zu reinigen. In Singlehaushalten kann es gegebenenfalls auch ausreichend sein, eine Abluftanlage zur Feuchteabfuhr vorzusehen. Bei einem sehr guten Wärmeschutz ist es möglich, die zur Beheizung erforderliche Wärme über die Lüftung einzubringen, sodass auf ein zusätzliches konventionelles Heizsystem verzichtet werden kann.

Nutzung der Solarstrahlung

Eine weitreichende passive Nutzung der Solarstrahlung über die Fensterflächen ist an der Südfassade schon bei einem Fensterflächenanteil von 40 % möglich. Liegt dieser über 60 %, so ergeben sich keine energetischen Vorteile mehr, da die zusätzlichen solaren Gewinne kaum noch genutzt werden können bzw. abgelüftet werden müssen und sich die Transmissionsverluste über die Glasflächen erhöhen. Solarthermische Kollektoren zur Warmwasserbereitung und gegebenenfalls zur Unterstützung der Heizung in der Übergangszeit lassen sich bei Wohngebäuden wirtschaftlich betreiben. Diese bieten sich vor allem bei begrenzten Dachflächen an, da der flächenspezifische Ertrag relativ hoch ist. Stehen umfangreiche Dachflächen zur Verfügung, ist die Photovoltaik aufgrund der stark gefallenen Modulpreise die bessere Lösung. Solarmodule sind wartungsfrei, der Installationsaufwand ist gering und überschüssige Energie kann in das öffentliche Stromnetz eingespeist werden.

Prof. Alexander Reichel, Reichel Architekten PartGmbB, Kassel:

»Energie sparen heißt, gar nicht erst Energie zu verbrauchen. Daher gilt es, mit einfachen Konstruktionen gestalterisch anspruchsvolle Gebäude zu entwickeln, die nachhaltig gebaut und dann energiearm und langlebig genutzt werden können.«

Blick auf die Giebelfassade in monolithischer Ziegelkonstruktion, die guten Wärmeschutz mit langer Lebensdauer verbindet

Wohnhaus am Löwersberg

Dieses rundherum aus massiven Ziegeln errichtete Haus verbindet durch seine monolithische, massive Konstruktion ein gutes Raumklima mit geringem Energiebedarf. Die Ziegelsteine mit einer Wärmeleitfähigkeit von 0,08 W/mK ergeben für die Außenwand einen U-Wert von 0,26 W/m^{2}K. Dadurch minimieren sie die Transmissionswärmeverluste und halten durch die umfangreiche Speichermasse im Sommer das Haus kühl. In Verbindung mit dem Innenputz aus Lehm ergibt sich ein ausgeglichenes Raumklima. Die bewusst solitäre Verwendung von Ziegel und der Verzicht auf Folien und Dämmstoffe auf Kunststoffbasis führen zu einer langlebigen, nachhaltigen Konstruktion. Das Haus hat einen einheitlichen Putzgrund, sodass eine alte Kellenwurfputztechnik mit 9 mm Körnung angewendet werden konnte, die gut zur Solidität und Kontur des Hauses passt. Es entstand ein Haus, das nicht folkloristisch dekoriert ist, sondern sich authentisch in den Ort und die Landschaft einfügt.

Blick ins Treppenhaus mit Dachfenster, das die nächtliche Durchlüftung des Hauses optimiert und auf diese Weise das Raumklima im Sommer verbessert

Architektur:
Reichel Architekten PartGmbB, Kassel

GEMISCHTGENUTZTE GEBÄUDE

Gemischtgenutzte Gebäude können energetisch interessante Potenziale aufweisen. Je nachdem, welche Nutzungen kombiniert werden, liegen die Synergieeffekte im baulichen, gebäudetechnischen oder energetischen Bereich. Durch unterschiedliche Lastverläufe können Energieerzeugungssysteme, z. B. Blockheizkraftwerke oder Wärmepumpen, effizienter betrieben werden. Durch eine Nutzungsmischung ergeben sich auch städtebauliche Vorteile, da die Dichte höher sein kann und Verkehr reduziert wird.

Wohnen und Arbeiten

Die Fortschritte in der Kommunikationstechnologie lösen den räumlichen Bezug zwischen Arbeitsplatz und Büro auf, »the office is where you are«. Die Zusammenlegung von Wohnen und Arbeiten spart Energie für Mobilität. Die Abwärme der Büronutzung kommt dem Wohnbereich zugute und die Nutzung der Immobilie ist intensiver und damit effizienter. Insgesamt wird Nutzfläche eingespart, vor allem für die Erschließung, sodass weniger Fläche beheizt werden muss.

Gebäudestruktur

Werden Wohnungen oder Büros, die nur geringe Raumtiefen zulassen, mit Nutzungen kombiniert, die nur wenig Tageslicht benötigen oder die ohnehin künstlich beleuchtet werden, wie z. B. Kaufhäuser, so ergeben sich bei einer optimierten Gebäudestruktur Vorteile in Bezug auf die Hüllfläche, da die Kubatur insgesamt kompakter sein kann und die Transmissionswärmeverluste somit geringer sind. Dabei ist ein Augenmerk auf die Lastabtragung zu legen, da sich die Baustrukturen in Bezug auf die Spannweite typischerweise unterscheiden. Auch die vertikalen Schächte sind sorgfältig zu planen, insbesondere jene für Abwasser und Lüftung.

Energieverschiebung durch Nutzungsmix

Werden Gebäude mit umfangreichen internen Wärmelasten mit Wohnnutzungen kombiniert, so ergibt sich die Möglichkeit der Abwärmenutzung und der Energieverschiebung. Die Abwärme von Personen in Verkaufs- und Veranstaltungsräumen oder Geräten in Büros, Rechenzentren und Produktionsanlagen kann dann den Wärmebedarf für Heizung und Warmwasser in Wohnungen oder Hotels decken. Auch bietet es sich an, die Abwärme aus der Kühlung im Sommer zur Warmwasservorwärmung zu nutzen. Eine Energieverschiebung kann auf verschiedene Weisen erfolgen. Ein gemeinsames Lüftungs- oder Raumkonditionierungskonzept kann Energie von einem Nutzungsbereich auf einen anderen übertragen. Auch Transmissionswärmeströme innerhalb eines Gebäudes können eine Energieverschiebung bewirken.

Ausgleich der Lastverläufe

Unterschiedliche Nutzungen, z. B. Büro und Veranstaltung, weisen verschiedene Lastverläufe für Wärme, Kälte und Strom auf. Durch eine Nutzungskombination können sich die Lastkurven gegenseitig ausgleichen, sodass sich Potenziale bei der Energieerzeugung oder im Energiebezug ergeben, da weniger Leistung bereitgestellt werden muss. Auch Strategien der Lastabschaltung von Wärmepumpen oder Kühlaggregaten bzw. der Kurzzeitspeicherung von Wärme oder Kälte sind hier von Bedeutung.

Einbindung der Elektromobilität

Die zunehmende Elektrifizierung der Mobilität bietet energetische Herausforderungen und Chancen. Einerseits wird es schwierig, die hohen Ladeleistungen jederzeit zur Verfügung zu stellen, andererseits kann die Abwärme von Schnellladestationen zur Heizung von Gebäuden genutzt werden. Der Ladestrom kann durch Kraft-Wärme-Kopplung oder durch gebäudeintegrierte PV auf effiziente Weise bereitgestellt und so weitreichend eigengenutzt werden. Perspektivisch können Elektrofahrzeuge auch als flexible Energiespeicher wirken. Dies erfordert ein intelligentes Lademanagement mit einer Einbindung von Nutzungsdaten.

Karlheinz Beer,
Büro für Architektur und Stadtplanung, Weiden:

»Die Nachverdichtung in unseren Städten schafft lebenswerten Raum für einen zukunftsfähigen Nutzungsmix von Wohnen und Arbeiten. Intelligente Technikkonzepte ermöglichen den Verzicht von fossilen Brennstoffen vor Ort und eine langfristige Rentabilität.«

Wohn- und Geschäftshaus in Weiden

Am Josef-Witt-Platz in Weiden wurde ein gemischtgenutzter Neubau mit Wohn-, Büro- und Verkaufsräumen errichtet. Durch den Nutzungsmix ergeben sich energetische Potenziale, da sich der Heiz- und Kühlenergiebedarf sowie die diesbezüglichen Lastprofile zu einem gewissen Grad ausgleichen. Zudem bietet sich die Möglichkeit der Energieverschiebung, z. B. vom Wärmeüberschuss der Verkaufsräume hin zu den Wohnbereichen. Die zur Gründung erforderlichen Bohrpfähle sind thermisch aktiviert. Grundlage für einen minimierten Energieverbrauch ist der sehr gute Wärmeschutz der Fassade. Die sich daraus ergebende Wandstärke wird architektonisch genutzt. Eine geringe Variation der Dämmstoffstärke bewirkt eine horizontale Gliederung. Die Vollholzfenster mit Dreischeiben-Wärmeschutzverglasung erhalten durch die tiefen Laibungen einen prägnanten Ausdruck. Es ergibt sich ein Kontrast zum Rhythmus der umliegenden Jugendstilfassaden.

Frontansicht:
Hochgedämmte Fassade mit Betonfertigteilen; unterschiedliche Dämmstoffstärken sorgen für eine horizontale Gliederung des Gebäudes.

Blick nach oben in der Penthousewohnung:
Im Inneren des Gebäudes wurde umfangreich Holz verwendet.

Blick in die Tiefgarage:
Unterhalb befinden sich die Bohrpfähle zur Gründung und zur Energieversorgung.

Architektur:
Karlheinz Beer, Büro für Architektur und Stadtplanung, Weiden

Energiekonzept:
atelier.ClimaDesign
Prof. Dr. Mike de Saldanha
Elisabeth Möller

BÜROGEBÄUDE

Bei Bürogebäuden sind die Anforderungen an die Behaglichkeit besonders hoch, da die Nutzer viele Stunden am Tag am Schreibtisch sitzen und nicht selbstbestimmt einen Ortswechsel vornehmen können. Zudem hat die Behaglichkeit einen großen Einfluss auf die Konzentrations- und Leistungsfähigkeit. Neben der Raumtemperatur gibt es hohe Anforderungen an die Lüftung, die Belichtung, den Schallschutz und die Raumakustik. In Bezug auf die Raumakustik besteht die Herausforderung darin, genügend thermisch aktive Speichermasse zur Verfügung zu stellen und gleichzeitig eine ausreichende Schallabsorption zu gewährleisten. Bei der Tageslichtnutzung ergibt sich die Schwierigkeit, diese ohne Blendung und mit geringen unerwünschten Strahlungseinträgen zu erreichen. Da Menschen sehr unterschiedliche Bedürfnisse haben, die sich auch während des Tages und je nach Tätigkeit individuell verändern können, ist es ideal, wenn der Nutzer direkt und unmittelbar Einfluss auf seine ihn umgebenden Behaglichkeitsparameter nehmen kann.

Einzel- und Doppelbüros

In konventionellen Büroräumen ist eine individuelle natürliche Lüftung über Fenster sinnvoll. Die Heizung kann über Heizkörper erfolgen und dabei auch die Zuluft erwärmen. Sofern der Strahlungseintrag begrenzt und eine Nachtlüftung möglich ist, ist eine Kühlung nicht zwingend erforderlich. Gegebenenfalls können Bürogebäude so auch ohne zentrale Lüftungsanlage realisiert werden, vor allem bei guter Außenluftqualität ohne Lärmbelastung. Flächenheizsysteme oder Betonkernaktivierung bieten Vorteile in Bezug auf die Energieerzeugung und können gleichzeitig auch zur Kühlung genutzt werden.

Besprechungsräume

Bespechungsräume sind in Bezug auf die Lüftung und das Raumklima im Sommer herausfordernd. In der Regel benötigen sie eine mechanische Lüftung und eine Kühlung, vor allem wenn sie innen liegend oder als Eckräume ausgeführt sind. Soll das Gebäude insgesamt mit wenig Technik konzipiert werden, können einzelne dezentrale fassadenintegrierte Lüftungsgeräte eine gute Ergänzung sein, diese können auch die Kühlung übernehmen.

Großraum- und Kombibüros

Großraumbüros weisen eine hohe Belegungsdichte auf. Es ergeben sich ein hoher Luftbedarf und hohe thermische Lasten, sodass eine mechanische Lüftung und eine Kühlung auf jeden Fall erforderlich sind. Aufgrund der hohen Kühllasten sollte die Kühlung über Kühldecken erfolgen. Diese können dann auch zur Wärmeübergabe genutzt werden. Die Lüftung sollte aus Gründen der Luftqualität als Quelllüftung ausgeführt werden. Die Raumkonditionierung über Luft ist aufgrund der Gefahr von Zugerscheinungen nicht zu bevorzugen und sollte allenfalls ergänzend vorgenommen werden.

Gebäudehülle

Bei Bürogebäuden ist ein besonderes Augenmerk auf eine gute Tageslichtversorgung bei gleichzeitiger Begrenzung des Stahlungseintrags im Sommer zu richten. Der optimale Fensterflächenanteil liegt bei 50 % bis 70 %, wobei der Fenstersturz möglichst deckennah liegen soll. Auch wenn Bürogebäude meist über eine mechanische Lüftung verfügen, so sind öffenbare Fenster auf jeden Fall vorzusehen. Ideal ist es, wenn der Öffnungsgrad gut einstellbar ist und geschützte Öffnungen, z. B. mit Prallscheiben, für eine Nachtlüftung vorhanden sind.

Energieversorgung

Bürogebäude weisen in der Regel auch einen Kältebedarf auf. Deshalb ist eine Energieversorgung über eine Wärmepumpe mit Erdsonden besonders geeignet. Die Erdsonden stellen dann regenerative Kälte ohne Energiebedarf zur Verfügung. PV stellt eine gute Ergänzung dar, da der Strom im Gebäude selbst genutzt werden kann und sich Erzeugung und Bedarf zeitlich decken.

Simon Speigner,
sps architekten zt gmbh,
Thalgau:

»Ein nachhaltiges Gebäude verbraucht wenig Energie im Bau und im Betrieb, setzt wiederverwendbare, regionale, nachwachsende Rohstoffe ein, ist energieoptimiert ausgelegt und bietet daher Komfort in mehrfacher Hinsicht.«

Nordostansicht des Gebäudes:
Die umfangreiche Verwendung des Baumaterials Holz und eine robuste Konzeption führen zu einem nachhaltigen Gebäude mit kurzer Bauzeit.

Bürogebäude »oh456« in Thalgau

Der annähernd kubische, dreigeschossige Baukörper besitzt einen Kern aus rohem, unbehandeltem Stampfbeton, der mit seinen Einschlüssen und Leerstellen und den zufälligen Grauabstufungen eine lebendige Struktur aufweist. Dieser massive Kern verleiht dem Bauwerk im statischen Sinn Festigkeit und bietet umfangreiche thermische Speichermasse. Die tragende Gebäudehülle besteht aus hoch gedämmten Holzriegelwänden, die mit senkrecht gestulpten Lärchenholzschindeln verschalt sind. Die innere Beplankung aus OSB-Platten interagiert mit ihren groben Holzspänen mit der ruppigen Struktur des Stampfbetons. Das nachhaltige Baumaterial Holz erinnert an das einstige Sägewerk und die Tradition der Holzverarbeitung am Ort. Horizontal wird der Bau durch die vorspringenden Massivholzdecken gegliedert. An drei Seiten dienen sie als konstruktiver Holzschutz, an der Südseite kragen die Decken soweit aus, dass sie einen Balkon bilden und als feststehender Sonnenschutz wirken. Angemessene Fensterflächen sorgen für eine gute Belichtung und moderate Strahlungseinträge im Sommer. Sie ermöglichen eine natürliche Lüftung, die im Winter mit einer Lüftungsanlage mit Wärmerückgewinnung ergänzt wird. Die Philosophie des Gebäudekonzepts besteht in einer auf einfachen Methoden fußenden nachhaltigen Bauweise mit geringem Technikaufwand. Der betonierte Kern wurde von einer lokalen Baufirma kostengünstig errichtet. Die tragenden Holztafeln konnten vom Zimmerer als Fertigteile angeliefert und in wenigen Tagen aufgestellt werden. Somit zeigt das »oh456«, dass mit einer einfachen Konzeption und Baustruktur kostengünstige, energiesparende, langlebige und somit nachhaltige Gebäude errichtet werden können.

Architektur:
sps-architekten zt gmbh,
Thalgau

UNTERRICHTSGEBÄUDE

Bei Unterrichtsgebäuden sind die Anforderungen an die Raumluftqualität besonders hoch. Ein längerer Aufenthalt in hohen CO_2-Konzentrationen führt zu verminderter Konzentrationsfähigkeit, Müdigkeit und Kopfschmerzen. Die Raumgrößen variieren je nach Nutzungsart und Altersgruppe. Klassenräume weisen in der Regel eine Fläche von etwa 2 m^2 pro Person auf, differenziert genutzte Räume mit unterschiedlichen Arbeits- und Nutzungsbereichen meist 3 m^2. Die Raumhöhe liegt zwischen 2,5 m und 3,5 m, höhere Räume sind in Bezug auf die Lüftung vorteilhaft. Kleine Unterrichtsräume benötigen oftmals keine Kühlung, bei größeren Seminarräumen ist sie sinnvoll, bei Hörsälen auf jeden Fall erforderlich.

Kleine Klassenräume

Diese Räume sind in Grundschulen anzutreffen. Charakteristisch ist die oft differenzierte Innenraumaufteilung, die Belegung mit kleineren Gruppen sowie eine kontinuierliche Nutzung während des Schultags. Sofern der Standort nicht durch Lärm oder Schadstoffemissionen belastet ist, lassen sich diese Räume weitgehend über Fenster belüften. Die Herausforderung besteht dabei in einer behaglichen Frischluftzufuhr im Winter. Die Lüftung über übliche Fenster führt bei niedrigen Außenlufttemperaturen zu Zugerscheinungen in Fensternähe. Fassaden mit differenzierten, verteilt angeordneten Lüftungsöffnungen, die Zugerscheinungen vermeiden, bieten sich als Alternative an. Damit kann oft auch eine Nachtauskühlung realisiert werden. Bei rein natürlicher Lüftung ist eine »Lüftungsampel« sinnvoll, welche die Luftqualität anzeigt. Kleine Klassenräume können mit Radiatoren oder mit einer Fußbodenheizung beheizt werden. Radiatoren verbessern die Behaglichkeit bei natürlicher Lüftung. Eine Fußbodenheizung hat den Vorteil eines warmen Bodens bei kleinen Kindern, allerdings sollte dann aus Behaglichkeitsgründen eine mechanische Lüftung vorgesehen werden. Im Sommer kann damit auch eine gewisse Grundkühlung realisiert werden.

Seminarräume

Seminarräume werden von größeren Klassen genutzt, welche die Räume häufiger wechseln. Oft werden diese Räume nur über die Fenster gelüftet, wodurch die Luftqualität während der Unterrichtsstunde kontinuierlich abnimmt. Neben optimierten Lüftungsöffnungen ist eine Abluftanlage mit Nachströmöffnungen in der Fassade eine kostengünstige Lüftungsstrategie. Eine mechanische Zu- und Abluftanlage mit Wärmerückgewinnung, mit der eine gewisse Grundkühlung erreicht werden kann, ist jedoch aus energetischen und behaglichkeitsspezifischen Gründen sinnvoller. Im Sanierungsfall werden oftmals fassadenintegrierte dezentrale Lüftungsgeräte mit Wärmerückgewinnung nachgerüstet. Gegebenenfalls kann ein Atrium in ein Lüftungskonzept miteinbezogen werden und den Umfang einer natürlichen Lüftung erweitern. Zur Beheizung eignen sich Radiatoren. Bei frei liegenden Speichermassen, die aus raumklimatischer Sicht wünschenswert sind, muss auf die Akustik ein besonderes Augenmerk gerichtet werden.

Hörsäle

Die hohen Belegungsdichten von Hörsälen führen zu einem großen Luftbedarf und erfordern im Sommer eine Kühlung. Der Einsatz einer mechanischen Zu- und Abluftanlage ist hier unbedingt notwendig. Um die Luftmenge dem tatsächlichen Bedarf anzupassen, bietet sich eine CO_2-Steuerung an. Die Zuluft wird meist als Quelllüftung unter jedem Sitz mit geringer Geschwindigkeit und geringer Temperaturdifferenz zur Raumlufttemperatur behaglich eingebracht, die Abluft im Deckenbereich abgesaugt. Eine ergänzende natürliche Fensterlüftung ist sinnvoll und verbessert den Außenbezug. Über die Fenster kann bei geringer Belegungsdichte gelüftet und während der Pausen ein schneller Luftaustausch erreicht werden. Die Heizung erfolgt über Radiatoren oder eine Luftheizung. Die Kühlung kann über Kühldecken oder eine Klimaanlage umgesetzt werden.

Prof. Hermann Kaufmann, Hermann Kaufmann + Partner ZT GmbH, Schwarzach:

»Prägend ist die Struktur. Und wir haben empfunden, dass der kleine Maßstab der Schule angemessen ist, Halt gibt. Es sind Räume, die durch Struktur und Gliederung eine besondere Atmosphäre haben.«

Blick in den Pausenhof mit der Holzfassade im Hintergrund

Blick zur Galerie und die freien Lernzonen

Schmuttertal-Gymnasium in Diedorf

Die Plusenergieschule als wegweisender Holzbau erzeugt eineinhalbmal so viel Primärenergie wie sie benötigt. Grundlage dafür sind der optimierte Entwurf und die Konstruktion. Das Ensemble aus vier Gebäuden weist ein sehr gutes A/V-Verhältnis, eine günstige Lichtführung, einen Wärmeschutz auf Passivhausniveau mit 32 cm bis 36 cm Dämmung und einen effizienten außen liegenden Sonnenschutz auf. Eine PV-Anlage auf den dafür optimierten Dächern erzeugt über 500 000 kWh pro Jahr regenerativen Strom. Für die vorgefertigte Holzkonstruktion wurde das in der ländlichen Umgebung vorhandene Holz als CO_2-neutraler nachwachsender Baustoff verbaut, wodurch nur wenig graue Energie beansprucht wird. Holz dient in zwei Pelletkesseln auch als CO_2-neutrale Wärmequelle. »Kopf, Herz und Hand« – das pädagogische Dreigestirn von Heinrich Pestalozzi – liegen im Entwurf des Gymnasiums von Diedorf im Einklang.

Architektur:
ARGE »Diedorf«
Hermann Kaufmann + Partner ZT GmbH, Schwarzach
Florian Nagler Architekten GmbH, München

Energiekonzept:
ip5 Ingenieurpartnerschaft Karlsruhe

VERSAMMLUNGSGEBÄUDE

Versammlungsräume stellen durch ihre unterschiedliche Größe und Nutzung ein breites Spektrum an Bauaufgaben dar. Meist sind es hohe Räume mit großer Grundfläche, die wenig unterteilt sind. Es kann sich eine sehr hohe Belegungsdichte oder eine Nutzung mit nur wenigen Personen ergeben. Dementsprechend schwanken der Luftbedarf und die internen Wärmelasten erheblich. Die Herausforderung liegt in der behaglichen Zuluftführung und Kälteeinbringung.

Kleine Hallen

Versammlungsräume und kleine Hallen werden in der Regel auf ein normales Temperaturniveau beheizt und haben höhere Anforderungen an die Behaglichkeit. Meist werden sie mit einer mechanischen Be- und Entlüftungsanlage ausgestattet. Je nach Nutzung kann entweder über die Fenster oder bei größeren Veranstaltungen mit der Lüftungsanlage gelüftet werden. Die Zuluft wird entweder über Weitwurfdüsen, mit denen die Möglichkeit besteht, Veranstaltungsräume von den Raumseiten aus zu belüften, oder über Quellluftauslässe in unmittelbarer Nähe der Nutzer eingebracht. Hier ist auf moderate Luftgeschwindigkeiten und geringe Untertemperaturen zu achten. Die Beheizung kann über Radiatoren, eine Fußbodenheizung oder über die Lüftung erfolgen. Radiatoren bieten sich für kleine Hallen ohne kontinuierliche Nutzung an, da sie schnell regelbar sind. Über eine Fußbodenheizung lässt sich bei mäßigem Kältebedarf im Sommer ergänzend kühlen. Mit einer Luftheizung kann schnell eine gewisse Raumtemperatur erreicht werden, sodass sie bei unregelmäßig genutzten Räumen Vorteile bietet.

Sporthallen

Hallen mit geringer Belegungsdichte, wie Sporthallen im Trainingsbetrieb, lassen sich in der Regel natürlich belüften. Motorisch betriebene Oberlichter können während der Nutzung über einen einfachen Taster bedarfsgerecht geöffnet werden. Besteht die Möglichkeit, auf beiden Seiten der Halle Lüftungsklappen zu öffnen, wird die Durchströmung der Halle deutlich verbessert. Wird eine Lüftungsanlage eingebaut, so muss sichergestellt werden, dass sie entsprechend dem tatsächlichen Bedarf geregelt werden kann. Dies kann über nutzungsabhängige Lüftungsszenarien oder eine CO_2-Steuerung erfolgen. Wird über die Luft geheizt, so sollte aus Effizienzgründen ein Umluftbetrieb möglich sein. Deckenstrahlplatten sind eine schnell regelbare Heizmöglichkeit und können auch zur Kühlung beitragen. Fußbodenheizungen sind für Sporthallen nur mit höherem Aufwand zu realisieren, da der Boden elastisch sein muss. Für Sportarten am Boden, wie z. B. Gymnastik oder Yoga, bieten sie jedoch Behaglichkeitsvorteile.

Veranstaltungsräume

Räume mit Musikveranstaltungen können aufgrund der Lärmbelastung für angrenzende Gebäude normalerweise nicht über Fenster gelüftet werden. Aus diesem Grund und wegen der hohen Belegungsdichte muss eine mechanische Lüftungsanlage eingebaut werden. Auch aufgrund der Musikinstrumente können sich besondere Anforderungen an die Luftkonditionierung ergeben. Hier ist vor allem die Luftfeuchte und die Veränderungsgeschwindigkeit der Lufttemperatur und der Luftfeuchte von Bedeutung. Die Lüftungsanlage sollte zur Vermeidung unnötiger Energieverluste bedarfsgerecht geregelt werden können. Die Beheizung kann über Heizflächen und eine ergänzende Luftheizung erfolgen. In der Regel besteht bei Veranstaltungen mit vielen Teilnehmern ab Veranstaltungsbeginn durch die Wärmeabgabe der Personen selbst bei niedrigen Außentemperaturen nur noch wenig Heizbedarf, deshalb ist ein schnell regelbares System vorzuziehen. Angenehm wirkt sich eine hohe Oberflächentemperatur der Raumumschließungsflächen aus. Bei sehr großen Veranstaltungshallen kann es sinnvoll sein, nicht das gesamte Hallenvolumen zu konditionieren, sondern Luft und Wärme direkt dem Aufenthaltsbereich der Zuschauer zuzuführen.

Peter Haimerl,
Peter Haimerl.Architektur,
München:

»Ich suche nach Lösungen, die der Geschichte Rechnung tragen und die Gebäude trotzdem räumlich und zeitgenössisch durchdringen.«

Blick auf die Bühne des Konzertsaals:
Die nach akustischen Aspekten ausgelegte unregelmäßige Struktur der Innenwände optimiert auch das Raumklima.

Blick auf den Haupteingang des Konzerthauses und die Fassade aus Dämmbeton und einer äußeren Schicht aus Granitsteinen

Konzerthaus in Blaibach

Der auf Musikgenuss hin optimierte, monolithische Dämmbetonbau mit 200 Plätzen strahlt Minimalismus und Eleganz aus. Der in den Hang der Ortsmitte gegrabene Solitär knüpft mit seiner Granitfassade an die Steinhauertradition der Gegend an. Das Konzept mit seiner von Erdreich umschlossenen Gebäudestruktur und der opaken Fassade bildet die Ausgangsbasis für einen niedrigen Energiebedarf und ein gutes stabiles Raumklima im Konzertraum. Die akustisch optimierten, unregelmäßigen, großen Innenoberflächen aus Ortbeton stellen eine umfangreiche thermisch wirksame Speichermasse zur Verfügung. Diese gleicht Schwankungen der inneren Wärmelasten aus. In den Schlitzen an Wänden und Boden befinden sich die Bassabsorber und LED-Leuchten. Im Konzerthaus in Blaibach legt das architektonische Konzept den Grundstein für einen minimierten Energiebedarf bei reduziertem Technikaufwand.

Architektur:
Peter Haimerl.Architektur,
München

Akustikplanung:
Müller-BBM, München

ÖKONOMIE DER ENERGIETECHNIK

Bei einem Gebäude ergeben sich zwei prinzipielle Kostenkategorien: die Investitionskosten sowie die Betriebskosten, welche die Kosten für Energie, Wartung und Instandhaltung beinhalten. Im Laufe des Lebenszyklus eines Gebäudes übersteigen die Betriebskosten die Investitionskosten um ein Mehrfaches. Deshalb sind bereits bei der Konzeption eines Gebäudes nicht nur die Investitionen, sondern auch die Folgekosten zu berücksichtigen. Die energiespezifischen Investitionen beinhalten Planungskosten, Baukosten für die Gebäudehülle und Kosten für die Gebäudetechnik. Durch eine interdisziplinäre, ganzheitliche Planung können Investitions- und spätere Betriebskosten eines Gebäudes erheblich reduziert werden. Erhöhte Planungskosten werden dadurch in der Regel um ein Mehrfaches überkompensiert. Die Wartungskosten können erhebliche Auswirkungen auf die Wirtschaftlichkeit von Fassaden und energietechnischen Systemen haben. So stellen diese bei Blockheizkraftwerken, Lüftungsanlagen, bei der Mess- und Regeltechnik oder auch beim Sonnenschutz einen wesentlichen Faktor dar. Investitionskosten für die verschiedenen Gewerke stehen in einer Wechselbeziehung zueinander, so können durch Mehrinvestitionen in die Gebäudehülle oftmals Einsparungen bei der Gebäudetechnik erzielt werden. Zusätzlich bewirken Investitionen Zinsaufwendungen und führen durch gebundenes Kapital zu einer eingeschränkten finanziellen Flexibilität. Teilweise kann dies über Leasing- und Contracting-Modelle ausgelagert werden. Insbesondere bei den Betriebskosten sind Energiepreissteigerungen und veränderte gesetzliche Rahmenbedingungen ein weiterer Aspekt, der häufig Konzeptentscheidungen beeinflusst. Weiterhin zu berücksichtigen sind sekundäre Investitionskosten für bauliche Maßnahmen, z. B. Brennstofflager, Technikräume oder eine größere Gebäudehöhe durch Installationszonen. Auch nicht zu vernachlässigen ist die Wechselwirkung energetischer Maßnahmen mit der nutzbaren Fläche eines Gebäudes. Technikräume, Installationszonen oder Abgasanlagen vermindern die nutzbare Fläche und bewirken Einschränkungen bei der Flexibilität.

Energiekosten

Energiekosten können als Brennstoffkosten für Gas, Öl oder Biomasse oder als Stromkosten auftreten. Bezogen auf den Energieinhalt ergeben sich dabei erhebliche Preisunterschiede. Biomasse ist etwa halb so teuer wie Gas oder Öl, Strom ist viermal so teuer. Bei Strom ergeben sich Preisunterschiede in Abhängigkeit von der Abnahmezeit und es ist ein Leistungspreis mit einzukalkulieren. Aufgrund des Leistungspreises sollten Gebäude-, Raumklima- und Energiekonzepte mit geringen Lastspitzen realisiert werden. Mit einer Kurzzeitspeicherung von Wärme und Kälte in Pufferspeichern oder aktivierten Bauteilen sowie mit Lastabschaltungen können Leistungsspitzen geglättet werden. Über intelligente Steuerungen, gegebenenfalls auch auf Basis von künstlicher Intelligenz, ist ein leistungs- und preisoptimierter Betrieb von Energiesystemen möglich. Generell ist von steigenden Energiepreisen auszugehen, was in einer Wirtschaftlichkeitsbetrachtung berücksichtigt werden muss. In der jüngeren Vergangenheit hat sich jedoch auch gezeigt, dass sich erhebliche Preisschwankungen in Abhängigkeit vom Weltmarkt, z. B. beim Ölpreis, oder der länderspezifischen energiepolitischen Situation, z. B. EEG-Umlage oder Energieförderung, ergeben können. Deshalb ist eine künftige Preissteigerung mit Bedacht anzusetzen. Brennstoffe, die nicht leitungsgebunden sind, ziehen Kosten für die Lagerung, z. B. Pelletlager oder Öltank, sowie Transportkosten nach sich, die mit einzukalkulieren sind.

Wartungskosten

Der Wartungsaufwand energetischer Komponenten variiert erheblich und hat Einfluss auf die Wirtschaftlichkeit des Gesamtsystems. Teilweise können Energieerzeuger mit geringen Energiekosten aufgrund des erhöhten Wartungsaufwands unwirtschaftlich werden. Beispiele dafür sind Holzhackschnitzelanlagen oder Blockheizkraftwerke. Bei zentralen

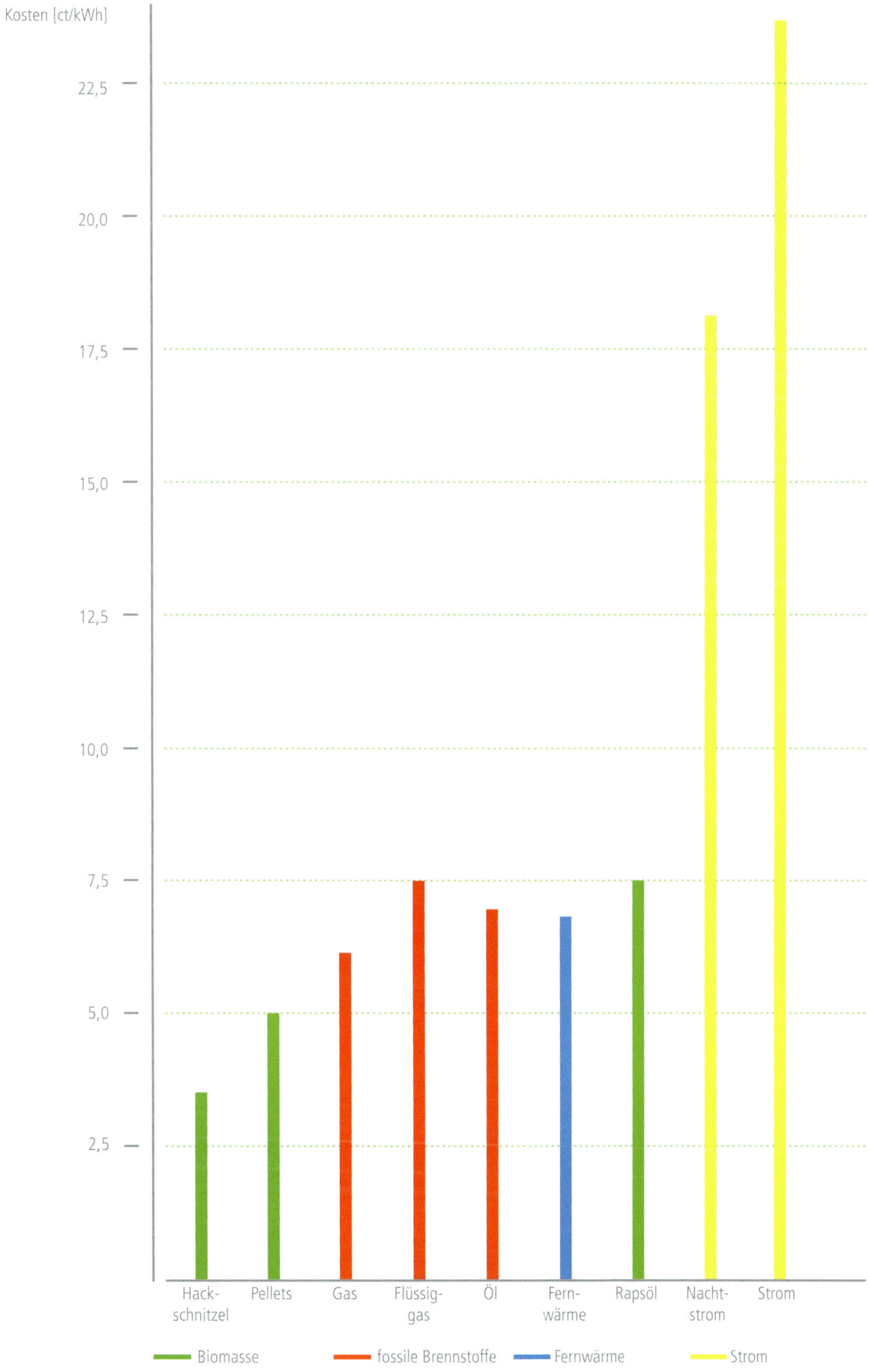

Kosten für verschiedene Energieträger (Stand 2020): Strom ist in den letzten Jahren kontinuierlich teurer geworden, bei den fossilen Energieträgern sind die Preissteigerungen geringer als erwartet ausgefallen. Zudem haben sich hier in den letzten Jahren hohe Schwankungen ergeben. Biomasse-Brennstoffe unterliegen relativ geringen Preissteigerungen. Bei Fernwärme ist auch der relativ hohe Leistungspreis zu berücksichtigen.

Lüftungssystemen ergeben sich Kosten für die Reinigung der Kanäle und die Inspektion der Brandschutzklappen. Dezentrale Lüftungsgeräte bewirken einen sehr hohen Wartungsaufwand durch Reinigung und Filteraustausch in allen Nutzräumen im Gebäude. Damit ist immer auch eine Störung der Nutzer gegeben. Komplexe Regelsysteme führen zu einem hohen Aufwand für die Programmierung, Softwarepflege und Fehlerbehebung sowie für die Optimierung im Gebäudebetrieb.

Konventionelle Wärmeerzeugung

Bei der Wärmeerzeugung sind konventionelle Systeme wie Öl- oder Gasbrennwertkessel in Bezug auf die Investitionskosten deutlich günstiger als innovative Wärmeerzeuger. Insbesondere erhöht sich der Preis mit steigender Leistung nur geringfügig. Deshalb eignen sich diese Systeme zur Spitzenlastabdeckung bei einer Kombination mit innovativen Wärmeerzeugern. Diese weisen bezogen auf die Leistung linear steigende Investitionskosten auf und werden deshalb meist nicht für die maximal erforderliche Leistung ausgelegt. Die Wartungskosten für fossile Kessel und die Abgasanlage liegen im niedrigen Bereich, der Betrieb erfolgt vollautomatisch. In Bezug auf die Ökologie sind fossile Wärmeerzeuger allerdings ungünstig zu bewerten. Dies wirkt sich auch auf den Primärenergiebedarf im gesetzlichen Energienachweis aus, wodurch sich höhere bautechnische Anforderungen ergeben können.

Biomassenutzung

Biomasse wird üblicherweise in Form von Holzhackschnitzeln oder Holzpellets zur Wärmeerzeugung genutzt. Der Brennstoff ist im Vergleich zu fossilen Brennstoffen wesentlich günstiger und nahezu CO_2-neutral. Die Investitionskosten sind höher, insbesondere auch aufgrund des benötigten großen Brennstofflagers und der zugehörigen Förderanlage. Bei der Planung sind die Kosten für ein Brennstofflager und die Zufahrt für das Lieferfahrzeug zu berücksichtigen. Holzhackschnitzel sind etwa halb so teuer wie Pellets. Allerdings entstehen Kosten für die Person, die den Betrieb des Kessels und der Förderanlage betreut. Holzpellets können weitgehend automatisch verfeuert werden und sind auch in kleinen Leistungsbereichen wirtschaftlich. Der gute Primärenergiefaktor bewirkt in Bezug auf den Energieausweis geringere bautechnische Anforderungen. Eine Sonderform sind Scheitholzkessel. Diese können eine interessante Alternative sein, wenn das Holz günstig zur Verfügung steht und die Holzaufbereitung und die Beschickung nicht mit einkalkuliert werden.

Wärmepumpe

Eine Wärmeerzeugung über Wärmepumpen ist nur dann effizient, wenn die Arbeitszahl größer drei ist, sodass der höhere Strompreis ausgeglichen wird. Die Arbeitszahl steht in Abhängigkeit von der Temperaturdifferenz zwischen der Temperatur der Primärwärmequelle und der Vorlauftemperatur des Wärmeübergabesystems. Deshalb sollten Wärmepumpen maßgeblich mit Flächenheizungen kombiniert werden. Sohle-Wasser-Wärmepumpen erfordern meist einen hohen investiven Aufwand für die Erschließung der Primärwärmequelle z. B. in Form von Erdsonden, Erdregistern oder Grundwasserbrunnen. Bei Erdsonden besteht ein nahezu linearer Zusammenhang zwischen der Wärmeentzugsleistung, die bei ca. 50 W/m liegt, und den Investitionskosten, die bei ca. 70,– €/m liegen. Deshalb ist auf die erforderliche Heizleistung ein besonderes Augenmerk zu legen. Die Kosten von horizontalen Erdregistern sind stark situationsabhängig. Können die Rohre ohne zusätzliche Erdarbeiten einfach verlegt werden, so sind die Investitionen mit ca. 20,– €/m relativ gering. Die Erdwärme- oder Grundwassernutzung ist vor allem bei Gebäuden mit Kühlung wirtschaftlich, da das Erdreich oder das Grundwasser im Sommer direkt als regenerative Kältequelle genutzt werden kann. Bei Erdsonden besteht dann der Vorteil, dass sie saisonal regeneriert werden und die Entzugsleistung im Heiz- und im Kühlfall steigt. In den letzten Jahren wurden

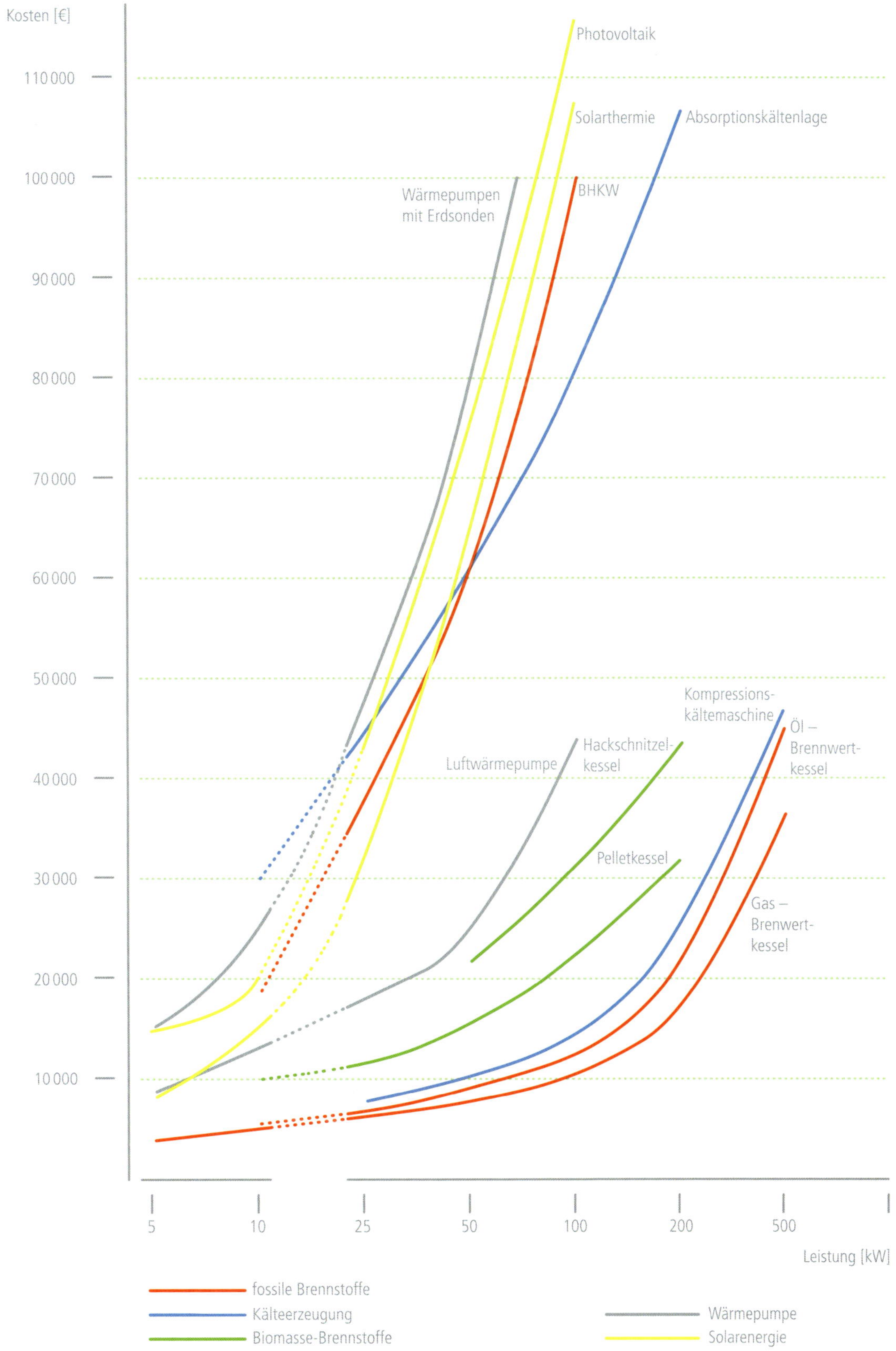

Kosten für verschiedene Energieerzeugungssysteme bezogen auf die Heiz- oder Kühlleistung

auch immer mehr Eisspeicher als wirtschaftliche Primärwärmequelle eingesetzt. Dies ist insbesondere bei einer vorhandenen thermischen Solaranlage sinnvoll, da die Kollektoren im Winter den Eisspeicher regenerieren. Auch der Wärmeentzug aus Abwasserkanälen wird immer häufiger realisiert. Diese Lösung ist effizient und wirtschaftlich, bietet sich typischerweise jedoch nur dann an, wenn das Abwassernetz neu errichtet oder saniert wird. Bei Luftwärmepumpen haben sich in den letzten Jahren große Fortschritte in Bezug auf die Effizienz ergeben. Sie benötigen keine Primärwärmequelle, wodurch die Investitionskosten wesentlich geringer sind, insbesondere auch bei höheren Leistungen. Sie können an Standorten mit gemäßigtem Klima eine kostengünstige Alternative zu konventionellen Wärmeerzeugern sein. Wirtschaftliche Vorteile von Wärmepumpen bestehen darin, dass keine Lagerfläche für Brennstoffe vorgehalten werden muss und keine Abgasanlage mit diesbezüglichem Platzbedarf notwendig ist. Wärmepumpen sind insgesamt ein wartungsfreies, langlebiges System, wodurch sich Kostenvorteile im Betrieb ergeben. Wärmepumpen können bei entsprechender Konzeption auch reversibel betrieben werden und auf diese Weise eine Kältemaschine ersetzen.

Blockheizkraftwerk

Bei der Kraft-Wärme-Kopplung mit einem Blockheizkraftwerk (BHKW) ergibt sich durch die kombinierte Wärme- und Stromproduktion eine gute primärenergetische Bilanz, da der erzeugte Strom primärenergetisch sehr wertvoll ist. Die leistungsspezifischen Investitionskosten sind bei einem BHKW relativ hoch, sie stehen in einem nahezu linearen Verhältnis zur elektrischen Leistung mit ca. 1 500,– € bis 2 000,– € je kW_{el}. Ein wirtschaftlicher Betrieb ist deshalb nur bei einer Jahreslaufleistung von über 5 000 Stunden gegeben. Deshalb ist ein BHKW besonders dann sinnvoll, wenn auch im Sommer ein Wärmebedarf vorhanden ist. Ein BHKW ist so auszulegen, dass es ca. 30 % bis 40 % der erforderlichen Spitzenwärmeleistung eines Gebäudes abdeckt. Der Rest ist mit einem kostengünstigen Spitzenlastkessel zu erbringen. Um die Jahreslaufzeit zu erhöhen, kann es sinnvoll sein, ein Blockheizkraftwerk mit einer Absorptionskältemaschine zu kombinieren. Ein rein stromgeführter Betrieb ohne Wärmenutzung ist nur in Ausnahmefällen sinnvoll, z. B. um Lastspitzen im Stromnetz zu reduzieren. Bei großen Leistungen werden BHKW-Anlagen modular aufgebaut, damit werden der Teillastbetrieb und häufiges Takten vermieden und es steht bei Wartungsarbeiten immer ein Gerät zur Verfügung. Ein BHKW kann auch zur Notstromversorgung eingesetzt werden. Für den Notstrombetrieb weist ein modulares Konzept mit zwei oder mehr Aggregaten eine höhere Sicherheit auf. Bei der Wirtschaftlichkeitsbetrachtung sind die Wartungskosten von 1,0 ct/kWh bis 2,0 ct/kWh zu berücksichtigen, die in unmittelbarem Zusammenhang mit den Betriebsstunden stehen. Im Verhältnis sind die spezifischen Wartungskosten bei kleineren BHKW-Anlagen mit 3,0 ct/kWh bis 4,0 ct/kWh höher, sodass BHKW bei kleinen Gebäuden oft nicht wirtschaftlich sind. Um die Laufzeit des BHKW nicht zu reduzieren, ist eine Kombination mit Solarkollektoren in der Regel nicht sinnvoll. Bei einer Kombination mit einer PV-Anlage reduziert sich der Eigenverbrauchsanteil. Beim Energienachweis wirkt sich ein BHKW primärenergetisch positiv aus.

Kälteerzeugung

Zunächst sollte versucht werden, regenerative Kälte aus Erdsonden oder Grundwasser zu nutzen. Die leistungsbezogenen Investitionskosten sind zwar höher, dafür fallen für den Rest der Lebensdauer so gut wie keine Betriebs- und Wartungskosten an. Bei aktiver Kühlung ist es vorteilhaft, den Lastverlauf von Kältebedarf und Kälteerzeugung zu entzerren, z. B. durch Nutzung einer Betonkernaktivierung. Die Kältemaschine kann dann wesentlich kleiner dimensioniert werden und muss nicht bei hohen Außenlufttemperaturen ihre maximale Leistung bereitstellen. Mit einer Betonkernaktivierung kann regenerative Kälte auch über ein nachts direkt betriebenes Rückkühlwerk mit minimalem Energieaufwand bereitgestellt werden.

Photovoltaik

Kosten für PV-Module haben sich in den letzten zehn Jahren von 5 000,– €/kW_p auf unter 1 500,– €/kW_p reduziert. Bei größeren Anlagen sind künftig Kosten von ca. 1 000,– €/kW_p zu erwarten. Pro kW_p werden ca. 900 kWh/a produziert, sodass sich bei einem Eigenverbrauch eine Amortisationszeit von ca. fünf Jahren ergibt, wodurch der Einsatz von PV am Gebäude sehr wirtschaftlich ist. Bei Eigenverbrauch fällt für Anlagen bis 30 kW_p keine EEG-Umlage an, darüber liegt sie bei 40 % des regulären Wertes von ca. 6,5 ct/kWh. Gegebenenfalls kann der Eigennutzungsanteil durch Stromspeicher oder eine Wärmeerzeugung über eine Wärmepumpe erhöht werden. Bei den Stromspeichern sind in naher Zukunft stark fallende Preise zu erwarten, auch bedingt durch die stationäre Sekundärnutzung von Batterien aus Elektrofahrzeugen. Erstrebenswert ist die Integration von PV in die Gebäudehülle, da sich dann ein wirtschaftlicher und konstruktiver Synergieeffekt ergibt. Beim Energieausweis wirkt sich eigengenutzter PV-Strom positiv aus. Aufgrund dieser stark gefallenen Kosten haben PV-Module solarthermische Kollektoren weitgehend abgelöst. Diese haben vor allem bei Gebäuden mit erhöhtem Warmwasserbedarf oder bei begrenzter besonnter Dachfläche noch eine Bedeutung.

Contracting

Bei größeren Gebäuden oder Gebäudekomplexen bzw. Siedlungen mit Nahwärmeversorgung kann es sinnvoll sein, die Energiedienstleistung in Form von Contracting-Verträgen auszulagern. Dadurch werden Investitionskosten eingespart und gebundenes Kapital wird reduziert. In der Regel kann der Contractor die Energie durch Synergieeffekte bei Betrieb, Wartung und Abrechnung kostengünstiger bereitstellen. Contracting-Verträge spielen vorrangig bei Kraft-Wärme-Kopplung sowie Biomassenutzung eine Rolle, vor allem in Verbindung mit Nahwärmenetzen im Quartiersmaßstab.

Planungsstrategie

Bei technischen Systemen sind nicht nur die Kosten für die Geräte, sondern auch die sekundären Baukosten zu berücksichtigen, die durch den Platzbedarf für Zentralen, Technik- oder Lagerräume oder durch den Flächenbedarf für Schächte entstehen. Außerdem kann bei abgehängten Decken oder Doppelböden eine größere Gebäudehöhe erforderlich werden, wodurch sich Mehrkosten bei der Fassade ergeben. Durch eine optimierte Integration der Gebäudetechnik sowie eine angepasste Anordnung von Zentralen und Unterzentralen lässt sich der technikbedingte Bauaufwand begrenzen. In der Regel kann durch moderate Mehrinvestitionen in den Wärme- und Sonnenschutz eine erhebliche Einsparung bei den Investitionen für Technik sowie den Energiekosten erzielt werden. Regenerative Energieerzeuger wirken sich im gesetzlichen Energienachweis positiv aus, wodurch Unzulänglichkeiten bei der Bautechnik ausgeglichen werden können.

WOHN- UND BÜROHAUS, DARMSTADT

Andreas Sedler und Prof. Anke Mensing, opus Architekten, Darmstadt:

»Manchmal muss man einfach nur aufräumen.«

In der Verdichtung der Stadt liegt eines der größten Potenziale für ganzheitliche Nachhaltigkeit. Die Wege werden kürzer und die Versorgung einfacher, die Hüllflächen geringer und die Energieerzeugung effizienter. Im Martinsviertel mit seiner Blockrandbebauung aus der Gründerzeit befand sich ein nur zweigeschossiges Haus neben einer Baulücke. Ziel war es, die Stadt auf moderne Weise zu verdichten und die Themen Sanierung, moderne Architektur und Passivhausbau zusammenzuführen. Der Altbau wurde saniert, dem architektonischen Ausdruck folgend aufgestockt und nach hinten erweitert. Im Kontrast zum Altbau wurde die Baulücke mit einem transparenten Büroneubau geschlossen. Volumen und Proportionen interagieren mit der Nachbarbebauung. Die Erschließung wurde neu organisiert, ein gemeinsames Treppenhaus vermittelt jetzt zwischen Alt und Neu, zwischen Wohnen und Arbeiten. Das Ensemble wurde mit sehr gutem Wärmeschutz im Passivhausstandard realisiert. Eine Lüftungsanlage mit Wärmerückgewinnung in Verbindung mit einem Erdwärmetauscher minimieren die Lüftungswärmeverluste. Der geringe Restwärmebedarf wird über die Lüftung zugeführt. Solarkollektoren und PV-Module bilden die Eindeckung des geneigten Daches, das sich in die umgebende Dachlandschaft aus Metall- und Schieferdächern einfügt. Das »opusHouse« zeigt, wie ein ganzheitlich geplantes Projekt die Stadt aufwerten und Nachhaltigkeit generieren kann.

Lageplan – M. 1:1 000: Mit einer Verdichtung der Stadt, durch das Aufstocken eines Bestandsgebäudes und das Schließen einer Baulücke, wird Nachhaltigkeit auf vielschichtige Weise erreicht.

Architektur: opus Architekten, Darmstadt

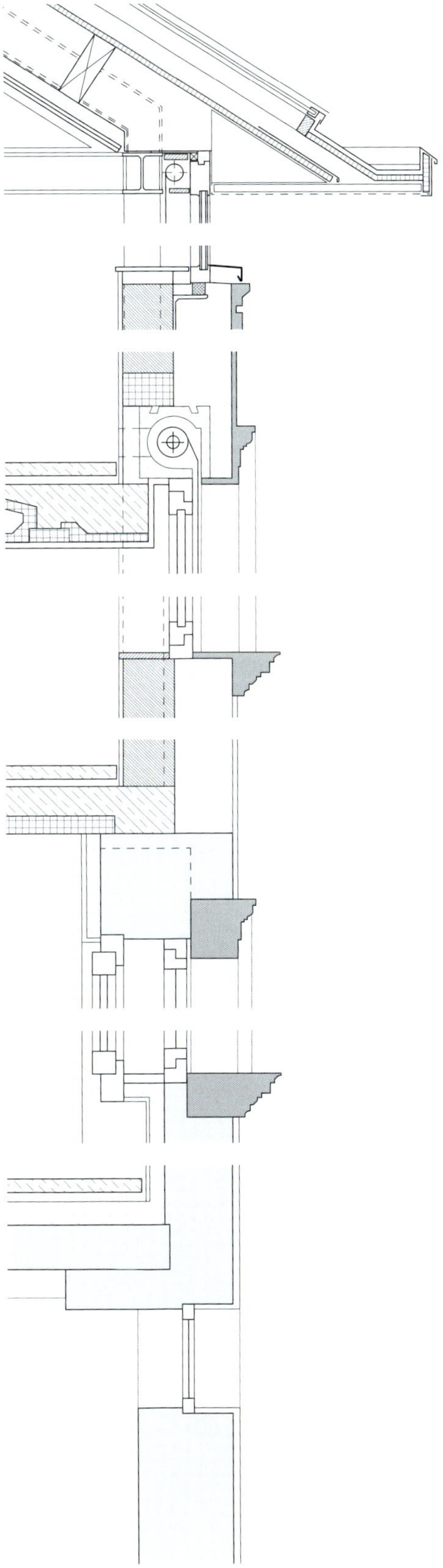

Fassadenschnitt – M. 1:25

Dach:
Solardach 100 mm
Photovoltaik, hinterlüftet,
Solarthermie, wärme-
gedämmt,
Lattung 60/60 mm,
Abdichtung,
OSB-Platte 22 mm,
Holzpfette 240/80 mm
auf 4 Stahlrahmen HEB
140 ausgeklinkt,
Wärmedämmung
Mineralwolle 240 mm,
Dampfsperre,
Konterlattung 40/60 mm
dazwischen Wärme-
dämmung Mineralwolle
60 mm

Wand Aufstockung:
Außenputz 25 mm,
Wärmedämmung Mineral-
wolle 200 mm,
Ziegelmauerwerk 175 mm,
Innenputz 15 mm

Wand Sanierung:
Bestandsfassade,
Kastenfenster,
Innendämmung 60 mm,
Innenputz 15 mm

Boden:
Stabparkett Eiche 22 mm,
Estrich 35 mm,
Trittschalldämmung
10 mm,
Hohlsteindecke 200 mm in
Stahlrahmen HEB 140
eingelegt,
Innenputz 15 mm

Blick von der Dachterrasse des Neubaus auf den Glasgiebel der Aufstockung

Blick durch die Glasfassade des Neubaus in der Baulücke

Blick in den Luftraum mit der Verbindungstreppe der verschiedenen Ebenen im Altbau

STADT

- Potenziale von Quartieren
- Mobilität
- Sortimo Innovationspark, Zusmarshausen
- Energiekonzepte für das Quartier
- Energiespeicherung
- Wasserstoff-Research-Center, Vonovia AG
- Sektorgekoppelte Quartiere
- Musterquartiere
- Ökonomie von Quartieren
- Brucklyn – »place to be« in Erlangen

Die Stadt hat in Deutschland eine wechselvolle Geschichte hinter sich. Am Anfang war der Drang in die Städte begründet mit der Entwicklung neuer gesellschaftlicher Ideen, vor allem aber mit neuen Erwerbsmöglichkeiten im Bereich der Industrieproduktion. Dies war der Anstoß zu neuen städtebaulichen Visionen, wie der Trennung der Funktionen und später der autogerechten Stadt. Diese Ideen führten nur teilweise zu lebenswerten Städten, sodass sich beginnend in den 1960er-Jahren das »Einfamilienhaus im Grünen« als Lebensideal etabliert hatte, mit den entsprechenden Konsequenzen in Bezug auf Zersiedlung, Verkehr und Energie. Mit der Jahrtausendwende zog es zunächst die Singles zurück in die Metropolen, später auch die jungen Familien. Von nun an galt es, die Lebensqualität in der Stadt zu verbessern. Neue Trends und technische Möglichkeiten werden die Stadt weiter verändern. Es gibt Verdichtung einerseits und grüne Erholungsräume andererseits. Der Individualverkehr wird durch E-Mobility emissionsfrei sein, teilweise auch durch neue Mobilitätsformen ersetzt. Dadurch ergeben sich energetische, qualitative und stadträumliche Potenziale. Mit Urban Gardening und begrünten Fassaden wird die alte Sehnsucht vom Leben auf dem Land in die Stadt getragen. In Bezug auf die Energieversorgung erweitert sich der Blickwinkel und geht über das einzelne Gebäude hinaus auf das Quartier oder die ganze Stadt. Dadurch ergeben sich zusätzliche Einsparpotenziale insbesondere durch die energetische Vernetzung und die Digitalisierung.

POTENZIALE VON QUARTIEREN

In einem Quartier ergeben sich aufgrund der Durchmischung von Nutzungen und der höheren Dichte ökonomische und ökologische Potenziale bei einer gleichzeitigen Verbesserung der Lebensqualität und der Sozialstruktur.

In den letzten Jahren hat das Quartier als Lebensumfeld wieder eine Renaissance erfahren. Waren im Mittelalter Dörfer und Stadtteile im Prinzip als Quartier ausgebildet, in denen Wohnen, Arbeiten, Handel und Versorgung mit Dienstleistungen des täglichen Bedarfs in einem engen räumlichen, fußläufigen Zusammenhang stattfanden, so ergab sich in Folge der Industrialisierung eine zunehmende Trennung der Funktionen Wohnen und Arbeiten. Zum einen dadurch bedingt, dass die industrielle Produktion mit Emissionen verbunden war und die Lebensqualität damit beeinträchtigt wurde, zum anderen aber auch durch die Größe und erhebliche räumliche Ausdehnung der Fabriken. In der industriellen Produktion war plötzlich eine Vielzahl von Arbeitern bei einer Firma beschäftigt, wodurch häufig unzulängliche Wohnverhältnisse im Umfeld der Produktionsstätten entstanden. Ab 1900 entwickelte sich unter dem Einfluss von reformorientierten und sozialistischen Strömungen, aber auch durch das Aufkommen von Gesundheits- und Naturbewegungen, die Idee der Gartenstadt. Ziel war es, die Lebensqualität der Arbeiter zu verbessern. Der erste Schritt in diese Richtung war die Entzerrung von Produktion und Wohnen und die Zuordnung von Grünflächen zu den Häusern. Dies hatte auch den Sinn, die Versorgung der Bevölkerung mit Nahrungsmitteln, durch Eigenanbau im Garten, zu verbessern. Die damit verbundene Ausdehnung der Stadt war möglich, da sich mit der Eisenbahn und der Straßenbahn der öffentliche Nahverkehr etablierte. Ab der Mitte des letzten Jahrhunderts verbreitete sich der motorisierte Individualverkehr, auch als Zeichen für Freiheit und technischen Fortschritt. Es hatte sich das »Einfamilienhaus im Grünen« als Lebensideal herausgebildet. Das Leben in der Stadt war, vor allem für Familien mit Kindern, nur wenig erstrebenswert. Die Konsequenz hiervon waren eine geringe Dichte, ein hoher Flächenverbrauch für Gebäude und Verkehrsinfrastruktur und weite Wege zur Erfüllung der alltäglichen Lebensbedürfnisse, sodass man auf ein Auto angewiesen war. In den letzten Jahren hat sich eine Rückbesinnung auf das Quartier als Lebensform eingestellt, auch vor dem Hintergrund, dass die Erwerbstätigkeit nicht mehr mit Schadstoffemissionen und Lärm verbunden ist und durch die Digitalisierung die Berufsausübung dezentral in räumlicher Nähe zur Wohnung oder auch in dieser selbst erfolgen kann. Quartiere werden mittlerweile häufig als Nachverdichtung in der Stadt realisiert, u. a. als verdichtete Konversionsprojekte, wie z. B. Kasernen oder Industrieareale. Ebenso gibt es viele komplette Neubauentwicklungen auf dem Land sowie auf freien Restflächen in der Stadt. Das Quartier bietet eine höhere Dichte, ökonomische und energetische Vorteile sowie eine lebenswerte Sozialstruktur.

Quartiersdefinition

Prinzipiell ist ein Quartier ein Ensemble von Gebäuden unterschiedlicher Nutzung, die in einem räumlichen Zusammenhang stehen. Durch den Nutzungsmix ergeben sich Vorteile, da die Bedürfnisse im Alltag auf kurzem Weg befriedigt werden können. Auch ergibt sich eine Durchmischung von Bewohnern unterschiedlichen Alters und unterschiedlicher Berufsgruppen, was vorteilhaft für die Sozialstruktur ist. Teilweise ist es erforderlich, ein Quartier definiert abzugrenzen, z. B. um ein Versorgungskonzept zu erstellen oder die Zulässigkeit einer Kundenanlage zu beurteilen. Wird ein Quartier komplett neu errichtet, so ist die Abgrenzung in der Regel offensichtlich. Im Falle einer historisch bedingten Abgrenzung, z. B. nach Baualter oder nach unterschiedlichen Nutzungsarten der Gebäude, ist dies ebenfalls gegeben, wohingegen eine Abgrenzung bei Erweiterungen oder Nachverdichtungen nicht immer leicht zu treffen ist. Oftmals ergibt sich hier die Abgrenzung durch gemeinsame Gestaltungsmerkmale, wie Körnung der Baustruktur, Bodenbeläge, Bepflanzung, Stadtmöblierung, Beleuchtung, oder aber durch natürliche oder bebauungsbedingte Grenzen wie Straßen, Grünzüge, Bachläufe, Eisenbahnlinien und Bebauungs- bzw. Gebäudekanten. Auch die Eigentumsverhältnisse können ein Merkmal für die Quartiersabgrenzung sein.

Qualität durch Dichte

Eine erhöhte Bebauungsdichte bewirkt einen geringeren Flächenverbrauch und ermöglicht kürzere Wege, wodurch sich das Verkehrsaufkommen und die dafür erforderlichen Verkehrsflächen reduzieren. Die höhere Nachfrage nach Dienstleistungen führt zu einem umfangreicheren Angebot. Auch für den sich zunehmend verbreitenden Trend der »Sharing-Economy«, bei der Autos, Infrastruktur, Räume, Arbeitsplätze etc. geteilt werden, ist die erhöhte Bewohnerdichte förderlich. In diesem Kontext werden Quartiersbewohner zu Anbietern und Abnehmern von Produkten, Energie und Dienstleistungen, teilweise gegen Geld oder durch lokalen Tauschhandel.

In Bezug auf die Energie führen die kompakteren Gebäudekubaturen mit entsprechend verminderten Hüllflächen zu geringeren Energieverlusten und einer höheren Effizienz bei der Energieerzeugung. Generell ergeben sich ökonomische Vorteile durch die effizientere Nutzung von Gebäuden, Erschließungsflächen, Außenraumflächen, Fahrzeugen und Infrastruktursystemen.

Wandel der Gesellschaft

War in der Gesellschaftsgeschichte lange Zeit die klassische Familie, die in einem eigenen Haus wohnt, das als Ideal propagierte und von vielen angestrebte Lebensmodell, so hat sich durch eine Pluralisierung der Gesellschaft im Nachgang der 68er-Bewegung eine Vielzahl von alternativen Lebensformen entwickelt, die zunächst kritisch, später skeptisch beäugt wurden. Ab der Jahrtausendwende war der gesellschaftliche Wandel dann soweit fortgeschritten, dass alternative Lebensmodelle, wie Patchworkfamilien, gleichgeschlechtliche Lebensgemeinschaften oder Mehrgenerationen-Wohngemeinschaften zunehmend akzeptiert und mittlerweile als bereichernde Lebensform einer pluralistischen Gesellschaft angesehen werden. In der Folge davon entstand ein Bedarf an Räumen und Orten, die diesen freien und flexiblen Lebensformen ein adäquates Lebensumfeld bieten. Notwendig wurden flexible Wohnstrukturen, die leicht in ihrer Größe und Funktionalität anpassbar sind und Gemeinschaftsflächen aufweisen. Damit verbunden ist in der Regel eine effizientere Nutzung der Wohnflächen, wodurch sich ökonomische Vorteile ergeben. Der Begegnung und dem Miteinander, auch mit Menschen außerhalb der eigenen Familie, wird ein hoher Stellenwert beigemessen. Dafür sind Räume erforderlich, die Begegnung ermöglichen, sowohl zielgerichtet, z. B. im Quartierscafé, als auch zwanglos, z. B. im Dachgarten. Begegnung findet dabei sowohl in Nutz- und Gemeinschaftsräumen als auch auf Erschließungsflächen statt, sowohl innerhalb des Gebäudes als auch im Außenbereich des Quartiers. Gemeinsame Aktivitäten, Dialog und kultureller Austausch, die u. a. durch digitale Medien und Quartier-Apps angestoßen und befördert werden, benötigen ebenfalls geeignete Gebäude und Raumstrukturen.

Ökologisches Bewusstsein

In der Folge eines zunehmenden ökologischen Bewusstseins rücken Lebens- und Konsumgewohnheiten und deren ökologischen Auswirkungen stärker in den Fokus der Menschen. Gesunde Ernährung, kurze Wege im Alltag, effiziente, flexible Mobilität, Müllvermeidung und Recycling und ein insgesamt kleiner ökologischer Fußabdruck stehen dabei im Blickpunkt. In dieser umweltbewussten Lebensweise wird kein Verzicht, sondern ein ganzheitliches Lebensgefühl mit einem Zugewinn an Lebensqualität gesehen. Der niedrige Energieverbrauch im Quartier aufgrund kompakter Gebäude, kurzer Wege und einer effizienten Energieerzeugung kommt dieser Lebenseinstellung entgegen. Auch die »Sharing-Economy« ist nicht nur im ökonomischen, sondern auch im ökologischen Kontext zu sehen. Durch den höheren Auslastungsgrad müssen weniger Güter, Fahrzeuge oder Nutzflächen hergestellt werden, in Folge davon können natürliche Ressourcen eingespart werden.

Wandel der Arbeitswelt

Durch die Digitalisierung und eine Veränderung der Arbeitsstrukturen, insbesondere im kreativen Bereich, hat der zentrale Arbeitsplatz in einer Firma an Bedeutung verloren. Damit kann die Arbeit an jedem beliebigen Ort verrichtet werden. Dies führt einerseits zu vermehrter Arbeit im Homeoffice, aber auch zu dem Wunsch, in »Co-Working-Centern« individuell, aber gemeinsam zu arbeiten. Die Vorteile liegen in einer geteilten Nutzung von Arbeitsinfrastruktur und einer Tätigkeit in einem inspirierenden sozialen Umfeld Gleichgesinnter. Ein weiterer Vorteil ergibt sich aus dem typischerweise kürzeren Arbeitsweg und der höheren Auslastung der Arbeitsräume. Teilweise kann auch das Potenzial der Energieverschiebung genutzt werden. Generell hat sich eine hohe Ortsunabhängigkeit und Flexibilität im Laufe einer Erwerbsbiografie eingestellt.

Haus mit PV-Dach in der Freistadt Christiania in Kopenhagen: Frühe alternative Wohnsiedlungen aus den 1970er-Jahren waren der Ausgangspunkt für Ideen der dezentralen regenerativen Energieversorgung, der Begrünung der Stadt zur Selbstversorgung und der autofreien Mobilität.

Mehr Grün in der Stadt! Kunstwerk als Plädoyer für eine grünere Architektur und Stadtplanung

Osthang Mathildenhöhe 2019

Dadurch wird die Wohnung bzw. das Haus nicht mehr zum zentralen Lebensmittelpunkt und persönlichen Identifikationsort, sodass Wohn- und Arbeitsräume häufiger gewechselt werden. Es besteht weniger das Bedürfnis, den Wohnraum dauerhaft zu besitzen. Zudem können Wohnungsgröße und Wohnungsstruktur bei jedem Wechsel den jeweils gegebenen Bedürfnissen angepasst werden. Dies kann auch innerhalb eines Quartiers erfolgen.

Mobilität

War der Besitz eines Autos im letzten Jahrhundert noch der Inbegriff von Lifestyle und ein wichtiges Statussymbol, so tritt das eigene Auto mehr und mehr in den Hintergrund. Das Auto wurde anfangs gekauft, dann geleast, später stundenweise gemietet und wird in Zukunft als autonom fahrendes Fahrzeug Baustein einer ganzheitlichen Mobilitätsdienstleistung sein, die entfernungsbezogen abgerechnet wird. Verschiedene Verkehrssysteme stehen dann nicht in Konkurrenz zueinander, sondern bilden ein vernetztes Ganzes. Dadurch wird die Dichte des motorisierten Individualverkehrs abnehmen, wodurch Räume in der Stadt frei werden und die Lebensqualität ansteigen wird. Die Schadstoff- und Lärmemissionen werden durch elektrische Antriebe vermindert, autonom fahrende Fahrzeuge erhöhen die Verkehrssicherheit. Durch eine höhere Auslastung der geteilten Mobilität in den Quartieren wird diese kostengünstiger. Es ist weniger Parkraum erforderlich und somit mehr Lebensraum vorhanden.

Grünflächen und Urban Gardening

Der Trend zurück in die Stadt zu ziehen, geht einher mit dem Bedürfnis, die Natur in den urbanen Lebensraum mit zu integrieren. Grünflächen in der Stadt zum Anbau von frischen Nahrungsmitteln wurden schon in den 1870er-Jahren in Form von Schrebergärten und ab 1900 mit dem Gartenstadtkonzept vorgesehen. Ziel war es, die Stadtbevölkerung mit kostengünstigen, frischen Lebensmitteln zu versorgen, insbesondere vor dem Hintergrund der eingeschränkten Transportmöglichkeiten und der Konservierbarkeit. Nach dem Krieg hat sich bei der Ernährung ein Wandel hin zu industriell verarbeiteten, abgepackten und konservierten Nahrungsmitteln ergeben, die in Supermärkten vertrieben wurden. Mit der Jahrtausendwende richteten breite Bevölkerungsschichten verstärkt den Fokus auf gesunde Ernährung. Damit einhergehend entstand auch eine zunehmende Rückbesinnung auf die Nahrungsproduktion im unmittelbaren Wohnumfeld in der Stadt. Neben den Vorteilen der Bioqualität und maximalen Frische der angebauten Lebensmittel können der Transportaufwand und Verpackungsmüll vermieden werden und es entsteht ein Stoffkreislauf der Biomasse. Die damit verbundene Gartenarbeit wird von vielen als Erholung gesehen. Für eine Familie ergeben sie dadurch Ersparnisse in der Größenordnung von 100,– € bis 400,– € im Monat. Ein weiterer wirtschaftlicher Vorteil besteht darin, dass die ansonsten erforderliche Grünraumpflege damit abgedeckt ist. Durch die intensive Bepflanzung von Dachflächen,

Co-Working:
Durch das gemeinsame Arbeiten im Quartiersumfeld rücken Wohnen und Arbeiten wieder zusammen. Dadurch vermindert sich das Verkehrsaufkommen und die Dichte steigt, wodurch der Flächenverbrauch geringer ist. Zudem können sich durch den Nutzungsmix energetische Potenziale ergeben.

Urban Gardening:
Die Rückbesinnung auf die Natur in der Stadt dient der Nahrungsversorgung der Bewohner, schafft eine sinnerfüllte Freizeitbeschäftigung mit Gleichgesinnten und es entstehen attraktive Außenräume im unmittelbaren Wohnumfeld. Zudem wird das Mikroklima durch adiabate Kühlung verbessert.

Terrassen und Vorgärten mit Nutzpflanzen werden auch Aufenthalts- und Erholungsräume hoher Qualität im unmittelbaren Wohnumfeld geschaffen. Ein weiterer Aspekt ist die Förderung der Kommunikation, des sozialen Miteinanders und des Austauschs im Quartier. Durch eine grüne Quartiersgestaltung kann das Mikroklima im Quartier und in den umliegenden Stadtteilen optimiert werden. Die Belastung durch Schadstoffe, Feinstaub und Lärm wird erheblich vermindert. In den Pflanzen, dem Erdreich und dem Wurzelwerk wird Regenwasser aufgenommen und kurzzeitig gespeichert. Damit werden die Abwassersysteme und Kläranlagen entlastet und Starkregenereignisse können besser aufgefangen werden. Zudem kann das Wasser unmittelbar vor Ort zur Bewässerung genutzt werden. Durch die adiabate Kühlung, die sich durch Verdunstung an den Blattoberflächen ergibt, wird das Mikroklima im Sommer verbessert. Die Verschattung der Gebäudeoberflächen durch die Pflanzen sorgt außerdem dafür, dass sich diese im Sommer weniger aufheizen. Ein weiterer positiver Effekt ist die Absorption von Staub aus der Luft und die Dämpfung von Straßenlärm. Auch das Rascheln der Blätter wird als Geräuschkulisse von vielen Menschen positiv wahrgenommen. Nicht zuletzt wird durch grüne Dächer und Fassaden ein emotionaler und funktionaler Synergieeffekt erzielt. Insgesamt wird durch »Grün in der Stadt« die Lebensqualität in der Stadt verbessert, sodass dem Wunsch nach dem Leben auf dem Lande auf diese Art und Weise begegnet werden kann und sich in Folge davon auch der Verkehr vermindert.

Organisationsstruktur

Um die energetischen und ökonomischen Potenziale eines Quartiers zu nutzen und die Lebensqualität und die soziale Vernetzung der Bewohner zu optimieren, ist eine ganzheitliche interdisziplinäre Quartiersentwicklung von Anbeginn an notwendig. Im Idealfall werden die späteren Bewohner und Nutzer gleich zu Projektbeginn mit einbezogen. Bei Quartieren können Konzeption, Planung, Realisierung, Betrieb und Verwaltung durch die Bewohner selbst organisiert werden oder durch einen Entwickler oder Betreiber erfolgen. Bei selbstorganisierten Quartieren, bei denen die Bewohner teilweise auch in die Investition der Grundstücke und Gebäude miteinbezogen sind, bedarf es vieler Abstimmungs- und Kommunikationsprozesse, die organisiert werden müssen. Typische Organisationsformen dafür sind Privatgenossenschaften, Baugruppen, Mehrgenerationen-Wohnprojekte oder Lebensgemeinschaften, die einen unterschiedlichen persönlichen und ökonomischen Vernetzungsgrad aufweisen. Selbstorganisierte Quartiers- und Wohnformen sind typischerweise auf eine längerfristige Wohndauer angelegt, über einen Lebensabschnitt hinweg oder gar das gesamte Leben. Aufgrund des hohen Anteils an Eigenleistung und einer Ergänzung der Fähigkeiten der unterschiedlichen Bewohner ergeben sich oftmals ökonomische Vorteile. Da jedoch auch viel Diskussions- und Abstimmungsbedarf entsteht, ist es in der Regel sinnvoll, einen moderierten Rahmen zu schaffen für Dialog, Diskussion und Austausch. Häufig wird dieser Aspekt auch als ein Teil des positiven Lebensgefühls bewertet. Quartiersprojekte mit einem bestimmten Thema, z. B. Innovations-Campus, Mehrgenerationenwohnen, oder einer bestimmten Zielgruppe, z. B. Studierende, Senioren, Forscher, sind in der Regel für eine bestimmte Wohndauer von wenigen Monaten bis zu ein paar Jahren ausgelegt. Meist werden Nutzflächen nicht gekauft, sondern gemietet, oftmals in Verbindung mit Energiedienstleistungen als »Flatrate-Modell« und einem umfangreichen Serviceangebot. Diese Quartiere werden in der Regel von einem Betreiber konzipiert, entwickelt, realisiert und betrieben. Dadurch ist der Abstimmungsaufwand für die Nutzer wesentlich geringer und konzeptionelle, soziale, energetische und technische Innovationen können auf einfache Weise zügig realisiert werden. Die individuellen Kosten sind durch die professionelle Abwicklung meist höher und eine individuelle Mitwirkung normalerweise nur sehr eingeschränkt gegeben. Dennoch ergeben sich durch die Skaleneffekte bei den Dienstleistungen insgesamt ökonomische Vorteile für die Bewohner.

Planungsstrategien

Die energetische Infrastruktur, die Mobilität und die Gemeinschaftsräume und -flächen bedürfen einer juristischen Abstimmung und Konzeption im Vorfeld, in der Nutzungsszenarien, Rechte und Pflichten, Preise und Besitzverhältnisse detailliert festzulegen sind. Auch ist von Anfang an zu berücksichtigen, welche Flächen und Infrastruktursysteme gemeinsam genutzt werden sollen oder müssen. Hier sind für den späteren Betrieb umfangreiche vertragliche Vereinbarungen zu treffen. Um einen maximalen ökonomischen Vorteil zu ziehen, ist die Planung in der Art auszulegen, dass die technische Infrastruktur weitreichend gemeinschaftlich genutzt wird und auf diese Weise einen hohen Auslastungsgrad erhält. Weitere Potenziale ergeben sich durch die Energieerzeugung, Verteilung und Nutzung innerhalb des Quartiers. Es werden Leistungspreise und Netzentgelte eingespart. Das Leben im Quartier bietet in Bezug auf die soziale Vernetzung Vorteile gegenüber dem Leben auf dem Land oder einem städtischen Wohngebiet ohne Nutzungsmix. Die Wege sind kürzer, es entsteht weniger Verkehr mit den entsprechenden Schadstoff-, Feinstaub- und Lärmemissionen und die Verfügbarkeit von Versorgungseinrichtungen und Dienstleistungen ist höher. Die dichtere Bebauung und das gemeinsame Nutzen von Erschließungs-, Erholungs- und Außenraumflächen führt zu mehr Begegnung und Austausch der Bewohner untereinander. Dies fördert die soziale Einbindung, Vernetzung sowie die Identifikation mit dem Wohnumfeld und es werden generationenübergreifender Dialog und Unterstützung ermöglicht. Verfügt ein Quartier über Außenflächen, die nicht durch Autoverkehr belegt sind, so eröffnen sich Möglichkeiten für Begegnung und ungefährdete Spielräume für Kinder.

Plusenergie-Klimahäuser in Schallstadt, Freiburg: Die Plusenergiehäuser bilden den Rand eines Neubauquartiers mit einer gemeinsamen Nahwärmeversogung, welche die Energie über einen Wärmetauscher aus einem großen Abwasserkanal bezieht. Die mit PV-Strom betriebene Wärmepumpe versorgt die Gebäude mit CO_2-neutraler Wärme. Das PV-Dach liefert Energie für die Gebäude sowie die zugehörigen Elektrofahrzeuge. Um den Eigenverbrauch zu maximieren, ist eine Speicherbatterie vorgesehen. Die Tiefgarage ist als gedämmter Raum ausgeführt und ausschließlich für Elektrofahrzeuge zugelassen. Damit kann diese temporär auch anderweitig genutzt werden, z. B. für Quartiersfeste.

Architektur:
Rolf Disch, Freiburg

MOBILITÄT

Vernetzung der Mobilität: Durch die energetische und funktionale Verknüpfung der Mobilität mit der Gebäude- und Energietechnik unter Ausnutzung der Möglichkeiten der Digitalisierung ergeben sich viele energetische und nutzungsspezifische Potenziale. Der höhere Nutzungsgrad der Fahrzeuge und die verbesserte energetische Effizienz bewirken ökonomische Vorteile. Es wird weniger Raum für Straßen und Parkplätze benötigt. Dadurch verbessert sich die Lebensqualität durch grüne Freiräume im Wohnumfeld und durch eine verminderte Lärm- und Schadstoffbelastung.

In der Nachkriegszeit hat der Individualverkehr mit Autos einen enormen Aufschwung erfahren. Individuelle Mobilität ist Ausdruck von Freiheit, Flexibilität und Lebensqualität geworden. Die autofreundliche Stadt sowie das Einfamilienhaus im Grünen wurden als Ideal angesehen, mit der Folge, dass alle Aktivitäten des Alltags mit dem Auto verknüpft wurden, wodurch der Umfang von Verkehrsflächen und Parkplätzen enorm zugenommen hatte. Durch Schadstoffemissionen und Straßenlärm wurde die Lebensqualität erheblich beeinträchtigt. Ausgehend von der Generation der »Digital Natives« haben sich im Zuge der Digitalisierung des Alltags neue Prioritäten im Lebensalltag etabliert. Es hat sich ein Wandel vollzogen, weg von individueller Mobilität hin zu zeitweise oder gemeinsam genutzten, innovativen Mobilitätsformen und zu öffentlichen Verkehrsmitteln, die sich aufgrund von digitalen Echtzeitfahrplänen auf einfachere Weise nutzen lassen. Der individuelle Besitz von Fahrzeugen auch als Ausdruck von gesellschaftlichem Status, »sag mir, welches Auto du fährst, und ich sage dir, wer du bist«, rückt in den Hintergrund und der Fokus liegt auf der funktionalen Nutzung von verschiedenen Mobilitätsdiensten. Nicht zuletzt hat der Aspekt, dass das Autofahren mit Freude verbunden ist, »aus Freude am Fahren«, abgenommen. Die gewonnene Zeit, in der man nicht steuern muss, kann durch die digitalen Möglichkeiten für Kommunikation oder Arbeit genutzt werden. Die bestimmenden Parameter für die Mobilität sind die Verfügbarkeit, die Flexibilität, die Geschwindigkeit, der Preis und das Lebensgefühl. Die digitale Vernetzung ermöglicht den nahtlosen Wechsel von Verkehrsmitteln auf einfache Weise, sodass die jeweils optimale Fortbewegungsform genutzt werden kann. In diesem geänderten gesellschaftlichen Umfeld in Verbindung mit den digitalen Möglichkeiten konnten sich neue Mobilitätsformen, wie Carsharing, Ridesharing, Mitfahrkonzepte, etablieren. Viele dieser Dienste wurden durch die Digitalisierung und die Bedienbarkeit über

Apps auf dem Mobiltelefon praktikabel bzw. überhaupt erst möglich. Im Zuge dieser Entwicklung steigt der Nutzungsgrad der öffentlichen Verkehrsmittel, wodurch die Verkehrsdichte durch Individualverkehr abnimmt und Räume in der Stadt frei werden, die sich auf andere Weise nutzen lassen. Wird weniger Fläche für den Verkehr benötigt und gibt es weniger Belastung durch Schadstoffe und Lärm, so steigt die Lebensqualität in der Stadt. Die frei werdenden Flächen können als Begegnungsraum, z. B. für Cafés oder Spielstraßen, oder als Grünflächen zur Erholung dienen. Zudem ergibt sich die Möglichkeit, mehr attraktiven und sicheren Verkehrsraum für Fußgänger und Fahrradfahrer zur Verfügung zu stellen. Damit wird eine der effizientesten Fortbewegungsformen in dichten Städten wieder gestärkt. Ein weiteres Potenzial für die Stadtentwicklung wird sich dadurch ergeben, dass Elektrofahrzeuge nahezu keinen Lärm verursachen und keine Abgase emittieren und somit die diesbezügliche Belastung für Stadträume und Gebäude in Zukunft abnehmen wird. Dadurch werden heute verkehrsbelastete Flächen und Stadträume in der Zukunft attraktiv sein, was Vorteile für die Stadtstruktur bietet.

Fußgänger- und Fahrradverkehr

Mit dem Bestreben, die Lebensumwelt zu verdichten, stößt der automobile Individualverkehr mit seinem hohen Platzbedarf und seinen in Städten nur geringen Durchschnittsgeschwindigkeiten an seine Grenzen. Der Fußgänger- und Fahrradverkehr wird vor diesem Hintergrund eine effiziente Alternative sein. Dafür sind in der Stadt sichere, geeignete Verkehrsräume mit hoher Bewegungsqualität zu gestalten. In Bezug auf den Fahrradverkehr führt die zügige Verbreitung von E-Bikes und Lastenfahrrädern sowie auch E-Scootern zu erhöhten Anforderungen an die Fahrradwege. Zielführend ist es, wenn diese für die zunehmende Zahl an Radfahrern und höhere Geschwindigkeiten breiter ausgelegt werden und ein unterbrechungsfreies zügiges Fahren möglich wird. Ideal ist es, wenn Rad- und Autoverkehr komplett entzerrt sind. Der unterstützende E-Antrieb ermöglicht es einer breiteren Bevölkerungsschicht, auch größere Distanzen zügig zu überwinden. Vor diesem Hintergrund werden immer häufiger überregionale Fahrradschnellstrecken realisiert. Diese typischerweise 4 m breiten, asphaltierten, teilweise beleuchteten »Bikeways« sollen auch Pendler zum Umstieg vom Auto auf das Fahrrad bewegen. Ein positiver Nebeneffekt ist dabei der Erholungsaspekt und eine verbesserte Gesundheit.

E-Mobility

Durch die Sensibilisierung auf die verkehrsbedingte Schadstoffbelastung in Städten richtet sich ein verstärkter Fokus auf die Elektromobilität, auch befeuert durch die zunehmenden Reichweiten von Elektrofahrzeugen, die durch Fortschritte in der Entwicklung von Fahrzeugbatterien erreicht wurden. Die Ladung von Elektrofahrzeugen erfolgt mit einer typischen Ladeleistung von 22 kW, damit kann je Stunde Ladezeit eine Strecke von ca. 150 km

Verkehrsknotenpunkt in Dubai:
Der motorisierte Individualverkehr führt zu einem hohen Flächenverbrauch in den Städten, der wiederum zu weiten Wegen und somit zu mehr Verkehr führt. Es entstehen großflächige Stadträume, die nicht nutzbar und mit Lärm und Schadstoffen belastet sind.

Bikeway im Ruhrgebiet:
Durch den Hilfsantrieb bei E-Bikes und E-Lastenrädern erweitert sich der Einsatzradius von Fahrrädern auf bis zu 50 km. Ohne Ampeln und Staus ergibt sich trotz der geringeren Geschwindigkeit kaum ein Zeitnachteil. Damit dies gegeben ist, sind getrennte Fahrspuren, ausgebaute Kreuzungen und optimierte Ampelschaltungen notwendig.

zurückgelegt werden. Das schnelle Nachladen unterwegs erfolgt mit Gleichstrom, einer »DC-Ladung« mit Ladeleistungen von 50 kW bis zu 145 kW. Perspektivisch ist mit Hochvolt-Gleichstromsystemen mit Ladeleistungen von bis zu 400 kW zu rechnen. Diese hohen Anschlussleistungen erfordern eine entsprechende Leitungsinfrastruktur und Lademanagementsysteme, welche die zur Verfügung stehende Ladeleistung anpassen und dabei auch das Kriterium der möglichen Ladedauer mit einbeziehen. Denkbar ist es auch, dezentrale Batterien als Pufferspeicher vorzusehen, um die Ladeleistung kurzfristig zu erhöhen und diese Pufferbatterien dann in Schwachlastzeiten wieder nachzuladen. Wenn Ladetechnik im Gebäudekontext eingesetzt wird, bietet es sich an, die Abwärme aus den Ladeprozessen zur Gebäudeheizung zu nutzen. Insbesondere bei flüssigkeitsgekühlten Ladesystemen ist dies auf einfache Weise möglich. Eine Möglichkeit ist es auch, die Leistungselektronik der Ladetechnik innerhalb der thermischen Hülle eines Gebäudes anzuordnen und die Verbindung zum Fahrzeug über ein längeres Ladekabel vorzusehen. In Batterien von Fahrzeugen kann eine umfangreiche Energiemenge gespeichert werden. Durch das optimierte Laden dieser Energiespeicher kann der Eigenverbrauchsanteil selbst erzeugter Energie erhöht werden, Lastspitzen werden reduziert und das öffentliche Netz kann stabilisiert werden. Dieser Effekt kann durch die Ausspeisung von Energie aus Fahrzeugbatterien, dem sogenannten »bidirektionalen Laden«, weiter gesteigert werden. Da Elektrofahrzeuge keine Abgase und nur wenige Gerüche freisetzen, ist es denkbar, Tiefgaragen oder Teile davon nur für Elektrofahrzeuge vorzusehen. Der Aufwand für Belüftung ist dann wesentlich geringer und das Zufahrtstor kann als thermische Grenze ausgebildet werden, sodass sich in der Tiefgarage ein Zwischenklima einstellt. Dadurch vereinfacht sich der Wärmeschutz hin zum beheizten Gebäudeteil. Auch kann die Tiefgarage aufgrund der nicht vorhanden Geruchsbelastung temporär für andere Zwecke genutzt werden, z. B. für Feste der Hausgemeinschaft.

Sharing-Mobility

In Deutschland wird ein Auto von einem Stadtbewohner jeden Tag durchschnittlich 84 Minuten lang und 36 km weit bewegt, bei einem Landbewohner sind es 75 Minuten und 41 km. Die restliche Zeit steht das Auto ungenutzt auf Parkflächen. Dieser Umstand führt zu einer enormen Menge an gebundenem Kapital, einem hohen Bedarf an Parkflächen, die nur zeitweise belegt sind, und einem hohen Materialaufwand für die Fahrzeuge selbst. Die Digitalisierung ermöglicht Mobilitätsmodelle, die ein kurzzeitiges Nutzen oder Teilen der Verkehrsmittel auf einfache Weise vorsehen. Zudem verwischt durch »Rideshare« und Sammeltaxis die Grenze zwischen Individualverkehr und öffentlichem Nahverkehr. War es bis vor Kurzem nahezu unvorstellbar, ein Fahrzeug oder einen Gegenstand zu teilen, so ist dieser Gedanke immer weiter verbreitet. In diesem Kontext haben sich Carsharinganbieter etablieren können, die zunächst stationsbasiert waren und nun in größeren Städten auch als »Freeflow-Carsharing« funktionieren. Die Wirtschaftlichkeit ergibt sich durch eine hohe Auslastung der Fahrzeuge. Demgegenüber steht jedoch ein erhöhter Aufwand für die Wartung und die Betreuung der Flotte. Taxi fahren ist in Deutschland seit jeher relativ teuer. Dies liegt zum einen an der nur geringen Belegung mit nur einem Fahrgast, zum anderen daran, dass der Fahrer einen hohen Anteil an den Kosten ausmacht. In einem ersten Schritt können durch vernetzte Apps Fahrgäste mit ähnlichem Ziel zusammen in einem Fahrzeug sitzen. Sie müssen gewisse Umwege in Kauf nehmen, insgesamt ergibt sich jedoch ein wesentlich niedrigerer Fahrpreis. Durch entsprechende Algorithmen werden die Zusammensetzung der Fahrgäste und die Fahrtrouten optimiert. Perspektivisch werden sich in einer weiteren Entwicklungsstufe die Kosten für Taxifahrten durch autonom fahrende Fahrzeuge erheblich reduzieren.

Perspektiven und Strategien

Wenn bei der Quartiers- und Stadtplanung der Fokus weniger auf den automobilen Individualverkehr und mehr auf den Fußgänger- und Fahrradverkehr und auf innovative Verkehrsformen gelegt wird, bestehen große Potenziale in Bezug auf den Energiebedarf, die Nachhaltigkeit und die Lebensqualität. Insbesondere kann die Dichte in Quartieren und Städten erhöht werden, wodurch die Infrastruktur besser ausgelastet ist und damit die Wirtschaftlichkeit steigt. Durch die Ausbildung von Quartiersgaragen oder Parkflächen außerhalb des Quartiers kann der oberirdische öffentliche Raum frei von fahrenden und parkenden Autos gestaltet und von den Bewohnern als sicherer Außenraum mit hoher Lebensqualität genutzt werden. Gegebenenfalls kann der Zubringerverkehr vom geparkten Auto zur eigenen Wohnung über autonome elektrische Shuttles erfolgen. Auch die Anbindung an öffentliche Verkehrsmittel ist denkbar. Je mehr Bewohner Angebote der »Sharing-Mobility« nutzen, umso effizienter und umfangreicher können solche Dienste angeboten werden. Um den Lieferverkehr auf der letzten Meile sowie den Einkaufsverkehr zu reduzieren, sind verteilte Einkaufsmöglichkeiten für den täglichen Bedarf und für frische Lebensmittel zu etablieren. Gegebenenfalls könnte das Angebot eine Kombination aus Kiosk, Gemüsemarkt und Lieferstelle für Onlinekäufe sein. Um Onlineeinkäufe einfacher zu verteilen, bieten sich lieferantenübergreifende Packstationen oder auch eine Verteilung mit elektrischen Lastenrädern an. Auch das Zusammenlegen des Lieferverkehrs nach Straßen oder Bezirken ist eine Option. Dem Fußgängerverkehr ist eine größere Bedeutung beizumessen, da er wenig Platz und Infrastruktur benötigt. Dafür ist ein attraktives Wegenetz zu etablieren, sodass sich Fortbewegung und Erholung verknüpfen. Um den Fahrradverkehr zu fördern, sind sichere, vom Autoverkehr getrennte, gut ausgeschilderte Fahrradrouten anzulegen. Mit entsprechenden Ampelschaltungen können ein ständiges Abbremsen und Anfahren vermieden werden und der Fahrradverkehr flüssig verlaufen, wodurch die Durchschnittsgeschwindigkeit erheblich zunimmt. Mit überregionalen »Bikeways« ist auch für Pendler der Umstieg aufs Fahrrad oder E-Bike attraktiv und es können problemlos Strecken bis zu 20 km zurückgelegt werden. Auf diese Weise kann eine Energiemenge eingespart werden, die dem Heizenergiebedarf eines Hauses entspricht. Damit E-Bikes ihr Potenzial entfalten können, sind zahlreiche einfach zugängliche Auflademöglichkeiten vorzusehen. Aufgrund der geringen Energiemengen wäre eine kostenlose Stromabgabe denkbar, da der E-Bikefahrer im Gegenzug minimalen Verkehrsraum beansprucht und keine Emissionen verursacht. Eine komplette Ladung kostet nur 0,15 €, dafür lohnen sich Abrechnungs- und Messsysteme nicht. Mit einer Einbindung der Elektromobilität in sektorgekoppelte Energiekonzepte kann Energie für die Mobilität auf nachhaltige Weise zur Verfügung gestellt werden. Die Fahrzeugbatterien wirken dabei als Speicher.

»eLoaded« Supra-Charger: Schnell-Ladestation von »eLoaded« mit 4 × 420 kW zur schnellen Beladung auch von großen Fahrzeugen. Die Abwärme des Ladeprozesses von ca. 5 % kann zur Konditionierung von Gebäuden genutzt werden. Durch eine Flüssigkeitskühlung der Leistungselektronik ist dies auf einfache Weise möglich. Ein weiterer Vorteil ist die kompakte Bauweise.

Konzeptstudie für eine integrierte Wasserstofftankstelle:
Da bei der Erzeugung und Speicherung von Wasserstoff Umwandlungsverluste entstehen, bietet es sich an, diese Prozesse im Gebäudekontext durchzuführen, da die Abwärme dann unmittelbar genutzt werden kann. Ein Vorteil der Technologie besteht darin, dass sie vollkommen emissionsfrei ist.

SORTIMO INNOVATIONSPARK, ZUSMARSHAUSEN

Im Sortimo Innovationspark werden regeneratives Hochgeschwindigkeitsladen und nutzungsoptimierte Ladestrategien in einem vom Land Bayern geförderten Forschungsprojekt unter Einbindung von drei Fraunhofer-Instituten weiterentwickelt. Es entsteht die größte regenerative Stromtankstelle Europas.

Innovative Technologien:
- 1000 DC Bus
- Digitalisierung
- selbstlernendes EMS
- Einbindung Nutzerdaten

Energietechnik:	
PV-Anlage	5 500 kW_p
Abwärmenutzung	500 kW
Ladetechnik:	
Ladepunkte	144 St.
120 ×	140 kW
24 ×	420 kW
Summe	26 880 kW
Ad-hoc-Nachladen für Elektro-Busse	
4 ×	500 A

Beim Sortimo Innovationspark in Zusmarshausen, direkt an der Autobahn A 8 von München nach Stuttgart, wird Europas größte »Stromtankstelle« realisiert. Das Energie- und Versorgungskonzept dieser Mobilitätsstation (eHub) verfolgt das Ziel, den ländlichen Raum mit günstiger, regionaler und nachhaltiger Energie für Mobilität zu versorgen. Zusätzlich soll den auf der Autobahn vorbeifahrenden Elektrofahrzeugen eine Schnell-Lademöglichkeit mit regenerativem Strom geboten werden. Weiterhin soll der umfangreiche elektrische Fuhrpark der Firma Sortimo aufgeladen und den Mitarbeitern eine Lademöglichkeit am Arbeitsplatz angeboten werden. Dadurch können die Beschäftigten den im ländlichen Raum längeren Arbeitsweg auf ökologische Weise zurücklegen. Die Elektrobusse des lokalen öffentlichen Nahverkehrs werden ebenfalls dort aufgeladen, zum einen als grundlegende Vorkonditionierung der Busse in den Morgenstunden oder bei längeren Fahrtpausen, zum anderen als schnelles »Ad-hoc-Nachladen« mit hoher Leistung bei einem Stopp an der Bushaltestelle vor Ort. Im Endausbau stehen 120 öffentliche Ladepunkte mit 140 kW zur Langsamladung sowie 24 Schnellladepunkte mit bis zu 420 kW und 4 Ladepunkte mit bis zu 500 A Ladestrom für Elektrobusse zur Verfügung. Der Ladestrom wird auf den weitläufigen Dächern der Produktionshallen der Firma Sortimo über PV-Anlagen mit einer Gesamtleistung von ca. 5,5 MW_{peak} auf regenerative Weise miterzeugt. Ein weiterer Aspekt des Projekts liegt in der Nutzung der Abwärme von ca. 3 %, die bei den Ladeprozessen an der Leistungselektronik der Ladesäulen anfällt. Insgesamt können auf diese Weise ca. 500 kW Wärme zur Versorgung der Gebäude und Produktionshallen genutzt werden. Der Wärmetransport erfolgt über ein lokales Wärmenetz. Überschüssige Wärme wird über Erdkollektoren abgebaut.

Das Projekt ist Teil eines vom bayerischen Wirtschaftsministerium geförderten Forschungsvorhabens zu zukunftsweisender Ladetech-

Verwaltungsgebäude im Sortimo Innovationspark: Alle Gebäude sind organisch modelliert und in die Landschaft integriert.

Verwaltungsgebäude im Bauzustand

nologie, bei dem die drei Fraunhofer-Institute UMSICHT, FIM und IOSB unter der Leitung von Steinbacher-Consult und der eLoaded GmbH eingebunden sind. Die Potenziale, welche die Digitalisierung für die Ladetechnik bietet, werden untersucht und weiterentwickelt. Auch wie in Zukunft Nutzfahrzeuge mit Ladestrom versorgt werden können, ist dabei ein aktuelles Thema. Ziel ist es, die Ladeprozesse zu digitalisieren und mit selbstlernenden Systemen zu optimieren. Dabei gilt es, die Ladeleistung auf das schwankende Angebot solarer Energie und auf die zur Verfügung stehende Ladezeit abzustimmen, sodass ein möglichst hoher Eigenstromanteil direkt genutzt werden kann. Dadurch ergeben sich durch die vermiedenen Netzentgelte und geringeren Leistungspreise für den Strombezug ökonomische Vorteile. Mit einem appbasierten »Nutzerinterface«, der Nutzung von Kalenderdaten der Mitarbeiter, der Einbindung von Wetterprognosen und der Zugrundelegung von Energiemarktdaten, kann dieser Prozess funktional und ökonomisch optimiert werden. Zusätzlich wird ein selbstlernendes Energiemanagementsystem implementiert, das die Ladeprozesse steuert. Weitere Kriterien für die Ladestrategien können eine optimierte Nutzung der Ladeabwärme und leistungsbasierte Ladestrompreise sein. Um für die Zukunft eine weitreichende Flexibilität zu erreichen, werden zu allen Ladepunkten eine Verkabelung mit einem 1 000 Volt-Gleichstromnetz, Wärmeleitungen für die Abführung der Abwärme sowie Datenkabel verlegt. Um hohe Ladeleistungen mit geringem Platzbedarf realisieren zu können, sind die Ladepunkte flüssigkeitsgekühlt. Ein 140 kW-Ladepunkt hat dann nur noch eine Größe von 85 × 85 × 85 cm und ist unterirdisch eingebaut, wodurch sich eine Barrierefreiheit ergibt. Es entstehen keine Geräusche und die Abwärme kann zu 99 % genutzt werden. Um die Ladezeit sinnvoll nutzen zu können, sind der Solarladestation Servicebereiche und Gastronomie zugeordnet. Zur Erholung trägt die umgebende Landschaft bei.

Frank Steinbacher, Steinbacher-Consult, Neusäß:

»Mit der Einbindung von flüssigkeitsgekühlter Gleichstrom-Schnellladetechnik in Gebäudeenergiekonzepte und der Verknüpfung mit lokaler solarer Stromproduktion können umfangreiche Effizienzpotenziale genutzt werden.«

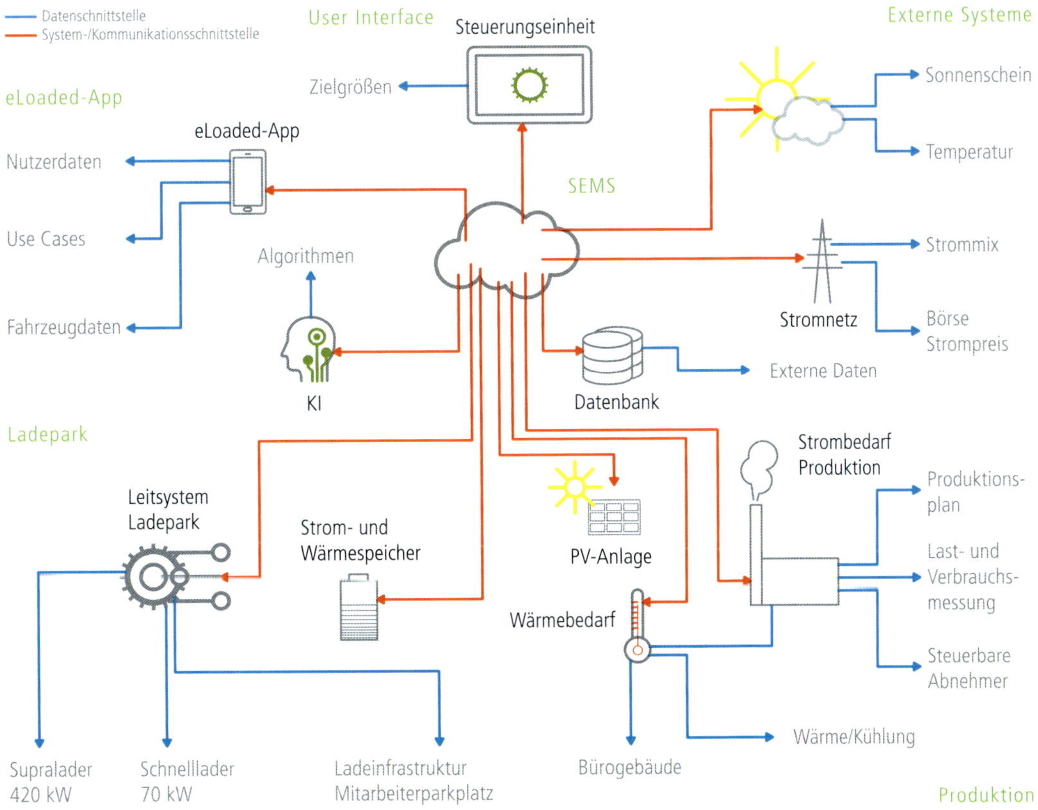

Schaltschema Ladetechnik am Sortimo Innovationspark

Projektentwicklung und Architektur:
Steinbacher-Consult Ingenieurgesellschaft mbH&Co.KG, Neusäß/Augsburg

Ladetechnik:
eLoaded GmbH, Neusäß/Augsburg

Forschungspartner:
Kernkompetenzzentrum Finanz- & Informationsmanagement

Fraunhofer-Institut für Optronik, Systemtechnik und Bildauswertung IOSB

Fraunhofer-Institut für Umwelt-, Sicherheits- und Energietechnik UMSICHT

ENERGIEKONZEPTE FÜR DAS QUARTIER

Eine gemeinsame Energieversorgung für mehrere Gebäude oder ein Quartier ist energetisch und ökonomisch vorteilhaft. Die Erzeugung ist effizienter, die Lastverläufe können ausgeglichen werden und es besteht die Möglichkeit der Sektorenkopplung.

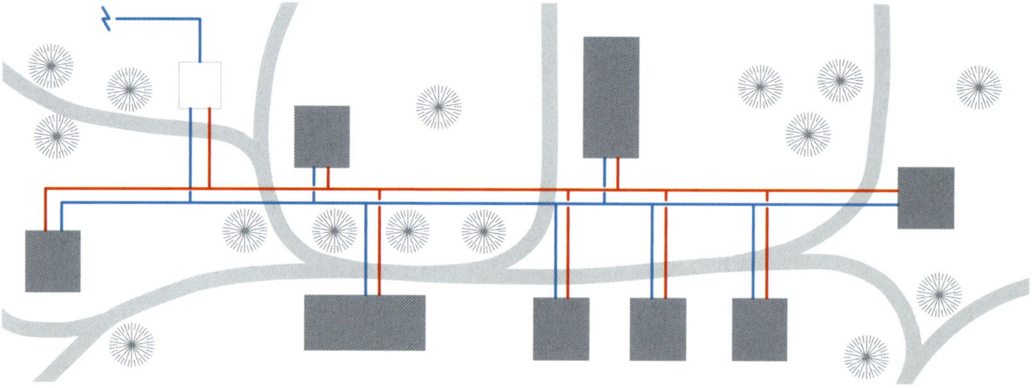

Bei der Energieversorgung von Quartieren ist es sinnvoll, nicht jedes Gebäude einzeln zu versorgen, sondern die Erzeugung zu bündeln und die Energie lokal im Quartier zu verteilen. Durch ein Gesamtenergiekonzept gleichen sich die Lastverläufe zu einem gewissen Grad aus. Zudem ist ein größerer Energieerzeuger in der Regel effizienter als zahlreiche kleine Systeme. Die Gebäude werden entweder über eine Nahwärmeleitung oder ein lokales Stromnetz oder auch über beide versorgt.

Ein Quartiersenergiekonzept kann zwei oder drei Häuser umfassen, ein Ensemble von Gebäuden, ein Quartier, eine kleine Siedlung oder gar einen ganzen Stadtteil. Es kann in homogenen Quartieren mit gleichem Gebäudetyp und gleicher Nutzung, in gemischt genutzten Quartieren sowie in Quartieren mit Bestands- und Neubauten realisiert werden. Bei homogenen Quartieren gibt es Vorteile in der seriellen Realisierung der technischen Komponenten, wodurch der Planungsaufwand sinkt und die Installation kostengünstiger wird, insbesondere wenn es sich um ein Neubauquartier handelt. Sind die Quartiere differenziert in ihrer Nutzung, der Struktur und dem Gebäudealter, so ergeben sich Potenziale durch unterschiedliche Lastverläufe. Gegebenenfalls kann dann auch Abwärme genutzt werden oder eine Energieverschiebung, z. B. vom Büro zum Wohnen, umgesetzt werden. Ein zentrales Energiekonzept ist auch in Bezug auf die Einbindung von zukünftigen Technologien wie Brennstoffzellen eine gute Ausgangsbasis, weil diese dann an einem zentralen Anbindepunkt auf einfache Weise nachträglich angeschlossen werden können. Ebenso lassen sich Strom-, Wärme- und Kältespeicher leichter einbinden und optimiert be- und entladen. Durch die größere Dimensionierung sind die Speicherverluste geringer.

Wärmeversorgung im Quartier

Beim thermischen Quartierskonzept wird ein Nahwärmenetz mit einem zentralen Wärmeerzeuger größerer Leistung kombiniert. Biomassebasierte Wärmeerzeuger, wie z. B. eine Holzhackschnitzelanlage, sind vor allem in größeren Leistungsbereichen verfügbar und daher für den Einsatz im Quartier besonders geeignet. Durch die höhere Wärmeabnahme bei einem zentralen Energieerzeuger kann dieser längere Zeit im optimalen Wirkungsgradbereich betrieben werden und muss weniger takten, insbesondere wenn ein Pufferspeicher in das System mit eingebunden wird. Blockheizkraftwerke können mit einer hohen Jahreslaufzeit betrieben werden. Zudem lassen sich konventionelle Spitzenlastwärmeerzeuger leichter einbinden. Auch im Hinblick auf die Wartungskosten ist es sinnvoller, ein großes System zu wählen als viele kleine, da die Wartungskosten nicht linear mit der Leistung steigen, sondern mit der Anzahl der Systeme. Vorteilhaft ist bei der Einrichtung eines zentralen Systems auch, dass in den einzelnen Gebäuden kein Platz für den Heizraum, die Brennstofflagerung und die Abgasführung vorgehalten werden muss, wodurch sich oftmals die Ausführung eines Kellers erübrigt und somit insgesamt Baukosten eingespart werden.

Stromversorgung im Quartier

Sind im Quartier ein BHKW oder eine PV-Anlage zur Stromerzeugung vorhanden, so bietet sich ein lokales Stromnetz an, das als Kundenanlage betrieben werden sollte. Dadurch werden Netzentgelte gespart und der selbst verbrauchte Anteil am erzeugten Strom erhöht, da der PV-Strom auf mehrere Abnehmer verteilt werden kann. Dies ist insbesondere vor dem Hintergrund der gesunkenen Einspeisevergütungen und der auf 40 % verminderten EEG-Umlage bei Eigenverbrauch sinnvoll. Durch die dezentrale Struktur und die Möglichkeit eines Energie- und Lastmanagements ist ein Quartiersenergiekonzept auch ein Beitrag zur Energiewende, da Lastschwankungen geringer werden und somit die Anforderungen an den öffentlichen Netzausbau sinken.

Anordnung der Energiezentrale

Die zentrale Anlage zur Energieerzeugung kann entweder in einem der Gebäude untergebracht werden, im Idealfall in einem mit einer größeren Wärmeabnahme, oder in einer eigens dafür errichteten Heizzentrale. Bei der Positionierung der Energiezentrale ist zu bedenken, dass über die Abgasanlage Emissionen freigesetzt werden. Wird ein BHKW in ein genutztes Gebäude integriert, ist auf eine gute Entkopplung von der Gebäudekonstruktion zu achten, um eine Schallbelastung und Vibrationen zu vermeiden.

Verlegung der Leitungen

Eine Nahwärmeleitung bietet sich vor allem bei neu zu erschließenden Quartieren an, da dann ohnehin viele Erdbewegungen notwendig sind und keine fertigen Außenraumoberflächen erneut hergestellt werden müssen. Die Verluste in der Leitung werden durch die verbesserte Effizienz mehr als ausgeglichen. Eine Nahwärmeleitung soll möglichst längenoptimiert verlegt werden. Sie kann im Erdreich oder im Untergeschoss von Gebäuden oder in Tiefgaragen verlegt werden. Bei einem Verlauf in Gebäuden werden Erdarbeiten vermindert und Wärmeverluste kommen dem Gebäude zugute. Es bietet sich an, die Nahwärmeleitung und Stromleitung parallel in einem Zug zu verlegen. Bei größeren Quartieren kann es sinnvoll sein, die Leitungen als Ring zu konzipieren, damit bei einer Unterbrechung die Gebäude weiter versorgt werden, da im Ring immer zwei Anschlüsse zur Zentrale bestehen.

Rechtliche Situation

Für die dauerhafte Nutzungsmöglichkeit von Leitungen in Grundstücken und Gebäuden sowie für erforderliche Technikflächen müssen Grunddienstbarkeiten vereinbart werden. In Bezug auf die Wärmelieferung ist die Rechtslage sehr einfach und es können Lieferverträge frei verhandelt werden. Beim Strom gibt es eine Vielzahl an Regelungen und Einschränkungen, die beachtet werden müssen, insbesondere für die Ausgestaltung als Kundenanlage, sodass es in der Praxis erforderlich ist, auch eine juristische Konzeption zu erstellen.

Nahwärmenetz:
Mit einem guten Wärmeschutz der Leitungen werden Verluste minimiert. Eine tiefe Verlegung ist vorteilhaft, führt jedoch auch zu umfangreichen Erdarbeiten. Ideal ist eine Verlegung im UG von Gebäuden.

Heizwerk Zürs:
In einem zentralen Heizwerk kann der kostengünstige, CO_2-neutrale, nachwachsende Rohstoff Holz auf effiziente und wirtschaftliche Weise genutzt werden.

Hermann Kaufmann + Partner ZT GmbH, Schwarzach

Quartierskonzept mit BHKW

Beim sektorgekoppelten Quartierskonzept wird ein Nahwärmenetz mit einem zentralen Blockheizkraftwerk (BHKW) kombiniert. Obwohl die BHKW einen erhöhten Investitions- und Wartungsaufwand aufweisen, können sie in einem Quartierskonzept besonders wirtschaftlich eingesetzt werden. Durch die größere gleichmäßige Wärmeabnahme arbeiten die Geräte effizienter und es ergibt sich eine hohe Jahreslaufzeit. Zur Deckung der Spitzenlasten ist in der Regel ein ergänzender Gaskessel erforderlich. Zudem ist es sinnvoll einen Pufferspeicher vorzusehen, damit das BHKW optimal betrieben werden kann und nur wenig taktet. Je nach Auslegung kann es günstig sein, zusätzlich PV-Module auf den Dächern zu installieren, wenn die elektrotechnische Infrastruktur ohnehin vorhanden ist. Die Erzeugungskurven ergänzen sich dann, sodass eine weitreichende Eigennutzung des erzeugten Stroms möglich ist. Eine Kombination mit solarthermischen Kollektoren ist in der Regel nicht wirtschaftlich, da die Kollektoren die Laufzeit des Blockheizkraftwerks im Sommer vermindern. Sofern im Quartier ein Kältebedarf besteht, kann mit einer Absorptionskältemaschine die Wärme aus dem BHKW im Sommer in Kälte umgewandelt werden, wodurch das BHKW ganzjährig laufen kann. Dabei ist jedoch die erhöhte Rückkühlleistung der Absorptionskältemaschine zu berücksichtigen.

Je nach Quartiersstruktur kann es auch sinnvoll sein, einzelne abgelegenere Gebäude nicht an das Wärmenetz anzubinden, sondern den Strom zu nutzen, um dort eine Wärmepumpe zu betreiben. Dies ist besonders bei gut gedämmten Neubauten zu empfehlen, die nur einen geringen Wärmebedarf aufweisen und deren Anbindung an das Nahwärmenetz unverhältnismäßig aufwendig wäre.

Ökonomie und regulatorische Aspekte

Ökonomisch ist es am besten, wenn das lokale Stromnetz als Kundenanlage konzipiert, anerkannt und betrieben wird. Auf diese Weise kann selbsterzeugter Strom innerhalb des Quartiers direkt genutzt werden. Es werden Netzentgelte und Umlagen gespart und die EEG-Umlage gegebenenfalls reduziert, wodurch sich in der Praxis um insgesamt 30 % bis 50 % reduzierte Stromkosten ergeben. Ab einer gewissen Stromabnahme ist es vorteilhaft, die Kundenanlage auf Mittelspannungsebene an das öffentliche Netz anzuschließen. Die Mehrinvestition für den Transformator amortisiert sich über die eingesparten Netzentgelte schnell. Weitere Vorteile ergeben sich durch den Lastausgleich, der zu einem geringeren Leistungspreis führt. Aktuell ist es ab einer gewissen Größe oftmals nicht leicht, ein lokales Stromnetz als Kundenanlage anerkennen zu lassen, und die angeschlossenen Letztverbraucher müssen sich auf eine Abrechnung verständigen. Denkbar ist es auch, ein lokales Netz nach dem Mieterstromprinzip zu betreiben. Dadurch können die Verbraucher, sofern sie es wünschen, den Stromanbieter frei wählen.

In einem Quartierskonzept können BHKW auf sehr effiziente und wirtschaftliche Weise eingesetzt werden. Ein zusätzlicher Spitzenlastkessel ist in der Regel notwendig. Eine Kombination mit solarthermischen Kollektoren ist nicht wirtschaftlich, wohingegen die Einbindung von PV auf einfache Weise möglich ist.

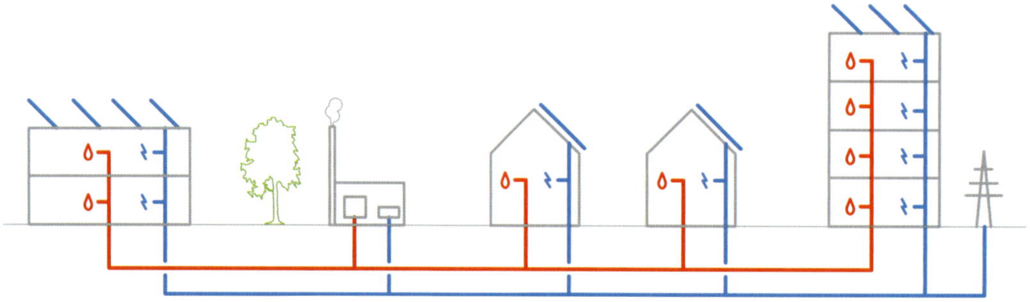

Quartierskonzept mit Biomasse

Biomasse-Wärmeerzeuger, z. B. ein Holzhackschnitzelkessel, sind in kleinen Leistungsbereichen nicht verfügbar, sodass sie erst in größeren Gebäudekomplexen oder in Verbindung mit einem Nahwärmenetz sinnvoll betrieben werden können. Diese Art der Wärmeerzeugung weist eine sehr gute CO_2- und Primärenergiebilanz auf, da die Wärme aus nachwachsenden Rohstoffen erzeugt wird. Bei diesem Konzept muss ein großer Heizraum mit einem direkt zugeordneten Brennstofflager im Quartier platziert werden. Dieser Heizraum kann in ein größeres Gebäude integriert werden, oftmals wird jedoch ein separates Heizhaus im Quartier errichtet. Es ist darauf zu achten, dass das Brennstofflager gut mit einem Lkw angefahren werden kann. Weiterhin ist es vorteilhaft, einen großen Pufferspeicher in das System einzubinden, damit der Heizkessel immer in seinem optimalen Leistungsbereich betrieben werden kann und nicht takten muss. Dieses Quartierskonzept kann prinzipiell auch mit einer thermischen Solaranlage kombiniert werden, insbesondere wenn diese den zentralen Pufferspeicher belädt und der Kessel im Sommer zeitweise außer Betrieb genommen werden kann. Allerdings ist die Wirtschaftlichkeit aufgrund der niedrigen Brennstoffpreise der Biomasse eingeschränkt. Auch eine »power to heat«-Strategie, bei der günstiger Überschussstrom aus dem Netz in Wärme umgewandelt wird, kann in Zukunft sinnvoll sein, insbesondere vor dem Hintergrund der Netzstabilisierung. Je nach Lastverlauf im Quartier kann die Integration eines Spitzenlastkessels technische und ökonomische Vorteile bieten. Dadurch kann der Biomasse-Heizkessel optimal dimensioniert werden. Eine Kombination mit einer PV-Anlage ist als Ergänzung möglich, jedoch nicht relevant für das Gesamtsystem. Im Zuge der Verlegung der Nahwärmeleitung bietet es sich an, ein lokales Stromnetz als Kundenanlage mit zu verlegen. Dieses thermische Quartierskonzept eignet sich vor allem in ländlichen Gebieten, wo eine einfache und kostengünstige Versorgung mit biomassebasierten Brennstoffen besteht. Ein weiterer Anwendungsfall liegt in Gegenden vor, in denen keine Gas- oder Fernwärmeleitung vorhanden ist.

Ökonomie und regulatorische Aspekte

Aufgrund der üblicherweise niedrigen Brennstoffpreise ist ein thermisches Quartierskonzept sehr wirtschaftlich. In Bezug auf die Wärmeversorgung ist die Rechtslage relativ einfach. Es müssen lediglich Lieferverträge abgeschlossen werden. In der Regel werden Abrechnung und Betrieb an externe Dienstleister ausgelagert.

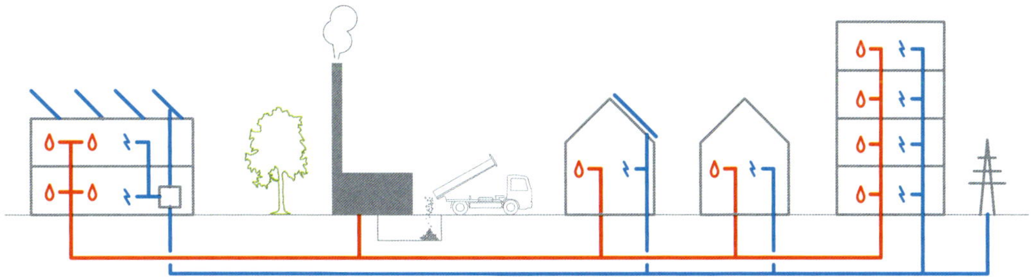

In einem thermischen Quartierskonzept können Biomasse-Heizkessel größerer Leistung auf sehr effiziente und wirtschaftliche Weise eingesetzt werden. Ein zusätzlicher Spitzenlastkessel ist in der Regel sinnvoll. Eine Kombination mit solarthermischen Kollektoren ist denkbar, meist jedoch nicht wirtschaftlich, PV ist hingegen eine gute Ergänzung.

ENERGIESPEICHERUNG

Kriterien der Energiespeicherung: Energie für den Baubereich kann in Form von Wärme oder Kälte, Strom oder Wasserstoff gespeichert werden. Für die Auswahl des Speichersystems gibt es zahlreiche Kriterien, in der Praxis sind vor allem die Kapazität und die Speicherkosten ausschlaggebend. Teilweise ist es sinnvoll, verschiedene Speichertypen zu kombinieren, um sich ergänzende Eigenschaften zu erhalten.

Durch die variable Verfügbarkeit der regenerativen Energieträger Sonne und Wind und der saisonalen Schwankung bei der Kraft-Wärme-Kopplung ist Energie in Deutschland nicht mehr kontinuierlich verfügbar. Auch wenn sich die Erzeugungsprofile räumlich und zeitlich ergänzen und ausgleichen, kommt der dezentralen Speicherung von Energie in Gebäuden oder Quartieren eine besondere Bedeutung zu, um den Herausforderungen der Energiewende zu begegnen. Die Speicherung von Energie im oder am Gebäude ist in Bezug auf die Reduzierung von Lastspitzen und die Erhöhung des Eigenverbrauchs von lokal erzeugter Energie von Bedeutung. Weitere Anwendungsfälle können das Anbieten von Primärregelleistung zur Entlastung der öffentlichen Stromnetze und Stromerzeugungssysteme sein. Auch ein saisonaler Ansatz kann durch die Verfügbarkeit von Langzeitspeichern verfolgt werden. Energie kann in Form von Wärme, Kälte oder Strom gespeichert werden. Speichersysteme unterscheiden sich in der Art der gespeicherten Energie, der Speicherkapazität, der Ein- und Ausspeicherleistung, der Speicherdichte und der Speicherverluste, welche die mögliche Speicherdauer beeinflussen. Bei Stromspeichern sind zudem die Zyklenzahl und die Lebensdauer von Bedeutung.

Sensible Wärme- und Kältespeicherung

Wärme und Kälte können als sensible Wärme bzw. Kälte in wassergefüllten Tanks im Gebäude, in der Konstruktion eines Gebäudes oder in im Erdreich integrierten Systemen gespeichert werden. Seit jeher verfügen Heizsysteme über einen Speichertank zur kurzfristigen Wärmespeicherung. Damit können Lastspitzen abgefangen und Trinkwarmwasser in der kurzfristig benötigten Menge bereitgestellt werden. Zudem wird ein häufiges Takten von Wärmeerzeugungssystemen vermieden. Dies gilt umgekehrt auch für Kälteerzeugungssysteme. Je nach Anwendungsfall können mehrere Tanks von typischerweise 500 l bis zu 2 000 l kombiniert werden. Die Speichertemperaturen im Heizfall liegen je nach Wärmeerzeuger bei 50 °C bis 60 °C, sie können aber auch bis zu 90 °C betragen. Die einfachste Weise der Wärmespeicherung ist die Speicherung von Wärme in der Konstruktion, dafür sind Innenbauteile mit hoher Speichermasse erforderlich, die thermisch mit der Raumluft verbunden sind. Eine weitere Möglichkeit ist die Einspeicherung von Wärme oder Kälte durch eine thermische Aktivierung von Bauteilen, wie z. B. bei der Betonkernaktivierung, wodurch die gesamte Konstruktionsebene der Gebäudedecke als Speicher wirkt. Die Speichertemperatur steht in Wechselwirkung mit der Raumtemperatur und liegt je nach Jahreszeit zwischen 18 °C und 26 °C. Im Winter ist sie nach oben beschränkt, damit die Räume nicht zu warm werden, im Sommer ist der Taupunkt an den Oberflächen der Decke die begrenzende Größe. Die sensible Wärmespeicherung in der Konstruktion lässt sich auf einfache Weise kostengünstig realisieren, allerdings ist die Speicherkapazität aufgrund der geringen Temperaturspreizung gering. Sie liegt bei einer Betondecke bei 1 kWh/m^2 bis 2 kWh/m^2. Gegebenenfalls kann die Speicherfähigkeit durch das Einlagern von Phasenwechselmaterialien (PCM), z. B. mikroverkapseltes Paraffin, erhöht werden. In den 1990er-Jahren wurde versucht, mit gedämmten Großspeichern, die in das Erdreich eingegraben und als betonierte Wasserbecken oder als Aquifer ausgebildet waren, mit Speichertemperaturen von 40 °C bis zu 70 °C eine saisonale Speicherung zu realisieren. Aufgrund der dafür sehr großen Speichervolumina hat sich dies als nur eingeschränkt wirtschaftlich herausgestellt. Diese Erdspeicher erfahren aktuell als Niedertemperaturspeicher oder Eisspeicher mit einem Temperaturniveau von 0 °C bis 30 °C eine Renaissance. Teilweise werden sie in der Art betrieben, dass eine Vereisung stattfindet, wodurch die Speicherkapazität um das 80-fache zunimmt. Aufgrund des niedrigeren Temperaturniveaus benötigen sie je nach Konfiguration keine oder nur wenig Wärmedämmung und sind auf einfache Weise zu realisieren. Zur Entladung benötigen sie jedoch eine Wärmepumpe, beladen werden sie über solarthermische Kollektoren, die aufgrund der geringen Speichertemperatur auch bei geringer Einstrahlung noch Wärme bereitstellen, oder auch über Abwärme. Im Sommer kann das kühle Temperaturniveau teilweise auch zur Kühlung genutzt werden. Eine weitere Möglichkeit, Wärme im Erdreich bis zu einem gewissen Grad zu speichern, ist ein Erdsondenfeld, in das im Sommer Wärme aus der Gebäudekühlung eingespeichert wird. Aufgrund der umfangreichen beteiligten Speichermasse ist die Kapazität relativ hoch, allerdings verbunden mit Speicherverlusten. Zum Ausspeichern muss die ohnehin vorhandene Wärmepumpe betrieben werden.

Latente Wärme- und Kältespeicherung

Möglich ist auch eine latente Wärme- oder Kältespeicherung in sogenannten Phasenwechselmaterialien – »Phase-Change-Materials« (PCM). Dabei wird die im Vergleich zur sensiblen Speicherung hohe Wärmeaufnahme oder

Sensibler Wärmespeicher: Wassertank zur Speicherung von Wärme oder Kälte. Typische Speichergrößen liegen bei 200 l bis 2 000 l. Bei größeren Speichervolumina werden mehrere Tanks in Reihe geschaltet. Oftmals werden die Speicher als Schichtenspeicher ausgebildet, um eine temperaturoptimierte Beladung zu ermöglichen.

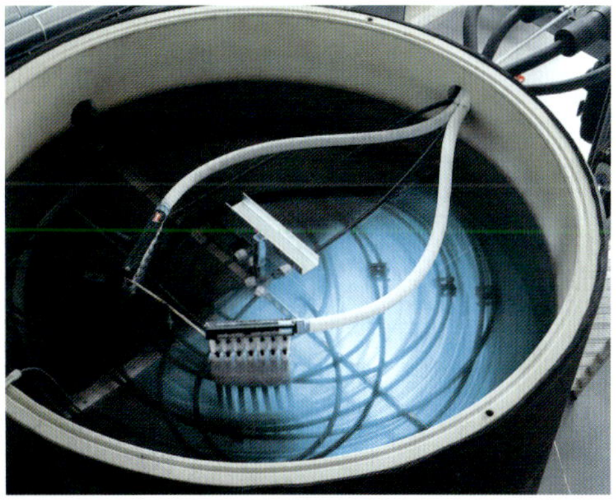

Eisspeicher: In einem Eisspeicher kann Niedertemperaturwärme z. B. aus Kollektoren eingespeichert und über eine Wärmepumpe wieder nutzbar gemacht werden. Durch Nutzung des Phasenübergangs von Wasser zu Eis ist die Speicherkapazität im Vergleich zu einem Wasserspeicher um das 80-fache höher.

Wärmeabgabe beim Schmelzen oder Erstarren eines Stoffes genutzt. Je nach Anwendungsfall kommen Stoffe unterschiedlicher Schmelztemperaturen zum Einsatz. Die Schmelzenthalpie von Wassereis ist mit 335 kJ/kg 80-mal so hoch wie die Wärmekapazität von 4,2 kJ/(kg K). Mit dem Phasenübergang von 1 000 l Wasser zu Eis können 93 kWh eingespeichert werden. Diese können zur Zwischenspeicherung von Kälte aus Kältemaschinen oder als kompakte Wärmespeicherung in Form eines Eisspeichers, in Verbindung mit einer Wärmepumpe, eingespeichert werden. Bei Hartparaffin liegt die Schmelztemperatur zwischen 48 °C und 60 °C, die Speicherfähigkeit beim Phasenübergang ist mit ca. 50 kWh/m^3 etwa halb so hoch wie bei Wassereis. Paraffin kann in einen Latentwärmespeicher direkt als Speichermedium eingefüllt werden oder als in Kunststoff verkapselte Elemente in der Größenordnung von Tennisbällen in einen konventionellen wassergefüllten Speichertank eingebracht werden und so dessen Speicherkapazität erweitern. Dies spielt insbesondere bei beengten Platzverhältnissen eine Rolle. Ein besonderer Vorteil besteht darin, dass die gesamte Wärme mit ca. 60 °C auf einem relativ hohen Temperaturniveau ausgespeichert werden kann. Allerdings muss dieses Temperaturniveau auch erreicht werden, um die Speicherkapazität des Phasenübergangs nutzen zu können.

Blei-Säure-Akkumulator

Lange Zeit waren Blei-Säure-Batterien, die bereits im Jahr 1854 entwickelt wurden, die am meisten verbreitete Batterieform. Auch heute noch wird sie aufgrund der hohen möglichen Entladeströme als Starterbatterie eingesetzt. Komplett gekapselt, mit einem Elektrolyten in Gelform, wird die Bleibatterie als Pufferbatterie, z. B. für die unterbrechungsfreie Stromversorgung und für den Betrieb von stationären Anwendungen, genutzt. Dies liegt in der Robustheit, den geringen Anforderungen in Bezug auf die Sicherheit und der, bei günstigem Betrieb, langen Lebensdauer begründet. Die spezifische Energie ist mit 0,04 kWh/kg gering, die Speicherdichte liegt mit 0,07 kWh/l verglichen mit anderen Akkumulatoren im unteren Bereich. Bleiakkus haben eine begrenzte Ladegeschwindigkeit, weisen eine relativ hohe Selbstentladung auf, dürfen nicht tiefentladen werden und sollen nicht längere Zeit entladen gelagert werden. Aufgrund des sehr günstigen Preises von unter 100,– €/kWh und der geringen Anforderungen an die Ladetechnik und das Energiemanagement werden sie immer noch als Solarbatterien in kleineren Solaranlagen auf wirtschaftliche Weise eingesetzt.

Lithium-Ionen-Akkumulator

Die Lithium-Ionen-Batterie (Li-Ion) basiert auf Forschungen der 1970er- und 1980er-Jahre in England und Japan und war erst im Jahr 1985 industriell verfügbar. Für die Entwicklung wurde im Jahr 2019 der Nobelpreis in Chemie verliehen. Aufgrund der hohen spezifischen Energie von 0,15 kWh/kg und der hohen Speicherdichte von 0,40 kWh/l haben Lithium-Ionen-Akkus in mobilen Anwendungen vom

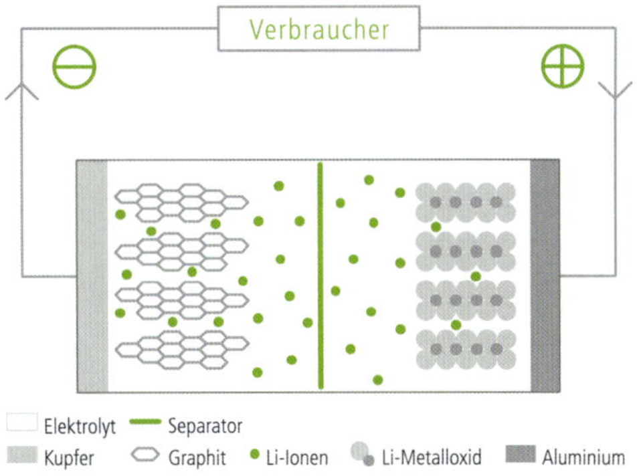

Funktionsschema der Lithium-Ionen-Batterie: Bei der Li-Ion-Batterie besteht die positive Elektrode aus einer Metallstruktur, die negative Elektrode aus einer Grafitstruktur, die sich in einem Elektrolyten befinden und durch einen Separator getrennt sind. Lithium-Ionen können sich im Elektrolyten frei zwischen den Elektroden bewegen, wodurch ein Spannungsgefälle entsteht.

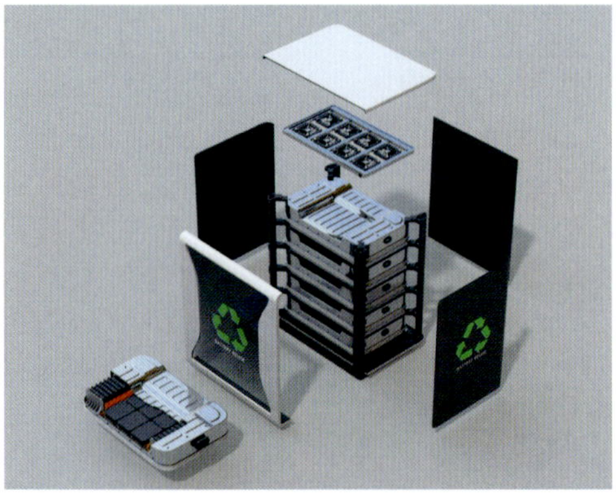

Stack mit recycelten Lithium-Ionen-Batterien: Aktuell sind Li-Io-Akkus in der E-Mobilität verbreitet. Die Batterien können nach der Nutzung im Fahrzeug als Energiespeicher für Gebäude eingesetzt werden. Dazu werden sie zu Stacks gestapelt. Die geringere Kapazität wirkt sich in der stationären Nutzung, wo Gewicht und Volumen keine Rolle spielen, nicht negativ aus.

Handy bis zum Elektroauto breite Verwendung gefunden. Der Wirkungsgrad ist mit 90 % sehr gut; in stationären Anwendungen, bei denen oftmals nur geringe Lade- und Entladeströme vorhanden sind, können aufgrund der geringeren Eigenerwärmung Wirkungsgrade von über 95 % erreicht werden. Die Zyklenzahl im stationären Betrieb ist mit 1 000 bis 2 000 Vollzyklen im Vergleich zu anderen Batterietechnologien relativ gering. Günstig ist es, wenn der Lithium-Ionen-Akku nicht ganz vollgeladen und nur bis zu einer Entladetiefe von 70 % genutzt wird, da sich die Zyklenzahl dadurch erheblich vergrößert. Auch geringe Lade- und Entladeströme wirken sich vorteilhaft auf die Lebensdauer aus. Im stationären Betrieb ist es sinnvoll, die Akkus etwas größer zu dimensionieren und nicht die gesamte Kapazität zu nutzen. Die Selbstentladung liegt bei 3 % je Monat, dies macht sie für Langzeitspeicherung nur eingeschränkt geeignet, zumal die Akkus im vollgeladenen Zustand schneller altern. Lithium-Ionen-Akkumulatoren werden durch Überladung, Tiefentladung und Übertemperatur beschädigt. Deshalb benötigen sie ein Batteriemanagementsystem, mit dem der Ladezustand und die Temperatur jeder einzelnen Zelle überwacht werden. Bei größeren Systemen können auch einzelne Zellen ausgetauscht werden. Diese Managementsysteme haben häufig auch integrierte Sicherheitsfunktionen, die den Akkumulator bei einer Fehlfunktion abschalten und auf diese Weise z. B. einen Brand verhindern können. Ideal ist es, wenn die Li-Ion-Batterien im günstigen Temperaturbereich von 15 °C bis 25 °C betrieben und geladen werden. Bei tiefen Temperaturen lässt die Leistung nach, die maximale Betriebstemperatur liegt bei 60 °C. In den letzten Jahren haben sich die Zellenpreise von über 1 000,– € je kWh auf bis zu 200,– € je kWh vermindert. Aufgrund der Elektronik und der Kapselung ist der Preis für ein komplettes Batteriesystem jedoch nicht in gleichem Maße gesunken. Wegen des noch energieintensiven, unrentablen Prozesses werden Lithium-Ionen-Akkus aktuell noch nicht recycelt. Häufig gibt es eine stationäre Zweitverwendung von aufgearbeiteten Fahrzeugbatterien. Diese Akkus haben in der Regel noch 70 % bis 80 % der Kapazität, was im stationären Betrieb, bei dem Gewicht und Volumen keine Rolle spielen, kein Problem ist. Gegebenenfalls werden dabei auch einzelne leistungsschwächere Zellen ausgetauscht.

Redox-Flow-Batterie

Die im Jahr 1986 in Australien entwickelte Redox-Flow-Batterie besteht aus einer galvanischen Zelle, die zwischen zwei getrennten Stoffkreisläufen mit einem flüssigen Elektrolyten, meist auf Basis von Vanadium, angeordnet ist. Beide Elektrolytkreisläufe verfügen jeweils über einen Tank sowie Leitungen und Pumpen. Im Gegensatz zu konventionellen Batterien findet ein physikalischer Stofftransport statt. Die Leistung der Batterie ist abhängig von der Größe der Zelle, die Kapazität von der Menge der Elektrolytflüssigkeit. Somit können die Leistung und die Kapazität unabhängig voneinander konzipiert werden. Auch

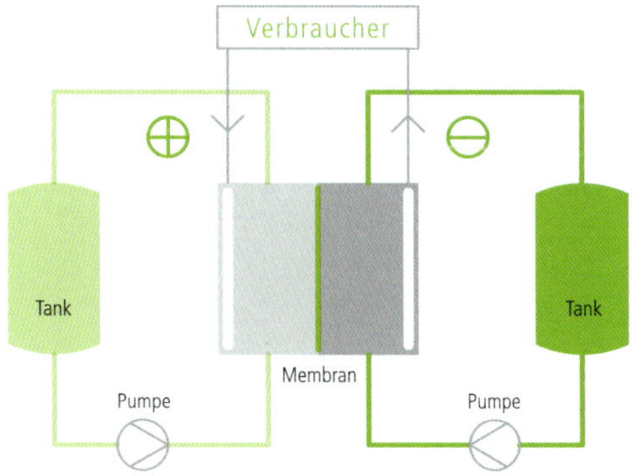

Funktionsschema der Redox-Flow-Batterie: Die Redox-Flow-Batterie verfügt über zwei von Pumpen angetriebene Elektrolytkreisläufe. Die Elektrolyte strömen an einer Membrane vorbei, welche die Ionen passieren lässt. An den Elektroden liegt dann eine Spannung an. Die Kapazität ergibt sich durch die Größe der Tanks, die Leistung durch die Größe der Membran.

Redox-Flow-Zwischenspeicher für eine Ladestation: Redox-Flow-Batterien können hohe Leistungen abgeben. Deshalb eignen sie sich als Zwischenspeicher für E-Mobilty-Ladestationen. Dadurch wird die Anschlussleistung reduziert und der Eigennutzungsanteil von lokalen Erzeugern erhöht.

eine Vergrößerung der Kapazität durch eine Erweiterung des Tankvolumens ist auf einfache Weise möglich. Denkbar ist auch, Ladestation und Entladestation räumlich zu trennen und nur den Energieträger zu transportieren. Die Zyklenzahl der Redox-Flow-Batterie ist nahezu unbegrenzt, die mechanischen Bauteile des Systems haben jedoch eine begrenzte Lebensdauer und erfordern Wartungsaufwand. Im Bezug auf die Kapazität sind die Kosten vergleichbar mit konventionellen Systemen, bezogen auf die Speicherleistung sind die Kosten höher. Der Wirkungsgrad ist mit 75 % bis 80 % etwas geringer, die Energiedichte ist mit 0,025 kWh/l sehr gering. Die Selbstentladung des Systems ist nahezu nicht gegeben, wodurch es sich besonders für Langzeitspeicherung eignet. Das Vanadium in der Elektrolytflüssigkeit ist der wesentliche Kostenfaktor, es kann jedoch gut recycelt werden. Perspektivisch lassen andere Stoffe für den Elektrolyten erhebliche Kostensenkungen erwarten.

Natrium-Schwefel-Batterie

Die in den 1970er-Jahren entwickelte »Natrium-Schwefel-Batterie« (NAS-Batterie) ist umgekehrt aufgebaut wie herkömmliche Batterien. Bei ihr ist der Elektrolyt fest und die beiden Elektroden bestehen aus flüssigem Natrium und flüssigem Schwefel. Sie ist eine Hochtemperatur-Batterie mit einer Betriebstemperatur von über 300 °C, was eine aufwendige Hülle mit Wärmeschutz sowie Heiz- und Sicherheitstechnik erfordert. Dies ist auch notwendig, da das Natrium keinesfalls mit Wasser in Berührung kommen darf. Die NAS-Batterie besitzt einen Wirkungsgrad von 80 %, mit 0,20 kWh/kg eine hohe Energiedichte und mit mehreren tausend Ladezyklen eine lange Lebensdauer. Es gibt nahezu keine elektrochemische Selbstentladung, dafür ist für die Aufrechterhaltung der Betriebstemperatur Energie notwendig. Vor diesem Hintergrund sind größere Batteriesysteme effizienter aufgrund der auf das Volumen bezogenen geringeren Oberfläche. Perspektivisch denkbar ist es auch, die Betriebstemperatur auf thermischem Wege bereitzustellen, z. B. über einen Gasbrenner. Die Zyklenzahl hängt stark von der Entladetiefe ab, bei geringen Entladetiefen können bis zu 30 000 Zyklen erreicht werden, wodurch sich die NAS-Batterie gut für Stabilisierungsanwendungen eignet. Die Rohstoffe für die Batterie sind umfangreich und günstig verfügbar. Dadurch sind die spezifischen Kosten mit 200,– € je kWh Speicherkapazität ab einer gewissen Mindestsystemgröße relativ niedrig. Aufgrund der komplexen Technik, u. a. zur Aufrechterhaltung der Betriebstemperatur, wird die NAS-Batterie vorwiegend in Systemen ab 200 kWh Kapazität realisiert. Häufig werden die Batterien in klassische 20 Fuß-Container integriert. Diese haben eine typische Leistung von 200 kW und eine Kapazität von etwas über 1 200 kWh. Bei noch größeren Speichersystemen werden mehrere Container zusammengeschaltet. Typische Anwendungsfälle sind Insellösungen, Netzstabilisierung und das Zwischenspeichern von PV- und Windstrom.

Funktionsschema einer Hochtemperatur-Batterie: Bei der NAS-Batterie bestehen die Elektroden aus Natrium und Schwefel, die aufgrund der Temperatur von 300 °C in flüssiger Form vorliegen. Der feste Elektrolyt trennt die flüssigen Elektroden ab. Zur Aufrechterhaltung der Temperatur ist ein aufwendiger mechanischer Aufbau notwendig, weshalb meist große Systeme realisiert werden.

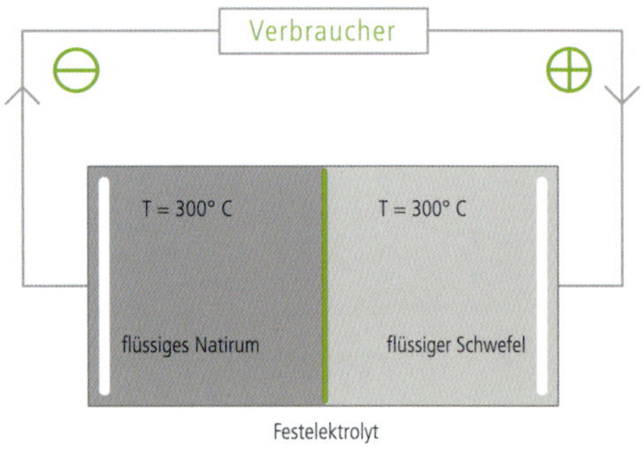

Natrium-Schwefel-Batterie: Die Natrium-Schwefel-Hochtemperatur-Batterie eignet sich zur stationären Energiespeicherung. Die einzelnen Modulcontainer können zu Speicherkraftwerken beliebiger Kapazität skaliert werden.

Wasserstoffspeicher

Bereits Jules Verne hat im Jahr 1874 in seinem Buch »Die geheimnisvolle Insel« im Wasserstoff den Brennstoff der Zukunft gesehen. Bezogen auf das Gewicht hat Wasserstoff mit 33,3 kWh/kg eine fast dreifache Energiedichte wie Dieselöl mit 11,9 kWh/kg, volumenbezogen hat selbst auf 700 bar komprimierter Wasserstoff mit 1,9 kWh je Liter jedoch nur ein Fünftel des Energieinhalts von Diesel. Die Herausforderungen der Wasserstoffspeicherung liegen im technischen und energetischen Aufwand für den Elektrolyseprozess, der zu Verlusten von 40 % bis 50 % führt, und der geringen volumenbezogenen Speicherdichte des Wasserstoffs von 0,003 kWh/l bei Normaldruck. Andererseits besteht die Vision, mit Wasserstoff einen Langzeitenergiespeicher oder auch einen transportablen Energieträger ohne Speicherverluste zur Verfügung zu haben, um Energie saisonal speichern zu können oder um Energie von sonnen- oder windreichen Gegenden in Gebiete mit hohem Energiebedarf zu transportieren. Wasserstoff kann seine Energie in einem schadstofffreien Verbrennungsmotor als Antriebsenergie oder über eine Brennstoffzelle zu ca. 40 % als Strom und zu ca. 60 % als Wärme zur Verfügung stellen. Die Speicherung von Wasserstoff kann in gasförmiger oder flüssiger Form in Drucktanks oder chemisch angelagert in festen Metallhydriden oder organischen Flüssigkeiten erfolgen. Gasförmiger Wasserstoff wird auf Drücke von 200 bar bis zu 800 bar komprimiert und kann in den Druckbehältern beliebig lange ohne Verluste gespeichert werden. Für die Kompression sind ca. 12 % des Energieinhalts des Wasserstoffs erforderlich und die Speicherdichte ist mit bis zu 2 kWh/l relativ gering. Damit Wasserstoff verflüssigt werden kann, muss er unter die Siedetemperatur von -253 °C heruntergekühlt und verdichtet werden. Für diesen Prozess sind 30 % bis 40 % des Energieinhalts des Wasserstoffs erforderlich. Da sich der Wasserstoff in dem gekühlten Tank unweigerlich erwärmt, müssen täglich ca. 3 % des Tankinhalts entnommen oder abgeblasen werden. Eine dauerhafte Langzeitspeicherung ist in flüssiger Form demnach nicht möglich. Wird der Wasserstoff chemisch an flüssige organische Wasserstoffträgermaterialien (LOHC - Liquid Organic Hydrogen Carriers), angelagert, kann er bei hoher Energiedichte beliebig lange gefahrlos gespeichert und transportiert werden. Es stehen verschiedene Trägerflüssigkeiten mit verschiedenen Eigenschaften zur Verfügung. Bei Speichern im Baubereich findet aktuell Dibenzyltoluol Vewendung, das ein gefahrloses konventionelles synthetisches Wärmeträgermedium ist. Je m^3 Flüssigkeit können 57 kg Wasserstoff gespeichert werden. Allerdings sind beim Ausspeicherprozess, der sogenannten Dehydrierung, 11 kWh/kg Wärme erforderlich, was ca. 30 % des Energieinhalts entspricht. Im Gebäudekontext kann diese Energie gegebenenfalls über ein BHKW bereitgestellt werden. Generell ist der Wasserstoffprozess von der Elektrolyse bis zur Rückumwandlung in Strom mit vielen Verlusten versehen. Durch eine Verlagerung des »Was-

»Ich bin davon überzeugt, meine Freunde, dass das Wasser dereinst als Brennstoff Verwendung findet, dass Wasserstoff und Sauerstoff, seine Bestandteile, zur unerschöpflichen ... Quelle der Wärme und des Lichts werden.«

Jules Verne, 1874
Die geheimnisvolle Insel

Hochdrucktank für flüssigen Wasserstoff: In Hochdrucktanks wird Wasserstoff auf unter -253 °C abgekühlt und flüssig gespeichert. Um Überdrücke, die zu einer Beschädigung des Tanks führen würden, zu vermeiden, muss aufgrund der ständigen Erwärmung kontinuierlich etwas Wasserstoff entnommen oder dieser abgeblasen werden.

»Hydrogenious« LOHC-Großspeicher: Speichereinheit zur Produktion von 4 500 l/h bis 11 000 l/h LOHC. Damit können pro Stunde 200 kg bis 500 kg Wasserstoff eingespeichert werden. Das LOHC kann vor Ort einer Ausspeichereinheit zugeführt werden oder mit 6-fach höherer Energiedichte in konventionellen Tanklastwagen transportiert werden.

Dr. Daniel Teichmann, Hydrogenious LOHC Technologies GmbH, Erlangen:

»Grüner Wasserstoff und erneuerbare Energien sind der Schlüssel im Kampf gegen die Klimakrise geworden. Mit einer flächendeckenden, weltweiten Verwendung von grün erzeugtem Wasserstoff im Industrie- und Mobilitätssektor lassen sich die CO_2-Emissionen um ein Vielfaches reduzieren. Damit Wasserstoff kostengünstig eingesetzt werden kann, bedarf es jedoch einer intelligenten Logistik. Mit der LOHC-Technologie kann Wasserstoff einfach, sicher, flexibel und kostengünstig in der bereits bestehenden Kraftstoffinfrastruktur auf dem globalen Markt bereitgestellt werden.«

serstoff-Handlings« in den Gebäudekontext, können diese Verluste genutzt und dadurch die Effizienz gesteigert werden.

Einbindung von Energiespeichern

Der Aufwand für die Integration eines Speichers in ein Energiesystem und die dafür erforderliche Infrastruktur ist nicht zu unterschätzen. Die Investitionen für die Anbindung können die reinen Speicherkosten häufig übersteigen. Bei Wärmespeichern sind es Kosten für die hydraulische Anbindung, für Pumpen und Ventile und gegebenenfalls für eine Wärmepumpe. Bei größeren Wärmespeichern sind häufig auch Erdarbeiten notwendig. Zudem ist eine oft aufwendige Mess- und Regeltechnik zur Erfassung der Beladung und zur Optimierung der Temperaturen in den Schichten des Speichers notwendig. Bei Stromspeichern ist eine Anschlussinfrastruktur in Form von Zuleitungen, Wechselrichtern, Leistungselektronik und Transformatoren für mitunter sehr hohe Leistungen erforderlich. Teilweise werden auch Stromspeicher kombiniert, z. B. Lithium-Ionen- und Redox-Flow-Batterien, um die Einspeicherleistung zu erhöhen. Bei größeren Batterien ist ein Batteriemanagementsystem für eine optimale Ladung und für die Überwachung der Ladezustände und Temperaturen der einzelnen Zellen notwendig. Beim Einsatz von Stromspeichern können sich hohe Anforderungen an die Sicherheitstechnik und den Brandschutz ergeben, insbesondere bei Natrium-Schwefel-Batterien und Wasserstoffspeichern. Darum werden Speicher aktuell häufig in gekapselte Container integriert. Für eine optimale Bewirtschaftung von Speichern ist ein Energiemanagementsystem erforderlich. Hier ist es sinnvoll, Prognosedaten von Verbräuchen, Erzeugungsdaten und Wetterdaten zusammenzuführen, um den Speicher in einen optimalen Ausgangszustand zu versetzen, sodass dieser sein Potenzial entfalten kann. Generell ist es sinnvoll, Speicher innerhalb der thermischen Hülle zu platzieren, da die Verluste beim Ein- und Ausspeichern und die der Selbstentladung dem Gebäude zugute kommen.

Planungsstrategien

Bei der Auswahl des Speichersystems sind die Speicherkapazität, die Ein- und Ausspeicherleistung, die Speicherverluste und der Wirkungsgrad die bestimmenden energetischen Parameter. Aus wirtschaftlicher Sicht sind die Lebensdauer, die Zyklenzahl und die Investitionskosten von Bedeutung, damit lässt sich der Preis für eine gespeicherte Kilowattstunde ermitteln. Die günstigste Art, Energie zu speichern, ist die Speicherung von Wärme oder Kälte in aktivierten Bauteilen oder in Speichertanks. Der Wirkungsgrad liegt im Prinzip bei 100 % und die Lebensdauer und Zyklenzahl sind unbegrenzt. Jedoch ist die Speicherdichte gering und die Speicherverluste sind hoch, sodass die typische Speicherdauer zwischen einem Tag, z. B. um Lastspitzen und das Takten von Wärmeerzeugern zu vermindern, bis zu einer Woche, z. B. um eine Schlechtwetterperiode zu überbrücken, liegt. Gegebenenfalls kann durch das Einbringen von Phasenwechselmaterial die Speicherdichte erhöht und das Temperaturniveau optimiert werden. Bei Niedertemperatur- oder Eisspeichern sind die Speicherkapazität und damit die typische Speicherdauer von mehreren Wochen oder Monaten höher, zur Ausspeicherung ist jedoch immer eine Wärmepumpe notwendig, wodurch der typische Wirkungsgrad dieser Systeme in der Größenordnung von 60 % bis 80 % liegt.

Bei kleineren Batteriesystemen mit bis zu 50 kWh werden Lithium-Ionen-Akkus eingesetzt, typischerweise zur Erhöhung des Eigenverbrauchsanteils von PV-Anlagen oder Blockheizkraftwerken. Durch die vermiedenen Netzentgelte ist dies heute schon wirtschaftlich. Auch eine Glättung von Lastspitzen zur Reduktion des Leistungspreises bietet sich an. Bei einer Anwendung in größeren Gebäuden oder Quartieren können mittelgroße Speicher in der Größenordnung von 200 kWh bis 1 000 kWh auf Basis von Redox-Flow- oder Natrium-Schwefel-Batterien eingesetzt werden, häufig auch in Kombination mit Lithium-Ionen-Batterien, um die Einspeicherleistung zu erhöhen. Bei großen Batteriespeichern zur Netzstabilisierung und zur Vermarktung von Primärregelleistung ist aufgrund des günstigen spezifischen Speicherpreises die Natrium-Schwefel-Technologie eine gute Lösung. Bei dieser Anwendung muss jederzeit für eine Viertelstunde eine Mindestleistung von 1 000 kW ein- oder ausgespeichert werden können. Aus diesem Grund ist typischerweise eine Kapazität von 1 000 kWh erforderlich. Der Speicher wird die überwiegende Zeit in einem Ladezustand von 50 % gehalten. Dadurch kann dieser zügig Energie aufnehmen oder abgeben. Zusätzlich kann dieser Speicher dann zur Erhöhung des Eigenverbrauchsanteils und zur Kappung von Lastspitzen genutzt werden. Die Nutzung von mehreren Anwendungsfällen verbessert die Wirtschaftlichkeit dieser Speicherstrategie. Redox-Flow-Batterien haben nahezu keine Selbstentladung, sie bieten sich an, wenn Strom längere Zeit gespeichert werden soll. Allerdings ist der Wirkungsgrad relativ gering. Ein Vorteil besteht darin, dass die Kapazität durch Erweiterung der Speichertanks erhöht werden kann.

Perspektivisch wird Wasserstoff die Speichersituation grundlegend verändern. In gasförmiger Form ist er ein Speichermedium ohne Speicherverluste und kann Energie unbegrenzt speichern. In verflüssigter, tiefgekühlter Form ist die Speicherdichte relativ hoch, allerdings ist die Speicherzeit gering. Es muss kontinuierlich etwas Wasserstoff entnommen werden, da ansonsten der Druck aufgrund der Erwärmung enorm zunehmen würde. Der Energieaufwand für die Verflüssigung wirkt sich negativ auf den Wirkungsgrad aus, gegebenenfalls kann die dabei frei werdende Wärme im Gebäudekontext genutzt werden. Wird Wasserstoff chemisch angelagert, so ist die Speicherdichte höher. Die Energie kann unbegrenzt ohne Verluste und gefahrlos gespeichert und transportiert werden. Der Nachteil liegt in dem Energieaufwand in Form von Wärme für die Ein- und Ausspeicherung.

Visionäres kinetisches Speicherkraftwerk: Energie kann auch als Bewegungsenergie in Form von schnell rotierenden Schwungrädern gespeichert werden. Dabei drehen sich Scheiben aus Kohlefaser mit bis zu 45 000 U/min in einem Vakuum. Damit kann eine Stromspeicherung sehr hoher Leistung und kurzer Reaktionszeit auf kompakte Weise realisiert werden. Die Zyklenzahl mechanischer Speicher ist im Vergleich zu Batteriespeichern sehr hoch. Allerdings ergibt sich eine hohe »Selbstentladung«, sodass das Anwendungsgebiet vorwiegend in der Kurzzeitspeicherung und Netzstabilisierung liegt. Die Kosten sind noch erhöht.

WASSERSTOFF-RESEARCH-CENTER, VONOVIA AG

Wasserstoff-Research-Center der Vonovia AG in Bochum:
Im Research-Center werden mögliche Technologien zur Versorgung von Quartieren entwickelt, um diese dann auf den großen Immobilienbestand des Konzerns übertragen zu können. Ein besonderes Augenmerk liegt auf der Abwägung zwischen energetischer Effizienz und technischer Komplexität.

Innovative Technologien:
- Digitalisierung
- selbstlernendes EMS
- Einbindung Nutzerdaten

Energietechnik:

PV-Anlage	180 kW_p
Wärmepumpe	110 kW
Elektrolyseur	75 kW
Brennstoffzelle	20 $kW_{el.}$
Gaskessel	160 kW

Speichertechnik:

Lithium-Ionen Batt.	50 kWh
Redox-Flow Batt.	50 kWh
Wasserstoffsp.	2 100 kWh
Wärmespeicher	400 kWh

Im Baugebiet Bochum Weitmar realisiert der DAX-Immobilienkonzern Vonovia AG ein Research-Center, um innovative Energieerzeugungskonzepte für große Immobilien und Quartiere zu erforschen und unter Praxisbedingungen zu betreiben. Im Research-Center sollen innovative Technologiebausteine, mit einem Schwerpunkt auf Wasserstofftechnologie, kombiniert werden. Insbesondere »Power-to-Hydrogen-Systeme«, Brennstoffzellen und Wasserstoffspeicher werden erprobt, um klimaneutrale Energieversorgungs- und Speicherkonzepte für den Immobilienbereich weiterzuentwickeln. Der Fokus liegt dabei auf der Nutzung von lokalem Überschuss-Strom aus dem Quartier. Ein weiterer Aspekt ist die Realisierung einer Sektorenkopplung aus Wärme, Strom und Mobilität. Damit alle Komponenten reibungslos zusammenarbeiten, ist ein Energiemanagementsystem erforderlich, das im Research-Center auf Basis der Praxiserfahrungen kontinuierlich weiterentwickelt wird. Um die Praxistauglichkeit und eine wirtschaftliche Übertragbarkeit auf andere Quartiere bewerten zu können, findet eine ökologische und ökonomische Evaluation statt. Ziel ist es, Erkenntnisse zu gewinnen, wie klimaneutrale Energiekonzepte in anderen Bauprojekten und Quartieren des Konzerns realisiert werden können.

Technische Konzeption

Eine PV-Anlage mit 180 kWp erzeugt ca. 150 000 kWh Strom pro Jahr. Dieser Strom kann entweder direkt verbraucht oder in einen Batteriespeicher eingespeichert werden, der aus einer Kombination eines Lithium-Ionen-Akkumulators und einer Redox-Flow-Batterie mit insgesamt 100 kWh Kapazität besteht. Ein Teil des Stroms wird über einen Elektrolyseur in Wasserstoff umgewandelt. Der Elektrolyseur mit einer Leistung von 75 kW produziert 1 400 kg Wasserstoff pro Jahr, was einer Energiemenge von etwa 45 000 kWh entspricht. Der Wasserstoff wird auf 35 bar verdichtet und in einem Tank mit 20 m^3 Volumen eingespei-

Projektentwicklung:
Vonovia AG, Bochum

Projektsteuerung Wasserstofftechnik:
PwC, Düsseldorf

KI-basiertes selbstlernendes Energiemanagementsystem:
Ampeers Energy, München

chert. Aufgrund des niedrigen Speicherdrucks werden nur etwa 120 kWh zur Kompression benötigt, um eine Energiemenge von über 45 000 kWh zu speichern. Dieser Wasserstoff kann dann über eine Brennstoffzelle mit 20 kW elektrischer und 20 kW thermischer Leistung und einem elektrischen Wirkungsgrad von 50 % in Strom umgewandelt werden. Die dabei entstehende Wärme wird entweder direkt genutzt oder in einen Wärmespeicher mit 5,5 m³ Volumen zwischengespeichert. Im Research-Center können ca. 22 % des Strombedarfs und 62 % des Wärmebedarfs des Quartiers erneuerbar und lokal erzeugt bereitgestellt werden.

KI-basiertes selbstlernendes EMS

Um alle Systemkomponenten optimal miteinander vernetzen und ansteuern zu können, wird ein selbstlernendes Energiemanagementsystem (EMS) eingesetzt, das sich Algorithmen der künstlichen Intelligenz zunutze macht. Dadurch können durch Vorhersagemodelle, die sich selbstständig immer weiter optimieren, die verschiedenen Speichertypen optimiert beladen werden.

Systemkomplexität

Im Vordergrund steht bei dem Projekt, Erkenntnisse über den optimalen Komplexitätsgrad zu sammeln. Das Ziel ist es, gut skalierbare, robuste Technologien zu finden, um einen zügigen »Rollout« in die breite Masse des Immobilienbestands realisieren zu können. Dafür gilt es, Systemkonfigurationen zu finden, die mit möglichst geringer Komplexität eine maximale Effizienz aufweisen – einerseits um Umwandlungsverluste zu minimieren, andererseits um Nebenkosten für Inbetriebnahme, Wartung und Anlagenüberwachung zu reduzieren. In der Baupraxis, in der jedes Projekt ein Prototyp ist, zeigt sich, dass es meist wirtschaftlicher ist, nicht das letzte Prozent an Effizienz auszureizen, sondern technisch einfache Systeme zu betreiben, die störungs- und wartungsfrei über viele Jahre in Betrieb sind.

Tobias Hoffmann, Vonovia AG, Bochum:

»Die Energiewende kann nur dann funktionieren, wenn das Thema auf allen Ebenen angegangen wird: Beginnend bei der smarten Steuerung von Verbrauchern über die energetische Optimierung des Gebäudes durch die Sanierung von Fassaden und Heizung bis hin zur ganzheitlichen Sektorenkopplung auf Quartiersebene.«

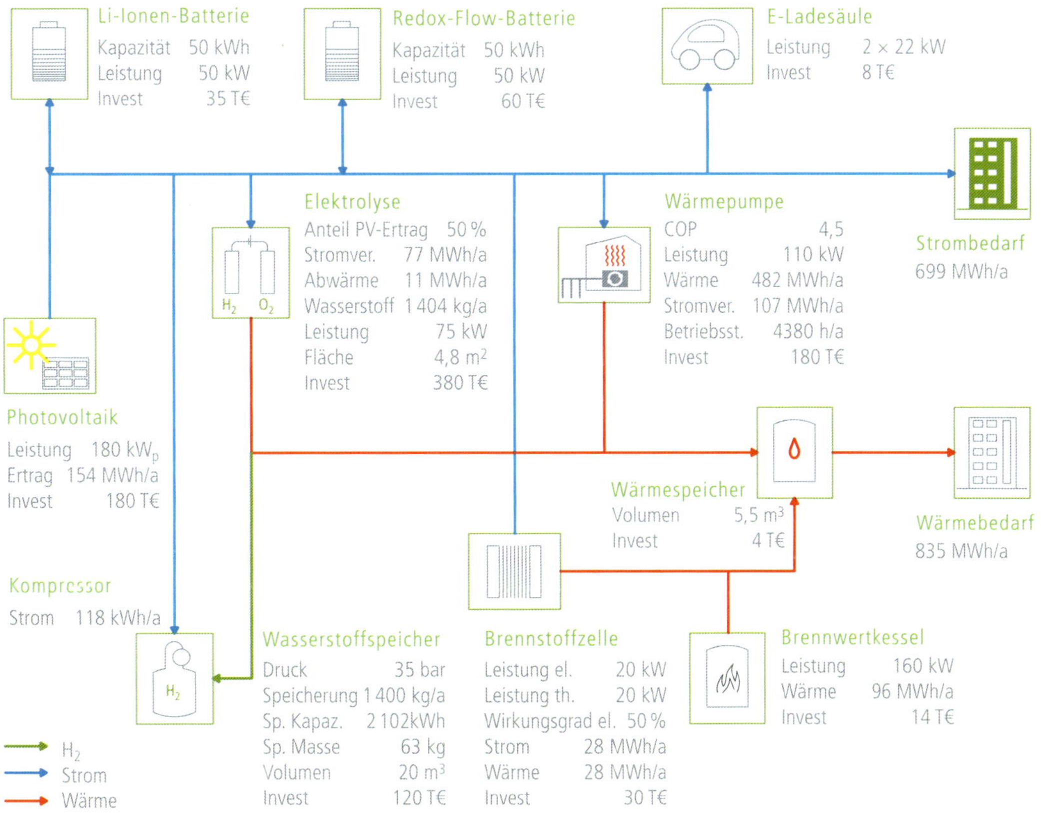

Energieflussschema für das Wasserstoff-Research-Center:
In der Versuchsanlage wird überschüssiger PV-Strom in Lithium-Ionen- und Redox-Flow-Batterien zwischengespeichert. Aus einem Teil des Stroms werden über Elektrolyse jährlich 1 400 kg Wasserstoff erzeugt, die bei 35 bar in einem 20 m³ Niederdrucktank gespeichert werden. Eine Brennstoffzelle verwandelt den Wasserstoff zu gleichen Teilen in Strom und Wärme zurück.

SEKTORGEKOPPELTE QUARTIERE

Der »Open District Hub« ist ein digitales Ökosystem zur ganzheitlich vollintegrierten und automatisierten Sektorenkopplung, mit dem die Systemintegration der erneuerbaren Energien vorangetrieben wird. Ziel ist eine sinnvolle Verbindung von Erzeugung und Verbrauch.

Grafik nach ODH/FhG

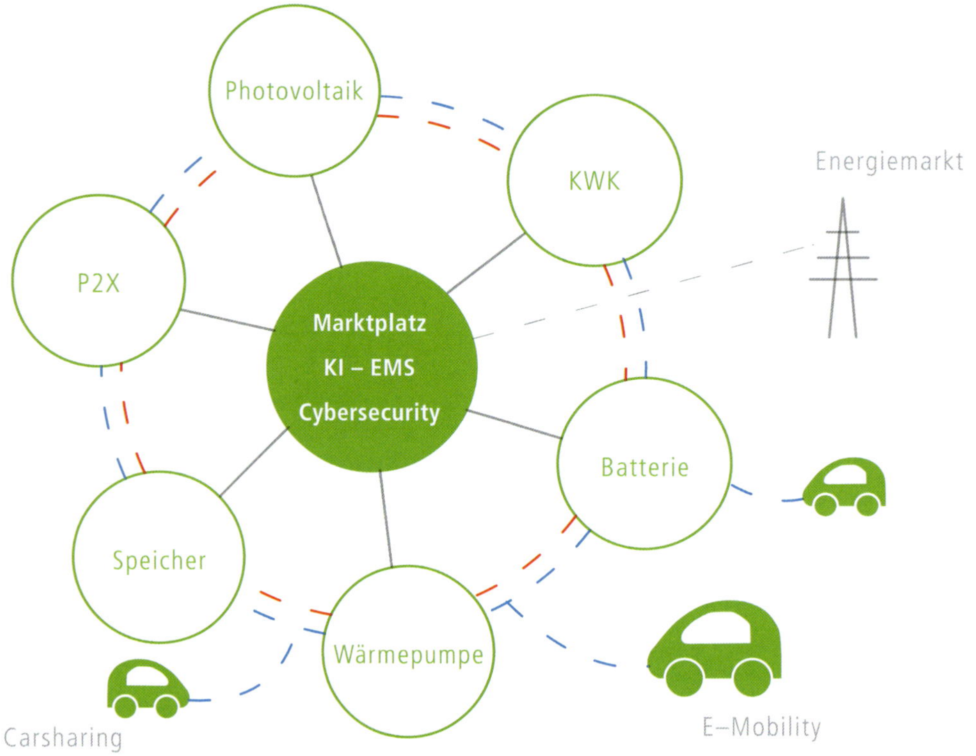

Seit den 1970er-Jahren wurde der energetische Standard von Gebäuden kontinuierlich verbessert, sodass mittlerweile auf Gebäudeebene beim Neubau nur noch geringe zusätzliche Einsparungen möglich sind. Beim Bestand stehen oftmals Aspekte des Denkmalschutzes einer weiteren Optimierung entgegen. Um nun im Kontext der Energiewende im Baubereich dem Ziel der CO_2-Neutralität näherzukommen, ist es erforderlich, über die Bilanzierung des einzelnen Gebäudes hinaus zu denken und ein Gebäudeensemble, ein Quartier, einen Stadtteil oder gar eine ganze Stadt zu betrachten. Dabei gilt es auch, zugehörige Bereiche, vor allem die Mobilität, mit einzubeziehen. Durch eine energetische Konzeption im Quartiersmaßstab ist es möglich, die Energiebedarfe und Ertragspotenziale von mehreren Gebäuden vernetzt zu sehen und dadurch weitere Einsparpotenziale zu realisieren. Die Vernetzung erfolgt dabei sowohl physikalisch durch ein lokales Wärme- und Stromnetz als auch digital durch den Austausch von Daten über Systemzustände von Gebäuden, Energieerzeugern, Speichern sowie den verschiedenen Verbrauchern. Zudem können durch die Digitalisierung Nutzeranforderungen, Wetterprognosen und Energiemarktdaten direkt eingebunden und für eine energetische Optimierung in Echtzeit genutzt werden.

Quartiersübergreifende Betrachtung

Die energetische Bilanzierung und die Systembetrachtung über das einzelne Gebäude hinaus hat zwei grundlegende Vorteile: die Optimierung von Lastverläufen durch die Abstimmung von lokalem Energieangebot und -verbrauch sowie die optimierte Energieerzeugung durch Sektorenkopplung, z. B. BHKW und Brennstoffzelle. Durch die Vernetzung von mehreren Gebäuden gleichen sich die Lastverläufe zu einem gewissen Grad aus, wodurch Lastspitzen vermieden werden und eine Energieverschiebung ermöglicht wird. Mit einem Lastmanagement werden durch das Zu- und Abschalten von Verbrauchern, durch die Regelung von Erzeugern sowie die optimierte Beladung von Speichern Energieverbrauch und Energieangebot zeitlich abgestimmt. Dadurch werden die Netze entlastet und die Anforderungen an den Netzausbau und die Kraftwerksreserven geringer. Durch die Sektorenkopplung von Wärme, Kälte, Strom und Mobilität können weitreichende Synergieeffekte bei der Energieerzeugung genutzt werden. Die Kraft-Wärme-Kopplung über ein BHKW oder eine Brennstoffzelle ist primärenergetisch gesehen sehr effizient, vor allem wenn sie mit Absorptionskältemaschinen und Wärmepumpen ergänzt wird. Wird ein BHKW mit Wärme- oder Batteriespeichern kombiniert, lassen sich Auslastung und Jahreslaufzeit optimieren. Auch die Speichermassen eines Gebäudes, z. B. aktivierte Betondecken, können als thermischer Kurzzeitspeicher wirken und so die Betriebszeiten optimieren.

»Peer-to-peer«-Marktplatz

Damit sich innovative Technologien schnell verbreiten, von den Akteuren im Energiemarkt und der Immobilienwirtschaft angeboten und von den Verbrauchern angenommen werden, sind wirtschaftliche, einfach umsetzbare Geschäftsmodelle notwendig. Dafür ist ein transparenter sicherer Marktplatz für Energie-, Quartiers- und Mobilitätsdienstleistungen erforderlich, der einen einfachen Marktzugang für alle beteiligten Akteure ermöglicht. Dabei sind niedrige Transaktionskosten und eine leichte Bedienbarkeit von Bedeutung, um ein attraktives Angebot an Energiedienstleistungen bereitzustellen. Ausgangsbasis dafür ist eine weitreichende Digitalisierung der Prozesse unter Nutzung neuer Technologien, wie z. B. »Blockchain«. Ein wichtiger Aspekt ist dabei die Cybersecurity, damit eine sichere Funktion und der Datenschutz gewährleistet sind.

Einbindung der E-Mobility

Durch die Elektromobilität, die sich immer stärker verbreiten wird, entstehen neue Anforderungen an die Bereitstellung von Elektrizität. Um die Netze und Erzeugungssysteme

»eLoaded«-App zur Verknüpfung von Nutzungsdaten mit EMS: Um eine maximale Effizienz bei der Ladestrategie zu erreichen, ist die Einbindung von Nutzungs- und Fahrzeugdaten in die Regelstrategie von Energiemanagementsystemen unerlässlich. Damit können Erzeuger und Speicher optimal auf die Anforderungen der Fahrzeugbeladung abgestimmt werden.

DC-Schnellladepunkt: Die Leistungselektronik der flüssigkeitsgekühlten DC-Schnellladepunkte von »eLoaded« mit 140 kW Ladeleistung ist unterirdisch verbaut. Auf diese Weise kann die Ladetechnik dezent in Quartiere integriert werden. Die Flüssigkeitskühlung ermöglicht auf einfache Weise eine Nutzung der Abwärme im Kontext der Gebäude.

EINSATZOPTIMIERUNG STROM

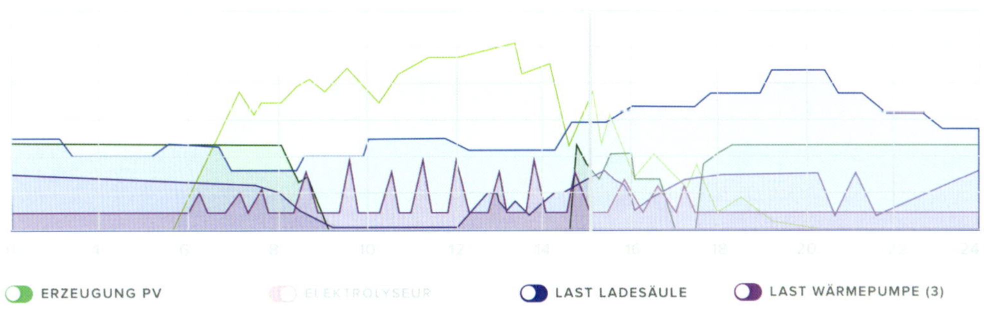

Lademanagement »Ampeers Fleet Optimizer«: Wenn die Leistung der Ladepunkte und die der regel- oder abschaltbaren Stromverbraucher, wie z. B. Wärmepumpe, Elektrolyseur, auf die aktuell zur Verfügung stehende Erzeugungsleistung abgestimmt werden, können der Eigenverbrauchsanteil und die Netzbezugsleistung optimiert werden.

Digitaler Zwilling:
Um alle Energieströme im Quartier analysieren zu können, wird das gesamte Quartier als »digitaler Zwilling« modelliert und abgebildet. Damit können zum einen alle Energieströme in Echtzeit überwacht und auf übersichtliche Weise dargestellt werden. Zum anderen können KI-basierte Prognosen als Grundlage für Regelstrategien für die Energieerzeuger und die Energiespeicher genutzt werden.

Modellierung des digitalen Zwillings:
Ampeers Energy, München

Fraunhofer IOSB, Geschäftsfeld Energie-, Umwelt- und Sicherheitssysteme, Ilmenau

Prof. Dr.-Ing. Peter Bretschneider, TU Ilmenau

nicht zu überlasten, wird es erforderlich sein, die Ladung von Elektrofahrzeugen energiesystemoptimiert durchzuführen. Dabei wird die Ladeleistung in Abstimmung mit dem geplanten Fahrzeugeinsatz an die Verfügbarkeit von lokaler erneuerbarer Energie angepasst. Um Leistungsspitzen bei Schnellladesystemen zu reduzieren, wird es teilweise notwendig werden, Strom in dezentrale Batterie-Pufferspeicher einzuspeisen, um diesen dann in kurzer Zeit an das Elektrofahrzeug abgeben zu können. Weitere Potenziale bietet das bidirektionale Laden, bei dem die Elektrofahrzeuge auch als Spitzenlast-Stromspeicher wirken können.

Selbstlernendes Energiemanagementsystem

Um energetische Prozesse im Quartiersmaßstab optimiert und sektorenübergreifend steuern zu können, ist ein übergeordnetes Energiemanagementsystem notwendig. Dieses muss aus Kostengründen voll automatisiert und integriert arbeiten. Von daher ist es von entscheidender Bedeutung, dass das Energiemanagementsystem über eine künstliche Intelligenz verfügt, die selbstlernend Regel- und Steuerbefehle auf Basis vorangegangener Systemzustände generieren kann. Weitere Parameter wie Wetter- und Nutzungsprognosen, Lastprofile und Energiepreise können in die Prozesse mit eingebunden werden. Ebenso können alle Systemzustände in Echtzeit oder aus einer Datenbank heraus ausgelesen werden. Ein Energiemanagementsystem besteht aus drei prinzipiellen Softwareebenen: Grundlage ist der am Fraunhofer-Institut für Optronik, Systemtechnik und Bildauswertung in Ilmenau entwickelte Rechenkern »Prophet X«, der basierend auf künstlicher Intelligenz digitale Prozesse im Energiebereich selbstlernend optimieren kann. Dieser Rechenkern wurde ursprünglich für den optimierten Betrieb von Kraftwerken und Stromnetzen entwickelt und eignet sich deshalb auch gut für die Optimierung von Quartieren. Darüber liegt die Ebene eines cloudbasierten Energiedatenmanagements. Damit kann auf die Systemzustände

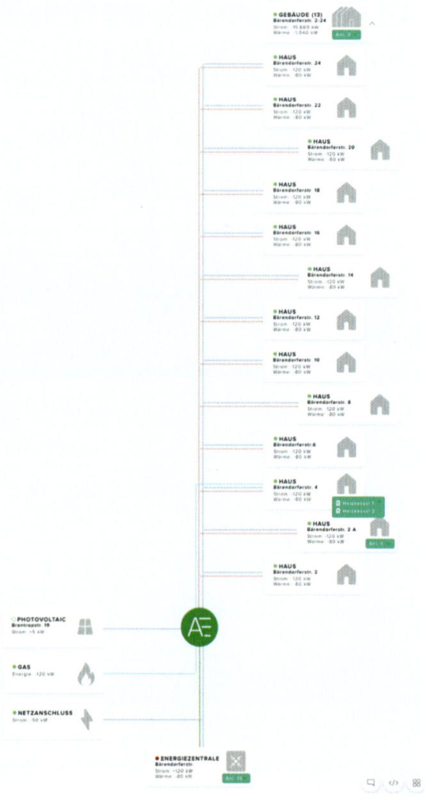

Energetische, ökonomische und ökologische Datenanlayse mithilfe eines Quartiers-Energiemanagementsystems

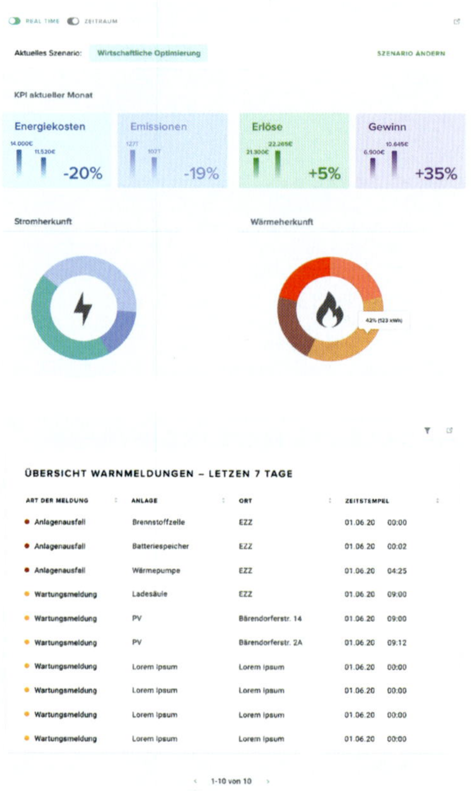

Cloudbasierte Anlagenüberwachung mit Anzeige der Betriebszustände und Alarmmeldungen

eines Quartiers ortsunabhängig zugegriffen werden, sowohl in Echtzeit als auch datenbankbasiert für vergangene Zeitabschnitte. Darüber befindet sich die »Application-Ebene«, in der konkrete Funktionen und Anwendungen gespeichert sind. Dies ist die Ebene, die der Anwender sieht und aus der er Daten auslesen bzw. Eingaben tätigen kann. In dieser Ebene lassen sich auf einfache Weise alle erdenklichen Funktionalitäten hinterlegen. Die Herausforderung besteht darin, die komplexen Vorgänge in einem Quartier einfach nachvollziehbar auf visuelle Weise darzustellen. Alle Abrechnungsprozesse bis hin zur automatisierten Rechnungsstellung sind ebenfalls in dieser »Application-Ebene« integriert.

Regulatorische und rechtliche Bedingungen

Der aktuelle regulatorische Rahmen hat sich in Deutschland aus der Tradition einer zentralen Energieerzeugungsstruktur heraus entwickelt. Dieser Rahmen passt nicht zu der kleinteiligen, dezentralen Struktur von Quartierskonzepten. Oftmals führen hohe bürokratische und regulatorische Hürden dazu, dass Quartiers-Energiekonzepte nicht realisiert werden können oder unwirtschaftlich sind. Dies liegt daran, dass aufgrund der typischerweise geringen Energiemengen die juristischen und bürokratischen Kosten einen überproportional großen Anteil einnehmen. Hier gilt es, die Regulierung an die neuen Strukturen anzupassen, um allen möglichen Marktteilnehmern einen einfachen Zugang zu gewähren.

Planungsstrategien

Um ein energieoptimiertes, sektorgekoppeltes Quartier zu realisieren, ist von Anfang an ein Gesamtkonzept zu entwickeln, das Energieerzeuger und Speicher einschließlich deren Verknüpfung, die digitale Vernetzung und Steuerung sowie administrative und juristische Regelungen abdeckt. Viele dieser Aspekte werden bei Projektbeginn festgelegt und lassen sich später oftmals nicht mehr ändern, z. B. weil Leitungen schon verlegt sind.

Gerrit Ellerwald, Ampeers Energy, ein Spin-off der Fraunhofer-Gesellschaft:

»Der lokal optimierte Eigenverbrauch von regenerativen Energien ist der Schlüssel zur Dekarbonisierung des Real Estate Sektors. Hier ermöglichen wir es Immobilienbesitzern mit unseren Softwarelösungen, erneuerbare Energien profitabel und nachhaltig einzusetzen. Das reduziert nicht nur die CO_2-Emissionen, sondern ist darüber hinaus noch ein lukrativer Business Case.«

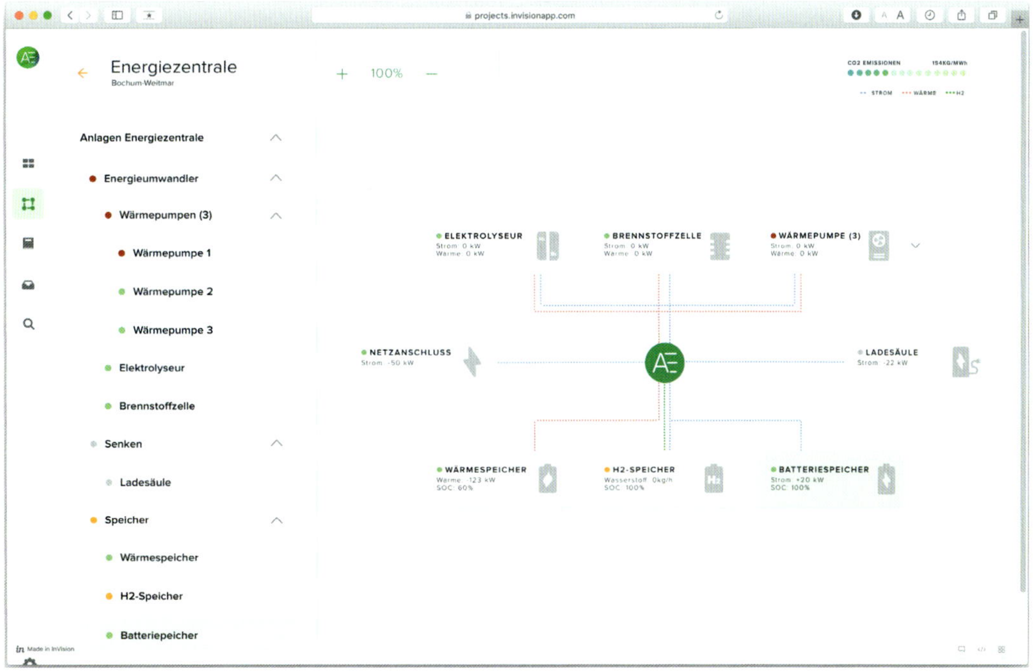

Benutzerschnittstelle des Energiemanagementsystems »Ampeers District Manager« zur optimierten Steuerung der Energieerzeugungs- und Speichersysteme:
Die browserbasierte Benutzeroberfläche kann ortsunabhängig über das Internet bedient werden. Damit lassen sich die Regelprozesse des selbstlernenden Systems überwachen und auswerten. Gegebenenfalls können die Parameter auf einfache Weise optimiert werden.

Managementsystem für eine Wasserstoff-Energiezentrale:
Ampeers Energy, München
Fraunhofer IOSB, Ilmenau
Vonovia AG, Bochum
PwC, Düsseldorf

MUSTERQUARTIERE

Dr. Karsten Schmidt, Ampeers Energy – Fraunhofer-Gesellschaft Vorstandsmitglied ODH e.V., München:

»Wir wollen mit unseren Pilotprojekten zeigen, wie die Quartiersversorgung der Zukunft aussehen kann. Damit geben wir den Anstoß dafür, dass künftig alle Neubauquartiere und zu sanierende Quartiere nach diesem Standard umgerüstet werden. Und irgendwann wird sich dieser zelluläre Ansatz durchsetzen und das öffentliche Netz wird dann genutzt werden, um eine Vielzahl von lokal organisierten Open District Hubs auf übergeordneter Netzebene zusammenzuschalten.«

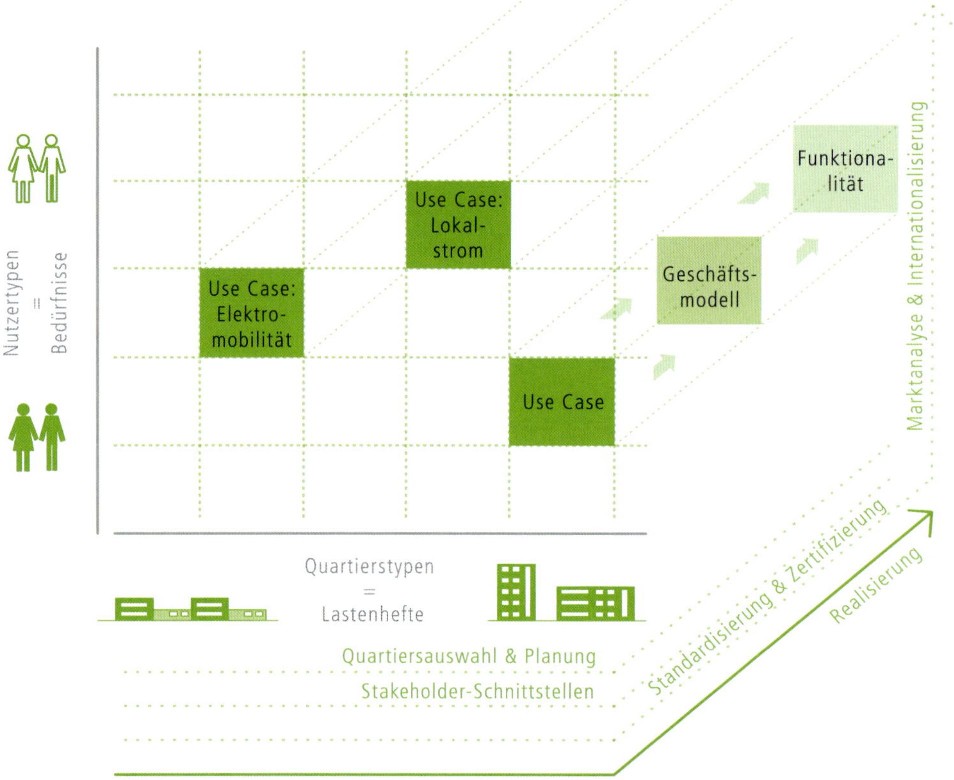

Nutzer-Quartiers-Matrix: Zunächst werden Nutzerbedürfnisse und Quartierstypen analysiert. An den Schnittpunkten ergeben sich dann mögliche Anwendungsfälle, für die entsprechende Geschäftsmodelle und die dafür erforderlichen Funktionalitäten entwickelt werden.

Grafik nach ODH/FhG

Die ganzheitliche Energieversorgung von Quartieren, die Entwicklung von selbstlernenden Energiemanagementsystemen auf Basis künstlicher Intelligenz, die Etablierung von Geschäftsmodellen und die dazugehörige Schaffung von Marktplätzen sowie die Bewertung der juristischen und regulatorischen Rahmenbedingungen sind ein weitläufiges Themengebiet, das einer interdisziplinären Herangehensweise sowie der Verknüpfung von Wissenschaft und Praxis bedarf. Vor diesem Hintergrund hat sich ein Konsortium aus Forschungsinstituten, Technologiefirmen, Systemanbietern, Juristen sowie Quartiersentwicklern unter der Federführung der Fraunhofer-Gesellschaft zum »Open District Hub e.V.« zusammengeschlossen. Ziel ist es, innovative Strategien zu erarbeiten, zu einem Gesamtsystem zusammenzuführen und in konkreten Musterquartieren zu realisieren und zu demonstrieren. Es sollen sowohl unmittelbar einsetzbare Produkte als auch konkrete Planungs- und Handlungsstrategien für energieoptimierte, sektorgekoppelte Quartiere entwickelt werden, in denen die Bewohner einen Mehrwert erhalten und Kosten einsparen. Ein wichtiger Aspekt ist dabei, auch die juristischen und regulatorischen Rahmenbedingungen weiterzuentwickeln und an die Politik zu adressieren.

Entwicklungsprozess

Die Entwicklung von Strategien zur Quartiersentwicklung verläuft in folgenden Arbeitsschritten, die von verschiedenen Expertengruppen im »Open District Hub« bearbeitet werden: Zunächst werden mögliche Nutzergruppen spezifiziert und ihre jeweiligen Bedürfnisse analysiert. Weiterhin werden mögliche Quartierstypologien kategorisiert und ihre jeweiligen Auswirkungen auf energetische, soziale und technische Aspekte untersucht. Durch eine Verknüpfung von Nutzertypen mit Quartierstypen in einer Nutzer-Quartiers-Matrix entstehen mögliche relevante Anwendungsfälle, für die dann jeweils technische Lösungen und mögliche Geschäftsmodelle entwickelt werden. Dabei ist es erforderlich, dass der Betrieb automatisiert und die Transaktionskosten minimiert werden. Eine große Herausforderung sind regulatorische und juristische Rahmenbedingungen, die weiterentwickelt werden müssen, da sich durch Quartierskonzepte die Energieversorgung von einer zentralen in eine dezentrale Struktur umwandelt. Die Prozesse müssen vereinfacht und standardisiert werden, sonst können Quartierskonzepte nicht wirtschaftlich realisiert werden.

Arbeitsgruppen im ODH

Um die umfangreiche Bandbreite an Themenfeldern strukturiert zu bearbeiten, gibt es im ODH aktuell drei Arbeitsgruppen, die mit Experten aus Wissenschaft und Praxis besetzt sind: AG »Anwendungsfälle und Geschäftsmodelle«, AG »Musterquartiere« und AG »Rechtliche Rahmenbedingungen«. Ziel ist es, in den einzelnen Arbeitsgruppen konkrete Lösungen für die Herausforderungen in der Quartiersentwicklung zu erarbeiten.

Musterquartiere

Der »Open District Hub« demonstriert in realisierten Musterquartieren Strategien für energieoptimierte Quartiere und leitet aus diesen Reallaboren konkrete Weiterentwicklungspotenziale ab. Flankierend werden zu Themengebieten, bei denen noch Forschungs- und Entwicklungsbedarf besteht, Forschungsprojekte beantragt und bearbeitet. Themenbeispiele hierfür sind intelligente Energiemanagementsysteme, gesteuertes Laden von Elektrofahrzeugen, Aspekte der Cybersecurity und Energiespeichersysteme. Ein weiteres Themenfeld ist die Digitalisierung vom Quartierskontext bis hin zur »Smart-City«. Hier liegt der Schwerpunkt darauf, welche Potenziale sich für Benutzer und Bewohner ergeben können, und wie einfach bedienbare Schnittstellen und Applikationen konzipiert sein müssen, damit eine weitreichende Akzeptanz entsteht.

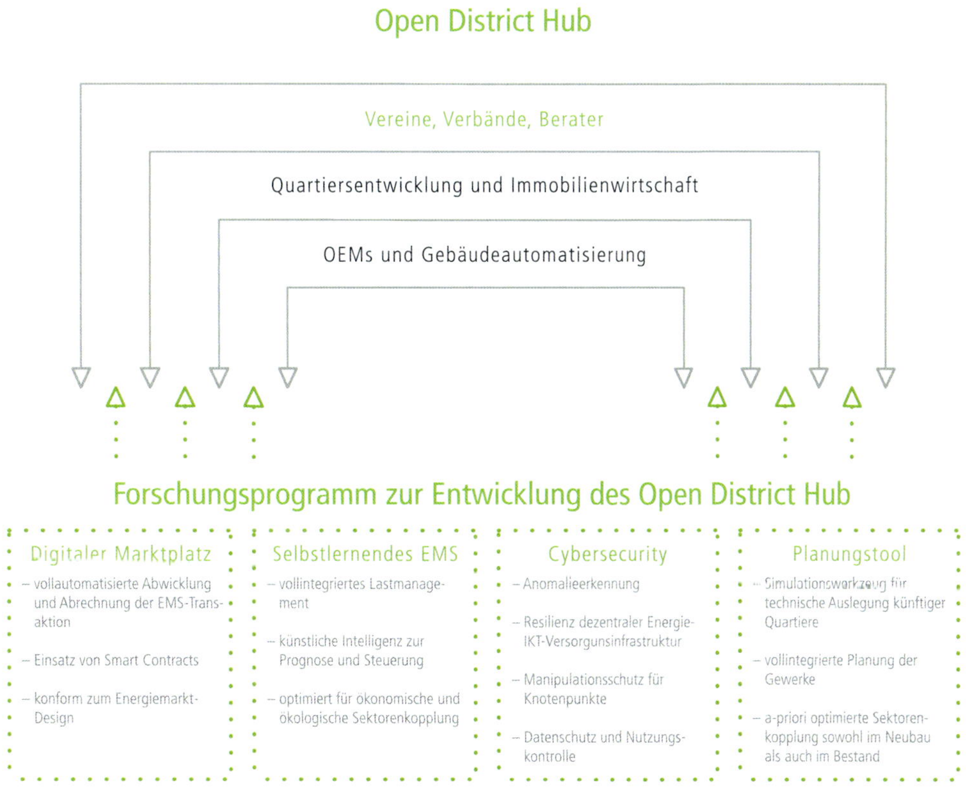

Forschungs- und Entwicklungsschwerpunkte in der Quartiersentwicklung: Um konkrete F&E-Themen im Quartier zu identifizieren und in gemeinsamen Forschungsprojekten weiterzuentwickeln, arbeiten im »Open District Hub« verschiedene Akteure im Quartiersbereich interaktiv zusammen. Auf diese Weise sind ein maximaler Praxisbezug und eine anwendungsorientierte Entwicklung möglich.

Grafik nach ODH/FhG

Dr. Marc Weinstock,
DSK-BIG, Kronshagen:

»Im Quartier der Zukunft schaffen wir knapp 50 ha bezahlbaren Wohnraum, installieren das größte Elektro-Mobilitätscluster Europas und etablieren nachhaltige und innovative Energieversorgungskonzepte zugunsten eines klimafreundlichen Quartiers.«

Konversion der Pioneer-Kaserne, Hanau

Mit dem vollständigen Abzug der US-Armee im Jahr 2008 aus Hanau stand am Standort der ehemaligen »Pioneer-Kaserne« in Hanau-Wolfgang ein rund 50 ha großes Areal zur Verfügung, das nun zu einem neuen Wohnquartier umgestaltet wird. Die Planung von AS+P sieht die Schaffung von rund 1 600 Wohneinheiten vor, die sich auf dem denkmalgeschützten Gelände in einer neuen »Parkstadt« verteilen. Die bestehenden Gebäude werden durch Einfamilienhäuser und Geschosswohnungsbauten ergänzt, sodass zusammen mit neuen urbanen Nutzungen ein modernes Stadtquartier entsteht. Mit der Gestaltung eines grünen »Korsetts«, bestehend aus einer grünen Mitte, von der fächerförmig »grüne Radialen« ausgehen, wird die bestehende markante städtebauliche Fächerstruktur des Geländes aufgegriffen und weiterentwickelt. Das von der »DSK-BIG« gemeinsam mit der Stadt Hanau geplante Projekt wird ein übergreifendes Energiekonzept für das gesamte Quartier und ein innovatives Mobilitätskonzept erhalten. Da das Quartier von Beginn an auf Innovation ausgerichtet ist, lassen sich neue Technologien leichter in die Praxis umsetzen und finden bei den Nutzern eine breite Akzeptanz. Das auf E-Mobility beruhende Mobilitätskonzept weist eine Elektrifizierung von 25 % der Stellplätze auf. In zwölf Mobilitätsstationen können die Fahrzeuge mit bis zu 75 kW Ladeleistung schnell aufgeladen werden. Ein intelligentes Lademanagement optimiert dabei die Lastverläufe. Über die Quartiers-App können elektrische Fahrzeuge, E-Bikes und E-Lastenräder kostengünstig ausgeliehen werden. Die große Sharing-Flotte reduziert den Individualverkehr mit Verbrennungsmotoren und somit die Schall- und Schadstoffemmissionen, wodurch sich eine enorme Steigerung der Wohn- und Lebensqualität im Quartier ergibt. Zudem werden innerhalb des Quartiers weniger Verkehrs- und Parkflächen benötigt, dies ermöglicht eine höhere Bebauungsdichte und mehr öffentliche Grünflächen.

Historische Luftaufnahme des ehemaligen Kasernenareals

Das weitreichend begrünte Quartierskonzept nimmt die fächerförmige Struktur des denkmalgeschützten Bestands auf.

Luftaufnahme des Bauzustands

Das Quartier hat ein zukunftsweisendes Mobilitätskonzept mit E-Mobility und Carsharing.

Projektentwicklung:
DSK-BIG Projekt- und Stadtentwicklung mit der Stadt Hanau

Auszeichnung:
»Game-Changer-Award«

Quartierskonzept:
Albert Speer + Partner, Frankfurt am Main

Pfaff-Quartier, Kaiserslautern

Auf dem ca. 20 ha großen Areal der ehemaligen Pfaff-Nähmaschinenfabrik soll auf 3,5 ha ein klimaneutrales Wohn-, Gewerbe- und Technologiequartier entstehen. Das Quartier ist eines von sechs Leuchtturmprojekten im Förderprogramm »Energieeffizente Stadt« (EnStadt) des Bundes. Im Kontext einer Klimaneutralität sollen technologische und sozialwissenschaftliche Themen erforscht und weiterentwickelt werden. Ein Teil des Quartiers wird als Reallabor ausgebildet, in dem zahlreiche Forschungseinrichtungen an verschiedenen Themengebieten interdisziplinär arbeiten. Auf Gebäudeebene stellt die Klimaneutralität eine besondere Herausforderung dar, da mehrere denkmalgeschützte Bestandsgebäude vor Fertigstellung der übergeordneten Infrastruktur eingebunden werden müssen. Zudem wird eines dieser Gebäude als medizinisches Zentrum genutzt. Die Neubauten werden mit minimiertem Heizwärmebedarf und integrierter Solartechnik geplant. Auf Quartiersebene wird ein quartiersübergreifender Ansatz vorgesehen. Es gibt ein lokales Stromnetz und ein Nahwärmenetz, das auch mit industrieller Abwärme aus der Nachbarschaft gespeist wird. Im Quartier werden alle Erzeuger, Speicher und Verbraucher von einem übergeordneten Energiemanagementsystem überwacht und gesteuert. Damit sollen die Potenziale der Digitalisierung und der künstlichen Intelligenz genutzt und weiterentwickelt werden. Dieses Managementsystem ermöglicht auch die optimierte Ladung von Elektrofahrzeugen. Die lange Entwicklungszeit des Quartiers, die heterogene Nutzer- und Eigentümerstruktur sowie die Auswirkungen auf die innerstädtische Verkehrsinfrastruktur stellen eine besondere Herausforderung dar. Weiterhin ergeben sich Fragen bezüglich der architektonischen Fügung in das denkmalgeschützte Umfeld, z. B. im Zusammenhang mit dem in den 1920er-Jahren errichteten »Rundbau« von Hermann Hussong, der ein Beispiel für die »Neue Sachlichkeit« ist.

Prof. Dr. Frank Bomarius, Fraunhofer-Institut für Experimentelles Software Engineering (IESE), Kaiserslautern:

»Die besondere Herausforderung in der Quartiersentwicklung besteht nicht darin, theoretisch mögliche Konzepte für eine Klimaneutralität zu finden, sondern für die harten Randbedingungen der konkreten Situation eine wirtschaftlich tragfähige und gesellschaftlich akzeptable Lösung zu erarbeiten.«

Lageplan des Quartiers: Denkmalgeschützte Industriegebäude werden durch Neubauten ergänzt. In dem Reallabor, das sich entlang der Pfaff-Achse erstreckt, können neue energetische, technische und soziologische Aspekte erforscht werden.

Denkmalgeschützter Bestand der ehemaligen Pfaff-Nähmaschinenfabrik

Platzbildung im Reallabor bestehend aus sanierten denkmalgeschützen Industriegebäuden und energetisch hochwertigen Neubauten

ÖKONOMIE VON QUARTIEREN

Das gemischtgenutzte Quartier bietet gegenüber der Einzelbebauung und gegenüber einer homogenen Bebauung mit Gebäuden gleicher Art und Nutzung ökonomische Vorteile. Es ergeben sich durch die Art der Bebauung und durch den Nutzungsmix Einsparpotenziale im Bereich der Flächeneffizienz und des Energieverbrauchs. Die höhere Nutzerdichte ermöglicht es, Dienstleistungen effizienter anzubieten bzw. diese überhaupt anzubieten. Da sich die Infrastruktur für Verkehr, Energie und Gemeinschaftsflächen auf eine größere Nutzerzahl verteilt, vermindert sich die anteilige Investition für den Einzelnen. Eine höhere Dichte vermindert den Bedarf an teurer Grundstücksfläche sowohl für die Gebäude selbst als auch für die Infrastruktur. Durch die höhere Energiedichte können innovative Energieerzeugungssysteme effizient und wirtschaftlich betrieben werden.

Energieeinsparung und Effizienz

Durch die höhere Bebauungsdichte ergeben sich im Quartier umfangreiche energetische Potenziale. Die Hüllflächen sind geringer und die Leitungswege kürzer, wodurch sich Energieverluste reduzieren. Ebenso sinken die Investitions-, Wartungs- und Energiekosten. Der Leistungsbedarf für Wärme, Kälte und Strom für das gesamte Quartier ist nur 40 % bis 60 % so hoch wie die Summe der Leistungen der einzelnen Gebäude. Damit können regenerative Energieerzeuger mit höherer Auslastung und damit wirtschaftlicher betrieben werden. Dieser Effekt kann durch ein quartiersübergreifendes Energiemanagementsystem nochmals optimiert werden. Ein weiterer energetischer Vorteil besteht darin, dass wenige größere Energieerzeugungssysteme in Bezug auf die Effizienz und die Investitionskosten günstiger sind als zahlreiche kleine. Zudem stehen manche innovative Energieerzeuger nur in größerem Leistungsbereich zur Verfügung, z. B. Holzhackschnitzelanlagen, oder erfordern aufgrund der höheren Investitionskosten eine hohe Jahreslaufzeit, z. B. Blockheizkraftwerke. Auch in Bezug auf die Wartung ergeben sich Vorteile, wenn wenige Erzeuger höherer Leistung eingesetzt werden, da die Wartungskosten nicht linear mit der Leistung steigen, sondern von der Zahl der Geräte abhängen. Gegebenenfalls kann sich durch den Nutzungsmix ein Potenzial der Energieverschiebung ergeben, z. B. Nutzung der Rückkühlwärme aus der Gebäudekühlung zur Trinkwassererwärmung. Der Nutzungsmix aus Wohnen, Handel und Gewerbe eröffnet die Möglichkeit der Abwärmenutzung, z. B. Wohnungsbeheizung über Abwärme einer Bäckerei.

Energiebezug

Da die Stromanschlussleistung eines Quartiers niedriger ist als die Summe der Einzelleistungen, ergibt sich für den einzelnen Stromabnehmer ein Vorteil beim Leistungspreis. Gegebenenfalls sind durch einen koordinierten Stromgroßeinkauf auch günstigere Arbeitspreise zu erzielen. Ideal ist es, wenn das Stromnetz eines Quartiers als Kundenanlage ausgebildet ist und auf der Mittelspannungsebene an das öffentliche Stromnetz angeschlossen ist. Es können Niederspannungsnetzentgelte in der Größenordnung von 2,5 ct/kWh vermieden werden, auch die Entgelte für die Umspannung werden eingespart. In Summe ergeben sich auf diese Weise um ca. 30 % verminderte Strompreise. Zudem kann in einer Quartierskundenanlage im Quartier erzeugter Strom auf einfache Weise innerhalb des Quartiers eigengenutzt werden. Bei Erzeugungspreisen von ca. 10 ct/kWh zuzüglich der Stromsteuer ergeben sich Stromkosten, die ca. die Hälfte des Netzstromtarifs betragen. Bei Anlagen größer 30 kW ist dann noch die EEG-Umlage von ca. 6,5 ct/kWh zu entrichten. Bei Eigenverbrauch vermindert sich diese um 60 % auf ca. 2,6 ct/kWh. Im Ergebnis ist der Strompreis bei eigenerzeugtem Strom um 30 % bis 60 % günstiger. In einem Quartiersnetz können die Bewohner zu Lieferanten und zu Abnehmern von Strom werden. Damit dies auf einfache Weise möglich ist, sind voll automatisierte digitale Marktplätze mit niedrigen Transaktionskosten einzurichten.

Energiemanagement

Ein Quartier ermöglicht die Etablierung eines quartierübergreifenden Energiemanagementsystems. Dieses bezieht alle Erzeuger, Speicher und Verbraucher sowie Prognosen für Wetter-, Nutzer- und Energiemarktdaten mit ein. Ein selbstlernender KI-basierter Algorithmus optimiert dann die Systemzustände der Energiesysteme. Durch das Energiemanagement werden Erzeugungs- und Verbrauchsleistungen zeitlich in Deckung gebracht. Wärme-, Kälte- und Stromspeicher sowie Batterien von Elektrofahrzeugen werden optimiert be- und entladen. Ziel ist es, eine weitreichende Eigenverbrauchsquote der Energiemengen zu erreichen. Durch den Skaleneffekt verteilen sich in einem Quartier die Kosten auf viele Nutzer, wodurch Kostenvorteile entstehen. Insgesamt können Einsparpotenziale in der Größenordnung von 10 % bis 20 % erreicht werden.

Integrierte Mobilität

Die Elektromobilität bewirkt durch die hohen Anschlussleistungen bei der Fahrzeugladung eine Herausforderung für die elektrischen Versorgungssysteme. So können wenige Schnellladeeinrichtungen mit bis zu 150 kW Leistung bereits die elektrische Leistung eines mittelgroßen Quartiers übersteigen. Vor diesem Hintergrund bietet ein quartiersübergreifendes Lademanagement enorme Potenziale. Insbesondere dann, wenn Buchungsdaten der Nutzer und Nutzungsprofile der Fahrzeuge für die Ladeprozesse zugrunde gelegt werden. Es erhöht sich der Nutzungsgrad eigenerzeugter Energie und die erforderliche Anschlussleistung vermindert sich. Zudem können Ladepunkte gemeinschaftlich genutzt werden, wodurch die Auslastung steigt und die Kosten sich vermindern.

Quartiersdienstleistungen

Durch die höhere Bewohnerdichte in einem Quartier können gemeinsame Services etabliert werden, wie z. B. eine Annahmestelle für Pakete und Frischeboxen von Lebensmittellieferanten. Dadurch wird die Versorgung mit Artikeln des täglichen Bedarfs über Onlineeinkauf wesentlich erleichtert. Für die Lieferanten vermindert sich der Aufwand für die Lieferung, da nur eine zentrale Stelle angefahren werden muss. Der Lieferverkehr im Quartier vermindert sich.

Technische und juristische Planung

Um die energetischen und ökonomischen Potenziale eines Quartiers zu nutzen und die Lebensqualität und die soziale Vernetzung der Bewohner zu optimieren, ist eine ganzheitliche interdisziplinäre Quartiersentwicklungsplanung von Anbeginn an notwendig. Die Infrastruktur ist in technischer Weise zu konzipieren. Damit ökonomische Vorteile, z. B. die Einsparung der EEG-Umlage bei einer Kundenanlage, im Betrieb realisiert werden können, ist eine juristische Begleitung von Beginn an mit einzuplanen. Auch ist zu berücksichtigen, welche Flächen und Infrastruktursysteme gemeinsam genutzt werden. Hier sind für den späteren Betrieb umfangreiche vertragliche Vereinbarungen zu treffen.

Planungsstrategien

Durch den geringeren Leistungsbedarf und durch Skaleneffekte sind die spezifischen Investitionskosten für Energiesysteme geringer. Ebenso vermindert sich der Planungsaufwand bezogen auf das einzelne Gebäude. Es sind jedoch die Kosten für die Leitungen für die Verteilung der Energie im Blick zu behalten. Damit alle ökonomischen Potenziale genutzt werden können, ist von Anbeginn an eine enge Abstimmung mit den späteren Nutzern und Betreibern notwendig. Da wird mitunter viel Überzeugungsarbeit gefordert. Nicht außer Acht zu lassen sind die Kosten für Abrechnung und Verwaltung. Diese können schnell bis zu 50 % der Energiekosten betragen. Bei hohen Nutzerzahlen mit geringer Nutzfläche können auch Flatratemodelle für Energie Vorteile bieten.

BRUCKLYN – »PLACE TO BE« IN ERLANGEN

Im Quartier »Brucklyn« in Erlangen sind alle Gebäude über ein Nahwärmenetz und eine lokale Stromleitung energetisch und digital verbunden. Das Quartier wird aus der Energiezentrale im Keller der denkmalgeschützten Scheinwerferhalle mit Wärme und Strom versorgt. Teilweise wird Wärme aus den BHKW mit Absorptionskältemaschinen in der Energiezentrale und in den einzelnen Gebäuden in Kälte umgewandelt. Ein digitales Netzwerk mit einer KI-basierten Steuerung optimiert alle energetischen Prozesse. Durch das selbstlernende System werden zusätzliche Energieeinsparungen von 20 % generiert.

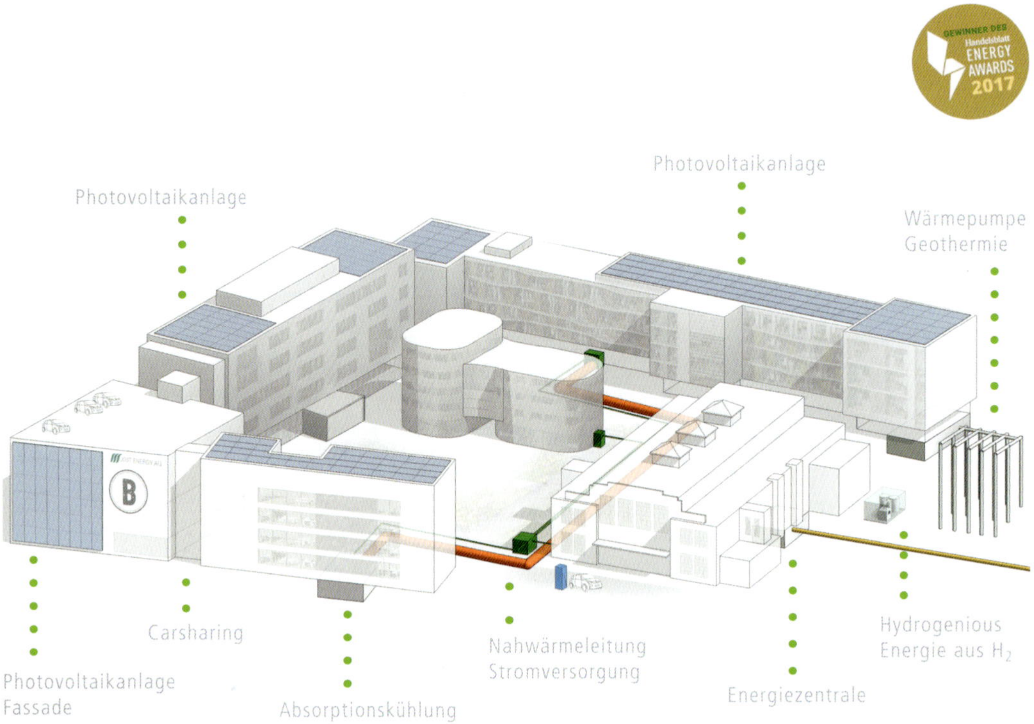

Jürgen Jost,
Jost Energy AG, Grünwald:

»Der Erfolg unserer Immobilienprojekte liegt in der Verknüpfung von hoher Lebensqualität mit weitreichender Nachhaltigkeit. Dabei versuchen wir stets, innovative Technologien einzubinden und so der Zeit voraus zu sein.«

Projektentwicklung:
Jost Unternehmensgruppe,
Jürgen Jost

Energiekonzept:
atelier.ClimaDesign
Prof. Dr. Mike de Saldanha

Im Quartier »Brucklyn« in Erlangen-Bruck wird ein Ensemble aus sechs Gebäuden verschiedener Nutzung errichtet. Das Quartier hat als Hauptzielgruppe »digitale Nomaden«, technikaffine, mobile Menschen, die flexible Lebensentwürfe haben, denen der »Sharing-Gedanke« vertraut ist und die Leben und Arbeiten zu einem ganzheitlichen Lebensentwurf verbinden. Die Gebäude weisen je nach Nutzung unterschiedliche Anforderungen an den Heizwärme-, den Kühlkälte- und den Strombedarf sowie unterschiedliche erforderliche Leistungen für Wärme, Kälte und Strom auf. Vor diesem Hintergrund kann durch ein quartierübergreifendes, sektorgekoppeltes Energiekonzept ein großes Einsparpotenzial erreicht werden. Die optimierten Niedrigst-Energiegebäude und die sparsamen Verbraucher sind energetisch und digital verknüpft. Wärme, Strom und Kälte werden zentral über vier Blockheizkraftwerke, zwei Gas-Brennwert-Spitzenlastkessel und eine Absorptionskältemaschine in einer modularen Energiezentrale erzeugt und über ein Nahwärmenetz und ein quartiereigenes Niederspannungsnetz verteilt. Zentrale Wärme-, Kälte- und Stromspeicher ergänzen die Energieerzeuger und optimieren die Laufzeiten. Auf allen Dächern und an den besonnten Fassaden wird Strom über PV-Anlagen erzeugt und in die quartiereigene Kundenanlage eingespeist. Ziel ist es, einen hohen Anteil des erzeugten Stroms im Quartier selbst zu verbrauchen. Ein Erdsondenfeld stellt über eine Wärmepumpe Wärme und regenerative Kälte zur Verfügung. Dadurch wird auch die Speicherwirkung des Erdreichs genutzt und die Eigenstromnutzung erhöht. Darüber hinaus erhöht auch die Einbindung der Elektromobilität den Anteil des selbstgenutzten Stroms. Das sektorgekoppelte Energiekonzept des Quartiers »Brucklyn« hat im Jahr 2017 den »Handelsblatt Energy Award« in der Kategorie »smart infrastructure« gewonnen. »Brucklyn« ist Musterquartier im »Open District Hub«, einem Konsortium aus Firmen und Forschungseinrichtungen unter Federführung der Fraunhofer-Gesellschaft.

Modulare Energiezentrale

Bei der Quartiersenergieversorgung besteht die Herausforderung darin, dass Quartiere zehn und mehr Jahre Projektierungs-, Planungs- und Realisierungszeit aufweisen und die Gebäude Zug um Zug errichtet werden. In diesen Zeiträumen ergeben sich in der Regel Veränderungen im Konzept, der Nutzung sowie der Funktion der einzelnen Gebäude. Dadurch ändern sich die erforderlichen Energiemengen für Wärme, Kälte und Strom sowie die diesbezüglichen Lastprofile. Ein weiterer Aspekt besteht darin, dass der technologische Fortschritt während der Projektentwicklungszeit fortschreitet, insbesondere im digitalen Bereich. Dadurch ergeben sich Software- und Schnittstellenprobleme. Auch die Verfügbarkeit am Markt und die fallenden Investitionskosten für innovative Technologien erfordern eine Flexibilität im Konzept. Zudem können sich ändernde juristische und regulatorische Rahmenbedingungen, z. B. Einspeisevergütungen, EEG-Umlage, eine Anpassung des Energieversorgungskonzepts, ergeben. Um sich der Entwicklung im Quartier und den sich ändernden Rahmenbedingungen anpassen zu können, wurde die Energiezentrale in »Brucklyn« modular konzipiert. Im Endausbau sind vier Blockheizkraftwerke mit je 50 kW elektrischer Leistung vorgesehen. Diese BHKW werden Zug um Zug mit dem Baufortschritt und dem damit steigenden Energiebedarf realisiert. Sie decken einen Großteil des Heizwärmebedarfs und den gesamten Wärmebedarf für Warmwasser ab. Im Sommer wandeln Absorptionskältemaschinen Wärme in Kälte um und erhöhen somit die Laufzeiten der BHKW, wodurch sich eine maximale Wirtschaftlichkeit ergibt. Zwei Spitzenlast-Brennwertkessel mit je 400 kW decken die Leistungsspitzen beim Wärmebedarf im Quartier ab, ihr Anteil an der erzeugten Wärme ist mit ca. 20 % jedoch relativ gering. In dem modularen Konzept wurde die Integration künftig verfügbarer Technologien, wie z. B. Brennstoffzellen oder Wasserstoffspeicher, bereits berücksichtigt.

Energetische Maßnahmen

Hocheffiziente Gebäude:
KfW-40-Standard,
Betonkernaktivierung,
Lüftung mit WRG

Energieerzeugung:
PV auf allen Dächern,
Geothermie zum Heizen,
passive Kühlung,
Kraft-Wärme-Kopplung,
Nahwärmenetz,
digitale Steuerung

Innovative Speicherung:
Wärme- und Kältespeicher,
Speicherung in BKT,
Batterien,
LOHC-Langzeitspeicher

Digitale Vernetzung:
Smart-Home-Steuerung,
Vernetzung aller Erzeuger,
Nutzer- und Klimadaten

Einbindung Mobilität:
Online-Fahrzeugbuchung,
digitale Ladeprozesse,
Fahrzeuge als Speicher

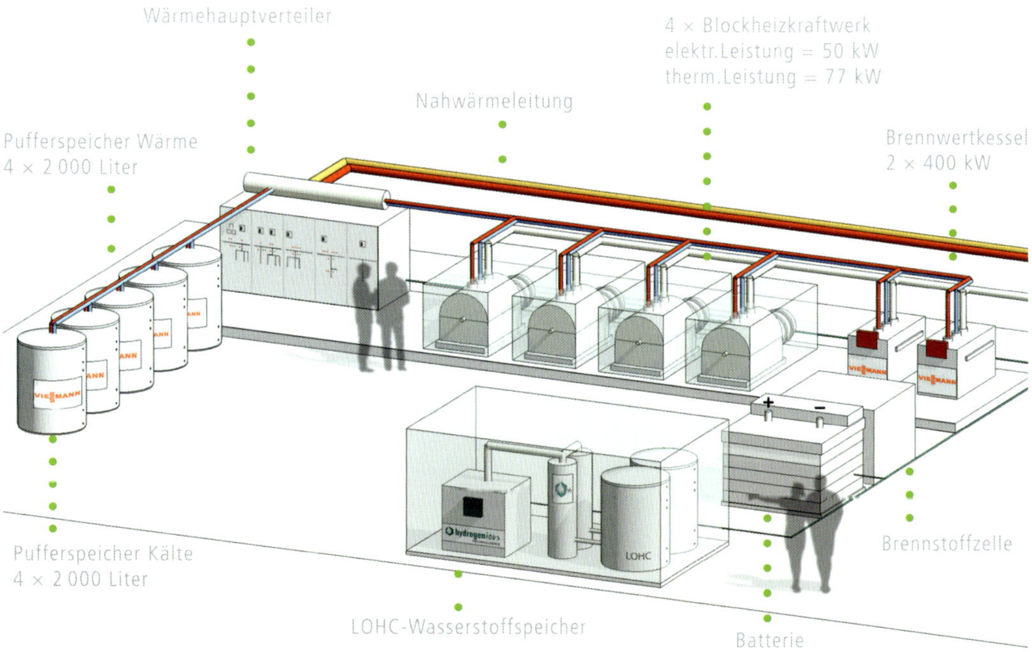

Prinzipschema der Energiezentrale in »Brucklyn«, Erlangen:
Die Energiezentrale ist modular aufgebaut, sodass sie mit dem Quartier mitwachsen kann und innovative neue Technologien später auf einfache Weise integriert werden können.

Vinzenz Singer,
Singer Ingenieur Consult GmbH, Bayreuth:

»Die Kompetenz vieler Spezialisten ist der Garant für die Zuverlässigkeit des Ganzen.«

Stromnetz mit Mittelspannungsanbindung

Das Quartier verfügt über ein eigenes Niederspannungsnetz als Kundenanlage, das über zwei quartiereigene Transformatoren mit je 1 000 kVA auf der Mittelspannungsebene an das öffentliche Stromnetz angeschlossen ist. Dadurch ergibt sich ein wirtschaftlicher Vorteil, da Netzentgelte für die Niederspannungsebene und die Umspannung nicht anfallen. Der Leistungspreis für die einzelnen Verbraucher sinkt, da die Gesamtanschlussleistung des Quartiers wesentlich niedriger ist als die Summe der Einzelleistungen aller Verbraucher. Zudem kann die erforderliche Anschlussleistung durch einen optimierten Betrieb quartierinterner Erzeuger und Speicher sowie durch eine optimierte Steuerung regelbarer Lasten weiter reduziert werden. Durch diese Konzeption wird der Eigenverbrauch von im Quartier erzeugter Energie maximiert. Dies reduziert die Leitungs- und Umspannverluste, spart Netzentgelte und ermöglicht auf diese Weise attraktive Strompreise für die Nutzer im Quartier. Insgesamt ergeben sich durch dieses Konzept beim Strompreis Kostenvorteile in der Größenordnung von 40 %. Zudem werden das öffentliche Stromnetz und die diesbezüglichen Erzeugungsanlagen entlastet, wodurch ein grundlegender Beitrag zur Energiewende und zur Thematik des Netzausbaus geleistet wird.

Einbindung der Mobilität

Die elektrische und datentechnische Einbindung von Elektrofahrzeugen in das Multisektorensystem des Quartiers schafft weitere Synergien. Durch die Verfügbarkeit von Nutzungs- und Buchungsdaten sowie die Kenntnis der Ladezustände der Fahrzeuge können Energieerzeugung und Fahrzeugladung optimal aufeinander abgestimmt werden. Die Beladung der Fahrzeuge erfolgt je nach Nutzeranforderung, Buchungsstatus, Verfügbarkeit, erforderlicher Reichweite, möglicher Ladezeit und dem aktuellem Status des Energiesystems. Mit einer intelligenten Ladestrategie können Elektrofahrzeuge Lastverläufe optimieren und so die Eigenstromnutzung im Quartier erhöhen. Perspektivisch können Fahrzeuge durch bidirektionales Laden auch als Stromspeicher wirken und so die Energieversorgung verbessern.

LOHC-Wasserstoff-Langzeitspeicher

Erstmalig wird in »Brucklyn« ein LOHC-Wasserstoff-Langzeitspeicher im Quartierskontext eingesetzt werden. Dabei wird Wasserstoff an eine ungiftige, nicht brennbare Trägerflüssigkeit LOHC (Liquid Organic Hydrogen Carriers), in der Praxis meist Dibenzyltoluol – ein handelsübliches Wärmeträgeröl, angelagert. In dem beladenen LOHC kann Energie in Form von chemisch gebundenem Wasserstoff langfristig, verlustfrei und ohne Risiko gespeichert werden. Das beladene LOHC kann ähnlich wie Dieselöl gelagert und transportiert werden. Es ergibt sich eine, im Vergleich zu gasförmigem komprimierten Wasserstoff, sechsfach höhere Energiedichte, wodurch auch ein Transport von gespeicherter Energie einfach und gefahrlos möglich ist. Beim Ein- und Ausspeichern ist

Gebäudetechnik:
Singer IC GmbH,
Jürgen Schuster

Wärmeerzeugung mit bis zu vier BHKW-Modulen mit je 50 $kW_{el.}$ und zwei Brennwert-Spitzenlastkesseln mit jeweils 400 kW Wärmeleistung

Absorptionskältemaschine zur Kälteerzeugung aus der Wärme des BHKW: Kälteleistung = 54 kW

Ansicht Quartier »Brucklyn« in Erlangen-Bruck: Energetisch hochwertige Neubauten gruppieren sich um die denkmalgeschützte, sanierte Scheinwerferhalle. Das Quartier weist eine BGF von 22 000 m² auf. Es besteht ein Nutzungsmix aus Wohnen, Gewerbe, Handel und Innovationszentrum. Dadurch ergeben sich Potenziale für eine sektorgekoppelte Energieversorgung.

jeweils Wärmeenergie beteiligt, sodass sich eine Anwendung im Quartierskontext anbietet, da diese Prozesswärme dann im Quartier zur Wärmeversorgung beiträgt. Zudem kann der ausgespeicherte Wasserstoff in dem BHKW direkt vor Ort genutzt werden. Die Wärme des BHKW wiederum wird für die Speicherprozesse genutzt. Alternativ zu einem BHKW können dabei auch Brennstoffzellen eingesetzt werden wodurch die elektrische Effizienz steigt.

KI-basiertes Energiemanagementsystem

Alle Systeme sind quartierübergreifend digital verknüpft und werden über ein selbstlernendes Energiemanagementsystem auf Basis künstlicher Intelligenz gesteuert. Dabei gibt eine cloudbasierte KI-Software, in der das Quartier als »digitaler Zwilling« abgebildet ist, Regel- und Steuerbefehle an die konventionelle Gebäudeleittechnik in den einzelnen Gebäuden und der Energiezentrale. Auf diese Weise werden in Abhängigkeit der Nutzerprofile, der Wetter- und der Energiemarktdaten Erzeuger optimiert betrieben und Speicher optimal be- und entladen. Durch die künstliche Intelligenz ist das System selbstlernend, wodurch sich die Betriebsstrategien auf Basis vorangegangener Daten kontinuierlich optimieren und Erzeuger, Verbraucher, Speicher und Netzeinspeisung bzw. Netzbezug effektiv zusammenwirken.

Quartier als virtueller Speicher

Das Quartier mit seinen flexiblen Erzeugern, Verbrauchern und Speichern kann durch das intelligente Energiemanagementsystem wie ein großer virtueller Energiespeicher wirken, der elektrische Energie in großem Umfang in das öffentliche Stromnetz einspeisen und abnehmen kann. Dieses Potenzial kann zur Bereitstellung von Regelenergie genutzt werden, wodurch sich die Wirtschaftlichkeit erhöht und ein Beitrag zur Energiewende geleistet wird.

Übergabepunkt von der Energiezentrale zum Nahwärmenetz

Versuchscontainer mit dem LOHC-Wasserstoffspeicher des Fraunhofer-Instituts IISB:
Mit dem LOHC-Speicher kann Energie unbegrenzt mit hoher Speicherdichte gespeichert werden.

LAND

- Energiewende im Baubereich
- Digitalisierung
- 50 Jahre Energiegesetze in Deutschland
- Energieeinsparverordnung (EnEV) 2016
- EnEV-Nachweis Wohngebäude
- EnEV-Nachweis Nichtwohngebäude
- Erneuerbare-Energien-Wärmegesetz
- Mieterstrommodell
- Kundenanlage
- Gebäudeenergiegesetz (GEG)

Die energetischen Prämissen in Deutschland und die damit verbundenen Auswirkungen auf den Baubereich wurden durch drei Ereignisse geprägt, die ein grundlegendes energiepolitisches Umdenken eingeleitet haben. Mit der Ölkrise in den 1970er-Jahren hat sich ein Bewusstsein für die Endlichkeit fossiler Energie eingestellt. Als Konsequenz davon wurden erste Gesetze zur Energieeinsparung im Baubereich erlassen, die in der Folgezeit kontinuierlich weiterentwickelt und verschärft wurden und immer umfangreichere Aspekte des Bauens abgedeckt haben. Anfang der 1990er-Jahre hat die »Konferenz von Rio« die Problematik der CO_2-Emission auf das Weltklima in das Bewusstsein gerückt. In der Folge davon sollte der Umfang der CO_2-Emissionen der Industrieländer dauerhaft auf dem Niveau von 1990 eingefroren werden. Nach der Nuklearkatastrophe von Fukushima wurde in Deutschland im Jahr 2011 eine schnelle Abkehr von der Kernenergie eingeleitet. Dies bewirkte eine Rückbesinnung auf die im Jahr 2002 erstmals angestrebte Energiewende, mit dem Ziel, einen weitreichenden Umbau der Energieversorgung einzuleiten. Aktuell gibt es einen Trend zur Digitalisierung vieler Prozesse und Lebensbereiche auch unter Einbeziehung künstlicher Intelligenz. Dies wird einen weitreichenden technologischen und gesellschaftlichen Umbruch einleiten mit großen Potenzialen für die Energieeinsparung. Auch neue Konzepte des lokalen Handels von regenerativem Strom in Kundenanlagen und Mieterstromkonzepten wird die Energieeffizienz steigern.

ENERGIEWENDE IM BAUBEREICH

Energieverbrauch des Gebäudesektors für Raumwärme, Warmwasser, Beleuchtung und Kühlung, aufgeteilt nach Wohngebäuden mit einem Anteil von 63 % und Nichtwohngebäuden mit einem Anteil von 37 %. Insgesamt hat der Gebäudesektor einen Anteil von 40 % am Gesamtprimärenergiebedarf von Deutschland.

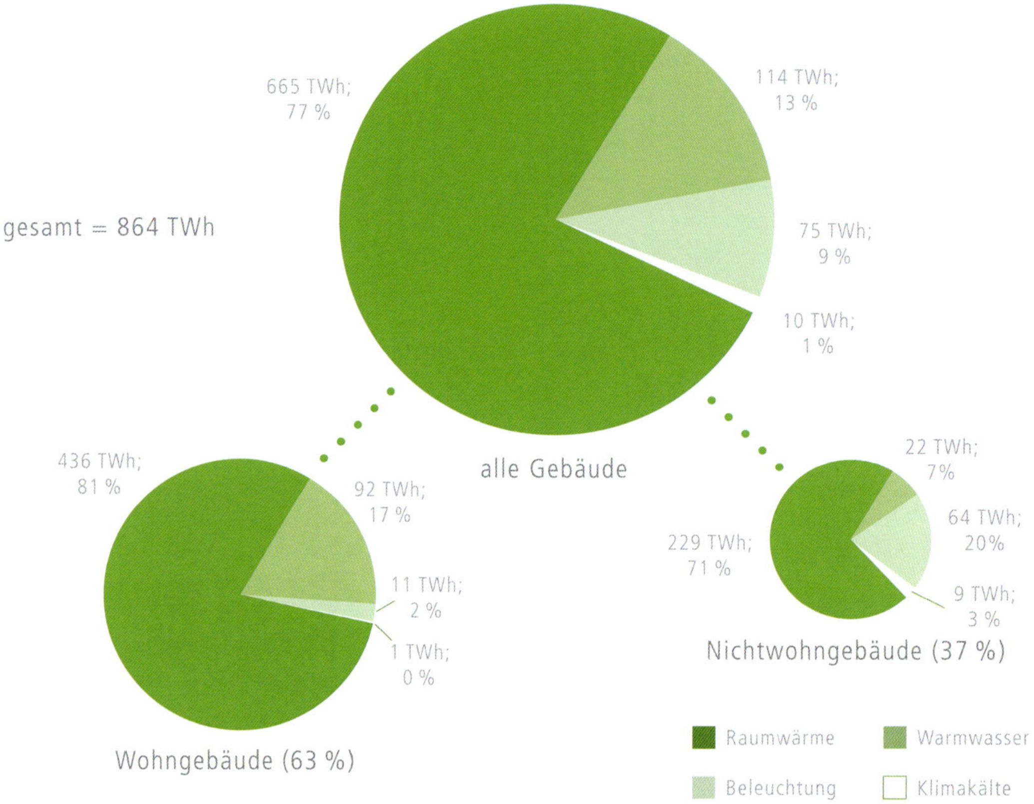

Mit dem Ende des Atomzeitalters in Deutschland bis zum Jahr 2022 und dem im Jahr 2020 beschlossenen Ende der Kohleverstromung bis zum Jahr 2038 ist es erforderlich geworden, die Energieversorgung zu dezentralisieren und zu flexibilisieren. In den bisherigen zentralen Kohle- und Atomkraftwerken hoher Leistung wurde die Energie kontinuierlich und zeitlich vorhersehbar in großer Menge als Grundlaststrom zur Verfügung gestellt. Die regenerativen Energiequellen Sonne und Wind erzeugen die Energie dezentral, je nach Wetter diskontinuierlich und nur eingeschränkt vorhersehbar. Die Windenergie weist starke regionale und gewisse saisonale Unterschiede auf. Die mittlere Windgeschwindigkeit ist in den Küstengebieten und den Mittelgebirgen mit ca. 6 m/s doppelt so hoch wie in windarmen Regionen Deutschlands, wo sie ca. 3 m/s aufweist. Damit wird in windreichen Gegenden etwa die fünffache Menge an Strom erzeugt. Die Sonnenenergie hat eine starke saisonale Schwankung, im Sommerhalbjahr werden ca. 70 % der Jahresstromerzeugung produziert. Zudem schwankt sie in Abhängigkeit von der Tageszeit und vom Wetter und bringt nachts keinen Ertrag. Der Strom aus Kraft-Wärme-Kopplung steht im Zusammenhang mit dem Wärmebedarf und steht daher vorwiegend im Winter zur Verfügung, auch wenn er kurzfristig zur Spitzenlastabdeckung jederzeit stromgeführt erzeugt werden kann. Diese räumliche und zeitliche Diskontinuität von Erzeugung und Verbrauch führt dazu, dass das Stromnetz instabiler geworden ist und sich dadurch die Gefahr eines Blackouts erhöht.

Potenziale im Baubereich

Mit der Energiewende, deren Ziel es ist, die Gesellschaft auf eine CO_2-freie Energieversorgung bis zum Jahr 2050 umzustellen, ergeben sich umfangreiche Herausforderungen, aber auch Potenziale im Baubereich. Im Gebäudesektor entstehen 40 % des Primärenergieverbrauchs von Deutschland. Dieser wiederum teilt sich in 77 % für Heizung, 13 % für Warmwasser,

Rolf Disch,
SolarArchitektur, Freiburg:

»Aus meiner Sicht ist die Solararchitektur eine Überlebensstrategie. Sie ist die Voraussetzung für den Klima- und den Ressourcenschutz. Hierbei tragen wir Architekten eine große Verantwortung, denn noch immer gehen 40 % des gesamten Energieverbrauchs auf die Gebäude zurück. Das Wohnen in der Zukunft erfordert eine Vielzahl an architektonischen und technischen Innovationen.«

Entwurfsskizze für die »Solarsiedlung am Schlierberg« in Freiburg: Das EXPO-Projekt besteht aus 59 Wohnhäusern sowie dem Büro- und Gewerbebau »Sonnenschiff«, der als Schallschutzriegel die Siedlung vor dem Lärm der Durchgangsstraße schützt. Die PV-Anlage mit einer Gesamtleistung von ca. 445 kW_p erzeugt etwa 420 000 kWh Solarstrom pro Jahr.

Architektur:
Rolf Disch, Freiburg

9 % für Beleuchtung und 1 % für Kühlung auf. Für einen Großteil dieser Gebäudefunktionen muss Energie nicht ad hoc zur Verfügung gestellt werden, sondern ist eine zeitliche Verschiebung auf einfache Weise möglich. Insbesondere bei Heizung und Kühlung ist dies der Fall. Vor diesem Hintergrund kann der Gebäudebereich einen großen Beitrag zur Flexibilisierung am Energiemarkt beitragen. Elektrische Energie kann am Gebäude über Photovoltaik sowie über ein Blockheizkraftwerk oder eine Brennstoffzelle erzeugt werden. Dabei ergeben sich Erzeugungspreise von ca. 10 ct/kWh. Bei Anlagen größer 30 kW ist dann noch die EEG-Umlage von ca. 6,5 ct/kWh zu entrichten. Bei Eigenverbrauch vermindert sich diese um 60 % auf ca. 2,6 ct/kWh. Damit ist der eigenerzeugte Strom je nach Anlagengröße und Nutzungssituation um 30 % bis 60 % günstiger als Netzstrom. Vor diesem Hintergrund werden auch Stromspeicher rentabel, um den Eigenverbrauchsanteil zu erhöhen, insbesondere bei kleineren Anlagen. Bei größeren Anlagen ist es sinnvoll, mehrere Gebäude als Abnehmer zusammenzuschalten, um so die Lastverläufe auszugleichen. Zudem können dann große Energiespeicher, die geringere spezifische Speicherkosten und eine höhere Effizienz aufweisen, mit niedrigen Anbindekosten auf effiziente Weise in Gebäude oder Quartiere integriert werden. Durch ein optimiertes Energiemanagement, durch flexible Energieerzeugung und durch integrierte Speicher können Quartiere als virtuelles Kraftwerk oder als virtueller Energiespeicher wirken und so die öffentlichen Netze und Kraftwerke entlasten. Auf diese Weise wird der Baubereich zu einem wesentlichen Baustein der Energiewende.

Quartiersbetrachtung

Um die Herausforderungen der Energiewende zu bewältigen, sind Strategien auf verschiedenen Ebenen erforderlich. Im Neubaubereich wurden durch einen verbesserten Wärmeschutz und effizientere Energieerzeugungssysteme Einsparpotenziale in der Größenordnung von 80 % bis 100 % erreicht. Weitere Einsparungen sind hier nur mit einem sehr hohen technischen Aufwand möglich. Deshalb gilt es nun, den Blickwinkel zu erweitern, von der Gebäude- auf die Quartiersebene bis hin zur ganzen Stadt. Bei einer Betrachtung über das einzelne Gebäude hinaus, ergeben sich energetische Vorteile. Größere Energieerzeuger sind energetisch und ökonomisch effizienter als viele kleine, zudem sind manche regenerative Energieerzeuger, z. B. Hackschnitzelanlagen, nicht in kleinen Leistungen verfügbar. Sind mehrere Gebäude zusammengeschaltet, so gleichen sich die Leistungen im Zeitverlauf etwas aus, insbesondere dann, wenn Gebäude unterschiedlicher Nutzung energetisch verknüpft werden. Ein weiteres Potenzial liegt in der Energieverschiebung, z. B. durch die Nutzung von Prozessabwärme oder von Rückkühlenergie aus der Gebäudekühlung zur Warmwasserbereitung. Hier werden in Zukunft auch Strategien der Niedertemperatur-Nahwärmenetze eine Rolle spielen.

Sektorenkopplung

Die Dezentralisierung der Stromerzeugung bietet das Potenzial zur Sektorenenkopplung und zur lokalen Speicherung von Wärme und Strom, wodurch weitreichende Effizienzsteigerungen aktiviert werden können. Beispiele hierfür sind die Kraft-Wärme-Kältekopplung oder der Einsatz von Brennstoffzellen in Verbindung mit lokalen Nahwärmekonzepten. Eine weitere Möglichkeit bietet die Nutzung von Prozesswärme aus der Wasserstofferzeugung oder Wasserstoffspeicherung zum Heizen bzw. zur Warmwasserbereitung.

Energiespeicherung

Werden elektrische Speicher, z. B. Batterien, dezentral in Gebäude integriert, so steigt der Eigenverbrauchsanteil von im Gebäudekontext erzeugter elektrischer Energie, wodurch das Stromnetz entlastet wird. Zudem kommen die Speicherverluste dem Gebäude in Form von Wärme zugute, wodurch sich die Effizienz erhöht. Bei hohen Bedarfsspitzen im Netz können diese dezentralen Speicher Energie abgeben und somit als virtuelles Kraftwerk wirken. Perspektivisch werden sie in Schwachlastzeiten mit überschüssigem Netzstrom beladen und geben diesen bei Lastspitzen im Netz ab. Durch die Integration von Speichern in Gebäude oder Quartiere wird durch sogenanntes »peak-shaving« die Anschlussleistung vermindert. Dadurch reduziert sich der leistungsabhängige Grundpreis beim Strombezug. Dieser Aspekt macht Batteriespeicher heute schon wirtschaftlich. Ein weiteres Potenzial liegt in der Kurzzeitspeicherung von Wärme in zentralen Wärmespeichern oder der Konstruktion von Gebäuden, insbesondere durch Betonkernaktivierung.

Energiemanagement

Ein wesentliches Potenzial für die Energiewende liegt in der zeitlichen Anpassung des Energiebedarfs an das jeweils vorhandene Angebot. Die intelligente Steuerung der flexiblen Systemkomponenten, insbesondere der Wärme- und Kälteerzeuger sowie der Ladetechnik und Stromspeicher, trägt entscheidend zu einer Flexibilisierung und damit zu einer Optimierung der Erzeugung und Verbräuche im Gebäudebereich bei. Hier ist es sinnvoll, selbstlernende Algorithmen vorzusehen, welche die Regelparameter selbstständig immer weiter verbessern. Zudem sollten Prognosedaten für das Wetter, die Nutzung, die Verbraucher und die Energiepreise eingebunden werden. Sind Smartmeter, intelligente Stromzähler mit gleitenden Stromtarifen, vorhanden, so lassen sich zusätzlich Energiekosten reduzieren.

Einbindung der Mobilität

Ein weiteres Flexibilisierungspotenzial liegt in der Verknüpfung der Gebäudeenergieversorgung mit der Mobilität. Zum einen besteht ein räumlicher Zusammenhang bei der Nutzung von Fahrzeugen und Gebäuden, zum anderen ergeben sich energetische Potenziale durch die Verknüpfung der Ladeinfrastruktur mit Gebäudeenergiekonzepten. Durch eine optimierte Ladung der Fahrzeuge im Zusammenspiel mit der Gebäudeenergieversorgung können gebäudeintegrierte Stromerzeuger wie PV und BHKW effizienter arbeiten und der Eigennutzungsgrad des Stroms erhöht werden, wodurch wiederum das öffentliche Netz entlastet wird und Netzentgelte eingespart werden. Perspektivisch können Fahrzeugbatterien durch bidirektionales Laden als Energiespeicher für das Gebäude wirken. Durch eine Einbindung von Nutzungsdaten aus Mobilitätsanwendungen, z. B. Buchungskalender einer Quartiersapp oder eines Carsharing-Reservierungssystems, in intelligent gesteuerte Ladeprozesse können Energieangebot und -nachfrage optimal aufeinander abgestimmt werden. Eine weitere Möglichkeit besteht darin, die Nutzungs- und Ladeprofile über selbstlernende Systeme zu generieren. Bei hohen Ladeleistungen muss die Leistungselektronik gekühlt werden, diese Abwärme kann zur Heizung von Gebäuden genutzt werden.

Perspektiven

Aufgrund des hohen Anteils der Gebäude am Gesamtenergiebedarf liegt in diesem Bereich ein großes Potenzial. Zunächst müssen die Gebäude selbst durch guten Wärmeschutz und Lüftung mit Wärmerückgewinnung energetisch optimiert werden. Auf den Dächern sollten PV-Module integriert werden. Günstig ist es, wenn die Wärme mit Wärmepumpen bereitgestellt wird, gegebenenfalls in Kombination mit Erdsonden oder Niedertemperatur-Wärmespeichern. Der Strom sollte in weitreichendem Umfang am Gebäude selbst verbraucht und zur Ladung von Fahrzeugen genutzt werden. Bei größeren Gebäuden oder Quartieren sollte eine sektorgekoppelte Energieversorgung mit einem BHKW in Verbindung mit Nahwärme vorgesehen werden. Das Ziel sollte sein, dass in naher Zukunft für Gebäude und Elektromobilität keine fossile Energie mehr benötigt wird. Dafür werden intelligente Energiemanagementsysteme und eine dezentrale Speicherung eine wesentliche Rolle spielen.

Verknüpfung von Gebäuden mit neuen Mobilitätsformen:
Neue Mobilitätsformen ermöglichen durch verringerte Lärm- und Schadstoffemissionen sowie einen höheren Nutzungsgrad der Fahrzeuge eine höhere Bebauungsdichte. Damit können effizientere Bebauungskonzepte realisiert werden. Durch eine Kopplung der Fahrzeugladung mit Gebäudeenergiesystemen kann die Effizienz gesteigert werden, insbesondere wenn die Nutzungsparameter der Fahrzeuge genutzt werden, um die Regelstrategien für die Energieerzeuger und -speicher zu optimieren.

Mobilitätsstudie: Steinbacher-Consult, Neusäß/Augsburg eLoaded, Innsbruck

DIGITALISIERUNG

Nach dem im Jahr 1965 von Gordon Moore formulierten »Moorschen Gesetz« verdoppelt sich die Rechenleistung von Computern in etwa alle zwei Jahre. Meilensteine der Digitalisierung waren die weltweite Vernetzung der Computer durch das Internet, das Ende der 1990er-Jahre einen massiven Schub erfahren hat, und das Smartphone, das ab Mitte der 2000er-Jahre eine vom Ansatz vollkommen neue Konzeption einer »Mensch-Maschine-Schnittstelle« bildete. Die immer schnellere Datenübertragungsrate über Mobilfunk ermöglicht eine kontinuierliche Kommunikation und die mobile Vernetzung aller Lebensbereiche. Blickt man in die Zukunft, so ist bis jetzt nur ein kleiner Schritt auf dem Weg zur Digitalisierung der Menschheit erreicht. Selbstlernende Systeme auf Basis künstlicher Intelligenz, die digitale dezentrale Buchführung über »Blockchain«, die mobile Vernetzung aller Systeme über schnelle 5-G-Netze und die Auswertung und Interpretation riesiger Datenmengen werden vollkommen neue Technologien und Anwendungen möglich machen und auf diese Weise auch die Digitalisierung selbst weiter vorantreiben. Dieser Trend bedeutet auch für das Bauen und die Energieoptimierung von Gebäuden und Quartieren einen großen Wandel mit Herausforderungen und Chancen.

»Applications« für Gebäude und Quartiere

Mit dem Smartphone sind auch die »Apps« entstanden. Die Anzahl und Komplexität dieser Apps hat in den letzten Jahren enorm zugenommen. Dies ist nicht zuletzt auf die Plattformstrategie der Betriebssystemanbieter zurückzuführen, welche die Apps nicht mehr alle selbst produzieren, sondern nur noch einen diesbezüglichen Marktplatz zur Verfügung stellen und die Entwicklung der Anwendungen auf viele externe Entwickler verlagern. Damit hat sich ein enormer Innovationsschub ergeben, sowohl bei den inhaltlichen Themen der Apps als auch bei deren Funktionalität. Weiterhin ist damit eine vertraute Benutzeroberfläche und Funktionsstruktur entstanden, die sich auf viele Anwendungsbereiche des täglichen Lebens übertragen lässt. Diese ist für viele Nutzer sofort intuitiv und ohne Bedienungsanleitung nutzbar. So gibt es mittlerweile Apps für die Gebäudesteuerung, die Energieanalyse und die technische Diagnose. Ein neues Anwendungsfeld sind Quartiers-Apps mit sozialer Vernetzung und Marktplatzfunktionen. Diese vernetzen die Kommunikation im Quartier, ermöglichen das Anbieten und Abrechnen von Dienstleistungen, vereinfachen Buchungsprozesse und realisieren einen »Peer-to-peer-Marktplatz«, in dem die Bewohner jeweils Anbieter und Konsument sein können.

Smart Home

Smart-Home-Systeme sind schon länger verfügbar, ein erster Weg in diese Richtung war die Elektroinstallation mit EIB-Steuerung. Der Durchbruch ist aber erst erfolgt, als Smart Home sich von der gebäudespezifischen individuellen, prototypischen Anwendung hin zu einem modularen, über das Internet vernetzten System entwickelt hat, mit einer Smartphone-

Apps bilden eine intuitiv zu bedienende Nutzerschnittstelle für zahlreiche Anwendungen in den verschiedensten Lebensbereichen.

Die Vernetzung aller Geräte und Systeme über schnellen 5-G-Mobilfunk ermöglicht die optimierte Steuerung von Energiesystemen.

App als Nutzerschnittstelle. Damit kann auch der technische Laie ein solches System selbst implementieren, konfigurieren und betreiben, bzw. die Systeme installieren und optimieren sich eigenständig.

Künstliche Intelligenz

Die Digitalisierung auf Basis künstlicher Intelligenz hat in den letzten Jahren große Fortschritte gemacht und liefert in vielen Anwendungen gute Ergebnisse, z. B. bei der Wetterprognose oder der Verkehrsleitsteuerung. Diese Potenziale der Digitalisierung können auch in Gebäuden und Quartieren genutzt werden, um die energetischen Prozesse und den Betrieb von Erzeugern und Speichern auf Basis von Echtzeit- und Prognosedaten zu optimieren. Darüber hinaus ist es jetzt schon möglich, auf Basis künstlicher Intelligenz selbstlernende Energiemanagementsysteme zu entwickeln, die sich im Laufe des Betriebs selbst optimieren.

Datenanalyse

Mit dem Einzug des Internets in alle Lebensbereiche entstehen viele personen-, nutzungs- und gerätebezogene Daten, die Grundlage für viele Analyse- und Steuerungsprozesse sein können. Diese Datensammlung ist ein immenser Wert an sich, aus dem sich zahlreiche Geschäftsmodelle vieler Internetfirmen ergeben. Mittlerweile ist die Analyse großer Datenmengen möglich, wodurch sich automatisierte Entscheidungs- und Steuerungsprozesse generieren lassen. Optimierte Steuerungen von Gebäuden und Energiesystemen, die auf datenbasierten Prognoseverfahren beruhen, werden möglich. Einerseits besteht ein großes Potenzial darin, energetische Prozesse auf Grundlage dieser Datenbasis zu optimieren, andererseits liegen weitreichende Bedenken im Hinblick auf Persönlichkeitsrechte und Datenmissbrauch vor. Insbesondere im Bereich des eigenen Wohnumfelds kann dies als besonders sensibel empfunden werden und es gilt, Fehlfunktionen zu vermeiden. Vor diesem Hintergrund erhält die Cybersecurity eine besondere Bedeutung. Nicht zuletzt ist es unumgänglich, eine Grenze auszuloten zwischen der Optimierung der Lebensbereiche durch Datenanalyse und der konkreten systemischen Abschottung der Privatsphäre.

Blockchain

Hat die »Blockchain«-Technologie im Kontext der Cyberwährungen einen großen Hype erfahren, so ist dabei das Potenzial dieser Technologie für die Optimierung vieler technischer, energetischer und ökonomischer Bereiche etwas aus dem Blickfeld gerückt. Auf »Blockchain«-Basis können dezentrale Marktplätze für Energie und andere Dienstleistungen auf einfache Weise errichtet werden. Durch die sehr niedrigen Transaktionskosten können viele neue Anwendungen wirtschaftlich vermarktet werden.

Blockchain bietet ein großes Potenzial für die Etablierung digitaler Marktplätze für vielfältige Dienstleistungen.

Mit künstlicher Intelligenz lassen sich selbstlernende Systeme auf Basis von Datenanalyse generieren und damit energetische Prozesse optimieren.

50 JAHRE ENERGIEGESETZE IN DEUTSCHLAND

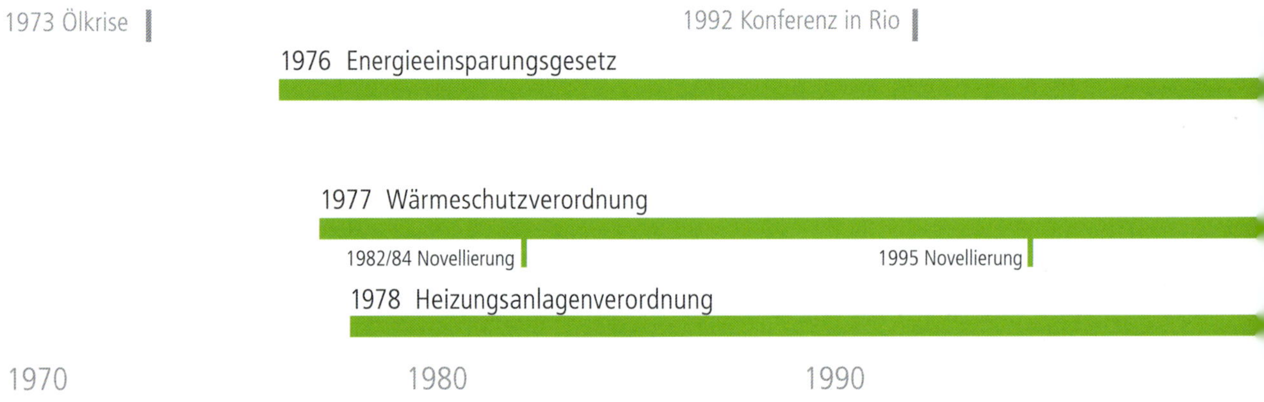

Entwicklung der Energiegesetzgebung in Deutschland: 2020 wurden das Energieeinsparungsgesetz (EnEG) und das Erneuerbare-Energien-Wärmegesetz (EEWärmeG) zum neuen Gebäudeenergiegesetz (GEG 2020) zusammengeführt.

Im Zuge der Ölkrise in den 1970er-Jahren fand das Energiesparen Einzug in die Baugesetzgebung. Im Jahr 1976 wurde das Energieeinsparungsgesetz (EnEG) verabschiedet, um Deutschland von Rohstoffimporten unabhängiger zu machen. Das EnEG ermächtigt die Bundesregierung zum Erlass von Verordnungen, die energetische Anforderungen an Gebäude und ihre Anlagentechnik stellen. Die Anforderungen dieser Verordnungen für die Energieeinsparung im Gebäudebereich wurden dann kontinuierlich und in immer kürzeren Abständen verschärft, sodass sich im Laufe der letzten fünfzig Jahre der Heizwärmebedarf von Neubauten von ca. 250 kWh/m^2 auf bis zu 15 kWh/m^2 im Jahr vermindert hat. Diesem sehr großen Einsparerfolg bei Neubauten steht ein mitunter noch sehr hoher Energieaufwand von durchschnittlich 150 kWh/m^2 a für die Beheizung des Gebäudebestands gegenüber, sodass nun vor allem auch ein besonderes Augenmerk auf die energetische Sanierung gelegt werden muss. Da hier oftmals Aspekte der Baukultur und des Denkmalschutzes berücksichtig werden müssen, sind die Strategien des Neubaus nicht einfach übertragbar, sondern es gilt hier, neue individuelle Sanierungskonzepte zu entwickeln, die Ökologie und Baugeschichte vereinen.

Anfangs stand, angesichts begrenzter Ölvorräte und der damit verbundenen politischen Herausforderungen, das Energiesparen im Vordergrund. Ab den 1990er-Jahren ist dann die Auswirkung der CO_2-Emissionen auf das Weltklima vermehrt in den Blickpunkt geraten, wodurch sich auch ein anderer strategischer Ansatz bei der Baugesetzgebung ergeben hat, der nicht nur den Endenergiebedarf berücksichtigt, sondern auch die damit verbundenen CO_2-Emissionen.

Von der WschV zur EnEV

In der ersten Wärmeschutzverordnung (WschV) des Jahres 1977 wurde die erforderliche Qualität des Wärmeschutzes von Bauteilen und der einzuhaltende mittlere U-Wert der Gebäudehülle in Abhängigkeit des A/V-Verhältnisses festgelegt. Im Jahr 1982/84 trat die zweite WschV in Kraft, bei der im Wesentlichen das Anforderungsniveau verschärft, Anforderungen bei Ersatzmaßnahmen oder Erweiterungen formuliert und der Wärmeschutz im Sommer miteinbezogen wurden. Bei der dritten WschV im Jahr 1995 wurde der Jahresheizwärmebedarf als Anforderungskriterium eingeführt, wodurch auch Lüftungswärmeverluste und solare Gewinne mit bilanziert wurden. Nach der Jahrtausendwende wurde mit der Energieeinsparverordnung (EnEV) ein grundlegend neues Prinzip eingeführt. Neben der Qualität der Gebäudehülle wurden nun auch die Gebäudetechnik und die Energieerzeugung im Detail mitberücksichtigt und der Nachweis auf Basis des Primärenergiebedarfs geführt. Dadurch wurde der ökologische Einfluss des genutzten Energieträgers miteinbezogen. Bis zur EnEV 2016 wurde sie im Laufe der Jahre dreimal mit jeweils verschärften Anforderungen novelliert.

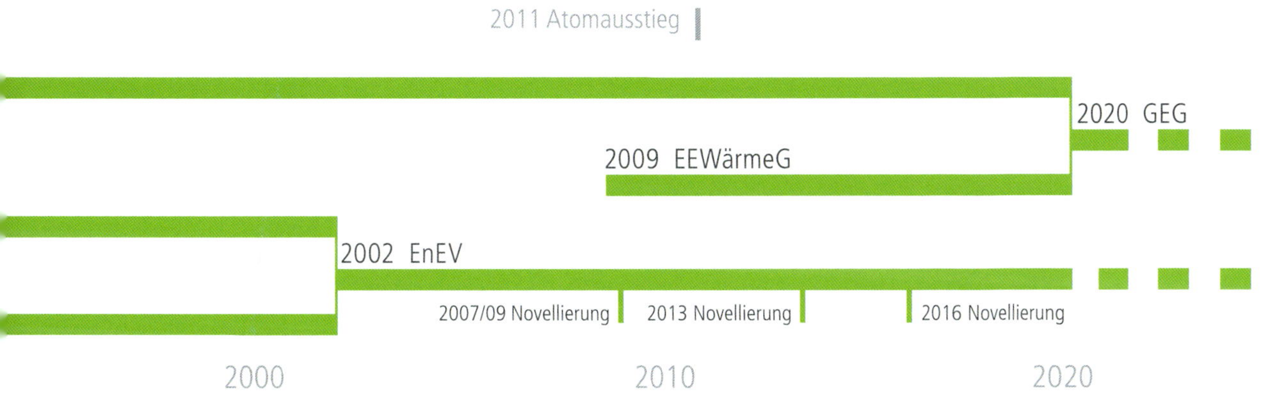

Erneuerbare-Energien-Wärmegesetz

Im Jahr 2009 wurde ergänzend zur EnEV das Erneuerbare-Energien-Wärmegesetz (EEWärmeG) eingeführt. Ziel war es, den Anteil erneuerbarer Energien am Endenergieverbrauch für Wärme und Kälte bei Neubauten zu erhöhen. Der zu realisierende erneuerbare Anteil ist dabei abhängig von der eingesetzten Energieart. Alternativ können Ersatzmaßnahmen durch ein BHkW, den Anschluss an ein Wärmenetz oder einen verbesserten Wärmeschutz ergriffen werden. Es sind auch Kombinationen von verschiedenen erneuerbaren Energiequellen oder Ersatzmaßnahmen möglich.

Lüftungsnorm DIN 1946-6

Im Zuge der zunehmenden Dichtheit von Gebäuden ist es erforderlich geworden, einen ausreichenden Luftaustausch zu gewährleisten, um die Raumluftqualität und die Feuchteabfuhr sicherzustellen. Letztere insbesondere auch, um die Gefahr von Schimmelpilzbildung zu vermeiden. Der ausreichende Luftwechsel ist durch ein Lüftungskonzept nach der im Jahr 2009 aktualisierten Lüftungsnorm DIN 1946-6 nachzuweisen.

Erneuerbare-Energien-Gesetz

Zur Weiterentwicklung und Verbreitung der Stromerzeugung aus erneuerbaren Energien ist im Jahr 2000 erstmals das Erneuerbare-Energien-Gesetz (EEG) in Kraft getreten. Ziel ist es, eine nachhaltige Energieversorgung zu ermöglichen und volkswirtschaftliche Kosten langfristig gesehen zu verringern. Bis zum Jahr 2050 soll in Deutschland Strom zu 80 % aus erneuerbaren Energien, wie Photovoltaik, Windenergie, Wasserkraft oder Biomasse, erzeugt werden. Die Förderung erfolgt in der Art, dass die Erzeuger von regenerativem Strom einen Zuschuss erhalten, dessen Höhe von der Art der Energieerzeugung abhängig ist. Die Mehrkosten dafür werden auf alle Stromnutzer in Form der EEG-Umlage umgelegt. Die Höhe der EEG-Umlage richtet sich nach den tatsächlichen Kosten. Sie wird jährlich neu berechnet und liegt aktuell in der Größenordnung von 6 ct/kWh bis 7 ct/kWh.

Ausblick

Als letzte Änderung wurden zum 1. November 2020 die parallel geltenden Gesetze Energieeinsparungsgesetz (EnEG) und damit die Energieeinsparverordnung (EnEV) sowie das Erneuerbare-Energien-Wärmegesetz zum neuen Gebäudeenergiegesetz (GEG 2020) zusammengeführt. Damit wird der EU-Gebäuderichtlinie aus dem Jahr 2010 Rechnung getragen. Diese fordert einen Niedrigstenergie-Standard für öffentliche Bauten ab dem Jahr 2019 und für privatwirtschaftliche Bauten ab dem Jahr 2021. Der Energiebedarf von Neubauten soll dann nahe Null sein und im Idealfall regenerativ gedeckt werden. Weitere Ansatzpunkte sind die Einführung einer CO_2-Steuer, wodurch Anreizsysteme zur CO_2-Vermeidung geschaffen werden sollen.

ENERGIEEINSPARVERORDNUNG (ENEV) 2016

Die EnEV unterscheidet Wohngebäude und Nichtwohngebäude, denen unterschiedliche Rechenverfahren und betrachtete Energiebedarfe zugrunde liegen. Zusätzlich ist für beide Gebäudearten das EEWärmeG einzuhalten und ein Lüftungskonzept nach DIN 1946-6 zu erstellen.

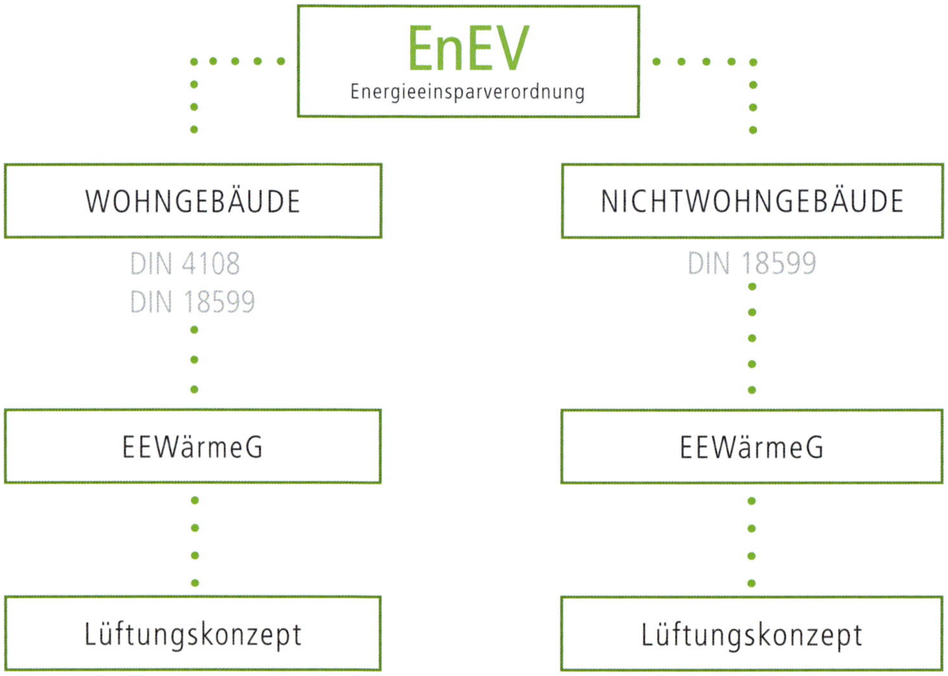

Die Zusammenführung von Heizungsanlagenverordnung und Wärmeschutzverordnung zur Energieeinsparverordnung (EnEV) hat den davor geltenden Bilanzierungsrahmen in zweifacher Hinsicht erweitert. Zum einen werden mit der Einbeziehung der Anlagentechnik in die Energiebilanz auch die Verluste, die bei der Erzeugung, Verteilung, Speicherung und Übergabe der Wärme entstehen, mitberücksichtigt. Dadurch ist nicht mehr die dem Raum zur Verfügung gestellte Nutzenergie, sondern die an der Gebäudegrenze zu übergebende Endenergie relevant. Zum anderen wird dieser Endenergiebedarf durch einen je nach Energieträger unterschiedlichen Faktor primärenergetisch bewertet. Dadurch werden die vorgelagerten Verluste, die durch Gewinnung, Umwandlung und Transport des jeweiligen Energieträgers entstehen, in eine Primärenergiebilanz des Gebäudes miteinbezogen. Der ganzheitliche Betrachtungsrahmen der EnEV ermöglicht es, bauliche Qualitäten, Aspekte der Anlagentechnik und Einflussgrößen der Energiequelle in gewissem Maße miteinander zu verrechnen. Zum Beispiel kann eine schlechtere Wärmedämmung mit einer effizienteren Heizungsanlage oder einer primärenergetisch günstigeren Energieversorgung ausgeglichen werden oder umgekehrt. Die entscheidende Größe bei der EnEV ist der Jahresprimärenergiebedarf, der niedriger sein muss als bei dem Referenzgebäude, das die gleiche Geometrie, definierte bauliche Eigenschaften und eine spezifizierte Anlagentechnik aufweist. Damit ein Mindestmaß an Wärmeschutz gewährleistet wird, ist bei Wohngebäuden zusätzlich ein von der Gebäudeeinbindung abhängiger Grenzwert für den mittleren Transmissionswärmeverlust der wärmeübertragenden Hüllfläche einzuhalten.

Referenzgebäudemodell der EnEV

Mit der EnEV wurde erstmals das Referenzgebäudemodell eingeführt. Dabei werden nicht Grenzwerte für die U-Werte einzelner Bauteile oder der spezifische Heizwärmebedarf festgelegt, sondern der zu realisierende Gebäudeentwurf muss mit den geplanten Bauteilen und der vorgesehenen Anlagentechnik einen niedrigeren Primärenergiebedarf aufweisen als das Referenzgebäude. Das Referenzgebäude hat die gleiche Geometrie wie das zu planende Gebäude. Der Primärenergiebedarf des Referenzgebäudes wird dann mit den in EnEV 2014/16, Anlage 1 (Wohngebäude) bzw. Anlage 2, (Nichtwohngebäude) jeweils Tabelle 1 (Ausführung des Referenzgebäudes), festgelegten Referenz-U-Werten für Wände, Dächer und erdberührte Bauteile sowie der dort spezifizierten Referenz-Anlagentechnik berechnet.

Nachweisverfahren

Beim Nachweis der EnEV wird zunächst in Wohngebäude und Nichtwohngebäude unterschieden. Für die unterschiedlichen Nutzungen werden unterschiedliche Energiebedarfe betrachtet. Bei Nichtwohngebäuden wird zusätzlich zum Wärmebedarf für Heizung und Warmwasser auch der Kältebedarf und der Strombedarf für Beleuchtung und Antriebsenergie berücksichtigt. Für die Berechnung können für Wohngebäude die DIN 4108 oder die DIN 18599 zugrundegelegt werden, bei Nichtwohngebäuden ist die DIN 18599 verpflichtend. Damit erhält das Nachweisverfahren eine gewisse Komplexität, sodass bei Nichtwohngebäuden regelmäßig Computerprogramme dafür genutzt werden. Bei gut gedämmten Gebäuden kommt den Wärmebrücken eine große Bedeutung zu. Je nach Detaillierungsgrad können Wärmebrücken in der EnEV pauschal berücksichtigt werden, einem Musterkatalog der DIN 4108 Blatt 2 entsprechen oder individuell mit einer Software berechnet werden. Die EnEV stellt auch Anforderungen an den sommerlichen Wärmeschutz; der Nachweis dafür kann statisch über den Sonneneintragskennwert nach DIN 4108-2 oder mittels einer dynamischen Simulation geführt werden.

1. Geometrie erfassen

2. Geometrie, U-Werte und Technik für das Referenzgebäude berechnen

3. Geometrie, U-Werte und Technik für das eigene Gebäude berechnen

4. Gebäude mit dem Referenzgebäude vergleichen

5. Mindestwärmeschutz überprüfen

1. Geometrieermittlung: Ermittlung der Geometrie, aufgeschlüsselt nach Bauteilkategorien (Wand, Dach, Fenster), Einbausituation (gegen Außenluft, gegen Erdreich, gegen unbeheizten Raum oder Wintergarten) und Orientierung

2. Referenzgebäude: Berechnung des Primärenergiebedarfs des Referenzgebäudes unter Zugrundelegung der Geometrie des zu realisierenden Gebäudes mit den Referenz-U-Werten und der Referenz-Anlagentechnik nach EnEV Anlage 1/2, Tabelle 1

3. Geplantes Gebäude: Berechnung des Primärenergiebedarfs des zu realisierenden Gebäudes mit den realen U-Werten und der geplanten Anlagentechnik

4. Vergleich Primärenergiebedarf: Vergleich des Primärenergiebedarfs mit dem Referenz-Primärenergiebedarf und gegebenenfalls Optimierung des zu realisierenden Gebäudes durch besseren Wärmeschutz, eine veränderte Anlagentechnik oder eine andere Energiequelle. Im Anschluss muss geprüft werden, ob das EEWärmeG durch die Nutzung von regenerativer Wärmeenergie oder durch Ersatzmaßnahmen eingehalten wird, und dann ein Lüftungskonzept nach DIN 1946-6 erstellt werden.

5. Prüfung Mindestwärmeschutz (Wohngebäude): Überprüfung, ob der Mindestwärmeschutz, der Grenzwert für den mittleren Transmissionswärmeverlust in Abhängigkeit der Einbausituation, eingehalten wird

ENEV-NACHWEIS WOHNGEBÄUDE

DIN 4108
Wärmeschutz und Energieeinsparung in Gebäuden

Teil 2: Mindestanforderungen an den Wärmeschutz

Teil 6: Berechnung des Jahresheizwärme- und des Jahresheizenergiebedarfs

DIN 4108 Beiblatt 2: Wärmebrücken – Planungs- und Ausführungsbeispiele

DIN 18599
Energetische Bewertung von Gebäuden – Berechnung des Nutz-, End- und Primärenergiebedarfs für Heizung, Kühlung, Lüftung, Trinkwarmwasser und Beleuchtung

Teil 6: Endenergiebedarf von Lüftungsanlagen, Luftheizungsanlagen und Kühlsystemen für den Wohnungsbau

Teil 12: Tabellenverfahren für Wohngebäude

DIN 1946
Raumlufttechnik

Teil 6: Lüftung von Wohnungen – Allgemeine Anforderungen, Anforderungen zur Bemessung, Ausführung und Kennzeichnung, Übergabe/Übernahme (Abnahme) und Instandhaltung

Die Berechnung des Primärenergiebedarfs kann bei Wohngebäuden nach der DIN 4108 Teil 6 oder der DIN 18599 erfolgen. Beiden Berechnungsverfahren liegt ein Monatsbilanzverfahren zugrunde. In der Praxis hat sich gezeigt, dass sich je nach ausgewähltem Berechnungsverfahren unterschiedliche Ergebnisse ergeben können. Der Eingabeaufwand ist für die DIN 18599 höher, da diese detaillierter ist, dafür werden das Gebäude und die Anlagentechnik realitätsnäher abgebildet.

Wärmebrücken

Wärmebrücken haben mit zunehmendem Dämmstandard einen immer größer werdenden Einfluss auf den Energieverbrauch von Gebäuden und stellen eine Gefahrenquelle für Schimmelpilzbildung dar, insbesondere vor dem Hintergrund einer immer besseren Gebäudedichtheit. Wärmebrücken müssen gemäß EnEV nach anerkannten Regeln der Technik in wirtschaftlich vertretbarem Rahmen so gering wie möglich gehalten werden. In der Berechnung können Wärmebrücken pauschal mit einem Zuschlag von 0,10 W/m²K angesetzt werden. Erfolgt die Detaillierung der Anschlüsse nach den Ausführungsbeispielen der DIN 4108 Beiblatt 2, so vermindert sich der Zuschlag auf 0,05 W/m²K. Alternativ können Wärmebrücken auch durch individuelle Berechnungen mit speziellen Computerprogrammen nachgewiesen werden, wodurch sich ein Vorteil beim Nachweis ergeben kann.

Luftdichtheit

Die Begrenzung des unerwünschten Luftaustauschs durch Undichtigkeiten im Gebäude ist eine wichtige Maßnahme zur Reduzierung des Energiebedarfs. Die Luftdichtheit kann durch einen Luftdichtigkeitstest durchgeführt werden. Bei diesem sogenannten »Blower-Door«-Test wird über einen Ventilator ein Differenzdruck von 50 Pa eingestellt und die ausgetauschte Luftmenge pro Stunde gemessen. Damit lässt sich die n_{50}-Luftwechselrate bestimmen. Mit Rauch oder einer Thermografie können Leckagen geortet und anschließend behoben werden. Die Maximalwerte für den n_{50}-Luftwechsel liegen bei Gebäuden ohne Lüftungsanlage bei 3,0 h^{-1} und bei Gebäuden mit Lüftungsanlage bei 1,5 h^{-1}.

Lüftungskonzept

Vor dem Hintergrund der zunehmenden Gebäudedichtheit wird ein Lüftungskonzept nach DIN 1946 Teil 6 gefordert. Darin ist nachzuweisen, dass der Luftaustausch in den vier Lüftungsstufen folgendermaßen gewährleistet ist: Die Lüftung zur Feuchteabfuhr muss nutzerunabhängig sichergestellt sein. Die reduzierte Mindestlüftung bei reduzierter Feuchte- und Schadstoffbelastung, z. B. während der Abwesenheit, muss weitgehend nutzerunabhängig sein. Bei der Nennlüftung in Anwesenheit des Nutzers ist teilweise eine aktive Fensterlüftung zulässig. Dies gilt auch für die Intensivlüftung, die dem Abbau von Luftbelastungsspitzen, z. B. durch Kochen oder Duschen, dient. In der Regel ist zumindest ein Abluftsystem zur sicheren Feuchteabfuhr in ein Wohngebäude einzuplanen.

Sommerlicher Wärmeschutz

Die EnEV verlangt den Nachweis des sommerlichen Wärmeschutzes. Dies kann über die Begrenzung der Sonneneintragskennwerte oder über eine Begrenzung der Übertemperaturgradstunden, die sich über eine thermische Gebäudesimulation ermitteln lassen, erfolgen. Wird ein Wohngebäude aktiv gekühlt, so sind bauliche Maßnahmen vorzusehen, die sich durch die Einsparung von Kühlenergie amortisieren.

EnEV-easy

Um den Bearbeitungsaufwand zu vermindern, wurde »EnEV-easy« eingeführt. Bei ungekühlten Wohngebäuden mit einer Nutzfläche zwischen 115 m² und 2 300 m² mit bis zu sechs Geschossen, moderatem Fensterflächenanteil, geringen Wärmebrücken, hoher Luftdichtheit und einer bestimmten Anlagentechnik muss die Geometrie nicht mehr im Detail erfasst werden.

Bauliche und anlagentechnische Ausführung des Referenzgebäudes für Wohngebäude:
Die Berechnung des Primärenergiebedarfs des Referenzgebäudes erfolgt mit der Geometrie des zu realisierenden Gebäudes unter Zugrundelegung der Referenz-U-Werte und der Referenz-Anlagentechnik nach EnEV Anlage 1, Tabelle 1.

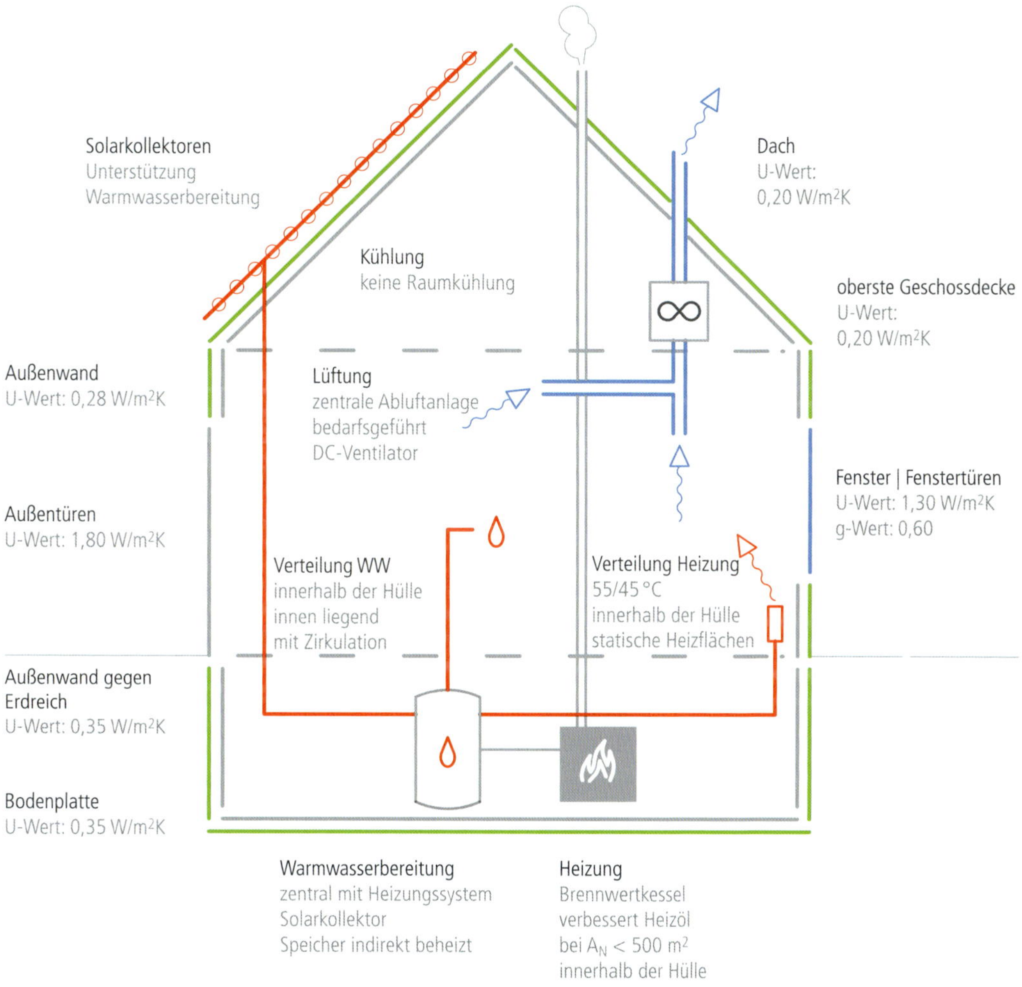

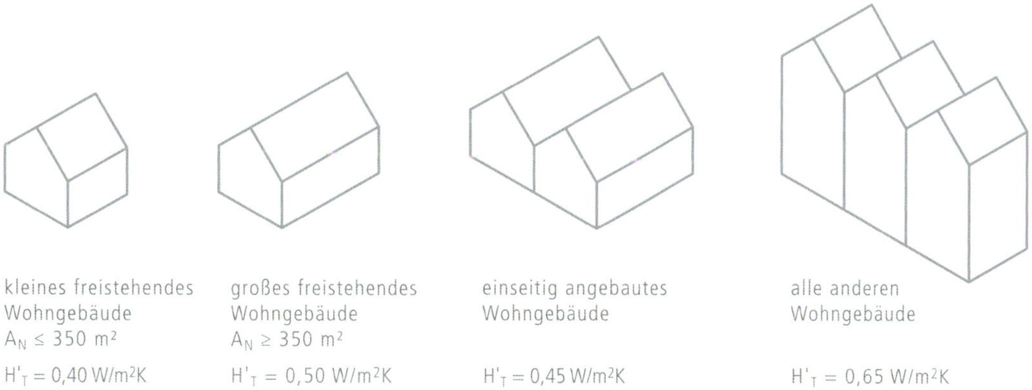

Bei Wohngebäuden sind Höchstwerte für den auf die gesamte wärmeübertragende Hüllfläche bezogenen spezifischen Transmissionswärmeverlust in Abhängigkeit der Gebäudenutzfläche und der Einbausituation einzuhalten.

ENEV-NACHWEIS NICHTWOHNGEBÄUDE

DIN 18599
Energetische Bewertung von Gebäuden – Berechnung des Nutz-, End- und Primärenergiebedarfs für Heizung, Kühlung, Lüftung, Trinkwarmwasser und Beleuchtung

Teil 1: Allgemeine Bilanzierungsverfahren, Begriffe, Zonierung und Bewertung der Energieträger

Teil 2: Nutzenergiebedarf für Heizen und Kühlen von Gebäudezonen

Teil 3: Nutzenergiebedarf für die energetische Luftaufbereitung

Teil 4: Nutz- und Endenergiebedarf für Beleuchtung

Teil 5: Endenergiebedarf von Heizsystemen

Teil 7: Endenergiebedarf von Raumlufttechnik- und Klimakältesystemen für den Nichtwohnungsbau

Teil 8: Nutz- und Endenergiebedarf von Warmwasserbereitungssystemen

Teil 9: End- und Primärenergiebedarf von stromproduzierenden Anlagen

Teil 10: Nutzungsrandbedingungen, Klimadaten

Teil 11: Gebäudeautomation

Beiblatt 1: Bedarfs-/Verbrauchsabgleich

Beiblatt 2: Beschreibung der Anwendung von Kennwerten aus der DIN V 18599 bei Nachweisen des Gesetzes zur Förderung Erneuerbarer Energien im Wärmebereich (EEWärmeG)

Bei Nichtwohngebäuden erfolgt die Berechnung des Primärenergiebedarfs für den EnEV-Nachweis nach der im Jahr 2005 eingeführten und 2016 letztmals überarbeiteten Norm DIN 18599. Die Norm gliedert sich in zwölf Teile und hat den energetischen Bilanzierungsrahmen wesentlich erweitert. Sie deckt die Themenfelder Heizung, Kühlung, Lüftung, Beleuchtung, Warmwasserbereitung und Gebäudeautomation ab. Neu bei der EnEV ist auch die Zonierung der Nichtwohngebäude in Nutzungseinheiten und eine sehr detaillierte Ermittlung der Erzeugungs-, Verteilungs- und Übergabeverluste. Dieser hohe Detaillierungsgrad führt in der Praxis zu einem hohen Datenerfassungs- und Berechnungsaufwand, insbesondere durch die Aufteilung des Gebäudes in verschiedene Nutzungszonen. Andererseits ergibt sich eine gute Ausgangsbasis, um das Gebäude in vielen Detailaspekten optimieren zu können und dabei auch die Wechselwirkungen, insbesondere zwischen dem Gebäude und der Anlagentechnik, zu berücksichtigen. Eine Herausforderung in der Baupraxis besteht darin, dass viele Parameter zum Zeitpunkt des Bauantrags, zu dem der Nachweis vorgelegt werden muss, noch nicht feststehen. Eine Bilanzierung nach DIN 18599 erfolgt in nachfolgend beschriebenen prinzipiellen Schritten.

Zonierung des Gebäudes

Auch wenn es denkbar ist, ein Nichtwohngebäude als eine Zone zu betrachten, so liefert eine Aufteilung in Zonen gleicher Nutzung gemäß DIN 18599 Teil 1 bessere Ergebnisse. In diesen Zonen kann es dann unterschiedliche Beleuchtungsbereiche geben, in denen jeweils unterschiedliche Beleuchtungsparameter, wie z. B. Raumtiefe, Verschattung, Leuchtmittel, Lichtsteuerung, spezifiziert werden können. Für die Anlagentechnik werden verschiedene Versorgungsbereiche festgelegt, in denen eine bestimmte Raumkonditionierung erfolgt und die von einem oder unterschiedlichen Energieerzeugern versorgt werden. Dafür sind die diesbezüglichen anlagenspezifischen Werte zu erfassen. Diese Beleuchtungs- und Versorgungsbereiche können sich über Teile von Zonen oder über mehrere Zonen erstrecken. Für alle Zonen sind die Raumflächen, das Raumvolumen und die Hüllflächen zu ermitteln, denen eine entsprechende Außenwand- bzw. Deckenkonstruktion mit dem jeweiligen U-Wert zugeordnet wird. Transparente Flächen sind mit ihrer Geometrie, den Glas- und Rahmeneigenschaften und dem Verschattungssystem zu erfassen. Alle diese Anforderungen bedeuten einen großen Aufwand, insbesondere bei komplexen Gebäudestrukturen und bei Planungsänderungen. Die dreidimensionale Gebäudeplanung auf Basis eines BIM-Modells wird hier zukünftig Vereinfachungen bieten.

Berechnung des Nutzenergiebedarfs für Heizen, Kühlen und Lüftung

In DIN 18599 Teil 2 und Teil 3 ist die Berechnung des Nutzenergiebedarfs für Heizung, Kühlung und Lüftung spezifiziert. Dabei werden für die Wärme die Verluste durch Transmission sowie jene über mechanische und natürliche Lüftung erfasst und zusammen mit den internen und solaren Wärmegewinnen bilanziert. Für die Kühlkälte erfolgt dies analog umgekehrt. Der Berechnung liegen prinzipiell Monatsbilanzen zugrunde. Dabei werden auch Wärmeströme zwischen den Zonen mitbilanziert und die Nutzungsprofile der jeweiligen Zonen fließen detailliert in die Bilanz mit ein. Für die mechanische Lüftung wird auch der Energiebedarf für die thermische Luftaufbereitung und die dafür erforderliche Antriebsenergie ermittelt.

Nutz- und Endenergiebedarf für Beleuchtung

In DIN 18599 Teil 4 ist die Berechnung des Endenergiebedarfs für die Beleuchtung spezifiziert. Dabei werden für alle Zonen der Strombedarf für Kunstlicht und die damit verbundene Abwärme auf Basis des erforderlichen Beleuchtungsniveaus, des Nutzungsprofils, der Leuchtmittel und der Beleuchtungssteuerung ermittelt. Die raumspezifische Tageslichtversorgung, die sich durch die Raumtiefe, die Fenstergeometrie und die Verschattung ergibt,

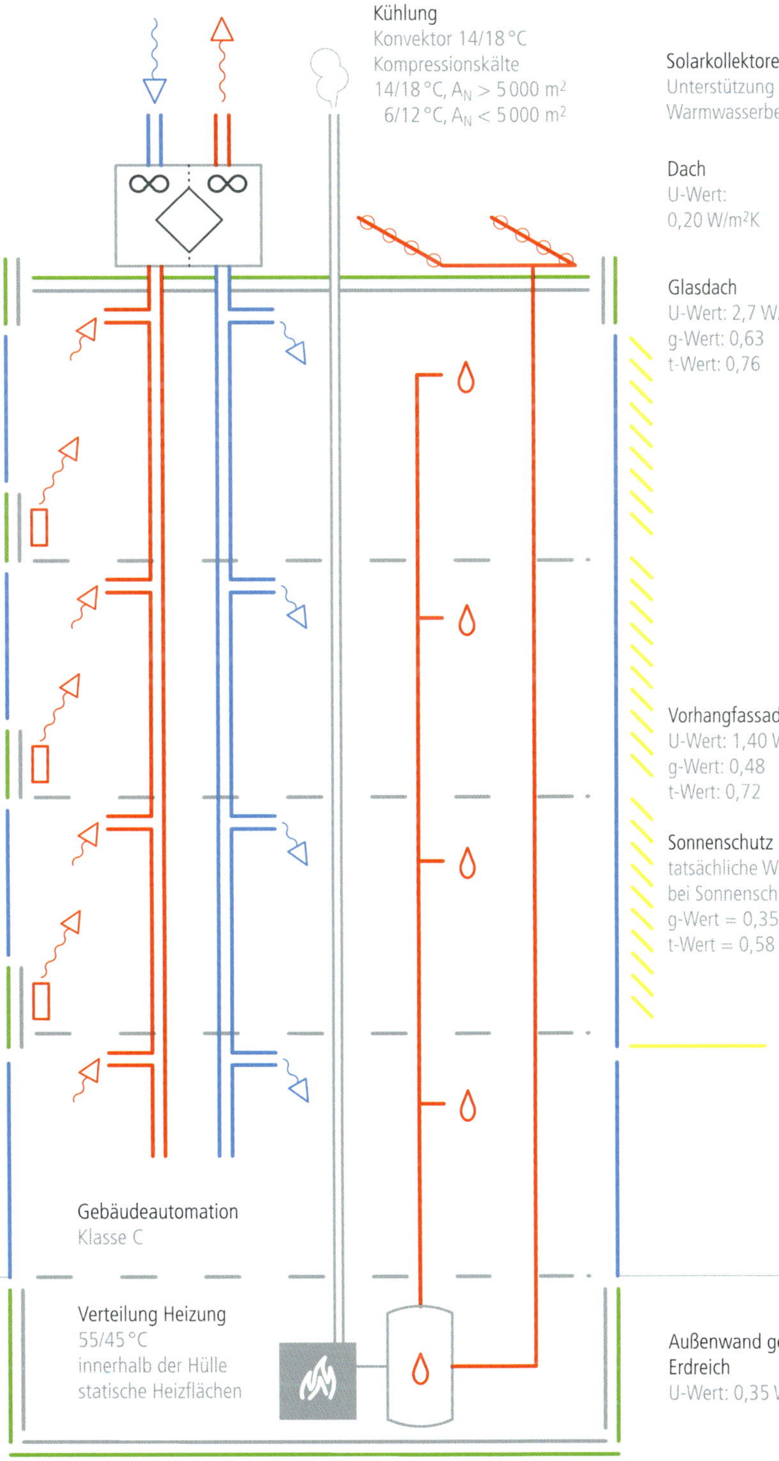

Bauliche und anlagentechnische Ausführung des Referenzgebäudes für Nichtwohngebäude: Die Berechnung des Primärenergiebedarfs des Referenzgebäudes erfolgt mit der Geometrie des zu realisierenden Gebäudes unter Zugrundelegung der Referenz-U-Werte und der Referenz-Anlagentechnik nach EnEV Anlage 2, Tabelle 1.

Beim Nichtwohngebäude werden Zonen unterschiedlicher Nutzung spezifiziert und zusätzlich die Energiebedarfe für Kühlung und Beleuchtung mitberücksichtigt.

wird dabei berücksichtigt. Dabei können unterschiedlich komplexe Berechnungsverfahren gewählt werden.

Endenergiebedarf von Heiz-, Kühl- und Lüftungssystemen

In DIN 18599 Teil 5 ist die Ermittlung des Endenergiebedarfs für Heizsysteme definiert. Dabei werden die Verluste für Wärmeerzeugung, Wärmeverteilung und Wärmeübergabe berücksichtigt. Dafür werden für eine Vielzahl von konventionellen und innovativen Wärmeerzeugungssystemen Kennwerte angegeben. Verteilverluste können detailliert berechnet werden, dafür ist jedoch das Rohrleitungssystem geometrisch zu erfassen. In Abhängigkeit des Wärmeübergabesystems werden die Regelverluste errechnet. Nach DIN 18599 Teil 7 wird der Endenergiebedarf für Raumlufttechnik und Kälteversorgung ermittelt.

Endenergiebedarf für Warmwasserbereitung

Der Wärmebedarf für Trinkwarmwasser nimmt infolge des verbesserten Wärmeschutzes einen immer größer werdenden Anteil am Gesamtwärmebedarf eines Gebäudes ein. In Ergänzung zur zentralen Versorgung werden auch dezentrale Konzepte wieder häufiger realisiert. In Teil 8 der DIN 18599 werden Kennwerte für verschiedene Erzeugungsstrategien zusammengestellt und die Berechnung der Erzeugungs-, Speicher-, Verteil- und Zirkulationsverluste der Warmwasserbereitung spezifiziert.

Ermittlung des Primärenergiebedarfs

Unter Berücksichtigung sowohl der gegenseitigen Beeinflussung der verschiedenen Energieströme in einem Gebäude als auch der Hilfsenergien kann der Primärenergiebedarf ermittelt werden. Dazu werden in Teil 1 und Teil 9 der DIN 18599 Spezifikationen zu Umrechnungsfaktoren und Standardwerten gemacht.

Ausblick und Bewertung

Die DIN 18599 ist ein mächtiges Werkzeug zur Energieberechnung von Gebäuden mit einem sehr hohen Detaillierungsgrad, das nahezu alle Energieströme im Gebäude abdeckt und so zu insgesamt sehr guten Ergebnissen führt. Allerdings bedeutet diese Detaillierung einen sehr großen Aufwand für die Erfassung der Geometrie und die Zuordnung der bau- und anlagentechnischen Parameter. In der Praxis ergibt sich oftmals die Situation, dass viele dieser Parameter noch nicht feststehen und so zunächst Vereinfachungen und Annahmen getroffen werden müssen, was umfangreiche Erfahrung voraussetzt. Generell ist durch den hohen Detaillierungsgrad eine weitreichende interdisziplinäre bautechnische, bauphysikalische und anlagentechnische Kenntnis erforderlich, die aufgrund der tradierten Berufsprofile oftmals nicht gegeben ist. So beherrschen nur wenige Planer die thermische Bauphysik und können gleichzeitig Parameter für Wärmepumpen spezifizieren, Verteilnetze festlegen und Beleuchtungskonzepte erstellen bzw. sinnvolle Annahmen dafür treffen. Auch die Interpretation der Ergebnisse und eine Plausibilitätsprüfung setzen eine gewisse Erfahrung voraus. Nicht zuletzt ergibt sich aufgrund der Vielzahl der Parameter, die für viele Zonen eingegeben werden müssen, eine nur geringe Flexibilität bei Planungsänderungen und eine hohe Fehleranfälligkeit. Für die Entwurfsphase von Bauprojekten sind vereinfachte Werkzeuge hilfreicher, da sie parallel zur Gebäudeentwicklung fortgeschrieben werden können. Dies wird sich mit den Möglichkeiten der dreidimensionalen computergestützten Planung wieder verändern. Für eine ganzheitliche finale Detailoptimierung von Gebäuden ist das Verfahren der DIN 18599 jedoch sehr gut geeignet.

ERNEUERBARE-ENERGIEN-WÄRMEGESETZ

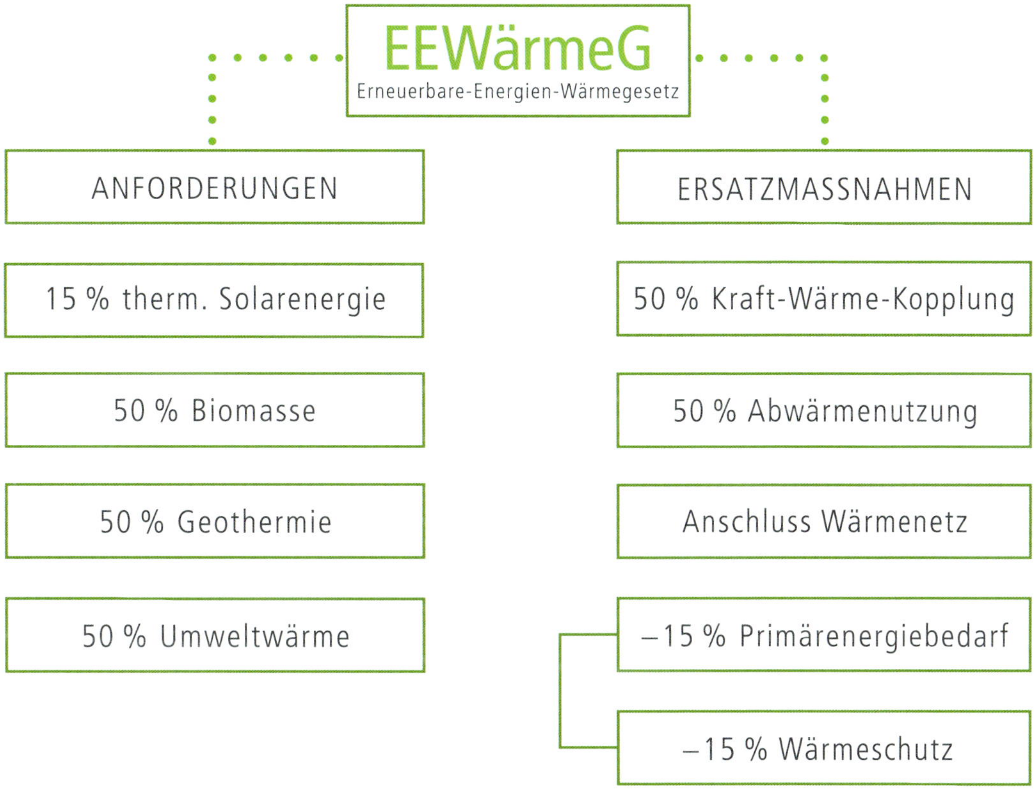

Zusätzlich zur EnEV muss das EEWärmeG eingehalten werden. Der Nachweis kann über die Nutzung von thermischer Solarenergie, Biomasse, Umweltwärme oder Erdwärme erfolgen. Alternativ können Ersatzmaßnahmen angewendet werden. Zur Einhaltung des Gesetzes können verschiedene erneuerbare Energien oder Ersatzmaßnahmen in beliebigen Verhältnissen kombiniert werden.

Das Gesetz zur Förderung erneuerbarer Energien im Wärmebereich (EEWärmeG) wurde 2009 eingeführt und 2015 überarbeitet. Es beabsichtigt die Schonung fossiler Ressourcen und eine Förderung innovativer regenerativer Energiesysteme. Der Anteil erneuerbarer Energien am Endenergieverbrauch für Wärme und Kälte sollte damit bis 2020 auf 15 % steigen. Das EEWärmeG verpflichtet in § 3, den Wärmebedarf für neu zu errichtende Gebäude mit einer Nutzfläche von mehr als 50 m^2 anteilig mit erneuerbaren Energien zu decken.

Art und Anteil erneuerbarer Energie

Die Art der erneuerbaren Energien kann frei gewählt werden. Es muss je nach Art der genutzten erneuerbaren Energiequelle ein bestimmter Mindestanteil des gesamten Wärme- und Kältebedarfs des Gebäudes gedeckt werden. Bei thermischer Solarenergie sind es 15 %, bei der Nutzung von fester oder flüssiger Biomasse, bei Geothermie oder bei Umweltwärme sind es 50 %.

Ersatzmaßnahmen

Können oder sollen erneuerbare Energien nicht genutzt werden, so können Ersatzmaßnahmen vorgesehen werden. Die Erzeugung von Wärme und Kälte kann zu jeweils 50 % aus Kraft-Wärme-Kopplung oder Abwärmenutzung kommen. Alternativ kann der Nachweis durch eine erhöhte Energieeinsparung mit einer Unterschreitung des Jahres-Primärenergiebedarfs und des nach EnEV zu erfüllenden Mindestwärmeschutzes um jeweils mindestens 15 % erfolgen. Bei einem unmittelbaren Anschluss an ein Nah- oder Fernwärmenetz gilt das Gesetz ebenfalls als erfüllt.

Kombinationen

Es können verschiedene erneuerbare Energien und Ersatzmaßnahmen beliebig kombiniert werden. Dazu müssen die prozentualen Anteile der genutzten erneuerbaren Energien oder der gewählten Ersatzmaßnahmen jeweils entsprechend dem im EEWärmeG geforderten Anteil in der Summe 100 ergeben.

MIETERSTROMMODELL

Beim Mieterstrommodell können Immobilieneigentümer den am Gebäude erzeugten Strom direkt an die Mieter verkaufen. Es ergibt sich ein Vorteil, da keine Netznutzungsentgelte, Konzessionsabgabe und Stromsteuer anfallen. Die EEG-Umlage ist jedoch in vollem Umfang zu entrichten. Um den erhöhten Aufwand für Messung und Abrechnung zu kompensieren, wird ein Mieterstromzuschlag gezahlt. Insgesamt werden die höheren Erzeugungskosten der Eigenstromproduktion überkompensiert, sodass sich eine Ersparnis beim Strompreis von bis zu 30 % ergibt.

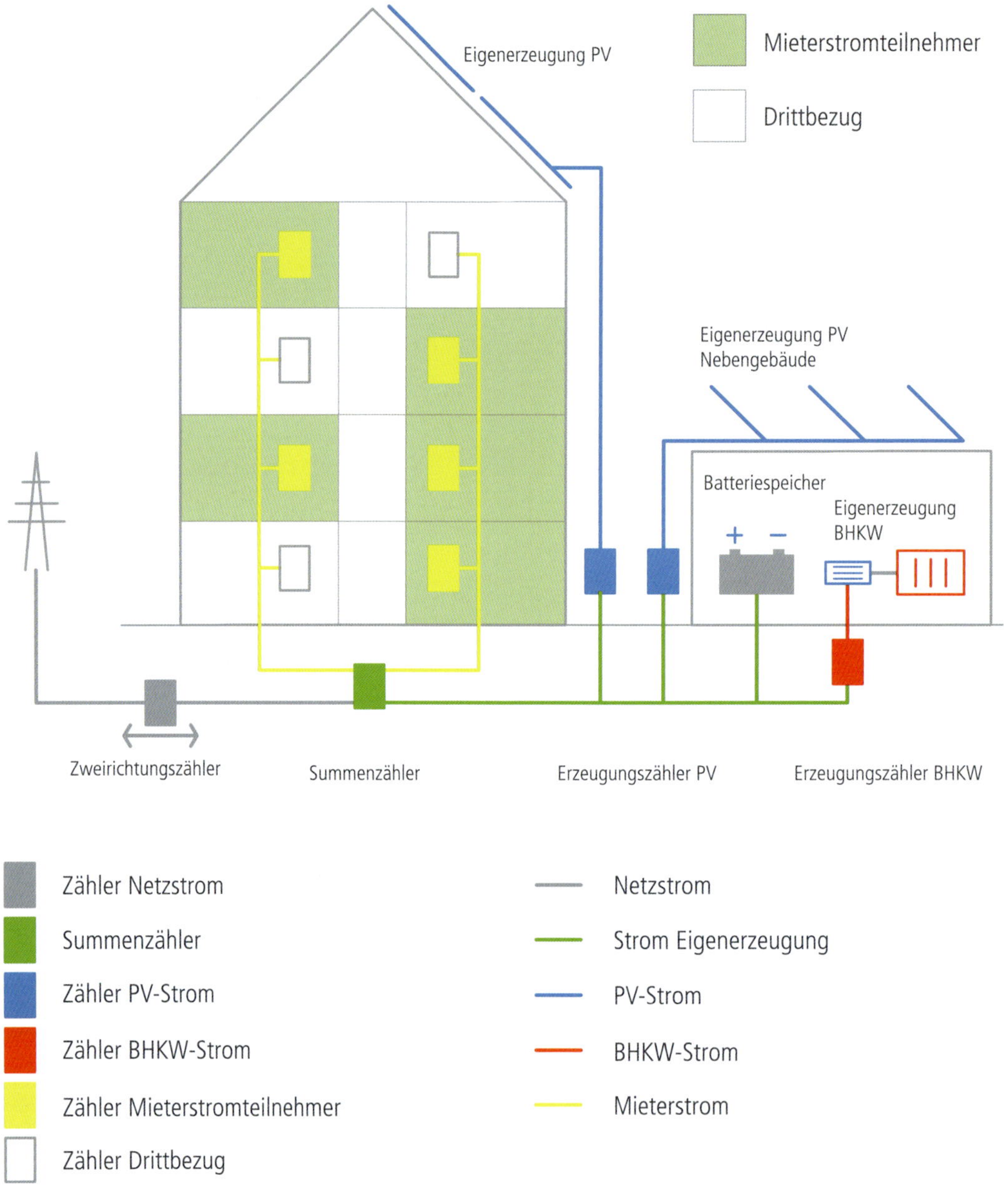

Durch die sinkenden Vergütungen für die Einspeisung ins öffentliche Netz und die mittlerweile im Vergleich zum Netzbezug preislich attraktiven Erzeugungskosten ist die Eigennutzung von Strom aus PV-Anlagen oder Blockheizkraftwerken in den Vordergrund gerückt. Die direkte Nutzung von Strom im Gebäude hat den wirtschaftlichen Vorteil, dass keine Netzentgelte und Umlagen gezahlt werden müssen, wodurch sich eine erhebliche Ersparnis ergibt. Ob und in welcher Höhe EEG-Umlagen entrichtet werden müssen, hängt vom Einzelfall ab. Bei Mieterstrommodellen entsteht ein nicht unerheblicher Aufwand für Messtechnik und Abrechnung, der nachteilig für die Wirtschaftlichkeit ist. Bei fallenden Speicherpreisen wird auch der Einsatz von im Gebäude integrierten Batterien interessant, da damit die Eigenverbrauchsquote steigt. Volkswirtschaftlich ist die Eigennutzung von Strom im Gebäude sinnvoll, da die Stromnetze durch die dezentrale Erzeugung entlastet werden.

Mieterstromgesetz

Damit nicht nur Eigentümer von den Vorteilen des am Gebäude erzeugten Stroms profitieren, wurde im Jahr 2017 das Mieterstromgesetz verabschiedet. Nach diesem Gesetz darf der Strom vom Gebäudeeigentümer zu maximal 90 % des Grundversorgertarifs an die Mieter verkauft werden. Damit Mieterstrommodelle attraktiv werden, hat der Gesetzgeber als Ausgleich für den Aufwand für Verwaltung, Abrechnung und Messtechnik den Mieterstromzuschlag für Strom aus PV-Anlagen eingeführt. Je nach Größe der Anlage liegt dieser in der Größenordnung von 2 ct/kWh bis 4 ct/kWh. Die EEG-Umlage muss jedoch weiterhin zu 100 % bezahlt werden. Der Mieterstromzuschlag wird gewährt, sofern die Leistung der PV-Anlage kleiner 100 kW_p ist, sie nach dem 24.07.2017 in Betrieb genommen wurde und sie sich in unmittelbarem räumlichen Zusammenhang mit dem Wohngebäude befindet, in dem die Mieter den Strom verbrauchen. Der Strom darf dabei nicht durch das öffentliche Netz durchgeleitet werden. Für Strom, der aus anderen regenerativen Quellen erzeugt worden ist, z. B. Windkraft oder BHKW, gibt es keinen Mieterstromzuschlag.

Kundenanlage

Ein Mieterstromkonzept setzt im Gebäude eine Kundenanlage voraus, die an das öffentliche Stromnetz angeschlossen ist. Die Bewohner des Gebäudes sowie die PV-Anlage oder das BHkW sind an diese Kundenanlage angeschlossen. Den Mietern steht es frei, am Mieterstrommodell teilzunehmen oder einen dritten Stromanbieter frei zu wählen, der den Strom kosten- und diskriminierungsfrei durch diese Kundenanlage durchleiten darf. Eine Kopplung von Mieterstromlieferung mit dem Mietverhältnis ist nicht erlaubt.

Messkonzept

Um die Energie- und Finanzströme richtig bilanzieren zu können, ist für ein Mieterstrommodell ein Messkonzept zu entwickeln und mit dem Verteilnetzbetreiber abzustimmen. Bei Mieterstromkonzepten ist es erforderlich, lokal erzeugten und vom Netz bezogenen Strom jeweils den Letztverbrauchern, die am Mieterstrommodell teilnehmen, und jenen, die ausschließlich Netzstrom von einem frei gewählten Anbieter beziehen, zuzuordnen und entsprechend abzurechnen. Dies erfolgt durch ein sogenanntes Summenzählermodell mit einem zentralen Zählpunkt. Der Mieterstrom ergibt sich aus der Differenz von erzeugtem PV-Strom und dem davon in das öffentliche Netz eingespeisten PV-Strom. Dieser Mieterstrom wird auf die am Mieterstrommodell teilnehmenden Mieter, anteilig je nach ihrem Gesamtverbrauch, verteilt. Der restliche Strombedarf wird aus dem allgemeinen Stromnetz bezogen. Die Mieter, die nicht am Mieterstrommodell teilnehmen möchten, werden komplett aus dem Stromnetz versorgt, über einen Stromanbieter ihrer Wahl.

Ökonomische Bewertung

Bei einem Mieterstrommodell entfallen Netzentgelte, netzseitige Umlagen, die Stromsteuer sowie die Beschaffungskosten und die Marge des Elektrizitätsversorgers. Dadurch ergibt sich eine Einsparung von ca. 18 ct/kWh. Demgegenüber stehen Erzeugungskosten, die bei ca. 10 ct/kWh liegen. Bei PV-Strom vermindert der Mieterstromzuschlag die Stromkosten. Insgesamt ergibt sich bei einem Mieterstrommodell, bezogen auf die kWh, eine Ersparnis von ca. 30 %. Diese nimmt im Laufe der Zeit zu, da externe Kosten weiter steigen werden, wohingegen die internen Erzeugungskosten bei einer PV-Anlage annähernd gleich bleiben bzw. bei einem BHKW im Verhältnis langsamer steigen. Damit Mieterstrommodelle wirtschaftlich sind, ist ein hoher Eigenverbrauch anzustreben, was eine hohe Beteiligungsquote voraussetzt. Obwohl Kostenvorteile bestehen, hat sich in der Praxis bei vielen Mietern nur eine geringe Akzeptanz gezeigt. Viele sind nicht geneigt, den Stromanbieter zu wechseln.

KUNDENANLAGE

Ein lokales Stromnetz kann als Kundenanlage ausgebildet sein. Dadurch wird der administrative Aufwand im Vergleich zu einem Verteilnetz vereinfacht. Es wirkt sich vorteilhaft aus, dass sich die elektrischen Leistungen ausgleichen und damit der Leistungspreis sinkt. Bei einer Anbindung auf Mittelspannungsebene ergeben sich außerdem Vorteile durch den Wegfall der Niederspannungsnetzentgelte.

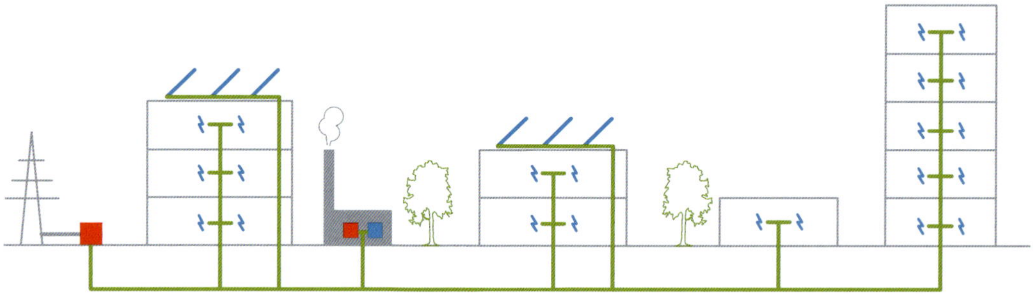

Eine Kundenanlage ist ein nicht öffentliches Stromnetz, das in einem Gebäude, in mehreren Gebäuden, in einem Quartier oder einem Areal liegen kann und an einem Punkt an das öffentliche Stromnetz angeschlossen ist. Mit der Novellierung des Energiewirtschaftsgesetzes (EnWG) im Jahr 2011 wurde in § 3 Begriffsbestimmungen Nr. 24 a., a) bis d) der Begriff der Kundenanlage zur Abgabe von Energie eingeführt und definiert. Demnach liegt eine Kundenanlage vor, wenn das lokale Stromnetz sich auf einem räumlich zusammengehörenden Gebiet befindet, mit einem Energieversorgungsnetz oder mit einer Erzeugungsanlage verbunden ist, für den Wettbewerb unbedeutend ist und jedermann zum Zwecke der Belieferung der angeschlossenen Letztverbraucher diskriminierungsfrei und unentgeltlich zur Verfügung gestellt wird. In § 3 Nr. 24 b. wird noch die Kundenanlage zur betrieblichen Eigenversorgung definiert. Diese ist im Wesentlichen für Unternehmen, die Strom selbst produzieren, von Bedeutung.

Ökonomische Aspekte

Der Vorteil von Kundenanlagen besteht darin, dass weniger Netzentgelte und Umlagen bezahlt werden müssen. Damit werden sie für die Eigenstromversorgung von größeren Gebäuden und Quartieren interessant, da der selbst produzierte Strom im Vergleich zum Netzstrom dann um ca. 30 % günstiger ist. Bei ausreichend großem Strombezug aus dem öffentlichen Netz kann auch eine Anbindung auf Mittelspannungsebene vorteilhaft sein. Zwar fallen dann Kosten für die Errichtung und den Betrieb des Transformators und des eigenen Stromnetzes an, dafür ergeben sich jedoch Vorteile durch den Ausgleich von Lasten und den Wegfall der Netzentgelte für die Niederspannungsebene sowie ein Preisvorteil durch eine typischerweise höhere Abnahmemenge. Soll ein Mieterstrommodel etabliert werden, ist eine Kundenanlage zwingend notwendig, da laut Mieterstromgesetz der Strom nicht durch das öffentliche Stromnetz geleitet werden darf. Kundenanlagen vermindern durch die

Verläuft eine Straße mit überregionalem Verkehr durch ein Quartier, so wird oftmals nicht mehr von einem räumlich zusammenhängenden Gebiet gesprochen und eine Kundenanlage nicht genehmigt.

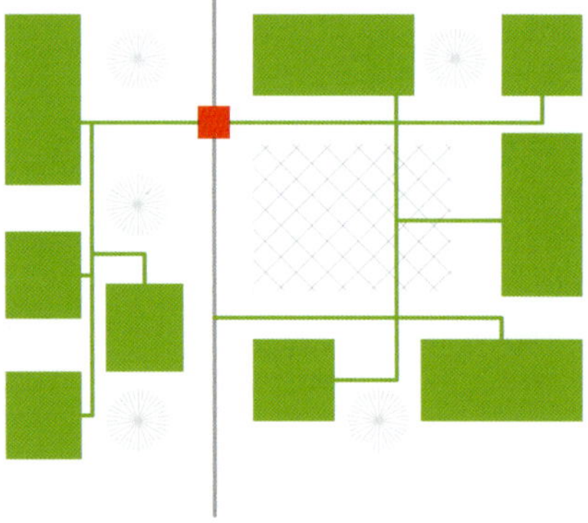

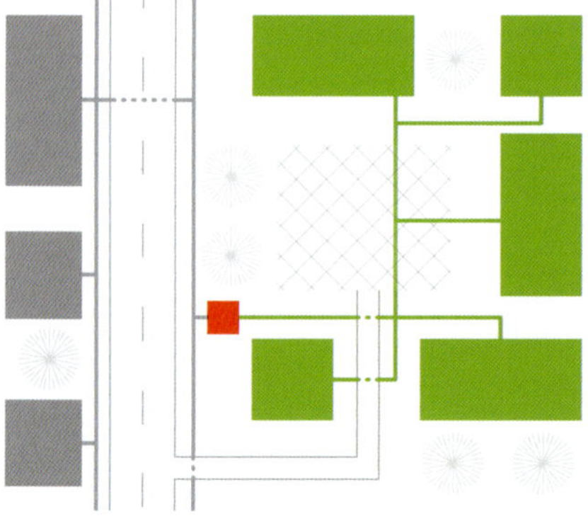

Einsparung von Netzentgelten und die Eigenerzeugung den Ertrag von Stromanbietern und Netzbetreibern. Dies wird von den etablierten Akteuren am Energiemarkt kritisch gesehen, zum einen da dies zu einem gewissen Grad zu einer Entsolidarisierung des Netzbetriebs führt, zum anderen rentieren sich etablierte Geschäftsmodelle, für die mitunter umfangreiche Investitionen getätigt worden sind, dann weniger. Vor diesem Hintergrund ist der Betrieb eines lokalen Stromnetzes als Kundenanlage oftmals Bestandteil von langwierigen Zulassungsverfahren und Auseinandersetzungen vor Regulierungsbehörden oder Gerichten. Bei einer ökonomischen Betrachtung von Quartierskonzepten oder Mieterstrommodellen muss dieser Aufwand in die Wirtschaftlichkeitsberechnung mit einfließen.

Juristische Aspekte

Das Energiewirtschaftsgesetz unterscheidet seit 2011 Kundenanlagen, geschlossene Verteilnetze und Netze der allgemeinen Versorgung. Geschlossene Verteilnetze betreffen den industriellen und gewerblichen Bereich, vor allem in Kombination mit einer Eigenversorgung, die oftmals auch technische Hintergründe hat. Bei einem einzelnen Gebäude oder einem Ensemble von wenigen kleineren Gebäuden wird in der Regel von einer Kundenanlage ausgegangen, sofern das Kriterium der marktbeherrschenden Stellung nicht greift. Bei Quartieren führt die Anerkennung eines lokalen Stromnetzes als Kundenanlage häufig zu juristischen Fragestellungen. Dabei sind die Kriterien zusammenhängendes Gebiet, Zahl der versorgten Letztverbraucher und Menge der durchgeleiteten Energie mögliche Streitpunkte, die aktuell alle nicht eindeutig juristisch definiert sind, wodurch eine rechtsverbindliche Klärung nur durch einen mitunter langwierigen Gerichtsprozess erfolgen kann. Wird in einem Quartier die Anerkennung des lokalen Stromnetzes als Kundenanlage verwehrt, so bleibt die Option, dieses als Verteilnetz zu betreiben, was durch den immensen regulatorischen Aufwand in der Regel jedoch unwirtschaftlich ist.

Kriterium zusammenhängendes Gebiet

Im Gesetzestext ist nicht der Begriff des Quartiers beschrieben, sondern es wird ein zusammenhängendes Gebiet gefordert. Dabei ergeben sich in der Praxis zahlreiche Fragestellungen, wie dies zu interpretieren ist, mit der Folge von umfangreichen Detaildiskussionen. Das Kriterium des räumlich zusammenhängenden Gebiets ist unstrittig, wenn es sich um ein Gebäude handelt und wenn Gebäude auf nebeneinanderliegenden Grundstücken liegen. Kritisch kann es werden, wenn das einzelne Grundstück sehr groß ist, z. B. ein Kasernengelände oder ehemaliges Industrieareal. Weiterhin kann es kritisch sein, wenn öffentliche Straßen durch das Gebiet der Kundenanlage führen. Eine wenig frequentierte Erschließungsstraße ist dabei unschädlich, eine vierspurige Straße mit Mittelstreifen führt in der Regel zur Aberkennung der Eigenschaft einer Kundenanlage. Bei Straßen ist es oft-

Peter Mussaeus, Rechtsanwalt; PwC Legal, Frankfurt am Main:

»Nachdem bisher der Energiesektor im Fokus der Energiewende stand, wird zukünftig vor allem auch der Gebäudesektor einen wesentlichen Beitrag zur CO_2-Minderung beitragen. Die neuen Modelle der Quartierslösungen nehmen dabei eine zentrale Rolle ein, die Anpassung des regulatorischen Rahmens ist im vollen Gange.«

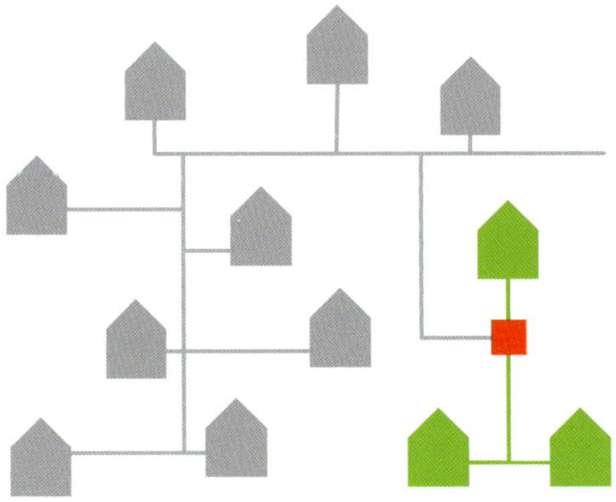

Eine hohe Zahl an Letztverbrauchern muss nicht zwangsläufig zu einer marktbeherrschenden Stellung führen. Entscheidend sind der Kontext und die jeweils abgenommene Energiemenge.

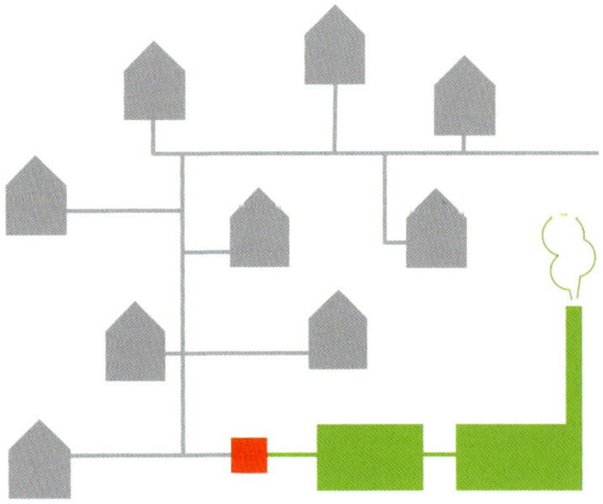

Einzelne Verbraucher mit einer hohen Stromabnahme können in einem ländlichen Kontext eine marktbeherrschende Stellung einnehmen.

mals von Bedeutung, ob diese im Wesentlichen das Quartier erschließen oder überregional sind. Straßen, die nur das Quartier erschließen, können durchaus breiter sein. Für die Definition der Eigenschaft des räumlich zusammenhängenden Gebiets werden oftmals auch subjektive Kriterien herangezogen, z. B. Art und Struktur der Bebauung, Alter der Bebauung, historische Einordnung des Gebiets. So kann ein Neubaugebiet mit typisierten Einfamilienhäusern als zusammenhängendes Gebiet gesehen werden, aber auch ein ehemaliges denkmalgeschütztes Fabrikgelände, das umgewidmet und nachverdichtet wird. Auch visuelle Faktoren, wie Außenraumgestaltung durch Pflanzen und Bodenbeläge, Stadtmöblierung oder Straßenlaternen, sowie räumliche Barrieren, wie z. B. Eisenbahnlinien, Bachläufe oder Grünräume, können Quartiersgrenzen definieren.

Marktbeherrschende Stellung

Kundenanlagen dürfen nicht den unverfälschten Wettbewerb beeinträchtigen. Auch hier gibt es viel Interpretationsspielraum. Dies kann je nach Kontext Begrenzungen in Bezug auf die Zahl der Letztverbraucher und die Menge der durchgeleiteten Energie zur Folge haben. So ist ein größeres Wohnhaus mit einhundert Letztverbrauchern in Bezug auf den Energiemarkt in einer Stadt unbedeutend, auf einem Dorf kann dies einen großen Anteil ausmachen und den Wettbewerb verfälschen. Das Kriterium der Anzahl der Letztverbraucher ist als Grenze oft nicht zielführend, da ein Gebäude mit vielen Studentenapartments zwar viele Letztverbraucher aufweist, aufgrund des geringen Einzelverbrauchs die Energiemenge jedoch nicht bedeutend ist. Andererseits können bereits wenige Verbraucher mit einer hohen Abnahme den lokalen Energiemarkt verfälschen. Aktuell liegt der Grenzwert der angeschlossenen Letztverbraucher in der Größenordnung von einhundert, ohne jedoch, dass dies eindeutig spezifiziert ist. In Bezug auf die Menge der durchgeleiteten Energie existiert noch keine eindeutig definierte Grenze.

Anschlusssituation

Sind Kundenanlagen nur an ein Energieerzeugungssystem angeschlossen, sodass eine autarke Versorgung vorliegt, sind diese meistens unstrittig. Wird ein Gebiet bereits versorgt und durch eine Kundenanlage würde eine Parallelverlegung von Stromleitungen erfolgen, so wird dies meist kritisch gesehen. Erfolgt der Anschluss an ein öffentliches Netz, wird oftmals gefordert, dass der Betreiber einer Kundenanlage zum Netzbetreiber werden soll, was mit erheblichem administrativen Aufwand verbunden ist und die Wirtschaftlichkeit bei kleineren Gebieten einschränkt.

Virtuelle Kundenanlagen

Normalerweise sind die Stromabnehmer in einer Kundenanlage durch eine eigene Stromleitung physikalisch miteinander verbunden. Technisch ist es auch möglich, verschiedene Gebäude über ein entsprechendes Zählerkonzept virtuell zu einer Kundenanlage zusammenzuschließen, unter Nutzung von Abschnitten des öffentlichen Netzes. In der Praxis können durch diese Vorgehensweise Erdarbeiten vermieden werden, was besonders in Bestandsquartieren mit bereits fertiggestellten Oberflächen von besonderer Bedeutung ist. Obwohl hier ein erhebliches Einsparpotenzial in Bezug auf Bau- und Anschlusskosten besteht, werden virtuelle Kundenanlagen nur in seltenen Ausnahmefällen zugelassen.

GEBÄUDEENERGIEGESETZ (GEG)

Im Kontext des 1997 beschlossenen »Kyoto-Protokolls« wurde nach der Jahrtausendwende in der Europäischen Union begonnen, energiespezifische Regulierungen im Baubereich EU-übergreifend zu formulieren. Vom Europäischen Parlament wurde im Jahr 2010 die »Directive on Energy Performance of Buildings« (EPBD) erlassen und im Jahr 2018 novelliert. Der deutsche Titel dieser EU-Vorgabe lautet »Richtlinie über die Gesamtenergieeffizienz von Gebäuden« (EU-Gebäuderichtlinie). Damit sollen in den EU-Ländern der Energiebedarf gesenkt, die damit verbundenen CO_2-Emissionen reduziert und die Abhängigkeit von Energieimporten vermindert werden. Die EU-Gebäuderichtlinie weist gegenüber den bisher geltenden Gesetzen weiter gefasste Zielsetzungen auf, die auch neue Technologien und gebäudenahe Aspekte betreffen. So wurde auch die Verbreitung von Ladeinfrastruktur darin verankert, mit Vorgaben zum Anteil an Parkplätzen mit Ladepunkten. Ein weiteres Themenfeld ist die mittelfristige Ertüchtigung von Gebäuden für die Integration und Nutzung intelligenter Systeme. Ziel ist es, Gebäude in Bezug auf die Anforderungen des Nutzers und die Gegebenheiten des Energiemarkts flexibler zu machen. Um dies zu erreichen, wurde ein »Intelligenz-Indikator« für Gebäude eingeführt, der u. a. intelligente Zähler, Gebäudeautomation und intelligente Regelungen berücksichtigt. Die EU-Gebäuderichtlinie schreibt vor, dass alle öffentlichen Neubauten ab 2019 und alle anderen neuen Gebäude ab 2021 als Niedrigstenergiegebäude realisiert werden. Im Zusammenhang mit dieser europäischen Richtlinie führte der Bund die noch parallel geltenden Gesetze und Verordnungen Energieeinsparungsgesetz (EnEG), Energieeinsparverordnung (EnEV) und Erneuerbare-Energien-Wärmegesetz (EEWärmeG) zum neuen Gebäudeenergiegesetz (GEG) zusammen. Mit dem Gebäudeenergiegesetz, das seit 1. November 2020 gilt, sollen die Regularien im deutschen Energiesparrecht im Baubereich homogenisiert und vereinfacht sowie die Umsetzung erleichtert werden.

Ziele des Gebäudeenergiegesetzes

Durch das GEG sollen ein möglichst sparsamer Einsatz von Energie in Gebäuden und eine weitreichende Nutzung erneuerbarer Energien bei Wärme und Kälte erreicht werden. Im Interesse des Klimaschutzes und der Schonung fossiler Ressourcen soll bis zum Jahr 2050 auf wirtschaftliche Weise ein nahezu klimaneutraler Gebäudebestand realisiert werden. Es wurde mit dem Modellgebäudeverfahren eine Methode eingeführt, mit dem die Anforderungen ohne Berechnungen nachgewiesen werden können. Weiterhin wurde die Bedeutung der Energieausweise gestärkt, u. a. durch Angabe der CO_2-Emissionen. Auch die Realisierbarkeit von bezahlbarem Wohnraum wurde im GEG bedacht.

Bewertung und Kritik

Das neue Gebäudeenergiegesetz betrachtet nach wie vor den Primärenergiebedarf auf Basis eines Referenzgebäudevergleichs. Auch wenn dieser Ansatz prinzipiell logisch ist, blendet er dennoch die Einsparpotenziale aus, die im Gebäudeentwurf liegen, also im Gestaltungsspielraum des Architekten. So können energetisch ungünstige Entwürfe die gesetzlichen Anforderungen auf einfache Weise erfüllen, indem lediglich der geforderte Wärmeschutz in Kombination mit einer entsprechenden Gebäudetechnik realisiert wird. Dies kann in der Praxis zu einem hohen Materialaufwand führen, wohingegen der für die konkrete Bauaufgabe energetisch günstige Entwurf, der auf einer innovativen Planung des Architekten basiert, nicht honoriert wird. Das Gebäudeenergiegesetz führt nicht zu einer Verschärfung der Anforderungen gegenüber dem Neubau-Standard der EnEV 2016. Dies wurde insbesondere mit Bedenken in Bezug auf die Wirtschaftlichkeit begründet, was kontrovers zu diskutieren ist. Ebenfalls kritisch zu bewerten ist, dass die graue Energie über den kompletten Lebenszyklus eines Gebäudes im GEG nicht betrachtet wird.

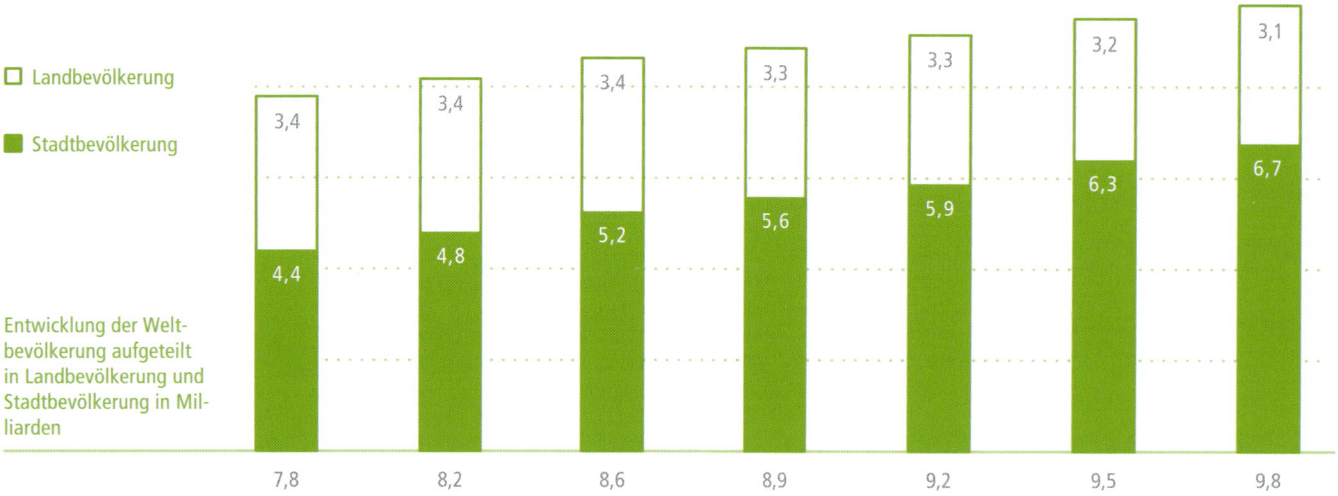

Entwicklung der Weltbevölkerung aufgeteilt in Landbevölkerung und Stadtbevölkerung in Milliarden

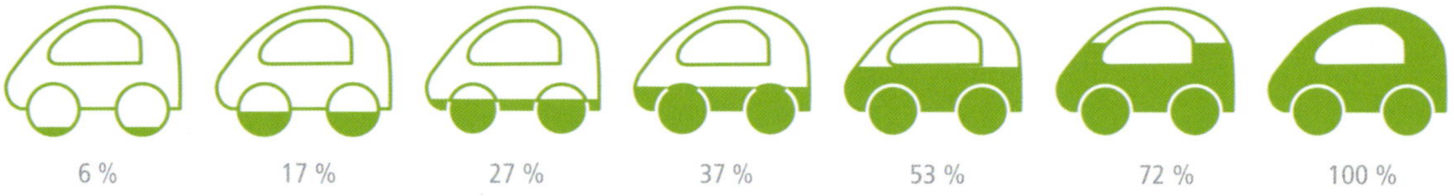

Entwicklung des Anteils von Elektroautos und Plug-in-Hybriden am gesamten Fahrzeugbestand in Deutschland in Prozent

Entwicklung des Temperaturanstiegs auf der Erde gegenüber dem vorindustriellen Zeitalter

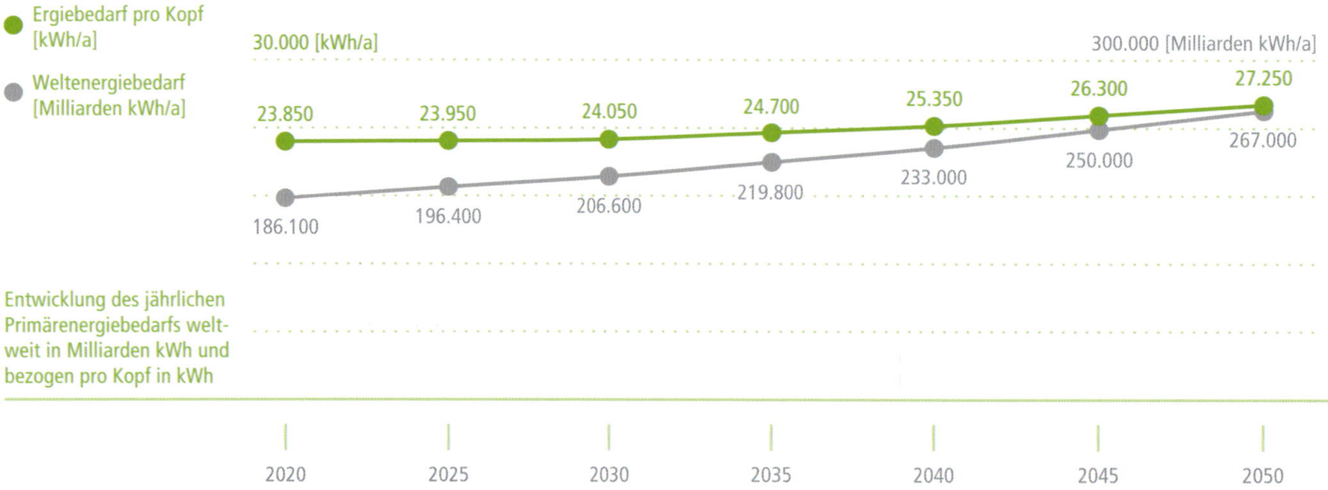

Entwicklung des jährlichen Primärenergiebedarfs weltweit in Milliarden kWh und bezogen pro Kopf in kWh

AUSBLICK

- 2020–2030 Die digitale Dekade
- 2030–2040 Die Green-Tech-Phase
- 2040–2050 Das interplanetare Zeitalter

»Prognosen sind schwierig, besonders wenn sie die Zukunft betreffen.« In Anlehnung an dieses bekannte Zitat, das Karl Valentin zugeschrieben wird, ist es immer eine besondere Herausforderung, in die Zukunft zu blicken. Dennoch soll ein Ausblick gewagt werden, der Tendenzen der nächsten drei Dekaden in energetischer, klimatischer und technologischer Hinsicht beleuchtet, die für die Architektur und das Bauen relevant werden. Der Weg, der begangen wird, besteht darin, gesichertes Wissen der Gegenwart und gut prognostizierbare zukünftige Einflussfaktoren zu analysieren und daraus mögliche Auswirkungen auf das Bauen der Zukunft abzuleiten. Auch kann ein analytischer Blick in die Vergangenheit Hinweise für künftige Entwicklungen geben. Ebenso können aus Kulminationspunkten oder Durchbrüchen im gesellschaftlichen oder technologischen Bereich, die mit hoher Wahrscheinlichkeit eintreten, mögliche Szenarien abgeleitet werden. Generell geht es nicht darum, eine exakte Prognose aufzustellen, sondern Positionen für den architektonischen und technischen Diskurs in den Raum zu stellen, um damit wiederum einen Entwicklungs- und Kreativitätsprozess anzuregen.

Grundsätzlich wird hier von einem positiven Verlauf der Dinge ausgegangen, da trotz aller aktuellen Unzulänglichkeiten die Menschen im Verlauf der Menschheitsgeschichte noch nie besser gelebt haben als derzeit. Hoffen wir, dass dies im Jahr 2050 in großem Maße noch so gilt.

2020–2030 DIE DIGITALE DEKADE

Die digitale Dekade ist maßgeblich geprägt von einer Digitalisierung nahezu aller Prozesse der Lebenswelt. Die digitalen Technologien sind zwar bereits seit der Jahrtausendwende grundsätzlich vorhanden – Internet, Cloud-Computing, Mobilfunk etc. –, allerdings sehen wir aktuell eine grundlegend neue, tiefgreifende digitale Durchdringung aller Lebens- und Technologiebereiche, vor allem ausgelöst durch minimierte Hardwarekosten, künstliche Intelligenz, Datenanalyse und die drahtlose Vernetzung aller Systeme durch das sehr schnelle 5-G-Funknetz. Die geringe Latenzzeit dieses Funkstandards ermöglicht vollkommen neue Anwendungen, wie z. B. cloudbasierter Gebäudebetrieb, Energiemanagement in Echtzeit oder autonomes Fahren. Die Digitalisierung treibt gesellschaftliche Umbrüche voran, vor allem durch eine unbeschränkte Informationsverbreitung, aber auch durch die Möglichkeit, sich unabhängig von der individuellen Wirtschaftskraft mit Gleichgesinnten zu vernetzen, auszutauschen und zu organisieren. Hier liegt ein großes Potenzial für die Demokratie in der Welt.

Konflikte, ausgelöst durch Religion, Armut oder Systemunterschiede, bewirken große Wanderungsbewegungen, die zu Herausforderungen für etablierte Gesellschaftssysteme der westlichen Welt werden. Nicht zuletzt wird auch der Klimawandel Treiber dieser Migration sein. Die Weltbevölkerung wird bis zum Jahr 2030 um jährlich 70 Millionen Erdenbürger auf 8,5 Milliarden angewachsen sein. Gleichzeitig ergibt sich durch das Entstehen einer breiten Mittelschicht, vor allem in Asien, eine enorme Nachfrage nach Gütern und in der Folge davon nach Energie. China wird in ökonomischer Hinsicht bis zum Jahr 2028 die USA als größte Volkswirtschaft eingeholt haben. Der Energiebedarf wird weltweit bis 2030 um 10 % zunehmen, die CO_2-Emissionen um ca. 3 %. In Deutschland sinkt der Energiebedarf um ca. 10 %, die CO_2-Emissionen sollen sich halbieren. Die durchschnittlichen Temperaturen werden bis 2030 um ein weiteres halbes Grad angestiegen sein, mit Auswirkungen auf die Wasserversorgung und die Landwirtschaft, vor allem in den südlichen Erdteilen. Dies wiederum führt zu Herausforderungen für die Nahrungsversorgung aller Menschen. Generell werden sich größere Wetterextreme einstellen, die den Bewusstseinswandel in Bezug auf Klimaschutz stark beschleunigen, der zudem durch ökonomische Interessen befördert wird.

Wandel von Arbeit und Handel

Möglichkeiten des cloudbasierten Teamworks und der Videokommunikation sowie veränderte Arbeitsweisen verstärken den grundlegenden Trend zu dezentralen Arbeitsformen wie Co-Working und Homeoffice. Der Bedarf an kostenintensiven Büroflächen in Innenstädten wird erheblich abnehmen und die Art der dann noch benötigten Arbeitsräume wird sich verändern, hin zu Räumen, die interaktive Teamarbeit und Kreativität ermöglichen. Die Anforderungen an Verkehrsinfrastruktur in den Städten werden geringer und das Leben außerhalb von Ballungsräumen wird wieder attraktiver. Der Onlinehandel findet zunehmend Akzeptanz in der Gesellschaft und wird sich daher auch auf Produkte des alltäglichen Bedarfs erstrecken. Einerseits ergeben sich dadurch Effizienzen in Bezug auf den Verkehr, da nicht mehr jeder Haushalt individuell zum Einkaufen fahren muss. Andererseits entstehen durch die Zunahme des Lieferverkehrs und das erhöhte Verpackungsaufkommen neue Herausforderungen. Große Einkaufsflächen in innerstädtischen Lagen werden weniger benötigt. Dies bietet interessante Potenziale für das Wohnen und städtische Leben insgesamt.

Mobilität

Die Digitalisierung ermöglicht flexiblere und effizientere Mobiliätsformen, wie z. B. Sharing-Dienste, Sammeltaxis, in Teilen auch autonom fahrende Shuttels. Durch digitale Echtzeit-Informationssysteme wird die nahtlose Vernetzung der unterschiedlichen Verkehrsmittel optimiert und dadurch deren Akzeptanz erhöht. Infolge davon wird es weniger motorisierten

Individualverkehr geben. Teilweise bewirkt die Digitalisierung eine generelle Reduktion des Verkehrs an sich, da Berufsverkehr und Geschäftsreisen abnehmen und die Logistik effizienter wird. Die Zahl der Elektrofahrzeuge wird stetig zunehmen, bis 2025 etwa 15 % der Neuzulassungen erreichen und bis zum Ende der Dekade auf ein knappes Drittel ansteigen. Aufgrund des großen Fahrzeugbestands werden im Jahr 2030 immer noch über 70 % aller Fahrzeuge über einen Verbrennungsmotor verfügen. Durch eine Substitution fossiler Kraftstoffe mit synthetischen biogenen Kraftstoffen wird die CO_2-Belastung durch den Verkehr jedoch abnehmen. Durch den steigenden Strombedarf und die erforderliche Ladeleistung für die Fahrzeuge entstehen Herausforderungen für die Stromerzeugung und die Leitungsnetze, auch im Gebäude- und Quartierskontext. Dem digitalen Lademanagement und der Speichertechnik wird hier eine zentrale Bedeutung zukommen.

Gesundheit

Ein zunehmendes Gesundheitsbewusstsein wird veränderte Ernährungsgewohnheiten hin zu Bio-Lebensmitteln sowie zu vegetarischen und veganen Ernährungsformen befördern. In diesem Kontext ist auch das »Urban Gardening« zu sehen, die Selbstversorgung mit gesunden Lebensmitteln in der Stadt oder im Wohnumfeld. In diesem Wandel liegt auch ein großes energetisches und klimaspezifisches Potenzial.

Die Digitalisierung wird dem Thema »Digital Health« Auftrieb verleihen. Damit sind ortsunabhängige Arztbesuche und eine kontinuierliche, teils automatisierte Überwachung von Körperfunktionen möglich und kann durch digitale Analyseverfahren die medizinische Vorsorge verbessert werden. Dadurch können ältere oder gesundheitlich beeinträchtigte Menschen ein unabhängigeres Leben führen. Auch eine Unterstützung durch medizinische Roboter, digitale Prothesen und Sensoren wird neue Freiräume ermöglichen. »Digital Health« wird eine medizinische Grundversorgung für große Teile der Weltbevölkerung überhaupt erst zugänglich machen.

Bauen im Jahr 2030

Die Digitalisierung wird den Baubereich über den gesamten Lebenszyklus eines Gebäudes hinweg durchdringen und effizientere Planungsprozesse ermöglichen. Damit wird auch die Energieeffizienz und Nachhaltigkeit von Gebäuden steigen. Die digitale Planung vereinfacht Strategien der Vorfertigung, wodurch wirtschaftlicher und schneller gebaut werden kann. Diese Bauverfahren bieten sich besonders auch für den umfangreichen Einsatz von Holz und biogenen Baustoffen an, wodurch diese eine zügige Verbreitung finden werden. Ebenso werden Rückbau, Recycling und Wiederverwendung von Baustoffen einfacher zu realisieren sein.

Die Büroarbeit wird durch den digitalen Wandel im Homeoffice oder in der Nähe des Wohnumfeldes stattfinden, wofür geeignete Räume und Infrastruktur bereitgehalten werden müssen. Auch wird darüber nachgedacht werden, bestehende Büro- und Einkaufsflächen zu Wohnflächen in zentraler Lage umzunutzen. Die Elektromobilität und autonomes Fahren ermöglichen neue Siedlungs- und Quartierskonzepte, da die Fahrzeuge ohne Lärm- und Schadstoffemissionen fahren und abseits parken können. Es ergibt sich eine bessere Lebensqualität und eine erhöhte Dichte. »Urban Gardening« und Selbstversorgung erfordern Flächen in der unmittelbaren Wohnumgebung. Dafür bietet es sich an, auch Dach- und Fassadenflächen in vermehrtem Maße nutzbar zu machen, mit Vorteilen für das Klima und den Wasserhaushalt der Stadt. Es gilt Wohnstrukturen zu entwickeln, die ein unabhängiges Leben möglichst lange ermöglichen und eine generationenübergreifende Begegnung, Vernetzung und Durchmischung bieten. Insgesamt werden Städte und Quartiere grün, vernetzt und durchmischt, weisen eine hohe Dichte auf und bieten eine weitreichende Lebensqualität.

»Es scheint so zu sein, wenn der Trend nicht bricht, dass wir in 30 Jahren erstmals eine kleine billige Maschine haben werden, die dann so ein großes neuronales Netzwerk hat, wie Sie in Ihrem Hirn haben. Die Verbindungen werden natürlich schneller sein, weil es elektronische Verbindungen sind, nicht nur biologische Verbindungen. Was wird also passieren, wenn die wirklich klüger, kreativer, neugieriger, also in jeder Hinsicht dem Menschen überlegen sind? Dann werden interessante Sachen passieren…«

Jürgen Schmidhuber, Vater der Künstlichen Intelligenz, im Interview 2018

2030–2040 DIE GREEN-TECH-PHASE

Die vierte Dekade dieses Jahrhunderts wird von »Green Tech« geprägt sein, von der Lösung der Probleme der Menschheit durch umfassenden Einsatz nachhaltiger, regenerativer Technologien. Der grundlegende Ausgangspunkt dafür besteht darin, alle Prozesse als Kreislauf anzulegen, um möglichst keine der begrenzten Ressourcen unseres Planeten zu verbrauchen. Dabei kommen nur wenig grundlegend neue Technologien zum Einsatz, vielmehr werden die bereits seit Jahrzehnten verfügbaren Techniken konsequent und großmaßstäblich realisiert. Ausgelöst wird dieser Wandel durch verschiedene Aspekte: Der Klimawandel wird durch den dann bereits erfolgten Temperaturanstieg und die damit einhergehenden Wetterextreme Bestandteil des allgemeinen Bewusstseins sein und vor allem in den Industrieländern zu einem radikalen politischen Umdenken führen. Sowohl die klimabedingte Migration als auch der politische Druck der südlichen Länder, die vom Klimawandel elementar betroffen sind, werden die Entwicklungen vorantreiben. Bisher war die kostengünstige Verfügbarkeit von Energie und Rohstoffen, auch infolgedessen, dass die ökologischen Folgekosten nicht mitbilanziert wurden, ein Hemmnis für den breiten Einsatz regenerativer Systeme. Gestiegene Rohstoffpreise, die ökonomische Bilanzierung von Umweltschäden, z. B. durch CO_2-Zertifikate, und ein stärkeres Bewusstsein für Lebensqualität und Umweltschutz lassen diesen Aspekt in den Hintergrund treten. Zudem wird regenerative Umwelttechnik nun ein fester Wirtschaftsfaktor der Industrieländer sein, auch vor dem Hintergrund der Steigerung des Technologieexports und Minimierung des Energieimports. Nicht zuletzt wird regenerative Technik über Skaleneffekte immer kostengünstiger zur Verfügung stehen und so preislich gegenüber den knapper werdenden fossilen Energien ökonomische Vorteile aufweisen. Der Einsatz von fossiler Energie wird ab 2030 durch politische Vereinbarungen zunehmend eingeschränkt werden und zum Ende der Dekade ein Ende finden.

Regenerative Wasserstoffwirtschaft

Die Bemühungen, die CO_2-Emission im globalen Maßstab konstant zu halten bzw. zu reduzieren, führen weltweit zu einem massiven Ausbau der regenerativen Energiequellen Sonne, Wind und Biomasse. In den südlichen sonnenreichen Regionen mit großen, ansonsten nicht nutzbaren Flächen werden riesige Solarparks entstehen, die ihre Energie vor Ort in Wasserstoff umwandeln. Die ehemaligen OPEC-Staaten werden Sonnenenergie nun in großtechnischem Maße nutzen, teilweise auch als Solarthermie-Kraftwerke. Dies wird möglich durch Kapitalreserven, welche die Ölkonzerne während der Zeit der Ölförderung angelegt haben. Die eingestrahlte Energie ist in den Wüstenländern etwa doppelt so hoch wie in den nördlichen Breiten, wodurch die Wirtschaftlichkeit dort steigen wird. Auf diese Weise bleiben diese Länder Energieexporteure unter Ausnutzung bestehender Infrastruktur, wie Pipelines und Tankschiffe, zum Wasserstofftransport. Obwohl sie oft einen der höchsten Energiebedarfe aufweisen, werden die traditionellen Ölländer energieautark und CO_2-neutral sein. Für Afrika, mit seinen großen unbewohnten sonnenreichen Flächen, ergeben sich neue wirtschaftliche Potenziale. Durch die Nähe zu Europa kann die Energie über Hochspannungs-Gleichstrom-Übertragung, auch durch das Meer hindurch, transportiert werden. Je 1 000 km Leitungslänge ergeben sich Verluste von lediglich ca. 3 %.

Wasserstoff als sauberer regenerativer Energieträger bietet große Potenziale, um Energie unbegrenzt zu speichern und auf einfache Weise über weite Strecken transportieren zu können. Entweder chemisch an flüssige organische Wasserstoffträger (LOHC) gebunden, komprimiert in Drucktanks oder über Wasserstoffpipelines. Diese werden teilweise auch als »Pipe-in-pipe-System« realisiert, indem in bestehende Gaspipelines ein weiteres Rohr zum Wasserstofftransport eingezogen wird. Denkbar ist es auch, herkömmliches Erdgas durch Wasserstoff zu ersetzen oder dem fossilen Gas

Wasserstoff beizumischen. Mit diesen Ansätzen wird eine Wasserstoffinfrastruktur schnell errichtet werden und somit der Einstieg in eine weltumspannende, regenerative Energienutzung realisiert. Der Energieaufwand für den Elektrolyseprozess sowie für die Kompression oder chemische Speicherung von Wasserstoff ist relativ hoch, deshalb müssen die Produktionskosten des regenerativen Stroms gering sein.

Windenergie

In den nördlichen Ländern wird der massive Ausbau der Windkraft eine große Rolle spielen, auch zur Deckung des Strombedarfs für die vielen Millionen Elektroautos sowie für den Betrieb von Wärmepumpen zur emissionsfreien Konditionierung von Gebäuden. Für die Ladung der Fahrzeuge werden die Leistungsschwankungen der Windenergie eine geringere Rolle spielen, teilweise können die vernetzten Fahrzeugbatterien auch als riesiger Energiespeicher wirken und zu einem virtuellen Kraftwerk zusammengeschaltet werden. Die Leistung der Windräder wird kontinuierlich zunehmen und im Offshorebereich 20 MW übersteigen, mit Rotordurchmessern von über 250 Metern. Die Herausforderungen werden im Netzausbau liegen; hier kann der Gebäudebereich mit dezentralen Speichern und digitalem Lastmanagement stabilisierend wirken.

Grüne Revolution 2.0

So wie die grüne Revolution in der Mitte des letzten Jahrhunderts trotz einer massiv gestiegenen Weltbevölkerung die Ernährungssituation auf der Welt grundlegend verbessert, den Hunger zurückgedrängt und somit eine wirtschaftliche Entwicklung der heutigen Schwellenländer erst ermöglicht hat, so wird eine zweite grüne Revolution dazu beitragen, Probleme des aktuellen Jahrhunderts zu lösen. Es gilt, eine im Verlauf von wiederum 100 Jahren verdoppelte Weltbevölkerung mit Nahrung zu versorgen, die ausreichend Vitamine, Mineralstoffe und pflanzenbasierte Proteine enthält sowie frei von Pestiziden ist. Ein weiteres Ziel liegt in der CO_2-neutralen Energieversorgung durch Biomasse, auch zur Umwandlung in biogene Kraftstoffe, die aufgrund ihrer Energiedichte gut in Verbrennungsmotoren von Schiffen oder Flugzeugtriebwerken genutzt werden können. In entlegenen Gebieten werden große Flächen zur automatisierten Biomasseproduktion für eine CO_2-neutrale Energiegewinnung erschlossen. Ein weiteres Potenzial wird in der massiven Bepflanzung ungenutzter Flächen liegen – zur positiven Beeinflussung des Klimas, um den CO_2-Anstieg zu verzögern und den Raubbau und die Abholzung der davorliegenden Dekaden zu kompensieren.

Grundsätzlich wird sich die Landwirtschaft in gegensätzliche Richtungen bewegen. Einerseits wird sie kleinteilig, händisch auf kleinen Parzellen wohnortnah oder direkt in den Städten erfolgen. Motivation ist eine gesunde Selbstversorgung sowie ein sinnerfülltes Lebensgefühl im Einklang mit der Natur. Ebenso soll die Lebensqualität im unmittelbaren Wohnumfeld verbessert werden. Andererseits wird sie unter Nutzung der technischen und digitalen Möglichkeiten großmaßstäblich angewendet. In Städten werden dazu auch vertikale automatisierte Gewächshäuser errichtet, teilweise auch integriert oder kombiniert mit herkömmlichen Baustrukturen, in denen Pflanzen unter konditionierten Klima- und Nährstoffbedingungen optimiert wachsen. Ein Vorteil des Pflanzenwachstums in der Stadt liegt auch in einer Verbesserung der Luftqualität durch emittierten Sauerstoff. Ebenso kann die Landwirtschaft zum »Geo-Engineering« genutzt werden, um die Aufheizung zu reduzieren und CO_2 der Atmosphäre zu entziehen und langfristig im Boden zu speichern. Moore sind dabei eine sehr effiziente Möglichkeit, umfangreiche Mengen an CO_2 zu binden, darum werden bestehende Moore erhalten oder wieder vernässt und auf nicht genutzten Flächen künstliche Moore angelegt. Ebenso kann durch CO_2-Speicherung im Humus des Bodens der CO_2-Gehalt der Atmosphäre maßgeblich vermindert werden.

»Think of it. We are blessed with technology that would be indescribable to our forefathers. We have the wherewithal, the know-it-all to feed everybody, clothe everybody, and give every human on earth a chance. We know now what we could never have known before – that we now have the option for all humanity to make it successfully on this planet in this lifetime. Whether it is to be Utopia or Oblivion will be a touch-and-go relay race right up to the final moment.«

R. Buckminster Fuller, Architekt, Konstrukteur, Visionär, Designer, Philosoph und Schriftsteller, 1895–1983

»Mehr als die Vergangenheit interessiert mich die Zukunft, denn in ihr gedenke ich zu leben.«

Albert Einstein, Deutscher Physiker, 1879–1955

Mobilität

Im Jahr 2030 wird jedes dritte neu zugelassene Auto ein Elektrofahrzeug sein und es ist davon auszugehen, dass bis zum Jahr 2040 aufgrund der großen Fortschritte in der Batterietechnologie in den Industrieländern keine Fahrzeuge mit fossilem Verbrennungsmotor neu zugelassen werden. Ab 2035 wird der Großteil der Neuwagen in der Lage sein, autonom zu fahren. Dadurch werden Sharing-Konzepte und automatisierte Taxidienste noch leichter realisierbar. Fahrzeuge für die Kurzstrecke in der Stadt werden sich verändern hin zu autonomen Shuttles mit geringem Platzbedarf. Aufgrund der geringen Geschwindigkeiten tritt die Aerodynamik in den Hintergrund und die Passagiere können aufgrund des nicht erforderlichen Lenkrads einander zugewandt sitzen, wodurch das Fahrzeug kompakter wird und weniger Straßenraum benötigt. Durch autonome Fahrzeuge und digitale Verkehrsdienstleistungen sind die Grenzen zwischen öffentlichem Verkehr und Individualverkehr verwischt. Der Besitz eines eigenen Fahrzeugs wird eher die Ausnahme sein, man wird nur noch die Transportdienstleistung beziehen. Fahrzeughersteller werden nicht mehr Fahrzeuge verkaufen, sondern werden Anbieter von Mobilitätslösungen mit effizienten Schnittstellen zu anderen Verkehrssystemen für große Distanzen. Im Langstreckenverkehr werden Hochgeschwindigkeitszüge, teilweise auch Magnetschwebebahnen oder »Hyperloops« das Flugzeug ersetzen, da mit diesen Systemen schnelle Verbindungen direkt zu den Zentren der großen Metropolen realisiert werden können und so insgesamt ein Zeitvorteil entsteht. Im Interkontinentalverkehr werden effiziente Flugzeuge mit Wasserstoff und Biokerosin betrieben. Dies gilt auch für den Güterlastverkehr sowie für Schiffe, um diese Transportsektoren auch CO_2-neutral zu machen.

Infrastruktur

Durch das Bevölkerungswachstum, vor allem aber durch Landflucht und Migration, werden Städte und Metropolen sehr schnell wachsen. In China werden Metropolen mitunter ganz neu angelegt, mit der Möglichkeit die Infrastruktur weitsichtig einzuplanen. In den Industrieländern werden Städte verdichtet und auf Basis strategischer Planung erweitert. In anderen Teilen der Welt wird es jedoch auch ein unkontrolliertes Ausufern der Megastädte geben. Für alle diese Szenarien gilt es, geeignete Infrastrukturlösungen zu entwickeln. Der Güterverkehr wird durch innovative Transportlösungen, selbstfahrende »Robo-Transporter«, Versorgungsdrohnen und leitungs- oder schienengebundene Fördersysteme ergänzt. Autonom fahrende Transportfahrzeuge werden vorwiegend in den Nachtstunden fahren, in denen die Straßen nur wenig für den Personenverkehr genutzt werden. In den Metropolen wird es verteilte Logistikstandorte geben, von wo aus die Waren dann lokal verteilt werden.

Carbon Capture

Bleiben die CO_2-Emissionen auf dem gegenwärtigem Niveau, so würde 2040 die CO_2-Konzentration von 450 ppm erreicht sein, die als Grenze zur Einhaltung des Ziels der Klimaerwärmung auf 2,0 Grad gilt. Auch wenn die Welt bis zur Mitte des Jahrhunderts komplett CO_2-neutral wäre, so verbleibt das seit Beginn der Industrialisierung bereits emittierte CO_2 in der Atmosphäre. Es liegt dann 50 % über dem vorindustriellen Niveau und 30 % über dem Maximum der letzten 500 000 Jahre. Es würde sich nur sehr langsam abbauen und wäre nach 1 000 Jahren gegenüber der vorindustriellen Zeit immer noch erhöht. Vor diesem Hintergrund rückt die Technologie des »Carbon Capture« in den Fokus: entweder durch die Abscheidung von CO_2 am Entstehungsort, z. B. dem Kraftwerk, oder durch »Direct Air Capture«, der direkten Ausfilterung von CO_2 aus der Atmosphäre. »Direct Air Capture« kann z. B. mit überschüssigem Solar- oder Windstrom erfolgen. Dieses CO_2 kann dann technisch genutzt werden, z. B. zur Erzeugung von »Bio Fuels«, oder muss z. B. in unterirdischen Lagerstätten eingelagert werden.

Bauen im Jahr 2040

Häuser werden für die Raumkonditionierung keine zugeführte Energie mehr benötigen und einen Teil der benötigten Elektrizität vor Ort erzeugen können. Deshalb rückt der Primärenergieinhalt der Konstruktion vermehrt in den Fokus. Vor diesem Hintergrund werden der Holzbau und der Einsatz biogener Baustoffe enorm an Bedeutung gewinnen und die energieaufwendigen Baustoffe Beton und Stahl ersetzt werden. Da in Holzkonstruktionen CO_2 dauerhaft gespeichert wird, kann es sein, dass der Holzbau durch CO_2-Zertifikate in Zukunft noch wirtschaftlicher sein wird.

Eine Herausforderung wird sein, die zeitliche Varianz der regenerativen Energiequellen auszugleichen. Hier werden Speicher und Energiemanagementsysteme vor allem im Gebäudekontext eine große Rolle spielen. Im Gebäude bieten Brennstoffzellen das Potenzial, Sektorenkopplung sehr kleinmaßstäblich umzusetzen und auf diese Weise eine effiziente flexible Energieversorgung zu ermöglichen. Ein weiterer Vorteil besteht darin, dass beim Verbrennungsprozess und bei der Rückverstromung über eine Brennstoffzelle keine Emissionen freigesetzt werden und diese Prozesse im unmittelbaren Gebäudeumfeld stattfinden können.

Der Wandel hin zu intermodalen Verkehrskonzepten wird zu einer Umstrukturierung der Städte führen. Es werden umfangreiche Flächen in zentraler Lage frei, die nun bebaut oder als Erholungsflächen genutzt werden können. Dazu werden intermodale »Mobility Hubs« in den Stadtzentren sowie in Subzentren an der Peripherie der Städte notwendig, bei denen auf einfache Weise von überregionalen Hochgeschwindigkeits-Verkehrssystemen auf den lokalen öffentlichen Nahverkehr, autonome Shuttles oder Mikromobilität gewechselt werden kann. Da die neuen Verkehrsmittel keine Lärm- und Schadstoffemissionen aufweisen und viel weniger Platz benötigen, können »Mobility Hubs« auf einfache Weise mit anderen Nutzungen kombiniert werden. Für eine weitreichende Akzeptanz sollten sie eine gute Aufenthaltsqualität aufweisen und um weitere Funktionen wie Handel, Gesundheit und Kultur ergänzt werden, so wie es bei Flughäfen in Teilen heute schon der Fall ist. In großen Metropolen werden auch Flugtaxis oder Seilbahnen bodengebundene Verkehrssysteme ergänzen und auf diese Weise den Verkehrsflächenbedarf reduzieren und die mögliche Bebauungsdichte erhöhen. Dafür sind geeignete Übergangspunkte zu anderen Verkehrssystemen zu entwickeln. Da die Autos überwiegend autonom fahren werden, wird so gut wie kein Parkraum mehr in den Straßen benötigt, wodurch Flächen frei werden. Dafür werden mehr sichere Bewegungsflächen für Fußgänger und energieeffiziente Mikromobilität benötigt. Es bietet sich an, diese Flächen so zu gestalten, dass auch attraktiver öffentlicher Aufenthaltsraum entsteht.

Der Einkauf wird sich komplett verändern, weg von Warenumschlags- und Handelsflächen hin zu erlebnisorientierten Showrooms, in denen man sich informiert und inspirieren lässt, oft auch kombiniert mit gastronomischen oder kulturellen Angeboten. Die Lieferung der Ware wird dann voll automatisiert direkt in die Wohnung oder zu Logistikstationen im unmittelbaren Wohnumfeld erfolgen.

Generell bietet es sich in Bezug auf die Bebauungsstrukturan an, das Wohnen mit anderen Nutzungen zu mischen; dadurch vermindern sich die Hüllflächen, die sektorenübergreifende Energieversorgung ist effizienter, die Wege werden kürzer und die Städte belebter. Das Leben in der Stadt wird durch viel Grün und durch für jeden nutzbare Freizeit- und Erholungsflächen, die den Austausch und die Begegnung zwischen den Menschen auch unabhängig vom Konsum von Waren oder Dienstleistungen fördern, attraktiv für die Bewohner werden.

»Technologische Durchbrüche sind unsere größte Chance, globale Herausforderungen wie den Klimawandel anzugehen und die Energiewende zu bewältigen.«

Frank Thelen, Startup Investor und Boarder, in seinem Vortrag bei den Handelsblatt Energy Awards in Berlin 2018

2040–2050 DAS INTERPLANETARE ZEITALTER

Die Dekade zur Mitte dieses Jahrhunderts wird geprägt sein durch Inspirationen, die aus interplanetaren Visionen gespeist werden, insbesondere einem möglichen Leben von Menschen auf dem Mars. Ab dem Jahr 2040 werden die technologischen, ökonomischen und politischen Rahmenbedingungen für eine Marsmission vorhanden sein und aller Voraussicht nach im Jahr 2048, wenn der Abstand zwischen Erde und Mars ein periodisches Minimum erreicht, Realität werden. Ähnlich wie die Landung auf dem Mond im letzten Jahrhundert, die der Menschheit einen enormen technologischen Schub verliehen hat, wird eine Mission zum Mars oder darüber hinaus ein vielfach höheres Entwicklungspotenzial freisetzen. Insbesondere auch, da die Ausgangsbasis in Bezug auf das Wissen sowie die technologischen und ökonomischen Möglichkeiten ungleich größer sein wird als zu Zeiten des Apollo-Programms in den 1960er-Jahren. Zudem ist eine Marsmission allein aufgrund ihrer Dauer von minimal 450 Tagen um ein vielfaches komplexer und erfordert die Lösung von Fragestellungen, die über die Aspekte der Raumfahrt hinausgehen. Es wird um die Energie- und Sauerstoffversorgung, die Erstellung von Wohnmodulen, die Nahrungsproduktion, Telemedizin oder Material- und Produktionstechnik gehen. Ebenso wie die Landung auf dem Mond ein Bewusstsein für Aspekte der Nachhaltigkeit auf dem begrenzten »Raumschiff Erde« geschaffen hat, wird die Erschließung anderer Planeten mit den damit zu lösenden Problemen ein Gefühl der Wertschätzung der Lebensbedingungen auf der Erde hervorrufen und den bereits eingeschlagenen Pfad der Nachhaltigkeit weiter beschleunigen.

Bevölkerung und Wirtschaft

Die Bevölkerungszahl wird im Jahr 2050 die Größenordnung von ca. 10 Milliarden Erdenbürgern erreichen, gleichzeitig steigt der Anteil der Menschen, die in die Städte streben, sodass bis dahin fast 70 % der Weltbevölkerung in Städten leben werden, 20 % davon in den Industrieländern. Aufgrund des ökonomischen Fortschritts wird sich der Bevölkerungszuwachs aus dem asiatischen Raum maßgeblich auf den afrikanischen Kontinent verlagern, wo sich bis zur Mitte des Jahrhunderts die Bevölkerung verdoppeln wird. Dort werden dann mehr als die Hälfte der Einwohner unter 25 Jahre alt sein. Auf der Welt werden bis 2050 über 100 Megacities mit mehr als 10 Millionen Einwohnern entstehen. Acht Städte, in Indien, China und Afrika, werden über 50 Millionen Einwohner aufweisen.

Bis zur Mitte des Jahrhunderts wird es einen enormen Zuwachs an frei verfügbarer Lebenszeit geben. Ein im Jahr 2050 in einem Industrieland geborener Mensch wird eine Lebenserwartung von etwa 90 Jahren haben und lebt somit 25 Jahre länger als jene, die 100 Jahre früher auf die Welt kamen. In den Industrieländern werden die über 60-Jährigen dann ein Drittel der Bevölkerung stellen. In Bezug auf die Alterversorgung kommt somit auf jeden Erwerbstätigen nahezu ein Rentner. Gleichzeitig werden Menschen im Alter gesünder und selbstbestimmter leben.

Da die Wirtschaftsleistung der Industrieländer nicht mehr nur aus produzierten Waren und Gütern bestehen wird, sondern vor allem aus immateriellen, digitalen Werten und Dienstleistungen, wird das Wirtschaftswachstum vom negativen ökologischen Impakt entkoppelt, sodass sich enorme Wachstumsraten entfalten werden. Durch Robotik und künstliche Intelligenz wird dieses Wirtschaftswachstum unabhängig von der menschlichen Produktivkraft sein. Die Folge davon wird eine starke Abnahme an Arbeitsmöglichkeiten sein, sodass nicht mehr für alle Menschen herkömmliche Arbeitsplätze vorhanden sein werden. Dies erfordert insbesondere in den Industrieländern neue Strategien der Grundsicherung weiter Teile der Gesellschaft, z. B. durch ein bedingungsloses Grundeinkommen. Dies bewirkt einerseits ökonomische Herausforderungen und andererseits große Potenziale für ein erfüllteres, achtsameres und menschlicheres Miteinander.

Bauen im Jahr 2050

Ideen, Konstruktionsprinzipien und Technologien aus der Raumfahrt werden den Baubereich inspirieren. Damit erhalten Ressourceneffizienz, Modularität und Leichtbau eine neue Bedeutung. Ebenso wird die Ephemerisierung, die Tendenz von Technologien, sich zu immer kleineren, leichteren und effizienteren Systemen zu wandeln, auch im Bauwesen dynamisch fortschreiten. Der 3D-Druck wird nun auch in großtechnischem Maßstab auf Basis unterschiedlicher, teils auch biogener Materialien angewendet. Dieser ermöglicht komplexe Formen und Geometrien sowie unterschiedliche Wandstärken und Materialstrukturen. Ganze Gebäude oder großformatige Bauteile werden direkt vor Ort auf der Baustelle automatisiert produziert. Durch das additive Formgebungsverfahren können der Materialeinsatz minimiert und die Leistungsfähigkeit sowie die Funktionalität maximiert werden. Bauteile werden größtenteils aus einem Material bestehen, wodurch ein einfaches Recycling möglich ist. Dennoch können durch unterschiedliche Druckverfahren vielfältige Stoffeigenschaften, wie z. B. Wärmeleitfähigkeit oder Tragfähigkeit, eingestellt werden, die auch innerhalb eines Bauteils variiert werden können.

Ebenso von der Raumfahrt und dem Automobilbau inspiriert, werden modulare Baukonzepte angewendet. Diese ermöglichen es, komplexe Bauelemente und Technologien für die schnell wachsenden Städte auf effiziente Weise zur Verfügung zu stellen. Zudem können hoch technisierte Systeme, die kurze Innovationszyklen aufweisen, mit multifunktionalen Tragstrukturen, die eine Lebensdauer von über hundert Jahren haben, zu einem nachhaltigen, flexibel nutzbaren Gebäude kombiniert werden. Eine modulare Bauweise wird eine automatisierte Vorfertigung von komplexen Komponenten und eine roboterbasierte automatische Montage auf der Baustelle ermöglichen. Der sortenreine Rückbau, die Trennung von Schadstoffen, das Recycling und damit eine kreislaufgerechte Bauweise werden leichter möglich.

In den durch den Klimawandel noch wärmer gewordenen warmen Klimazonen oder in nördlichen sehr kalten Gebieten werden Menschen in großen klimatisch konditionierten Raumstrukturen und in klimaoptimierten Außenbereichen leben. Auch wird das Mikroklima in den Städten beeinflusst werden. Die Grenzen von öffentlichem Innenraum und Stadtraum werden sich auflösen. Diese stadtklimatischen Herausforderungen lassen auch Ideen, die von Buckminster Fuller in den 1950er-Jahren formuliert wurden, wieder aktuell werden. Fuller regte an, große Räume oder gar Stadtteile mit Kuppeln zu überspannen und auf nachhaltige Weise klimatisch abzukoppeln. Dies ist sowohl für kalte als auch warme Klimazonen eine mögliche Strategie. Dadurch können die Konsequenzen von extremem Klima abgemildert, Energie eingespart sowie die Lebensqualität verbessert werden.

Zur Versorgung der riesigen Metropolen mit Energie, Wasser, Nahrung und Gütern des Alltags werden sich gewaltige Anforderungen an die Infrastruktur ergeben, um ein menschenwürdiges Leben für alle Stadtbewohner zu ermöglichen. Dies erfordert große Innovationen beim Verkehr und der Güterlogistik. Da die Menschen die Städte aufgrund ihrer Größe nicht mehr regelmäßig verlassen werden, wird die Lebensqualität in den Städten selbst zunehmend zum Kriterium, insbesondere was die Luftqualität, das Stadtklima und die Erholungs- und Begegnungsmöglichkeiten betrifft. Um eine hohe Einwohnerzahl bei begrenzter Fläche aufnehmen zu können, werden sich viele Städte vertikal entwickeln. Mit »Vertical Farming« wird versucht, viel Grün in die Stadt zu bringen, um das Stadtklima und die Lebensqualität zu verbessern und auch die Weltbevölkerung mit gesunder, frischer Nahrung zu versorgen. Insgesamt gilt es, Wohn- und Lebensräume zu entwickeln, die Energieeffizienz, Nachhaltigkeit, Dichte und Lebensqualität in sich vereinen und viel Raum zur Begegnung bieten. Ganz so, als würde man einen anderen Planeten besiedeln.

»Wir denken immer, wir müssten auf dem Mars nachhaltig leben, weil er ein geschlossenes System ist. Aber dieser Planet ist auch ein geschlossenes System. Stattdessen leben wir auf der Erde von der Substanz – wie Astronauten, die von Proviant zehren, der ihnen bald ausgehen wird. Bedeutet: Vom Mars zu lernen heißt, für die Erde zu lernen.«

Henk Rogers, Gründer der International MoonBase Alliance, in einer Rede auf dem Kongress der International Astronautical Federation in Bremen 2018

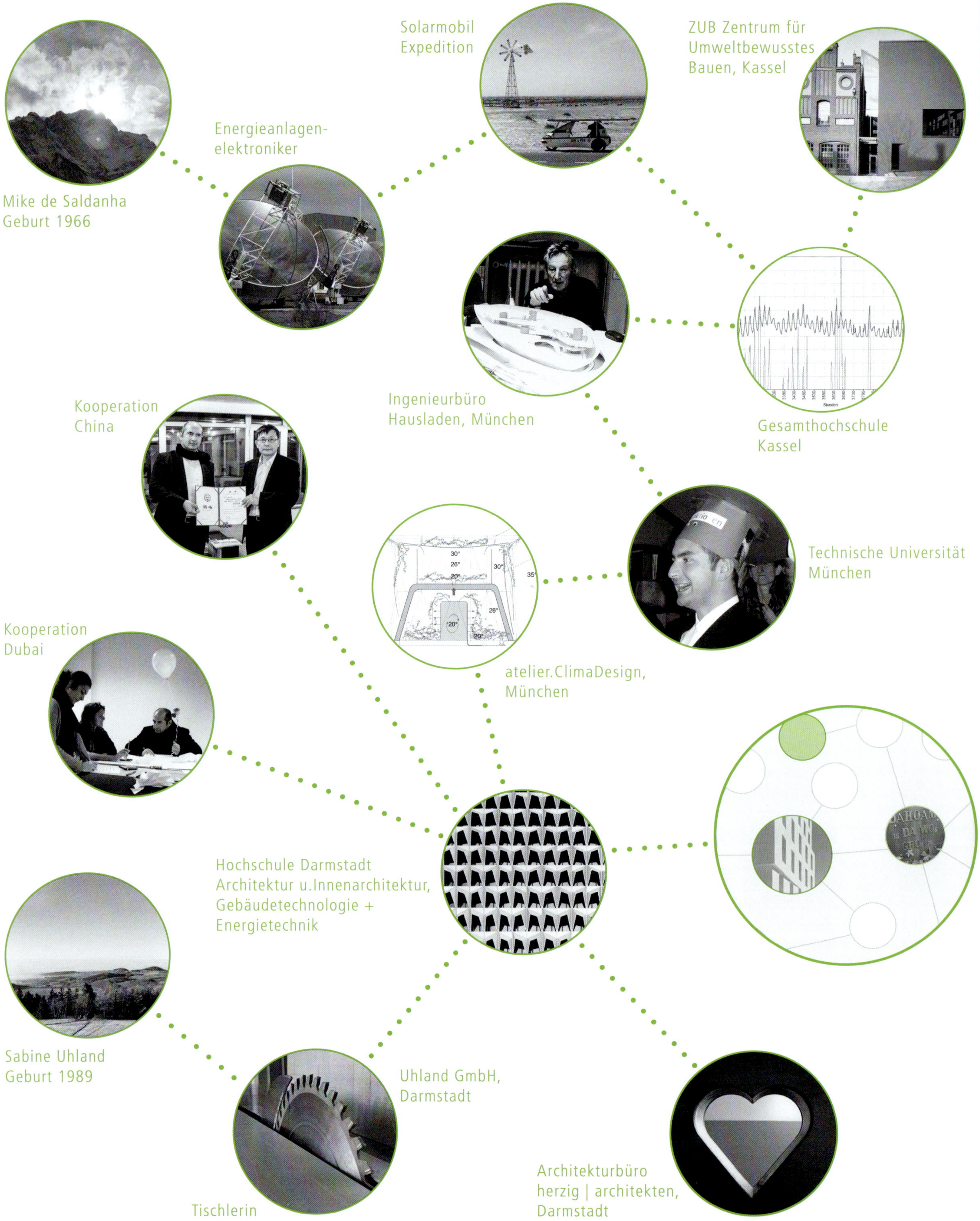
Mike de Saldanha
Geburt 1966
Energieanlagen-
elektroniker
Solarmobil
Expedition
ZUB Zentrum für
Umweltbewusstes
Bauen, Kassel
Ingenieurbüro
Hausladen, München
Gesamthochschule
Kassel
Kooperation
China
Technische Universität
München
atelier.ClimaDesign,
München
Kooperation
Dubai
Hochschule Darmstadt
Architektur u.Innenarchitektur,
Gebäudetechnologie +
Energietechnik
Sabine Uhland
Geburt 1989
Uhland GmbH,
Darmstadt
Tischlerin
Architekturbüro
herzig | architekten,
Darmstadt

ANHANG

- Lebenswege und Stationen
- Literatur, Normen und Gesetze
- Fotografen und Bildnachweis
- Stichwortverzeichnis
- Impulse und Unterstützung
- Impressum

Nach einem Einblick in die Lebensstationen und Aktivitäten des Autors, die den Inhalt dieses Buches geprägt haben, ergänzt ein Verzeichnis für weiterführende Literatur dieses Werk in fachlicher Hinsicht. Das Literaturverzeichnis erhebt nicht den Anspruch auf Vollständigkeit, sondern soll insbesondere auf vertiefende Werke zu den jeweiligen Themen verweisen. Die Literatur ist analog der Gliederung im Buch nach Haupt- und Unterkapiteln sortiert. Werke und Internetseiten, die einen Überblick zum gesamten Themengebiet geben, finden sich im Kapitel »Einblick«. Den Hauptkapiteln sind übergreifende weiterführende Fachbücher zugeordnet sowie Literatur, die das Kapitelthema interdisziplinär ergänzt. In den jeweiligen Unterkapiteln sind fachspezifische Werke aufgeführt, die das behandelte Fachgebiet im Detail vertiefen, sowie zugehörige Normen, Richtlinien und Gesetze. Wissenschaftliche Arbeiten und »antiquarische Werke«, die Impulsgeber für das jeweilige Thema waren, sind ebenfalls enthalten. Generell wurde angestrebt, die Literatur in den einzelnen Kapiteln nach Relevanz zu sortieren, gefolgt von Normen und Webseiten.

Der Bildnachweis für Fotografien und Grafiken folgt der Reihenfolge im Buch, gegliedert nach den Kapiteln. Ein Stichwortverzeichnis erleichtert die Orientierung im Buch. Den Abschluss bildet ein Dank an die Inputgeber und Mitwirkenden, die ihren fachlichen Rat gegeben und zur Entstehung dieses Werks beigetragen haben.

LEBENSWEGE UND STATIONEN

Prof. Dr. Mike de Saldanha

Lebensweg
geboren in München_05.04.1966
aufgewachsen in Goa (Indien), Lissabon und München_1966–1978
verheiratet_ 2010 mit Christiane de Saldanha
zwei Kinder_2001 Fabio, 2005 Emilio

Ausbildung
Lehre zum Energieanlagenelektroniker_1982–1985 Siemens AG München, Abschluss mit bayrischem Staatspreis
eigene Firma für Fotografie_1986, München
Fachabitur_1987 Fachoberschule, München
Studium Architektur_1987–1992 Fachhochschule, München und Würzburg
Studium Philosophie_1993–1994 Universität Würzburg
Studium Energie und Umwelt_1994–1996 Universität Gesamthochschule Kassel
Studium Architektur_1995–1996 Universität Gesamthochschule Kassel
Diplom Architektur_1996 am FG Technische Gebäudeausrüstung, Prof. Dr.-Ing. G. Hausladen: Dynamische Gebäudesimulation

Solarmobilexpedition
Entwicklung und Konstruktion eines Langstreckensolarmobils_1994, Kassel
Solarexpedition nach Nordafrika_1995, Kassel, Marseille, Tunis, Djerba
Mitwirkung in der Arbeitsgemeinschaft Solartechnik_1994–1997, Kassel

Ingenieurbüro Hausladen
Mitwirkung bei der nachhaltigen Konzeption von großen Bauprojekten und klimatischtechnische Beratung bei renommierten, internationalen Architekturwettbewerben_1996–2010, Kirchheim bei München

Universität Gesamthochschule Kassel
Wissenschaftlicher Mitarbeiter am FG Technische Gebäudeausrüstung, Prof. Dr.-Ing. Gerhard Hausladen_1998–2001 Fachbereich Architektur, Gesamthochschule Kassel
Initiierung und Konzeption des Zentrums für Umweltbewusstes Bauen_1998, Kassel
Begleitforschung im Programm Solaroptimiertes Bauen, Zentrum für Umweltbewusstes Bauen_1999–2002, Kassel

Technische Universität München TUM
Wissenschaftlicher Assistent am Lehrstuhl Bauklimatik und Haustechnik, Prof. Dr.-Ing. Dr. h. c. Gerhard Hausladen_2002–2007 Fachbereich Architektur, TU München
Initiierung der Gruppe Climadesign_2003, München
Konzeption der Ausstellung Climadesign auf der BAU_2003, 2005, 2007, München
Promotion am Lehrstuhl Bauklimatik und Haustechnik_2006, Prof. Dr.-Ing. Dr. h. c. Gerhard Hausladen/Prof. Dr.-Ing. Gerd Hauser: Interaktion von Hülle, Struktur und Raum

atelier.ClimaDesign
Alleingesellschafter des Ateliers für ganzheitliche Architekturentwicklung, Energiekonzepte, Technologieberatung und Simulation_seit 2002, München

Hochschule Darmstadt h_da
Professur für Gebäudetechnologie + Energietechnik am Fachbereich Architektur und Innenarchitektur_seit 2010
Etablierung ClimaDesignlabor_2011
Initiierung eines Dialogprojekts mit dem Goetheinstitut in Shanghai_2011
Hochschulkooperation mit China_2012, Shenyang Jianzhu University, Liaoning
Beauftragter für Internationalisierung und Forschung_seit 2013
Hochschulkooperation mit Dubai_2015, Ajman University, UAE
Mitglied des Zentrums für Forschung und Entwicklung_seit 2016

Publikationen

über 40 Veröffentlichungen in wissenschaftlichen Fachzeitschriften

Einführung in die Bauklimatik_2003 Ernst & Sohn, Berlin
Bauklimatik und Energietechnik für hohe Häuser_2003 Beitrag in Betonkalender 2003 Ernst & Sohn, Berlin
ClimaDesign – Lösungen für Gebäude, die mit weniger Technik mehr können_2005 Callwey, München
ClimaSkin – Konzepte für Gebäudehüllen, die mit weniger Energie mehr leisten_2006 Callwey, München
Beitrag in Umweltbewusstes Bauen, Festschrift zum 60. Geburtstag von Gerd Hauser_2008 Fraunhofer IRB, Stuttgart
Bauphysikkalender (Beiträge)_2004 und 2007 Ernst & Sohn, Berlin
Klimagerecht Bauen – Ein Handbuch_2012 Birkhäuser, Basel

Fachliche Aktivitäten
Beirat des Studiengangs Klimaengeneering an der Donau Universität Krems_2002–2010
Gründungsmitglied Climadesign e.V._2007
Mitglied des Aufsichtsrat Jost Energy AG_ seit 2016, München
Handelsblatt Energy Award 2017_Gewinner in der Kategorie »Smart Infrastructure« mit dem Quartiersenergiekonzept »Brucklyn«
Mitglied der Handelsblatt Energy Academy_seit 2018, Berlin
Gründungsmitglied des Open District Hub der Fraunhofer-Gesellschaft und Sprecher der »Arbeitsgruppe Quartiere«_2018, München
Aufsichtsratsmitglied Ampeers Energy_2019

Sabine Uhland

Lebensweg
geboren in Fulda_16.04.1989
aufgewachsen in Fulda_1989–2010
Wohnort Darmstadt_seit 2010
verheiratet_2020 mit Johanna Uhland

Ausbildung
Fachabitur_2007, Fachoberschule Fulda
Lehre zur Tischlerin_2007–2010, Fulda
Studium Architektur_2010–2017 Hochschule Darmstadt
Master of Arts Architektur_2017 Hochschule Darmstadt

Hochschule Darmstadt h_da
Mitarbeit am Fachbereich Architektur – Modellbau_2011–2016, Darmstadt
Mitwirkung am Projekt ClimaDesign 2.0, FG Gebäudetechnologie + Energietechnik_2016, Darmstadt

Uhland GmbH
Mitwirkung in den Bereichen Entwurf, Fertigung, Firmenpräsenz_seit 2013, Darmstadt

Lamott.Lamott Architekten
Mitwirkung an diversen Architekturwettbewerben, europaweit_2014, Stuttgart

herzig | architekten
Mitarbeit bei herzig | architekten, Architekten Ingenieure GmbH_seit 2016, Darmstadt

Prof Dr. Mike de Saldanha:

»Wer sich beim Planen nur nach Normen und Richtlinien richtet, baut Gebäude, die effizient, aber nicht nachhaltig sind!«

Sabine Uhland:

»Nachhaltiges, smartes Bauen erfordert ein Umdenken, Weiterdenken und oft auch ein Zurückdenken in der Gesellschaft.«

LITERATUR, NORMEN UND GESETZE

Einblick

Übergeordnete Weblinks
www.smartbauen.online_Webseite zum vorliegenden Werk; 2021
www.baufachinformation.de_Baufachwissen des Fraunhofer IRB, Stuttgart; 2021
www.fraunhofer.de_Fraunhofer-Gesellschaft zur Förderung der angewandten Forschung e.V., München; 2021
www.ibp.fraunhofer.de_Fraunhofer-Institut für Bauphysik IBP, Stuttgart; 2021
www.ise.fraunhofer.de_Fraunhofer-Institut für Solare Energiesysteme ISE, Freiburg; 2021
www.baunetz.de_Größtes deutschsprachiges Online-Architekturmagazin; 2021
www.baunetzwissen.de_Online-Lexikon, erstellt vom Architekturmagazin BauNetz; 2021
www.enev-online.de_Institut für Energie-Effiziente Architektur mit Internet-Medien; 2021
www.dgnb.de_Deutsche Gesellschaft für Nachhaltiges Bauen – DGNB e.V.; 2021
www.din.de_Deutsches Institut für Normung e.V. (DIN); 2021
www.nachhaltigesbauen.de_Informationsportal Nachhaltiges Bauen des Bundesministeriums des Innern, für Bau und Heimat; 2021
www.solarwirtschaft.de_BSW – Bundesverband Solarwirtschaft e.V.; 2021
www.bee-ev.de_Bundesverband Erneuerbare Energien e.V. (BEE); 2021
www.dgs.de_Deutsche Gesellschaft für Sonnenenergie e.V.; 2021
www.wasserwaermeluft.de_Zentralverband Sanitär Heizung Klima; 2021

Übergeordnete Werke
Architektur denken_Peter Zumthor; 2010
Architektur konstruieren. Vom Rohmaterial zum Bauwerk. Ein Handbuch_Andrea Deplazes; 2018
Architecture Without Architects. A Short Introduction to Non-Pedigreed Architecture_B. Rudofsky; 1987
Bauentwurfslehre. Grundlagen, Normen, Vorschriften_Ernst Neufert; 2018
Baustilkunde. Das Standardwerk zur europäischen Baukunst von der Antike bis zur Gegenwart_Wilfried Koch; 2014
Baustoff Atlas_Manfred Hegger, Volker Auch-Schwelk, Matthias Fuchs, Thorsten Rosenkranz; 2005
ClimaDesign. Lösungen für Gebäude, die mit weniger Technik mehr können_Gerhard Hausladen, Michael de Saldanha, Christina Sager, Petra Liedl; 2005
ClimaSkin. Konzepte für Gebäudehüllen, die mit weniger Energie mehr leisten_Gerhard Hausladen, Michael de Saldanha, Petra Liedl; 2006
Einführung in die Bauklimatik. Klima- und Energiekonzepte für Gebäude_Gerhard Hausladen, Michael de Saldanha, Wolfgang Nowak, Petra Liedl; 2003
Energie Atlas. Nachhaltige Architektur_Manfred Hegger, Matthias Fuchs, Thomas Stark, Martin Zeumer; 2007
Formeln und Tabellen Bauphysik. Wärmeschutz – Feuchteschutz – Klima – Akustik – Brandschutz_Wolfgang M. Willems, Kai Schild, Diana Stricker; 2020
Frick/Knöll Baukonstruktionslehre Band 1 u. 2_Ulf Hestermann, Ludwig Rongen; 2019
Gebäudetechnik. Ein Leitfaden für Architekten und Ingenieure_Klaus Daniels; 2001
Handbuch der Gebäudetechnik. Planungsgrundlagen und Beispiele. Band 1 u. 2_Wolfram Pistohl, Christian Rechenauer, Birgit Scheuerer; 2016
Klimagerecht Bauen. Ein Handbuch_Gerhard Hausladen, Petra Liedl, Michael Saldanha; 2012
Lehrbuch der Bauphysik. Schall – Wärme – Feuchte – Licht – Brand – Klima_Wolfgang M. Willems et al.; 2017
Low-Tech, Light-Tech, High-Tech. Bauen in der Informationsgesellschaft_Klaus Daniels; 1998

Lo-TEK. Design by Radical Indigenism_Julia Watson, W-E studio; 2020
Öffnen und Schließen. Fenster, Türen, Tore, Loggien, Filter_Alexander Reichel, Kerstin Schultz, Anette Hochberg et al.; 2009
Operating Manual for Spaceship Earth_R. Buckminster Fuller; 1969
Pinpoint. Fakten der Bauphysik zu nachhaltigem Bauen_Bruno Keller, Stephan Rutz; 2011
Recknagel – Taschenbuch für Heizung und Klimatechnik 2021/2022_Karl-Josef Albers; 2020
RWE Bau-Handbuch mit EnEV 2014_EW Medien und Kongresse GmbH; 2014
Scale. Wärmen und Kühlen. Energiekonzepte, Prinzipien, Anlagen_Alexander Reichel, Kerstin Schultz, Manfred Hegger et al.; 2011
Schneider – Bautabellen für Architekten. Entwurf – Planung – Ausführung_Andrej Albert, Joachim Heisel, Klaus-Jürgen Schneider, Kerstin Rjasanowa; 2020
Solararchitektur für Europa_Schneider, A.; 1996
Solares Bauen. Stadtplanung – Bauplanung_Dieter Schempp, Martin Krampen, Fred Möllring; 1992
Sol Power. Die Evolution der solaren Architektur_ Sophia Behling, Stefan Behling; 1996
Technologie des ökologischen Bauens. Grundlagen und Maßnahmen, Beispiele und Ideen_Klaus Daniels; 1999
Umhüllen und Konstruieren. Wände, Fassade, Dach_Alexander Reichel, Kerstin Schultz, Eva Maria Herrmann et al.; 2015
Umweltbewusstes Bauen. Energieeffizienz – Behaglichkeit – Materialien.
Festschrift zum 60. Geburtstag von Gerd Hauser_herausgegeben von Anton Maas; 2008
Wörterbuch der Architektur_2018
Wohltemperierte Architektur. Neue Techniken des energiesparenden Bauens_Philipp Oswalt; 1995

Zeitreise – Konzepte von früher bis heute

Geschichte der Architekturtheorie. Von der Antike bis zur Gegenwart_Hanno-Walter Kruft; 2013
Kleine Geschichte des energiesparenden Bauens_Gerhard Hausladen, Michael de Saldanha, Petra Liedl; in: Energieeffiziente Architektur. Herausgegeben von der Wüstenrot-Stiftung; 2009
WBG Architekturgeschichte. Die Moderne (1800 bis heute). Baukunst – Technik – Gesellschaft_Christian Freigang, Meinrad von Engelberg; 2015
dtv-Atlas zur Baukunst. Tafeln und Texte. Band 1: Allgemeiner Teil. Baugeschichte von Mesopotamien bis Byzanz; Band 2: Baugeschichte von der Romanik bis zur Gegenwart_1997
Space, Time and Architecture. The Growth of a New Tradition_Sigfried Giedion; 1941
Mechanization Takes Command. A Contribution to Anonymous History_Sigfried Giedion; 1948
Propyläen Technikgeschichte. Sonderausgabe in 5 Bänden_herausgegeben von Wolfgang König; 2000

| Mensch

Die vier Bücher zur Architektur_Andrea Palladio; 1570, Ausgabe von 1993
Sigfried Giedion und Richard Buckminster Fuller. Positionen moderner Architektur zwischen Le Corbusier und Einstein_Hans Georg Keitel; 2010
Baukultur. Spiegel gesellschaftlichen Wandels_Werner Durth, Paul Sigel; 2016
Performance von Gebäuden. Kriterien, Konzepte, Erfahrungen_Karsten Voss, Sebastian Herkel, Doreen Kalz et al.; 2016

Ganzheitliche Behaglichkeit

Zehn Bücher über Architektur_Vitruv; 33–20 v. Chr., Ausgabe von 2019
Gesundes Bauen und Wohnen. Baubiologie für Bauherren und Architekten_Petra Liedl, Bettina Rühm; 2019
Bauen für die Seele. Architektur im Einklang mit Mensch und Natur_Christopher Day; 2002
Arbeitspsychologie_Eberhard Ulich; 2011
Biologische Psychologie_N. Birbaumer, R. Schmidt; 1999
Wohnhygiene und Wärmedämmung. Die Geschichte unserer Wohnkultur_Helmut Künzel; 2016
Mensch und Raumklima_P. O. Fanger; 1994
Expositionen und gesundheitliche Beeinträchtigungen in Bürogebäuden. Ergebnisse des ProKlimA-Projektes_W. Bischof, M. Bullinger-Naber, B. Kruppa; 2003
ArbStättV_Verordnung über Arbeitsstätten; 2004
www.baua.de_Bundesanstalt für Arbeitsschutz und Arbeitsmedizin; 2020

Visuelle Behaglichkeit

siehe auch Literatur in den Kapiteln: Tageslicht und Kunstlicht

Die Tunisreise 1914. Paul Klee, August Macke, Louis Moilliet_Michael Baumgartner, Roger Benjamin, Erich Franz et al.; 2014
Gestalten mit Licht und Schatten. Licht sehen und verstehen_Oliver Rausch; 2021
Licht. Sehen. Gestalten. Lichttechnische und wahrnehmungspsychologische Grundlagen für Architekten und Lichtdesigner_Walter Witting; 2014
Farbe räumlich denken. Positionen, Projekte, Potenziale_Kerstin Schultz, Hedwig Wiedemann-Tokarz, Eva Maria Herrmann; 2018
ASR A1.6 Fenster, Oberlichter, lichtdurchlässige Wände_Technische Regeln für Arbeitsstätten; 2019
ASR A3.4 Beleuchtung_Technische Regeln für Arbeitsstätten; 2014
DIN 5034_Tageslicht in Innenräumen; 2011
DIN 5035_Beleuchtung mit künstlichem Licht; 2007
DIN EN 12464_Licht und Beleuchtung – Beleuchtung von Arbeitsstätten – Teil 1: Arbeitsstätten in Innenräumen; 2011
VDI 6011_Lichttechnik – Optimierung von Tageslichtnutzung und künstlicher Beleuchtung; Blatt 1: Grundlagen und allgemeine Anforderungen; Blatt 2: Planungshinweise; 2016–2018

Akustische Behaglichkeit

Kurt Masur. Zeiten und Klänge. Biographie_Johannes Forner; 2002
Beethovens Konzerträume_Stefan Weinzierl; 2001
Raumakustik im Alltag. Hören – Planen – Verstehen_Christian Nocke; 2019
Schallschutz und Raumakustik in der Praxis_W. Fasold, E. Veres; 2003
Handbuch Schallschutz und Raumakustik für Theorie und Praxis_Ulf-J. Werner; 2015
Schallschutz. Immissionsschutz, Bau- und Raumakustik verstehen – planen – nachweisen_Birger Gigla; 2018
Raum-Akustik und Lärm-Minderung. Konzepte mit innovativen Schallabsorbern und -dämpfern_Helmut V. Fuchs; 2017
ASR A3.7 Lärm_Technische Regeln für Arbeitsstätten; 2018
DIN 4109_Schallschutz im Hochbau; 2018
DIN 18041_Hörsamkeit in Räumen – Anforderungen, Empfehlungen und Hinweise für die Planung; 2016
DIN EN ISO 3382_Akustik – Messung von Parametern der Raumakustik; 2012
DIN EN ISO 18233_Akustik – Anwendung neuer Messverfahren in der Bau- und Raumakustik; 2006
DIN 18005_Schallschutz im Städtebau; 2002
DIN ISO 9613-2_Akustik – Dämpfung des Schalls bei der Ausbreitung im Freien; 1999
VDI 2569_Schallschutz und akustische Gestaltung in Büros; 2019

Thermische Behaglichkeit

siehe auch Literatur in den Kapiteln: Raumkonditionierung und Raumkonditionierungssysteme

Grundlagen der Wärmephysiologie_Joachim Seifert; 2019
Beschreibung der thermischen Behaglichkeit in der Praxis. Analyse und Auswertung raumklimatischer Parameter in Büroräumen zur Beseitigung von Behaglichkeitsdefiziten_Tony Reichenbach; 2013
Energiebilanz-Modell zur Vorhersage des thermischen Komfort. Grundlage für bedarfsorientierte, personalisierte Klimaregelungen von Innenräumen mit dezentralen Heiz- und Kühlsystemen_Carolin Schmidt; 2019
Thermische Behaglichkeit unter sommerlichen Bedingungen bei Berücksichtigung verschiedener Raumkühlungsverfahren. Abschlussbericht Bau- und Wohnforschung_W. Richter, R. Gritzki, M. Knorr; 2007
Zur Analyse der thermischen Behaglichkeit unter instationären Raumtemperaturbedingungen im winterlichen Heizfall_Alexander Buchheim; März 2019
The effects of indoor climate on productivity and performance_Organ för VVS-Tekniska Föreningen; D. P. Wyon; 1986; in Indoor Air; 2004
ASR A3.5 Raumtemperatur_Technische Regeln für Arbeitsstätten; 2018
DIN 33403-2_Klima am Arbeitsplatz und in der Arbeitsumgebung – Teil 2: Einfluß des Klimas auf den Wärmehaushalt des Menschen; 2000
DIN EN ISO 7730_Ergonomie der thermischen Umgebung – Analytische Bestimmung und Interpretation der thermischen Behaglichkeit durch Berechnung des PMV- und des PPD-Indexes und Kriterien der lokalen thermischen Behaglichkeit; 2005
DIN EN ISO 8996_Ergonomie der thermischen Umgebung – Bestimmung des körpereigenen Energieumsatzes; 2004
Stellungnahme der Ständigen Konferenz der Bauphysik-Professoren an wissenschaftlichen Hochschulen zu einem Urteil des Oberlandesgerichtes Hamm_in Bauphysik 19; 3/1997
Entwicklung und messtechnische Validierung der Kopplung von CFD-Simulation mit einem thermophysiologischen Modell zur Bestimmung der thermischen Behaglichkeit_Conrad Völker; 2012
Bewertung thermischer Behaglichkeit mittels Strömungssimulation_C. Meyer; Dissertation an der GhK; 1999
Thermische Behaglichkeit. Unterschiede zwischen frei und mechanisch belüfteten Bürogebäuden aus Nutzersicht_R.T. Hellwig; Dissertation an der Technischen Universität München; 2005

Olfaktorische Behaglichkeit

siehe auch Literatur in den Kapiteln: Natürliche Lüftung, Mechanische Lüftung und Technikflächen

Das Parfum. Die Geschichte eines Mörders_Patrick Süskind; 1994
Wir riechen besser als wir denken. Wie der Geruchssinn Erinnerungen prägt, Krankheiten vorhersagt und unser Liebesleben steuert_Johannes Frasnelli; 2019
ASR A 3.6 Lüftung_Technische Regeln für Arbeitsstätten; 2012
VDI 6022 Blatt 1_Raumlufttechnik, Raumluftqualität – Hygieneanforderungen an raumlufttechnische Anlagen und Geräte (VDI-Lüftungsregeln); 2018
Bestimmung der empfundenen Luftqualität in Bürogebäuden – Ergebnisse und Wertungen_K. Fitzner, T. Finke; in: Gesundheitsingenieur GI 117; 1996
Introduction of the olf and decipol units to quantify air pollution perceived by humans indoors and outdoors_P. O. Fanger; in: Energy and Buildings 12; 1988
Der Einfluss von Luftdruck und Luftfeuchte auf das Riechvermögen_77. Jahresversammlung der Deutschen Gesellschaft für Hals-Nasen-Ohren-Heilkunde, Kopf- und Hals-Chirurgie; Tagungsband; M. Kühn; 2006

Kreativität und Planung

Architekturtheorie und Architekturkritik. Texte aus sechs Jahrzehnten_Bruno Flierl; 2017

Elements of Architecture – Rem Koolhaas_Harvard Graduate School of Design; Stephan Trüby, James Westcott, Stephan Petermann; 2018

Designing Sustainable Cities. Decisionmaking Tools and Resources for Design_Rachel Cooper, Graeme Evans, Christopher Boyko; 2014

Problem Invention. The Artistic Process in Architecture_Peter Bertram; 2019

Entwerfen Gestalten. Medien der Architekturkonzeption_Margitta Buchert; 2020

The Design Thinking Playbook. Mindful Digital Transformation of Teams, Products, Services, Businesses and Ecosystems_Michael Lewrick, Patrick Link et al.; 2018

Value Proposition Design. How to Create Products and Services Customers Want_Alexander Osterwalder, Yves Pigneur, Gregory Bernarda, Alan Smith; 2014

Spielend Ziele setzen und erreichen. Objectives and Key Results mit LEGO® SERIOUS PLAY®_Reinhard Ematinger, Sandra Schulze; 2020

UZMO – Denken mit dem Stift. Visuell präsentieren, dokumentieren und erkunden_Martin Haussmann; 2014

Graphic Recording. Live Illustrations for Meetings, Conferences and Workshops_Anna Lena Schiller; 2016

The World Café. Shaping Our Futures Through Conversations That Matter_Juanita Brown, David Isaacs; 2005

Dialog und Raum. Multilaterale Kommunikation in Planungsprozessen öffentlicher Räume_Friederike Fugmann; Dissertation an der RWTH Aachen; 2018

www.lego.com_seriousplay; 2020

www.theworldcafe.com_graphic-recording; 2020

Building Information Modeling (BIM)

Das Verschwinden des Architekten. Zur architektonischen Praxis im digitalen Zeitalter_Ekkehard Drach; 2016

BIM-Kompendium: Building Information Modeling als neue Planungsmethode_Kerstin Hausknecht, Thomas Liebich; 2016

Der BIM-Manager. Praktische Anleitung für das BIM-Projektmanagement_Mark Baldwin; herausgegeben von der Mensch und Maschine Deutschland GmbH; 2019

BIM Handbook. A Guide to Building Information Modeling for Owners, Designers, Engineers, Contractors, and Facility Managers_Rafael Sacks, Chuck Eastman, Ghang Lee, Paul Teicholz; 2018

BIM und TGA. Engineering und Dokumentation der Technischen Gebäudeausrüstung_Bernd Essig; 2017

VFF Merkblatt BIM.01_Building Information Modeling – Grundlagen zur Durchführung von BIM-Projekten mit Fenstern, Türen und Fassaden; 2019

DIN EN ISO 16739_Industry Foundation Classes (IFC) für den Datenaustausch in der Bauindustrie und im Anlagenmanagement; 2017

DIN EN ISO 16757-1_Datenstrukturen für elektronische Produktkataloge der Technischen Gebäudeausrüstung – Teil 1: Konzepte, Architektur und Modelle; 2019

VDI 2552 Blatt 4_Building Information Modeling – Anforderungen an den Datenaustausch; 2020

VDI 6026 Blatt 1.1_Dokumentation in der technischen Gebäudeausrüstung – Inhalte und Beschaffenheit von Planungs-, Ausführungs- und Revisionsunterlagen – FM-spezifische Anforderungen an die Dokumentation; 2015

Energie im Wettbewerb

Max Bächer. 50 Meter Archiv_Frederike Lausch, Oliver Elser, Carsten Ruhl, Christiane Salge; 2019

phase eins. Die Architektur von Wettbewerben: 2006 bis 2008_Benjamin Hossbach, Christian Lehmhaus; 2009
Bewerten von Architekturwettbewerben. Kostensparende Optimierung von Bewertungsprozessen bei Architekturwettbewerben unter besonderer Berücksichtigung assoziativer Denkweisen_Norbert Englhardt; 2011
Wettbewerbspräsentationen. Handbuch und Planungshilfe_Christine Eichelmann, Benjamin Hossbach, Christian Lehmhaus; 2016
BDA, Richtlinien für Planungswettbewerbe RPW_Bund deutscher Architekten; 1/2013
EnerCalC – Vereinfachte Energiebilanzen nach DIN V 18599_Bergische Universität Wuppertal, Fachgebiet Bauphysik und Technische Gebäudeausrüstung (b+tga); 2018

Naturhotel Tannerhof, Bayrischzell

Behutsam saniert und aufgefrischt – Energieoptimierte Architektur für den Tannerhof_Eva Mittner, in Bausubstanz 1/2019
BDA-Preis Bayern – Raumwirkung_2013
www.natur-hotel-tannerhof.de_Tannerhof Naturhotel & Gesundheitsresort; 2021

Raum

Atmosphären. Architektonische Umgebungen. Die Dinge um mich herum_Peter Zumthor; 2006
Ausbau Atlas. Integrale Planung, Innenausbau, Haustechnik_Gerhard Hausladen, Karsten Tichelmann; 2009
Leichte Räume. Gestaltung und Konstruktion im Trockenbau_Kerstin Schultz, Hedwig Wiedemann-Tokarz; 2016
Ausbaukonstruktion. Handbuch und Planungshilfe_Uta Pottgiesser, Carsten Wiewiorra; 2019
Raumpilot Grundlagen_Thomas Jocher, Sigrid Loch; herausgegeben von der Wüstenrot Stiftung 2010
Raummaße Architektur. Flächen, Abstände, Abmessungen_Bert Bielefeld; 2018
Architektur planen. Dimensionen, Räume, Typologien_Bert Bielefeld; 2016
Einrichten und Zonieren. Raumkonzepte, Materialität, Ausbau_Alexander Reichel, Kerstin Schultz, Eva Herrmann et al.; 2014

Raumkonditionierung

siehe auch Literatur in den Kapiteln: Thermische Behaglichkeit, Natürliche Lüftung, Mechanische Lüftung, Raumkonditionierungssysteme und Technikflächen

Wasserdurchströmte Bauteile zur Raumkonditionierung. Berichte aus Forschung und Praxis, Festschrift zum 60. Geburtstag von Karl Gertis_Gerd Hauser; in Bauphysik; 1998
Thermische Bauteilaktivierung. Nutzen von Umweltenergie und Kapillarrohren_Bernd Glück; 1999
Thermoaktive Bauteilsysteme tabs_Markus Koschenz, Beat Lehmann, in: SIA Dokumentation: Vol. D 0179. Energie aus dem Untergrund. Erdreichspeicher für moderne Gebäudetechnik; 2000
Bauteilaktivierung. Einsatz – Praxiserfahrungen – Anforderungen_Jens Pfafferott, Doreen Kalz, Roland Koenigsdorff; 2015
TABS – Thermoaktive Bauteilsysteme. Selbstlernendes und vorausschauendes Steuern mit AMLR_Elmar Bollin, Martin Schmelas; 2021
Betonkernaktivierung mit Luft – Komfortaspekte und Energiebedarf im Vergleich zu herkömmlichen Systemen der Raumkühlung_Christiane Schwenk; 2018
RAL-GZ 618_Heizkörper aus Stahl – Gütesicherung; 2017
DIN 4724_Kunststoff-Rohrleitungssysteme für Warmwasser-Fußbodenheizung und Heizkörperanbindung – Vernetztes Polyethylen mittlerer Dichte; 2020
DIN 4726_Warmwasser-Flächenheizungen und Heizkörperanbindungen – Kunststoffrohr- und Verbundrohrleitungssysteme; 2017
DIN EN 14037-1_An der Decke frei abgehängte Heiz- und Kühlflächen für Wasser mit einer Temperatur unter 120 °C; 2016

DIN EN ISO 11855-3_Umweltgerechte Gebäudeplanung – Planung, Auslegung, Installation und Steuerung flächenintegrierter Strahlheizungs- und -kühlsysteme; 2015
DIN EN ISO 11855-4 – Entwurf_Umweltgerechte Gebäudeplanung – Flächenintegrierte Strahlheizungs- und -kühlsysteme – Teil 4: Auslegung und Berechnung der dynamischen Wärme- und Kühlleistung für thermoaktive Bauteilsysteme; 2020
DIN SPEC 15240_Energetische Bewertung von Gebäuden – Lüftung von Gebäuden – Energetische Inspektion von Klimaanlagen; 2019
VDI 3805 Blatt 6_Produktdatenaustausch in der technischen Gebäudeausrüstung – Heizkörper, Heiz- und Kühlkonvektoren mit und ohne Gebläse; 2015
VDI 6030 Blatt 1_Auslegung von freien Raumheizflächen – Grundlagen – Auslegung von Raumheizkörpern; 2020
VDI 2078_Berechnung der thermischen Lasten und Raumtemperaturen (Auslegung Kühllast und Jahressimulation); 2015
VDI 6034_Raumkühlflächen – Planung, Bau und Betrieb; 2017

Natürliche Lüftung

siehe auch Literatur in den Kapiteln: Olfaktorische Behaglichkeit, Mechanische Lüftung und Technikflächen

Lüftungskonzepte. Erstellung – Kosten – Projektbeispiele_Thomas Hartmann; 2020
Wohnungslüftung und Raumklima. Grundlagen, Ausführungshinweise, Rechtsfragen_Helmut Künzel; 2009
ift-Richtlinie LU-02/1 Fensterlüfter_Teil 2: Empfehlungen für die Umsetzung von lüftungstechnischen Maßnahmen im Wohnungsbau; 2011
Bauen & Lüftung durch thermischen Auftrieb im Süden Marokkos_Abdelkader Haider; 2020
Experimentelle Quantifizierung des Luftwechsels bei Fensterlüftung_Anton Maas; Dissertation an der Gesamthochschule Kassel; 1995
Untersuchungen zum thermisch bedingten Luftwechselpotenzial von Kippfenstern_M. Hall; Dissertation an der Universität Kassel; 2004

Mechanische Lüftung

siehe auch Literatur in den Kapiteln: Olfaktorische Behaglichkeit, Natürliche Lüftung, Raumkonditionierungssysteme und Technikflächen

Planungshilfen Lüftungstechnik_Achim Trogisch, Mario Reichel; 2020
Welche Lüftung braucht das Haus? Gebäudelüftungssysteme und -konzepte_Anton Höß; 2020
Lüftungsanlagen in Wohnräumen. Entscheidungshilfen für den Bauherrn_Marcus Dunst; 2020
Lüftungssysteme für Wohnungen. Konzepte und Praxisbeispiele nach DIN 1946-6_Thomas Hartmann, Oliver Solcher; 2021
Wohnungslüftung im Bestand. Hocheffiziente und kostengünstige Lösungen für die Altbaumodernisierung_Rainer Pfluger; 2019
Wohnungslüftung – frei und ventilatorgestützt. Anforderungen, Grundlagen, Maßnahmen, Normenanwendung_Thomas Hartmann, Ehrenfried Heinz; 2021
DIN 1946-6_Raumlufttechnik – Teil 6: Lüftung von Wohnungen – Allgemeine Anforderungen, Anforderungen an die Auslegung, Ausführung, Inbetriebnahme und Übergabe sowie Instandhaltung; 2019
DIN EN 16798-5-1_Energetische Bewertung von Gebäuden – Lüftung von Gebäuden; 2017
DIN 4719_Lüftung von Wohnungen – Anforderungen, Leistungsprüfungen und Kennzeichnung von Lüftungsgeräten; 2009
DIN EN 15780_Lüftung von Gebäuden – Luftleitungen – Sauberkeit von Lüftungsanlagen; 2012

DIN EN 15423_Lüftung von Gebäuden – Brandschutz von Lüftungsanlagen in Gebäuden; 2008

Raumkonditionierungssysteme

siehe auch Literatur in den Kapiteln: Thermische Behaglichkeit, Raumkonditionierung, Natürliche Lüftung, Mechanische Lüftung und Technikflächen

H. Rietschels Lehrbuch der Heiz- und Lüftungstechnik_Hermann Rietschel, Wilhelm Raiss, Fritz Roedler; 1960
Heizung und Lüftung von Gebäuden. Ein Lehrbuch für Architekten, Betriebsleiter und Konstrukteure_Anton Gramberg; 1909
Entwicklung von Heizungs- und Lüftungstechnik zur Wissenschaft. Hermann Rietschel – Leben und Werk_Klaus Usemann; 1993
Lüftung und Luftheizung_Claus Ihle; 2015
Wärmerückgewinnung in RLT-Anlagen_Manfred Stahl; 2015
Behaglichkeitsatlas. Bewertung der Anordnung von Heizflächen und Lüftungselementen hinsichtlich Raumklima und thermischer Behaglichkeit_Bau- und Wohnforschung; Christoph Meyer, Jens Oppermann, Andreas Wimmer; 2004
Theoretische und experimentelle Untersuchungen zum Einsatz von Lüftungs-Kompaktgeräten mit integrierter Kompressionswärmepumpe_Fraunhofer-Institut für Solare Energiesysteme ISE; Andreas Bühring; 2001
DIN EN 14240_Lüftung von Gebäuden – Kühldecken – Prüfung und Bewertung; 2004
DIN EN 14518_Lüftung von Gebäuden – Kühlbalken – Prüfung und Bewertung von passiven Kühlbalken; 2005

Gebäudesteuerung und Smart Home

Raum- und Gebäudeautomation für Architekten und Ingenieure. Grundlagen – Orientierungshilfen_Gunter Lauckner, Jörn Krimmling; 2020
Gebäudeautomation. Kommunikationssysteme mit EIB/KNX, LON und BACnet_Hermann Merz, Thomas Hansemann, Christof Hübner; 2016
Energiemanagement durch Gebäudeautomation. Grundlagen – Technologien – Anwendungen_Bernd Aschendorf; 2013
Heimautomation mit KNX, DALI, 1-Wire und Co. Das umfassende Handbuch. Einrichtung, Steuerung, Hardware-Tipps, Projekte_Stefan Heinle; 2018
Kälte – Klima – Lüftung. Grundlagen der Gebäudeautomation für die Klima- und Lüftungstechnik_Sebastian Palmer; 2017
CAN/CSA-ISO/IEC 14543-2-1-07_Information Technology – Home Electronic System Architecture – Part 2-1: Introduction and Device Modularity; 2007
ISO/IEC 30118-5_Informationstechnik – Open Connectivity Foundation – Teil 5: Smart Home Gerätespezifikation; 2018
ift-Fachinformation EL-03/1_Smart Home mit modernen Bauelementen – Verbesserung von Komfort, Sicherheit und Energieeffizienz mit smarter Antriebs-, Sensor- und Steuerungstechnik; 2018
IEEE 1888.4_IEEE Standard for Green Smart Home and Residential Quarter Control Network Protocol; 2016
DIN EN 50090-1; VDE 0829-1_Elektrische Systemtechnik für Heim und Gebäude; 2011
DIN EN 17609_Systeme der Gebäudeautomation – Steuerungsanwendung; Deutsche und Englische Fassung prEN 17609; Entwurf 2020
DIN EN ISO 22510_Offene Datenkommunikation für die Gebäudeautomation und Gebäudemanagement – Elektrische Systemtechnik für Heim und Gebäude – KNXnet/IP-Kommunikation; Entwurf 2018
DIN EN 13321-2_Offene Datenkommunikation für die Gebäudeautomation und Gebäudemanagement – Elektrische Systemtechnik für Heim und Gebäude – Teil 2: KNXnet/IP-Kommunikation; 2013
DIN VDE V 0826-1; VDE V 0826-1:2019-12_Überwachungsanlagen – Teil 1: Gefah-

renwarnanlagen sowie Sicherheitstechnik in Smart Home Anwendungen für Wohnhäuser, Wohnungen und Räume mit wohnungsähnlicher Nutzung – Planung, Einbau, Betrieb, Instandhaltung, Geräte- und Systemanforderungen; 2019
VDI 3814 Blatt 1_Gebäudeautomation – Grundlagen; 2019
www.inhaus.fraunhofer.de_Das Fraunhofer inHaus Zentrum; Duisburg; 2020
www.knx.org_Smart home and building solutions; 2021

»The Living« – Microenergie-Apartment

Kompendium des Temporären Wohnens. Serviced Apartments, studentisches Wohnen und Mikroapartments, Ferienwohnungen, Wohnen im Alter_Anett Gregorius, Matthias Niemeyer; 2017
Mikroapartments. Entstehung und Beispiele in New York City und Berlin Lichtenberg_Josefine Grude; 2017
Marktfähigkeit von Mikroapartments. Ein Leitfaden für eine Projektentwicklung_Judith Ponnewitz, Tobias Kienzler; 2016
www.the-brucklyn.de_The Brucklyn Apartments; 2020
www.jost-unternehmensgruppe.de_2020

Speichermasse

Handbuch der passiven Kühlung_Mark Zimmermann; 2003
Heizen und Kühlen mit Beton – Potenziale eines Baustoffs_Peter Holzer; 2017
OENORM B 8110-3_Wärmeschutz im Hochbau – Teil 3: Ermittlung der operativen Temperatur im Sommerfall (Parameter zur Vermeidung sommerlicher Überwärmung); 2020
Fort Al Jahili in Al Ain. Umbau und Sanierung: Roswag & Jankowski Architekten_Friederike Meyer; auf www.bauwelt.de; 2021

Technikintegration

DIN EN 12825_Doppelböden; 2002
VDI 3762_Schalldämmung von Doppel- und Hohlböden; 2012
DIN EN 50085-2-1; VDE 0604-2-1_Elektroinstallationskanalsysteme für elektrische Installationen – Teil 2-1: Besondere Anforderungen für Elektroinstallationskanalsysteme für Wand und Decke; 2021

Tageslicht

siehe auch Literatur in den Kapiteln: Visuelle Behaglichkeit und Kunstlicht

Bauen mit Tageslicht. Bauen mit Kunstlicht_C. Bartenbach; 1998
Daylighting Design. Planning Strategies and Best Practice Solutions_Mohamed Boubekri; 2014
Planen mit Tageslicht. Grundlagen für die Praxis_Renate Hammer, Mathias Wambsganß; 2020
Tagesbelichtung von Arbeitsräumen. Lichttechnische und wahrnehmungspsychologische Aspekte_C. Bartenbach; 2002
Tageslicht in der Architektur_Pablo Buonocore, Michael A. Critchley; 2001
LichtEinfall. Tageslicht im Wohnbau_Michelle Corrodi, Klaus Spechtenhauser; 2008
Tageslicht – Kunstlicht. Grundlagen, Ausführung, Beispiele_Ulrike Brandi Licht; 2005
Dynamic Daylighting Architecture. Basics, Systems, Projects_Helmut Köster; 2004
Tageslicht im Atrium. Akzeptanz von Arbeitsplatzbedingungen in Büros an Atrien unter besonderer Berücksichtigung der Tageslichtverhältnisse_Hans J Schmitz; 2011
CIE 139_Der Einfluss von Tageslicht und künstlichem Licht auf tageszeit- und jahreszeitabhängige Zyklen beim Menschen – Eine Bibliographie; 2001
CIE 16_Tageslicht; 1970
DIN EN 17037_Tageslicht in Gebäuden; 2019
DIN 5034-1_Tageslicht in Innenräumen – Teil 1: Allgemeine Anforderungen; 2011

VDI 6011_Lichttechnik; Blatt 1: Optimierung von Tageslichtnutzung und künstlicher Beleuchtung – Grundlagen und allgemeine Anforderungen, Blatt 2: Lichttechnik – Optimierung von Tageslichtnutzung und künstlicher Beleuchtung – Planungshinweise; 2016–2018

Auswirkungen der Tageslichtnutzung auf das energetische Verhalten von Bürogebäuden_M. Szerman; Dissertation an der Universität Stuttgart; 1994

Experimentelle Untersuchung des Tageslichtangebotes und dessen Auswirkungen auf die Innenraumbeleuchtung_W. Heusler; Dissertation an der TU Berlin; 1991

Kunstlicht

siehe auch Literatur in den Kapiteln: Visuelle Behaglichkeit und Tageslicht

Jahrbuch für Lichttechnik. Lichttechnik 2020_Andrea Alpers; 2019

Licht und Beleuchtung. Handbuch und Planungshilfe_Philippe P. Ulmann; 2015

Bartenbach LichtLabor. Bauen mit Tageslicht. Bauen mit Kunstlicht_Roland Gfeller Corthesy, Christian Bartenbach, Reinhart Morscher, Hans Spindler; 1998

Schönes Wohnen mit Licht. Beleuchtungskonzepte für Innenräume und Außenanlagen_Sally Storey; 2010

Lichtplanung und Lichtdesign. Konzepte – Technik – Beispiele_Torsten Braun, Markus Felsch, Roland Greule; 2016

Basics Lichtplanung_Roman Skowranek; 2017

Licht und Farbe. Planung und Ausführung bei der Gebäudegestaltung_Monika Holfeld; 2013

Licht sehen. Candela Lichtplanung_herausgegeben von Candela Lichtplanung; 2010

Lichtbuch. Die Praxis der Lichtplanung_Ulrike Brandi, Christoph Geissmar-Brandi; 2001

Lichtraum Stadt. Lichtplanung im urbanen Kontext_Christa van Santen; 2006

LED-Beleuchtungstechnik. Grundwissen für Planung, Auswahl und Installation_Uwe Slabke; 2018

Jahrbuch Licht und Architektur 2000_Ingeborg Flagge; 2000

Handbuch der Lichtplanung_Rüdiger Ganslandt, Harald Hofmann; 1992

DIN 5035_Beleuchtung mit künstlichem Licht; 2006

DIN EN 12665_Licht und Beleuchtung – Grundlegende Begriffe und Kriterien für die Festlegung von Anforderungen an die Beleuchtung; 2018

DIN EN 15193-1_Energetische Bewertung von Gebäuden – Energetische Anforderungen an die Beleuchtung – Teil 1: Spezifikationen, Modul M9; 2017

DIN EN 12464_Licht und Beleuchtung – Beleuchtung von Arbeitsstätten; 2011

DIN EN 62504_Allgemeinbeleuchtung – Licht emittierende Dioden (LED) Produkte und verwandte Ausrüstung – Begriffe und Definitionen; 2018

DIN 56920-4_Veranstaltungstechnik – Teil 4: Begriffe für beleuchtungstechnische Einrichtungen; 2013

DIN 67528_Beleuchtung von öffentlichen Parkbauten und öffentlichen Parkplätzen; 2018

Verfahren zur Bestimmung von Kunstlicht-Einschaltzeiten_B. Heibel; Dissertation an der Gesamthochschule Kassel; 1998

Ökonomie der Raumkonditionierung

siehe auch Literatur in den Kapiteln: Ökonomie der Gebäudehülle und Ökonomie der Energietechnik

BKI Objektdaten Technische Gebäudeausrüstung G5_BKI Baukosteninformationszentrum Deutscher Architektenkammern GmbH; 2018

BKI Baukosten Gebäude, Positionen und Bauelemente Neubau 2020 – Teil 1–3: Statistische Kostenkennwerte_BKI Baukosteninformationszentrum Deutscher Architektenkammern; 2020

SIRADOS Baupreishandbuch 2020 Gebäudetechnik_SIRADOS Baudaten; 2020
www.sirados.de_Kalkulationsdaten Technik; 2020

Totenstube, Vrin

Stiva da morts. Gion A. Caminada. Vom Nutzen der Architektur_Andreas Cabalzar, Gion A. Caminada, Martin Tschanz; 2005
8. Internationales Holzbau-Forum: Tradition und Moderne – Holzbauarchitektur in der Alpenregion am Beispiel des »Stiva da morts«_Gion A. Caminada; 2002
Körper in Räumen_Franziska Wittmann; herausgegeben von ETH Zürich, Professur Gion A. Caminada; 2019
Gion A. Caminada. Unterwegs zum Bauen. Ein Gespräch über Architektur mit Florian Aicher_Florian Aicher; 2018
www.surselva.info_Stiva da morts Totenstube Vrin; 2020

| Hülle

Die Architektur der Stadt und ihre Fassaden. Konferenz zur Schönheit und Lebensfähigkeit der Stadt_Christoph Mäckler, Wolfgang Sonne; 2017
Blickbewegungen auf Fassaden. Ein Modell über die ästhetische Beurteilung von Architektur_Catrin Hasse; 2012
Fassaden Atlas. Grundlagen, Konzepte, Realisierungen_Thomas Herzog, Roland Krippner, Werner Lang; 2016
Dach Atlas. Geneigte Dächer_Eberhard Schunck, Hans Jochen Oster, Rainer Barthel, Kurt Kiessl; 2002
Atlas Flache Dächer. Nutzbare Flächen_K.J. Habermann, C. Schittich, Hans-Busso von Busse et al.; 2000
Flachdach Atlas. Werkstoffe, Konstruktionen, Nutzungen_Klaus Sedlbauer, Eberhard Schunck, Rainer Barthel, Hartwig M. Künzel; 2010
In Search of Natural Architecture_David Pearson, Victor Papanek; 2005
The Complete Guide to Alternative Home Building Materials & Methods_Jon Nunan; 2009
Shelter_Lloyd Kahn; 1973

Fassade als Schnittstelle

Atlas Gebäudeöffnungen. Fenster, Lüftungselemente, Außentüren_Jan Cremers, Markus Binder, Peter Bonfig et al.; 2015
ift-Fachinformation NA-02/3_Green Envelope 2.0 – Nachhaltigkeit für Fenster, Fassaden, Türen und Glas; 2014
ift-Fachinformation WA-20/1_EnergiePlus – Energie sparen und gewinnen mit Fenstern und Fassaden; 2012
DIN EN ISO 12631_Wärmetechnisches Verhalten von Vorhangfassaden – Berechnung des Wärmedurchgangskoeffizienten; 2017
DIN 4109-35/A1_Schallschutz im Hochbau – Teil 35: Daten für die rechnerischen Nachweise des Schallschutzes – Elemente, Fenster, Türen, Vorhangfassaden; Änderung A1; 2019
VDI 6203_Fassadenplanung – Kriterien, Schwierigkeitsgrade, Bewertung; 2017
VDI 2719_Schalldämmung von Fenstern und deren Zusatzeinrichtungen; 1987

Fassadenkonzepte

Gebäudehüllen_Christian Schittich, Werner Lang, Roland Krippner; 2006
Doppelfassaden_Hans-Jürgen Blum, Andrea Compagno, Klaus Fitzner et al.; 2001
Die klimaaktive Fassade. Edition Intelligente Architektur_herausgegeben von Dietmar Danner, Friedrich H. Dassler, Jan R. Krause; 1999
Intelligente Glasfassaden. Material, Anwendung, Gestaltung_A. Comagno; 2002
Gebäudehüllen für das 21. Jahrhundert_Winfried Heusler, Christian Kühn, Christine Nickl-Welle et al.; 2013
Erarbeitung einer vereinfachten Berechnungsmethode für Doppelfassaden für die

Integration in die deutsche EPBD-Energieeffizienzbewertungsmethode_Ingo Heusler, Herbert Sinnesbichler, Hans Erhorn, Andreas Nimtsch; 2011
Bestimmung des thermisch-energetischen Verhaltens von Glasdoppelfassaden und temporärer Wärmeschutzmaßnahmen zur Verwendung in einem Monatsbilanzverfahren – Forschungsergebnisse aus der Bauphysik_Klaus Sedlbauer, Gerd Hauser, Ingo Heusler; 2012
Typologie Mehrschaliger Fassaden_W. Lang; Dissertation an der TU München; 2000
Modellversuche und Berechnungen zur Optimierung der natürlichen Lüftung durch Doppelfassaden_Claudia Ziller; Dissertation an der RWTH Aachen; 1999

Bauphysik der Hülle

Bauphysik. Grundwissen für Architekten_Frank Vogdt; 2021
Building Physics of the Envelope. Principles of Construction_Ulrich Knaack, Eddie Koenders; 2018
Baukonstruktion und Bauphysik. Handbuch und Planungshilfe_Peter Cheret; 2015
Bauphysik-Kalender 2019. Schwerpunkte: Energieeffizienz; Kommentar DIN V 18599_Nabil A. Fouad; 2019

Wärmeschutz

siehe auch Literatur im Kapitel: Anwendung von Dämmstoffen

Dämmstoffe. Grundlagen, Materialien, Anwendungen_Roland Gellert, Margit Pfundstein, Alexander Rodolphi, Martin H. Spitzner; 2007
Basiswissen Bauphysik. Grundlagen des Wärme- und Feuchteschutzes_Thomas Duzia, Norbert Bogusch; 2020
Wärmeschutz 1: Bauwerksplanung, Wärmeschutz, Wärmebedarf_DIN e.V.; 2020
Wärmeschutz und Feuchte in der Praxis. Funktionssicher und energiesparend bauen_Horst Arndt; 2014
Sanieren zum Passivhaus_Roland Matzig; 2015
Wärmebrückenberechnung_Torsten Schoch; 2021
Wärmebrücken erkennen – optimieren – berechnen – vermeiden_Johannes Volland, Michael Pils, Timo Skora; 2015
Wärmebrücken. Berechnung und Mindestwärmeschutz_Kai Schild; 2018
Wärmebrückenkatalog für Modernisierungs- und Sanierungsmaßnahmen zur Vermeidung von Schimmelpilzen_Horst Stiegel, Gerd Hauser; 2006
DIN 4108-4_Wärmeschutz und Energie-Einsparung in Gebäuden – Teil 4: Wärme- und feuchteschutztechnische Bemessungswerte; 2020
DIN 4108 Beiblatt 2_Wärmeschutz und Energie-Einsparung in Gebäuden; Beiblatt 2: Wärmebrücken – Planungs- und Ausführungsbeispiele; 2019
DIN-Fachbericht 4108-8_Wärmeschutz und Energie-Einsparung in Gebäuden – Teil 8: Vermeidung von Schimmelwachstum in Wohngebäuden; 2010
DIN 4108-10_Wärmeschutz und Energie-Einsparung in Gebäuden – Teil 10: Anwendungsbezogene Anforderungen an Wärmedämmstoffe; 2021
DIN EN ISO 9229_Wärmedämmung – Begriffe; 2020
RAL-GZ 712_Wärmedämmung von Fassaden – Gütesicherung; 2016
DIN 4102-1_Brandverhalten von Baustoffen und Bauteilen; 1989

Anwendung von Dämmstoffen

siehe auch Literatur im Kapitel: Wärmeschutz

Wärmedämmung von Gebäuden. Zeitgemäß und wandlungsfähig_Susanne Rexroth, Friedrich May, Ulrich Zink; 2014

WDVS. Systeme, Verarbeitung, Details_Harry Luik; 2015
Wärmedämm-Verbundsysteme. Von der Thermohaut bis zur transparenten Wärmedämmung_Werner Riedel, Heribert Oberhaus, Frank Frössel, Wolfgang Haegele; 2010
Transparente Wärmedämmung. Produkte, Projekte, Planungshinweise_Alfred Kerschberger, Werner Platzer, Bodo Weidlich; 2014
Vakuum-Isolations-Paneele (VIP) in der Bauanwendung: vom Dämmstoff zum Dämmsystem. Verarbeitung, Befestigung, Dauerhaftigkeit_Christoph Sprengard, Sebastian Treml, Max Engelhardt et al.; 2017
DIN 55699_Anwendung und Verarbeitung von außenseitigen Wärmedämm-Verbundsystemen (WDVS) mit Dämmstoffen aus expandiertem Polystyrol-Hartschaum (EPS) oder Mineralwolle (MW); 2017
DIN EN 13499_Wärmedämmstoffe für Gebäude – Außenseitige Wärmedämm-Verbundsysteme (WDVS) aus expandiertem Polystyrol – Spezifikation; 2003
DIN EN 13500_Wärmedämmstoffe für Gebäude – Außenseitige Wärmedämm-Verbundsysteme (WDVS) aus Mineralwolle – Spezifikation; 2003
DIN EN 14063-1_Wärmedämmstoffe für Gebäude – An der Verwendungsstelle hergestellte Wärmedämmung aus Blähton-Leichtzuschlagstoffen – Teil 1: Spezifikation für die Schüttdämmstoffe vor dem Einbau; Entwurf 2016
DIN EN 14064-1_Wärmedämmstoffe für Gebäude – An der Verwendungsstelle hergestellte Wärmedämmung aus Mineralwolle (MW) – Teil 1: Spezifikation für Schüttdämmstoffe vor dem Einbau; 2019
DIN EN 17140_Wärmedämmstoffe für Gebäude – Werksmäßig hergestellte Vakuumisolationspaneele (VIP) – Spezifikation; 2020
Architektonische Einsatzmöglichkeiten von Vakuum-Dämmsystemen im Bereich der Gebäudehülle_Jan Cremers; Dissertation an der TU München; 2005

Glas

Glasbau 2020_Bernhard Weller, Silke Tasche; 2020
Fenster_Anton Pech, Georg Pommer; 2020
Glasbau Atlas_Christian Schittich, Gerald Staib, Dieter Balkow et al.; 2006
Basics GLASBAU_Andreas Achilles, Diane Navratil; 2019
Intelligente Glasfassaden. Material, Anwendung, Gestaltung_Andrea Comagno; 2002
Glasbau-Praxis. Band 1: Grundlagen; Band 2: Konstruktion und Bemessung_Philipp Krampe, Felix Nicklisch, Stefan Reich et al.; 2013
Glasbau. Grundlagen, Berechnung, Konstruktion_Jens Schneider, Johannes Kuntsche, Sebastian Schula et al.; 2008
Bauklimatischer Entwurf für moderne Glasarchitektur. Passive Maßnahmen der Energieeinsparung_Gunter Pültz; 2002
Transparente Architektur – Glasfassaden mit Structural Glazing_Peter Rice, Hugh Dutton; 1995
Glashandbuch_Flachglas Markenkreis; 2020
NF P78-477-1_Glas im Bauwesen – Teil 1: Berechnung von Bauteiltemperaturen und Kräften im Randverbund vonv ertikalen Isolierglaseinheiten mit Sonnenschutz; 2020
DIN 18008_Glas im Bauwesen – Bemessungs- und Konstruktionsregeln; 2020
VDI 2719_Schalldämmung von Fenstern und deren Zusatzeinrichtungen; 1987

Sonnenschutz

Sonnenschutz. Schutz vor Überwärmung und Blendung_Fraunhofer Solar Building Innovation Center; Christel Russ, et al.; 2008
Sommerlicher Wärmeschutz bei nicht klimatisierten Gebäuden. Abschlussbericht Bau- und Wohnforschung_Klaus Wilmes; 2001
ift-Fachinformation WA-19/1_Sonnenschutz. Energieeffizientes Bauen mit Sonnenschutzsystemen, Blendschutz und Tageslichtlenkung; 2012
RAL-GZ 370_Sicht-, Blend- und Sonnenschutz-Systeme – Gütesicherung; 2018

DIN EN ISO 52022_Energieeffizienz von Gebäuden – Wärmetechnische, solare und tageslichtbezogene Eigenschaften von Bauteilen und Bauelementen; Teil 1: Vereinfachtes Berechnungsverfahren zur Ermittlung der solaren und tageslichtbezogenen Eigenschaften von Sonnenschutz in Kombination mit Verglasungen, Teil 3: Detailliertes Berechnungsverfahren zur Ermittlung der solaren und tageslichtbezogenen Eigenschaften von Sonnenschutz in Kombination mit Verglasungen; 2018

Fassadenkonstruktionen

siehe auch Literatur in den Kapiteln: Mehrschichtige Fassaden, Monolithische Fassaden und Holzkonstruktionen

Mauerwerk Atlas_Günter Pfeifer, Rolf Ramcke, Joachim Achtziger, Konrad Zilch; 2001
Baukonstruktion – vom Prinzip zum Detail. Band 1–3_José Luis Moro, Matthias Rottner, Bernes Alihodzic et al.; 2019
Baustoffkenntnis_Wilhelm Scholz, Wolfram Hiese, Rolf Möhring et al.; 2016
Standard-Detail-Sammlung Neubau. Aktuelle Konstruktionsdetails für Bauvorhaben_Peter Beinhauer; 2013
Baudetail-Atlas Hochbau: praxiserprobt – normgerecht – herstellerunabhängig_Rudolf Lückmann; 2018
Wärmebrücken erkennen – optimieren – berechnen – vermeiden_Johannes Volland, Michael Pils, Timo Skora; 2015
Lehrbuch der Ökobilanzierung_Rolf Frischknecht; 2020
Ökobilanz-Benchmarks für Immobilien. Forschungsergebnisse aus der Bauphysik, Bd. 20, Methode zur Entwicklung zukunftsorientierter Kennwerte für eine lebenszyklusbasierte Bewertung der ökologischen Nachhaltigkeit von Immobilien, Fraunhofer IBP Stuttgart_Klaus Sedlbauer, Peter Eyerer, Anna Braune; 2015
Bio-based Building Skin. Environmental Footprints and Eco-design of Products and Processes_Anna Sandak, Jakub Sandak, Marcin Brzezicki, Andreja Kutnar; 2019
Performance of Bio-based Building Materials_Dennis Jones, Christian Brischke; 2017
Leitfaden 01 Ökologische Kenndaten Baustoffe und Bauteile, Projektplattform Energie Technische Universität München_Sandro Pfoh, Patricia Schneider, Franziska Grimm; 2015
Graue Energie von Gebäuden, Merk-Blatt 2032_Schweizerischer Ingenieur- und Architektenverein; 2010
DIN EN 15643_Nachhaltigkeit von Bauwerken – Allgemeine Rahmenbedingungen zur Bewertung von Gebäuden und Ingenieurbauwerken; 2019
DIN EN 15804_Nachhaltigkeit von Bauwerken – Umweltproduktdeklarationen – Grundregeln für die Produktkategorie Bauprodukte; 2020
DIN EN ISO 14040_Umweltmanagement – Ökobilanz – Grundsätze und Rahmenbedingungen; 2009
DIN EN ISO 14044_Umweltmanagement – Ökobilanz – Anforderungen und Anleitungen; 2018
DIN/TS 35807_Leitfaden zur Lebenswegbetrachtung nach DIN EN ISO 14001; 2020
www.oekobaudat.de_Ökobaudat Deutsche Baustoffdatenbank des Bundesministeriums für Umwelt, Naturschutz, Bau und Reaktorsicherheit (BMUB); 2021

Mehrschichtige Fassaden

siehe auch Literatur im Kapitel: Fassadenkonstruktionen

Wärmedämmverbundsystem. Ein Diskussionsbeitrag von Hild und K_Christian Schittich, Andreas Hild; 2014
Baudetail-Atlas Hochbau – Fassaden_Rudolf Lückmann; 2018
Gebäudehülle im Fokus. Planung – Konstruktion – Ausführung – Technologie – Bauschäden_Michael Hladik; 2012

Hinterlüftete Fassaden_Friedrich Grimm, Clemens Richarz; 2000
WDVS. Systeme, Verarbeitung, Details. Mit Kennziffern, Regeln, Richtwerten_Harry Luik; 2015
Wärmedämm-Verbundsysteme. Von der Thermohaut bis zur transparenten Wärmedämmung_Werner Riedel, Heribert Oberhaus, Frank Frössel, Wolfgang Haegele; 2010
Praxis-Handbuch Innendämmung. Planung – Konstruktion – Details – Beispiele_Tobias Steiner; 2016
Bauphysik der Innendämmung_Gregor Scheffler; 2015
Baupraktische Detaillösungen für Innendämmungen_Rainer Oswald, Matthias Zöller, Geraldine Liebert, Silke Sous; 2011
Effiziente Innendämmung mit hoher thermischer Speicherfähigkeit_Abschlussbericht Forschungsinitiative Zukunft Bau; 2018
Innendämmung. Verschiedene Dämmsysteme im Überblick_Dietmar Walberg, G. Scheffler, Torsten Schoch et al.; 2015
WTA-Merkblatt: Innendämmung nach WTA. Planungsleitfaden_Wissenschaftlich-Technische Arbeitsgemeinschaft für Bauwerkserhaltung und Denkmalpflege e.V.; 2009, 2016, 2018

Monolithische Fassaden

siehe auch Literatur im Kapitel: Fassadenkonstruktionen

Brick 20. Ausgezeichnete internationale Ziegelarchitektur, Wienerberger AG_Hubertus Adam, Anneke Bokern, Aglaée Degros et al.; 2020
Großformatige Ziegel. Details, Produkte, Beispiele_Theodor Hugues, Klaus Greilich, Christine Peter; 2003
Architektonisches Potenzial von Dämmbeton_Patrick Filipaj; 2019
Infraleichtbeton. Entwurf, Konstruktion, Bau_ Claudia Lösch, Philip Rieseberg; 2018
Infraleichtbeton im Geschosswohnungsbau. Abschlussbericht Forschungsinitiative Zukunft Bau_ Regine Leibinger, Mike Schlaich, Claudia Lösch et al.; 2017

Holzkonstruktionen

siehe auch Literatur in den Kapiteln: Fassadenkonstruktionen und Holzbau

Hybridbau – Holzaußenwände_Oliver Fischer, Werner Lang, Stefan Winter; 2019
Passivhäuser in Holzbauweise. Planen, Bauen, Betreiben_Gerrit Horn; 2011
Praxis Holzfassaden_Ingo Gabriel; 2009
Fassaden aus Holz. proHolz Information_Eva Guttmann, Alexander Eder, Klaus Peter Schober; 2010
Wärmebrückenatlas für den Holzbau_Gerd Hauser, Horst Stiegel; 1999

Holzbau

siehe auch Literatur im Kapitel: Holzkonstruktionen

Holzbau Atlas_Thomas Herzog, Julius Natterer, Roland Schweitzer et al.; 2003
Atlas Mehrgeschossiger Holzbau. Klassischer Baustoff in flexibler Systematik_Hermann Kaufmann, Stefan Krötsch, Stefan Winter; 2017
Hermann Kaufmann WOOD WORKS. Ökorationale Baukunst – architecture durable_Otto Kapfinger; 2008
Wood Works. Sustainability, Versatility, Stability_Chris van Uffelen; 2019
Holzbau. Bemessung und Konstruktion_Willi Mönck, Wolfgang Rug; 2015
Holzrahmenbau. Bewährtes Hausbau-System_Gerrit Horn; 2020
Holzbau mit System. Tragkonstruktion und Schichtaufbau der Bauteile_Josef Kolb, Lignum – Holzwirtschaft Schweiz, Deutsche Gesellschaft für Holzforschung DGfH; 2010
Elemente und Systeme. Modulares Bauen – Entwurf, Konstruktion, neue Technologien_ Gerald Staib, Andreas Dörrhöfer, Markus Rosenthal; 2008

Holzbau – Raummodule. Raster versus Vielschichtigkeit_Wolfgang Huß, Matthias Kaufmann, Konrad Merz; 2018
Wendepunkt im Holzbau. Neue Wirtschaftsformen_Ulrich Dangel; 2016
Out of the Woods. Architecture and Interiors Built from Wood_herausgegeben von Robert Klanten, Eliora Stuhler; 2020
Holzbauten in Vorarlberg/Timber Structures in Vorarlberg. Architektur, Handwerk, Ökologie_Sandra Hofmeister; 2017
Das Holz und seine Verbindungen. Traditionelle Bautechniken in Europa, Japan und China_Klaus Zwerger; 2015
Holzschutz. Praxiskommentar zu DIN 68800 Teile 1 bis 4, DIN e.V._Rainer Marutzky, Dietger Grosser, Horst Hertel, Borimir Radovic, Hubert Willeitner; 2013
Tagungsband des EIPOS-Sachverständigentages Holzschutz 2019_EIPOS Dresden; 2019
14. Internationales Holzbau-Forum. Aus der Praxis – Für die Praxis_Biel Hochschule für Architektur, Bau und Holz; 2008
Mehrgeschossiges Bauen im urbanen Raum in Holzbauweise, Holzbauforum 2015 Tagungsband_Informationsdienst Holz; 2015
www.dataholz.eu_Katalog bauphysikalisch und ökologisch geprüfter und/oder zugelassener Holz- und Holzwerkstoffe, Baustoffe, Bauteile und Bauteilfügungen für den Holzbau freigegeben von akkreditierten Prüfanstalten; 2021
www.informationsdienst-holz.de_Informationen zum ältesten, fortschrittlichsten und natürlichsten Baustoff der Welt, Informationsverein Holz e.V.; 2021
www.holzbauaustria.at_meta wissenholzbau; 2021

Lehmbau

Lehmbau-Praxis. Planung und Ausführung_Ulrich Röhlen, Christof Ziegert; 2020
Martin Rauch. Gebaute Erde. Gestalten & Konstruieren mit Stampflehm_Marko Sauer, Otto Kapfinger; 2015
Lehmbau heute – Du Kulturmagazin_Oliver Prange, Andrea Wiegelmann, Mike Kauschke et al.; 2018
Upscaling Earth. Material, Process, Catalyst_Anna Heringer, Lindsay Blair Howe, Martin Rauch; 2019
Lehmarchitektur heute_Dominique Gauzin-Müller; 2017
Lehmbau-Bilderbuch_Thomas Scharf; 2013
Handbuch Lehmbau. Baustoffkunde, Techniken, Lehmarchitektur_Gernot Minke; 2017
Lehm- und Kalkputze. Mörtel herstellen, Wände verputzen, Oberflächen gestalten_Irmela Fromme, Uta Herz; 2012
Bauen mit Leichtlehm. Handbuch für das Bauen mit Holz und Lehm_Franz Volhard; 2016
Der Lehmbau. Lehmstampfbau, Lehmhausbau, Lehmpatzenbau, Lehmfachwerkhaus_2013
Lehmbau. Mit Lehm ökologisch planen und bauen_Horst Schroeder; 2018
Building with Earth. Design and Technology of a Sustainable Architecture_Gernot Minke; 2006
Lehmbauarbeiten. Aktualität der herkömmlichen Lehmbauarbeiten, Wirtschaftliche und technische Vorteile, Lehm und Lehmbaustoffe, Neubau und Sanierung von Lehmbauten, Lehm-Gestaltungsarbeiten, Schäden an Lehmbauten_Kurt Schönburg; 2016
Building with Cob: A Step-By-Step Guide_Adam Weismann; Katy Bryce; 2006
Gewerbebauten in Lehm und Holz (DBU Bauband 3). Mehrwert durch Material_Sabine Djahanschah, Thomas Auer, Hermann Kaufmann et al.; 2020
Alternatives Bauen. Untersuchungen und Erfahrungen mit alternativen Baustoffen und Selbstbauweisen_Gernot Minke; 1980
Wohnhäuser aus Lehm_Oliver Zogler; 2004
Architektur der Dogon. Traditioneller Lehmbau und Kunst in Mali_Wolfgang Lauber; 1998
Lehmbau Regeln. Begriffe – Baustoffe – Bauteile_Dachverband Lehm e.V.; 2008

DIN 18942_Lehmbaustoffe und Lehmbauprodukte; Teil 1: Begriffe, Teil 100: Konformitätsnachweis; 2018
DIN 18947_Lehmputzmörtel – Anforderungen, Prüfung und Kennzeichnung; 2018
DIN 18948_Lehmplatten – Anforderungen, Prüfung und Kennzeichnung; 2018
www.dachverband-lehm.de_Bundesverband zur Förderung des Lehmbaus; 2020
www.lehmtonerde.at_Lehm – Ton – Erde. Diese drei Worte prägen seit über 30 Jahren das Wirken von Martin Rauch; 2020

Strohballenbau

Straw Bale Construction Manual. Design and Technology of a Sustainable Architecture_Gernot Minke, Benjamin Krick; 2020
Handbuch Strohballenbau. Grundlagen, Konstruktionen, Beispiele_Gernot Minke, Benjamin Krick; 2014
Neues Bauen mit Stroh in Europa_Herbert Gruber, Helmuth Santler, Astrid Gruber; 2012
Building a Straw Bale House. The Red Feather Construction Handbook_Nathaniel Corum, Jane Goodall; 2005
Serious Straw Bale. A Home Construction Guide for All Climates_Paul Lacinski, Michel Bergeron; 2000
Design of Straw Bale Buildings. The State of the Art_Bruce King; 2007
www.fasba.de_Fachverband Strohballenbau Deutschland e.V.; 2020
www.strohnatur.at_Strohballen- und Lehmputz-Workshops; 2020
www.baubiologie.at_strohballenbau; 2020

Bauen mit Bambus

Grow Your Own House_Jean Dethier, Walter Liese, Frei Otto; 2000
Building with Bamboo. Design and Technology of a Sustainable Architecture_Gernot Minke; 2016
Bambus – Bamboo. Bauen mit pflanzlichen Stäben. Mitteilungen des Instituts für leichte Flächentragwerke der Universität Stuttgart (IL)_Frei Otto, Klaus Dunkelberg; 2005
Advanced High Strength Natural Fibre Composites in Construction_Mizi Fan, Feng Fu; 2016
Modern Engineered Bamboo Structures. Proceedings of the Third International Conference on Modern Bamboo Structures_Y. Xiao, Z. Li, K. W. Liu; 2019
Modern Architecture – Bamboo Buildings_Lamya Sabah; 2020
Pflanzenfaserarchitektur heute. 50 ausgezeichnete Bauwerke aus aller Welt_Dominique Gauzin-Müller; 2020
Booming Bamboo. The (re)discovery of a sustainable material with endless possibilities_Pablo Van der Lugt; 2017
Bamboo Architecture & Design. Architecture et Design_Chris van Uffelen; 2014
Bamboo. A Material for Landscape and Garden Design_Jan Oprins, Harry van Trier et al.; 2006
Das Bambusbaubuch. Spielen, Gestalten und Konstruieren mit Bambus_Marcel Kalberer; 2007
Markus Heinsdorf – Mobile Spaces. Textile Bauten_Markus Heinsdorff; 2014
Markus Heinsdorff – Design with Nature – Die Bambusbauten_Michael Kahn-Ackerman, Gottfried Knapp, Walter Liese, Alexander von Vegesack; 2010
The Bamboo House. A Trilogy. Book II. Three Homes for the Heart_Dorothy Minchin-Comm; 2012
www.conbam.de_Advanced Bamboo Applications; 2021
www.greenschool.org_Green School Bali; 2021
www.ibuku.com_magical spaces, inspired by nature; 2021

Begrünte Fassade

Dächer begrünen. Planung, Ausführung, Praxistipps_Gernot Minke; 2016
Handbuch Bauwerksbegrünung_herausgegeben von Manfred Köhler; 2012

Leitfaden Fassadenbegrünung_MA 22 – Wiener Umweltschutzabteilung, Bereich Räumliche Entwicklung; 2019
Architecture and the Forest Aesthetic. A New Look at Design and Resilient Urbanism_Jana Vandergoot; 2018
Vertikale Begrünung_Nicole Pfoser; 2018
Vertikale Gärten_Anna Lambertini; 2009
The Vertical Garden – From Nature to the City_Patrick Blanc; 2012
Gebäude, Begrünung und Energie. Potenziale und Wechselwirkungen – Interdisziplinärer Leitfaden als Planungshilfe zur Nutzung energetischer, klimatischer und gestalterischer Potenziale sowie zu den Wechselwirkungen von Gebäude, Bauwerksbegrünung und Gebäudeumfeld_Abschlussbericht; 2013
www.umsicht.fraunhofer.de_Fraunhofer UMSICHT präsentiert ein System zur vertikalen Begrünung; 2020
www.verticalgardenpatrickblanc.com_Vertical Garden; 2021
www.stefanoboeriarchitetti.net_bosco verticale; 2021
www.greenroofs.com_connecting the planet + living architecture; 2021

Gebäudeintegrierte Photovoltaik

Sonnenstrom aus der Gebäudehülle. Grundlagen und Praxistipps zur bauwerkintegrierten Photovoltaik_Heiko Schwarzburger, Sven Ullrich; 2021
Design and Photovoltaics_Claudia Lüling; 2009
Gebäudeintegrierte Photovoltaik – Ein Handbuch_Simon Roberts, Nicolò Guariento; 2009
Strom und Wärme im Gebäude. Energie im Wohngebäude und Störungsfreier Betrieb von PV-Anlagen und Speichersystemen_Heiko Schwarzburger, Sven Ullrich; 2017
Solar Design. Photovoltaik für Altbau, Stadtraum, Landschaft_ Ingrid Hermannsdörfer und Christine Rüb; 2005
Photovoltaik. Technik, Gestaltung, Konstruktion_Bernhard Weller, Claudia Hemmerle, Sven Jakubetz, Sefan Unnewehr; 2009
Energizing Architecture. Design and Photovoltaics_Claudia Lüling; 2009
www.lindner-group.com_Projektbereicht Energiewürfel Konstanz; 2021
www.detail.de_Der Energiewürfel für die Stadtwerke Konstanz; 2011
www.pv-magazine.de_PV Portal; 2021

Hybride Energiefassade

Gebäudeintegrierte Solartechnik. Architektur gestalten mit Photovoltaik und Solarthermie_herausgegeben von Roland Krippner; 2016
Solare Technologien für Gebäude. Grundlagen und Praxisbeispiele_Ursula Eicker; 2011
Integration von CIS-Photovoltaik in Wärmedämm-Verbundsysteme (PV-WDVS)_Bernhard Weller, Jasmin Fischer, Hubertus Wabnitz; 2013
benefit E – Gebäudeintegrierte solaraktive Systeme: Strategien zur Beseitigung technischer, wirtschaftlicher, planerischer und rechtlicher Hemmnisse. Forschungsinitiative Zukunft Bau_Manfred Hegger, Christoph Drebes, Caroline Fafflok, Michael Keller, Steffen Wurzbacher; 2016
benefit E2 – Gebäudeintegrierte solaraktive Strategien: Analytische Bewertung und Entwicklung gebäudeintegrierter solaraktiver Systeme. Forschungsinitiative Zukunft Bau_Christoph Kuhn, Steffen Wurzbacher, Christoph Drebes, Nikolas D. Müller, Andreas Pfnür; 2018
Solare Luftheizsysteme. Konzepte, Systemtechnik, Planung_Charles Filleux, Andreas Gütermann; 2010
Theoretische Untersuchung und Projektierung einer Solarfassade_Tim Wenger; 2007

Ökonomie der Gebäudehülle
siehe auch Literatur in den Kapiteln: Ökonomie der Raumkonditionierung und Ökonomie der Energietechnik

BKI Baukosten Gebäude. Bauelemente + Positionen Neubau Teil 1 bis 3_BKI – Baukosteninformationszentrum Deutscher Architektenkammern; 2020
BKI Konstruktionsdetails K3 und K4: Energiesparende Details mit aktuellen Baupreisen und CAD-Dateien_BKI – Baukosteninformationszentrum Deutscher Architektenkammern; 2014
Solare Fassadensysteme. Energetische Effizienz – Kosten – Wirtschaftlichkeit_Johann Reiß, Martin Wenning, Hans Erhorn, Lothar Rouvel; 2005

»Haus 2226« in Lustenau, Österreich
be 2226. Die Temperatur der Architektur. Portrait eines energieoptimierten Hauses_Dietmar Eberle und Florian Aicher; 2016
www.2226.eu_das manifest; 2020
www.bauwelt.de_Buerohaus-2226-Baumschlager-Eberle-Lustenau; 2020

| Haus

Die vier Bücher zur Architektur_Andrea Palladio; 1570, Ausgabe von 1993
Zehn Bücher über die Baukunst. Ins Deutsche übertragen, eingeleitet und mit Anmerkungen und Zeichnungen versehen von Max Theuer_Leon Battista Alberti; 1485, Ausgabe von 2020
Architektur denken_Peter Zumthor; 2010
50+1 Architektonische Gewissensfragen beantwortet von Dr. Martin Düchs_Eric-Oliver Mader, Julia Mang-Bohn; 2019
Die Modernität des Dauerhaften. Essays zu Stadt, Architektur und Design_Vittorio Magnago Lampugnani; 2011
Climadesign. Strategien für die ganzheitliche Gebäudeplanung. In: Cziesielski, E.: Bauphysik Kalender_G. Hausladen, M. de Saldanha, P. Liedl, H. Meindl; 2004
Solares Bauen. Strategien, Visionen, Konzepte_Christian Schittich; 2003
Nachhaltiges Bauen_. Zukunftsfähige Konzepte für Planer und Entscheider_herausgegeben von DIN e.V.; 2011
Planungsatlas. Praxishandbuch Bauentwurf_Joachim P. Heisel; 2019
Kybernetische Architektur_Günter Pfeifer; 2016
World Atlas of Sustainable Architecture. Building for a Changing Culture and Climate_Ulrich Pfammatter; 2014
Atlas Recycling. Gebäude als Materialressource_Annette Hillebrandt, Petra Riegler-Floors, Anja Rosen, Johanna Seggewies; 2018
Zertifizierungssysteme für Gebäude. Nachhaltigkeit bewerten – Internationaler Systemvergleich – Zertifizierung und Ökonomie_Thilo Ebert, Natalie Eßig, Gerd Hauser; 2013
DIN EN 15643_Nachhaltigkeit von Bauwerken – Allgemeine Rahmenbedingungen zur Bewertung von Gebäuden und Ingenieurbauwerken; 2019
VDI 4700_Begriffe der Bau- und Gebäudetechnik; 2018
VDI 3807_Verbrauchskennwerte für Gebäude; Blatt 1: Grundlagen; Blatt 2: Verbrauchskennwerte für Heizenergie, Strom und Wasser; Blatt 3: Teilkennwerte Wasser; Blatt 4: Teilkennwerte elektrische Energie; Blatt 5: Teilkennwerte thermische Energie; 2008–2015
Rechnerische Vorherbestimmung des Wärmeverhaltens großer Bauten_G. Hauser; Dissertation an der Universität Stuttgart; 1977
Thermische Gebäudesimulation. Kritische Prüfung unterschiedlicher Modellansätze_Wolfgang Feist; Dissertation an der Gesamthochschule Kassel; 1994

Standortfaktoren
Beziehungen. Über den Ortsbezug der Architektur_Tomas Valena; 1994

Ökologisch orientierte Stadt- und Raumentwicklung. Genius loci – Leitbilder – Systemansatz – Planung_Martin C. Neddens; 1995
Das Klima als Entwurfsfaktor. Architektur und Energie_Tina Unruh, Christian Hönger, Roman Brunner et al.; 2013
VDI-Lexikon Umwelttechnik_Franz-Josef Dreyhaupt; 2013
Handbuch Ortsgenaue Testreferenzjahre von Deutschland für mittlere, extreme und zukünftige Witterungsverhältnisse_Bundesamt für Bauwesen und Raumordnung in Zusammenarbeit mit dem Deutschen Wetterdienst; 2017
Testreferenzjahre für Deutschland (TRY)_Deutscher Wetterdienst; 2011
VDI 4710_Meteorologische Daten in der technischen Gebäudeausrüstung; Blatt 2: Gradtage; Blatt 3: t,x-Korrelationen der Jahre 1991 bis 2005 für 15 Klimazonen in Deutschland; Blatt 4: t,x-Korrelationen und Windstatistiken für 122 europäische Orte; 2007–2015
VDI 3787_Umweltmeteorologie; Blatt 1: Klima- und Lufthygienekarten für Städte und Regionen; Blatt 2: Methoden zur human-biometeorologischen Bewertung von Klima und Lufthygiene für die Stadt- und Regionalplanung – Teil I: Klima; Blatt 3: Methoden zur Beschreibung der Luftqualität für die Stadt- und Regionalplanung; Blatt 4: Methoden zur Beschreibung von Stark- und Schwachwinden in bebauten Gebieten und deren Bewertung; Blatt 5: Lokale Kaltluft; Blatt 8: Stadtentwicklung im Klimawandel; Blatt 9: Berücksichtigung von Klima und Lufthygiene in räumlichen Planungen; Blatt 10: Human-biometeorologische Anforderungen im Bereich Erholung, Prävention, Heilung und Rehabilitation; 2003–2020
www.dwd.de_Deutscher Wetterdienst, CDC (Climate Data Center); 2021

Wärme- und Kälteerzeugungssysteme

siehe auch Literatur in den Kapiteln: Energiekonzepte für Gebäude, Technikflächen und Energiekonzepte für das Quartier

Thermodynamik der Kälteanlagen und Wärmepumpen. Grundlagen und Anwendungen der Kältetechnik_Joachim Dohmann; 2016
Wärmepumpen. Fehler vermeiden bei Planung, Installation und Betrieb_Jürgen Bonin; 2018
Effizienter Betrieb von Wärmepumpenanlagen. Planungsfehler vermeiden – Probleme analysieren – Arbeitszahlen optimieren_Hans-Jürgen Seifert; 2020
Handbuch Wärmepumpen. Planung und Projektierung_Jürgen Bonin; 2016
Praxis Wärmepumpe. Technik, Planung, Installation_Stefan Sobotta; 2018
Kälteanlagen und Wärmepumpen_Dirk Willenbockel; 2019
Einsatz von kleinen Blockheizkraftwerken im Wohnungsbau, ökonomische, energetische und ökologische Analysen_Rainer Valtwies; 2012
Das Blockheizkraftwerk. Ein Überblick für Bauherren und Interessenten. Über die Funktionsweise einer ökologischen und wirtschaftlichen Alternative zu anderen Heizungssystemen_David Kunz; 2018
Mikro-BHKW-Systeme für den Gebäudebereich_Joachim Seifert; 2013

Energiekonzepte für Gebäude

siehe auch Literatur in den Kapiteln: Wärme- und Kälteerzeugungssysteme, Technikflächen und Energiekonzepte für das Quartier

Das energieautarke Solarhaus_Fraunhofer Institut für Solare Energiesysteme; W. Stahl, K. Voss, A. Goetzberger; 1992
Energiekonzepte für Architekturentwürfe_Dirk Bohne, Judith Schurr, Maren Brockmann; 2021

Faustformel. Gebäudetechnik für Architekten_Michael Hayner, Jo Ruoff, Dieter Thiel; 2010
Energieeffiziente Wärmeversorgung von Gebäuden. Tatsächliche Versorgungsverhältnisse und Maßnahmen zur Effizienzsteigerung_Wolfgang Heße; 2019
Handbuch Regenerative Energietechnik_Viktor Wesselak, Thomas Schabbach; 2017
Heizung/Lüftung/Elektrizität. Energietechnik im Gebäude. Bau & Energie _Christoph Schmid, Thomas Baumgartner, Christof Bucher et al.; 2020
Technischer Ausbau von Gebäuden und nachhaltige Gebäudetechnik_Dirk Bohne; 2018
Solares Heizen und Kühlen in Niedrigenergie- und Passivhäusern_José Urena López, Andreas Klesse, Hermann-Josef Wagner; 2011
www.solarserver.de_Das Internetportal für erneuerbare Energien; 2021

Technikflächen

VDI 2050_Anforderungen an Technikzentralen; Blatt 1: Technische Grundlagen für Planung und Ausführung; Blatt 2: Anforderungen an Technikzentralen – Sanitärtechnik; Blatt 3: Anforderungen an Technikzentralen – Wärme-/Heiztechnik; Blatt 4: Anforderungen an Technikzentralen – Raumlufttechnik; Blatt 5: Anforderungen an Technikzentralen – Elektrotechnik; 2011–2019
VDI 3803 Blatt 1_Raumlufttechnik – Bauliche und technische Anforderungen – Zentrale RLT-Anlagen; 2020
VDI 3810_Betreiben und Instandhalten von gebäudetechnischen Anlagen; Blatt 1: Grundlagen; Blatt 3: Heiztechnische Anlagen; Blatt 4: Raumlufttechnische Anlagen; 2012–2020
VDI 3464_Lagerung von Holzpellets beim Verbraucher – Anforderungen an Lager sowie Herstellung und Anlieferung der Pellets unter Gesundheits- und Sicherheitsaspekten; 2015
DIN EN ISO 20023_Biogene Festbrennstoffe – Sicherheit von Pellets aus biogenen Festbrennstoffen – Sicherer Umgang und Lagerung von Holzpellets in häuslichen und anderen kleinen Feuerstätten; 2019
VDI 3985_Grundsätze für Planung, Ausführung und Abnahme von Kraft-Wärme-Kopplungsanlagen mit Verbrennungskraftmaschinen; 2018
DIN 6280-14_Stromerzeugungsaggregate – Stromerzeugungsaggregate mit Hubkolben-Verbrennungsmotoren – Teil 14: Blockheizkraftwerke (BHKW) mit Hubkolben-Verbrennungsmotoren; Grundlagen, Anforderungen, Komponenten, Ausführung und Wartung; 1997
DVGW G 640-1_Aufstellung von anschlussfertigen Blockheizkraftwerken (BHKW); 2016
DIN EN 378_Kälteanlagen und Wärmepumpen – Sicherheitstechnische und umweltrelevante Anforderungen; 2020
VDI 6012_Regenerative und dezentrale Energiesysteme für Gebäude; Blatt 1.1 Grundlagen – Projektplanung und -durchführung – Grundlagen; Blatt 1.2: Grundlagen – Systemauswahl; Blatt 1.4: Grundlagen – Befestigung von Solarmodulen und -kollektoren auf Gebäuden; Blatt 2.1: Regenerative und dezentrale Energiesysteme für Gebäude – Thermische Systeme – Biomassefeuerungsanlagen; 2014–2016

Wohngebäude

Sigfried Giedion: Befreites Wohnen_Reto Geiser, Sigfried Giedion; 1929
Wohnbau_Reinhard Gieselmann; 1979
Über Wohnbau Carlo Baumschlager & Dietmar Eberle_Liesbeth Waechter-Böhm; 2000
Gestaltungsgrundlagen Passivhäuser_Wolfgang Feist; Darmstadt, 2001
Verdichtetes Wohnen. Konzepte, Planung, Konstruktion_Christian Schittich; 2004
Wohnhäuser. Eine Typologie_Günter Pfeifer, Per Brauneck; 2015
Neue Wohnhäuser aus Holz. 25 internationale Beispiele_Dominique Gauzin-Müller; 2004

Wohnhäuser aus Holz. Die kostengünstige Alternative_Wilfried N. Lewitzki; 1994
Energie im Wohngebäude. Strom Wärme E-Mobilität_Heiko Schwarzburger; 2017
Elektroinstallation in Wohngebäuden. Handbuch für die Installationspraxis_Herbert Schmolke; 2018
Energieeffizienter Städtebau mit Passivhäusern – Begründung belastbarer Klimaschutzstandards im Wohnungsbau_Rainer Vallentin; Dissertation an der TU München; 2010

Gemischtgenutzte Gebäude

Hochhaus Atlas. Typologie und Beispiele – Planung und Konstruktion – Technologie und Betrieb_Johann Eisele, Ellen Kloft; 2002
Green Building. Leitfaden für nachhaltiges Bauen_Michael Bauer, Peter Mösle, Michael Schwarz; 2013
Passivhäuser; in: Bauphysik-Kalender_Wolfgang Feist; 2007
Baudetail-Atlas Energieeffiziente Gebäude – Passivhäuser_Rudolf Lückmann; 2008
Energy Design for Tomorrow_Klaus Daniels, Ralph Hammann; 2009
Ratgeber energiesparendes Bauen und Sanieren. Neutrale Informationen für mehr Energieeffizienz_Thomas Königstein; 2019

Bürogebäude

Bürogebäude mit Zukunft. Konzepte, Analysen, Erfahrungen_K. Voss, G. Löhnert, S. Herke et al.; 2005
Gestaltung agiler Arbeitswelten. Innovative Bürokonzepte für das Arbeiten in digitalen Zeiten_Martin Klaffke; 2019
Nutzerzufriedenheit in Bürogebäuden. Empfehlungen für Planung und Betrieb_Andreas Wagner, Gerrit Hoefker, Thomas Lützkendorf et al.; 2015
Raumakustisch-thermisches Behaglichkeitsmodell für Büroräume, Fraunhofer IBP, Stuttgart_Klaus Sedlbauer, Philip Leistner, Schew-Ram Mehra, Philipp-Martin Dworok; 2020
Gesundes und erfolgreiches Arbeiten im Büro_Dieter Spath, Wilhelm Bauer, Martin Braun; 2011
best of Detail. Büro/Office_herausgegeben von Christian Schittich; 2013
Bürobau Atlas. Grundlagen, Planung, Technologie, Arbeitsplatzqualitäten_Bettina Staniek, Johann Eisele, Christine Volm; 2005
Basics Büroplanung_Bert Bielefeld; 2018
Future Office. Next-Generation Workplace Design_Nicola Gillen; 2018
The Other Office 3. Creative Workspace Design_Lauren Grieco, Marlous van Rossum-Willems; 2017
Coworking in Berlin. Eine Analyse der Potentiale und Entwicklungsmöglichkeiten_Jannik Brose; 2020
Co-Working Space Design_Kenny Kinugasa-Tsui; 2018
Büroräume, Bürohäuser_Jürgen Knirsch; 2002
Entwurfsatlas Bürobau_Rainer Hascher, Simone Jeska, Birgit Klauck; 2002
Zukunftsstrategie Kombi-Büro. Chancen für Architektur und Organisation_Congena, Gesellschaft für Planung; 2004
A-Typical Plan. Projects and Essays on Identity, Flexibility and Atmosphere in the Office Building_Jeannette Kuo, Jimenez Lai, Iñaki Ábalos et al.; 2013
Human Office. Arbeitswelten im Diskurs_Sibylla Amstutz, Peter Schwehr; 2014
Make Space. How to Set the Stage for Creative Collaboration_Hasso Plattner Institute of Design at Stanford University; Scott Doorley, Scott Witthoft, David Kelley; 2012
100 working spaces. Edition 2016/2017_Isabella Diessl, Andreas Fox, Manuela Hötzl et al.; 2017
Expositionen und gesundheitliche Beeinträchtigungen in Bürogebäuden. Ergebnisse des ProKlimA-Projektes_Wolfgang Bischof, Monika Bullinger-Naber et al.; 2004
Wohltemperierte Architektur. Konzepte für energiesparende Bürogebäude_Entwurfswerkstatt '92 an der TU der HdK Berlin; 1992

www.office21.de_Office 21 – Zukunft der Arbeit; Fraunhofer-Institut für Arbeitswirtschaft und Organisation IAO; 2021

Unterrichtsgebäude

Schulbau und Schulraumgestaltung gestern und heute. Zur Geschichte der Schularchitektur_Sarah Dahlinger; 2008
DBU Bauband 2. Zukunftsfähiger Schulbau: 12 Schulen im Vergleich_Sabine Djahanschah, Florian Nagler, Thomas Auer; 2017
Schulen planen und bauen 2.0. Grundlagen, Prozesse, Projekte_Montag Stiftungen Jugend und Gesellschaft, Urbane Räume; 2017
Baudetail-Atlas Energieeffiziente Gebäude. Schulen und Kindergärten_Rudolf Lückmann; 2008
Entwurfsatlas Schulen und Kindergärten_ Mark Dudek; 2015
Schulbauten. Handbuch und Planungshilfe_ Natascha Meuser, Hans Wolfgang Hoffmann, Thomas Müller, Jochem Schneider; 2014
Schulbau in Österreich 1996–2011. Wege in die Zukunft_Österreichisches Institut für Schul- und Sportstättenbau, Caroline Jäger-Klein, Sabine Plakolm-Forsthuber; 2012
Space for Creative Thinking. Design Principles for Work and Learning Environments_ Drees & Sommer AG, Christine Kohlert, Scott Cooper; 2007
Energieeffiziente Schulen – EnEff:Schule_Johann Reiß, Hans Erhorn, Michael Geiger et al.; 2013
Lüftung in Kita und Schule. Spezialmagazin über Lüftungslösungen in Bildungsbauten. Konzepte, Lösungen, Erfahrungen_Johannes Laible; 2017
MSchulbauRL. Muster-Richtlinie über bauaufsichtliche Anforderungen an Schulen (Muster-Schulbau-Richtlinie – MSchulbauR)_ Fachkommission Bauaufsicht MSchulbauR, Projektgruppe Brandschutz; 2009
ift-Richtlinie FE-16/2_Einsatzempfehlungen für Fenster in Schulbauten – Anforderungen, Planungsgrundlagen, Konstruktion und Ausführung; 2019
DIN 58125_Schulbau – Bautechnische Anforderungen zur Verhütung von Unfällen; 2002
VDI 6040_Raumlufttechnik – Schulen – Anforderungen, VDI-Lüftungsregeln, VDI-Schulbaurichtlinien; 2011

Versammlungsgebäude

Blaibach_Sandra Hofmeister, Peter Haimerl; 2019
Konzerthäuser_Manfred Hamm; 2012
Die energieeffiziente Sporthalle. Konzepte zum EnEV-, Passivhaus- und Nullenergiestandard_Edmund A. Spindler; 2003
VStättVO_Landesverordnung über den Bau und Betrieb von Versammlungsstätten (Versammlungsstättenverordnung)
Bau und Betrieb von Versammlungsstätten. MVStättVO – Kommentar_Volker Löhr, Gerd Gröger; 2019
DIN EN ISO 3382-1_Akustik – Messung von Parametern der Raumakustik – Teil 1: Aufführungsräume; 2009

Ökonomie der Energietechnik

siehe auch Literatur in den Kapiteln: Ökonomie der Raumkonditionierung, Ökonomie der Gebäudehülle und Ökonomie von Quartieren

Energetische Optimierung im Wohnungsbau. Wirtschaftlichkeit – Nutzen – Effizienz_Rolf Neddermann, Christiane Weber; 2016
Mehrfamilienhaus Musterplanung: Grundrisse, Ansichten, Schnitt, Details für KFW-40-Standard, Baukosten_Stefan Scholz; 2020
Bauteilorientierte Optimierung im Bürobau. Betrachtung von Kostenszenarien im Lebenszyklus_Martin Moesl; 2016
Green Office: Ökonomische und ökologische Potenziale nachhaltiger Arbeits- und Bürogestaltung_Dieter Spath, Wilhelm Bauer, Stefan Rief; 2010
Erneuerbare Energien und Klimaschutz. Hintergründe – Techniken und Planung – Öko-

nomie und Ökologie – Energiewende_Volker Quaschning; 2020
Wirtschaftlichkeits- und Behaglichkeitsstudie. Für Klimasysteme im modernen Bürobau_Martina Berger; 2018
Wirtschaftlichkeitsanalyse über Mikro-Blockheizkraftwerke für Ein- und Zweifamilienhäuser_Fabian Wälter; 2015
DIN EN 15459-1_Energetische Bewertung von Gebäuden – Wirtschaftlichkeitsberechnungen für Energieanlagen in Gebäuden – Teil 1: Berechnungsverfahren; 2017

Wohn- und Bürohaus, Darmstadt

www.opus-architekten.de_opus Architekten BDA; 2021
www.akh.de_Architekten- und Stadtplanerrkammer Hessen, opusHouse Wohn- und Bürohaus; 2008
www.bda-bund.de_BDA; Große Häuser, kleine Häuser – Ausgezeichnete Architektur in Hessen 2003–2008 – Joseph-Maria-Olbrich-Plakette; 2021

Stadt

Die Geschichte der Stadt_Leonardo Benevolo; 2007
Die offene Stadt. Eine Ethik des Bauens und Bewohnens_Richard Sennett; 2018
Die Stadt im 20. Jahrhundert. Visionen, Entwürfe, Gebautes_Vittorio Magnago Lampugnani; 2011
Radikal normal. Positionen zur Architektur der Stadt_Vittorio Magnago Lampugnani; 2015
Vorlesungen zur Geschichte der Neuen Architektur: Bd. 1 u. 2_ Julius Posener; 2013
urbainable/stadthaltig. Positionen zur europäischen Stadt für das 21. Jahrhundert_Akademie der Künste Berlin; 2020
Smart City – Kritische Perspektiven auf die Digitalisierung in Städten_Sybille Bauriedl, Anke Strüver; 2018
Vorne – Hinten. Wie wird aus Wohnhäusern Stadt? Konferenz zur Schönheit und Lebensfähigkeit der Stadt_Deutsches Institut für Stadtbaukunst; Christoph Mäckler, Wolfgang Sonne; 2018
Stadt entwerfen. Grundlagen, Prinzipien, Projekte_Leonhard Schenk; 2018
Albert Speer & Partner. Ein Manifest für nachhaltige Stadtplanung: Think Local, Act Global_Jeremy Gaines, Stefan Jäger; 2009
Stadtbau- und Stadtplanungsgeschichte: Eine Einführung_Hildegard Schröteler von Brandt; 2014
Stadt als System. Trends und Herausforderungen zukunftsresilienter Städte_Klaus Burmeister, Ben Rodenhäuser; 2016
Urban Futures. Designing the Digitalised City_Mark Burry; 2020
Beauty Matters. Human Judgement and the Pursuit of New Beauties in Post-Digital Architecture_Yael Reisner; 2019

Potenziale von Quartieren

Neue Orte der Utopie. Zur Produktion von Möglichkeitsräumen bei zeitgenössischen Künstlergruppen_Julia Bulk; 2016
Christiania. Ein soziales Experiment_Catpoh, Torben Voigt; 1981
Freistaat Christiania. Elendsviertel, soziales Experiment oder Selbstorganisation Nicht-Angepasster?_Monika Grau; Heiner Gringmuth; 1977
Christiania. Das Hippieleben in den 80er Jahren_Irma Clausen; 2014
Engendering Cities. Designing Sustainable Urban Spaces for All_Inés Sánchez de Madariaga; 2020
Productive Urban Landscape. Designing Urban Agriculture for Sustainable Cities_Andre Viljoen; 2005
Solarer Städtebau_Dagmar Everding; 2007
Baumschlager Eberle Architekten 2010–2020: Stadt – Architektur – Zukunft_Dietmar Eberle, Eberhard Tröger; 2021

Nachhaltige Stadtplanung. Lebendige Quartiere – Smart Cities – Resilienz_Helmut Bott, Gregor Grassl, Stephan Anders; 2018
Integration im Wohnbau. Modelle für ein soziales Zusammenleben_Herbert Ludl; 2017
Designing Sustainable Cities. Manageable Approaches to Make Urban Spaces Better_ Sigrid Bürstmayr, Karl Stocker; 2020
Wohnquartier in Holz: Mustersiedlung in München (DBU Bauband 4)_Annette Hafner, Arnim Seidel, Sabine Djahanschah; 2020
Designing Sustainable Cities_Rob Roggema; 2020
Dense + Green Cities. Architecture as Urban Ecosystem_Thomas Schröpfer; 2020
Nichttechnische Erfolgsfaktoren der Quartiersentwicklung_Thomas Bloch, Armand Dütz, Jessica Löffler; 2016

Mobilität

Und alles bleibt anders. Meine kleine Geschichte der Mobilität_Winfried Hermann; 2020
Mobilität der Zukunft. Szenarien der Fortbewegung in Deutschland 2035_Lesley Bilger; 2018
Bewegende Zeiten. Mobilität der Zukunft_ Julian Weber; 2020
Ladeinfrastruktur für Elektromobilität im privaten und halböffentlichen Bereich. Auswahl · Planung · Installation_Jürgen Klinger; 2021
Wasserstoff und Brennstoffzellen. Unterwegs mit dem saubersten Kraftstoff_2014; Jochen Lehmann
E-FUEL – The potential of electricity-based fuels for low-emission transport in the EU_ LBST, dena; 2017
DIN SPEC 91364_Leitfaden für die Entwicklung neuer Dienstleistungen zur Elektromobilität; 2018
DIN SPEC 91412_Elektromobilität – Terminologie und grafische Symbole; 2020
DIN SPEC 91433_Leitfaden zur Suchraum- und Standortidentifizierung sowie Empfehlungen für Melde- und Genehmigungsverfahren in der Ladeinfrastrukturplanung; 2020
VDI 2166 Blatt 2_Planung elektrischer Anlagen in Gebäuden – Hinweise für die Elektromobilität; 2020
LadesäulenV_Verordnung über technische Mindestanforderungen an den sicheren und interoperablen Aufbau und Betrieb von öffentlich zugänglichen Ladepunkten für Elektromobile; 2017
GEIG_Gesetz zum Aufbau einer gebäudeintegrierten Lade- und Leitungsinfrastruktur für die Elektromobilität; 2021
www.geig-online.de_Gebäude-Elektromobilitätsinfrastruktur-Gesetz – GEIG; 2021

Sortimo Innovationspark, Zusmarshausen

www.eloaded.eu_2021
www.goingelectric.de_Stromtankstellen Verzeichnis; 2021
www.smarter-fahren.de_Infoportal rund um Wallboxes und Elektroautos; 2021

Energiekonzepte für das Quartier

siehe auch Literatur in den Kapiteln: Wärme- und Kälteerzeugungssysteme, Technikflächen und Energiekonzepte für Gebäude

EnergiePLUS. Gebäude- und Quartier als erneuerbare Energiequelle_M. Norbert Fisch, Thomas Wilken, Christina Stähr; 2012
Energetische Quartiersplanung. Methoden – Technologien – Praxisbeispiele_H. Erhorn-Kluttig, R. Jank, L. Schrempf et al.; 2011
Planungshilfsmittel: Praxiserfahrungen aus der energetischen Quartiersplanung_Patrick Wrobel, Matthias Schnier, Cornelius Schill et al.; 2016
Energetische Bilanzierung von Quartieren. Ergebnisse und Benchmarks aus Pilotprojekten – Forschung zur energieeffizienten Stadt_Heike Erhorn-Kluttig, Hans Erhorn; EnEff:Stadt; 2016

Energetischer Stadtumbau. Energieleitplanung und Wärmenetze für neue Nachbarschaften in Ludwigsburg Grünbühl-Sonnenberg_Dirk Pietruschka; EnEff:Stadt; 2016
Wohnquartiere mit einem Niedrig-Temperatur-Wärmenetz. Eine modellgestützte Analyse zentraler und dezentraler Energieversorgungssysteme_Vanessa Hagedorn; 2019
Dezentraler Einsatz von Solarthermie und Wärmepumpe im Wärmenetz. Thermodynamische Untersuchung zur Kombination von Solarthermie und Wärmepumpe für den dezentralen Einsatz in Wärmenetzen_Michael Sölkner; 2017
Kraft-Wärme-Kopplung_Karl W. Schmitz, Gunter Schaumann; 2009
VDI 2036_Gebäudetechnische Anlagen mit Fernwärme; 2009
VDI 2072_Wärmeübergabestation mit Wasser-Wasser-Wärmeübertrager für Durchfluss-Trinkwassererwärmung/Raumwärmeversorgung; 2019
www.ibp.fraunhofer.de_Energieeffiziente Stadt – EnEff:Stadt; 2021
www.projektinfos.energiewendebauen.de_Quartier & Stadt; 2021

Energiespeicherung

Die geheimnisvolle Insel (L'Île mystérieuse)_Jules Verne; 1874/75
Im Anfang war der Wasserstoff_Hoimar von Ditfurth; 1997
Energiespeicher für die Energiewende. Auslegung und Betrieb von Speichersystemen_Armin U. Schmiegel; 2020
Wärmeversorgungssysteme mit saisonalen Wärmespeichern_Anna-Elisabeth Wollstein-Lehmkuhl; 2020
Physikalische Grundlagen und Aussichten neuer saisonaler Wärmespeicher_Sebastian Leitner; 2014
Wirtschaftliche Umsetzbarkeit saisonaler Wärmespeicher_Schriftenreihe des Instituts für Baubetriebswesen der TU Dresden; Martin Schmuck; 2017
Technisch-wirtschaftliche Optionen zur Lastflexibilisierung durch intelligente elektrische Wärmespeicher_FAU Studien aus dem Maschinenbau; Johannes Bürner; 2019
Kältespeicher. Grundlagen, Technik, Anwendung_Thorsten Urbaneck; 2012
Wasserstofftechnik. Grundlagen, Systeme, Anwendung, Wirtschaft_Thomas Schmidt; 2020
Wasserstoff und Brennstoffzelle. Technologien und Marktperspektiven_Johannes Töpler, Jochen Lehmann; 2017
Energiespeicher. Technische Grundlagen und energiewirtschaftliches Potential_U. Neupert, T. Euting, T. Kretschmer et al.; 2009
Energiespeicher für die Energiewende. Auslegung und Betrieb von Speichersystemen_Armin U. Schmiegel; 2020
Batterien als Energiespeicher – Beispiele, Strategien, Lösungen_Eckhard Fahlbusch; 2015
Elektrochemische Speicher. Superkondensatoren, Batterien, Elektrolyse-Wasserstoff, Rechtliche Rahmenbedingungen_Peter Kurzweil, Otto K. Dietlmeier; 2018
Stromspeicher für Gewerbe und Industrie. Technik, Auswahl und Auslegung. Mit Anmerkungen für Heimspeicher_Tobias Rothacher, Heiko Schwarzburger, Thomas Timke; 2018
Energiewende, aber wie? Die Rechtslage für Energiespeicher nach dem EnWG, EEG und StromStG_Matthias Laux; 2013
Entwicklung und Untersuchung von Polyacrylat-Beschichtungen mit mikroverkapselten Latentwärmespeichermaterialien (mPCM)_Joachim Müller; 2012
prSNR 592061; prSIA 2061:2020-05_Batteriespeichersysteme in Gebäuden; 2020
DIN EN 62932_Flow-Batterie-Systeme für stationäre Anwendungen; 2016
VDI 2164_PCM-Energiespeichersysteme in der Gebäudetechnik, 2016

Wasserstoff-Research-Center, Vonovia AG

Geschäftsmodellkonzepte mit grünem Wasserstoff: Wirtschaftliche und ökologische Auswirkungen für H_2 als nachhaltiger Energieträger_Robert Staiger, Adrian Tantau; 2020
Handbuch der Gasverwendungstechnik: Greening of gas – Technologien für die Energiewende_Bernhard Klocke, Frank Heimlich, Harald Petermann; 2019
www.vonovia.de_Innovationsquartier in Bochum-Weitmar; 2021
www.energiesprong.org_Energiesprong Foundation; 2021

Sektorgekoppelte Quartiere

Energiemanagement. Praxisbuch für Fachkräfte, Berater und Manager_Juliane Bränzel, Dirk Engelmann, Marko Geilhausen, Olaf Schulze; 2020
Energiemanagement_Markus Hubbuch, Stefan Jäschke Brülhart; 2014
DIN EN ISO 50001_Energiemanagementsysteme – Anforderungen mit Anleitung zur Anwendung; 2018

Musterquartiere

www.opendistricthub.de_Open District Hub e.V., c/o Fraunhofer; 2021
www. pioneer-park.de_LEG Hessen-Hanau GmbH; 2021
www.pfaff-quartier.de_PFAFF-Areal-Entwicklungsgesellschaft; 2021
www.projektinfos.energiewendebauen.de_Werksgelände wird zum klimaneutralen Stadtquartier; 2021

Ökonomie von Quartieren

Ökonomie im Quartier. Von der sozialräumlichen Intervention zur Postwachstumsgesellschaft_Oliver Niermann, Olaf Schnur, Matthias Drilling; 2018
Große Transformation im Quartier. Wie aus gelebter Demokratie Nachhaltigkeit wird_Davide Brocchi_2019
Projektentwicklung in der Immobilienwirtschaft. Grundlagen für die Praxis_Willi Alda, Joachim Hirschner, Fritz Berner, Bernd Kochendörfer; 2016
Projektentwicklung nutzungsgemischter Quartiere: Analyse zur Generierung von Erfolgsfaktoren_ Andreas Wieland; 2014

Brucklyn – »place to be« in Erlangen

www.brucklyn.de_2021
www.jost-energy.de_2021
www.energyawards.handelsblatt.com_smart infrastructure, Jost Energy AG; 2017

Land

Expertise bündeln, Politik gestalten – Energiewende jetzt!_Essenz der drei Grundsatzstudien zur Machbarkeit der Energiewende bis 2050 in Deutschland; Deutsche Energie-Agentur; 2019
Sektorkopplung – Optionen für die nächste Phase der Energiewende_Stellungnahme des Akademienprojekts »Energiesysteme der Zukunft«_acatech, Leopoldina, Akademienunion; 2017
Klimapfade für Deutschland_Boston Consulting Group, Prognos; Bundesverband der Deutschen Industrie e.V.; 2018
dena-Leitstudie_Integrierte Energiewende Impulse für die Gestaltung des Energiesystems bis 2050 Ergebnisbericht und Handlungsempfehlungen_Deutsche Energie-Agentur; 2018
www.bdew.de_BDEW Bundesverband der Energie- und Wasserwirtschaft e.V.; 2021
www.dena.de_Deutsche Energie-Agentur GmbH; 2021
www.destatis.de_Statistisches Bundesamt, 2021

www.erneuerbare-energien.de_Informationsportal Erneuerbare Energien, Bundesministerium für Wirtschaft und Energie; 2021
www.energieforschung.de_Bundesministerium für Wirtschaft und Energie; 2021
www.energiesysteme-zukunft.de_Initiative der Wissenschaftsakademien für eine nachhaltige, sichere und bezahlbare Energieversorgung; 2020

Energiewende im Baubereich

Energiewende: Eine sozialwissenschaftliche Einführung_Jörg Radtke, Weert Canzler; 2020
Energie- und Ressourceninnovation. Wegweiser zur Gestaltung der Energiewende_Janet Nagel; 2017
www.energiewendebauen.de_Forschung für energieoptimierte Gebäude und Quartiere, BMWi; 2021

Digitalisierung

Künstliche Intelligenz und der Sinn des Lebens. Ein Essay_Richard David Precht; 2020
Ethik in KI und Robotik _Christoph Bartneck, Christoph Lütge, Alan R. Wagner, Sean Welsh; 2019
Mensch und Technik in der Smart City. Die menschliche Smart City_Eckhart Hertzsch, Lutz Heuser; 2018
Smart City. Innovationen für die vernetzte Stadt.Geschäftsmodelle und Management_Oliver Gassmann, Jonas Böhm, Maximilian Palmié; 2018
Smart City. Digitalisierung in Stadt und Land. Herausforderungen und Handlungsfelder_Hans-Josef Vogel, Karlheinz Weißer, Wolf D. Hartmann; 2017
Smart City wird Realität. Wegweiser für neue Urbanitäten in der Digitalmoderne_Michael Jaekel; 2015
Smart City – Stadt der Zukunft? Die Smart City 2.0 als lebenswerte Stadt und Zukunftsmarkt_Chirine Etezadzadeh; 2015
The Smart Enough City. Putting Technology in Its Place to Reclaim Our Urban Future_Ben Green; 2020
Smart Cities in Europe. Open Data in a Smart Mobility context_Maria Sashinskaya; 2015
IoT and Smart Cities. Your smart city planning guide_Rashmi Nanda; 2019

50 Jahre Energiegesetze in Deutschland

Energierecht: Energiewirtschaftsgesetz, Energiesicherungsgesetz, Erneuerbare-Energien-Gesetz, Erneuerbare-Energien-Wärmegesetz_Beck-Texte; 2020
EnWG: Energiewirtschaftsgesetz mit AbLaV, ARegV, GasGVV, GasHDrLtgV, GasNEV, GasNZV, KAV, KraftNAV, LSV, MaStRV, NAV, NDAV, NetzResV, StromGVV, ÜNSchutzV, Kommentar_Maximilian Emanuel Elspas, Nils Graßmann, Winfried Rasbach; 2018
EEG: Handkommentar_Toralf Baumann, Andreas Gabler, Reinald Günther; 2020
EEG: Erneuerbare-Energien-Gesetz Kommentar_Walter Frenz, Hans-Jürgen Müggenborg, Tilman Cosack et al.; 2017
Energierecht Bd 1: Energierecht Gesetzessammlung_Michael Schmidt-Schlaeger; BDEW e. V.; 2010
www.gesetze-im-internet.de_Bundesministeriums der Justiz und für Verbraucherschutz sowie des Bundesamts für Justiz; 2021
www.clearingstelle-eeg-kwkg.de_Clearingstelle EEG und KWKG; 2021

Energieeinsparverordnung (EnEV) 2016

Energieeinsparverordnung (EnEV) und Erneuerbare-Energien-Wärmegesetz (EEWärmeG) parallel anwenden_Melita Tuschinski; 2016
Die neue Energieeinsparverordnung: Erläuterungen, Änderungen, Rechtstexte_Horst-P. Schettler-Köhler; 2014
Energiesparendes Bauen. Ein Praxisbuch für Architekten, Ingenieure und Energieberater

Wohngebäude nach EnEV 2016 und EEWärmeG_Helmut Marquardt; 2016
Lüftungskonzepte. Erstellung – Kosten – Projektbeispiele. Nach neuer DIN 1946-6_Thomas Hartmann; 2020
DIN 4108_Wärmeschutz und Energie-Einsparung in Gebäuden; 2019
DIN V 18599_Energetische Bewertung von Gebäuden – Berechnung des Nutz-, End- und Primärenergiebedarfs für Heizung, Kühlung, Lüftung, Trinkwarmwasser und Beleuchtung; 2018

Mieterstrommodell

Praxishandbuch Mieterstrom_Iris Behr, Marc Großklos; 2017
Photovoltaikanlage und Blockheizkraftwerk. Steuer, Förderprogramme und Technik_Joachim Kind; 2020
Mieterstrombericht nach § 99 Erneuerbare-Energien-Gesetz 2017_Bundesministerium für Wirtschaft und Energie; 2019
Mieterstrom. Rechtliche Einordnung, Organisationsformen, Potenziale und Wirtschaftlichkeit von Mieterstrommodellen_im Auftrag des BMWi; Schlussbericht; 2017
www.bmwi.de/Redaktion/DE/Downloads/E/eckpunkte-mieterstrom.html_Bundesministerium für Wirtschaft und Energie, Eckpunktepapier Mieterstrom; 2021
www.bundesnetzagentur.de_Bundesnetzagentur, Mieterstrom; 2021

Kundenanlage

Die Kundenanlagen unter besonderer Betrachtung wohnungswirtschaftlicher Aspekte (Schriftenreihe Institut für Energie- und Wettbewerbsrecht in der Kommunalen Wirtschaft e.V. an der Humboldt-Universität zu Berlin; Bd. 63)_Jan-Philipp Sahle; 2019
Praxishandbuch Geschlossene Verteilernetze und Kundenanlagen. Auswirkungen des EnWG_Birgit Ortlieb, Erik Staebe; 2014
Kundenanlagen im System des deutschen und europäischen Energierechts_Philipp Heinrich Wichard Schulze Düllo; 2014
Energiewirtschaft für (Quer-)Einsteiger: Einmaleins der Stromwirtschaft_Marcel Linnemann; 2021
Kundenanlage und geschlossenes Verteilernetz. Abgrenzungen, Voraussetzungen, Empfehlungen_DIHK – Deutscher Industrie- und Handelskammertag; 2017
Lieferantenwechsel in Kundenanlagen Strom_BDEW Bundesverband der Energie- und Wasserwirtschaft e.V.; 2020
Beschluss des Oberlandesgerichts Frankfurt, Zur Einstufung als Kundenanlage_Az.1 1W40/16; 2018
Beschluss des Bundesgerichtshof, Kriterium der Wettbewerbsrelevanz_EnVR 65/18; 2019
Beschluss des Bundesgerichtshofs, Kriterium eines räumlich zusammenhängenden Gebiets_EnVR 66/18; 2019
Beschluss des Oberlandesgerichts Düsseldorf, Konkretisierung der Anforderungen an eine Kundenanlage_Az. 3 Kart 729/19; 2020
www.bundesnetzagentur.de_Geschlossene Verteilernetze; 2021

Gebäudeenergiegesetz (GEG)

Das neue Gebäudeenergiegesetz: Wegweiser, Begründungen, Kommentare_Horst-P. Schettler-Köhler; 2021
GEG 2021. Gebäudeenergiegesetz – Gesetz zur Einsparung von Energie und zur Nutzung erneuerbarer Energien zur Wärme- und Kälteerzeugung in Gebäuden_R. Studier; 2020
GEG im Bild. Praxisgerecht kommentiert und grafisch umgesetzt_Uli Jungmann, Klaus Lambrecht; 2021
GEG 2020 und DIN V 18599. Wohnbau. Kompaktdarstellung, Kommentar, Praxisbeispiele_Torsten Schoch; 2021
GEG 2020 und DIN V 18599. Nichtwohnbau. Kompaktdarstellung, Kommentar, Praxisbeispiele_Torsten Schoch; 2021
Energieausweise für die Praxis. GEG 2020: Ausweise erstellen, lesen, nutzen und aus-

hängen. Leitfaden für Energie-Experten, Eigentümer und Immobilienwirtschaft_Melita Tuschinski; 2021
GEG 2020. Anforderungen – Planung – Umsetzung_Wilfriede Renate Schamoni; 2020
Das Baustellenhandbuch GEG_Christine Uske; 2020
www.geg-info.de_GEG 2020 – Gebäude-EnergieGesetz; 2021

Ausblick

Der Klima-Appell des Dalai Lama an die Welt. Schützt unsere Umwelt_Franz Alt, Dalai Lama; 2020
Das Eis schmilzt. Klimaschutz und Wirtschaft neu denken_ Arved Fuchs; 2020
Ich will, dass ihr in Panik geratet! Meine Reden zum Klimaschutz_Greta Thunberg; 2019
Gemeinsam für die Zukunft – Fridays For Future und Scientists For Future. Vom Stockholmer Schulstreik zur weltweiten Klimabewegung_David Fopp, Loukina Tille, Isabelle Axelsson; 2021
10 × DNA. Das Mindset der Zukunft_Frank Thelen; 2020
Nine Chains to the Moon. An Adventure Story of Thought_Richard Buckminster Fuller; 1938
www.crowtherlab_cities of the future visualizing climate change to inspire action; 2021
www.destatis.de_Bevölkerung, Arbeit, Soziales; 2021
www.dwd.de_Klimavorhersage; 2021
www.metropolen-der-zukunft.com_Metropolen der Zukunft; 2021
www.people.idsia.ch_Jürgen Schmidhuber, AI Pionier; 2021
www.population.un.org_Annual Urban Population at Mid-Year_2021
www.statista.com_Business Data Platform; 2021
www.vda.de_Verband der Automobilindustrie, Mobilität und Gesellschaft; 2021

FOTOGRAFEN UND BILDNACHWEIS

Abbildungen, Grafiken und Tabellen, zu denen keine andere Quelle angegeben ist, wurden von Mike de Saldanha und Sabine Uhland erstellt.

Mensch

Ganzheitliche Behaglichkeit

S. 14, Mensch, Leonardo da Vinci_Luc Viatour_https://lucnix.be; 2021

Kreativität und Planung

S. 24, Skizze Kreativitätsschlange_Özlem Gün, Erzhausen
S. 25, Wimmelbild Quartier_Open District Hub_Jens Hahn, München
S. 26, Flipchart_Fabio de Saldanha, München
S. 26, Quartierbauspiel_Fabio de Saldanha, München
S. 27, Lego Serious Play_Open District Hub, München
S. 27, Essbares Modell_Miriam Hengst, Framersbach
S. 28, Nationalmuseum Katar_shutterstock_1447753244_SSTK-057AB-943B
S. 29, Skizze Hochschulbauerweiterung_Kristian Kaffenberger, Dilshofen
S. 29, Portrait Kristian Kaffenberger_Nina Siber, Frankfurt

Building Information Modeling (BIM)

S. 30, BIM Tragwerk Museum Katar_Werner Sobek, Stuttgart
S. 32, Portrait Dill Kahn_Dill Kahn, Riedstadt
S. 33, Anlagenplanung Viessmann_Viessmann, Allendorf

Energie im Wettbewerb

S. 34, Modell Konzerthaus_phase eins., Berlin
S. 35, Innenperspektive_phase eins., Berlin_CUKROWICZ NACHBAUR ARCHITEKTEN, Bregenz
S. 35, Außenperspektive_phase eins., Berlin_ CUKROWICZ NACHBAUR ARCHITEKTEN, Bregenz
S. 35, Portrait Benjamin Hossbach_Benjamin Hossbach, Berlin

Naturhotel Tannerhof, Bayrischzell

S. 36, Portrait Florian Nagler_Florian Nagler Architekten GmbH_Fotostelle TUM, München

Raum

Kapiteleingang

S. 38, Kapitelfoto Totenstube_Chris Schroeer-Heiermann, Köln

Raumkonditionierung

S. 41, Heizkörper_AdobeStock_253487570, pixelkorn
S. 41, Konvektor_AdobeStock_38028640, WestPic.jpeg
S. 42, Fußbodenheizung_AdobeStock_240800535, surfmedia
S. 43, Kühldecke_AdobeStock_96874994, Destina
S. 44, Verteiler Flächenheizung_AdobeStock_177653011, Severin Lonka
S. 45, Klima-Deckengerät_AdobeStock_38028640, black_kira
S. 47, Centre Pompidou_AdobeStock_372888041, vvoe - stock.adobe.com

Mechanische Lüftung

S. 52, Weitwurfdüsen_IB Hausladen, München
S. 52, Drallauslass_AdobeStock_217881343, Volodymyr

Gebäudesteuerung und Smart Home
S. 57, Energiemanager-App_Bosch Thermotechnik GmbH, Wetzlar
S. 57, Echo Sprachsteuerung_Adobe-Stock_350867986, fabiomax

»The Living« – Microenergie-Apartment
S. 61, Blick in Micro-Apartment_Fabio de Saldanha, München
S. 61, Gemeinschaftsbereiche_Fabio de Saldanha, München

Technikintegration
S. 65, Kirche Saint Pierre, Firminy-Vert, Frankreich, Le Corbusier_Alamy_OY46738622_ID_E2A28H

Kunstlicht
S. 67, Der Münchener U-Bahnhof Westfriedhof_Martin Falbisoner_https://de.wikipedia.org/wiki/Datei:Munich_subway_station_Westfriedhof.jpg; 20.04.2014; CC BY-SA 3.0

Totenstube, Vrin
S. 70, Außenansicht_Chris Schroeer-Heiermann, Köln
S. 71, Innenraum, Treppe_Alexander Gempeler, Bern
S. 71, Innenraum, Tisch_Alexander Gempeler, Bern

| Hülle

Kapiteleingang
S. 72, Kapitelfoto 2226_Baumschlager Eberle, Lustenau_Eduard Hueber, archphoto

Glas
S. 93, Glasfassade der Herz-Jesu Kirche in München_Allmann Sattler Wappner, München

Sonnenschutz
S. 95, Louvre Abu Dhabi _Ales Vyslouzil_shutterstock_1244852878

Mehrschichtige Fassaden
S. 100, Detailschnitt Seminargebäude Konstanz_MGF Architekten GmbH_Sabine Uhland, Darmstadt
S. 100, Seminargebäude Konstanz_MGF Architekten GmbH_Jörg Jäger, Kusterdingen
S. 101, Wohn- und Geschäftshaus in Weiden_Karlheinz Beer_Oliver Heinl, Rednitzhembach
S. 101, Detailschnitt Wohn- und Geschäftshaus in Weiden_Karlheinz Beer_Sabine Uhland, Darmstadt

Monolithische Fassaden
S. 102, Detailschnitt Atelier Lüps_Atelier Lüps_Sabine Uhland, Darmstadt
S. 102, Atelier Lüps_Atelier Lüps, Schondorf am Ammersee
S. 103, Wohnhaus Schlaich_Prof. C. Bonnen Architekt_Lutz Artmann, Berlin
S. 103, Detailschnitt Wohnhaus Schlaich_Prof. C. Bonnen Architekt_Sabine Uhland, Darmstadt

Holzkonstruktionen
S. 104, Detailschnitt Naturhotel Tannerhof_Florian Nagler Architekten GmbH_Sabine Uhland, Darmstadt
S. 105, Schmuttertal Gymnasium_Stefan Müller-Naumann, München
S. 105, Detailschnitt Schmuttertal Gymnasium_Hermann Kaufmann ZT GmbH und Florian Nagler Architekten GmbH_Sabine Uhland, Darmstadt

Holzbau
S. 106, Caplutta Sogn Benedet, Fassade_Peter Zumthor_Mike de Saldanha, München

S. 107, Caplutta Sogn Benedetg, Außenansicht_Peter Zumthor_Mike de Saldanha, München
S. 107, Caplutta Sogn Benedetg, Innenraum_Peter Zumthor_Mike de Saldanha, München
S. 109, Hotel 7132 Zimmer_Kengo Kuma_Mike de Saldanha, München
S. 111, CNC-Werkzeuge_Johanna Uhland, Darmstadt
S. 111, CNC-Werkstück_Johanna Uhland, Darmstadt
S. 112, Fassaden Woodie_Sauerbruch Hutton, Berlin_Jan Bitter, Berlin
S. 113, Portrait Sibylle Bornefeld_Sauerbruch Hutton, Berlin
S. 113, Grafik Systembauweise Woodie_Sauerbruch Hutton, Berlin
S. 113, Fassaden Woodie_Sauerbruch Hutton, Berlin_Jan Bitter, Berlin
S. 113, Apartement Woodie_Sauerbruch Hutton, Berlin_Jan Bitter, Berlin

Lehmbau

S. 114, Stampflehmwand_Lehm Ton Erde Baukunst GmbH, Schlins Österreich
S. 116, Portrait Martin Rauch_Lehm Ton Erde Baukunst GmbH_Frank Stolle, München
S. 116, Portrait Roger Boltshauser_Boltshauser Architekten_Michael Artur König, München
S. 116, Haus Rauch, Außenansicht_Lehm Ton Erde Baukunst GmbH_Boltshauser Architekten_Beat Bühler, Zürich
S. 116, Haus Rauch, Fassade_Lehm Ton Erde Baukunst GmbH_Boltshauser Architekten_Beat Bühler, Zürich
S. 116, Haus Rauch, Innenraum_Lehm Ton Erde Baukunst GmbH_Boltshauser Architekten_Beat Bühler, Zürich
S. 117, Haus Rauch, Treppe_Lehm Ton Erde Baukunst GmbH_Boltshauser Architekten_Beat Bühler, Zürich
S. 117, Detailschnitt Haus Rauch_Lehm Ton Erde Baukunst GmbH_Boltshauser Architekten_Sabine Uhland, Darmstadt

Strohballenbau

S. 118, Portrait Georg Bechter_Georg Bechter Architektur + Design, Hittisau
S. 118, Wohnhaus aus Strohballen, Außenansicht_Georg Bechter Architektur + Design_Adolf Bereuter, Dornbirn
S. 119, Wohnhaus aus Strohballen, Außenansicht_Georg Bechter Architektur + Design_Adolf Bereuter, Dornbirn
S. 119, Wohnhaus aus Strohballen, Innenraum_Georg Bechter Architektur + Design_Adolf Bereuter, Dornbirn
S. 119, Wohnhaus aus Strohballen, innen Badewanne_Georg Bechter Architektur + Design_Adolf Bereuter, Dornbirn
S. 119, Wohnhaus aus Strohballen, Bauphase_Georg Bechter Architektur + Design_Adolf Bereuter, Dornbirn
S. 119, Detailschnitt Wohnhaus aus Strohballen_Georg Bechter Architektur + Design_Sabine Uhland, Darmstadt

Bauen mit Bambus

S. 120, Commune by the great wall in China_Kengo Kuma & Associates_Mike de Saldanha, München
S. 121, Knotenpunkt am Deutsch-Chinesischen Pavillon_Markus Heinzdorf_Mike de Saldanha, München
S. 121, Deutsch-Chinesisches Haus_Markus Heinzdorf_Mike de Saldanha, München
S. 121, Deutsch-Chinesisches Haus, Ansicht_Goethe Institut Shanghai, Winfried Eckstein

Begrünte Fassade

S. 122, Bosco Verticale_Adobe-Stock_219768211

Gebäudeintegrierte Photovoltaik

S. 124, Solarmodul_Vitovolt 300_Viessmann Pressestelle, Allendorf
S. 125, Neue Monte-Rosa-Hütte_ETH-Studio Monte Rosa, Bearth + Deplazes, Chur_Francofranco56_Wikipedia; 2021; CC BY-SA 3.0

S. 128, +e Kita, Außenansicht_Eibe Sönnecken, Darmstadt
S. 130, Foto Energiewürfel_Peter Allgaier, Konstanz
S. 130, Portrait Arnold Wild_Arnold Wild, Konstanz
S. 131, Verschattungsstudie Energiewürfel Konstanz_Michael Kehr, München
S. 131, Detailschnitt Energiewürfel Konstanz_Arnold Wild, Stadtwerke Konstanz_Sabine Uhland, Darmstadt

Hybride Energiefassade
S. 133, Portrait Dr. Michael Schaefer_Deutsche Botschaft, Peking
S. 133, Skizze Deutsch-Chinesisches Haus_Ina Bosch, Darmstadt

»Haus 2226« in Lustenau, Österreich
S. 140, Portrait Dietmar Eberle_Baumschlager Eberle Architekten, Lustenau
S. 140, Ansicht_Baumschlager Eberle Architekten, Lustenau_Eduard Hueber, archphoto
S. 141, Innenraum_Baumschlager Eberle Architekten, Lustenau_Eduard Hueber, archphoto
S. 141, Bistro_Baumschlager Eberle Architekten, Lustenau_Eduard Hueber, archphoto

| Haus

Wärme- und Kälteerzeugungssysteme
S. 147, Holzhackschnitzelheizung_Viessmann, Allendorf

Wohngebäude
S. 157, Portrait Alexander Reichel_Reichel Architekten BDA PartGmbB, Kassel
S. 157, Haus am Löwersberg, Ansicht_Reichel Architekten BDA PartGmbB, Kassel
S. 157, Haus am Löwersberg, Treppenhaus_Reichel Architekten BDA PartGmbB, Kassel

Gemischtgenutzte Gebäude
S. 159, Portrait Karlheinz Beer_Edwin Kunz, Berg
S. 159, Wohn- und Geschäftshaus in Weiden, Ansicht_Karlheinz Beer, München_F.D. Beer
S. 159, Wohn- und Geschäftshaus in Weiden, Innenraum_Karlheinz Beer, München_Oliver Heinl, Rednitzhembach
S. 159, Wohn- und Geschäftshaus in Weiden, Tiefgarage_Karlheinz Beer, München_Oliver Heinl, Rednitzhembach

Bürogebäude
S. 161, Portrait Simon Speigner_sps-architekten zt gmbh_Susi Graf, Salzburg
S. 161, Bürogebäude oh456, Ansicht_sps-architekten zt gmbh_Kurt Hörbst, Rainbach, Wien

Unterrichtsgebäude
S. 163, Portrait Hermann Kaufmann_Hermann Kaufmann ZT GmbH, Schwarzach
S. 163, Schmuttertal-Gymnasium, Ansicht_Hermann Kaufmann ZT GmbH und Florian Nagler Architekten GmbH_Stefan Müller-Naumann, München
S. 163, Schmuttertal-Gymnasium, Innenraum_Hermann Kaufmann ZT GmbH und Florian Nagler Architekten GmbH_Stefan Müller-Naumann, München

Versammlungsgebäude
S. 165, Portrait Peter Haimerl_Peter Haimerl Architektur_Edward Beierle, München
S. 165, Konzerthaus in Blaibach, Innenraum_Peter Haimerl Architektur_Edward Beierle, München
S. 165, Konzerthaus in Blaibach, Außenraum_Peter Haimerl Architektur_Edward Beierle, München

Wohn- und Bürohaus, Darmstadt
S. 172, Portrait Anke Mensing und Andreas Sedler_opus Architekten BDA, Darmstadt

S. 172, Ansicht_opus Architekten BDA, Darmstadt_Eibe Sönnecken, Darmstadt
S. 173, Dachterrasse_opus Architekten BDA, Darmstadt_Eibe Sönnecken, Darmstadt
S. 173, Innenraum_opus Architekten BDA, Darmstadt_Eibe Sönnecken, Darmstadt
S. 173, Treppe_opus Architekten BDA, Darmstadt_Eibe Sönnecken, Darmstadt
S. 173, Detailschnitt Opus Haus_opus Architekten BDA, Darmstadt_Sabine Uhland, Darmstadt

Stadt

Potenziale von Quartieren

S. 178, PV Dach in Christiania_shutterstock_1410236639, Solar Studio
S. 179, Co-Working in Brucklyn_Jost Unternehmensgruppe, Grünwald
S. 181, Plusenergie-Klimahäuser in Schallstadt_Rolf Disch, Freiburg

Mobilität

S. 183, Ruhr Radschnellweg_AdobeStock_275824081, annacovic
S. 185, Supra-Charger 420kW_Steinbacher Consult, Neusäß/Augsburg
S. 185, Wasserstofftankstelle_AdobeStock_261469075, chesky

Sortimo Innovationspark, Zusmarshausen

S. 186, Rendering Tankstelle_Steinbacher Consult, Neusäß/Augsburg
S. 186, Rendering Übersicht_Steinbacher Consult, Neusäß/Augsburg
S. 186, Baustellenfoto_Steinbacher Consult, Neusäß/Augsburg
S. 187, Portrait Frank Steinbacher_Steinbacher Consult, Neusäß/Augsburg
S. 187, Schaltschema Ladetechnik_Steinbacher Consult, Neusäß/Augsburg_Sabine Uhland

Energiekonzepte für das Quartier

S. 189, Nahwärmenetz_AdobeStock_55220022, fefufoto
S. 189, Heizwerk Zürs_Hermann Kaufmann + Partner ZT GmbH, Schwarzach_Bruno Klomfar, Wien

Energiespeicherung

S. 193, Eisspeicher_Viessmann Pressestelle, Allendorf
S. 194, Stack Lithium-Ionen Batterie_ AdobeStock_356627073, chesky
S. 195, Rendering Redox-Flow-Batterie_ CMBlu Energy AG, Alzenau
S. 196, Natrium-Schwefel Batterie BASF_ Pressestelle BASF, Ludwigshafen
S. 197, Linde-Wasserstofftank_Claus Ableiter_https://de.wikipedia.org/wiki/Datei:Linde-Wasserstofftank.jpg; 12.02.2008; CC BY-SA 3.0
S. 197, LOHC Speichereinheit_Frames, Hydrogenious LOHC Technologies, Erlangen
S. 198, Portrait Daniel Teichmann_Hydrogenious LOHC Technologies, Erlangen
S. 199, Visionärer Schwungradspeicher_ AdobeStock_322058862, malp

Wasserstoff-Research-Center, Vonovia AG

S. 200, Wasserstoff-Research-Center_Vonovia AG, Bochum
S. 201, Portrait Tobias Hoffmann_Tobias Hoffmann, Bochum
S. 202, Energieflussschema_Mike de Saldanha, Sabine Uhland, Vonovia AG

Sektorgekoppelte Quartiere

S. 203, eLoaded App_eLoaded GmbH, Innsbruck
S. 203, DC Ladepunkt 140 kW_eLoaded GmbH, Innsbruck
S. 203, Lademanagement Fleet Optimizer_ Ampeers Energy, München

S. 204, Quartier als digitaler Zwilling_Ampeers Energy, München
S. 204, Datenauswertung District Manager_Ampeers Energy, München
S. 205, Portrait Gerrit Ellerwald_Gerrit Ellerwald, München
S. 205, Benutzeroberfläche Erzeugungssysteme EMS_Ampeers Energy, Fraunhofer IOSB, Ilmenau

Musterquartiere
S. 206, Portrait Dr. Karsten Schmidt_Karsten Schmidt, München
S. 208, Portrait Dr. Marc Weinstock_DSK-BIG Projekt- und Stadtentwicklung, Kronshagen
S. 208, Historisches Luftbild Pioneer-Kaserne_Archivbild Stadt Hanau
S. 208, Luftbild Bauzustand Pioneer-Kaserne_DSK-BIG Projekt- und Stadtentwicklung, Kronshagen
S. 208, Quartiersplanung Pioneer-Kaserne AS+P_AS+P Albert Speer + Partner GmbH, Frankfurt
S. 208, Mobilitätskonzept Pioneer-Kaserne_DSK-BIG - andre stocker design, Dreieich
S. 209, Portrait Dr. Frank Bomarius_Frank Bomarius, Kaiserslautern
S. 209, Lageplan_astoc mess, Köln
S. 209, Visualisierung Reallabor_astoc mess, Köln
S. 209, Historische Werksansicht_Stadtarchiv-Kaiserslautern, Kaiserslautern

Brucklyn – »place to be« in Erlangen
S. 212, Portrait Jürgen Jost_Fabio de Saldanha, München
S. 212, Logo Handelsblatt Award_Handelsblatt, Düsseldorf
S. 214, Portrait Vinzenz Singer_Vinzenz Singer, Bayreuth
S. 215, Übersicht Brucklyn_Jost Unternehmensgruppe, München

| Land

Energiewende im Baubereich
S. 219, Portrait Rolf Disch_Rolf Disch, Freiburg
S. 219, Skizze Sonnenschiff_Rolf Disch, Freiburg
S. 221, Verknüpfung mit der Mobilität_Steinbacher-Consult, Neusäß/Augsburg

Kundenanlage
S. 237, Portrait Peter Mussaeus_Peter Mussaeus PwC Lega, Frankfurt am Mainl

| Anhang

Kapiteleingang
S. 250, Rhön Wasserkuppe_Katharina Wolf, Fulda
S. 250, Hochschule Darmstadt_Marius Burfeind-Fürst, Darmstadt
S. 250, Kreissäge_Johanna Uhland, Darmstadt

Lebenswege und Stationen
S. 253, Portrait Mike de Saldanha_Nina Sieber, Frankfurt
S. 253, Portrait Sabine Uhland_Johanna Uhland, Darmstadt

STICHWORTVERZEICHNIS

3D-Druck 249

A

Abgasanlage 146, 168
Abluftanlage 156, 162
Abluftwärmepumpe 154
Abminderungsfaktor 94
Absorptionskälte 132, 170, 190, 212
Abwasserkanal 170, 181
Arbeitszahl 148
Architekturwettbewerb 34
Aufsparrendämmung 90
Außenbezug 76
Außenlärm 18
Außenlärmpegel 74
Außenlufttemperatur 21, 48, 74
Außenluftwechselrate 23

B

Bambus 120
Batterie 129, 171, 184, 195
Batteriemanagement 198
Batteriespeicher 203
Batteriesystem 195, 196
Bebauungsdichte 177
Begrünung 122
Behaglichkeit 14, 55, 75
» akustische 18
» olfaktorische 22
» thermische 20
» visuelle 16
Behaglichkeitsparameter 14
Beleuchtungsstärke 16, 64, 66, 74
Belichtung 144
Belüftung 144
Besprechungsraum 55
Beteiligungsverfahren 26
Beton 103
Betonkernaktivierung 19, 43, 46, 55, 61, 63, 69, 160, 193
Betriebskosten 136, 166
Bewohnerdichte 211
Biogas 147
Biogasanlage 152
Biomasse 151, 168, 191, 233, 245
Blei-Säure-Akkumulator 194
Blendschutz 76, 95
Blendung 16, 17, 64, 74
Blockchain 223
Blockheizkraftwerk 146, 152, 170, 188, 190, 210, 213, 219, 234
Brauchwassererwärmung 149
Brennstoff 147
Brennstofflager 188, 191
Brennstoffpreis 151
Brennstoffzelle 197, 200, 213, 219
Brennwertkessel 150, 229
Building Information Modeling 30, 31
Büro 54, 67, 158, 160, 172

C

CAD 30, 110, 111
Calciumsilikat 88
Carsharing 184
Cloud Computing 28
CO_2-Bilanz 146
CO_2-Emission 107, 224, 242, 246
CO_2-Konzentration 22, 162
CO_2-neutral 148, 189
CO_2-Steuerung 162, 164
Contracting 171
Co-Working 178
Cybersecurity 223

D

Dachbegrünung 123
Dämmbeton 103
Dämmbetonbau 165
Dämmstoff 86, 89, 90
» natürlicher 89
Dämmstoffstärke 136, 156
Datensicherheit 59
Deckenstrahlplatte 42, 164
digitaler Zwilling 31, 33, 204, 215
Digital Health 57, 243
Digitalisierung 56, 177, 178, 187, 222, 242
DIN 4108 227, 228
DIN 18599 35, 227, 228, 230, 232
Doppelboden 155
Doppelfassade 19, 49, 78, 82, 83
Dreischeiben-Wärmeschutzverglasung 131
Dünnschichtmodul 126

E

E-Bike 183, 185
EDV-Zentrale 154
EEG-Umlage 129, 166, 171, 189, 190, 211, 213, 219, 225, 234, 235
Eigennutzung 190
Eigenverbrauch 125, 129, 171
Einfamilienhaus 176
Einstrahlung 144
Einzelraumregelung 43
Eisspeicher 148, 153, 170, 193, 194
Elektrofahrzeug 184, 214, 243, 246
Elektromobilität 158, 183, 203, 208, 243
Elektrozentrale 154
Elementfassade 78, 80
Endenergiebedarf 230, 232
EnerCalC 35
Energiebedarf 35
Energiedichte 197
Energiedienstleistung 180, 203
Energieeinsparungsgesetz 224
Energieeinsparverordnung 225, 226
Energieerzeugungssystem 150
Energiefassade 132, 134
Energiegesetz 224
Energiegewinnung 76
Energiekosten 68, 166
Energiemanagement 220
Energiemanagementsystem 33, 129, 201, 204, 206, 207, 209, 210, 211, 215, 247
Energiepreis 166
Energiespeicher 184, 198, 221
Energiespeicherung 192, 220
Energietechnik 166
Energieträger, fossiler 167
Energieverbrauch 178
Energieverschiebung 158, 159, 178, 202, 210, 220
Energieversorgung 188
Energiewende 189, 192, 214, 215, 218
Energiewirtschaftsgesetz 237
Energiezentrale 189, 213
EnEV-easy 228
EnEV-Nachweis 228
Entfeuchtung 47
EPS Expandiertes Polystyrol 86
Erdkanal 154
Erdsonde 46, 131, 135, 148, 150, 153, 160, 168, 212
Erneuerbare-Energien-Gesetz 225
Erneuerbare-Energien-Wärmegesetz 225
EU-Gebäuderichtlinie 239

F

Fahrradverkehr 183
Farbtemperatur 16, 17, 67
Farbwiedergabe 66
Fassade
» hinterlüftete 101
» mehrschichtige 100
Fassadenaufteilung 79
Fassadenkonstruktion 139
Fassadenkonzept 76, 78, 139
Fassadenprinzip 79
F_C-Wert 94
Fensterflächenanteil 65, 160
Fenstergeometrie 65, 76
Fensterlüftung 54
Fernwärme 150, 167
Feuchte 156
Flächenheizsystem 42, 148
Flächenheizungsverteiler 44
Flachkollektor 149
Fußbodenheizung 69, 162, 164
Fußgänger 183, 247

G

Gartenstadt 176, 179
Gebäudebetrieb 33
Gebäudeenergiegesetz 225, 239
Gebäudehülle 160
Gebäudeleittechnik 215
Gebäudemodell 31, 32
Gebäudeorientierung 144
Gebäudesteuerung 56, 57, 58, 60
Gebläsekonvektor 41
Gemeinschaftsraum 178
Generative Design 28
Geothermie 233
Gesamtenergiedurchlassgrad 79, 84
Glas 92
» variochromes 96
Glashauseffekt 149
Grundwasser 148, 150, 153, 168
Grünfassade 123

Grünfläche 179
g-Wert 93

H

Hackschnitzel 147, 151
Hanf 88
Heizkörper 40, 160
Heizkreisverteiler 44
Heizleistung 47, 55, 69
Heizung 54
Heizwärmebedarf 144, 156
Heizzentrale 154
Holz 71, 104, 105, 106, 109, 161, 243
Holzbau 106, 107, 109, 247
Holzdämmstoff 89
Holzfassade 113
Holzhackschnitzel 37, 168, 188, 191
Holzkonstruktion 37, 99, 104, 112, 163
Holz-Modulbauweise 112
Holzrahmenbau 105, 106
Holzriegelwand 161
Holzskelettbau 105, 106, 108
Holzverbundwerkstoff 110
Horizontallamellen 96

I

Infrastruktur 185, 210, 246
Innendämmung 91, 100
Installationszone 63
Internet of Things 33
Investitionskosten 136, 166

J

Jahresdauerlinie 146
Jahreslaufleistung 170
Jahreslaufzeit 146
Jahreswärmebedarf 152

K

Kältebedarf 150
Kälteerzeugung 170
Kältemaschine 46, 155
Kälte, regenerative 170
Kältezentrale 154, 155
Kaltluftabfall 41, 42
Kastenfenster 19, 49, 78, 81, 83
Kerndämmung 91, 101
Klimaanlage 45, 55, 69, 162
Klimafassade 135
KNX-Standard 59
Kollektor 149, 156
Kondensat 44
Konstruktion
» massive 71
» mehrschichtige 98
» monolithische 99, 102
Konvektor 41
Konzeptphase 25, 29
Korridorfassade 78
Kraft-Wärme-Kopplung 233
Kreislaufverbundsystem 154
Kühlbalken 44
Kühldecke 43, 63, 160, 162
Kühlkältebedarf 144
Kühlkreisverteiler 44
Kühllast 17, 66
Kühlleistung 43, 44, 45, 55, 69
Kühlung 123, 160, 162
» adiabate 145, 180
» solare 132
Kundenanlage 177, 189, 190, 210, 212, 235, 236, 237, 238
» virtuelle 238
künstliche Intelligenz 58, 166, 201, 209, 223, 242, 248
Kunstlicht 65, 66

L

Ladeinfrastruktur 220
Ladeleistung 184, 187
Lademanagement 158, 243
Ladesäule 186
Ladestrategie 214
Ladestrom 186
Ladetechnik 187
Langzeitenergiespeicher 197
Langzeitspeicher 192
Lastmanagement 189, 202
Lastspitze 166, 192
Lastverlauf 158, 188, 191
Lebenszyklus 31, 32, 106, 115, 166, 243
LED 17, 66, 131, 165
Lehm 114, 116
Lehmbauweise 116
Leistungspreis 166, 181

Leistungsspitze 204
Leuchtmittel 66
Lichtausbeute 66
Lichtfarbe 64, 67
Lichtsteuerung 17
Lithium-Ion 198, 200
Lithium-Ionen-Akkumulator 194
Lochfassade 78, 79, 83
LOHC 197, 214
Luftfeuchte 21, 22, 46
Luftgeschwindigkeit 21, 42, 51, 155
Luftheizung 45, 164
Luftkollektor 134
Luftqualität 22, 23, 52, 53, 74, 123, 162
Lüftung 50, 54, 62, 68, 141
» mechanische 50, 160
» natürliche 48, 62, 141
Lüftungsanlage 22, 45, 50, 139, 156, 161, 164, 172
» dezentrale 45, 79, 168
» mechanische 164
Lüftungsgerät 50, 61
Lüftungsklappe 164
Lüftungskonzept 48, 52, 225, 228
Lüftungsöffnung 48, 51, 62
Lüftungswärmebedarf 23
Lüftungswärmeverlust 84, 141
Lüftungszentrale 154
Lüftungszone 52
Luftwechsel 23, 156
Luftwechselrate 62

M
Massivbau 115
Massivholzbau 104
Massivwand 98
Micro-Apartment 61, 112
Mieterstrom 190
Mieterstromgesetz 235
Mieterstrommodell 234, 235
Mikroklima 144, 145, 180, 249
Mineralwolle 88
Mischlüftung 51, 68
Mobilität 178, 179, 182, 186, 202, 211, 214, 220, 242, 246
Mobilitätsdienstleistung 179
Mobilitätskonzept 208
Musterquartier 207, 212

N
Nachhallzeit 19
Nachhaltigkeit 107
Nachtlüftung 48, 62, 156, 160
Nahwärme 171, 190, 191
Nahwärmeleitung 37, 189
Nahwärmenetz 148, 212
Natrium-Schwefel-Batterie 196, 198
Netzstabilisierung 153, 199
Nichtwohngebäude 230
Notstrom 146, 152, 170
Nullenergie-Gebäude 130
Nullenergiekonzept 153
Nutzenergiebedarf 230
Nutzungsmix 158, 159, 177, 181, 210

O
Oberflächentemperatur 20, 42, 43, 75, 85, 95, 123, 136, 145
Ökobilanz 77
ökologischer Fußabdruck 178
Onlinehandel 242
Open District Hub 206, 212
Orientierung 127, 144, 145

P
Parametrisches Design 27
Passivhaus 156, 163, 172
Pellet 147, 151, 168
Pelletkessel 163
Perimeterdämmung 91
Pettenkofer Grenze 23
Phasenübergang 194
Phasenwechselmaterial 62, 193
Photovoltaik 124, 171
Planung 24
» digitale 29, 243
Planungsmethode
» digitale 27
Planungsprozess 24, 25, 32
Planungsteam 26
Planungswerkzeug 27
Platzbedarf 69
Power-to-Hydrogen-System 200
Prallscheibe 19, 48, 78, 81, 83
Predictive-Maintainance 33

Primärenergiefaktor 146, 147, 152, 168
Primärenergieinhalt 98, 107, 247
Primärenergieverbrauch 218
Primärregelleistung 192, 199
Primärwärmequelle 148, 150, 153, 168
Projektziel 25
Pufferspeicher 151, 152, 166, 184, 188, 190, 191, 204
PUR Polyurethanschaum 87
PV-Anlage 124, 127, 129, 212, 234
PV-Modul 124, 127, 129, 132, 172
PV-Strom 128

Q

Quartier 176, 188, 189, 206, 209, 210, 212, 214, 237, 243
Quartiers-App 222
Quartiersenergiekonzept 188
Quartiersentwicklung 180
Quartierskonzept 207
Quelllüftung 50, 68, 162

R

Radiator 40, 54, 69, 162, 164
Rapsöl 147
Raumakustik 19, 23, 54, 63, 160
Raumklima 157
Raumkonditionierung 40, 50, 52, 68
Raumkonditionierungssystem 54
Raumorientierung 144
Raumtemperatur 20, 74
Redox-Flow-Batterie 195, 199, 200
Regelbarkeit 55
Regelstrategie 57, 58
Ressource 244
Ressourceneffizienz 249
RLT-Zentrale 155
Rückkühlwerk 155

S

Schacht 155
Schalldämm-Maß 85
Schallschutz 18, 99
Schallschutzverglasung 93
Schallwahrnehmung 18
Schichtenspeicher 149
Schnellladesystem 204
Sektorenkopplung 202, 203, 220
Selbstentladung 195
Sensor 59, 60
Sharing-Dienste 242
Sharing-Economy 177, 178
Sharing-Konzepte 246
Sharing-Mobility 184, 185
Simulation 28
Smart Home 56, 222
Smart-Home-System 58, 60, 61
Solarkollektor 172
Solarmodul 124, 125, 156
Solarstrahlung 74, 134, 156
Solarthermie 149
Solarzelle 127
Sonnenlicht 126
Sonnenschutz 75, 77, 94, 130, 136, 138
Sonnenschutzsteuerung 97
Sonnenschutzverglasung 92, 96
Speicher 149, 198
Speicherkapazität 192, 193, 194, 198
Speicherleistung 192
Speichermasse 43, 44, 62, 100, 116, 141, 156, 157, 161, 165
Speichertechnik 243
Speicherung, saisonale 193
Speicherverlust 198
Spitzenlastabdeckung 168
Spitzenlastkessel 146, 191, 212
Sprachsteuerung 57
Stadtklima 123, 249
Stampfbeton 161
Stampflehm 115, 117
Standortfaktor 144
Steuerung, intelligente 166
Strahlungsasymmetrie 21
Strahlungseintrag 35, 65, 79, 94
Strahlungstemperatur 122
Straßenlärm 145, 182
String 124
Stroh 118
Strohballenbau 118
Stromkosten 166
Stromleitung 189
Stromnetz 235, 236, 237
Stromspeicher 124, 171
Strömungsgeschwindigkeit 21
Summenzähler 235

Systemtemperatur 55

T
Tageslicht 64, 76
Tageslichtnutzung 79
Tageslichtplanung 64
Tageslichtquotient 84
Tageslichttransmission 92
Tageslichtversorgung 95, 160
Taupunkt 47
Tauwasserausfall 100, 101
Technikfläche 35, 154
Technikintegration 63, 68
Technikraum 154
Thermik 48, 85
Transmissionswärmeverlust 35, 65, 84, 157, 158, 229
Trinkwarmwasser 132
Trittschalldämmung 19, 43, 90

U
Überströmöffnung 52
Unterrichtsgebäude 162
Unterrichtsraum 67
Urban Gardening 122, 179, 243
U-Wert 92, 99, 156

V
Vakuumdämmung 89
Vakuumröhrenkollektor 149
Verbundwerkstoff 120
Verdunstung 145
Verglasung 93
Verkehrssystem 247
Versammlungsraum 164
Volumenstrom 155
Vorfertigung 110, 111, 113, 249
Vorlauftemperatur 40, 41, 42, 43

W
Wandstärke 102, 103
Wärmeabgabe 20
Wärmebedarf 149
Wärmebrücke 75, 100, 108, 227, 228
Wärmedämmung 100
Wärmedämmverbundsystem 86, 98, 101
Wärmekapazität 194
Wärmelast 164
Wärmeleitfähigkeit 86, 87, 88, 108, 118
Wärmepumpe 43, 46, 124, 131, 135, 148, 150, 153, 160, 168, 193, 201, 212
Wärmerückgewinnung 45, 46, 48, 50, 53, 54, 154, 156, 162
Wärmeschutz 21, 75, 86, 136, 141, 156
» sommerlicher 228
Wärmeschutzverglasung 92
Wärmeschutzverordnung 224
Wärmespeicher 198, 203
Wärmespeicherdichte 108
Wärmespeicherfähigkeit 114
Wärmespeicherkapazität 62, 108
Wärmespeicherung 192, 193
Warmwasserbereitung 148, 229, 231, 232
Wartung 166
Wartungsaufwand 77
Wartungskosten 69, 136, 166
Wasserstoff 197, 199, 200, 213, 214, 244, 246
Wasserstoffspeicher 197, 200, 201
Wechselfassade 78, 82, 83
Wechselrichter 124
Weltbevölkerung 242, 248
Wind 82, 85, 144
Windkraft 245
Wirkungsgrad 126, 195, 196
Wohnen 158, 176
Wohngebäude 156, 228
Wohnhaus 172
Wohnung 54
Wohnungslüftung 51, 156

X
XPS Extrudierter Polystyrolschaum 87

Z
Zellulose 88
Ziegel 157
Ziegelkonstruktion 102
Zuluft 132
Zuluftanlage 162
Zulufteinbringung 49
Zulufttemperatur 51, 74
Zwischensparrendämmung 90
Zyklenzahl 192, 196, 198

IMPULSE UND UNTERSTÜTZUNG

Dieses Buch entstand im Laufe eines Prozesses über mehrere Jahre hinweg im Dialog und in Interaktion mit zahlreichen Menschen. Diesen Impulsgebern, Mitarbeitern und Unterstützern sei an dieser Stelle für ihre Kreativität und Unterstützung gedankt. Sie haben im Verlauf der letzten Jahre zur Vielfältigkeit und zur Detaillierung dieses Werks beigetragen.

Josef Bauer_langjähriger Dialog zur Energiekonzeption in der Praxis und Technikkosten

Prof. Henning Bauermann_Impulse zur Architekturtheorie und Städtebau

Prof. Udo Gleim_Impulse und Analogien zur Baugeschichte

Özlem Gün_thematische und strukturelle Fokussierung des vorliegenden Werks

Cornelia Hiemann_Unterstützung bei der Redaktion und Bildrecherche

Michael Kehr_langjährige Zusammenarbeit im Bereich der Simulation und Klimaanalyse sowie bei den Projekten Tannerhof, Energiewürfel und Demonstrationsgebäude in China

Dr. Thomas Klein_Dialog zur energetischen Projekt- und Technologieentwicklung

Marie-Kristin Lusan_Impulse zur Geschichte und Philosophie des energieoptimierten Bauens

Elisabeth Möller_Mitwirkung beim Projekt Wohn- und Geschäftshaus in Weiden

Jürgen Schuster_technischer Dialog zu Energiekonzepten

Johanna Siegfreid_Input und Entwicklung der Themen Gebäudesteuerung und Smart Home

Stefan Schneider_juristische Aspekte bei Netzen und Kundenanlagen

Elena Stamm_langjährige Koordination und Strukturierung zahlreicher akademischer Projekte und Entwicklung von Kooperationen an der Hochschule Darmstadt

Christian Tessmann_Diskussion und fachlicher Dialog zum Thema Kundenanlagen

Saskia Wagner_Entwicklung des interkontinentalen Bauens an der Hochschule Darmstadt

Ina Bosch, Aylin Güllüoglu, Filiz Gün, Friedolin Herter, Benjamin Jäger, Katariina Minits, Lena Wischmann_Entwicklung der Kooperation mit China an der Hochschule Darmstadt

Andrea Lang, Sina Mick, Luka Tameling_Kooperation beim akademischen Quartiersprojekt

IMPRESSUM

Bibliografische Information der Deutschen Nationalbibliothek:

Die Deutsche Nationalbibliothek verzeichnet diese Publikation in der Deutschen Nationalbibliografie; detaillierte bibliografische Daten sind im Internet über www.dnb.de abrufbar.

ISBN (Print): 978-3-7388-0277-1
ISBN (E-Book): 978-3-7388-0278-8

Lektorat: Sigune Meister
Layout: Sabine Uhland
Herstellung: Andreas Preising
Umschlaggestaltung: Sabine Uhland
Druck: Westermann Druck Zwickau GmbH, Zwickau

Fraunhofer-Informationszentrum
Raum und Bau IRB
Nobelstraße 12, 70569 Stuttgart
Telefon +49 711 970-2500
Telefax +49 711 970-2508
irb@irb.fraunhofer.de
www.baufachinformation.de

Der Autor freut sich über Hinweise, Anregungen oder Ergänzungen an folgende Adresse oder per E-Mail.

Prof. Dr. Mike de Saldanha
Begonienstraße 4
80939 München
smartbauen@saldanha.de